SCHWEIZERISCHES STRAFRECHT

BESONDERER TEIL

VON

DR. ERNST HAFTER
PROFESSOR DER RECHTE IN ZÜRICH

ZWEITE HÄLFTE:

DELIKTE GEGEN EHE UND FAMILIE, GEGEN DEN ÖFFENTLICHEN FRIEDEN, GEMEINGEFÄHRLICHE DELIKTE, FÄLSCHUNGEN, DELIKTE GEGEN DEN STAAT, STAATLICHE ORGANISATION UND ORDNUNG, GEGEN DEN VOLKSWILLEN, STÖRUNG DER BEZIEHUNGEN ZUM AUSLAND, DELIKTE GEGEN DIE RECHTSPFLEGE, AMTS- UND BERUFSDELIKTE

MIT DEM SACHVERZEICHNIS FÜR BEIDE HÄLFTEN

1943
SPRINGER-VERLAG · BERLIN

ISBN-13: 978-3-642-98607-9 e-ISBN-13: 978-3-642-99422-7
DOI: 10.1007/978-3-642-99422-7

Softcover reprint of the hardcover 1st edition 1943

Vorwort.

Am 3. Juli 1938 ist das Schweizerische Strafgesetzbuch in der eidgenössischen Volksabstimmung angenommen worden. Am 1. Januar 1942 ist es in Kraft getreten.

Meinen Plan, auf diesen Zeitpunkt mein Buch zum Abschluß zu bringen, habe ich nicht verwirklichen können. Gesetzgeberische Arbeiten und, seit dem Herbst 1939, starke militärrichterliche Beanspruchung, haben mich daran gehindert. Andere Aufgaben und Pflichten mußten den Vorrang vor meinem Buch haben. Die Verzögerung hatte das Gute, daß es möglich war, auch die seit dem Herbst 1939 machtvoll einsetzende strafrechtliche Notgesetzgebung des Bundes zu berücksichtigen. Auch die Gerichtspraxis seit dem 1. Januar 1942 konnte in einem gewissen Umfang beachtet werden. Schon heute darf man den Eindruck haben, daß die schweizerischen Richter mit Verständnis und einem starken Einfühlungsvermögen sich in das neue Recht vertiefen. Im Hinblick auf die vielfach neue juristische und kriminalpolitische Ordnung, die das Gesetzbuch zur Geltung bringt, ist das keine leichte Aufgabe. Die bisherigen Rechte und Anschauungen wirken nach. Es wird eine geraume Zeit dauern, bis die Schweizerischen Richter sich alle Unterschiede zwischen dem alten und dem neuen Recht zu eigen gemacht haben — das Doppelsystem der Strafen und der sichernden und fürsorglichen Maßnahmen, die fast völlige Ausschaltung der Erfolgshaftung, den weitgehenden Verzicht auf die kasuistische Ausgestaltung der Deliktstatbestände und, was teilweise damit zusammenhängt, das dem Richter in einem weiten Umfang anheimgegebene freie Ermessen.

Um die Unterschiede bewußter zu machen, habe ich auch in diesem Band die alten Gesetze zur Vergleichung mit dem neuen Recht herangezogen. Dadurch werden Einflüsse und Entwicklungen klar. Aber auch die Rechtsprechung zum bisherigen Strafrecht des Bundes und der Kantone darf nicht verloren gehen. Ihr reicher Inhalt kann auch bei der Anwendung des neuen Rechtes verwendet werden. Das liegt im Interesse der Wahrung einer gewissen Kontinuität. Sie ist notwendig. Das neue Recht ist, trotz seiner Neuerungen, nicht revolutionär. Es bringt nur zeitgegebene Entwicklungen.

Im Dezember 1942 haben die Kollegen Philipp Thormann und Alfred v. Overbeck den die kantonalen Einführungsbestimmungen zum Strafgesetzbuch enthaltenden Ergänzungsband zu ihrem Kommentar zum Abschluß gebracht. Man kann ihnen dafür nicht dankbar genug sein. Erst durch das auf Grund des Art. 335 des StGB. den Kantonen vorbehaltene Strafrecht rundet sich das Bild der heute geltenden Ordnung. In reicher Fülle kommen hier — in der Hauptsache auf dem Gebiet des Übertretungsstrafrechts — kantonale Besonderheiten zum Ausdruck. Das ist gut so. Es entspricht der Vielgestalt unseres Landes. Es genügte, die große Linie der Rechtseinheit durch die einheitliche Ordnung des Verbrechens- und Vergehensstrafrechts zu wahren. — Auf das den Kantonen verbliebene kantonale Strafrecht konnte dieses Buch nur mit vereinzelten Hinweisen eingehen. Für die wissenschaftliche Bearbeitung eröffnet sich hier ein neues Feld.

Kilchberg-Zürich, 31. Dezember 1942.

E. Hafter.

Inhaltsverzeichnis.

Delikte gegen Gemeinschaftsinteressen.

Erster Abschnitt.

Delikte gegen das Institut der Ehe und gegen die Familie.

Zweiter Abschnitt.

Delikte gegen den öffentlichen Frieden.

I. Echte Friedensstörungen.

II. Anhang.

Dritter Abschnitt.

Gemeingefährliche Delikte.

Vierter Abschnitt.

Fälschungen.

Delikte gegen den Staat, staatliche Organisation und Ordnung.

Erster Abschnitt.

Delikte gegen die staatlichen Grundlagen und gegen den Staat in seiner Existenz.

I. Hochverrat und Landesverrat. Spionage.

II. Ergänzende Staatsschutzbestimmungen.

III. Delikte gegen den Volkswillen.

Zweiter Abschnitt.

Delikte gegen die Amtsgewalt und die staatliche Ordnung.

Dritter Abschnitt.

Störung der Beziehungen zum Ausland.

Vierter Abschnitt.

Delikte gegen die Rechtspflege.

Fünfter Abschnitt.

Amts- und Berufsdelikte.

Abkürzungen.

AargRSpr. = Vierteljahrsschrift für aargauische Rechtsprechung.
Allg. Teil = HAFTER: Lehrbuch des schweizerischen Strafrechts, Allgemeiner Teil (1926).
Berner Z. = Zeitschrift des bernischen Juristenvereins.
BBl. = Bundesblatt.
BE. = Entscheidungen des schweizerischen Bundesgerichtes. Amtliche Sammlung.
BBschl. = Bundesbeschluß.
BGes. = Bundesgesetz.
BINDING: Lb. = Lehrbuch des gemeinen deutschen Strafrechts, Besonderer Teil, 1. Band (2. Aufl., 1902); 2. Band, I (2. Aufl., 1904); 2. Band, II (1905).
BStG. = BGes. vom 4. Februar 1853 über das Bundesstrafrecht.
BV. = Bundesverfassung.
E. = Entwurf eines schweizerischen Strafgesetzbuches (1918).
E.MKG. = Entscheidungen des eidgenössischen Militärkassationsgerichtes.
G. = Schweizerisches Strafgesetzbuch vom 21. Dezember 1937.
GERMANN: = Schweizerisches Strafgesetzbuch, Textausgabe mit Verweisungen (2. Aufl., 1942).
GesSlg. = Gesetzessammlung.
JZ. = Schweizerische Juristenzeitung.
LOGOZ: = Commentaire du Code pénal suisse, Partie générale (1939).
MilStG. = Militärstrafgesetz, BGes. vom 13. Juni 1927.
PolStG(B). = Polizeistrafgesetz(buch).
ProtExpKom. = Protokolle der Expertenkommissionen (I und II) für das schweizerische Strafgesetzbuch.
StenBull. = Amtliches stenographisches Bulletin der Bundesversammlung. NR. = Nationalrat; St. = Ständerat.
STOOSS: Grundzüge = Die Grundzüge des schweizerischen Strafrechts (1892/1893).
StGB. = Strafgesetzbuch. Die Nennung eines Kantons mit nachfolgender Zahl weist auf das betreffende StGB. hin; z. B. Zürich § 201.
StPrO. = Strafprozeßordnung.
THORMANN - v. OVERBECK = Schweizerisches Strafgesetzbuch, erläutert, 3 Bände (1938—1943).
VD. = Vergleichende Darstellung des deutschen und ausländischen Strafrechts (1905—1909).
VE. = Vorentwurf.
VO. = Verordnung.
Z. = Schweizerische Zeitschrift für Strafrecht.
ZgesStRW. = Zeitschrift für die gesamte Strafrechtswissenschaft.
ZschwR. = Zeitschrift für schweizerisches Recht.
Zürcher Bl. = Blätter für zürcherische Rechtsprechung.
Zürcher: Erläuterungen = Schweizerisches Strafgesetzbuch, Erläuterungen zum Vorentwurf vom April 1908 (1914).

Delikte gegen Gemeinschaftsinteressen.

Erster Abschnitt.

Delikte gegen das Institut der Ehe und gegen die Familie.

Vorbemerkung.

Literatur. THORMANN in der Festschrift für Eugen Huber (1919), 186ff.

Familie und Ehe sind Grundlagen der gesellschaftlichen Ordnung. Das Verhältnis zwischen den Ehegatten und die Beziehungen innerhalb der Familie entziehen sich vielfach einer rechtlichen Ordnung, und es ist gut so. Soweit ein gesetzliches Eingreifen wünschenswert und zweckmäßig erscheint, soll es zunächst mit den Mitteln des Privatrechts, des Ehe- und des Familienrechts, erfolgen. Das Strafrecht steht als Schutzmittel in der hintern Linie, und der Gesetzgeber hat in der Aufstellung von Straftatbeständen größte Zurückhaltung zu üben. — Bei den Tatbeständen, die das Strafrecht hier entwickelt hat, spielt in zahlreichen Fällen ein schutzbedürftiges Interesse des Einzelnen eine bedeutende Rolle. Aber es tritt gegenüber dem Gedanken, Gemeinschaftsinteressen zu wahren, in den Hintergrund.

I. Ehedelikte.

§ 71. Mehrfache Ehe. Ehebetrug.

Literatur. STOOSS: Grundzüge, 2, 268ff., 280f. — ZIMMERMANN: Ehebruch und mehrfache Ehe im schweizer. StR., Berner Diss. (1914). — LAERI: Die Delikte gegen die Familie, Berner Diss. (1937), 38ff. — MITTERMAIER: VD. Bes. Teil, 4, 84ff. — Ehebetrug: KOHLRAUSCH: eodem 4, 473f. — GERMANN: Festgabe für Fritz Goetzinger (1935), 57ff. — HAFTER: Z. 50, 311f.

I. **Mehrfache Ehe.** Bisherige Rechte bezeichnen das Delikt überwiegend als Doppelehe (Bigamie). Richtiger ist der Ausdruck: mehrfache Ehe (G. Art. 215, Bern Art. 174, Baselstadt § 87). Die Möglichkeit besteht, daß mehr als zwei Ehen geschlossen werden.

Die systematische Eingliederung des Deliktes ist unsicher. Namentlich ältere Gesetze fügen den Tatbestand zusammen mit dem Ehebruch in den Abschnitt der Verbrechen gegen die geschlechtliche Sittlichkeit ein; Zürich § 118, Bern Art. 174, Baselstadt § 87, aber auch Freiburg Art. 118 (StGB. von 1924). Das erschwert die zutreffende Erfassung des Deliktes. Es verletzt den Grundsatz der monogamischen Eheordnung. Angriffsobjekt ist nicht die geschlechtliche Integrität einer anderen Person, sondern ein Gemeinschaftsinteresse, die Aufrechterhaltung der bestehenden Eheordnung[1]. Damit ist die Einstellung des Tatbestandes bei den Verbrechen gegen die Familie gerechtfertigt (Waadt Art. 170, G. Art. 215). — Mit der Zeit hat sich auch die klare Abgrenzung gegenüber dem Ehebruch durchgesetzt. Die mehrfache Ehe ist nicht, wie alte Rechte annahmen, nur qualifizierter Ehebruch[2]. Zur Vollendung gehört nicht die geschlechtliche Verbindung mit dem bigamischen Ehegenossen. Der Tatbestand der mehrfachen Ehe vollendet sich schon mit dem Abschluß einer zweiten rechtswidrigen Ehe; unten II. Kommt es in der Folge zum Geschlechtsverkehr, was regelmäßig der Fall sein wird, so ist die Annahme einer Realkonkurrenz zwischen mehrfacher Ehe und Ehebruch unsinnig[3], auch wenn sich theoretisch diese Auffassung vertreten läßt; unten § 72 V.

II. Als Grundtatbestand der mehrfachen Ehe mag gelten: vorsätzlich rechtswidrige, jedoch formell korrekte Eheschließung[4] einer bereits verheirateten Person oder mit einer solchen. Daraus ergeben sich die zwei Varianten[5]:

1. Täter ist eine verheiratete Person. Sie ist durch eine früher abgeschlossene, noch zu Recht bestehende Ehe gebunden. Die Gesetze bringen das verschieden, aber im Resultat übereinstimmend zum Aus-

---

[1] Mittermaier: 85f.; Binding: Lb. 1, 223.

[2] Die Carolina Art. 121 sagt von der „zwifachen Ehe": „welche übelthat dann auch ein ehebruch und größer dann das selbig laster ist". Weitere geschichtliche Daten bei Zimmermann: 15ff.

[3] Mittermaier: 86.

[4] Die äußeren, gesetzlich bestimmten Formen wurden beachtet; vgl. namentlich ZGB. Art. 113ff. Eine bloß kirchliche Trauung ist keine Eheschließung; ZGB. Art. 118 II: Verbot der kirchlichen Trauung ohne Vorweisung des vom Zivilstandsbeamten ausgestellten Ehescheins und dazu die Strafbestimmung in Art. 183 II der bundesrätlichen VO. vom 18. Mai 1928 über den Zivilstandsdienst. Ferner BE. 65 I, Nr. 35 (formaler Charakter des Verbots). Dazu auch Egger: Kommentar Familienrecht (2. Aufl), N. zu Art. 118; vgl. ferner Mittermaier: 87; Steinmann: Das obligatorische Vorausgehen des Zivilaktes vor der kirchlichen Trauung vom Standpunkt der Gewissensfreiheit, Freiburger Diss. (1922), der sich scharf gegen die Präzedenzbestimmung wendet.

[5] Überall durchgeführt; Daten bei Stooss: Grundzüge, 2, 268ff. Unzutreffend die Bemerkung daß im Aargau eine ausdrückliche Bestimmung fehlt; s. Peinliches, StGB. §§ 76/77 und dazu Schlatter: Das materielle Strafrecht des aargauischen Zuchtpolizeiges., Berner Diss. (1929), 169 (Schutz bestimmter, für die Gesamtheit wertvoller Beziehungen). Vgl. Laeri: 47ff.

druck. Thurgau § 117 spricht von einer noch fortdauernden gültigen Ehe. Das G. Art. 215 sagt einfacher: Wer eine Ehe schließt, obwohl er schon verheiratet ist. Mehrere kantonale Rechte heben ausdrücklich das Wissen des Täters darum hervor, daß die früher gültig eingegangene Ehe noch fortdauert; z. B. Zürich § 118, Solothurn § 101, St. Gallen Art. 182, Tessin Art. 267 § 1 (il coniugato che, sapendo di essere legato in matrimonio sussistente, ne contrae un altro). Daß dieses Wissen des Täters Voraussetzung einer Bestrafung ist, braucht nicht besonders gesagt zu werden. Es ergibt sich aus dem Begriff des Vorsatzes (G. Art. 18 II), der alle Tatbestandsmomente umfassen muß. Ein Grund für die besondere Hervorhebung des Wissensmomentes ist wohl darin zu sehen, daß Irrtümer darüber, ob eine frühere Ehe gültig zustande kam, oder ob sie noch zu Recht besteht, in gewissen Fällen möglich sind. Zum Überfluß bestimmt Waadt Art. 169 V: L'exception de bonne foi exclut la pénalité[1]. — Die Verhältnisse sind auf Grund des Zivilrechts abzuklären, wozu § 13 I der StPrO. von Baselstadt erklärt, daß über die Gültigkeit einer Ehe nicht der Strafrichter, sondern allein der Zivilrichter zu urteilen hat, auch wenn von der Beurteilung dieser Frage der Entscheid darüber abhängt, ob eine Handlung strafbar ist. Ob die frühere Ehe als gültig zustande gekommen anerkannt werden muß, bestimmt sich nach ZGB. Art. 90ff und 105ff. und Schlußtitel Art. 8 und 59/7c—7f (Ehe von Ausländern und im Ausland nach dem dort geltenden Recht abgeschlossene Ehen)[2]. Nach ZGB. Art. 132 hat auch eine an einem Nichtigkeitsgrund (Art. 120ff.) leidende Ehe die Wirkungen einer gültigen Ehe. Die Ungültigkeit wird erst wirksam, nachdem der Richter die Nichtigkeit erklärt hat. Hier kann bei einem zweiten Eheabschluß der Irrtum einer Person, die sich nicht für verheiratet hält, weil sie das Bestehen eines Nichtigkeitsgrundes nicht kennt, von Bedeutung werden (vgl. die Irrtumsbestimmungen in Art. 19 I, eventuell auch 20 des G.[3]). — Eine Ehe besteht zu Recht

[1] Dazu Capt et Gamboni: C. p. vaudois Art. 169, N. 3: „La bonne foi ne peut se rapporter qu'à l'ignorance du premier mariage.“ Vgl. auch Laeri: 50f.

[2] Vgl. ferner die Haager Konvention von 1902 zur Regelung des Geltungsbereiches der Gesetze auf dem Gebiete der Eheschließung; Eidg. GSlg. N. F. 21, 397ff.

[3] Stooss: Grundzüge, 2, 269f. berichtet über folgenden Fall aus St. Gallen: Die Ehe des X wurde im Jahre 1878 für zwei Jahre getrennt. In Amerika ging X 1879 eine zweite Ehe ein. 1886 erwirkte er in St. Gallen die Scheidung von seiner ersten Frau und ging 1887 eine dritte Ehe ein. Standpunkt der Verteidigung gegenüber der Anklage auf Bigamie (St. Gallen Art. 182): Beim Abschluß der dritten Ehe (1887) habe die erste Ehe nicht mehr bestanden, die zweite, 1879 in Amerika geschlossene Ehe sei aber nichtig gewesen. Stooss kritisiert die Verurteilung (Entsch. des Kantonsgerichtes, 1888, Nr. 22) als nicht dem Gesetz entsprechend. ZGB. Art. 132 enthält jetzt die zutreffende Lösung: Die an einem Nichtigkeitsgrund leidende amerikanische Ehe hat die Wirkungen einer gültigen Ehe. X hat

oder hat wenigstens die Wirkung einer gültigen Ehe, solange sie nicht durch Tod oder Scheidung aufgelöst oder durch Richterspruch als ungültig erklärt worden ist (ZGB. Art. 101). Die Verschollenerklärung eines Ehegatten löst das Eheband noch nicht. Art. 102 des ZGB. bestimmt ausdrücklich, daß der Ehegatte eines Verschollen-Erklärten nur dann eine neue Ehe eingehen kann, wenn die frühere Ehe gerichtlich aufgelöst worden ist. Doch kann die Ehelösung zugleich mit dem Gesuch um Verschollenerklärung beantragt werden.

2. Täter ist auch eine unverheiratete Person, die wissentlich mit einer verheirateten Person eine Ehe schließt (G. Art. 215 II). Der Täterkreis umfaßt Ledige, Verwitwete, Geschiedene und Personen, deren Ehe durch den Richter als ungültig erklärt worden ist. Das Wissen des Täters darum, daß der Partner in einer rechtsgültigen Ehe steht, ist festzustellen. Die Möglichkeit eines Irrtums ist hier besonders zu beachten. Der auf Bigamie ausgehende verheiratete Täter wird geneigt sein, mit der Wahrheit hinter dem Berg zu halten. Kantonale Rechte setzen hier ein: Luzern § 121 Ziff. 1 lit. b und Thurgau § 117 erschweren die Strafe für den verheirateten Täter, wenn er seinen Ehestand verheimlicht hat. Obwalden Art. 66 II und Glarus § 84 II qualifizieren, wenn ein Verheirateter die andere Person unter dem Vorgeben, er sei unverheiratet, zur Eheschließung „verleitet". In solchen Fällen ist der unwissende Teil Opfer, nicht Täter. Eigenartig ist, daß Genf Art. 283, wie der französische C. p. Art. 340, auch die um die Ehe des Partners wissende unverheiratete Person, die eine bigamische Verbindung eingeht, straflos läßt[1].

3. Bemerkenswert ist, daß Waadt Art. 169 I nicht nur die im Kanton Waadt, sondern auch die von einem Waadtländer im Ausland geschlossene mehrfache Ehe erfaßt. Das geschieht immerhin nur unter der Voraussetzung, daß Bigamie auch im betreffenden Ausland strafbar ist (Art. 5 lit. e)[2].

4. Die Bigamie ist mit der rechtsförmlichen Eingehung einer zweiten Ehe vollendet[3]. Versuch einer mehrfachen Eheschließung ist erst mit dem Beginn der Trauung durch den Zivilstandsbeamten (ZGB. Art. 113/

---

daher 1887 in St. Gallen eine zweite, rechtswidrige Ehe geschlossen. Nur die Irrtumsfrage ist zu prüfen. — Graubünden § 141 bestraft die eine neue Ehe eingehende Person, die sich in bezug auf die Fortdauer ihrer früheren Ehe in einem auf Fahrlässigkeit beruhenden Irrtum befunden hat, mit Gefängnis bis zu 3 Monaten.

[1] Kritisch dazu Gautier: Prot. II. ExpKom. 3, 296. Offen bleibt die Frage, ob nicht Bestrafung wegen Beihilfe (Genf Art. 44, 46 Ziff. 3) erfolgen kann. Dagegen Mittermaier: 89.

[2] Zu dieser Frage auch Thormann-v. Overbeck: Art. 215, N. 12.

[3] Laeri: 53f.: Vollendung mit dem Zeitpunkt, in welchem die Ehe zivilrechtliche Wirkungen hat.

114) anzunehmen. Der sog. Heiratsschwindler, der, obwohl verheiratet, ein Verlöbnis eingeht, vielleicht auch schon die Verkündung versucht oder erwirkt (ZGB. Art. 105ff.), begeht nur straflose Vorbereitung[1]. Die Möglichkeit, daß Urkundendelikte gemäß G. Art. 251 gegeben sind, bleibt immerhin vorbehalten.

5. Eine Reihe bisheriger Rechte stellen beide Fälle der mehrfachen Ehe — den verheirateten und den unverheirateten Täter — unter die gleiche Strafdrohung, z. B. Zürich § 118, Bern Art. 174, Basel § 87, Tessin Art. 267 § 2, Neuenburg Art. 283. Das G. Art. 215 unterscheidet: Der verheiratete Täter wird mit Zuchthaus bis zu 5 Jahren oder mit Gefängnis nicht unter 3 Monaten bedroht, der wissende unverheiratete Täter mit Zuchthaus bis zu 3 Jahren oder mit Gefängnis. Auch kantonale Rechte differenzieren, z. B. Luzern § 121, Obwalden Art. 66 I, Thurgau §§ 117, 119[2]. — Waadt Art. 169 III/IV läßt Straflosigkeit eintreten, wenn die erste oder die zweite Ehe aus einem anderen Grund als wegen der Bigamie aufgelöst oder als nichtig erklärt worden ist.

III 1. Die mehrfache Ehe wird häufig als Dauerdelikt bezeichnet[3]. Das ist falsch. Die Gesetze bestrafen nur die mehrfache Eheschließung. Das Leben in einer Doppelehe bedeutet lediglich die strafrechtlich nicht erfaßte Aufrechterhaltung eines dem Recht widersprechenden Zustandes, wie das bei zahlreichen anderen Delikten der Fall ist, beim Diebstahl z. B., solange der Dieb über gestohlenes Gut verfügt[4]. Unabhängig davon ist die Frage, ob beim Tatbestand der mehrfachen Ehe die Verjährung nicht beginnen soll, solange eine mehrfache Ehe besteht. Das läßt sich im Hinblick auf das Interesse an der Aufrechterhaltung der monogamischen Eheordnung einigermaßen rechtfertigen. Zahlreiche Gesetze haben eine solche singuläre Bestimmung aufgestellt: z. B. Zürich § 118 II, Freiburg Art. 118 IV, Solothurn § 101 II, St. Gallen Art. 182 III, Tessin Art. 269. Auch die eidg. Entwürfe, z. B. VE. 1908 Art. 139 III, enthielten eine entsprechende Vorschrift. Sie wurde in der parlamentarischen Beratung gestrichen, jedoch mit der unzutreffenden Begrün-

[1] BINDING: Lb., 1, 227. Vgl. das weitgehende Urteil von Baselstadt in Z. 49, 111: Bestrafung eines „Heiratsschwindlers“, der, obwohl verheiratet, sich verlobte, wegen Beschimpfung. — Infolge der strengen Ordnung des Zivilstandswesens kommt Bigamie in der Schweiz außerordentlich selten vor. Die eidg. Kriminalstatistik von 1929 berücksichtigt das Delikt überhaupt nicht. Die zürcherische Statistik nennt auf viele Jahre zurück keinen Fall.

[2] Vgl. ZIMMERMANN: 38ff. Tabelle der Strafdrohungen.

[3] ZÜRCHER: Kommentar zürch. StGB. § 118, N. 4; Obergericht Baselland: Z. 14, 171ff. (strafbar auch das Leben in der Doppelehe); gut dagegen MITTERMAIER: 88 (mit weiteren Daten). Ablehnung der Auffassung: Dauerdelikt mit durchschlagender Begründung BE. 32 I, 125ff. und JZ. 2, 285f.

[4] Die Annahme einer besonderen Figur des Zustandsverbrechens ist eher abzulehnen; Allg. Teil, 346f. LAERI: 54 (Bigamie als Zustandsdelikt — nach der Auffassung des italienischen Rechtes).

dung, die Verjährung beginne, da Bigamie ein Dauerverbrechen sei, gemäß Art. 71 IV erst mit dem Aufhören des strafbaren Verhaltens[1]. Nach dem endgültigen Text des Art. 215 setzt die Verjährung vielmehr mit der rechtswidrigen Eheschließung ein[2]. Wie umstritten die Frage ist, zeigt auch Waadt Art. 170 mit der ausdrücklichen Sonderbestimmung: La prescription de l'action pénale court du jour de la conclusion du second mariage[3].

2. Im Anschluß an den französischen C. p. Art. 340 II stellen Neuenburg Art. 283 II und Genf Art. 283 II den Zivilstandsbeamten, der wissentlich bei einer mehrfachen Eheschließung mitgewirkt hat, unter die Strafe der Bigamie. Tessin Art. 268 bestraft den Beamten als Teilnehmer, was richtig ist, aber vom Gesetz nicht besonders hervorgehoben zu werden braucht[4]. Zu beachten sind hier auch die Strafbestimmungen der Art. 181 und 182 II der Bundesrats-VO. vom 18. Mai 1928 über den Zivilstandsdienst (Eidg.GesSlg. N. F. 44, 241 ff.). Sie sehen disziplinarische Maßregelung von Zivilstands- und anderen Beamten vor, die ihre Amtspflicht verletzen, insbesondere auch unbefugt Zeugnisse über die Ehefähigkeit oder den ledigen Stand eines Schweizers zum Zwecke der Eheschließung im Ausland ausstellen. Eine kriminelle Bestrafung wegen Teilnahme an einer bigamischen Eheschließung wird im gegebenen Falle durch diese disziplinaren Bestimmungen jedoch nicht ausgeschlossen.

IV. **Ehebetrug.** Abgesehen von den oben II 2. erwähnten Fällen, in denen ein auf Bigamie ausgehender Täter seinen Ehestand verheimlicht oder die andere Person unter dem Vorgeben, er sei unverheiratet, zur Eheschließung bestimmt — erschwerte Bigamiefälle nach Luzern, Thurgau, Obwalden, Glarus — haben Basel § 86 und Thurgau § 181 einen besonderen Tatbestand des Ehebetruges aufgestellt. Basel nennt die arglistige Verschweigung eines Ehehindernisses bei der Eingehung einer Ehe und die Verleitung zur Eheschließung „vermittels einer Täuschung, wegen deren die Ehe ungültig erklärt oder geschieden werden kann". Ähnlich umschreibt Thurgau die Verleitung zum Abschluß einer ungültigen Ehe. Nach Thurgau ist Strafbarkeitsbedingung, daß die Ehe

[1] So Seiler: StenBull. NR. 1929, 531 und Baumann: StR. 1931, 544. Vgl. dagegen Logoz: StenBull. NR. 1929, 533, der die Streichung nur damit begründet, daß die Hinausschiebung des Verjährungsbeginns in den Konsequenzen zu hart sein könne. — Thormann-v. Overbeck: Art. 215, N. 11 wollen „auf Grund der historischen Auslegungsmethode" die mehrfache Ehe, soweit die Verjährung in Frage kommt, einem Dauerdelikt gleichstellen.

[2] Ohne daß man sich klar darüber war, ist das G. zu der namentlich von Mittermaier: 88 vertretenen Auffassung gelangt, die eine besondere Verjährungsordnung für die Bigamie ablehnt.

[3] Die Bestimmung wird im Kommentar von Capt und Gamboni zu Art. 170 als „discutable" bezeichnet.

[4] Vgl. dagegen den besonderen Tatbestand in § 338 des deutschen StGB.: Beihilfe zur Bigamie und dazu Binding: Lb., 1, 224, 227.

als nichtig erklärt worden ist, und daß der „Betrogene oder sein gesetzlicher Vertreter“ Strafantrag gestellt haben. Nach Basel muß die Ehe ungültig erklärt oder geschieden worden sein[1]. Für die Eheanfechtung ist in erster Linie die Ehebetrugsbestimmung in Art. 125 ZGB. maßgebend. Ausreichend ist aber auch die Anfechtungsmöglichkeit aus Art. 124 Ziff. 2: Bestimmung zur Eheschließung durch Erregung eines Irrtums über Eigenschaften des andern Gatten, die von solcher Bedeutung sind, daß ohne ihr Vorhandensein die eheliche Gemeinschaft nicht zugemutet werden darf[2]. — Kantonale Rechte ohne einen Sondertatbestand, aber mit einer Ordnung, die den Betrug nicht ausschließlich als Vermögensdelikt gestalten (oben § 51 V 1), treffen auch den Ehebetrug[3].

Mit den zivilrechtlichen Möglichkeiten, eine erschlichene Ehe anzufechten, sollte man sich begnügen. Gewiß verletzt auch der Ehebetrug die bestehende Eheordnung und die mit der Ehe zusammenhängenden immateriellen Güter (Germann) in schwerer Weise. Aber das Strafrecht soll Ehetäuschungen und Eheirrungen gegenüber größte Zurückhaltung üben[4].

§ 72. Ehebruch.

Literatur. Stooss: Grundzüge, 2, 272ff. — Mittermaier: VD. Bes. Teil, 4, 91ff. — Zimmermann: Angabe zu § 71. — Keller-Abramski: Der Ehebruch, Zürcher Diss. (1923). — Baatard: L'adultère en droit pénal, Genfer Diss. (1916). — Müller: Der Ehebruch im schweizer. StR., Berner Diss. (1933). — Gautier: Z. 7 355ff. — Weiss: JZ. 3, 211. — v. Lilienthal: Z. 40, 339f. — Laeri (Lit. zu § 71): 60ff. — Ida Wüthrich-Künzli: Zivilrechtlicher Schutz der Ehe gegen Dritte, Zürcher Diss. (1939).

I. Die Strafwürdigkeit des **Ehebruches** gehört zu den kriminalpolitisch umstrittensten Fragen. Bejaht man sie, so entsteht weiter das schwierige Problem der zweckmäßigen Gestaltung der Strafbestimmung. Das zeigen die Beratungen des eidgenössischen G., aber auch schon die uneinheitliche Ordnung in den bisherigen Rechten.

Nach Art. 159 III des ZGB. schulden die Ehegatten einander Treue und Beistand. Die Sanktion gegen den Treubruch liegt in dem Recht

[1] Zu diesen Bestimmungen namentlich Germann: 57ff. und dazu Hafter: Z. 50, 311f.; vgl. auch Laeri: 55ff. (zum Ehebetrugstatbestand nach Art. 558 des italienischen StGB.). — Der eidg. VE. 1894 sah in Art. 119 vor: „Ist eine Ehe durch Zwang, Betrug oder Irrtum zustande gekommen, so wird der schuldige Ehegatte auf Antrag des Gerichts, welches die Ehe ungültig erklärt hat, mit Gefängnis bestraft.“ Der Artikel wurde schon von der I. ExpKom. gestrichen; Prot. 2, 67ff.

[2] S. den Fall bei Germann: 57f.

[3] Germann: 64; Zürcher: Kommentar zürcher. StGB. § 191, N. 4.

[4] Hafter: 312. Zurückhaltend auch Kohlrausch: 474. — Dem heute geltenden Strafrecht gänzlich entzogen ist der Abschluß sog. Scheinehen. Über sie namentlich Egger in der Festschrift für Fritz Fleiner (1937), 85ff.: Anwendung des Rechtsmißbrauch-Verbotes gemäß ZGB. Art. 2.

auf Scheidung (ZGB. Art. 137)[1]. Die Frage ist, ob die eheliche Treue auch strafrechtlich geschützt werden soll und weiter, ob sich aus der bestehenden Eheordnung ein so bedeutendes Gemeinschaftsinteresse ergibt, das die Bestrafung des Ehebruchs rechtfertigt[2].

Das G. Art. 214 bestraft, unter stark verklausulierten Voraussetzungen, den Ehebruch[3]. Für die Notwendigkeit einer Strafbestimmung beruft man sich auf die — hier allerdings schwer einwandfrei festzustellende — Volksmeinung, auch auf die präventive Wirkung und — einleuchtender — auf die bisherige Rechtsentwicklung. Zutreffend ist der Art. 214 in den Titel der Delikte gegen die Familie eingefügt[4]. Die in den bisherigen Rechten fast durchgängig erfolgte Einstellung bei den sog. Sittlichkeitsdelikten ist aufgegeben. Schutzobjekt ist das Institut der — rein zu erhaltenden — Ehe als Grundlage der Familienordnung. Der Gedanke der ehelichen Treupflicht ist darin enthalten[5].

Auf die große Verschiedenheit der bisherigen kantonalen Rechte[6] ist wenigstens durch Beispiele hinzuweisen. Schaffhausen[7] und Genf[8] lassen den Ehebruch straflos. Eine ausdrückliche Bestimmung fehlt auch im Aargau. Eine Bestrafung erfolgte aber auf Grund von § 1 des Zucht-PG., wenn durch einen Ehebruch die „öffentliche Sittlichkeit" verletzt wurde. Das wird angenommen, wenn ein Ehebruch öffentliches Ärgernis erregt, und auch wenn ein leicht zu durchschauendes ehebrecherisches Verhältnis öffentlich zur Schau getragen wird[9]. Baselstadt hat

---

[1] Vgl. z. B. Signer: Die ehemännliche Autorität im heutigen Eherecht, Zürcher Diss. (1938), 14ff.: Treuepflicht; darüber namentlich Wüthrich-Künzli: 20ff., 28ff.

[2] Ablehnend namentlich Gautier: Z. 7, 355ff.; Prot. I. ExpKom. 2, 70ff.; Prot. II. ExpKom. 3, 282ff. („L'adultère est un acte immoral, un péché grave; il n'est pas un délit.") Vgl. ferner Mittermaier: 99ff.

[3] Sämtliche E. sahen eine Strafbestimmung vor. Sie gehört zu den meist erörterten und, namentlich in den Einzelheiten, umstrittenen Bestimmungen: Prot. I. ExpKom. 2, 69ff., 596f.; Zürcher: Erläuterungen VE. 1908, 254ff.; Prot. II. ExpKom. 3, 280ff.; 4, 61ff.; StenBull. NR. 1929, 529ff., 773ff.; 1934, 404f.; 1935, 518f.; StR. 1931, 543ff.; 1935, 243; 1936, 179f.

[4] So jetzt auch Waadt Art. 166—168. Vgl. Laeri: 60 (Ehebruch eine Verletzung der ehelichen Gemeinschaft in ihrem sittlichen Wesen).

[5] Vgl. Keller-Abramski: 27; Müller: 20ff.; Weiss: JZ. 3, 211; BE. 18, 162: Ehebruch nicht nur eine Verletzung des Treurechts, sondern auch ein Verstoß gegen die geschlechtliche Sittlichkeit.

[6] Daten bei Stooss: Grundzüge, 2, 272ff.; Zimmermann: 25ff.; Keller-Abramski: 12f.; Müller: 94ff. (kantonale Gesetzestexte).

[7] Das von Stooss erwähnte Schaffhauser Ehegesetz von 1851, das in den §§ 185/186 den Ehebruch unter Strafe stellte, ist durch das eidg. ZGB. aufgehoben; vgl. Zimmermann: 25.

[8] Über Genf namentlich Gautier: Z. 7, 355ff.; Stooss: a. a. O. 276.

[9] Zu Aargau: BE. 18, 162; 18, 739f.; Guggenheim: Z. 1, 311 (Bestrafung von Amtes wegen); Schlatter: Das materielle Strafrecht des aargauischen Zuchtpolizeigesetzes (1929), 175f.; Rauber und Steiner: Entsch. aarg. Gerichte (2. Aufl.), 58f.

durch G. vom 10. Juli 1919 die Ehebruchsbestimmung — früher StGB. § 88: Betrafung von Amts wegen — aufgehoben. Alle anderen kantonalen Rechte bestrafen den Ehebruch[1].

Die Kantone folgen, soweit sie regeln, der Auffassung des kanonischen Rechts, wonach sowohl der Ehebruch der Ehefrau wie des Ehemannes strafbar ist. Das Sakrament der Ehe wird geschützt, nicht nur ein einseitiger Treuanspruch des Ehemannes, wie die römisch-germanischen Rechte es vorsahen[2]. Der ledige Täter macht sich mitschuldig, steht aber nach einzelnen Rechten unter einer milderen Strafdrohung; z. B. Obwalden Art. 70 II, Zug § 98, Graubünden § 143 I Ziff. 2. Regelmäßig wird ein Strafantrag des „beleidigten" Ehegatten gefordert. Einzelne Gesetze, z B. Glarus § 86, Appenzell A.-Rh. Art. 102 lassen jedoch Verfolgung von Amts wegen eintreten. Graubünden § 144 schreitet in der Regel nur auf Klage (Antrag) ein und untersagt, „bloß auf unbestimmte, durch keine Tatsachen unterstützte Angaben hin und durch heimliche Nachforschungen die Ruhe und den Frieden der Ehe zu stören". Ausnahmsweise, z. B. bei Offenkundigkeit des Ehebruchs, wodurch öffentliches Ärgernis erregt wird, soll von Amts wegen vorgegangen werden (§ 145). Solothurn § 102 und Neuenburg Art. 287 fordern, daß vorgängig die Ehe wegen des Ehebruches geschieden worden ist. Zürich § 117 III und Thurgau § 113 begnügen sich dagegen mit der Einreichung der Scheidungsklage. Hervorzuheben ist noch, daß Tessin Art. 271 § 1 den Ehemann nur straft, wenn er eine Konkubine hält (vgl. Art. 560 des italienischen StGB.). Nach Bern Art. 175 bleibt die Mitschuldige eines des Ehebruchs schuldigen Mannes straffrei[3].

II. Eine Umschreibung des Tatbestandes in seinen einzelnen Momenten ist selten. Glarus § 86 I bestimmt: Ein Ehegatte, welcher durch Vollziehung des Beischlafs mit einer dritten Person die eheliche Treue wissentlich verletzt, macht sich des Ehebruchs schuldig, und Abs. III weist auf die unverheiratete Person hin, welche mit einer verehelichten den Beischlaf vollzieht. Von der ähnlichen Fassung in Appenzell A.-Rh. Art. 102 abgesehen begnügen sich die kantonalen Rechte und das G. Art. 214 mit dem Wort: Ehebruch, doch ergibt sich eine nähere Umgrenzung des Tatbestandes wenigstens zum Teil aus der Bezeichnung der beim Delikt beteiligten Personen. Die dogmatische Erörterung der Einzelfragen kann sich zweckmäßig an Art. 214 des G. anschließen:

---

[1] Gute Übersicht in einer Tabelle bei KELLER-ABRAMSKI: 12f. (zum Teil unrichtige Zitate).

[2] Daten zur Geschichte ZIMMERMANN: 4ff.; KELLER-ABRAMSKI: 3ff., 49f. (neuere, abzulehnende Ansichten über die größere Strafwürdigkeit der ehebrecherischen Frau); ausführlich zur Geschichte MANFRED COHN: Das Problem der Bestrafung des Ehebruchs (1916), 1ff.

[3] MÜLLER: 31. — Beispiel: Eine Dirne weiß, daß ihr Liebhaber verheiratet ist.

1. Als Täter steht in erster Linie ein Ehegatte. Die formell rechtsgültig zustande gekommene Ehe (ZGB. Art. 90ff., 105ff. und Schlußtitel Art. 8, 59/7 c—7f) besteht, solange sie nicht durch Tod oder Scheidung aufgelöst oder für ungültig erklärt worden ist (ZGB. Art. 101f., 120ff., 132, 137ff.). Während der Dauer eines Scheidungs- oder eines Ehenichtigkeits- oder -anfechtungsprozesses kann Ehebruch begangen werden, ebenso trotz rechtskräftiger Trennung, die das Eheband nicht löst (ZGB. Art. 146f.)[1]. Strafrechtliche Härten, die sich daraus ergeben können, löst Art. 214 II dadurch, daß der Richter von einer Bestrafung wegen Ehebruchs Umgang nehmen kann, wenn zur Zeit der Tat die häusliche Gemeinschaft der Ehegatten aufgehoben war[2]; s. unten IV. Täter ist ferner die unverheiratete Person, die wissentlich mit einer verheirateten Ehebruch begeht. Das G. spricht allgemein vom Mitschuldigen. Den Fall, daß beide Täter verheiratet sind (adulterium duplex) besonders zu nennen, ja strafschärfend hervorzuheben, wie das in älteren Rechten häufig geschieht, besteht keine Veranlassung. Unnötig ist auch eine Bestimmung, wie sie Zürich § 117 V aufstellt, daß, wenn beim Doppelehebruch nur der Ehegatte des einen Täters Antrag stellt, gleichwohl auch der Mittäter strafbar ist. Das ergibt sich aus der Unteilbarkeit des Strafantrags (Allg. Teil § 28 IV 4; Zürich § 54 I und II; G. Art. 30; unten III).

2. Literatur und Rechtsprechung nehmen übereinstimmend an, daß der Ehebruch außerehelichen Beischlaf voraussetzt[3]. Die gelegentlich erörterte Streitfrage, ob die immissio seminis dazu gehört oder nicht, mutet lächerlich an. Glarus §86 und Appenzell A.-Rh. Art. 102 fordern ausdrücklich die Vollziehung des Beischlafs. Der Text der anderen kantonalen Gesetze und des eidgenöss. G. zwingt allerdings nicht zu dieser Annahme. Sie hat auch viel Bedenkliches. Andere schwere unzüchtige Handlungen, z. B. widernatürliche Unzucht eines Ehegatten mit dritten Personen, verletzen die Reinheit der Ehe nicht minder[4]. Die Praxis wird

---

[1] Zürcher Bl. 17, Nr. 79 (Ehebruch während des hängigen Scheidungsprozesses); ferner BE. 47 II, 249. Unhaltbar ZELLER: Kommentar zürcher. StGB. § 118, N. 2, der bei nichtiger und bei getrennter Ehe, und wenn ein Gatte für verschollen erklärt wird, Ehebruch ausschließt; vgl. dagegen EGGER: Kommentar Familienrecht (1. Aufl.) Art. 149, N. 5; KELLER-ABRAMSKI: 27ff.

[2] ZGB. Art. 145 und 170 II: Recht auf Getrenntleben nach Einreichung einer Ehescheidungs- oder Trennungsklage. Gleiches Recht gemäß Art. 170 I, wenn Gesundheit, guter Ruf oder wirtschaftliches Auskommen eines Ehegatten durch das Zusammenleben ernstlich gefährdet sind.

[3] ZÜRCHER: Prot. II. ExpKom. 3, 281f. läßt immerhin Zweifel: „geschlechtlicher Verkehr" zweier Personen verschiedenen Geschlechts. Die zivilistische Literatur zu ZGB. Art. 137 (Ehebruch als Scheidungsgrund) setzt Beischlaf voraus: EGGER: Kommentar (2. Aufl.), Art. 137, N. 20; BE. 25 II, 761; GMÜR: Kommentar Familienrecht (2. Aufl.), Art. 137, N. 13/14.

[4] Vgl. MITTERMAIER: 95. Für das Ehescheidungsrecht wird angenommen, daß

sich unter Umständen auch nicht ängstlich an den Beweis des vollzogenen Beischlafs halten[1].

Der Ehebruch ist Vorsatzdelikt. Nur ein Täter, der den ehebrecherischen Geschlechtsakt mit Wissen und Willen, im Zustande der Zurechnungsfähigkeit und, ohne daß er unter Zwang handelt, vollzieht, ist strafbar. Die mißbrauchte Ehefrau kann Opfer einer Notzucht, einer Schändung sein. Der sie Mißbrauchende ist in solchen Fällen allein schuldig[2] (unten V).

Versuch ist denkbar. In der Rechtsprechung spielt er kaum eine Rolle[3]. Da versuchter Ehebruch noch keinen Scheidungs- oder Trennungsgrund bildet, fehlt es auch an der erforderlichen Strafbarkeitsbedingung.

Ob bei wiederholtem Ehebruch ein fortgesetztes Delikt (Allg. Teil, 347ff.) anzunehmen ist, ist Tatfrage und vom Richter nach vernünftigem Ermessen zu entscheiden. Die Zusammenfassung einer Mehrzahl ehebrecherischer Handlungen zu einer Deliktseinheit — ohne daß der strenge Beweis aller einzelnen Handlungen erforderlich ist — ist jedenfalls gegeben, wenn der Täter im Konkubinat lebt oder ein „Verhältnis" hat[4].

III. Für die zum Tatbestand hinzutretenden besonderen Strafbarkeitsbedingungen ist davon auszugehen, daß der Ehebruch nach Art. 214 des G. nur auf Antrag strafbar ist. Dafür ist zunächst auf die allgemeinen Bestimmungen (Art. 28—31), namentlich auch auf den Grundsatz der Unteilbarkeit (Art. 30), zu verweisen. Aus Art. 214 ergeben sich jedoch Besonderheiten und Einschränkungen.

1. Art. 214 I und gleich auch schon regelmäßig die kantonalen Rechte (Zürich § 117, Bern Art. 175, Waadt Art. 167 usw.) fordern einen Antrag des beleidigten Ehegatten[5]. Nur er ist antragsberechtigt, nicht auch andere Personen, die sich durch einen Ehebruch für verletzt halten könnten (vgl. G. Art. 28 I). Immerhin ist anzunehmen, daß, wenn der „beleidigte Ehegatte" bevormundet ist, ein Strafantrag auch von der Vormundschaftsbehörde gestellt werden kann (Art. 28 II). Da nach

---

bei widernatürlicher Unzucht usw. nur die Scheidungsgründe der Ehrenkränkung, des unehrenhaften Lebenswandels und der Ehezerrüttung (Art. 138, 139 und 142 des ZGB.) in Frage kommen; Egger: Art. 137, N. 20; Gmür: Art. 137, N. 16.

[1] Vgl. zivilrechtliche Urteile: BE. 3, 386 (X wurde mit einer fremden Frauensperson im Bett betroffen); 25 II, 761f. (dringender Verdacht des Beischlafs, eine violenta praesumptio); ferner 31 II, 587; Laeri: 66f.

[2] Binding: Lb., 1, 221; Müller: 36f.

[3] Dazu weitgehend Laeri: 68 (Zusammenkunft in ehebrecherischer Absicht).

[4] Keller-Abramski: 35f.; Müller: 67ff.; a. M. (Realkonkurrenz) Laeri: 68.

[5] Das Heranziehen des Beleidigungsbegriffes zeigt die Unsicherheit über das durch den Ehebruch verletzte Rechtsgut. Welti: StenBull. NR. 1929, 536 hält gegenüber dem Ehebruch die Anwendbarkeit der Bestimmungen über die Beleidigung (Beschimpfung) für ausreichend. Zu diesem Gedanken auch Gautier: Z. 7, 358f.; Wüthrich-Künzli: 42ff.

Art. 214 V nach dem Tode des „beleidigten Ehegatten“ die Strafverfolgung dahinfällt, so zessiert beim Ehebruch auch die sonst für Antragsdelikte geltende Regel, daß das Antragsrecht auf die Angehörigen des Verletzten übergeht (Art. 28 IV)[1]. — Eine weitere Beschränkung des Antragsrechtes liegt in Art. 214 IV: der Ehegatte, der dem Ehebruch zugestimmt oder ihn verziehen hat, hat kein Recht zum Antrag. Im Falle der Zustimmung wäre die Gewährung des Antragsrechtes skandalös[2]. Aber auch bei nachträglicher — bewiesener — Verzeihung soll im Interesse der Aufrechterhaltung der Ehe das Antragsrecht entfallen[3].

2. Die bedeutsamste Einschränkung der Strafbarkeit des Ehebruchs nach Art. 214 liegt aber darin, daß, bevor überhaupt ein Recht zum Strafantrag entsteht, die Ehe wegen dieses Ehebruchs rechtskräftig geschieden oder getrennt worden sein muß[4]. Die 3 Monatsfrist zur Antragstellung beginnt mit dem Tage, an dem das Scheidungs- oder Trennungsurteil rechtskräftig geworden ist (Art. 214 I und III). Die Problematik der Strafwürdigkeit des Ehebruchs offenbart sich hier besonders deutlich. Verzichtet man auf die Bedingung der Ehescheidung oder -trennung, wie das für die Mehrzahl der kantonalen Rechte zutrifft (oben I), so kann sich die häßliche Folge ergeben, daß ein Ehegatte den anderen zur Bestrafung bringt, und daß trotzdem die Ehe — was ist das noch für eine Ehe! — erhalten bleibt. Hält dagegen das G. an der Bedingung: vorgängige Scheidung oder Trennung fest, so dient die nachfolgende Bestrafung des Ehebrechers oft nur der Befriedigung eines niedrigen und blöden Rachebedürfnisses, abgesehen davon, daß unter Umständen die Erledigung des Strafprozesses erst nach Jahr und Tag erfolgt. Ungelöste Schwierigkeiten auf der ganzen Linie[5].

---

[1] Über die Beschränkungen des Antragsrechtes Gautier: Prot. II. ExpKom.3, 285; 4, 62 (droit de plainte tout personnel); Laeri: 62 rechtfertigt die Beschränkung des Antragrechtes auf den beleidigten Ehegatten mit der „rein moralischen Art der Verletzung des monogamischen Ehebandes“.

[2] Binding: Lb., 1, 221: Ehebruch einer Prostitutierten, die geheiratet wurde, damit der Mann sich durch die Unzucht der Frau ernähren kann. Denkbar sind natürlich auch andere Fälle unschöner Zustimmung.

[3] ZGB. Art. 137 III versagt dem Ehegatten, der dem Ehebruch zugestimmt oder ihn verziehen hat, auch die Scheidungsklage. — Im Ergebnis gleich oder ähnlich wie das eidg. G. schon kantonale Rechte, z. B. Waadt Art. 168 I: L'adultère n'est pas punissable si le conjoint offensé y a consenti ou l'a pardonné; Zürich § 117 III. Tessin Art. 274 versagt das Antragsrecht dem Gatten, der den anderen böswillig verlassen hat und dem Ehemann, der seine Frau verkuppelt oder ihre Prostitution duldet. Zu diesen Fragen Prot. II. ExpKom. 3, 280ff.; 4, 61ff.; Keller-Abramski: 24f., 30ff.; Müller: 40ff.

[4] Das vorangehende Zivilurteil, das Ehebruch angenommen hat, muß für den Strafrichter als verbindlich gelten; so auch Reichel: Z. 21, 324.

[5] In der Literatur immer wieder kritisch erörtert; statt Vieler Gautier: Z. 7, 369ff.; Mittermaier: 95ff. Zu beachten die parlamentarischen Beratungen: StenBull. NR. 1929, 529ff., 774ff. (Seiler: Berücksichtigung auch der Ehetrennung

3. Die weitgehende Verklausulierung des Tatbestandes wird Ehebruchsprozesse selten machen, was kriminalpolitisch und ethisch kein großer Schaden ist. Die Verurteilungen sind auch unter der Herrschaft der bisherigen kantonalen Rechte nicht häufig: Die Schweizer. Kriminalstatistik für das Jahr 1929 nennt 68 Verurteilungen. In Zürich sind im Zeitraum der Jahre 1900—1920 43 Ehebrecher verurteilt und 38 wegen Ehebruchs Angeklagte freigesprochen worden[1]. Für die Jahre 1920—1936 führt die zürcherische Kriminalstatistik 44 Verurteilungen neben 9 Freisprechungen auf. In den Jahren 1924, 1926, 1928, 1933—1935 erfolgten keine, dagegen allein im Jahre 1930 19 Verurteilungen[2]. — Wie weit die abschreckende Wirkung der Ehebruchsbestimmung reicht, steht dahin.

IV. Die Strafdrohung des Art. 214 lautet auf Gefängnis bis zu einem Jahr oder auf Buße. Die bisherigen kantonalen Rechte weisen große Verschiedenheiten auf. Vielfach bedrohen sie den verheirateten Täter strenger als den ledigen. Einzelne Rechte verschärfen die Strafe beim Rückfall, z. B. Glarus § 86 II und Graubünden § 143 (Grundstrafe: Buße, im Rückfall: Gefängnis bis auf 4 Monate, in allen Fällen Ausschließung von öffentlichen Ämtern möglich). Andere Rechte, z. B. Luzern PolStG. § 150 II, qualifizieren den Doppelehebruch[3].

Von erheblicher Bedeutung ist, daß Art. 214 II den Richter ermächtigt, in drei Fällen von einer Bestrafung Umgang zu nehmen: in dem schon oben (II 1) erwähnten Fall, daß zur Zeit der Tat die häusliche Gemeinschaft aufgehoben war, ferner dann, wenn der antragstellende Ehegatte selbst Ehebruch begangen hat und endlich, wenn ihm einer der zur Ehescheidung berechtigenden Gründe gemäß ZGB. Art. 138—140 (Nachstellung nach dem Leben, schwere Mißhandlung oder Ehrenkränkung, Verbrechensverübung, unehrenhafter Lebenswandel, böswillige Verlassung) nachgewiesen werden kann[4]. Die Fälle

eine Konzession an den aus religiösen Gründen scheidungsfeindlichen Teil der Bevölkerung); StR. 1931, 543f. (insbesondere Frage, ob der Strafantrag schon nach Einreichung der Scheidungs- oder Trennungsklage, oder erst nach rechtskräftiger Scheidung oder Trennung zulässig sein soll). Vgl. auch Thormann (Lit. zu der Vorbemerkung dieses Abschnittes): 189ff. (Bestrafung des Ehebruchs während des Bestehens der Ehe steht nicht im Widerspruch mit Buchstaben und Geist des ZGB.).

[1] Tabelle von Keller-Abramski: 51.

[2] Rechenschaftsberichte des zürcherischen Obergerichtes und des Kassationsgerichtes 1921—1936.

[3] Weitere Daten bei Stooss: Grundzüge, 2, 275 und bei Zimmermann: 32f. (tabellarische Zusammenstellung). — Eine unterschiedliche Strafbehandlung des Ehebruches der Frau und des Mannes, die fremde Rechte, z. B. das italienische StGB. Art. 559, 560, vorsehen, rechtfertigt sich nicht; gut dagegen Laeri: 64ff.

[4] Die Bestimmung wurde erst in der parlamentarischen Beratung eingefügt; StenBull. NR. 1929, 530ff., 773ff.; StR. 1931, 544. — Das Verfahren muß durchgeführt, die Schuldigsprechung erfolgt sein. Aber der Richter kann von einer Strafe absehen; Thormann-v. Overbeck: Art. 214, N. VIII.

einer Bestrafung werden dadurch weiter in starkem Ausmaß verringert.— Mit dem Tod des „beleidigten Ehegatten" fällt nicht nur die Strafverfolgung dahin (oben III 1), sondern auch die Vollstreckung einer bereits rechtskräftig ausgefällten Strafe (G. Art. 214 V[1]).

V. Konkurrenz von Ehebruch mit mehrfacher Ehe ist theoretisch denkbar, für die Praxis jedoch abzulehnen[2]. Dagegen kann Idealkonkurrenz mit zahlreichen anderen Delikten: Notzucht, Schändung, Blutschande usw. gegeben sein.

II. Delikte gegen die Familie.

§ 73. Blutschande.

Literatur. STOOSS: Grundzüge, 2, 265ff. — MITTERMAIER: VD. Bes. Teil, 4, 143ff. — LAERI: (Lit. zu § 71): 73ff.

I. Neben den Eheschutz tritt der strafrechtliche Schutz anderer familiärer Verhältnisse: Durch das Strafrecht, nicht nur durch Zivil- und Verwaltungsrecht, ist die Zugehörigkeit einer Person zu ihrer Familie gegen Fälschungen zu schützen. Die neuere Gesetzgebung verstärkt ferner durch Strafbestimmungen die Erfüllung von zunächst im Zivilrecht gesetzten Familien- und Elternpflichten. In einem anderen Kreis liegt der Gedanke, durch eine Strafbestimmung in einem gewissen Umfang auch die Reinheit der geschlechtlichen Beziehungen innerhalb der Familie sicher zu stellen. Allerdings spielen beim Tatbestand der **Blutschande** (G. Art. 213) noch andere, rassenpolitische Überlegungen hinein. Wie bei Bigamie und Ehebruch ist auch bei der Blutschande erst allmählich die Loslösung des Tatbestandes aus dem Abschnitt der Delikte gegen die geschlechtliche Sittlichkeit erfolgt[3].

Ob mit rassenpolitischen Überlegungen, denen selbstverständlich für die Gemeinschaftsinteressen große Bedeutung zukommt, der Blutschande-Tatbestand zu stützen ist, erscheint zweifelhaft. Der Beweis, daß in Blutschande erzeugte Kinder minderwertig sind, ist noch nie überzeugend erbracht worden, vermutlich auch nicht zu leisten[4]. So

---

[1] Prot. II. ExpKom. 4, 61. Gegen den Wegfall der Strafvollstreckung, weil darin ein Einbruch in kantonales Recht liege, THORMANN-v. OVERBECK: Art. 214, N. VII.

[2] Oben § 71 I i. f.; KELLER-ABRAMSKI: 36, 43 nimmt sog. Gesetzeskonkurrenz an, da mehrfache Ehe den Ehebruch in sich schließe. MÜLLER: 72: Realkonkurrenz von Bigamie und Ehebruch.

[3] Die bisherigen Rechte fügen die Blutschande fast durchgehend bei den Sittlichkeitsdelikten ein, ebenso noch die eidg. VE. 1894 Art. 114, 1903 Art. 133. Die zutreffende Behandlung als Delikt gegen die Familie schon in Waadt Art. 165. LAERI: 74ff. (Blutschande als Delikt gegen die Familienmoral).

[4] Die Literatur ist fast durchgehend skeptisch oder ablehnend. Vgl. z. B. FOREL: Die sexuelle Frage (1905), 168ff., namentlich 171: „Bei vorurteilsloser Prüfung sieht man, daß ein allfälliger Schaden stets nur durch Häufung gewisser

bleibt als Schutzinteresse nur übrig, in einem gewissen Umfang die Reinheit der Geschlechtsbeziehungen innerhalb einer Familie zu wahren und damit auch Gefahren einer schweren Störung des Familienfriedens abzuwenden. Vielleicht weist auch der Ausdruck Inzest gar nicht auf das Blutschänderische hin. Incestare bedeutet lediglich beflecken, verunreinigen. Nimmt man hinzu, daß die sexuelle Verbindung zwischen nahen Verwandten fast ganz allgemein das Gefühl des Abscheus hervorruft, so kann man kriminalpolitisch die Bestrafung der Blutschande als eines Deliktes gegen die Reinhaltung der Familie als gerechtfertigt bezeichnen[1].

Daß die Blutschande in starkem Ausmaße ein Armleute-Delikt ist, das häufig durch schlechte Wohnverhältnisse bedingt wird, ist eine schmerzliche Tatsache.[2]

II. 1. Nach dem Grundtatbestand in Art. 213 I des G. ist strafbar der Beischlaf zwischen Blutsverwandten in gerader Linie und zwischen voll- und halbbürtigen Geschwistern. Der Kreis ist enger gezogen als in ZGB. Art. 100 Ziff. 1, der die Eheschließung außer zwischen Blutsverwandten in gerader Linie, zwischen voll- und halbbürtigen Geschwistern, auch zwischen Oheim und Nichte und zwischen Neffe und Tante verbietet[3]. Gleich gilt, ob es sich um eheliche oder außereheliche Verwandtschaft handelt. — Bisherige Rechte ziehen, was jedenfalls nicht durch den „Blutschandebegriff" gerechtfertigt wird, den Täterkreis weiter: Die geschlechtliche Verbindung von Schwiegereltern und Schwiegerkindern bestrafen zahlreiche kantonale Rechte, z. B. Schwyz § 91 II, Obwalden Art. 64, Glarus § 79, Zug § 95 II, Basel § 89. Die vier letzteren kantonalen Rechte nennen auch Stiefeltern und Stiefkinder als Täter[4]. Am weitesten geht Schaffhausen § 180: Außer den Blutsverwandten nennt es als Täter Stiefeltern und Stiefkinder, ferner Stiefgroßeltern und Stiefenkel, Schwiegereltern und Schwiegerkinder, „insofern die das Verwandtschaftsverhältnis begründende Ehe noch

---

pathologischer Familienfehler, wie Geisteskrankheiten, Bluterkrankheiten und dergleichen bei fortgesetzter Inzucht zustande kommt." Ferner v. Hentig und Viernstein: Untersuchungen über den Inzest (1925); v. Hentig: Eugenik und Kriminalwissenschaft (1933), 15f.; v. Hoffmann: Die Rassenhygiene in den Vereinigten Staaten von Nordamerika (1913), 9; Forrer: Rassehygiene und Ehegesetzgebung im schweizer. ZGB., Zürcher Diss. (1914), 75ff. (mit weiteren Literaturangaben); Laeri: 75. Beachtlich Eber: Die Blutschande. Eine kriminologische Untersuchung unter besonderer Berücksichtigung der Tatsituation. Kriminalistische Abhandlungen, herausgegeben von Exner, Heft XXX (1937).

[1] Mittermaier: 144f.; Egger: Kommentar Familienrecht (2. Aufl.), Art. 100, N. 2, der jedoch die Gefahr einer erblichen Belastung in Verwandtenehen stärker betont.

[2] Eber: a. a. O. 52f.; 22ff.: „Einhundert Fälle."

[3] Darüber auch Thormann (Lit. zur Vorbemerkung dieses Abschnitts): 187ff.

[4] Dazu das Basler Urteil in Z. 42, 374ff.

besteht", endlich Adoptiveltern und Adoptivkinder. § 180 III fügt hinzu, daß Fälle des Beischlafs zwischen anderen Personen, die sich wegen naher Verwandtschaft nicht ehelichen dürfen, polizeilich bestraft werden. In diesen Bestimmungen kommt, wohl in strafrechtlich überspannter Weise, der Gedanke zum Ausdruck, daß innerhalb der Verwandtschaft geschlechtliche Beziehungen vermieden werden sollen.

Die Strafdrohung des Grundtatbestandes in Art. 213 I des G. lautet auf Zuchthaus bis zu 3 Jahren oder auf Gefängnis nicht unter 1 Monat. Ein unmündiger Mittäter, der der Verführung eines Mündigen erlegen ist, bleibt straflos (Abs. III). Ähnliche Bestimmungen finden sich schon in kantonalen Rechten: St. Gallen Art. 183 II z. B. läßt Strafmilderung oder auch gänzliche Straflosigkeit zu gegenüber Solchen, „welche schwerer Verführung unterlagen". Ähnlich bestimmt Waadt Art. 165 II. Neuenburg unterläßt die Verfolgung gegenüber dem minderjährigen Mädchen, das sich mit einem Aszendenten vergangen hat und gegenüber Geschwistern unter 18 Jahren (Art. 281 II und III).

2. Das G. löst in Art. 213 II mit der erschwerten Strafdrohung: Zuchthaus bis zu 10 Jahren aus dem Grundtatbestand den Fall heraus, da der Täter mit einem unmündigen, mehr als 16 Jahre alten Verwandten gerader Linie — also vor allem Vater und Tochter, Mutter und Sohn — den Beischlaf vollzieht. Für die unmündige mitbeteiligte Person gilt die Strafdrohung gemäß Abs. I, es sei denn, daß sie „der Verführung erlag" und nach Abs. III straflos bleibt. Der qualifizierte Fall des Abs. II ist mit Art. 191 Ziff. 1 zusammenzuhalten, wonach der Beischlaf mit dem eigenen Kind oder Großkind unter 16 Jahren mit Zuchthaus nicht unter 3 Jahren bedroht ist. Hier gilt das Kind immer nur als Opfer. Es bleibt in jedem Falle straflos. Als Spezialbestimmung geht Art. 191 Ziff. 1 dem Art. 213 II vor[1]; vgl. oben § 26 II 6 und III 1.

3. Blutschande ist Vorsatzdelikt. Der Vorsatz muß alle Tatbestandsmomente umfassen. Er setzt namentlich auch die Kenntnis der verwandtschaftlichen Beziehung voraus. Kantonale Rechte, z. B. Luzern § 117 und Aargau § 94, heben das ausdrücklich hervor. Unkenntnis führt zur Straflosigkeit (G. Art. 19 I). — Nur der Beischlaf ist nach Art. 213 strafbar. Die Ausdehnung auf andere unzüchtige Handlungen steht unter einem anderen Gesichtspunkt: Art. 191 Ziff. 2 V des G. bestraft mit Zuchthaus oder mit Gefängnis nicht unter 6 Monaten die Vornahme anderer unzüchtiger Handlungen mit einem Kind, Großkind, Adoptivkind, Stiefkind, Mündel oder Pflegekind. Bern Art. 165/166 stellt Unsittlichkeiten „mit jungen Leuten" unter Strafe und nennt in Art. 166 besonders Eltern und Pflegeeltern als Täter. Ähnlich bestimmen z. B. Zürich § 115 lit. a, Luzern § 123 Ziff. 1, Baselstadt § 94 Ziff. 1 und

[1] Thormann-v. Overbeck: Art. 213, N. IX nehmen dagegen Idealkonkurrenz von Art. 213 II mit Art. 191 Ziff. 1 an.

Thurgau § 107 (Verführung zur Unzucht durch Eltern und Pflegeeltern usw.). Der Gedanke der geschlechtlichen Reinhaltung des Familienlebens ist hier allein maßgebend[1].

III. Art. 213 IV des G. läßt die Verfolgungsverjährung schon nach 2 Jahren eintreten. Das ist mit der Überlegung begründet worden, Vorgänge des engsten Familienlebens sollen nur mit einer gewissen Vorsicht an die Öffentlichkeit gezogen werden[2]. Auf andere, deutlichere Weise kam dieser Gedanke in kantonalen Rechten zum Ausdruck: Waadt Art. 165 III verfolgt die Blutschande von Amts wegen nur, wenn sie öffentliches Ärgernis (scandale public) erregt. In den anderen Fällen ist ein Strafantrag von Familienangehörigen (parent jusqu'au quatrième degré de l'un ou de l'autre des auteurs du délit) oder eine Strafanzeige der Vormundschaftsbehörde erforderlich. Neuenburg Art. 281 IV verfolgt schlechthin nur, wenn die Tat öffentliches Ärgernis erregt.

§ 74. Delikte gegen den Familienstand.

Literatur. STOOSS: Grundzüge, 2, 278 ff. — KOHLRAUSCH: VD. Bes. Teil, 4, 465 ff. — LAERI (Lit. zu § 71): 84 ff. — RUSCA: Die Delikte in bezug auf den Personenstand, Zürcher Diss. (1939).

1. Schutzobjekt ist der Personen- oder besser der Familienstand eines Menschen, die Zugehörigkeit zu einer bestimmten Familie. Darin liegt auch der Gedanke: Wahrung des Allgemeininteresses an der Aufrechthaltung der Familienordnung. — Die Zugehörigkeit zu einer Familie wird begründet durch eheliche oder uneheliche Abstammung. Sie ist naturgegeben, unwandelbar und ewig. Etwas anderes ist, daß die tatsächliche Familienzugehörigkeit sich ändern oder erweitern kann: durch die Adoption wird das angenommene Kind in die Familie des Annehmenden eingefügt und erhält dessen Familiennamen (ZGB. Art. 268), durch die Ehe wird die Frau Familiengenossin des Mannes (ZGB. Art. 161). Aber die naturgegebene Zugehörigkeit zur Abstammungsfamilie bleibt bestehen. Deshalb kann auch der Stand eines Adoptierten oder einer Ehefrau in ihrer ursprünglichen Familie Gegenstand der Unterdrückung oder Verfälschung werden.

Danach bestimmt sich das Wesen der Familienstandsdelikte. Keine menschliche Handlung kann den gegebenen Familienstand zerstören oder verändern. Möglich ist nur, daß durch Täuschungshandlungen ein

[1] Dazu, mit weiteren Daten, MITTERMAIER: 144, 147; vgl. auch TÖBBEN: Handwörterbuch der Kriminologie, 1 (1933), 194. Über das Verhältnis zwsichen Blutschande und Schändung, begangen an einem 14jährigen Kind: Aarg. RSpr. 14, Nr. 22 (Aarg. StGB. §§ 94 und 101, Idealkonkurrenz von Schändung mit versuchter Blutschande abgelehnt; zweifelhafter Entscheid).

[2] ZÜRCHER: Erläuterungen VE. 1908, 254.

bestehender Familienstand verdeckt oder ein nicht bestehender vorgespiegelt wird[1]. Dagegen muß sich das Strafrecht wenden. — Weil Fälschungs- und Täuschungshandlungen zum Wesen der Familienstandsdelikte gehören, bestehen Beziehungen zu den Fälschungsdelikten und zum Betrug[2]. Zürich § 199 z. B. fügt die Familienstandsfälschung beim Betrug ein. Luzern hat aus den Tatbeständen Amtsanmaßung, Unterdrückung des Familienstandes und Anmaßung eines Familienstandes (§§ 231—233) einen besonderen Titel mit der Bezeichnung: Von betrüglichen Handlungen zur Beeinträchtigung fremder Amts- und Standesrechte gebildet. Für die Systematik sollen aber nicht die Mittel der Tatverübung, hier die Täuschung, sondern das Schutzobjekt den Ausschlag geben. Unterdrückung und Fälschung des Personstandes sind Delikte gegen die Familie[3].

II. Die bisherigen Rechte offenbaren in der Gestaltung der einzelnen Tatbestände große Verschiedenheit und Unklarheit über das Wesen der Familienstandsdelikte

Beispiele zeigen es: Zürich § 199 stellt drei Tatbestände auf. In erster Linie soll strafbar sein, „wer sich einen falschen Familienstand verschafft". Darin liegt zugleich die Verfälschung des eigenen Standes, unter Umständen auch die Gefährdung des Familienstandes einer anderen Person. Zu denken ist an das Sich-Verschaffen und Benutzen falscher oder fremder Ausweispapiere. Der Tatbestand wird nicht schon durch die Führung eines fremden Namens erfüllt. Bloße Namensanmaßung kann eine Übertretung sein (z. B. Freiburg Art. 129 II) und kann die privatrechtlichen Wirkungen gemäß ZGB. Art. 29 II nach sich ziehen. An zweiter Stelle steht der Tatbestand: einem Anderen einen falschen Familienstand verschaffen, was nur bedeuten kann, daß der Täter durch Täuschung den natürlichen Familienstand einer Person verdeckt und einen nicht bestehenden vorspiegelt. Damit wird in vielen Fällen auch der dritte Tatbestand: einem Anderen den „ihm gebührenden Familienstand entziehen" erfüllt sein. Der Ausdruck „Entziehen" ist verfehlt. Es handelt sich nur um ein Unterdrücken des einer

---

[1] Dazu namentlich Binding: Lb., 1, 231f.; Rusca: 93ff.

[2] Zur geschichtlichen Entwicklung der Familien-(Personen-)standsdelikte Morf: Über den reichsrechtlichen Begriff des Personenstandes und über die Personenstandsdelikte, Greifswalder Diss. (1904), 64ff. und namentlich Rusca: 1ff., 51ff. (Entwicklung des schweizer. Rechts).

[3] Rechtsvergleichende Daten zur Frage der Systematik bei Kohlrausch: 465ff.; 470f.: „Das geschützte Rechtsgut ist die tatsächliche Stellung einer Person innerhalb des durch natürliche und künstliche Verwandtschaft gebildeten Organismus." Weshalb der Hinweis auf die Familie vermieden wird, ist nicht verständlich. Gut Zürcher: Erläuterungen VE. 1908, 259; Laeri: 86; Rusca: 70. Im Vordergrund steht das Interesse des Staates an der Wahrung der Familienordnung, durch welche Ordnung zugleich die Interessen der Individuen, als Familienmitglieder, ihren natürlichen Schutz finden.

Person zukommenden Standes. Denkbar sind sehr verschiedene Fälle: Die Zugehörigkeit eines Menschen zu seiner Familie wird unerkennbar gemacht — für den Träger des Familienstandes selbst, für seine Familie und namentlich für den Staat, die Zivilstandsbehörden. Ein Kind wird z. B. namenlos ausgesetzt. Weitere Beispiele: Ein Kind wird unterschoben, als von einer Mutter geboren bezeichnet, die es nicht geboren hat. Ein unehelich geborenes Kind wird als ehelich geboren bezeichnet und behördlich gemeldet[1]. Ein Knabe wird als Mädchen, ein noch Lebender als tot gemeldet, ein später Geborener wird als Erstgeborener bezeichnet[2]. Zürich fordert Tatbegehung in rechtswidriger Absicht. Das bedeutet hier nur die schärfste Vorsatznuance, nicht die Absicht, sich oder einem Anderen einen rechtswidrigen Vorteil zu verschaffen oder einem anderen Schaden zuzufügen[3].

Luzern § 232/3 unterscheidet zwischen Unterdrückung des Familienstandes (Kindesunterschiebung und -verwechselung) und Anmaßung eines fremden Familienstandes. Bern Art. 150 faßt unter der Bezeichnung Unterdrückung des Familienstandes den Raub und das Verbergen eines Kindes, die Unterdrückung des Zivilstandes eigener oder fremder Kinder, die Kindesunterschiebung und die Nicht-Herausgabe eines Kindes zusammen. Das ist einerseits zu weitgehend, andererseits lückenhaft. Baselstadt § 85 I umschreibt besser: Unterschiebung und Verwechslung eines Kindes, ferner Unterdrückung oder Veränderung des Zivilstandes einer anderen Person. Als Beeinträchtigung der Familienrechte nennt Thurgau § 95 neben der Veränderung oder Unterdrückung des Familienstandes eines Anderen das Sichbemächtigen eines fremdenKindes unter 14 Jahren, um es als sein eigenes Kind zu behandeln, wodurch sein Familienstand gefährdet wird.

Beachtlich sind welsche Rechte, die besonders die Unterdrückung oder Zerstörung der Beweise für den Zivilstand einer Person und das

---

[1] Dazu BE. 13, Nr. 52 zu § 236 des alten luzernischen StGB. von 1860 (Auslieferungsfall). Bemerkenswert Zürcher Bl. 31, Nr. 42: Keine Fälschung des Familienstandes (Zürich § 199), wenn Eheleute das während der Ehe geborene, jedoch vorehelich von einem Dritten gezeugte Kind als ehelich eintragen lassen; vgl. ZGB. Art. 252 I. — In der Unterlassung der Anmeldung der Geburt eines Kindes liegt die Familienstandsfälschung noch nicht. Sie erfolgt erst durch die Bewirkung unrichtiger Einträge in die maßgebenden Register. Die Nichtanmeldung ist nur als Übertretung von Art. 183 oder 61 der VO. vom 18. Mai 1928 über den Zivilstandsdienst strafbar: Zürcher Bl. 40, Nr. 4.

[2] Weitere Beispiele bei Zeller: Kommentar zürcher. StGB. § 199, N. 3; Zürcher: Erläuterungen VE. 1908, 259f. — Man mag mit Binding: Lb., 1, 232ff. zwischen Unterdrückung und Verfälschung des absoluten Familienstandes, d. h. der Zugehörigkeit zu einer bestimmten Familie, und des relativen Familienstandes, d. h. der Stellung einer Person in einer Familie, unterscheiden.

[3] Zürcher Bl. 20, Nr. 182; 40, Nr. 4 (S. 13). Anders Zeller: Kommentar, § 199, N. 4.

Unmöglichmachen des Beweises hervorheben; Wallis Art. 258, Neuenburg Art. 329. Der Täter gefährdet dadurch die richtige Feststellung des Familienstandes einer Person[1].

III. Das G. Art. 216 bringt mit einer in den Hauptfragen zutreffenden Umgrenzung die Abklärung[2]. Strafbar sind Unterdrückung und Fälschung[3] des Personenstandes[4] eines anderen. Als Beispiel wird die Kindesunterschiebung hervorgehoben[5]. Bedauerlich ist jedoch, daß das Sichverschaffen eines falschen Personenstandes, die Familienstands-Anmaßung (siehe z. B. Zürich § 199, Luzern § 233), unberücksichtigt geblieben ist[6].

Die Strafdrohung des Art. 216 lautet auf Gefängnis, in schweren Fällen auf Zuchthaus bis zu fünf Jahren. Ein schwerer Fall liegt namentlich vor, wenn der Täter aus Gewinnsucht gehandelt hat[7]. In den Entwürfen, z. B. E. 1918 Art. 183 II, war Strafmilderung vorgesehen, wenn der Täter aus achtungswerten Beweggründen gehandelt hat. Die Streichung dieses II. Absatzes erfolgte mit dem Hinweis auf die gleichlautende allgemeine Milderungsnorm in Art. 64[8]. Wallis Art. 259 und Neuenburg Art. 330 privilegieren Fälle der tätigen Reue: der Täter, der vor dem richterlichen Urteil aus freien Stücken ein Kind, dessen er sich bemächtigt hat, wieder zurückbringt, oder der die unterdrückten Beweismittel für den Familienstand wieder beibringt, kann milder bestraft, ja straflos gelassen werden.

Mit dem Familienstandsdelikt können insbesondere der Tatbestand der Erschleichung einer falschen Beurkundung, die sog. mittelbare Falschbeurkundung (G. Art. 253) und auch eine Falschbeurkundung

---

[1] Vgl. Kohlrausch: 471 und Prot. I. ExpKom. 2, 66. — Weitere kantonale Daten bei Stooss: 2, 278ff.; Rusca: 56ff.; zu St. Gallen Art. 77/78: Entscheidungen des Kantongerichtes, 1939, Nr. 6, ferner Zürcher Bl. 40, Nr. 4.

[2] Die Entwicklungsgeschichte bei Rusca: 64ff.

[3] Korrekter wäre Verfälschung, da immer ein „echter“ Personenstand existiert. Zum Begriff Unterdrückung Morf: a. a. O. 73f.

[4] Richtiger wäre, nicht vom „Personenstand“, sondern vom „Familienstand“ zu reden. Schutzobjekt ist die Familie. Kritik auch bei Rusca: 74ff.

[5] Freiburg Art. 129 I, der im übrigen mit Art. 216 des eidg. G. übereinstimmt, nennt neben der Unterschiebung auch die Verwechslung. Dazu auch Rusca: 99ff. — Über die Bedeutung des Wortes „Kind“ bei der Kindesunterschiebung streitet man sich. Zutreffend ist die Annahme, daß es sich um ein „neugeborenes Kind“ handeln muß; Laeri: 88 unter Hinweis auf Art. 567 I des italienischen StGB. (neonato).

[6] Dazu Prot. I. ExpKom. 2, 63ff.; Zürcher: Erläuterungen, 260 mit dem Hinweis darauf, daß eventuell die Betrugsbestimmung und Art. 252 (falsche Ausweispapiere) zur Anwendung kommen. Kritik des G. durch Rusca: 87ff.

[7] Dazu die auf die Verschiedenheit der Motive abstellende kasuistische Gestaltung des Deliktes in Tessin Art. 276—280; vgl. auch Lang: Prot. II. ExpKom. 3, 298, ferner Rusca: 108ff.

[8] StenBull. NR. 1929, 531, 533.

im Sinne des Art. 317 konkurrieren[1]. Dagegen ist die Unterdrückung einer Zivilstandsurkunde wohl nicht aus Art. 254, sondern nur aus Art. 216 zu bestrafen; siehe unten § 99 II 3.

§ 75. Verletzung von Unterstützungs- und Erziehungspflichten. Entziehung und Vorenthalten von Unmündigen.

Literatur. STOOSS: Grundzüge, 2, 200f., 281ff. — FRIEDA DUENSING: Verletzung der Fürsorgepflicht gegenüber Minderjährigen (1903). — STEINEMANN: Die Vernachlässigung familienrechtlicher Pflichten, Zürcher Diss. (1922). — BUGMANN: Der Kinderhandel und seine Bekämpfung, Zürcher Diss. (1928), mit reichen Lit.-Angaben. — v. WURSTEMBERGER: Kinderraub, Berner Diss. (1915). — ROSENFELD: VD. Bes. Teil, 5, 395, 481f., 497. — v. OVERBECK: Z. 43, 215f. — CLERC: Z, 56, 378 ff. — LAERI (Lit. zu § 71): 91ff.

I. Die Art. 217—219 des G. enthalten Tatbestände, die sich gegen die Verletzung von Pflichten, welche sich aus familienrechtlichen Beziehungen ergeben, richten. Im Vordergrund stehen hier überall zivilrechtliche Bestimmungen und Sanktionen: Der Ehemann hat für Weib und Kind zu sorgen. Vernachlässigt er diese Pflicht, so kann der Richter schützende vermögensrechtliche Maßnahmen treffen (ZGB. Art. 152, 160 II, 171, 183 Ziff. 1: Gütertrennung auf Begehren der Ehefrau). Die Eltern haben Erziehungspflichten, und sie haben die Kosten des Unterhalts und der Erziehung ihrer Kinder zu tragen (ZGB. Art. 159 II, 272, 275 II, 289 I). Bei pflichtwidrigem Verhalten der Eltern haben die Vormundschaftsbehörden einzuschreiten (ZGB. Art. 283, 284 I; Wegnahme des Kindes und angemessene Versorgung, 285: Entziehung der elterlichen Gewalt). Nach Art. 328/9 ZGB. sind Blutsverwandte in auf- und absteigender Linie und Geschwister zu unterstützen, wenn sie ohne diesen Beistand in Not geraten würden. — Der uneheliche Vater hat die Mutter, deren Vaterschaftsklage gutgeheißen wird, schadlos zu halten (ZGB. Art. 317) und ihr unter Umständen eine Geldsumme als Genugtuung zu zahlen (Art. 318). Die Art. 319, 320 und 325 II des ZGB. bestimmen über die Sorge- und Unterhaltspflichten des außerehelichen Vaters gegenüber dem Kind. Nach Art. 321 kann der Richter den außerehelichen Vater, wenn die Vaterschaft glaubhaft gemacht wird, schon vor dem Urteil anhalten, die mutmaßlichen Kosten der Entbindung und des Unterhaltes des Kindes für die ersten 3 Monate

[1] Vgl. unten § 99 I; THORMANN: Prot. II. ExpKom. 4, 271; THORMANN-v. OVERBECK: Art. 216, N. 1. und 9 Nicht zutreffend GAUTIER: Exp.Kom., eodem 269, der wohl annimmt, die täuschende Erwirkung eines falschen Eintrages über den Familienstand einer Person in die Zivilstandsregister sei Voraussetzung für die Anwendung des Art. 216. Nein. Die Bestimmung umfaßt auch Fälle, in denen die Zivilstandsbehörden nicht beansprucht werden, z. B. die Aussetzung eines Kindes, um seinen Familienstand zu unterdrücken oder die Unterschiebung eines Kindes an Stelle eines verstorbenen ohne Registeränderung.

sicherzustellen. Art. 322 bestimmt endlich, daß die Ansprüche, die sich gegen den unehelichen Vater richten, auch gegen dessen Erben gehen. Art. 324 II verpflichtet die uneheliche Mutter für ihr Kind wie für ein eheliches zu sorgen[1].

Die weitreichenden familienrechtlichen Normen sind für die Bestimmung der Tragweite der Art. 217—219 des G. im Auge zu behalten. Der Strafgesetzgeber hat die Frage zu lösen, ob und wie weit er, über die zivilrechtlichen Sanktionen hinaus, Pflichtverletzungen unter Strafe stellen soll. Das G. betritt hier zum Teil Neuland. Die bisherigen Rechte geben nur mangelhafte Lösungen.

Im Anschluß an die Tatbestände, die Verletzungen der Unterstützungs- und der Erziehungspflicht unter Strafe stellen, ist auch der Art. 220 des G., das Entziehen und Vorenthalten von Unmündigen, zu erörtern. Er geht in anderer Richtung, weist aber auch auf Verletzung von Bestimmungen hin, die in familienrechtlichen Verhältnissen begründet sind (unten VI).

II. Das strafrechtliche Hauptstück ist der weitgespannte Tatbestand in Art. 217 I des G.: **Vernachlässigung von familienrechtlichen Unterhalts- und Unterstützungspflichten** aus bösem Willen, aus Arbeitsscheu oder aus Liederlichkeit. Die Strafdrohung lautet auf Gefängnis, während die Vorentwürfe (VE. 1903 Art. 254, VE. 1908 Art. 264) nur einen mit Haft bedrohten Übertretungstatbestand vorgesehen hatten. Die Nebenstrafe: Entziehung der elterlichen Gewalt gemäß Art. 53 steht dem Strafrichter überdies zur Verfügung.

Kantonale, allerdings zum Teil unvollkommene Vorbilder bestehen[2]. Hervorzuheben ist Zürich § 148, der in der Rechtsprechung eine bemerkenswerte Entwicklung erfahren hat. Strafbar sind Eltern und Pflegeeltern, die ihre Pflichten „in bezug auf die Besorgung oder Verpflegung der ihnen angehörigen oder anvertrauten Kinder gröblich verletzen". In weiter Auslegung bestrafen die zürcherischen Gerichte nicht nur Eltern, die ihr Kind schlecht behandeln oder mißhandeln, worauf der Tatbestand zunächst hinzudeuten scheint, sondern auch wenn sie es in Kleidung, Nahrung und Unterkunft vernachlässigen. Bestraft wer-

---

[1] Vgl. zu den Bestimmungen des ZGB. außer den Kommentaren zum Familienrecht von GMÜR, SILBERNAGEL und EGGER und der dort genannten zivilrechtlichen Literatur insbesondere GROB: Das Recht des Kindes auf die Fürsorge der Eltern, Zürcher Diss. (1912); HÜBSCHER: Unterhalts- und Unterstützungspflicht im Familienrecht des schweizer. ZGB., Zürcher Diss. (1918); NEHRWEIN: Der Unterhaltsanspruch des außerehelichen Kindes, Zürcher Diss. (1931); HEIDI SEILER: Die Verwandtenunterstützungspflicht, insbesondere im internationalen Privatrecht der Schweiz, Berner Diss. (1937); ferner ZÜRCHER: Erläuterungen VE. 1908, 470ff. und namentlich STEINEMANN: 34ff.

[2] Zusammenstellung kantonaler Rechte bei DUENSING: 99ff.; STEINEMANN: 10ff.

den auch der geschiedene Ehemann und der uneheliche Vater, die böswillig ihnen auferlegte Unterhaltsbeiträge für ihre Kinder nicht bezahlen[1]. Bern hat in Art. 37 des Armenpolizeigesetzes von 1912 die böswillige Nichterfüllung von Unterstützungs- und Alimentationspflichten allgemein, nicht nur mit Bezug auf Kinder, unter Strafe gestellt. Bestimmungen, zum Teil allerdings nur Ansätze zu einer Ordnung, enthalten ferner Luzern PolStG. §§ 88 und 155, Obwalden PolStG. Art. 104, Solothurn § 115, Schaffhausen § 190 und St. Gallen Art. 191[2]. Baselstadt PolStG. § 53 bestraft denjenigen, der sich der ihm obliegenden Pflicht zum Unterhalt seiner Familie oder zu Vermögensleistungen, die ihm als Vater eines außerehelichen Kindes obliegen, entzieht. Freiburg Art. 113 hat im Wesentlichen die Bestimmung der eidgenössischen Entwürfe übernommen. Ausführlich umschreibt Waadt Art. 171/172 die abandon de famille: Verletzung der Unterhaltspflicht gegenüber ehelichen und unehelichen Verwandten in direkter Linie, gegenüber Adoptivkindern und gegenüber dem Ehegatten, wenn sie Not leiden oder genötigt sind, fremde Hilfe zu beanspruchen[3]. Aargau hat im sog. 1. Ergänzungsgesetz betreffend die Strafrechtspflege von 1886 in sein Zuchtpolizeigesetz (§ 2 III) den Tatbestand eingefügt: Eltern, welche ihre Familienpflichten beharrlich und trotz vorausgegangener Warnung durch den Gemeinderat vernachlässigen und ihre Angehörigen dadurch in Notstand versetzen[4]. Genf Art. 291 schützt die Kinder und

[1] S. schon Allg. Teil, 15, und dort zitierte Entscheide. Vgl. ferner Zürcher Bl. 18, Nr. 14 und JZ. 23, 218, Nr. 43: Erfüllung des Tatbestandes nur, wenn durch Nichtzahlung von Unterhaltsbeiträgen das Wohl der Kinder beeinträchtigt oder geschädigt wird und der — geschiedene — Vater das wußte. Anders jetzt Bl. 32, Nr. 62 und JZ. 29, 203, Nr. 36; 36, 204, Nr. 146: Bestrafung auch dann, wenn eine Schädigung der Kinder unterblieb, weil von anderer Seite geholfen wurde; vgl. ferner JZ. 36, 255, Nr. 182 und Zürcher Bl. 39, Nr. 149. — Über die Entwicklung der zürcher. Rechtsprechung bis 1921 STEINEMANN: 1ff.; statistische Daten für die Jahre 1914—1918: 4f.; vgl. ferner BUGMANN: 86ff.

[2] Zu St. Gallen JZ. 25, 69, Nr. 13: Bestrafung eines unehelichen Vaters, der seiner Unterhaltspflicht nicht nachkommt.

[3] CAPT et GAMBONI: Edition annotée, Art. 171, N. 2: „L'inculpé n'est pas excusable, pour le motif que la victime serait déjà assistée, si sans cette assistance elle se trouvait dans le Cesoin."

[4] Rechtsprechung: BE. 26 I 311 und AargRSpr. 14, Nr. 72: Das Vergehen richtet sich nach der Auffassung der aargauischen Gerichte nicht nur gegen die Familienangehörigen, sondern auch gegen die Träger der öffentlichen Armenunterstützungspflicht, z. B. gegen die pflichtige Gemeinde. Das ist nach dem Text der Bestimmung mehr als fraglich. Vgl. auch AargRSpr. 21, Nr. 51; 22, Nr. 28. — Zahlreiche ausländische Gesetzgebungen haben in neuerer Zeit Bestimmungen gegen die Vernachlässigung der Familienpflichten (l'abandon de famille) geschaffen; z. B. Frankreich in einem Sondergesetz vom 7. Februar 1924 und 3. April 1928, dazu reiches, auch rechtsvergleichendes Material bei LATREILLE: Le délit d'abandon de famille, Thèse (Toulouse, 1926); CASANOVA: L'abandon de famille en droit pénal français, Thèse (Toulouse, 1931) mit weiteren Literaturangaben; MASS

den Ehegatten gegen den Täter, der sie „par suite de la privation des aliments ou vêtements indispensables“ Not leiden läßt[1].

Zu Art. 217 I des G.[2] ergibt sich:

1. Er bezieht sich nur auf ökonomische Verhältnisse, die Verletzung der Pflicht, Familienangehörige wirtschaftlich zu unterhalten oder zu unterstützen. Der Kreis der Unterstützungsberechtigten wird durch die Worterklärung: Angehörige in Art. 110 Ziff. 2 für das Strafrecht abschließend umgrenzt. Die körperliche Mißhandlung, Vernachlässigung und Überanstrengung von Kindern mit der Wirkung, daß deren Gesundheit eine Schädigung oder schwere Gefährdung erleidet, werden durch die Art. 134/135 erfaßt (oben § 14).

2. Im Rahmen des Art. 217 I kommen als Täter — weitergehend als nach den meisten bisherigen Rechten — Personen in Betracht, denen nach den familienrechtlichen Bestimmungen des ZGB. eine Unterhalts- oder Unterstützungspflicht obliegt (oben I.), also auch geschiedene Eltern, ferner gemäß ZGB. Art. 328/329 auch Geschwister. Über den außerehelichen Vater bestimmt, mit zum Teil anderer Tatbestandsumschreibung, Art. 217 II besonders (unten III.).

3. Die Vernachlässigung der Unterstützungspflicht besteht in der Nichterfüllung, auch in einer bloß teilweisen Erfüllung. Voraussetzung ist der Vorsatz. Aber das G. fordert darüber hinaus, daß der Täter aus bösem Willen, aus Arbeitsscheu oder aus Liederlichkeit seine Pflichten nicht erfüllt hat. Mit dem Hinweis auf diese Momente geht das G. über die Bestimmungen des ZGB. gegenüber Pflichtvergessenen hinaus. Der Ausdruck: böser Wille[3] weist auf eine Geisteshaltung hin. Der Täter könnte leisten, er unterläßt es aus Trotz, aus Bosheit, aus Rachsucht, aus Lust an der Schikane, z. B. gegenüber der geschiedenen Ehefrau. Die Ausdrücke Arbeitsscheu und Liederlichkeit — was hier nicht als Fahrlässigkeit gedeutet werden soll — kennzeichnen den Täter als einen pflichtvergessenen Menschen, der sein Einkommen verpraßt oder aus Faulheit nicht arbeitet[4]. Wer unverschuldet arbeitslos ist und des-

---

Gessteranus: Revue internationale de Droit pénal, 11, 98ff. (rechtsvergleichend); Ancel: Revue (belge) de Droit pénal, 17, 977ff., 1120ff. Ferner Italien, StGB. von 1930 Art. 570, dazu Leone: La violazione degli obblighi di assistenza familiare mit geschichtlichen und rechtsvergleichenden Daten (1ff.) und weiteren Literaturhinweisen; Conti: Annali di Diritto e Procedura penale, 2, Heft 12 (Separatabzug); Laeri: 93ff.

[1] Dazu JZ. 27, 280, Nr. 220: Anwendung auch auf den unehelichen Vater, jedoch nur wenn die Vaterschaft gerichtlich festgestellt oder rechtsförmlich (ZGB. Art. 303) anerkannt wurde.

[2] Über die Entwürfe Steinemann: 24ff.

[3] Dieses Moment ist erst spät in den Tatbestand eingefügt worden; Prot. II. ExpKom. 4, 70; Steinemann: 60ff.

[4] Regelmäßig liegt ein Unterlassungsdelikt vor, ein Begehungsdelikt dann, wenn der Täter z. B. seine Bank anweist, keine Zahlung zu leisten; v. Overbeck: Z. 43, 215f.

halb oder wegen Krankheit seine Unterhalts- und Unterstützungspflichten nicht erfüllen kann, bleibt selbstverständlich straflos[1]. Art. 43 sieht für den Täter, dessen Delikt mit seiner Arbeitsscheu oder seiner Liederlichkeit im Zusammenhang steht, unter Aufschiebung der Strafe, die Einweisung in eine Arbeitserziehungsanstalt vor. Das Delikt des Art. 217 ist ein typischer Fall für die Anwendung dieser Bestimmung[2].

Daß eine Bestrafung wegen Verletzung der Unterstützungspflicht nicht gegen das Verbot des Schuldverhaftes (BV. Art. 59 III) verstößt, ist zweifellos und vom Bundesgericht wiederholt festgestellt worden[3]. — Selbstverständlich sind aber gegenüber dem Täter neben den Straf- und Maßnahmebestimmungen auch die Hilfen des ZGB. und der Schuldbetreibung wirksam. Ist die Unterstützungspflicht fraglich oder bestritten, so muß sie zunächst, nötigenfalls in einem Zivilprozeß, abgeklärt werden[4].

4. Häufig wird die Figur des fortgesetzten Deliktes (G. Art. 71 III) gegeben sein[5], z. B. in dem typischen Fall, da der Täter die Leistung von monatlichen Unterhaltsbeiträgen fortlaufend unterläßt.

5. Über den Begehungsort bestanden in der bisherigen Rechtsprechung Zweifel[6]. Art. 7 des G. gibt eine Lösung: Die Tat ist sowohl da begangen, wo oder von wo aus der Täter hätte leisten sollen, als auch da, wo der Erfolg, die Schädigung des Unterstützungsberechtigten, eingetreten ist[7].

III. Art. 217 II des G. gibt für zwei Fälle der Vernachlässigung der Unterstützungspflicht eine erweiterte Lösung in dem Sinne, daß nicht nur die Verletzung aus dem Gesetz sich ergebender Unterstützungspflichten strafbar ist, sondern auch die Nichterfüllung einer freiwillig anerkannten Pflicht.

1. Das gilt mit Bezug auf außereheliche Kinder. Außer den Fällen gemäß ZGB. Art. 319, 320 und 325 II soll auch bestraft werden,

---

[1] ZÜRCHER: Erläuterungen VE. 1908, 471.

[2] Vgl. VE. 1908 Art. 264, der die Vernachlässigung der Familie als Übertretung behandelt und Einweisung in eine Arbeitserziehungs- oder in eine Trinkerheilanstalt ausdrücklich vorgesehen hatte. Dieser Hinweis ist, nachdem der Tatbestand als Vergehen gestaltet worden ist, nicht mehr nötig; dazu GAUTIER: Prot. ExpKom. 4, 71.

[3] BE. 1, Nr. 65; 3, 459; 5, 452f.

[4] Vgl. MÜLLER: Prot. II. ExpKom. 4, 73.

[5] KÖPFLI: Zürcher. StGB. § 148, Nr. 241; kein Dauerdelikt, wie ZELLER: Kommentar zürcher. StGB. § 148, N. 4 annimmt.

[6] Zürcher Bl. 18, Nr. 163 (Begehungsort am Wohnsitz des Unterstützungsberechtigten); 34, Nr. 30 (am Wohnsitz des Pflichtigen); AargRSpr. 14, Nr. 72 und 21, Nr. 51 (Begehungsort auch die Heimatgemeinde des in Not Geratenen, wenn sie zur Unterstützung herangezogen wird; auch gegen sie richtet sich das Delikt). Zu eng THORMANN-v. OVERBECK: Art. 217, N. 4 (Begehungsort am Wohnsitz des zu Unterstützenden). Vgl. jetzt auch CLERC: Z. 56, 388 ff.

[7] Richtig schon, unter Hinweis auf Zürich StPrO. § 1 II, Zürcher Bl. 36, Nr. 69.

wer freiwillig vermögensrechtliche Pflichten gegenüber einem außerehelichen Kind anerkannt hat und die Erfüllung dieser Pflichten aus bösem Willen, aus Arbeitsscheu oder aus Liederlichkeit unterläßt. Nicht Art. 303 ZGB. — die rechtsförmliche Anerkennung einer außerehelichen Vaterschaft — liegt hier zugrunde, denn in diesem Fall ergibt sich die Unterstützungspflicht schon aus dem Gesetz (ZGB. Art. 325 I und II). Strafbar ist auch, wer sich obligatorisch zu Vermögensleistungen verpflichtet hat und diese Pflicht in den Wind schlägt[1]. Nach dem Wortlaut des Art. 217 II — „wer — — — die ihm aus — — — freiwilliger Anerkennung obliegenden vermögensrechtlichen Pflichten gegenüber — — — einem außerehelichen Kinde nicht erfüllt" — muß angenommen werden, daß als Täter nicht nur der außereheliche Vater, sondern auch eine andere Person, die sich obligatorisch gebunden hat, in Frage kommen kann[2]. Art. 217 II ist besonders weit geführter Schutz des unehelichen Kindes.

2. Entsprechender Schutz soll der außerehelich Geschwängerten zuteil werden. Als familienrechtliche Grundlage kann wohl nur ZGB. Art. 321 in Betracht kommen, wonach der Richter, wenn eine Vaterschaft glaubhaft gemacht wird und die Geschwängerte sich in Not befindet, den Schwängerer schon vor dem Urteil zu finanzieller Sicherstellung anhalten kann[3]. Die Mißachtung eines solchen richterlichen Vorentscheides, aber überdies die Nichterfüllung von freiwillig gegenüber der Geschwängerten übernommenen Leistungspflichten machen aus Art. 217 II strafbar. Als Täter kommt nur der Schwängerer in Frage (verbo: „gegenüber einer von ihm außerehelich Geschwängerten"). Die Praxis wird dieser Bestimmung kaum ein sehr weites Anwendungsfeld öffnen können. Sie wird ergänzt

---

[1] Lehrreich dazu Zürcher Bl. 18, Nr. 93: Verletzung der Unterstützungspflicht auch durch einen Vater, der freiwillig, aber nicht rechtsförmlich gemäß ZGB. Art. 303, die außereheliche Vaterschaft anerkannt und sich durch den Abschluß eines „Vergleiches" zu Vermögensleistungen verpflichtet hat. Anders dagegen das Genfer Urteil in JZ. 27, 280, Nr. 220 zu StGB. Art. 291, das gerichtlich festgestellte oder rechtsförmlich anerkannte Vaterschaft voraussetzt. — ZGB. Art. 304 schließt die Anerkennung eines im Ehebruch oder in Blutschande erzeugten Kindes aus. Möglich ist aber die freiwillige Anerkennung von Vermögensleistungen und in der Folge die Erfüllung des Straftatbestandes gemäß Art. 217 II.

[2] Vgl. schon den ganz allgemein gehaltenen Art. 37 des bernischen Armenpolizeigesetzes von 1912: böswillige Nichterfüllung einer „durch schriftlichen Vertrag" übernommenen Unterstützungs- oder Alimentationspflicht; siehe auch Freiburg Art. 130. Luzern PolStG. § 155 Ziff. 3 nennt hier nur den außerehelichen Vater als Täter.

[3] Dazu schon ausdrücklich Luzern PolStG. § 155 Ziff. 4: Bestrafung des außerehelichen Schwängerers, der die ihm nach Art. 321 des ZGB. auferlegte Sicherstellung aus Böswilligkeit oder Liederlichkeit innerhalb der vom Richter bestimmten Frist nicht leistet.

IV. durch den Tatbestand: **Verlassen einer Geschwängerten** (G. Art. 218)[1]. Die Bestimmung geht darauf aus, den gewissenlosen Mann zu treffen, der eine Frau außerehelich geschwängert, sie in eine Notlage und vielleicht zum Verbrechen — Kindestötung, Abtreibung, Aussetzung — gebracht hat, ohne daß er dafür zur Verantwortung gezogen werden kann[2]. Der Tatbestand, der in der Gesetzesberatung Widerspruch begegnete[3], enthält einschränkende Klauseln:

1. Täter ist nur ein außerehelicher Schwängerer, nicht der Ehemann. Aber der Schutz kann auch einer Ehefrau zuteil werden, wenn nachgewiesen wird, daß sie von einem Dritten geschwängert wurde. Voraussetzung ist, daß das feststeht und, in jedem Fall, daß der Täter weiß, daß er die Frau geschwängert hat. Hat die Schwangere auch mit anderen Männern Beziehungen gehabt, so ist die Bestimmung nicht anwendbar[4].

2. Die verlassene Frau muß sich in bedrängter Lage befinden. Nicht nur finanzielle Not kommt in Betracht. Die außerehelich Geschwängerte hat regelmäßig mit Hindernissen und Anfechtungen verschiedener Art zu kämpfen[5].

3. Die Tat besteht darin, daß der Schwängerer vorsätzlich die Frau im Stiche läßt „und sie dadurch einer Notlage preisgibt". Mit einigem Recht ist die Unbestimmtheit dieser Fassung hervorgehoben worden[6]. Zu kritisieren sind auch die Worte: sie einer Notlage preisgeben. Die Frau befindet sich bereits in bedrängter Lage. Gemeint kann also nur sein, daß der Täter nichts unternimmt, um der Frau in ihrer Lage zu helfen. Aber auf welche Weise? Der Richter wird nach freiem Ermessen den Einzelfall würdigen müssen. Je nachdem soll der Täter durch Rat oder Tat, namentlich auch finanziell die Schwangere unterstützen. Er macht sich strafbar, wenn er überhaupt nichts tut. Das G. verwendet den Ausdruck „Imstichelassen" auch bei der Aussetzung (Art. 127) und

---

[1] Über die Bestimmung in den Entwürfen (VE. 1903 Art. 142, VE. 1908 Art. 411) STEINEMANN: 30ff.; THORMANN (Lit. zu den Vorbemerkungen dieses Abschnittes): 192f.; zur endgültigen Fassung StenBull. NR. 1929, 530ff., 778ff.; StR. 1931, 544ff.

[2] ZÜRCHER: Erläuterungen VE. 1908, 261f. mit Hinweisen auf ausländische Rechte (Finnland, Norwegen); Prot. II. ExpKom. 3, 299ff.; 4, 70ff. Luzern PolStG. § 90 bestimmt: „Wer eine Frauensperson, die von ihm außerehelich schwanger ist, böswillig oder leichtfertig im Stiche läßt, wird mit Gefängnis bestraft." Vgl. auch BRAENDLI: Das Verbrechen der Kindestötung, Berner Diss. (ohne Jahreszahl), 105ff.

[3] Prot. II. ExpKom. 3, 300ff.; 4, 70ff.; StenBull. StR. 1931, 544f.

[4] Zu diesen Fragen Prot. II. ExpKom. 3, 300f. (GAUTIER, ZÜRCHER), 302 (LACHENAL); BRAENDLI: a. a. O. 110ff.

[5] A. M. THORMANN-v. OVERBECK: Art. 218, N. 3 (nur finanzielle Notlage, was sich aus dem Wortlaut des G. ergeben soll).

[6] Prot. II. ExpKom. 3, 301ff.; 4, 71, 73.

in Art. 128; oben § 12 I und III. Der Unterschied gegenüber dem Aussetzungsdelikt, insbesondere gegenüber Art. 127 Ziff. 1 II, liegt darin, daß die Aussetzung ein Obhut- oder ein (rechtliches) Fürsorgeverhältnis voraussetzt. Davon ist im Art. 218 nicht die Rede. Ihm liegt nur der Gedanke einer moralischen Pflicht zum Beistand zugrunde. Die Bestimmung soll das Gewissen schlechter oder leichtfertiger Männer schärfen. Darin liegt ihre Rechtfertigung[1].

4. Die Strafdrohung geht auf Gefängnis, wobei die ungleich schwerere Strafe des Aussetzungsdeliktes — Zuchthaus bis zu 5 Jahren oder Gefängnis nicht unter 1 Monat — zu beachten ist. — Der Art. 218 enthält richtig das Antragserfordernis. Für die Entscheidung, ob der Täter bestraft werden soll, ist auf die Entschließung der Geschwängerten abzustellen.

5. Nicht selten werden mit dem Art. 218 Verführungsdelikte (G Art. 196/197) konkurrieren.

V. Unter der wenig aufschlußreichen Bezeichnung **Verletzung der Erziehungspflicht** stellt der Art. 219 des G. bestimmte Fälle des Kinderhandels unter Strafe. Im Hinblick auf Art. 202 (Frauen- und Kinderhandel) hat der Art. 219 diesen Ausdruck vermieden. Nach Art. 202 ist strafbar, wer mit Minderjährigen „Handel treibt", um der Unzucht eines Anderen Vorschub zu leisten (oben § 30). Jedermann kann Täter sein. Art. 219 hat ganz andere Fälle im Auge. Er ist erst durch die II. ExpKom. in das G. eingefügt worden[2].

1. Die Bestimmung knüpft an Art. 275 II des ZGB. an: die Eltern haben ihren Kindern gegenüber Erziehungspflichten. Sie dürfen sich ihrer nicht entledigen. Pflichtwidriges Verhalten soll zu behördlichem Einschreiten führen (ZGB. Art. 283ff.)[3]. Die Strafbestimmung des Art. 219 verstärkt für bestimmte besonders krasse Fälle der Pflichtverletzung den zivilrechtlichen Kinderschutz. Eheliche, uneheliche und Adoptiveltern, der jeweilige Inhaber der elterlichen Gewalt, kommen als Täter in Betracht. Die Erziehungspflichten liegen ihnen in gleicher Weise ob; vgl. ZGB. Art. 268 II, 324 II, 325 II[4]. Der Begriff: Kind ist hier natürlich nicht mit der in Art. 82ff. des G. enthaltenen Begrenzung zu verstehen. Auch ältere Kinder können unter Verletzung der Erziehungspflicht verhandelt werden. Sie dauert mindestens bis zur Mündigkeit

[1] Gut dazu HÄBERLIN: StenBull. StR. 1931, 545f., wo immerhin auf mehrfache Beweisschwierigkeiten hingewiesen wird.

[2] Prot. II. ExpKom. 2, 499ff.; 3, 306ff. (Anträge SILBERNAGEL, ZÜRCHER, KRONAUER); 4, 77ff., ferner StenBull. NR. 1929, 532, 534.

[3] Dazu CALAME: Prot. II. ExpKom. 4, 83, der die zivilrechtlichen Hilfen für ausreichend hält. Über die zivilrechtlichen Sanktionen BUGMANN: 45ff.

[4] Der außereheliche Vater hat Erziehungspflichten allerdings nur, wenn er das Kind freiwillig anerkannt hat, oder wenn es ihm mit Standesfolge zugesprochen wurde.

des Kindes (ZGB. Art. 273)[1]. — Für Pflegeeltern[2], Großeltern und auch für Inhaber der vormundschaftlichen Gewalt gilt Art. 219 nicht. Das G. hätte sie, wenn es sie in die Strafnorm hätte einbeziehen wollen, ausdrücklich nennen müssen.

2. Die Tragweite der Strafbestimmung ist eingeschränkt. Voraussetzung ist, daß der Täter sich seines Kindes dadurch entledigt, daß er es zu dauernder Pflege Personen übergibt, bei denen es sittlich oder körperlich gefährdet ist. Mit dieser allgemein gehaltenen Umschreibung sollen die Fälle des sog. Kinderhandels gekennzeichnet werden. Gedacht ist an Auswüchse des Kost- und Pflegekinderwesens, schwindelhafte Adoptionen, das „Verkaufen" und „Vermieten" von Kindern, um sie zum Bettel, zu Schaustellungen und anderen üblen Dingen zu mißbrauchen[3]. Das G. schränkt hier allerdings durch die Voraussetzungen ein, daß die Eltern sich des Kindes entledigen und es dauernd unzuverlässigen Personen überlassen. Die sog. Engelmacherei fällt selbstverständlich nicht unter die Bestimmung. Sie ist ein Tötungsdelikt, das namentlich Zieheltern und übel beleumdeten Hebammen zur Last fallen kann. Aber die uneheliche Mutter z. B., die ihr Kind einer solchen Person übergibt, macht sich, wenn sie die mit der Übergabe verbundene Gefahr für das Kind kennt oder hätte kennen müssen, aus Art. 219, unter Umständen aber auch aus Art. 127 (Aussetzung) strafbar; unten 3. — Die Tragweite des Art. 219 ist theoretisch schwer zu überschauen. Erst die Rechtsprechung kann hier mit der Zeit größere Klarheit schaffen.

Ähnliche Bestimmungen bestanden bereits in Glarus § 102 (Abgabe eigener oder anvertrauter Kinder, namentlich aus Böswilligkeit oder aus Gewinnsucht, an unzuverlässige Personen), in Schaffhausen § 175 (Überlassung von Kindern und Pflegebefohlenen an Andere „zu einer die Sittlichkeit gefährdenden Beschäftigung oder Lebensweise") und ähnlich in Graubünden § 127 unter dem Titel: Gewaltmißbrauch von Eltern und Vormündern.[4] Freiburg Art. 131 lautet ähnlich wie das eidgenöss. G., stellt aber die allgemein gefaßte Formel voran: „Eltern, die die Erziehung ihres Kindes in hohem Grade vernachlässigen."[5]

3. Der Art. 219 ist ein Gefährdungsdelikt. Der Täter bringt das

---

[1] So auch THORMANN-v. OVERBECK: Art. 219, N. 3.

[2] Über ihre Rechtsstellung BUGMANN: 40f., 48f., 50ff.: öffentlichrechtliche Bestimmungen über das Pflegekinderwesen; vgl. dazu die Art. 34 und 35 des bernischen Armenpolizeigesetzes von 1912 (Vernachlässigung und Mißhandlung von Pflegepersonen).

[3] Tatsachenmaterial haben SILBERNAGEL: Prot. II. ExpKom. 2, 500f. und 3, 307ff. und namentlich BUGMANN: 9ff., 20ff. beigebracht.

[4] S. auch BUGMANN: 91ff. mit der Feststellung, daß seit 30 Jahren — bis 1925 — keine Verurteilungen auf Grund dieser Bestimmungen erfolgt sind.

[5] Über internationale Bestrebungen zur Bekämpfung des Kinderhandels BUGMANN: 113ff.

Kind in eine Lage, in der es in sittlicher oder körperlicher Beziehung[1] gefährdet ist. Damit rückt der Tatbestand in die Nähe der vom G. sehr weit gefaßten Aussetzung (Art. 127). In der Gesetzesberatung ist das Verhältnis zu dieser Bestimmung kaum geprüft worden. Es ist abzuklären: Nach Art. 127 Ziff. 1 I ist wegen Aussetzung strafbar, wer einen Hilflosen, für den er zu sorgen hat, einer Gefahr für das Leben oder einer schweren unmittelbaren Gefahr für die Gesundheit aussetzt. Bei der Entscheidung eines Falles von Kinderhandel ist von der spezieller gefaßten Bestimmung des Art. 219 auszugehen (oben § 12 III 3). Zeigt sich jedoch, daß Eltern, die ihr Kind verhandeln, es mit Wissen und Willen — mindestens mit dolus eventualis — einer Lebensgefahr oder einer schweren „unmittelbaren" Gesundheitsgefahr ausgesetzt haben, so soll die strengere Strafnorm des Art. 127 zur Geltung gelangen.

4. Der Kinderhandel nach Art. 219 ist ein Vorsatzdelikt. Für die Erfüllung des Tatbestandsmomentes: Gefährdung in sittlicher oder körperlicher Beziehung genügt es jedoch, wenn der Täter wußte oder hätte annehmen müssen, daß er das Kind gefährdet. Das G. verwendet hier die gleiche Formel wie in Art. 144 (Hehlerei), in Art. 226 I (Herstellen von Sprengstoffen) und in Art. 295 II (Übertretung des Wirtshausverbots). Damit ist jedoch nicht ein Tatbestand der fahrlässigen Verletzung der Erziehungspflicht geschaffen[2]. Die Formel stellt eine Beweiserleichterung dar. Der deutliche Beweis, daß der Täter um die Gefährdung gewußt hat, wird unter Umständen nicht gelingen. Aber es soll genügen, daß für den Richter feststeht, der Täter hätte die Gefahr für das Kind erkennen können und habe es trotzdem einer unzuverlässigen Person übergeben. Dann hat er seine Erziehungspflichten vorsätzlich, mindestens mit dolus eventualis, verletzt[3].

5. Der Kinderhandel ist mit der Übergabe des Kindes an die unzuverlässige Person vollendet. Versuch ist möglich. Er liegt aber nicht schon in beim Kinderhandel häufig vorkommenden dubiosen Zeitungsinseraten. Sie sind nur Vorbereitungshandlungen. Um sie zu treffen, wäre eine besondere Strafnorm notwendig[4].

[1] Bugmann: 110 kritisiert, daß das G. eine Gefährdung des geistigen Wohls bei einem in fremde Pflege gegebenen Kindes nicht berücksichtigt. Von einer Gefährdung in geistiger Beziehung zu reden, wäre jedoch gesetzgeberisch zu vag.

[2] Anders, mit der Annahme, dem Vorsatz sei grobe Fahrlässigkeit gleichgestellt, Thormann-v. Overbeck: Art. 219, N. 8.

[3] Vgl. oben § 58 II 4 (Schuld des Hehlers). Zu weit geht Bugmann: 103, 108, der auch den fahrlässigen Kinderhandel unter Strafe stellen will.

[4] Prot. II. ExpKom. 2, 499: Antrag Silbernagel, wonach schon strafbar sein sollte, wer „Anstalten trifft", um ein Kind zu verhandeln; ferner 3, 306f.: gewerbsmäßiges und öffentliches Sich-Empfehlen von Hebammen und Leitern von Entbindungsanstalten zur Unterbringung von Kindern, ohne daß eine besondere behördliche Bewilligung vorliegt; Veröffentlichung von Gesuchen um Abgabe oder

6. Der Kinderhandel ist ein zweiseitiges Geschäft. Art. 219 nennt aber als Täter nur die Eltern, die ihr Kind verkaufen, vermieten, verschenken. Die Personen, die das Kind übernehmen, können sich nach den allgemeinen Regeln, als Anstifter, unter Umständen auch als Gehilfen strafbar machen. Für sie kommen ferner namentlich die Tatbestände der Mißhandlung, Vernachlässigung und Überanstrengung von Pflegebefohlenen in Betracht (Art. 134/135)[1].

7. Die Strafdrohung des Grundtatbestandes lautet auf Gefängnis. Der Abs. 2 des Art. 219 erhöht das Strafminimum auf 3 Monate, wenn die Übergabe des Kindes aus Gewinnsucht (dans un dessein de lucre) geschieht[2]. In der Regel wird sich die Anwendung der Nebenstrafe der Entziehung der elterlichen Gewalt empfehlen (Art. 53).

VI. **Entziehen und Vorenthalten von Unmündigen** (G. Art. 220). Der Tatbestand steht in der Nähe des in älteren Rechten sog. Kinderraubes, der Kinderentführung gemäß Art. 185. Diese setzt aber voraus, daß ein Kind unter 16 Jahren entführt wird, um Gewinn aus ihm zu ziehen oder um ein Lösegeld zu erlangen oder um das Kind zur Unzucht zu mißbrauchen oder mißbrauchen zu lassen; oben § 21 IV. Der Art. 220 hat andere Fälle im Auge. Der Tatbestand soll in erster Linie die Rechte der Inhaber der elterlichen oder vormundschaftlichen Gewalt wahren, indirekt allerdings auch den dieser Gewalt unterstehenden Unmündigen schützen[3]. Familieninteressen sind das Schutzobjekt. Das rechtfertigt die Einstellung des Tatbestandes in diesen Zusammenhang[4].

Bisherige Rechte lassen vielfach die scharfe Scheidung, die das eidgenössische G. zwischen der mit Zuchthaus bedrohten Kindesentführung und dem viel leichteren Vergehen des Entziehens oder Vorenthaltens von Unmündigen vornimmt, vermissen. Zürich § 150 und andere kantonale Rechte kennen nur einen Tatbestand des Menschenraubes, in dessen Rahmen das Sichbemächtigen von Kindern ohne Einwilligung

---

Annahme von Kindern. Dazu WETTSTEIN: eodem, 3, 313f.: Die Bekämpfung zweifelhafter Inserate ist der Presse selbst zu überlassen. Vgl. auch ZÜRCHER: Z. 38, 45ff. (Adoptions- und Hebammeninserate); BUGMANN: 58ff.

[1] Prot. II. ExpKom. 4, 79 (GAUTIER), 48 (HAFTER),

[2] Zum Begriff der Gewinnsucht oben § 28 II 3. Fälle, in denen Kinder gegen Geldzahlung angeboten wurden, nennt SILBERNAGEL: Prot. II. ExpKom. 3, 308f.; vgl. auch GLARUS § 102.

[3] ZÜRCHER: Erläuterungen VE. 1908, 262 nimmt an, daß unter dem Unmündigen auch der Entmündigte, z. B. ein unter Vormundschaft stehender Geisteskranker, zu verstehen ist. Nach dem Wortlaut der Bestimmung („unmündige Person") ist das sehr zweifelhaft. Wünschenswert wäre es; vgl. dazu Waadt Art. 173, auch REICHEL: Z. 21, 328.

[4] Zur Frage der Systematik v. WURSTEMBERGER: 18f., 121f.; ROSENFELD: 497.

der Eltern oder Vormünder besonders hervorgehoben[1] wird. Andere Rechte, z. B. Bern Art. 150, Thurgau § 95, Tessin Art. 276/277, behandeln das Sichbemächtigen und das Vorenthalten eines Kindes im Zusammenhang der Delikte gegen den Familienstand (oben § 74 II). Die älteren welschen Rechte folgen dem französischen C. p., der neben den „Kinderraub" (Art. 354ff.: Enlèvement de mineurs) einen Tatbestand des Entziehens und des Vorenthaltens eines Kindes setzt, wodurch sein Familienstand gefährdet wird (Art. 345). Einen solchen Tatbestand kennen Wallis Art. 257, Neuenburg Art. 328 und Genf Art. 288—289 (Ceux qui, étant chargés d'un enfant, ne le présenteront point aux personnes qui ont droit de le réclamer). Freiburg faßt in Art. 77 bei den Freiheitsdelikten die Kindesentführung und das Entziehen und Vorenthalten von Minderjährigen zusammen. Es folgt im wesentlichen der Ordnung des eidgenössischen G. Besonders ausführlich hat Waadt in den Art. 173 bis 176 das Entziehen (Enlèvement) von Kindern und Minderjährigen und das Vorenthalten von Personen, die elterlicher oder vormundschaftlicher Gewalt unterworfen sind, gestaltet[2]. — An den § 235 des deutschen StGB. schließen sich Solothurn § 123 I und Basel § 122 I an mit dem Tatbestand: Entziehen einer minderjährigen Person — Basel: Person unter 18 Jahren — aus dem Schutze derjenigen, in deren rechtmäßiger Gewalt sie steht[3].

Der Art. 220 des G. hat das Vergehen der Entziehung und des Vorenthaltens von Unmündigen von den unzutreffenden Bindungen gelöst[4].

I. Täter kann Jedermann sein, der nicht Inhaber der elterlichen oder der vormundschaftlichen Gewalt über den Unmündigen ist, also namentlich auch Eltern oder ein Elternteil, denen die elterliche Gewalt entzogen ist (ZGB. Art. 156, 285). Fälle, in denen ein geschiedener Ehegatte, dem die elterliche Gewalt aberkannt wurde, dem anderen Gatten das Kind entzieht oder nicht herausgibt, hat das G. vor allem im Auge[5]. — Nur die vorsätzliche Verübung ist strafbar. Ob der Minderjährige dem Entziehen oder Vorenthalten zustimmt oder nicht, ist belanglos.

---

[1] Bei dieser Ordnung bestand die Gefahr, daß der Richter unter Umständen genötigt war, auch beim bloßen Entziehen eines Kindes die schwere Strafe des Menschenraubes — z. B. Zürich § 150 I: Zuchthaus bis zu 10 Jahren oder Arbeitshaus — zur Geltung zu bringen; vgl. auch den Auslieferungsfall in BE. 31 I, Nr. 115, ferner Bern Art. 152 (Entführung Minderjähriger) und dazu das von Krebs in der Note zu diesem Artikel zit. Urteil.

[2] Art. 173: Celui qui, sans droit, refuse de remettre une personne soumise à puissance paternelle ou à tutelle à celui qui exerce sur elle cette autorité.

[3] Zum Ganzen v. Wurstemberger: 55ff. (Gesetzestexte und ausführliche Erörterung der kantonalen Rechte).

[4] Die Entwicklung der eidgenössischen Entwürfe bei v. Wurstemberger: 116ff.

[5] Prot. II. ExpKom. 3, 303f.; Capt et Gamboni: Code pénal vaudois, édit. annotée, zu Art. 173.

2. Als Voraussetzung des Entziehens ist nicht notwendig, daß der Unmündige beim Inhaber der elterlichen Gewalt sich befindet. Er ist z. B. in einer Erziehungsanstalt untergebracht und wird von da weggeholt und verborgen mit der Wirkung, daß die elterliche Gewalt nicht mehr zur Geltung gebracht werden kann[1]. Das Vorenthalten eines Kindes, nicht aber das Entziehen ist ein Dauerdelikt, was für den Beginn der Verfolgungsverjährung von Bedeutung ist (G. Art. 71 IV).

3. Die Strafdrohung lautet auf Gefängnis oder Buße. Erforderlich ist, anders als bei der Kindesentführung, ein Strafantrag. Antragsberechtigt sind die Inhaber der elterlichen oder der vormundschaftlichen Gewalt. Ob ihnen diese Gewalt nach Zivilrecht zukommt, und ob sie andererseits dem Beschuldigten — z. B. einem geschiedenen Ehegatten — fehlt, ist, wenn Zweifel bestehen, vorgängig abzuklären. — Dem Unmündigen steht, auch wenn er sich als verletzt betrachten würde, das Antragsrecht nicht zu. Er ist das Deliktsobjekt.

Zweiter Abschnitt.

Delikte gegen den öffentlichen Frieden.

Vorbemerkungen.

1. Jedes Verbrechen stört den gesellschaftlichen Frieden, wenn man ihn als den durch das Recht geordneten Zustand des gesicherten Zusammenlebens einer Menschengemeinschaft auffaßt. Aber damit ist für die Tatbestände, die das G. im 12. Titel unter der Bezeichnung Verbrechen und Vergehen gegen den öffentlichen Frieden zusammenfaßt, keine genügende Charakterisierung gewonnen. Das Schutzobjekt gesellschaftlicher oder öffentlicher Friede[2] ist enger zu fassen[3]. Zu schützen ist der Zustand des friedlichen Zusammenlebens der Volksgenossen gegen gefährliche Angriffe, die sich gegen die Volksgesamtheit oder wenigstens gegen einen Volksteil richten. Auch wenn die Friedensstörung nur einen — größeren oder kleineren — Volksteil trifft, berührt und gefährdet sie das Ganze. Aus einem gewährleisteten Zustand des friedlichen Zusammenlebens ergibt sich das Gefühl der Rechtssicherheit, das Vertrauen in die Fortdauer des Friedenszustandes. Es ist das zweite schutzbedürftige Objekt[4].

---

[1] Zürcher: Erläuterungen, 263; vgl. auch BE. 31 I, 685ff., 690 (Auslieferungsfall: Anstiftung zur Kinderentziehung) und Krebs: bernisches StGB. Art. 152, Note.

[2] Binding: Lb. 2 II, 879 spricht von Volksfriede.

[3] Caflisch (Lit. zu § 77): 43ff.

[4] Trefflich Binding: Normen, 1 (2. Aufl.) 352 und Lb., 2 II, 880f., ferner v. Hippel (Lit. zu § 76): 32.

Wichtigste Gemeinschaftsinteressen stehen im Spiel. Ihre Wahrung steht in erster Linie beim Polizei- und Verwaltungsrecht. So wie bei den Ehe- und den Familiendelikten den Hilfsmitteln des Zivilrechts gegenüber dem Strafrecht der Vorrang gebührt, so tritt beim Schutz des öffentlichen Friedens das Strafrecht gegenüber den im Polizei-, Militär- und Verwaltungsrecht liegenden Kräften[1] in den Hintergrund. Das Strafrecht greift nur ein bei Verletzungen, die so bedeutend sind, daß der Friede der Volksgesamtheit oder wenigstens von Volksteilen und damit das Gefühl der Rechtssicherheit der Gefahr schwerer Störung ausgesetzt wird.

2. Die Betrachtung der im 12. Titel des G. enthaltenen Tatbestände ergibt von diesen Gesichtspunkten aus ein merkwürdiges Resultat. Daß die Tatbestände der Schreckung der Bevölkerung (Art. 258), der öffentlichen Aufforderung zu Verbrechen (Art. 259) und in besonderem Maße der Landfriedensbruch (Art. 260) den öffentlichen Frieden verletzen oder gefährden, ist über allen Zweifel erhaben. Auch bei der Störung der Glaubens- und Kultusfreiheit gemäß Art. 261 mag das noch zutreffen. Die im Art. 261 umschriebenen Delikte richten sich wohl in erster Linie gegen den Religions- und Konfessionsfrieden, gegen ein hohes, das Gemeinschaftsinteresse treffendes Friedensgut. Aber schon bei Art. 262, den Tatbeständen der Störung des Totenfriedens, ergeben sich Bedenken, ob durch diese Delikte der Volksfriede und das Gefühl der Rechtssicherheit gestört werden können.

Völlig außerhalb dieses Rahmens fallen die Tatbestände der Verübung einer Tat in selbstverschuldeter Unzurechnungsfähigkeit (Art. 263) und der Tierquälerei (Art. 264). Ihre Einfügung in den Titel der Delikte gegen den öffentlichen Frieden ist eine Verlegenheitslösung[2]. In der nachfolgenden Darstellung sollen sie als Anhang zu diesem Abschnitt erörtert werden (unten §§ 80/81).

3. Nicht in diesen Zusammenhang gehört der Hausfriedensbruch. Er richtet sich nicht gegen den öffentlichen, sondern gegen den persönlichen Frieden, gegen das Interesse des Einzelnen an der ungestörten Betätigung des eigenen Willens und der eigenen Lebensführung, insbesondere in der eigenen Wohnung. Der Nachweis, daß der Hausfriedensbruch ein Freiheitsdelikt darstellt, ist oben (§22) versucht. Dagegen wird der öffentliche Friede auch durch gewisse Staatsdelikte (G.

---

[1] Vorbeugung und Wiederherstellung gestörter Ordnung; SCHÜRCH (Lit. zu § 76): 39ff., 102ff., 115 (Primat der polizeichen und verwaltungsrechtlichen Hilfen).

[2] Der alte, im besonderen deutschrechtliche Gedanke, daß jedes Delikt den gesellschaftlichen Frieden stört, hat heute für die Systematik keinen Sinn mehr. Aufgabe des Gesetzgebers und der Wissenschaft ist es, das besondere Rechtsgut, das durch eine Strafnorm geschützt werden soll, zu bestimmen; über die Entwicklungen unten § 77.

Art. 265ff.) verletzt oder gefährdet. Bei ihnen steht der Staatsschutz im Vordergrund; unten § 101. Zum Wesen der Delikte gegen den öffentlichen Frieden gehört nicht notwendig die Staatsgefährlichkeit oder die Verfolgung staatsfeindlicher Zwecke[1].

I. Echte Friedensstörungen.

§ 76. Schreckung der Bevölkerung. Öffentliche Aufforderung zu Verbrechen.

Literatur. Stooss: Grundzüge, 2, 178, 180f., 423ff. und Z. 3, 165ff. — v. Hippel: VD. Bes. Teil, 2, 29ff., 35, 37. — Lesch: Die Anarchistengesetze der Schweiz, Leipziger Diss. (1919), insbesondere 85ff. — Schürch: Der strafrechtliche Schutz der öffentlichen Ordnung, Berner Diss. (1936). — Lohner: Die Aufforderungsdelikte, Berner Diss. (1937).

I. **Schreckung der Bevölkerung.** Das deutsche StGB. (§ 126) verwendet die alte gute Bezeichnung: Landzwang, die schon in der Carolina (Art. 128: landtzwinger) vorkommt. Durch Androhung eines die Bevölkerung — eine Landesgegend, ein Dorf usw. — erschreckenden schweren Verbrechens zwingt der Täter Menschen in seinen Bann. Er gefährdet dadurch den öffentlichen Frieden, insbesondere das Gefühl der Rechtssicherheit. Der Unterschied gegenüber der Bedrohung eines Einzelnen (G. Art. 180; oben § 18), einem gegen die persönliche Freiheit gerichteten Delikt, ist klar.

Bisherige Rechte bezeichnen das Delikt als gemeingefährliche Drohung: Zürich § 90, Glarus § 56, das den Tatbestand bei den Staatsdelikten eingefügt hat, Zug § 56, Solothurn § 128 III, Basel § 62, Thurgau § 126. Besonders ausführlich regelt Genf Art. 231—233 unter dem Titel menaces d'attentats contre la sûreté publique, les personnes et les propriétés. Ähnlich bestimmt Neuenburg Art. 192, das noch die wissentliche Verbreitung falscher alarmierender Gerüchte hinzufügt. Ganz allgemein lautet Waadt Art. 234: Celui qui jette l'alarme ou répand la panique dans la population. Beunruhigung der Bevölkerung durch falsche Gerüchte und falschen Alarm bestrafen auch Luzern PolStG. § 52, Obwalden PolStG. Art. 34, Glarus § 55, Tessin Art. 193 § 1. Die letzteren Bestimmungen haben, wenigstens zum Teil, Übertretungs-

[1] Vgl. Schürch (Lit. zu § 76): 7f., 19ff., 23ff., 46ff. Erforderlich sind: Maßnahmen gegen Kräfte, die indirekt den Bestand der Staatsmacht dadurch gefährden, daß sie ihre Grundlage, die öffentliche Ordnung, zersetzen; Schutz der öffentlichen Ordnung als Vorstufe zum Staatsschutz. Aus dem in der Volksabstimmung vom 11. März 1934 verworfenen Bundesgesetz über den Schutz der öffentlichen Ordnung (s. unten § 76 II) ist außer auf die Tatbestände der Aufforderung zu Verbrechen (Art. 1 und 2) noch auf Art. 4 (Gewalttätigkeiten gegen Versammlungen oder Umzüge) und auf Art. 7 (Ansammeln und Verteilen von Waffen oder Munition) aufmerksam zu machen.

charakter[1]. — Es ist wohl ein gutes Zeichen, daß der Tatbestand der gemeingefährlichen Drohung kaum je zur Anwendung gebracht werden mußte[2]. Aber die Notwendigkeit einer Bestimmung als eines mindestens präventiven Friedensschutzes steht fest.

1. Art. 258 des G. fordert, daß mit einer Gefahr für Leib, Leben oder Eigentum gedroht wird. Das wird durch Anfügung von Beispielen: namentlich Drohung mit Mord, Plünderung oder Brand veranschaulicht. Um die Drohung mit einem gemeingefährlichen Verbrechen, das sich gegen eine Personenmehrheit richtet, braucht es sich nicht zu handeln. Die Morddrohung z. B. kann sich gegen einen Einzelnen richten, aber sie muß die Wirkung haben, daß sie die Bevölkerung oder einen Bevölkerungsteil in Schrecken versetzt. Es ist auch nicht notwendig, daß der Drohungsinhalt sich mit einem im Gesetz umschriebenen Deliktstatbestand genau deckt[3]. Ein Verbrechen der Plünderung kennt das G. nicht. Mit ihrer beispielsweisen Nennung in Art. 258 wird nicht auf Art. 139 des MilStG., der die Plünderung in Kriegszeiten oder im aktiven Dienst unter Strafe stellt, Bezug genommen. Die zutreffende Auslegung des Art. 258 kann nur dahin gehen, daß es sich um eine objektiv schwere, gegen Leib, Leben oder Eigentum gerichtete Drohung handeln muß. Das freie Richterermessen hat Spielraum. Als weiteres Beispiel wurde die Drohung mit der Verbreitung von Seuchen genannt. Drohung mit einem Streik kann wohl höchstens dann unter den Art. 258 fallen, wenn ein das gesellschaftliche Leben lahmlegender Generalstreik angedroht wird[4].

2. Das Delikt ist vollendet, wenn die Bevölkerung oder ein Volksteil in Schrecken versetzt wurde. Das muß bewiesen werden. Der

[1] Der Übertretungstatbestand: Beunruhigung der Bevölkerung (Alarmer la population) in Art. 330 des E. 1918 wurde in der parlamentarischen Beratung gestrichen. Die Kantone bleiben gemäß G Art. 335 Ziff. 1 I befugt, in ihrem Polizeistrafrecht über einen solchen Tatbestand zu bestimmen. Über ihn Prot. II. ExpKom. 7, 158ff., 357f. Vgl. dagegen die Verbrechenstatbestände gemäß MilStG. Art. 89: Störung der Unternehmungen des Heeres in Zeiten eines aktiven Dienstes durch Verbreitung unwahrer Nachrichten und Art. 102: Verbreitung unwahrer Nachrichten während einer Aktivdienstzeit in der Absicht, die Bevölkerung in Angst und Schrecken zu versetzen.

[2] In der II. ExpKom. 4, 289f. wurde erklärt, daß bei Art. 258 namentlich auch an die Schreckung der Bevölkerung durch anarchistische und terroristische Drohungen zu denken ist; dazu unten II.

[3] Zu diesen Fragen gut Gautier: Prot. II. ExpKom. 4, 289, auch Lang: eodem, 291. Zu beachten ist der Unterschied gegenüber anderen Gesetzen: Basel § 62 z. B. fordert Drohung mit einem „schweren Verbrechen", wobei unklar bleibt, ob der Verbrechensbegriff technisch zu nehmen ist. Eindeutig ist die Fassung des deutschen StGB. § 126: Androhung eines gemeingefährlichen Verbrechens; dazu v. Hippel: 31 und 37 (als zu eng bezeichnet). Vgl. auch die Beratungen Prot. II. ExpKom. 4, 288ff.

[4] Prot. II. ExpKom. 4, 291, 295 (Lang und Zürcher: Streikfrage), 294 (Rohr: Drohung mit Seuchenverbreitung).

Nachweis wird oft schwierig sein. Richtig ist, anzunehmen, daß auch dieses Moment vom Vorsatz des Täters, mindestens von seinem dolus eventualis, umfaßt sein muß. Dagegen ist keineswegs gefordert, daß der Täter seine Drohung in dem Sinne ernst gemeint haben muß, daß den Worten auch die Tat folgen soll. Die Drohung, die Schrecken verbreitet, genügt[1]. Schon der üble Maulheld ist strafbar.

3. Über die Form der Tatverübung sagt das G. nichts. Jedes taugliche Mittel reicht aus: Worte, eine drohende Rede, Drohbriefe, ein Preßartikel, Radio und Film, eine Aufschrift an einer Hausmauer, die z. B. eine Branddrohung enthält. Immer aber muß die Schreckenswirkung weitere Kreise, die Bevölkerung, erfassen. Die hochgespannte Strafdrohung des Art. 258 — Zuchthaus bis zu 3 Jahren oder Gefängnis — ist ein Zeichen für die Schwere des Deliktes.

Versuch ist denkbar und strafbar. Vielleicht scheitert das Delikt an einer Bevölkerung, die sich durch Drohungen nicht schrecken läßt[2].

4. Wer durch Drohungen die Bevölkerung schreckt, kann gleichzeitig einen Einzelnen oder Einzelne bedrohen. Mit Art. 258 kann die Bedrohung gemäß Art. 180 in ideale Konkurrenz treten[3]. Liegt auch eine Einzelbedrohung vor, so kann der Richter neben der Strafe die Maßnahme der Friedensbürgschaft (Art. 57) zur Geltung bringen (oben § 18 III). Sie setzt einen Antrag des Bedrohten voraus.

II. Der Tatbestand: **Öffentliche Aufforderung zu Verbrechen** hat im eidgenössischen Recht seine besonders bemerkenswerte Geschichte. Schon 1890 bestand der Plan, eine allerdings viel spezieller gerichtete Bestimmung in das Bundesstrafgesetz von 1853 als Art. 48 bis einzufügen[4]. Der Plan ist liegen geblieben[5]. Das erste Sprengstoffgesetz von 1894 hat da-

[1] Gautier: Prot. II. ExpKom. 4, 290: L'auteur de la menace peut fort bien n'avoir pris à aucun moment la résolution de l'exécuter. Le mal résulte de la menace elle-même, abstraction faite des intentions réelles de l'auteur. Lé délit est consommé dès que la population est alarmée; vgl. auch Lesch: 88ff.

[2] Schürch: 29.

[3] Ebenso v. Hippel: 32.

[4] Aufforderung zu anarchistischen Verbrechen und Aufforderung zum Klassenkampf: „Wer mit Beziehung auf einen gewaltsamen Umsturz der gesellschaftlichen Ordnung zur Begehung von Verbrechen auffordert, aufreizt oder Anleitung gibt, oder wer in einer den öffentlichen Frieden gefährdenden Weise zur gewalttätigen Verfolgung ganzer Bevölkerungsklassen auffordert oder aufreizt, wird mit Gefängnis, in schweren Fällen mit Zuchthaus bestraft.“

[5] Vgl. Stooss: Grundzüge, 2, 179ff. und namentlich Z. 3, 165ff., der den zweiten Teil des in Aussicht genommenen Artikels, die sog. Klassenkampfbestimmung, aus materiellen, aber auch aus damals bestehenden staatsrechtlichen Gründen — Bundesstrafrecht zum Schutz des öffentlichen Friedens? — ablehnte; s. auch Schürch: 108f., ferner den § 130 des deutschen StGB. (Anreizung zum Klassenkampf). Einen Tatbestand: Aufhetzung eines Bevölkerungsteiles gegen einen anderen enthielt der VE. 1894 Art. 93. Die I. ExpKom. strich ihn; Prot. 2, 25ff.; s. auch v. Hippel: 58f.

gegen in Art. 4 die Bestimmung aufgenommen: Wer in der Absicht, Schrecken zu verbreiten oder die allgemeine Sicherheit zu erschüttern, zu Verbrechen gegen die Sicherheit von Personen oder Sachen aufmuntert oder Anleitung gibt, wird . . . bestraft (sog. Anarchistenartikel)[1]. Das revidierte Sprengstoffgesetz von 1924 (Eidg. GesSlg. N. F. 41, 230f.) hat die Bestimmung nicht mehr übernommen. Inzwischen wurde durch eine Novelle von 1906 (GesSlg. N. F. 22, 418f.) mit ausdrücklichem Hinweis auf anarchistische Gefahren der Art. 52 bis in das Bundesstrafrecht eingefügt: öffentliches Auffordern oder Anleiten zur Begehung anarchistischer Verbrechen, öffentliche Verherrlichung solcher Verbrechen in der Absicht, andere zur Begehung anzureizen[2]. Diese Bestimmung bestand bis zum Inkrafttreten des StGB. — Das in der Volksabstimmung vom 24. September 1922 verworfene Gesetz in bezug auf Verbrechen gegen die verfassungsmäßige Ordnung usw. (BBl. 1922 I, 137ff.; Z. 35, 92ff.) war ein Staatsschutzgesetz im engeren Sinne[3]. In Art. 50 war allerdings auch ein Tatbestand des Landfriedensbruches vorgesehen. Dagegen hatte das BGes. vom 13. Oktober 1933 über den Schutz der öffentlichen Ordnung, das in der Abstimmung vom 11. März 1934 ebenfalls verworfen wurde, neben dem Landfriedensbruch (Art. 2) auch einen Tatbestand: Aufforderung zu Verbrechen und Vergehen (Art. 1) aufgenommen[4].

Das Schicksal neuerer gesetzgeberischer Versuche auf eidgenössischen und auch auf kantonalem Boden stimmt nachdenklich. Die bisherigen kantonalen Rechte kennen nur vereinzelt einen Tatbestand der Aufforderung zu Verbrechen[5]: Zürich § 79 bestraft die öffentliche Aufforderung zur Begehung einer durch das Strafgesetzbuch mit Zuchthaus oder Arbeitshaus bedrohten Handlung[6]. Bern Art. 100 I sieht die Aufforderung zu einer strafbaren Handlung „mittels der Druckerpresse oder eines anderen zur Veröffentlichung dienenden Mittels“ vor. St. Gallen nennt im Rahmen des auch Staatsdelikte umfassenden Art. 151 die Aufreizung zu Verbrechen oder Vergehen gegen Leben, Leib und Eigentum oder zur Bedrohung oder Verfolgung einzelner Personen oder ganzer Bevölkerungs-

---

[1] Dazu das freisprechende Urteil des Bundesstrafgerichtes: BE. 26 I, Nr. 42.

[2] Zu den Aufreizungstatbeständen der Anarchistengesetze Lesch: 36ff. und 48ff., 91f. (BStR. Art. 52 bis der sog. Apologie-Artikel); vgl. auch Schürch: 109f.

[3] Dazu Stämpfli: Z. 35, 97ff.

[4] Gesetzestext: BBl. 1933 II, 511ff. Zu diesem Gesetz s. noch unten § 101 IV 2. Ein zürcherisches G. zum Schutze der verfassungsmäßigen Ordnung (§ 1 nennt auch die Störung der öffentlichen Ruhe und Sicherheit) wurde gleichfalls in der Volksabstimmung vom 5. Mai 1935 verworfen; Gesetzestext: Zürcher Amtsblatt, 1935, 329ff.

[5] Lohner: 42f.

[6] Die weiteren in Zürich § 79 enthaltenen Tatbestände gehören zu den Staatsdelikten.

klassen, wobei auch der Klassenkampf-Gedanke mitspielt. Ausführlich gestaltet Waadt Art. 235/236: Incitation publique au délit und incitation à un délit contre le devoir militaire, soweit nicht das MilStG. anwendbar ist.

Das sind Grundlagen für den weitgefaßten Art. 259 des eidgenössischen G.[1]. Aus ihm ergibt sich:

1. Die Aufforderung zu einem Verbrechen muß öffentlich geschehen — in einer Versammlung, zu der Jedermann Zutritt hat, vor dem Volke, in der Presse[2], durch Maueranschläge usw. Sie muß einer unbestimmten Mehrzahl von Personen zur Kenntnis gelangen oder wenigstens bekannt werden können.

2. Zu einem Verbrechen muß aufgefordert werden. Der Verbrechensbegriff ist hier technisch im Sinne von Art. 9 I des G. — mit Zuchthaus bedrohte Handlungen — zu verstehen (siehe aber unten 4). — Klarzustellen ist das Verhältnis des Art. 259 zu Art. 276 und zu Art. 98 des MilStG., den Bestimmungen über die öffentliche Aufforderung zur Verletzung militärischer Dienstpflichten: zum Ungehorsam gegen militärische Befehle, zur Dienstverletzung, zur Dienstverweigerung, zum Ausreißen, zu Meuterei oder zur Vorbereitung einer Meuterei. Es sind Sonderbestimmungen, die sich namentlich gegen antimilitärische Propaganda richten. Sie gehen dem Art. 259 vor[3].

3. Der Täter muß öffentlich auffordern. Das ist von der Anstiftung zu unterscheiden. Sie ist Bestimmung eines Einzelnen oder bestimmter Einzelner zur Verübung einer strafbaren Handlung (Allg. Teil, § 45). Auch die Verleitung, von der in Art. 115 des G. die Rede ist, bedeutet, sich den Willen eines Einzelnen geneigt machen. Schon darin ist die Aufforderung anders, daß sie sich an Personen richten kann, die zu einer Tat bereits entschlossen sind, nicht erst bestimmt zu werden brauchen. Die Aufforderung ist die mit einer gewissen Dringlichkeit erfolgende Einladung zu einem bestimmten Verhalten[4]. Sie kann sich an

[1] Siehe schon Art. 93 II des VE. 1894: Öffentliche Aufforderung zu einem gemeinen, mit Zuchthaus bedrohten Verbrechen; Aufmunterung und Anleitunggeben dazu; Prot. I ExpKom. 2, 27ff., 567f. Über die weitere Entwicklung namentlich Prot. II. ExpKom. 4, 296ff.; 5, 84f.; LOHNER: 38ff. Kritisch gegen die Bestimmung WETTSTEIN: Prot. 4, 292, 300; BURCKHARDT: eodem 301f. Scharf gegen die Schaffung von Aufforderungstatbeständen PFENNINGER: Strafrecht der Schweiz (1890), 695f.; vgl. auch LOHNER: 35ff.

[2] Das Preß-Strafrecht (G. Art. 27) ist anzuwenden; siehe auch LESCH: 93f.

[3] Prot. II. ExpKom. 5, 198ff.; 6, 78ff. Das Nähere unten § 109 II.

[4] Über den Begriff der Aufforderung besteht einige Unklarheit. Sie ist nicht, wie ZÜRCHER: Erläuterungen VE. 1908, 336 annimmt, „eine besondere Form der Anstiftung". Sie geht über diese hinaus, weil sie sich hetzerisch auch an schon zu einer Tat Entschlossene und Bereite wenden kann. Wäre es anders, so wäre das Verhältnis zu Art. 24, namentlich zu Abs. II — Strafbarkeit des Versuchs der Anstiftung zu einem Verbrechen — ganz unklar. Zur Frage auch, zum Teil wenig klar, LOHNER: 13ff. (mit weiteren Lit.-Angaben). Gut BINDING: Lb. 2 II, 843: Der Auffordernde erklärt seinen Wunsch, daß eine bestimmte Handlung geschehe.

Einzelne wenden. Die öffentliche Aufforderung gemäß Art. 259 muß sich dagegen notwendig an eine Vielheit, an ein Publikum, wenden. Erkennbar muß sein, auf was für ein Verbrechen der Täter abzielt, mit dem Namen zu nennen braucht er es selbstverständlich nicht.

Das Delikt ist mit der Aufforderung vollendet. Erfolg zu haben, braucht sie nicht[1]. Niemand hört z. B. auf den Täter, niemand nimmt ihn ernst, obschon er es ernst meint (unten 4). Man kann die Verbrechensaufforderung daher als Gefährdungsdelikt, als eine Friedensgefährdung, bezeichnen[2]. Wird jedoch das Verbrechen, zu dem aufgefordert wurde, begangen, so trifft den Auffordernden die Anstiftungsstrafe jedenfalls nur dann, wenn er nachweisbar über die öffentliche Aufforderung hinaus auch einen Einzelnen oder Einzelne zu der Tat bestimmt hat[3].

4. Die Verbrechensaufforderung ist ein Vorsatzdelikt. Der Täter muß mit Wissen und Willen öffentlich zu einem Verbrechen auffordern. Seine Aufforderung muß ernst gemeint sein. Ob sie in dem Kreis, an den er sich wendet, so aufgefaßt wird, ist gleichgültig[4]. — Daß der Auffordernde sich im technischen Sinne des Art. 9 des G. darüber klar sein muß, daß er zu einem „Verbrechen" auffordert, ist keineswegs erforderlich. Auf ein solches juristisches Wissen oder Nichtwissen kommt es nicht an, sondern nur darauf, daß der Täter mit Wissen und Willen zu schwerer verbrecherischer Tat auffordert. Er muß auch wollen, daß er bei dem Publikum, an das er sich wendet, Gehör und Geneigtheit zur Verübung des Verbrechens findet. Er muß die Tat wünschen. Trifft das nicht zu, so kann von einer ernst gemeinten Aufforderung nicht mehr die Rede sein[5].

5. Die Strafdrohung des Art. 259 lautet gleich wie in Art. 258 auf Zuchthaus bis zu 3 Jahren oder auf Gefängnis. Geht die öffentliche Aufforderung auf Hochverrat (Art. 265) oder auf das Delikt: Angriffe auf die Unabhängigkeit der Eidgenossenschaft (Art. 266), so muß die schärfere Strafsatzung dieser Bestimmungen gelten. Das ergibt sich aus der weitgespannten Fassung der Art. 265/266: „Wer eine Handlung vornimmt, die darauf gerichtet ist, . . .[6]"

---

[1] Zutreffend LOHNER: 29f.

[2] STOOSS: Grundzüge, 2, 427: Die öffentliche Aufforderung begründet eine Gemeingefahr.

[3] GAUTIERS Annahme, Prot. II. ExpKom. 4, 297f.' daß der Auffordernde, auch wenn das Verbrechen verübt wird, immer auf Grund von Art. 259 bestraft werden soll, ist kaum zutreffend; vgl. über das Verhältnis von Art. 259 zu Art. 24 (Anstiftung) auch THORMANN-v. OVERBECK: Art. 259, N. 9; COMTESSE (Lit. zu § 103): 92ff.

[4] Ebenso LOHNER: 28f. mit dem Zusatz, daß die nicht ernstlich gemeinte Aufforderung straflos bleibt, auch wenn die Aufgeforderten sie für ernst halten.

[5] Anderer Meinung FRANK: Kommentar deutsches StGB. zu § 110, N. II mit dem allerdings bemerkswerten Hinweis auf den agent provocateur, der damit rechnet, daß eine Tatverübung im Keime erstickt wird.

[6] Siehe schon BStrG. von 1853 Art. 48 im Zusammenhang mit Art. 45 und 46 öffentliche Aufreizung zu Staatsdelikten) und dazu ROTT: Z. 3, 51ff.: Der Neuen-

§ 77. Landfriedensbruch.

Literatur. CALFISCH: Der Landfriedensbruch, Berner Diss. (1923). — SCHÜRCH: (Angaben zu § 76). — v. HIPPEL: VD. Bes. Teil, 2, 2ff., 19f. — STÄMPFLI: Z. 35, 139.

I. Außer Freiburg Art. 164, das den Tatbestand den eidgenössischen Entwürfen nachgebildet hat, findet sich der Landfriedensbruch in wenigen kantonalen Rechten; vgl. z. B. Luzern, KrimStG. § 91, der jedoch anders als Art. 260 des G. gerichtet ist. Es ist das Delikt, das in besonderem Maße den öffentlichen Frieden in Gefahr bringt. Alte Rechtsgedanken schwingen mit, der mittelalterliche Gedanke des Land- und Gottesfriedens, der aus der Notwendigkeit entsprang, „entgegen der Anarchie des Fehdewesens eine allgemeine Rechtsordnung zu begründen“[1]. Daraus sind im Mittelalter die vertragsmäßigen und beschworenen Friedenseinigungen zustande gekommen, in denen sich die Beteiligten verpflichteten, Frieden zu halten und Friedensstörer zu verfolgen. Der 1495 zwischen Kaiser Maximilian I. und den Ständen für das ganze Reich beschlossene Ewige Landfrieden, der alle private Fehde verbot, stellt einen Abschluß dar in einer Zeit, die für eine staatliche Strafgesetzgebung noch nicht reif war[2].

Mit dem Ende des Fehdewesens, mit dem Erstarken der Staatsgewalt und der staatlichen Gesetzgebung und Gerichtsbarkeit hat der Landfriedensbruch seine ursprüngliche Bedeutung verloren, und es ist erklärlich, daß er während einer langen Zeit aus den schweizerischen Rechten verschwunden war. Was das eidgenössische G. und schon Freiburg unter dem alten Namen neu beleben, ist etwas völlig anderes als der Landfriedensbruch mittelalterlicher Rechte. Der Tatbestand richtet sich gegen Ausschreitungen einer Volksmenge, gegen eine verbrecherische Zusammenrottung, die den Zustand des friedlichen Zusammenlebens der Volksgenossen und das Gefühl der Rechtssicherheit stört und gefährdet.

---

burger Anarchistenprozeß. — Über die genauere Abgrenzung zwischen Art. 259 und Art. 265 unten § 103 V.

[1] PFENNINGER: Strafrecht der Schweiz, 19f., 26: „Die feine Ausbildung des Friedensrechtes zeigt, daß dieses Institut als Mittelpunkt des Strafrechtes der alten Friedensgenossenschaft nicht bloß gedacht ist, sondern daß, tatsächlich und spez. in Satzungen ausgesprochen, der Friedensbegriff das alte Recht durchdringt und charakterisiert.“ Vgl. auch v. BAR: Geschichte des deutschen Strafrechts (1882) 61: Landfriedensbruch „der Privatkrieg, wie er noch lange Zeit hindurch unter den Mitgliedern der höheren Stände, unter den Reichsunmittelbaren, den Rittern, und Städten vorkam“; CALFISCH: 1ff.: geschichtliche Entwicklung im römischen und im deutschen Recht.

[2] Über die Entwicklung der Landfrieden HIS: Das Strafrecht des deutschen Mittelalters, 1 (1920), 2ff. mit reichen Literaturangaben; SCHÜRCH: 60ff., 90ff., 98ff. (alte schweizerische Friedensordnungen); GERTRUD MÜLLER: Die Trostung (der gelobte Frieden) im bernischen Recht, Berner Diss. (1937). Vgl. ferner HUNZIKER: Der eidg. Bundesbrief von 1291 und seine Vorgeschichte, namentlich 83ff.; THORMANN-v. OVERBECK: Einleitung, 7.

Er ist Rechtsfriedensverletzung. Er kann eine Vorstufe zum Aufruhr (G. Art. 285 Ziff. 2) sein[1].

II. Der Tatbestand des Art. 260 ist ein Massen- oder Rottendelikt mit seiner eigenartigen Psychologie, die sich darin zeigt, daß, wenigstens bei einzelnen Beteiligten, die Freiheit der Willensbildung stark vermindert, unter Umständen sogar ausgeschlossen wird[2]. Art. 260 ist darin ähnlich wie Art. 133 — Beteiligung am Raufhandel — gestaltet, daß die Beteiligung strafbar ist, daß jedoch als objektive Strafbarkeitsbedingung die Verübung von Gewalttätigkeiten dazu kommen muß; unten 2. In noch größerem Maße als beim Raufhandel besteht beim Landfriedensbruch und bei den verwandten Tatbeständen des Aufruhrs (Art. 285 Ziff. 2)[3] und der qualifizierten Gefangenenbefreiung (Art. 310 Ziff. 2) die Gefahr, daß der Richter in die Versuchung gerät, im Hinblick auf die einzelnen begangenen „Gewalttätigkeiten" entweder auf Schuldvermutungen abzustellen oder mangels eines sicheren Beweises einen Schuldigen freizusprechen (oben § 10 I). Das muß verhindert werden.

1. Eine öffentliche Zusammenrottung erfolgt, eine Ansammlung einer größeren Menschenzahl, die, ohne daß eine Organisation gegeben ist, als ein Ganzes erscheint. Je nach den Umständen wird es sich um eine kleinere oder größere Menschenzahl handeln. Unbestimmt viele können sich ihr zugesellen. Jedermann kann sich anschließen. In diesem Sinne ist namentlich das Beiwort öffentlich zu verstehen. Organisierte Demonstrationsversammlungen oder eine indifferente Menschenansammlung sind, jedenfalls zunächst, keine Zusammenrottung[4]. Daß diese von

[1] Schürch: 69; Stämpfli: Z. 35, 139; Caflisch: 47. — Der Tatbestand wurde unter der Bezeichnung Zusammenrottung zu Verbrechen durch die I. ExpKom. in die Vorentwürfe eingefügt; bemerkenswerte Erörterungen Prot. 2, 5ff.; vgl. auch v. Hippel: 19f. Entwicklung: VE. 1896 Art.: 100 Verübung eines Verbrechens durch einen zusammengerotteten Haufen; VE. 1903 Art. 182 und VE. 1908 Art. 186: Teilnahme an einer Zusammenrottung zu verbrecherischen Zwecken; Prot. II. ExpKom. 4, 306ff. und E. 1918 Art. 226: endgültige Fassung des Tatbestandes unter der Bezeichnung Landfriedensbruch.

[2] Lang: Prot. II. ExpKom. 4, 311 erklärt sehr weitgehend, der Einzelne sei bei einer solchen Zusammenrottung nur noch „ein willenloses Atom einer Masse einer ganz neuen Kollektivindividualität".

[3] Verhältnis zum Aufruhr Caflisch: 49; unten § 114 IV.

[4] Zum Begriff der Zusammenrottung Zürcher: Prot. 4, 307; Gautier: 307f. (une atmosphère chargée d'orage dans laquelle le délit surgit comme l'éclair); Hafter: eodem, 310; Seiler: StenBull. NR. 1929, 560; Stämpfli: Z. 35, 120f. Vgl. auch Binding: Lb., 2 II, 805ff. und Frank: Kommentar deutsches StGB. (18. Aufl.), § 115, N. II 1, die beide annehmen, daß, wenigstens beim dem Landfriedensbruch nahe verwandten Aufruhr, das Zusammentreten oder Zusammenhalten der Personenmehrheit zu gemeinschaftlichem rechtswidrigen Handeln erfolgt sein muß. Gegensatz: Menschenansammlung, Auflauf (Binding: 800f.). Dazu auch VE. 1908 Art. 186: Zusammenrottung „zu verbrecherischem Zwecke".

vornherein zu einem gewalttätigen, verbrecherischen Zweck erfolgt, ist, wenigstens nach dem Text des Art. 260, nicht erforderlich.

2. Das G. sagt nicht, daß die Zusammenrottung geschehen muß, um Gewalttätigkeiten zu verüben. Ähnlich wie beim Raufhandel (Art. 133) verwendet es einen Relativsatz: Zusammenrottung, „bei der . . . Gewalttätigkeiten begangen werden." Das stellt eine objektive Strafbarkeitsbedingung dar[1]; vgl. oben § 10 II 2. Erfüllt sie sich nicht, so bleiben die an der Zusammenrottung Beteiligten, mag sie auch einen Gefahrenherd bilden[2], straflos.

Im Anschluß an § 125 des deutschen StGB. verwendet der Art. 260 den weitausgreifenden Ausdruck Begehung von Gewalttätigkeiten gegen Menschen oder Sachen. Das umfaßt alles, von der Tötung bis zu einer geringfügigen Sachbeschädigung. Ja es braucht nicht einmal ein verletzender Erfolg eingetreten zu sein. Es genügt die Entfaltung physischer Kraft, die sich gegen Menschen oder Sachen richtet[3]. Im Einzelfall ist der Richter vielleicht gar nicht in der Lage, genau festzustellen, um was für einen Deliktstatbestand und um was für Einzeltäter es sich handelt. In den Worten, daß die Gewalttätigkeiten mit vereinten Kräften verübt werden müssen, offenbart sich der Gedanke des Massendeliktes. Wie weit der einzelne „Teilnehmer" sich an den Gewalttätigkeiten beteiligt, ja ob er solche überhaupt verübt hat, braucht nicht bewiesen zu werden.

3. Gelingt jedoch der Nachweis, daß ein einzelner Beteiligter aus der Zusammenrottung heraus ein bestimmtes Delikt — eine Tötung, Körperverletzung, Nötigung, Sachbeschädigung usw. — begangen hat, so ist er, außer wegen seiner Beteiligung am Landfriedensbruch, auch wegen des besonderen Deliktes, das er verübt hat, zu bestrafen[4].

Fraglich bleibt in der Tat, ob sprachlich in dem Wort Zusammenrottung nicht die besondere Nuance des rechtswidrigen Zweckes liegt. Zum Begriff: Zusammenrottung ferner Caflisch: 51ff., 56f. (Öffentlichkeit der Zusammenrottung); auch unten § 114 IV 2.

[1] Calfisch: 70.

[2] Binding: Lb., 2 II, 887: Die gewalttätige Gesinnung ist es, welche die Menge zusammenrottet.

[3] Gut Caflisch: 59ff.

[4] Gautier: Prot. II. ExpKom. 4, 308. Die Lösung ist gleich wie beim Raufhandel (G. Art. 133). Richtig ist die Annahme einer Realkonkurrenz; vgl. oben § 10 II 5. Calfisch: 50f. und 73 nimmt mit Binding: Lb., 2 II, 890 Idealkonkurrenz an. — Merkwürdig ist die verschiedene Ordnung in Art. 260 einerseits, Art. 285 Ziff. 2 II (Aufruhr) und Art. 310 Ziff. 2 II (qualifizierte Gefangenenbefreiung) anderseits. Diese beiden Bestimmungen heben den Fall des Teilnehmers, der „Gewalt an Personen oder Sachen" verübte, mit erschwerter Strafdrohung heraus. In Art. 260 fehlt eine entsprechender Zusatz.

4. Strafbar ist jeder an der Zusammenrottung, bei der Gewalttätigkeiten begangen werden, Beteiligte. Dafür gelten entsprechend die Regeln, die für die Teilnahme am Raufhandel entwickelt wurden (oben § 10 II 3). Aus dem Charakter des Landfriedensbruches als eines Massendeliktes können sich immerhin Besonderheiten und Schwierigkeiten ergeben. Insbesondere mit Bezug auf den Teilnahmevorsatz. Wer an einer Zusammenrottung teilnimmt, in sie hineingezogen wird und in ihr verharrt, hat unter Umständen die ruhige Überlegung verloren. Sein Wollen ist getrübt oder gar ausgeschaltet. Für den Richter wird es in Einzelfällen gar nicht möglich sein, die Geistes- und Willensverfassung jedes Teilnehmers restlos festzustellen[1]. Daß der Vorsatz des Teilnehmers auf die Verübung von Gewalttätigkeiten ausging, muß nicht bewiesen werden. Erforderlich ist nur, daß die „Teilnahme" im Zeitpunkt der Verübung von Gewalttätigkeiten besteht[2]. Zu einer richtigen Urteilsfindung helfen dem Richter folgende Überlegungen: Straflos bleibt der „Teilnehmer", für den festgestellt werden kann, daß er zufällig, ohne sein Verschulden, in die Zusammenrottung hineingezogen wurde. Erst recht muß straflos bleiben, wer zwar in der Rotte sich befindet, aber zum Auseinandergehen auffordert und sich darum bemüht. Aus der Schwierigkeit, den überzeugenden Beweis des Teilnahmevorsatzes zu leisten, ist teilweise auch der Abs. II des Art. 260 zu erklären und zu rechtfertigen: die auf behördliche Aufforderung sich entfernenden Teilnehmer bleiben straffrei, wenn sie weder selbst Gewalt angewendet, noch zur Gewaltanwendung aufgefordert haben[3]. Das ist ein typischer Fall strafbefreiender tätiger Reue[4]. Beachtlich ist, daß bei den Tatbeständen des Aufruhrs und der Gefangenenbefreiung (G. Art. 285 Ziff. 2 und Art. 310 Ziff. 2) eine entsprechende Bestimmung nicht aufgenommen wurde.

5. Die Strafe des Landfriedensbruches ist Gefängnis oder Buße.

---

[1] Die Schwierigkeiten der Umgrenzung und Feststellung des Teilnahmevorsatzes zeigen auch die Sätze bei Binding: Lb. 2 II, 807: Teilnehmer ist „jeder Zurechnungsfähige(!), der mit dem nötigen animus sich an den Ort der Ansammlung begeben und sich ihr angeschlossen hat". Ferner: „Der Vorsatz des Teilnehmers geht darauf, einer zu Gewalttätigkeiten . . . gestimmten öffentlichen Zusammenrottung anzugehören. Diesen Vorsatz verwirklicht er durch seinen Anschluß und sein Dableiben." Stämpfli: Z. 35, 139 fordert vorsätzliche Teilnahme mit Kenntnis des strafbaren Zwecks der Zusammenrottung; vgl. auch eodem, 123. Caflisch: 37: „In der gemeinschaftlichen Absicht aller Beteiligten liegt die Begehung von Gewalttätigkeiten, wenn auch nicht durch jeden Einzelnen, so doch durch die Rotte"; vgl. auch 64ff. (Auseinandersetzung mit der Literatur).

[2] Caflisch: 63.

[3] Die Bestimmung fehlt in Freiburg Art. 164.

[4] Seiler: StenBull. NR. 1929, 561: Das Gesetz läßt den Gaffern den Rücktritt offen.

§ 78. Störung der Glaubens- und Kultusfreiheit. Gotteslästerung.

Literatur. STOOSS: Grundzüge, 1, 65ff.; 2, 182ff. — LANGHARD: Die Glaubens- und Kultusfreiheit nach schweizer. Bundesrecht (1888). — v. SALIS: Die Religionsfreiheit in der Praxis (1892). — VILLIGER: Die Religionsdelikte in historisch-dogmatischer Darstellung, Berner Diss. (1894). — STREIFF: Die Religionsfreiheit und die Maßnahmen des Bundes und der Kantone gemäß Art. 50 II BV., Zürcher Diss. (1895). — FREULER: Die Kultusfreiheit und die Kultuspolizei im Bunde und in den Kantonen, Freiburger Diss. (1908). — AEBLI: Die Religionsdelikte, Zürcher Diss. (1914). — WEIDER: Der strafrechtliche Schutz der Religion, Berner Diss. (1916). — KOENIG: Die Religionsdelikte nach den kantonal-schweizer. Strafgesetzen, Breslauer Strafrechtliche Abhandlungen, Heft 195 (1917); dazu MEYER v. SCHAUENSEE: Gerichtssaal, 86, 132ff. — STUDER: Der konfessionelle Friede, Freiburger Diss. (1924). — LORÉTAN: Le délit religieux, Berner Diss. (1926). — LAMPERT: Kirche und Staat in der Schweiz, 1 (1929), 239ff. — SCHRAG: Gefühlszustände als Rechtsgüter im Strafrecht, Berner Diss. (1936), 32ff. — KORNER: Das Recht der freien Meinungsäußerung im Verhältnis zu den Forderungen der öffentlichen Ordnung, Sicherheit und Sittlichkeit, Freiburger Diss. (1937), 44ff., 99ff. — CLERC: Les principes de la Liberté religieuse, Genfer Diss. (1937). — KAHL: VD., Bes. Teil, 3, 1ff. — STOOSS: Z. 5, 515f.; 17, 163ff. — K. MÜLLER: Z. 17, 10ff. — HAFTER: Z. 23, 351ff. — MEYER v. SCHAUENSEE: Gerichtssaal, 76, 198ff. — KÖPFLI: JZ. 16, 156ff. — WYLER: Die staatsrechtliche Stellung der israelitischen Religionsgesellschaften in der Schweiz, Zürcher Diss. (1929).

I. Art. 49 I der Bundesverfassung erklärt: Die Glaubens- und Gewissensfreiheit ist unverletzlich[1]. Im Anschluß daran zieht der Abs. II dieses Artikels für den Strafgesetzgeber die Schranke: Niemand darf ... wegen Glaubensansichten mit Strafen irgendwelcher Art belegt werden[2]. Mit dem Satz in Art. 50 I, daß die freie Ausübung gottesdienstlicher Handlungen innerhalb der Schranken der Sittlichkeit und der öffentlichen Ordnung gewährleistet ist, proklamiert die BV. ein weiteres Freiheitsrecht. Art. 50 II behält aber den Kantonen und dem Bunde vor, zur Handhabung der Ordnung und des öffentlichen Friedens unter den Angehörigen der verschiedenen Religionsgesellschaften die geeigneten

---

[1] Dazu jetzt namentlich CLERC: 9ff. und 174ff. (Kritische Betrachtung der Verfassungsbestimmungen).

[2] CLERC: Frage der kirchlichen Strafen (41ff.). BE. 16, 539f.: Strafbestimmungen wegen Übertretung von Vorschriften über Art und Weise der Kirchenbenützung (Platzordnung) verletzen Art. 49 der BV. nicht. Glaubensansichten werden dadurch nicht berührt. BE. 20, 270f.: Bestrafung wegen Religionsverletzung unzulässig gegenüber einem Sabbathisten, der die Heilighaltung des Sonntags mißachtet. Anders der gebotene Schutz der Sonntagsruhe aus sozialpolitischen Gründen; vgl. BV. Art. 49 V; BE. 27 I, 438 ff.;35 I, 722ff. und dort Zitierte. In BE. 20, Nr. 116 wird dagegen die Frage, ob das Verbot der Sonntagsarbeit die Glaubens- und Gewissensfreiheit verletze, offen gelassen. BE. 20, Nr. 45: Keine Verpflichtung eines Katholiken, am Charfreitig, einem protestantischen Feiertag, die Arbeitsruhe zu wahren; Appenzell A.-Rh. StGB. Art. 138 I nicht anwendbar.

Maßnahmen zu treffen[1]. Art. 50 II der BV. bildet auch die Grundlage für die Gestaltung der sog. Religionsdelikte in den bisherigen Strafgesetzbüchern, bei deren Anwendung die staatsrechtliche Rechtsprechung des Bundesgerichtes im Hinblick auf die Wahrung der Art. 49 und 50 der BV. von hervorragender Bedeutung war.

Daß dieses Religionsstrafrecht eine fast verwirrende Vielgestalt zeigt, und daß auch bei der Schaffung des eidgenössischen G. der Kampf der Meinungen über die Notwendigkeiten eines strafrechtlichen Schutzes des religiösen Friedens, religiöser Anschauungen und religiöser (gottesdienstlicher) Handlungen, aber auch über den erforderlichen Schutz der Glaubensfreiheit einsetzte, ist nicht verwunderlich[2]. Der Strafgesetzgeber muß die Tatsache berücksichtigen, daß die Anschauungen in religiösen Dingen, ganz besonders auch in der Schweiz, außerordentlich weit auseinandergehen. Er muß mit besonderer Sorgfalt die strafrechtlichen Schutzobjekte zu erkennen sich bemühen. Ist es die Religion an sich, der Gottesgedanke, die religiöse Überzeugung und das religiöse Gefühl des Einzelnen? Sind es die Kirche und andere religiöse Institutionen? Ist es die Glaubensfreiheit? Oder liegt dem Strafgesetzgeber nur ob, den Frieden unter den Angehörigen der verschiedenen Religionsgesellschaften — also ein Teilstück des öffentlichen Friedens — gegen Verletzung und Gefährdung zu sichern?

Eine eindeutige Antwort auf diese Fragen ist nicht möglich. Das Schutzbedürfnis geht nach verschiedenen Richtungen. Das G. hat den Art. 261 unter der Bezeichnung: Störung der Glaubens- und Kultusfreiheit in den Titel der Verbrechen und Vergehen gegen den öffentlichen Frieden eingefügt. Es hat damit die Religionsdelikte als Friedensstörungen gekennzeichnet. Aber es wäre ganz verfehlt, daraus den Schluß zu ziehen, daß durch die Strafnormen des Art. 261 nur der öffentliche (religiöse) Friede geschützt werden soll[3]. Die nachfolgenden Erörte-

---

[1] Maßnahmen des Staats-, Verwaltungs-, Zivil- und Strafrechts. Dazu namentlich FREULER: passim (Maßnahmen des Schutzes und der Überwachung). Neuer BE. 62 I Nr. 45: Staatsrechtlicher Entscheid zu einer VO. des Genfer Regierungsrates, durch welchen aufreizende und beleidigende Presseäußerungen gegen die israelitische Bevölkerung verboten wurden. Verfassungsmäßigkeit gestützt auf BV. Art. 50 II (222f.). — Über Religionskämpfe und die Entwicklung der Religionsfreiheit in der Schweiz STREIFF: 1ff., auch 61ff. (staats- und verwaltungsrechtliche Maßnahmen, die sich auf Art. 50 II der BV. gründen); vgl. auch STUDER: 55ff. (Maßnahmenrecht gemäß BV. Art. 50 II); CLERC: 94ff.

[2] Zur Geschichte des konfessionellen Friedens in der Schweiz STUDER: 4ff. Die bei AEBLI: 8ff. skizzierte geschichtliche Entwicklung des Religionsstrafrechts zeigt fortschreitend die Einschränkung der Tatbestände und die Herabsetzung der Strafmaße. Allgemeingeschichtlich zum Religionsstrafrecht KAHL: 9ff.; WEIDER: 7ff.; KOENIG: 1ff. (schweizer. Geschichte).

[3] SCHRAG: 37ff. stellt für die Schweiz den Schutz des religiösen Friedens in den Vordergrund.

rungen werden zeigen, eine wie große Bedeutung auch anderen Schutzobjekten zukommt (s. auch unten III).

II. Eine Übersicht über bisherige Rechte und die Rechtsprechung offenbart die großen Unterschiede der kantonalen Gesetze in der Gestaltung der Religionsdelikte[1]. Für den eidgenössischen Gesetzgeber ergab sich schließlich eine Art Kompromißlösung; unten III.

Ein bernisches Gesetz von 1875 betreffend Störung des religiösen Friedens (§ 1) und St. Gallen Art. 174 lit. a haben allgemein die Störung und Gefährdung des Friedens unter den Konfessionen mit Strafe bedroht — eine Erinnerung an die Kulturkampfperiode[2]. Davon heben sich die eigentlichen Religionsdelikte ab:

1. Fast durchgängig bestrafen die kantonalen Rechte die Hinderung und Störung des Gottesdienstes[3]. In der Umschreibung der Tatbestände zeigen sich Verschiedenheiten: Zürich § 88 z. B. spricht von der Hinderung des Gottesdienstes einer vom Staate geduldeten Religionsgesellschaft und von der Störung des Gottesdienstes solcher Gesellschaften in Kirchen oder an anderen „religiösen Versammlungsorten" durch Lärm oder anderen Unfug[4]. Bern Art. 93 nennt die Störung eines

---

[1] Stooss: Grundzüge, 2, 184ff. stellt die kantonalen Religionsstrafrechte unter den Titeln: Gotteslästerung, Verletzung der Hostie, Beschimpfung von Religionsgesellschaften, Störung und Hinderung des Gottesdienstes, Delikte an gottesdienstlichen Gebäuden und Gegenständen, Delikte an Geistlichen, Sektiererei und Proselytenmachen zusammen. Bei den einzelnen Tatbeständen prüft Stooss ihre Verfassungsmäßigkeit. — Kantonale Daten ferner bei Koenig: 100ff., 150ff. (statistische Angaben über schweizerische Prozesse wegen Religionsdelikten; im Anhang sind kantonale Urteile abgedruckt); Studer: 110ff.

[2] Vgl. Stooss: 2, 179; Streiff: 83; ferner BE. 35 I, Nr. 112 zu St. Gallen, Art. 174 lit. a: Die Anwendung des Tatbestandes der Gefährdung des religiösen Friedens auf die Verbreitung eines nur auf ausländische (italienische) Verhältnisse anspielenden antiklerikalen Witzblattes in Wirtschaften eines deutsch-schweizerischen Kantons verletzt die verfassungsmäßig gewährleistete Glaubens- und Gewissensfreiheit.

[3] Ausführliche Daten bei Stooss: a. a. O. 189ff.; Studer: 132ff. Zum Begriff der gottesdienstlichen Handlung Streiff: 16f.; siehe unten III C: Kultushandlung. Vgl. BE. 38 I, 490: Gottesdienstliche Handlungen auch Akte individueller Gottesverehrung, nicht nur Handlungen, die Bestandteil eines von einer Religionsgesellschaft veranstalteten eigentlichen Gottesdienstes sind.

[4] Dazu die Kommentare zu § 88 von Zürcher und Zeller. Staatlich geduldet sind im Hinblick auf die verfassungsmäßig gewährleitete Glaubens- und Kultusfreiheit alle religiösen Vereinigungen, soweit der Bund sie nicht ausdrücklich verbietet (BV. Art. 51: Jesuitenverbot). Über gottesdienstliche Versammlungen der Heilsarmee: BE. 12, Nr. 12; 13, Nr. 2; 15, Nr. 94; 17, Nr. 54 und namentlich 20, Nr. 117; 22, Nr. 166 (Versammlungsrecht zu Kultuszwecken im Rahmen von BV. Art. 50 I gewährleistet). Vgl. Fleiner: Bundesstaatsrecht, 321, 335f. und dort Zitierte; W. Burckhardt: BV. (3. Aufl.), 464, 468; Streiff: 53ff. stellt die Entwicklung der behördlichen Einstellung gegenüber der Heilsarmee in der ersten Zeit ihrer Wirksamkeit in der Schweiz dar; vgl. ferner Studer: 63ff.; Wyler: 174f.

erlaubten öffentlichen Gottesdienstes, Luzern PolStG. § 141 lit. b die böswillige Störung religiöser Versammlungen und Zeremonien. Alle drei Rechte charakterisieren diese Delikte als Friedensstörungen, Luzern im besonderen als Vergehen gegen den religiösen Frieden. Baselstadt § 84, der ähnlich wie Zürich § 88 lautet, jedoch bei der Hinderung gottesdienstlicher Handlungen Gewalt oder Drohung voraussetzt, nennt die Tatbestände Verbrechen gegen die Religion. Tessin Art. 147 bestraft gewaltsame Hinderung und Störung (con violenza, minaccia, invettiva o tumulto)[1]. Eine Erweiterung des Tatbestandes liegt in Art. 241 des waadtländischen und in Art. 107 des Genfer StGB. Waadt bestimmt kurz: Celui qui empêche ou trouble la célébration d'un culte ou qui profane un lieu de culte. Sehr allgemein lautet Genf Art. 107: atteinte à la liberté des cultes par violences ou menaces; die Bestimmung ist in den Abschnitt: Crimes et délits contre les droits individuels eingefügt.

2. Kantonale Rechte bestrafen ferner Gewalttätigkeiten und beschimpfende Handlungen an dem Gottesdienst gewidmeten Gegenständen: Zürich § 88, das in § 169 Ziff. 1 überdies den Diebstahl an solchen Gegenständen, wenn sie sich in einem dem Gottesdienst gewidmeten Gebäude befinden, qualifiziert. Weitere Beispiele: Luzern PolStG. § 141 lit. b: in gemeiner Weise erfolgende Beschimpfung oder Verspottung von Gegenständen des Gottesdienstes; Obwalden PolStG. Art. 103 lit. b und e: Beschimpfung, Bespöttelung und Angreifen von Gegenständen des Gottesdienstes, Verunehrung geweihter Stätten oder Sachen. Art. 103 II enthält dazu die eigenartige Bestimmung, daß der Artikel Nichtkatholiken nur insofern berührt, als ihnen untersagt ist, „der Landesreligion böswillig, mit Gefährdung des konfessionellen Friedens, . . . ihre Mißachtung zu bezeugen." Freiburg Art. 102 IV bestimmt kurz: Wer einen dem Gottesdienst gewidmeten Ort oder Gegenstand verunehrt. Graubünden § 80 spricht von Gewalttätigkeiten an für den Gottesdienst bestimmten Gebäuden oder an geweihten Gegenständen in einer Weise, daß dadurch öffentliches Ärgernis gegeben wird. — In diesen und ähnlichen Bestimmungen anderer Rechte liegt auch der Gedanke des Friedensschutzes — vgl. Art. 103 II des PolStG. von Obwalden —, aber stark schwingt der andere Gedanke mit, daß die religiösen Gefühle der Gläubigen geschützt werden sollen.

3. Vorwiegend in katholischen Kantonen stehen die Geistlichen bei der Ausübung ihres Amtes unter einem besonderen Strafschutz: Luzern PolStG. § 141 lit. c: Unterbrechen eines Geistlichen in seinen öffentlichen gottesdienstlichen Handlungen und Beleidigung während der Ausübung solcher Handlungen. Ähnlich bestimmt Obwalden PolStG. Art. 103 lit. d mit dem weiteren Tatbestand (lit. c), daß strafbar ist, wer einem mit dem Venerabile einhergehenden Priester absichtlich seine Ver-

[1] Dazu BE. 20, Nr. 46, insbesondere S. 280ff.

achtung bezeigt. Weitere Beispiele: Freiburg Art. 104 (Beschimpfung, ferner Anmaßung der Eigenschaft als Religionsdiener); Neuenburg Art. 184 (besonderer Schutz gegen Beleidigungen); Schwyz § 96, Graubünden § 80, Thurgau § 270 (Gewalttätigkeiten, tätliche Mißhandlungen gegenüber Geistlichen während ihrer gottesdienstlichen Verrichtungen); Wallis Art. 101 III (insulter ou outrager les ministres de la religion dans l'exercice de leurs fonctions)[1]. — Auch dadurch soll der öffentliche Frieden in den Kirchen und bei religiösen Zeremonien geschützt werden. Ob sich darüber hinaus die privilegierte Stellung der Geistlichen rechtfertigen läßt, bleibt fraglich[2].

4. Dem Schutze des konfessionellen Friedens dienen Strafbestimmungen gegen die (öffentliche) Beschimpfung von Religionsgesellschaften: Obwalden Art. 53 (Herabwürdigung der vom Staate anerkannten Konfessionen), Zug § 54 (Beschimpfung in einer öffentliches Ärgernis erregenden Weise), Freiburg Art. 103[3], Baselland § 84. — Das leitet hinüber zu zahlreichen kantonalen Strafbestimmungen gegen Herabwürdigung und Beschimpfung der Lehren, Einrichtungen, Gebräuche und der Gegenstände der Verehrung von Religionsgesellschaften[4]. Daß im Hintergrund auch hier der Schutz des öffentlichen Friedens steht, ist nicht zu bezweifeln. Vor allem aber soll die religiöse Überzeugung und das religiöse Gefühl der Gläubigen vor einer Herabwürdigung ihres Glaubens geschützt werden[5]; s. unten III A und B.

5. Wenn einzelne Rechte in diesen Zusammenhängen die Gotteslästerung besonders herausheben, so ist das nur ein Fall der Herab-

---

[1] Eine Art Gegenstück zu diesen zugunsten des Geistlichen geschaffenen Strafnormen stellt der vereinzelt in kantonale Rechte — bernisches Gesetz von 1875 betreffend Störung des religiösen Friedens § 2 und St. Gallen Art. 175 I — aufgenommene sog. Kanzelparagraph dar: den öffentlichen Frieden gefährdende Erörterungen (St. Gallen: Lästerung staatlicher Einrichtungen und Angelegenheiten durch Geistliche in Ausübung ihres Amtes). Vorbild ist hier § 130 des deutschen StGB.: Kanzelmißbrauch. Vgl. dazu z. B. v. HIPPEL: VD., Bes. Teil, 2, 89ff. (rechtsvergleichend). Um ein Religionsdelikt handelt es sich nicht, sondern um ein Delikt gegen die öffentliche Ordnung, oder eher noch um ein Staatsdelikt. Das Bedürfnis nach einer solchen Bestimmung besteht, wenigstens zur Zeit, in der Schweiz kaum. Siehe ferner STREIFF: 83f.; STUDER: 143ff.

[2] Ablehnend, unter Hinweis auf die allgemeinen Beleidigungstatbestände SEILER: StenBull. NR. 1929, 564.

[3] Dazu BE. 57 I, Nr. 18.

[4] Zusammenstellung bei STOOSS: Grundzüge, 2, 187ff., ferner bei STUDER: 124ff. Vgl. zu Thurgau § 273: Herabwürdigung der Lehren und Einrichtungen der evangelischen Konfession durch eine Beschimpfung der Reformatoren (Obergericht; Z. 9, 151ff.).

[5] STOOSS: a. a. O. 189 stellt zur Erwägung, eine Bestrafung nur auf Antrag eintreten zu lassen. Das empfiehlt sich nicht, wohl aber gewisse Einschränkungen des Tatbestandes; G. Art. 261 I und dazu unten III.

würdigung und Beschimpfung eines religiösen Glaubens. Gott selbst bedarf nicht des strafrechtlichen Schutzes durch schwache Menschen. Aber auch die Gottesleugnung darf im Hinblick auf Art. 49 II der BV.— Freiheit des Glaubens und des Unglaubens — nicht mit Strafe belegt werden[1]. Schutzobjekt kann daher nur das religiöse Gefühl und die religiöse Überzeugung des Einzelnen sein. Daß ein sie schützender Straftatbestand gewisse Einschränkungen enthalten muß, ergibt sich schon aus der Bezeichnung Gotteslästerung. In ihm liegt das Niedrige, Gemeine, Anstößige[2]. Luzern § 115 und Obwalden Art. 53 I fordern, daß die Lästerung vorsätzlich und mit Bedacht erfolgt sein muß und daß dadurch öffentliches Ärgernis erregt wurde[3]. Inhaltlich gleich bestimmen Schwyz § 97 (Gotteslästerung auf eine öffentliches Ärgernis erregenden Weise[4]), Baselland § 84 (öffentlich, in beschimpfenden, Ärgernis gebenden Ausdrücken), Graubünden §81. Freiburg Art. 102 I umschreibt: Wer öffentlich in lästernden oder anstößigen Ausdrücken von Gott spricht. Wallis Art. 101 IV verwendet den Ausdruck: outrager la religion par blasphèmes.

---

[1] Streiff: 9f.: Verfassungswidrig alle Strafen, die auf Leugnung religiöser Dogmen oder Unglaubensansichten gesetzt sind.

[2] Binding: Lb. 1, 179: „Lästern heißt übel reden, insbesondere in schmähender Weise Gottes Vollkommenheit verkleinern. Gott leugnen heißt nicht Gott lästern.“

[3] Auf ältere luzernische Rechtsprechung weist Stooss: Grundzüge, 2, 184f. hin. Urteile: Z. 2, 451f.; 3, 576; 5, 548ff. mit einem Rekursentscheid des Bundesrates über die Frage, ob im Urteil eine Verletzung von Art. 49 II der BV.— Gewährleistung der Glaubens- und Gewissensfreiheit — liege: „Das Recht der religiösen Kritik und Negation, des Kampfes gegen die Glaubensansichten anderer, schließt nicht die Befugnis in sich, Kampfmittel zu wählen, welche die Schranken eines mit der öffentlichen Ordnung und Sittlichkeit verträglichen Meinungsstreites durchbrechen.“ Dazu Stooss: Z. 5, 515f. Ferner namentlich BE. 35 I Nr. 59 (Fall Richter): Ablehnung der früheren Auffassung (Bundesrat), daß Äußerungen über religiöse Dinge in jeder Form straflos bleiben sollen, sofern nur der religiöse Friede unter den Konfessionen nicht gestört wird (350—352). Äußerung und Begründung von Glaubensansichten und religiöse Kritik stehen unter folgenden Schranken: Die öffentliche Ordnung muß gewahrt werden. Angriffe auf die religiösen Anschauungen anderer sind rechtswidrig, wenn die „Mittel der Propaganda“ zu mißbilligen sind. Die Kritik fremder Glaubensansichten muß sich „innerhalb der Schranken der Sittlichkeit“ halten (352f.). Eine sachliche, wenn auch möglicherweise unrichtige und nicht unbefangene Kritik genießt den Schutz des Art. 49 der BV., auch wenn sich Dritte in ihren religiösen Anschauungen gekränkt fühlen. Strafbar ist nur die beschimpfende Äußerung, d. h. eine Äußerung, die sich lediglich als eine rohe und gemeine Herabwürdigung aus unlauterem Motive darstellt, welche mit der Achtung vor fremder Überzeugung nicht vereinbar ist (358). Kritisch zu diesem Urteil Studer: 181f.

[4] Dazu BE. 39 I, Nr. 60 mit der Kritik, daß die Gotteslästerung und die Herabwürdigung von Glaubenslehren und Kultusgegenständen nur unter der Voraussetzung bestraft werden dürfen, wenn sie das religiöse Gefühl anderer in rechtswidriger Weise verletzen (358—360). Vgl. ferner JZ. 18, 227, Nr. 177 (Tatbestandsmoment der Öffentlichkeit).

6. Neben der Gotteslästerung bestrafen als Heiligtumsentweihung Luzern § 116 und Obwalden Art. 53 I aus Haß oder Verachtung der Religion verübte Tätlichkeiten an „konsekrierten Hostien oder an Gefäßen, in denen solche wirklich aufbewahrt sind". Die Strafdrohung lautet auf Zuchthaus bis zu 6 Jahren. Wallis Art. 102 bedroht das Sacrilège, ohne den Tatbestand zu umschreiben, sogar mit Zuchthaus bis zu 15 Jahren. Die besondere, qualifizierende Heraushebung des Sacrilegiums aus dem Tatbestand: Tätlichkeiten an geweihten oder sonst dem Gottesdienst gewidmeten Gegenständen (oben 2) ist mit der Anschauung der katholischen Kirche zu erklären, daß die geweihte Hostie in der heiligen Kommunion den Leib und das Blut Christi darstellt[1].

7. Graubünden PolStG. § 17 bestraft Gründer und Mitglieder von Sekten, welche die Sittlichkeit oder die öffentliche Ordnung gefährden und die Anhängerwerbung für solche Sekten[2]. Neuenburg Art. 185 kennt ein Antragsdelikt: prosélytisme religieux, wenn die Werbung gegen den Willen des Familienoberhauptes gegenüber der Familiengewalt unterstehenden Personen von weniger als 16 Jahren erfolgt[3].

III. Art. 261 des eidgenössischen G. ist eine Kompromißlösung. Sie berücksichtigt die bisherigen kantonalen Rechte und die Rechtsprechung, die namentlich das Bundesgericht und früher auch die politischen Bundesbehörden in Anwendung und Auslegung der Art. 49 und 50 der BV. entwickelt haben[4]. Die Benennung der in Art. 261 enthaltenen Tat-

---

[1] Stooss: Grundzüge, 2, 187 betrachtet die hohen Strafdrohungen als ungerecht und dem „Geiste der Bundesverfassung" widersprechend. Der Täter eines Sacrilegiums, der an die Lehre von der Hostie nicht glaube, werde wegen einer Glaubensansicht bestraft. Eine Verunehrung der Hostie sei nur unter dem Gesichtspunkt der Verletzung des religiösen Gefühls zu strafen und nicht anderes zu behandeln als die Beschimpfung anderer gottesdienstlicher Gegenstände. Die Richtigkeit dieser Argumentation ist zweifelhaft. Vgl. ferner BE. 40 I, Nr. 42: Ein Fall der Verhöhnung der Hostie, bestraft auf Grund von Art. 174 lit. a und b des St. gallischen StGB.

[2] Werbung für den Mormonismus z. B. Die Strafbestimmung verstößt nicht gegen BV. Art. 49 II und 50 I; vgl. v. Salis: Schweizer. Bundesrecht, 3, Nr. 987, siehe auch W. Burckhardt: Schweizer. Bundesrecht, 2, Nr. 503. Einschränkend BE. 2, 197; 34 I, Nr. 44: Strafbarkeit der Mormonenwerbung nur, soweit sie zum Vergehen der Vielehe auffordert oder aufreizt; vgl. auch Streiff: 22.

[3] Die Bestimmung steht im Abschnitt: Délits contre la paix religieuse. Vgl. dazu BV. Art. 49 III: „Über die religiöse Erziehung der Kinder bis zum erfüllten 16. Altersjahr verfügt ... der Inhaber der väterlichen oder vormundschaftlichen Gewalt"; vgl. ferner Streiff: 79ff.; Weider: 83f; Clerc: 25ff.; Wyler: 175f.

[4] S. oben II. Zusammenstellung und Erörterung bundesgerichtlicher Rechtsprechung bei W. Burckhardt: Bundesverfassung (3. Aufl.); 443ff.; Aebli: 46ff.; Hafter: Z. 23, 351ff.; Korner: 46ff. Vgl. Burckhardt: Prot. II. ExpKom. 4, 320: Aus den Urteilen des Bundesgerichts ergibt sich ein gewisses Tasten und Schwanken. Koenig: 69ff. (Rechtsprechung der politischen Bundesbehörden), 82ff. (Rechtsprechung des Bundesgerichtes).

bestände als Störung der Glaubens- und Kultusfreiheit — die BV. spricht von „Glaubens- und Gewissensfreiheit" — ist bezeichnend. Diese verfassungsmäßig gewährleisteten Freiheitsrechte sind als Schutzobjekte in den Vordergrund gestellt. Zu beachten ist aber auch, daß der Art. 261 in den Titel: Delikte gegen den öffentlichen Frieden eingefügt ist. Die Wahrung des öffentlichen Friedens (Vorbemerkungen 1 und 2, oben S. 445 f) ist weiteres Schutzobjekt. Überdies empfangen die religiösen Überzeugungen und Gefühle, aber auch areligiöse Anschauungen des Einzelnen ihren Schutz[1].

Vier Gruppen von Tatbeständen mit der einheitlichen Strafdrohung: Gefängnis bis zu 6 Monaten oder Buße ergeben sich:

A. Die Beschimpfung und Verspottung der Überzeugung anderer in Glaubenssachen (Art. 261 I). Eine ähnliche Bestimmung hatte der VE. 1894 Art. 94 I vorgesehen. Sie war von der I. ExpKom. (Prot. 2, 33ff., 39) mit der Begründung gestrichen worden, die Kritik in religiösen Dingen müsse frei sein, durch die Bestimmung werde „über jede religiöse Autorität ein schützender Mantel gebreitet". Die späteren Vorentwürfe folgten dieser Auffassung. Die schließliche Lösung geht auf die II. ExpKom. (Prot. 4, 312ff.) zurück[2]. Die Tatbestandsanalyse erfordert besondere Sorgfalt. Die Gefahr von Mißverständnissen besteht:

1. Schutzobjekt ist die Überzeugung Anderer in Glaubenssachen, nicht die Religion an sich oder der Gottesgedanke. Das G. ist viel umfassender als Art. 94 I des VE. 1894, der den „religiösen Glauben" schützen wollte. Es geht von der durch die BV. gewährleisteten Glaubensfreiheit, von der Religionsfreiheit, aus und gewährt — unter bestimmten

[1] Gesetzesmaterialien: VE. 1894 Art. 94, dazu Stooss: Motive 179ff. und Prot. I. ExpKom. 2, 33ff., 570; VE. 1896 Art. 101; VE. 1903 Art. 183 (Störung des Religionsfriedens); VE. 1908 Art. 187 (Störung des gottesdienstlichen Friedens), dazu Zürcher: Erläuterungen VE. 1908, 340ff. und Prot. II. ExpKom. 4, 312ff.; 5, 86f.; E. 1918 Art. 227 (Störung der Glaubens- und Kultusfreiheit), dazu StenBull. NR. 1929, 562ff.; 1934, 408; StR. 1931, 555ff.; 1935, 245. Die Entwicklung der Vorentwürfe ist dargestellt bei Aebli: 99ff.; Koenig: 163ff.; vgl. auch Clerc: 109ff. — Studer: 96ff. betrachtet als Schutzobjekte die „Religion im subjektiven Sinne", d. h. die Religiösität des Einzelnen, die aber „nicht bloß als individuelles Recht, sondern als Gesamtgut" zu denken ist, ferner das religiöse Gefühl und den konfessionellen Frieden. Vgl. Schrag: 32ff.; 35: besser als von Religionsschutz ist von Glaubensschutz zu sprechen; Koenig: 155ff. kein direktes Schutzinteresse des schweizerischen Staates an der Religion. Vorwiegender Gesichtspunkt das staatliche Friedensinteresse, praktisch tritt jedoch der Schutz des religiösen Gefühls mehr und mehr in den Vordergrund.

[2] K. Müller: Z. 17, 10ff., 41 hat literarisch die Lösung vorbereitet. Kritisch dazu, aber mit grundsätzlicher Zustimmung zu dem Gedanken, die Beschimpfung des religiösen Glaubens anderer zu bestrafen, Stooss: eodem, 163ff., 169f. Vgl. ferner Koenig: 170ff.

Voraussetzungen — jeder Überzeugung „in Glaubenssachen", also auch einer freidenkerischen, areligiösen Überzeugung Schutz[1].

Auf den Ständerat geht der Hinweis darauf, daß insbesondere der Glaube an Gott gegen Beschimpfung und Verspottung geschützt werden soll. zurück[2]. Es ist ein müßiger Streit, ob damit eine besondere Norm gegen die Gotteslästerung liegt oder nicht. Festzuhalten ist aber, daß auch hier nicht die Gottheit, die keines Schutzes bedarf, geschützt werden soll, sondern der Glaube an Gott[3]. Der beispielsweise Hinweis liegt durchaus im Rahmen des Art. 261 I.

2. Die Handlung des Täters muß eine Beschimpfung oder Verspottung (bafouer) der Überzeugung anderer in Glaubenssachen darstellen. Beschimpfung ist Bezeigung von Mißachtung. Sie kann durch Wort, Schrift, Bild oder Gebärde geschehen; vgl. Art. 176, 177 I. Die Mittel sind gleiche oder ähnliche wie bei der Beleidigung. Beschimpfung gemäß Art. 261 ist dagegen nicht in dem Sinne zu verstehen, wie er sich für den Eheverletzungstatbestand aus Art. 177 ergibt (oben § 38). Nicht ein Mensch, sondern eine Glaubensüberzeugung wird der Mißachtung preisgegeben. Wenn Art. 261 I neben der Beschimpfung noch die Verspottung, das Lächerlichmachen einer Überzeugung in Glaubenssachen, nennt, so ist das wohl nur eine andere Spielart der Bezeigung von Mißachtung[4].

Fast zum Überfluß fordert das G., daß die Beschimpfung oder Verspottung in gemeiner Weise geschehen muß. Man kann sich fragen, ob dieses Moment, gerade wenn es sich um einen Angriff auf Glaubensüberzeugungen handelt, nicht schon in den Begriffen beschimpfen und

---

[1] Dazu besonders BURCKHARDT: Prot. II. ExpKom. 4, 321: Schutz wird nicht nur dem Glauben, sondern auch dem Unglauben gewährt; Realisierung der Glaubensfreiheit gemäß BV. Art. 49. „Die Überzeugung des Atheisten verdient den gleichen Schutz wie diejenige des kirchlich Gläubigen',. Ferner CALAME: eodem, 328; SEILER: StenBull. NR. 1929, 563f.; LOGOZ: eodem, 565f.: L'article 261 „est un article d'entente"; CLERC: 114f. Kritisch KOENIG: 171ff., 180 (Unbestimmtheit des Tatobjektes „Überzeugung Anderer in Glaubenssachen").

[2] StenBull. StR. 1931, 555, 557ff.

[3] So namentlich auch ZUST: StenBull. StR. 1931, 558. Zur Frage besonders noch STUDER: 117ff., der einen Tatbestand der Gotteslästerung, nicht nur „in der Bedeutung einer bloßen Gefühlsverletzung", fordert. Geschichtlich zum Tatbestand der Gotteslästerung (crimen laesae majestatis divinae) BINDING: Lb., 1, 178.

[4] Auf die Schwierigkeiten, die sich aus dem Beschimpfungsbegriff im Zusammenhang mit den Religionsdelikten ergeben, macht STUDER: 145ff. aufmerksam; Grenzen der erlaubten gegenüber der unerlaubten Kritik, aber auch gegenüber Scherz, Spott, Ironie, Frivolität usw.; vgl. auch KAHL: 45; KOENIG: 173f. Zum Begriff: verspotten (bafouer): CLERC: 114.

verspotten liegt[1]. Dagegen ist das weitere Moment, daß die Mißachtung öffentlich geschehen muß, von Bedeutung[2].

Die sorgfältig gefaßte Bestimmung soll die Befürchtungen zerstreuen, freie Forschung und Kritik könnten gelähmt werden[3].

B. Art. 261 I enthält den weiteren Tatbestand der öffentlichen und in gemeiner Weise erfolgenden Verunehrung von Gegenständen religiöser Verehrung. Der vielleicht ungewöhnliche Ausdruck: Verunehrung (profaner), der auch in kantonalen Rechten vorkommt, bedeutet nicht schon jede Unehrerbietigkeit oder gar schon die Unterlassung einer Ehrenbezeugung. Auch hier ist namentlich an ein Beschimpfen, Verspotten, Verhöhnen, aber auch an ein Beschmutzen usw. zu denken. Ob unter Gegenständen religiöser Verehrung nur körperliche Gegenstände oder auch die religiösen Dogmen zu verstehen sind, ist bestreitbar. Da die Dogmen zur Überzeugung in Glaubenssachen gehören und durch den ersten Tatbestand in Art. 261 I geschützt sind, ist hier die Beschränkung auf körperliche Sachen, z. B. Kruzifixe, die Hostie, Heiligenbilder, Reliquien usw., aber auch die Bibel, geboten[4]. Der Unglaube hat keine Gegenstände religiöser Verehrung. Wohl aber kann ein nicht kirchlich orientiertes religiöses Bekenntnis, z. B. eine Naturreligion, solche Verehrungsgegenstände haben. Der Schutz gilt auch ihnen[5].

---

[1] SCHRAG: 40: Der Ausdruck „in gemeiner Weise" bezieht sich auf die Gesinnung des Täters. Vgl. auch RITTLER: Z. 47, 79f.

[2] Über den Begriff der Öffentlichkeit oben § 32 III; STUDER: 115, der die Einfügung des Momentes der öffentlichen Begehung kritisiert. Anders SCHRAG: 32f. und namentlich CLERC: 117f. Nicht erforderlich ist die Erregung öffentlichen Ärgernisses.

[3] Schöne Worte des im katholisch-konservativen Lager stehenden K. MÜLLER: Prot. II. ExpKom. 4, 319: „Wir wollen ja nur das Rohe und Gemeine strafen. Sollten Strafbestimmungen die freie Meinungsäußerung oder die religiöse Propaganda oder die Forschung hindern, dann wären sie gerade für die lebenskräftige religiöse Gesinnung zu teuer erkauft." — Nach KORNER ist es dagegen durchaus unrichtig, „sowohl den Glauben wie auch den Unglauben, die Wahrheit wie auch den Irrtum des gleichen Rechtsschutzes teilhaftig werden" zu lassen (48) und: die bundesgerichtliche Praxis, wonach „der Glaube wie der Unglaube, die Wahrheit wie der Irrtum den gleichen Rechtsschutz genießen sollen", muß als unrichtig und unhaltbar abgelehnt werden (52, vgl. auch 112ff.). Gut BURCKHARDT: Prot. II. ExpKom. 4, 321: Da die BV. Glaubens- und Gewissensfreiheit garantiert, dürfen wir „nicht bestimmte Richtungen durch Strafschutz privilegieren, sondern wir müssen gegen alle gleich gerecht sein." Anderer Meinung außer KORNER auch STUDER: 128ff.

[4] BURCKHARDT: Prot. II. ExpKom. 4, 322. Bedenken gegen den Tatbestand als zu weitgehend hat LANG: eod. 323 geäußert. Die Unbestimmtheit des Tatobjektes kritisiert KOENIG: 172f. Weitere Beispiele von Gegenständen religiöser Verehrung bei CLERC: 116f.; s. noch unten D.

[5] Nicht ganz klar ist, ob die Worte im Ingreß von Art. 261 I: „öffentlich und in gemeiner Weise" auch für den Tatbestand der Verunehrung von Gegenständen religiöser Verehrung gelten sollen. SCHRAG: 42 nimmt das an. Die Wortauslegung spricht dafür.

C. Nach Art 261 II ist strafbar die böswillige Verhinderung und Störung und die öffentliche Verspottung einer verfassungsmäßig gewährleisteten Kultushandlung. Hier kommt vor allem der Gedanke des Friedensschutzes zum Ausdruck.

1. Die meisten bisherigen Rechte (oben II 1) und auch die eidgenössischen VE., z. B. VE. 1908 Art. 187 I, nennen als Angriffsobjekt den Gottesdienst und gottesdienstliche Handlungen. Auch nach BV. Art. 50 I erscheint die verfassungsmäßige Gewährleistung zunächst auf die freie Ausübung „gottesdienstlicher Handlungen" beschränkt[1]. „Kultushandlung" geht bewußt weiter. Im Einklang mit der Garantie der Glaubensfreiheit gemäß BV. Art. 49 I will das G. nicht nur gottesdienstliche Handlungen der christlichen und anderer gottgläubiger Kirchen, sondern auch Kultushandlungen freidenkerischer Vereinigungen, z. B. eines Monistenbundes schützen[2]. Die — notwendige — Grenze liegt darin, daß solche Kultushandlungen sich, wie Art. 50 I der BV. erklärt, innerhalb der Schranken der Sittlichkeit und der öffentlichen Ordnung halten müssen. Sittlichkeit ist in dem Sinne zu verstehen, daß Handlungen verpönt sind, die landläufig anerkannten Sittlichkeitsnormen, wie sie namentlich auch den Strafgesetzen zugrunde liegen, widerstreiten. Eine „Kultushandlung", die sich in obscönen Redensarten ergeht oder gar einen Deliktstatbestand (widernatürliche Unzucht, Polygamie) erfüllen oder verherrlichen würde, ist gegen Angriffe nicht geschützt[3]. Ebensowenig genießen „Kultushandlungen", die die öffentliche Ordnung verletzen oder gefährden, den Strafschutz. Diesen Kreis zu umgrenzen hat der Gesetzgeber in der Hand. Da z. B. Art. 25 bis der BV. das Schächten — eine jüdische Kultushandlung — verbietet, widerstreitet sie der öffentlichen Ordnung[4].

Der Begriff „Kultushandlung" geht auch in dem Sinne weit, daß er nicht nur einen gemeinsamen Gottes- oder anderen Kultusdienst umfaßt[5].

---

[1] Der französische Text sagt dagegen „libre exercice de cultes", der italienische „libero esercizio dei culti". Dazu Clerc: 63.

[2] So namentlich Burckhardt: Prot. II. ExpKom. 4, 321f. — Für den Schutz von Leichenfeiern, die vielfach auch einen kultischen Charakter haben, gilt die besondere Bestimmung in Art. 262 Ziff. 1 II; vgl. unten § 79 II 2.

[3] Gut Streiff: 22f.; Korner: 99ff.: Die Sittlichkeit als Schranke des Rechtes der freien Meinungsäußerung mit der einschränkenden Deutung, daß Äußerungen die „gegen die . . . christlichen Wahrheiten verstoßen, grundsätzlich keinen Rechtsschutz finden sollen."

[4] Streiff: 23ff., 27; Korner: 57ff.; Clerc: 66ff.; Wyler: 157ff. (Das Schächten ein religiöses Gebot, Kultushandlung.)

[5] Ob eine private Hausandacht als verfassungsmäßig gewährleistete Kultushandlung gelten kann, ist bestritten. Störung kann Hausfriedensbruch (G. Art. 186) sein; vgl. Zeller: Kommentar zürcher. StGB. § 88, N. 5. Siehe dagegen BE. 38 I, 490 f. (auch Akte individueller Gottesverehrung), ferner Studer: 133f.; Clerc: 120f. (auch das Gebet einer einzelnen Person).

Auch die Prozession[1], die letzte Ölung, die kirchliche Taufe und andere — individuelle — Kultushandlungen, die in besonderem Maße die katholische Kirche entwickelt hat, empfangen Schutz[2].

2. Die verletzende Tat ist entweder böswillige Verhinderung oder Störung[3] oder öffentliche Verspottung. Namentlich das Beiwort „böswillig" soll eine überspannende Anwendung des Tatbestandes verhüten.

D. Abs. III des Art. 261 ist eine Schutzergänzung nach bestimmten einzelnen Richtungen. Strafbar ist die böswillige Verunehrung eines Ortes oder eines Gegenstandes, die für verfassungsmäßig gewährleistete Kulte oder Kultushandlungen bestimmt sind: Kirchen und andere kultische Versammlungsorte (Lärm, Unfug an Kultorten)[4], die Kanzel, kultische Gefäße, Abendmahlsbrot, liturgische Bücher usw.[5].

Abs. III deckt sich zum Teil mit dem in Abs. I umschriebenen Tatbestand der Verunehrung von Gegenständen religiöser Verehrung (oben B.). Doch reicht der Abs. III weiter, weil er sich auch auf Gegenstände bezieht, die, ohne daß ihnen religiöse Verehrung entgegengebracht wird, einer Kultushandlung dienen. — Die Verunehrung muß böswillig geschehen. Wer nur den in der Kirche gebotenen Anstand verletzt, ist noch nicht strafbar[6],[7].

---

[1] Prozession als gottesdienstliche Handlung; Prozessionsverbote als verkehrspolitische Maßnahme; Gesuch um Bewilligung: BE. 49 I, Nr. 22. Dazu STUDER: 74ff. (Auseinandersetzung mit Literatur und Rechtsprechung).

[2] CLERC: 64ff.

[3] Bloße Taktlosigkeiten, aber auch eine noch nicht als böswillig zu betrachtende Demonstration, z. B. das Nichtabnehmen des Hutes vor einer durch die Straße ziehenden Prozession, erfüllen den Tatbestand noch nicht; vgl. Prot. II. ExpKom. 4, 322, 326, 329 (BURCKHARDT, GABUZZI, DESCHENAUX). — Zum Begriff der Störung (trouble) CLERC: 120f.

[4] SCHRAG: 43ff.; Prot. II. ExpKom. 4, 315 (GAUTIER); CLERC: 122f.; KAHL: 48ff. (Unfugsverübung).

[5] Bemerkenswert Zürcher Bl. 6, Nr. 17: Kirchenglocken sind nicht dem Gottesdienst „gewidmet", nicht für eine Kultushandlung „bestimmt". Eine Beschädigung erfüllt nicht den Tatbestand des § 88 zürcher. StGB. Eventuell kommt Sachbeschädigung in Frage. Aber: die katholische Kirche betrachtet die geweihten Kirchenglocken als Kultusgegenstände; vgl. W. BURCKHARDT: BV. (3. Aufl.), 493f.; CLERC: 38ff.; STUDER: 84. Je nach der Religionsüblichkeit werden die Entscheidungen daher verschieden sein. Gut KAHL: 94: „Der Streit, ob eine Handlung Religionsvergehen sei oder nicht, ist hinsichtlich mancher Tatbestände überhaupt nicht auszutragen, weil religiöser Glaube oder kirchenpolitische Stellung das Urteil bestimmen." Vgl. auch WEIDER: 88f., 98 mit der Anschauung, daß das eidgenössische Recht nur die in der BV. garantierte Religionsfreiheit strafrechtlich schützen sollte, während „der Schutz der Religion oder des religiösen Friedens" den Kantonen zu überlassen wäre.

[6] STOOSS: Z. 17, 167. — Gegen das Moment der „Böswilligkeit" KOENIG: 176f., 179.

[7] Ein Antrag CALAME, ähnlich wie in Neuenburg Art. 185 (s. oben II 7) den Proselytismus (für religiöse Sekten) unter Strafe zu stellen, wurde abgelehnt; Prot. II. ExpKom. 4, 313, 334ff.

§ 79. Störung des Toten- und Grabfriedens.

Literatur. STOOSS: Grundzüge, 2, 194. — KAHL: VD. Bes. Teil, 3, 62ff., 68ff., 79f., 94, 102. — CRAMER: Die Behandlung des menschlichen Leichnams in Zivil- und Strafrecht, Zürcher Diss. (1885). — AEBLI (Lit. zu § 78): 45, 52, 79ff., 83ff., 99ff. — SCHRAG (Lit. zu § 78): 49ff. — Vgl. SPÖNDLIN: Die Rechtsverhältnisse an Friedhöfen, Zürcher Diss. (1910). — GAUGLER: JZ. 35, 337ff. — PFENNINGER: Z. 34, 33f. — HAFTER: Z. 54, 259ff.

I. Die Gesetze behandeln diese Delikte regelmäßig zusammen mit den Religionsdelikten oder wenigstens im Anschluß an sie. Aber sie richten sich nicht in erster Linie gegen religiöse Gefühle und Überzeugungen, und eine Verletzung oder Gefährdung des öffentlichen Friedens kann höchstens bei der Störung eines Leichenzuges oder einer Leichenfeier (G. Art. 262 Ziff. 1 II) in Frage kommen. Schutzobjekt ist das Gefühl der Pietät gegenüber den Toten und ihren Ruhestätten. Die Toten haben Ruhe und Frieden gefunden — eine Anschauung, bei der religiöse Gedanken mitschwingen können. So kann man auch den Begriff des Totenfriedens, der mit dem Pietätsgefühl der Überlebenden im engen Zusammenhang steht, erklären[1]. Die vom Schutzobjekt wohl zu unterscheidenden Tatobjekte sind der Leichnam, die Ruhestätte eines Toten, Leichenzug und Leichenfeiern.

Kantonale Rechte sind wenig ergiebig, zum Teil unklar und unvollständig. Zürich § 89 bestraft wegen „Störung der Leichenruhe" die Zerstörung von Gräbern und die Verübung beschimpfenden Unfugs an Gräbern. Diebstahl an Gegenständen in oder auf Grabstätten ist qualifiziert (§ 169 Ziff. 1). Zerstörung und Beschädigung von Gräbern, Unfugverübung bestrafen Zug § 54 lit. d (Störung des Religionsfriedens), Glarus § 58 (Delikt gegen die staatliche Ordnung), Solothurn § 75 (Religionsdelikt), Appenzell I. Rh. Art. 55 lit. e, während Appenzell A. Rh. Art. 66 lit. c als Störung des Religionsfriedens nur Zerstörung und Beschädigung nennt. Bern Art. 93 kennt nur die vorsätzliche Störung eines Leichenzugs und Genf Art. 207 nur die Schändung (violation) von Gräbern. Ausführlicher stellt Neuenburg als Delikt gegen den religiösen Frieden die Störung eines Leichenzugs, ungebührliche Handlungen (des actes inconvenants) in einem Friedhof und Verunehrung von Gräbern unter Strafe. Eigenartig ist Tessin Art. 150, das neben der Verunehrung von Gräbern das Ausgraben und Entblößen menschlicher Leichen „per ingiuria o per superstizione o per altro riprovevole scopo" nennt. Besonders ausführlich hat Waadt Art. 242—245 im Titel der Delikte gegen den öffentlichen Frieden und die öffentliche Ordnung gestaltet: trouble

---

[1] SCHRAG: 49ff. (Pietät: ehrerbietige Rücksicht); BINDING: Lb., 1, 177; AEBLI: 45, 52; ZÜRCHER: Prot. II. ExpKom. 4, 338: Die Ruhe des Toten „eine religiöse Vorstellung, vielleicht ein Euphemismus, mit dem wir uns über die Unerbittlichkeit eines Naturgesetzes hinwegzutäuschen versuchen".

aux cérémonies funéraires, violation ou profanations de sépultures, délits contre la police des inhumations[1]. Freiburg Art. 105 enthält in der Hauptsache eine mit dem eidgenössischen G. übereinstimmende Ordnung (unten II).

II. Im Hinblick auf diese systematisch und inhaltlich verschiedenen und unsicheren Ordnungen war eine zutreffende Gestaltung der Tatbestände für den eidgenössischen Gesetzgeber nicht leicht[2]. Art. 262: **Störung des Totenfriedens** schließt an die Tatbestandsgruppe: Störung des Glaubens- und Kultusfreiheit, die Religionsdelikte, an. Er enthält vier Tatbestände mit der einheitlichen Strafdrohung: Gefängnis oder Buße.

1. Verunehrung der Ruhestätte eines Toten in roher Weise (Art. 262 Ziff. 1 I). Ruhestätte ist das Grab, das einen Toten beherbergt. Aber auch die Urne mit der Asche des Toten ist gegen Verunehrung geschützt. Ob sich Grab oder Urne auf einem Friedhof oder an einem anderen Orte — in einer Kirche, einem Privatgrundstück — befinden, macht keinen Unterschied[3]. Wie in Art. 261 I und III wird die Täterhandlung als verunehren (profaner) bezeichnet. Es muß in roher Weise, aus einer niedrigen, verabscheuenswerten Gesinnung heraus geschehen. Das vernünftige Ermessen des Richters hat darüber zu entscheiden. Nicht schon Taktlosigkeiten, auch nicht jeder Unfug auf einem Friedhof ist strafbar[4]. — Die Verunehrung umfaßt auch das Zerstören und Beschädigen, eventuell auch das Verunreinigen von Gräbern, Grabsteinen und Aschenurnen, das Zerstören von auf dem Grab gepflanzten Blumen, also Sachbeschädigungen, wobei Art. 262 Ziff. 1 I den Tatbestand der Sachbeschädigung konsumiert (unechte Gesetzeskonkurrenz)[5].

Die behördliche Verfügung über Friedhöfe, die Kassierung von Gräbern nach geraumer Zeit, entzieht sich selbstverständlich der Bestrafung.[6]

[1] Die letztern Bestimmungen (Waadt Art. 245) sind Polizeistrafrecht, das nach Art. 335 des eidg. G. den Kantonen vorbehalten bleibt. Eine in den eidgenössischen Entwürfen (VE. 1908 Art. 288, E. 1918 Art. 347) enthaltene entsprechende Bestimmung wurde in der parlamentarischen Beratung gestrichen.

[2] Prot. I. ExpKom. 2, 40f., 316, 753; VE. 1908 Art. 188; Zürcher: Erläuterungen dazu, 343; namentlich Prot. II. ExpKom. 4, 337ff.; 5, 87f.; E. 1918 Art. 228.

[3] Dazu Prot. II. ExpKom. 4, 339 (Gautier), 341 (Hafter), 342 (Huber). Siehe ferner Aebli: 83f.

[4] Anders der von Rohr: Prot. II. ExpKom. 4, 343 berichtete Fall: „fanatisierte junge Leute haben, mit Wissen der Gemeindebehörden, auf dem Grab einer Selbstmörderin ihre Notdurft verrichtet"; vgl. auch Burckhardt: eodem, 345. Zum Begriff der Verunehrung gut Schrag: 60f.

[5] Das ist nur dann nicht anzunehmen, wenn der Täter aus gemeiner Gesinnung einen großen Schaden verursacht, z. B. ein wertvolles Grabmal zerstört (erschwerte Sachbeschädigung). Dann liegt Idealkonkurrenz mit Art. 145 II vor. Dazu: Aebli: 85; Schrag: 58.

[6] Zürcher: Erläuterungen VE. 1908, 343.

2. Böswillige Störung und Verunehrung eines Leichenzuges oder einer Leichenfeier (Art. 262 Ziff. 1 II). Soweit es sich um Leichenfeiern (cérémonies funéraires) handelt, tritt ein kultisches Moment hervor, das die Beziehung zu Art. 261 II — Verhinderung, Störung usw. von Kultushandlungen (oben § 78 III C) — herstellt[1]. Der besondere Tatbestand des Art. 262 geht vor[2]. — Der Täter muß böswillig stören oder verunehren. Der Begriff Störung umfaßt auch die Verhinderung. Das Erfordernis der Böswilligkeit soll auch hier wie bei Art. 261 II eine überspannende Anwendung des Tatbestandes ausschließen. Nur den groben, brutalen Störer, nicht schon den taktlosen trifft das Gesetz. Mit der an die bürgerlichen Behörden gerichteten Norm des Art. 53 II der BV., daß jeder Verstorbene Anspruch auf schickliche Beerdigung hat, steht die Strafbestimmung des Art. 262 kaum im Zusammenhang. Er enthält keine Strafsanktion zu einer Verletzung dieser Verfassungsvorschrift[3].

3. Verunehrung und öffentliche Beschimpfung eines Leichnams (Art. 262 Ziff. 1 III). Der Leichnam, der Körper eines toten Menschen, ist das Angriffsobjekt[4]. Wiederum nennt das G. als Täterhandlung in erster Linie das Verunehren — in der umfassenden Bedeutung, daß jede nicht zu rechtfertigende körperliche Einwirkung strafbar sein soll: Mißhandlung, Verstümmelung, Ausplünderung, Unfug treiben mit einem Leichnam[5], sicher auch das in Art. 150 des tessinischen StGB. besonders erwähnte unberechtigte Ausgraben und Entblößen einer Leiche. Dagegen fallen die behördlich angeordnete Exhumierung eines Leichnams, die ärztliche Sektion und die Verwendung einer Leiche zu wissenschaftlichen Forschungs- und Unterrichtszwecken durch Berufene nicht unter das Strafgesetz; siehe auch unten 4. — Besonderer Betrachtung bedarf die Leichenschändung, d. h. der geschlechtliche

---

[1] Gautier: Prot. II. ExKomp. 4, 338.

[2] Gesetzgebungstechnisch besser wäre gewesen, die Täterhandlungen in Art. 261 II und Art. 262 Ziff. 1 II gleich zu bestimmen. Materiell ergeben sich kaum Unterschiede.

[3] Dazu die Bemerkungen von Huber: Prot. II. ExpKom. 4, 342. Vgl. ferner W. Burckhardt: BV. (3. Aufl.), 495, der den Art. 53 II der Verfassung als eine Polizeivorschrift bezeichnet, für deren Beobachtung die kantonalen Verwaltungsbehörden zu sorgen haben. Die — ausreichende — Sanktion liegt in der Möglichkeit zur staatsrechtlichen Beschwerde.

[4] Binding: Lb., 1, 184f.: Leichnam die entseelte Hülle eines Menschen, der gelebt hat. Deshalb schließt Binding — kaum zu Recht — das totgeborene Kind aus. Nicht rechtsschutzbedürftig „die ägyptische Mumie, das eingeschrumpfte Hautgerippe alter Kirchengewölbe, das Skelett", auch nicht der Foetus (Aebli: 80). Schrag: 53 will für die Tragweite der Strafbestimmung darauf abstellen, ob die Nachwelt zu einem Leichnam noch eine Gefühlsbeziehung hat, was z. B. bei einer Mumie oder einer „Museumsleiche" nicht zutrifft.

[5] Vgl. Kahl: 62 (körperlicher Zugriff), 64f.

Mißbrauch einer Leiche. Kein kantonales Recht nennt sie ausdrücklich[1]. Der VE. 1894 Art. 116 enthielt im Abschnitt der Delikte gegen die geschlechtliche Sittlichkeit den Tatbestand: Wer eine Leiche schändet, wird mit Zuchthaus bis zu 5 Jahren bestraft[2]. Später verschwand die Bestimmung. Ein in der II. ExpKom. gestellter Antrag auf Wiederaufnahme wurde abgelehnt (Prot. 4, 431, 346). Als Lösung bleibt nur, wenn es sich überhaupt um einen zurechnungsfähigen Täter handelt, die sehr unzureichende Bestrafung wegen Verunehrung eines Leichnams[3].

Neben dem Verunehren nennt Art. 262 Ziff. 1 III die öffentliche Beschimpfung eines Leichnams. Auch sie ist Verunehrung, die Bezeigung einer Mißachtung gegenüber dem Toten, aber auch eine Verletzung des Pietätsgefühls der Hinterlassenen. Während die Verunehrung im engeren Sinn eine körperliche Einwirkung auf den Leichnam voraussetzt, wird die Beschimpfung durch Worte, Gebärden oder andere Gedankenäußerung erfolgen[4]. Aus dem Beschimpfungsbegriff (oben § 38) ergibt sich, daß der Täter seine Kundgebung gewissermaßen direkt an den Verstorbenen richtet. Er steht vor dem Leichnam, an der Bahre, dem Sarg des Toten. Damit ist das Verhältnis dieser Bestimmung zu Art. 175 — üble Nachrede und Verleumdung gegen einen Verstorbenen und dazu oben §§ 36 VII, 37 IV — abgeklärt. Die Besonderheit gegenüber Art. 175 liegt überdies darin, daß Art. 262 öffentliche Beschimpfung erfordert, womit sich auch erklärt, daß anderes als bei den Antragsdelikten der üblen Nachrede und der Verleumdung die Beschimpfung eines Leichnams von Amts wegen zu bestrafen ist[5].

4. Der sog. Leichenfrevel oder Leichendiebstahl. Art. 262 Ziff. 2 bildet den Tatbestand: Wegnahme eines Leichnams oder von Teilen eines Leichnams oder der Asche eines Toten „wider den Willen des Berechtigten". — Ein Leichnam oder Leichenteile können Gegenstand eines Diebstahls oder anderer Vermögensdelikte sein, dann, wenn sie in

[1] Dazu PFENNINGER: Z. 34, 37ff.: Leichenschändung als widernatürliche Unzucht (Zürich § 126).

[2] Dazu Prot. I. ExpKom. 2, 204f., 595 und VE. 1896 Art. 125.

[3] Vgl. schon oben § 31 III 2 und PFENNINGER: a. a. O. 43ff. (Schutz des Pietätsgefühls gegenüber dem Toten), auch THORMANN-v. OVERBECK: Art. 262, N. 15. Die bisher nach kantonalen Rechten mögliche Bestrafung wegen widernatürlicher Unzucht ist bei der weitgehenden Einengung des Tatbestandes in Art. 194 des eidg. G. nicht zulässig.

[4] GAUTIER: Prot. II. ExpKom. 4, 339.

[5] Zum Begriff der öffentlichen Begehung siehe namentlich oben § 32 III/IV. Nicht notwendig ist der Nachweis, daß die Beschimpfung öffentliches Ärgernis erregt hat. — Die nichtöffentliche „Beleidigung" eines Leichnams bleibt straflos, wenn der Täter sich mit der Leiche allein befindet. Die am Sarg des Toten in Gegenwart anderer Personen, wenn auch nicht „öffentlich" geäußerte Beleidigung erfüllt dagegen den Art. 175.

den Verkehr gelangen und Eigentums- und Gewahrsamsobjekte werden[1]. Die anatomischen und pathologischen Institute brauchen Leichen- und Leichenteile. Ein Handel mit Haaren, namentlich mit solchen von Frauenleichen, kommt vor. Sachbeschädigung, Unterschlagung, Diebstahl, Raub, Betrug sind bei dieser Sachlage möglich[2]. Ist diese Auffassung zutreffend, so ergibt sich für den Tatbestand aus Art. 262 Ziff. 2 ein klares Bild: Er ist kein Vermögensdelikt, sondern stellt wie die anderen Tatbestände des Artikels eine „Störung des Totenfriedens" und überdies eine Verletzung des Pietätsgefühls der Hinterbliebenen mit folgenden Einzelmomenten dar:

Der Täter muß unbefugt einen Leichnam oder Teile eines Leichnams oder die Asche eines Toten wegnehmen. Aber es geschieht nicht, um sich oder einen anderen unrechtmäßig zu bereichern, sondern aus anderen, möglichen, unter Umständen nicht unehrenhaften Motiven[3]. Für den Begriff des Wegnehmens (soustraire) gilt ähnliches wie beim Diebstahl. Der Täter bricht einen fremden Gewahrsam[4] und verschafft sich die eigene Verfügungsgewalt (oben § 48 II 1). Er nimmt einen Leichnam weg, wenn er die Leiche als Ganzes, bei der „im Zusammenhang der Körperteile die Einheit der menschlichen Gestalt noch erkennbar ist" (Kahl: 63), sich verschafft. Daraus ergibt sich zugleich die Abgrenzung des Begriffs der Leichenteile. Strafbar ist nur das Wegnehmen, nicht auch ein der Unterschlagung ähnliches, unbefugtes Zurückbehalten einer Leiche oder der Asche eines Toten.

Das Wegnehmen muß wider den Willen des Berechtigten erfolgen, d. h. ohne Zustimmung der Personen, denen die Bewahrung und die Obhut über den Leichnam zusteht[5]. Daß als Bewahrungsberechtigte

[1] Binding: Lb., 1, 185, Anm. 1 bestreitet dagegen, daß eine Leiche res in commercio sein kann: „es gibt kein einziges gültiges Privatrechtsgeschäft über Leichen". Weshalb anerkennt aber Binding die Sachfähigkeit eines präparierten Leichenteils? Zu der Streitfrage, ob dem Leichnam „Sachqualität" zukommen kann oder nicht, namentlich Gaugler: 338f. und Hafter: 266ff.

[2] So Kahl: 64. Gautier: Prot. 4, 339 meint wenigstens, daß Entwendungen sich dem Diebstahl nähern können, während Reichel: eodem, 340 die Anwendbarkeit der Bestimmungen über Diebstahl und Unterschlagung bezweifelt. Ferner Binding: Lb., 1, 185, der die Sacheigenschaft des Leichnams ablehnt, sie aber annimmt beim präparierten Leichenteil und beim präparierten Skelett. Vgl. auch Aebli: 80; Schrag: 52: die Leiche eine „herrenlose" Sache, „an der den zur Bestattung Berechtigten ein beschränktes Besitzrecht zusteht" — eine zweifelhafte und unnötige Konstruktion.

[3] Schrag: 54f.

[4] Gaugler: 342 spricht von einem nicht auf sachen-, sondern auf familienrechtlicher Grundlage beruhenden Bewahrungsrecht der Hinterbliebenen.

[5] Vgl. Lohner: Prot. II. ExpKom. 4, 341. — Die Fassung des VE. 1908 Art. 188 lautete: Wer eine Leiche dem Gewahrsam des Berechtigten entzieht. Ferner Binding: Lb. 1, 185f.; Kahl: 67: Gewahrsam ist hier das rechtlich geschützte Verhältnis der Obhut über die Leiche; vgl. auch Aebli: 81f.; Schrag: 53f. und namentlich Hafter: 267f.

nur die Angehörigen des Verstorbenen anzusehen sind, darf nicht angenommen werden[1].

Der — mögliche — echte Leichendiebstahl und der Tatbestand gemäß Art. 262 schließen sich aus. Eine Konkurrenz ist nicht anzunehmen. Das Verhältnis der Ziff. 2 des Art. 262 zum Diebstahlstatbestand ist ähnlich der Beziehung zwischen Sachentziehung (Art. 143) und Diebstahl (Art. 137). Bei der Leichenwegnahme kann man sich fragen, ob die zutreffende Lösung nicht in der Annahme eines bloßen Polizeideliktes liegen würde. Sicher ist, daß auch verwaltungs- und polizeirechtliche Verhältnisse hineinspielen[2].

II. Anhang.

§ 80. Tierquälerei.

Literatur. WEBER: Der strafrechtliche Schutz der Tiere (1904). — ZÜRCHER: Die Tierschutzgesetzgebung der Schweiz, Textausgabe (1914). — v. HIPPEL: Die Tierquälerei in der Strafgesetzgebung des In- und Auslandes (1891), 80ff., 164ff. und VD. Bes. Teil, 2, 241ff., 257ff. — MARGUERITE BECK: Die Tierquälerei, Zürcher Diss. (1918). — ALTWEGG: Der rechtliche Schutz der Tiere, Berner Diss. (1920). — AMALIE JENNY: Der strafrechtliche Schutz der Tiere, Berner Diss. (1940). — BRAND: Ein Beitrag zur Frage des Tierschutzes,Zürcher veterinär-med. Diss. (1922). — FIERZ und KAEGI (Jagdgesetzgebung, Lit. zu § 43). — SCHRAG (Lit. zu § 78): 98ff., 119. — FREI: Mensch und Tier, Sep.-Abdruck aus dem „Schweizer Archiv für Tierheilkunde" (1933). — HAFTER: Z. 17, 206ff. — Die Tierquälereien der Vivisektion (2. Aufl., ohne Jahreszahl), herausgegeben vom Verband der Schweiz. Vereine gegen die Vivisektion.

I. Schutzobjekt ist nicht der öffentliche Friede[3]. Die Tierquälerei stört ihn nicht mehr als zahlreiche andere Delikte. Vor gekünstelten Konstruktionen soll man sich hier hüten, sondern einfach überlegen: Das Tier ist gegen Mißhandlung zu schützen. Es fühlt Schmerz und Leiden. Wie weit sein seelisches Leben — Verstand, Gefühl, Willen —, verglichen mit der Beseeltheit des Menschen, reicht, steht dahin. Sicher besteht die Leidensfähigkeit, und juristische Dogmatik sollte die Annahme, daß

[1] GAUGLER: 342 sieht ausschließlich die Angehörigen als berechtigt an und gelangt, sehr weitgehend, zu dem Schluß, die eigenmächtige Ablieferung einer Leiche aus einem Krankenhaus an ein pathologisches Institut sei als „Wegnahme des Toten wider den Willen des Berechtigten" strafbar. Zur Leichensektion sei immer die Zustimmung der Angehörigen einzuholen(345). Dagegen HAFTER: 268ff.

[2] Vgl. die eigenartige, aber auch nicht befriedigende Unterscheidung des deutschen StGB.: § 168 (unbefugte Wegnahme einer Leiche aus dem Gewahrsam der dazu berechtigten Person — ein Vergehen) und § 367 Ziff. 1 (Beiseiteschaffen eines Leichnams ohne Vorwissen der Behörde und unbefugte Wegnahme von Leichenteilen — bloße Übertretungen). Dazu SCHRAG: 53f. — Über kantonale, prozessuale und verwaltungsrechtliche Bestimmungen über gebotene Leichensektionen ausführlich HAFTER: 272ff.

[3] THORMANN: Prot. II. ExpKom. 7, 187; vgl. auch BECK: 38f.; JENNY: 131ff., 150.

dem Tier ein Anspruch auf Wahrung seiner körperlichen Unversehrtheit zukommt, nicht leugnen. Von einem subjektiven Recht des Tieres braucht man dabei nicht zu reden[1].

Die — wenn auch vielleicht nie abschließend zu erreichende — Erkenntnis der Tierseele haben dem Menschen die ethische Norm des Tierschutzes vermittelt, sein Mitgefühl mit der leidenden Kreatur geweckt und den Schutz durch die Strafgesetzgebung begründet. Die Ausgestaltung ist schwierig. Die Lösungen sind noch keineswegs abgeklärt.

Im bisherigen Recht wirkte sich der Schutz in verschiedener Richtung aus:

1. Das Bundesrecht enthält eine Reihe von speziellen Tierschutzbestimmungen, bei denen allerdings, wenigstens teilweise, auch andere, volkswirtschaftliche Überlegungen eine Rolle spielen[2]. Dagegen ist Art. 25 bis der BV., der Schächtartikel, der das Schlachten der Tiere ohne vorherige Betäubung vor dem Blutentzuge untersagt, als Tierschutz gedacht. Daß das Schächten „Tierquälerei" ist, wird freilich nicht allgemein zugegeben[3]. Tierschutz liegt auch in gewissen Bestimmungen der Jagd-, Vogelschutz- und Fischereigesetzgebung, z. B. im BGes. von 1925 über Jagd- und Vogelschutz Art. 39: Strafbarkeit des widerrechtlichen Jagens, Erledigens, Einfangens und Gefangenhaltens von „geschützten" Tieren, Art. 43: Verbot bestimmter Jagd- und Fangarten, Art. 46: Ausnehmen, Zerstören usw. von Vogelnestern, Art. 47: Verbot von Taubenschießen und von Schießen auf andere gefangene Vögel[4].

---

[1] Im wesentlichen mit dem Text übereinstimmend WEBER: 2ff. und 27, 31ff. mit zahlreichen Hinweisen auf juristische, biologische und philosophische Literatur. Ebenso SCHRAG: 98ff. Er bezeichnet als Rechtsgut „die Freiheit der Tiere vor unnötiger Schmerzzufügung" (99). Die sog. Gefühlsschutztheorie, wonach Schutzobjekt das menschliche Mitgefühl mit dem leidenden Tier sein soll, ist heute ziemlich aufgegeben; vgl. auch ZÜRCHER: Erläuterungen VE. 1908, 490; v. HIPPEL: VD. 264ff. Ausführlich über das Schutzobjekt, Auseinandersetzung mit der Literatur BECK: 11ff., 79ff. und jetzt namentlich JENNY: 5ff. mit interessanten Feststellungen über religiöse, philosophische und volkstümliche Tierethik; 67ff.: Untersuchungen über das Schutzobjekt; 57ff. geschichtliche Entwicklung des Tierschutzes.

[2] Art. 25 der BV. stellt deutlich den wirtschaftlichen Gesichtspunkt in den Vordergrund: Gesetzgebung zur Erhaltung des Hochwildes, sowie zum Schutze der für die Land- und Forstwirtschaft nützlichen Vögel. Weitere Daten bei BECK: 71ff. (Viehtransporte); vgl. auch HAFTER: Z. 17, 206ff.

[3] Über den Schächtvorgang und das Schächten als israelitische Kultushandlung JENNY: 112ff.; WYLER: (Lit. zu § 78) 157ff. Die Geschichte der Gesetzgebung gegen das Schächten zeigt, daß sie vor allem auf Anregungen der Tierschutzvereine zurückgeht; GOLDENBERG (Lit. zu § 90): 18ff.; WYLER (Lit. zu § 78): 160ff.; v. HIPPEL: 258f.; vgl. auch Prot. I ExpKom. 2, 756f.; BECK: 67ff.

[4] Dazu FIERZ: 42ff. (Wildschutzbestimmungen älterer kantonaler Rechte), 71ff. (Jagdstrafrecht des Bundes und der Kantone seit 1875; BGes. von 1875); vgl. auch KAEGI: 202ff. (späteres BGes. von 1904).

Weitere Beispiele finden sich im BGes. von 1888 betreffend die Fischerei, namentlich Art. 5: Verbot gewisser Fangarten.

2. Sämtliche kantonalen Rechte haben Strafbestimmungen gegen die Tierquälerei aufgestellt[1], zum Teil in Sondergesetzen oder Rechtsverordnungen — z. B. Zürich: G. von 1895 betr. den Schutz der Tiere[2] mit ergänzenden Verordnungen, insbesondere über die Vivisektion; Zug: G. von 1863 betr. die Tierquälerei; Aargau: G. von 1854 über Tierquälerei und — mit besonders ausführlicher Kasuistik — Tessin: G. von 1908 sulla protezione degli animali. Im Strafgesetzbuch ordnen Freiburg Art. 194[3], Solothurn § 192 Ziff. 6, Schaffhausen § 193, Appenzell a. Rh. Art. 170, Appenzell i. Rh. Art. 157[4], St. Gallen Art. 200—202, Waadt Art. 240[5], Wallis Art. 340 Ziff. 11, Neuenburg Art. 214 und 443 Ziff. 13, Genf Art. 385 Ziff. 11. Wieder andere Kantone hatten eine Bestimmung in das PolStG. eingefügt, z. B. Luzern § 165, Baselstadt § 59 (im Abschnitt: Übertretungen in bezug auf die Sittenpolizei). Zahlreich setzen ergänzende Verordnungen ein, namentlich über den Schutz von Hunden, die als Zugtiere verwendet werden, über den Transport und das Töten von Schlachttieren[6]. Die große Verschiedenheit der kantonalen Ord-

---

[1] Die kantonalen Bestimmungen bei v. Hippel: Tierquälerei, 80ff. (Erörterung), 164ff (Texte); Zürcher: 4ff. (Texte); Beck: 56ff.; Brand: 37ff. (vergleichende Darstellungen). Neuestens Jenny: 66 und am Schluß der Schrift eine gute tabellarische Übersicht über die kantonalen Tierschutzgesetzgebungen.

[2] Initiativbegehren auf Abschaffung der Vivisektion verworfen, dagegen Annahme des neuen Tierschutzgesetzes (1895). Dazu Z. 8, 466ff.; Beck: 43. Zürcherische Statistik der Straffälle wegen Tierquälerei von 1895—1920 bei Brand: 7ff., 16ff. mit interessanten Hinweisen auf Einzelfälle (Pferde, Rindvieh, Hunde, Katzen, Geflügel usw.).

[3] Freiburg Art. 194 enthält zum Teil Bestimmungen, die mit dem Tierschutz nichts zu tun haben: „Wer ein Tier mißhandelt, schwer vernachlässigt oder unnötig überanstrengt, — wer Tierkämpfe oder ein Schießen auf gefangene oder zahme Tiere veranstaltet, — wer die zum Tierschutz erlassenen Vorschriften übertritt (Blankettnorm) —, wer ohne polizeiliche Erlaubnis gefährliche wilde Tiere hält oder nicht das Erforderliche veranlaßt, um sie abzuhalten, Schaden anzurichten (kein Tierschutz) — wer Personen oder Tiere gefährdet, indem er ein Tier reizt oder erschreckt oder ein von ihm zu beaufsichtigendes Tier nicht zurückhält (nur teilweise Tierschutz) wird mit Haft oder mit Buße bis zu 500 Franken bestraft."

[4] Appenzell i. Rh. Art. 157: „Wer Tiere mißhandelt, wird je nach Umständen mit einer Geldbuße bis auf 100 Franken belegt. In besonders erschwerenden Umständen, d. h. wenn eine arge Grausamkeit in der Mißhandlung liegt, kann nebst der Geldbuße auch auf Gefängnis erkannt werden. — Ebenso kann bei gröberer oder wiederholter Tierquälerei die Untersagung eines bestimmten Berufes oder Gewerbes verfügt werden."

[5] Waadt Art. 240 (im Abschnitt: Délits contre la paix publique et contre l'ordre publique): „Celui qui, sans motif suffisant, se livre à de mauvais traitements sur un animal, est puni d'une amende de cinq cents francs au plus ou d'un emprisonnement de 3 mois au plus. — La même peine est applicable à celui qui, en excitant un animal, crée un danger pour les personnes" (kein Tierschutz).

[6] Texte bei Zürcher: passim.

nungen zeigt, wie schwierig es ist, das Gebiet des strafrechtlichen Tierschutzes befriedigend zu umgrenzen. Die Erörterung der Einzelfragen erfolgt zweckmäßig im Anschluß an Art. 264 des eidgenössischen G.

II. Die vorsätzliche **Tierquälerei** nach Art. 264 des G. ist ein mit Gefängnis oder mit Buße bedrohtes Vergehen, nicht eine bloße Übertretung, wie noch in den Entwürfen [1]. Unter den allerdings engen Voraussetzungen des Art. 54 ist namentlich die Nebenstrafe des Berufs- und Gewerbeverbots zulässig. Auch das Wirtshausverbot (Art. 56) kann gegenüber gewissenlosen Tierquälern angezeigt sein.

1. Der Grundtatbestand (Ziff. 1 I) nennt vorsätzliche Mißhandlung, arge Vernachlässigung und unnötige Überanstrengung eines Tieres. Durch die Beiworte vor Vernachlässigung und Überanstrengung entsteht eine gewisse Vagheit, die dem freien Ermessen des Richters sehr weiten Spielraum läßt[2]. Auch davon abgesehen ergeben sich zahlreiche Zweifelsfragen.

Mißhandlung ist Leidenszufügung, insbesondere körperliche Züchtigung (vgl. oben § 14 III 3). Vor allzu großer Sentimentalität wird man sich hüten müssen. Menschenerziehung und Erziehung eines Haustieres, z. B. eines Hundes, oder die Pferdedressur sind nicht Gleiches. Eine energische Behandlung, auch eine Züchtigung, die gegenüber einem Menschen „Mißhandlung“ sein kann, kann einem Tier gegenüber gerechtfertigt sein — auch als Strafe. Aber als Tierquälerei muß das Übermaß, namentlich grundsätzlich jede zwecklose Verstümmelung irgendeines Tieres[3], gelten. Besonders stark hat der Richter das Motiv zu berücksichtigen. Er soll vor allem den Rohling bestrafen. Aber das G. fordert, im Gegensatz zu den Entwürfen, nicht mehr eine rohe Mißhandlung. Strafbar ist daher jede unnötige Verursachung von Schmerzen oder Leiden[4].

Strafbar soll ferner die arge Vernachlässigung sein. Sie setzt eine Wartungspflicht — bei Haustieren, Schlachttieren, aber auch beim Tierbestand einer Menagerie, eines Zirkusunternehmens, eines zoologi-

[1] VE. 1894 Art. 206 und dazu Prot. I ExpKom. 2, 324, 755ff.; VE. 1903 Art. 256; VE. 1908 Art. 280, dazu Zürcher: Erläuterungen, 490ff. und Prot. II. ExpKom. 7, 181ff., 366ff.; 8, 331ff. E. 1918 Art. 333; StenBull. NR. 1929, 582f.; 1934,408; StR. 1931, 560; 1935, 245. Über die Entwicklungsgeschichte Jenny: 134ff.

[2] So auch Weber: 18.

[3] Vernünftige Begrenzungen müssen gesucht werden. Tötung von lästigen Insekten oder eines Maikäfers ist nicht Tierquälerei, wohl aber die Verstümmelung eines Käfers oder eines Frosches; dazu Thormann: Prot. II. ExpKom. 7, 187. Fragliche Fälle werden sich freilich immer zeigen, z. B. das von Reichel: eodem, 188 erwähnte Stopfen der Gänse zur Vergrößerung ihrer Leber, das Brand: 32 als ausgesprochene Tierquälerei bezeichnet, ferner das Coupieren der Schweife bei Pferden und Hunden; Weber: 18f.

[4] Dazu Gautier: Prot. II. ExpKom. 7, 185 und schon Weber: 17f., 29; v. Hippel: VD. 245; Beck: 82ff.

schen Gartens — voraus[1]. Unnötig hungern, im Schmutz verkommen lassen, das Nichtabhalten schädlicher Witterungseinflüsse, mangelnde Pflege kranker Tiere sind Beispiele[2]. Sie zeigen, daß Tierquälerei auch in der Form von Unterlassungen strafbar ist, wenn eine Pflicht zum Handeln besteht. Als Leitsatz mag gelten, daß die Vernachlässigung in schmerzerregender oder die Gesundheit des Tieres schädigender Weise geschehen ist[3].

Das G. nennt überdies unnötige Überanstrengung. Überanstrengung ist die Zumutung von Anstrengungen, die über die Kräfte des Tieres, z. B. eines Pferdes, hinausgehen. Das Beiwort „unnötig“ ist kritisiert worden[4]. — Der Überanstrengungs-Tatbestand bereitet wohl am meisten Schwierigkeiten. Die Grenzen sind schwer zu ziehen. Auch hier gibt die Kasuistik der kantonalen Rechte zahlreiche Beispiele, insbesondere in Verordnungen über die Benutzung von Hunden als Zugtiere[5].

2. Unabgeklärt ist die Frage des Tierexperimentes, insbesondere der Vivisektion. Die Anschauungen stehen sich fast unversöhnlich gegenüber[6]. Die zürcher. VO. vom 13. September 1897 über die Vivisektion[7] versteht darunter „die Vornahme blutiger Operationen an lebenden Tieren, sowie aller Experimente, welche die Lebensverhältnisse der Tiere in einer Weise verändern, daß vorübergehende oder andauernde

---

[1] Gut Gautier: eodem, 184.

[2] Kantonale Rechte nennen zahlreiche Fälle. Luzern, VO. vom 17. März 1873 I Ziff. 3: Stehenlassen von Zug- und anderen Tieren ohne Not auf offener Straße in Hitze und Kälte, Regen oder Schnee ohne schützende Vorsorgen. Appenzell a. Rh., VO. vom 4. November 1887, § 79 lit. g: bei Milchtieren das Unterlassen des rechtzeitigen Melkens. Ebenso Appenzell i. Rh., VO. vom 19. September 1913, Art. 23 Ziff. 7. Tessin, Tierschutzgesetz von 1908 Art. 2, z. B. lit. c: L'impiego nel lavoro di animali ammalati, feriti ed in generale in cattive condizioni fisiche. Diese und weitere Texte bei Zürcher: passim.

[3] Weber: 29.

[4] Lang: II. ExpKom. 7, 367f. schlug das Beiwort „schonungslos“ vor. „Wir wollen dahin wirken, daß der Fuhrmann sich keinen Zweck zu erreichen vornehme, der nur mit der Überanstrengung der Tiere zu erreichen ist. Ist der Zweck aber vernünftig und kann er nur mit einer momentanen Überanstrengung erreicht werden, so soll doch auch die nötige Überanstrengung nicht eine schonungslose sein.“— Jenny: 146 bezeichnet das Beiwort „unnötig“ als überflüssig. Daß es sich um eine unnötige Überanstrengung handeln muß, ergebe sich aus dem Wesen der Tierquälerei selber. Das ist immerhin fraglich.

[5] Texte bei Zürcher: passim, z. B. zürcher. VO. vom 25. Februar 1888, Glarner VO. vom 23. Mai 1894. Radikal § 3 der solothurnischen VO. vom 15. März 1899: „Hunde dürfen weder als Zugtiere, noch zum Treiben von Vieh benützt werden.“

[6] Die Äußerung von Stooss: Prot. I. ExpKom., 2, 324: „Wer zum Zwecke wissenschaftlicher Forschung oder Belehrung einem Tiere Schmerzen zufügt, handelt nicht grausam und ist . . . nicht strafbar“ ist viel zu summarisch.

[7] Sammelwerk der zürcher. Gesetzgebung, 2, 1454f.; Zürcher: 5ff.

schmerzhafte Zustände erzeugt werden." Die VO. gestattet sie nur zum Zwecke wissenschaftlicher Forschung und für Lehrzwecke, mit weiteren starken Einschränkungen: Vornahme nur in bestimmten Hochschulinstituten[1], Führung von Verzeichnissen über Zahl und Zweck der Vivisektionen, Meldepflicht (§§ 1—4), Beschränkung auf das „unumgänglich notwendige Maß", schmerzlose Gestaltung durch ausreichende Narkose (§§ 4, 5). Bei der Beurteilung einer Übertretung der Vorschriften soll sich die Strafe „nach der Größe der dem Tiere zugefügten Qualen, sowie nach dem Grade der an den Tag gelegten Roheit der Gesinnung und des gegebenen Ärgernisses „richten" (§ 7). Das Tierschutzgesetz des Kantons Tessin von 1908 bestimmt in Art. 3 I „Le esperienze sopra animali vivi mediante operazioni non sono permesse che a scopo scientifico e coll' autorizzazione speciale del Consiglio di Stato che ne determina le condizioni."[2] Mit solchen Normen ist das Tierexperiment grundsätzlich als nicht rechtswidrig anerkannt, aber zugleich — namentlich durch § 7 der zürcher. VO. — für den Fall der Mißachtung der einschränkenden Vorschriften eine Tierquälerstrafe vorbehalten.

Der Streit zwischen den Kreisen, die das Tierexperiment für Forschung und Unterricht als in hohem Maße wichtig, ja als notwendig bezeichnen, und den Vivisektionsgegnern ist hier nicht auszutragen. Jedenfalls ist eine das Tierexperiment einschränkende und kontrollierende Ordnung gesetzgeberische Pflicht. Die Möglichkeit einer Bestrafung wegen Tierquälerei — unter den Gesichtspunkten der Mißhandlung, eventuell auch der argen Vernachlässigung und der unnötigen Überanstrengung — muß stets im Hintergrund stehen[3].

3. Art. 264 Ziff. 1 II hebt, als besonders zu berücksichtigende Beispiele, die Veranstaltung von Schaustellungen, bei denen Tiere gequält oder getötet werden, insbesondere das Abhalten von Tierkämpfen, von

---

[1] Also nicht in privaten Unternehmungen, z. B. der chemischen Industrie.

[2] ZÜRCHER: 46. — Über die unter bestimmten Kautelen anzuerkennende Rechtmäßigkeit des Tierexperimentes v. HIPPEL: V. D. 248f. (mit interessantem Material), 269; BECK: 40ff., 45ff. (juristische Begründung der Straflosigkeit), 53ff. (Beschränkungen der Vivisektion); FREI: 14ff.: die Wissenschaft kommt ohne den Tierversuch nicht aus. Vgl. dagegen den Standpunkt der Vivisektionsgegner in „Die Tierquälereien der Vivisektion": passim; JENNY: 117ff.

[3] Sehr beachtlich das neue deutsche Tierschutzgesetz vom 24. November 1933 (Text z. B. bei KOHLRAUSCH: Strafgesetzbuch, 34. Aufl., 659ff.). Der III. Abschnitt des Gesetzes: Versuche an lebenden Tieren verbietet grundsätzlich, an lebenden Tieren zu Versuchszwecken Eingriffe oder Behandlungen vorzunehmen, „die mit erheblichen Schmerzen oder Schädigungen verbunden sind" (§ 5). Vorbehalten bleibt, unter weitgehend einschränkenden Bedingungen, die Erteilung einer Erlaubnis an bestimmte wissenschaftlich geleitete Institute oder Laboratorien (§§ 6, 7). Strafbestimmungen: §§ 9ff. Dazu z. B. ELSTER: Handwörterbuch der Kriminologie (1935), 2, 789ff. mit Hinweisen auf weitere Literatur. Vgl. auch BECK: 45: Jeder Mißbrauch der der wissenschaftlichen Forschung eingeräumten Freiheit ist zu bestrafen.

Kämpfen mit Tieren und das Schießen auf zahme oder gefangengehaltene Tiere[1], hervor. Diese Bestimmungen wenden sich vor allem gegen das Entnervende und Empörende, das in Tierkämpfen und in Kämpfen mit Tieren liegt. Daß die Schaustellung öffentlich geschieht, fordert das Gesetz nicht. Sie ist auch strafbar, wenn sie vor einem Kreis geladener Personen oder z. B. in den Räumen eines geschlossenen Klubs erfolgt[2].

4. Für fahrlässige Tierquälerei sieht Art. 264 Ziff. 2 eine Bestrafung mit Buße vor. Eine fahrlässige Veranstaltung von Schaustellungen, die Ziff. 1 II nennt, ist schwer vorstellbar[3].

III. 1. Der Art. 264 stellt keine abschließende Regelung dar. Ergänzende Übertretungstatbestände, z. B. Strafbestimmungen gegen das Schächten, gegen Mißbräuche beim Tierexperiment, bleiben gemäß Art. 335 Ziff. 1 I den kantonalen Rechten vorbehalten[4]. Ein umfassendes eidgenössisches Tierschutzgesetz, das gelegentlich angeregt wurde, zustande zu bringen, ist kaum aussichtsreich. Die Anschauungen in den verschiedenen Landesgegenden, z. B. über die Verwendung von Hunden als Zugtiere oder über die Vivisektion, gehen zu weit auseinander[5].

2. Mit einer Tierquälerei kann Sachbeschädigung (G. Art. 145) in Idealkonkurrenz treten, dann, wenn der Täter ein in fremdem Eigentum stehendes Tier, also namentlich ein Haustier, quält und dadurch den Eigentümer schädigt (oben § 43)[6].

§ 81. In selbstverschuldeter Trunkenheit oder Betäubung verübte Delikte.

Literatur: GANTENBEIN: Die Behandlung von Trunkenheit und Trunkenheitsdelikten im schweizer. Militärstrafrecht unter Berücksichtigung des Entwurfes eines schweizer. StGB., Berner Diss. (1933). — ARNOLD: Das Delikt der Trunkenheit (1936). — PFENNINGER: Allg. schweiz. Militärzeitung, 74, 417ff. — BURCH: Z. 32, 386ff. (Alkoholismus und schweizer. militärgerichtliche Bestrafungen, 1914—1917).

[1] Ein Verbot des Taubenschießens und des Schießens auf andere gefangene Vögel steht schon in Art. 47 des eidg. Jagd- und Vogelschutzgesetzes von 1925. — Zum ganzen Absatz BECK: 90ff.

[2] Prot. II. ExpKom. 7, 183 (ZÜRCHER), 186 (GAUTIER); 8, 333 (GAUTIER); v. HIPPEL: VD. 267: „Es ist an der Zeit, jede unnötige Tierquälerei ohne Rücksicht auf die Öffentlichkeit der Begehung . . . für strafbar zu erklären.“ — In der parlamentarischen Beratung wurde eine im E. 1918, Art. 333 Ziff. 1 III enthaltene Blankettbestimmung: „Wer vorsätzlich andere zur Verhütung von Tierquälerei erlassene Vorschriften übertritt“ mit der Begründung gestrichen, die Kantone sollten, wenn sie weitere Bestimmungen, z. B. über die Vivisektion, aufstellen, die Sanktionen selbst festsetzen; StenBull. NR. 1934, 408; StR. 1935, 245. Vgl. dagegen HAFTER: Prot. II. ExpKom. 7, 188, auch v. HIPPEL: VD. 268.

[3] Kritisch zur Strafbarkeit der Fahrlässigkeit auch BECK: 99f.

[4] Darauf wird mehrfach hingewiesen, z. B. von WEBER: 15f., 31; ZÜRCHER: Erläuterungen VE. 1908, 492 und Prot. II. ExpKom. 7, 182; JENNY: 147f.

[5] Gut WEBER: 14f.; vgl. auch v. HIPPEL: VD. 247f.; BECK: 97ff.

[6] Vgl. dazu Zürcher Bl. 26, Nr. 153, ferner BRAND: 15 (ältere romanische Auffassung der Tierquälerei nur unter dem Gesichtspunkt der Sachbeschädigung).

I. Der Art. 263 des G. enthält einen Tatbestand, der mit dogmatischer Jurisprudenz nicht leicht zu erklären ist. Die kriminalpolitische Zweckmäßigkeit mag man dagegen bejahen[1]. Strafbar ist „wer infolge selbstverschuldeter Trunkenheit oder Betäubung unzurechnungsfähig ist und in diesem Zustand eine als Verbrechen oder Vergehen bedrohte Tat verübt."

Die Bestimmung hat ihre bemerkenswerte Geschichte: Die Entwürfe enthielten sie nicht. Sie sahen nur einen Übertretungstatbestand der Trunkenheit vor, in Art. 331 des E. 1918 mit der Fassung: „Wer im Zustande der Betrunkenheit öffentlich Sitte und Anstand in grober Weise verletzt, wird mit Buße bestraft[2]." Erst in der parlamentarischen Beratung wurde der jetzige Art. 263 in das G. eingefügt. Vorgängig hat das MilStG. von 1927 an zwei Stellen (Art. 10 II und 80 Ziff. 2) sich mit dem Täter, der in einer selbstverschuldeten schweren Bewußtseinsstörung, also insbesondere in selbstverschuldeter Trunkenheit, ein Delikt verübt, befaßt. Art. 10 II des MilStG. schließt die Berücksichtigung der Unzurechnungsfähigkeit des Täters aus, wenn er sie selbst herbeigeführt hat „in der Absicht, in diesem Zustande die strafbare Handlung zu verüben". Das ist der typische, im Leben seltene Fall einer actio libera in causa, wofür das Bedürfnis nach einer gesetzgeberischen Regelung kaum besteht (Allg. Teil, § 22 V)[3].

Die Bestimmung über die actio libera in causa ist aber nach dem Vorangang des Militärstrafrechts auch in das bürgerliche Strafgesetz übernommen worden und zwar mit der Erweiterung, daß auch verminderte Zurechnungsfähigkeit nicht strafmildernd berücksichtigt werden soll, „wenn ... die Beeinträchtigung des Bewußtseins vom Täter selbst in der Absicht herbeigeführt wurde, in diesem Zustande die straf-

---

[1] Gantenbein: 23: die große Schwierigkeit liegt darin, Forderungen der Kriminalpolitik und des Volksbewußtseins mit der juristischen Logik in Einklang zu bringen.

[2] Zum Trunkenheits-Tatbestand schon Prot. I. ExpKom., 2, 322f., 755; Zürcher: Erläuterungen VE. 1908, 486f. (öffentliche Trunkenheit). Der schließlich Gesetz gewordene Gedanke geht auf einen Antrag Lang: Prot. II. ExpKom. 7, 165, 170f. zurück: „Wer im Zustande selbstverschuldeter Trunkenheit ein Vergehen verübt hat und wegen mangelnder Zurechnungsfähigkeit freigesprochen worden ist, wird, wenn ihm bekannt war, daß er in der Trunkenheit zu Vergehen dieser Art neigt, mit Buße oder Haft bestraft." — Einen Übertretungstatbestand der selbstverschuldeten Trunkenheit enthält auch Art. 36 I des st. gallischen Gesetzes vom 15. Mai 1925 betreffend die Bekämpfung der Trunksucht; Text: Z. 39, 119ff.

[3] Vgl. Gantenbein: 49ff., 106ff.; Arnold: 20ff. Nicht zu verwechseln mit der actio libera in causa-Bestimmung ist die in zahlreichen kantonalen Rechten zum Ausdruck gebrachte Auffassung, daß die selbstverschuldete Trunkenheit die Verantwortlichkeit überhaupt nicht ausschließt; Allg. Teil, § 33 III 3. — Daten zur Geschichte der Behandlung der Trunkenheitsdelikte bei Gantenbein: 1ff., 7ff. (strenge schweizerische Kriegsrechte); vgl. auch Arnold: 25ff.

bare Handlung zu verüben" (G. Art. 12)[1]. — Die Ergänzung dieser praktisch wenig bedeutenden Bestimmung bringt Art. 263, der wiederum dem Militärstrafgesetz (Art. 80 Ziff. 2) nachgebildet ist[2].

II. 1. Der Art. 263 geht davon aus, daß Jemand „infolge selbstverschuldeter Trunkenheit oder (anderer) Betäubung unzurechnungsfähig ist". Der Täter steht in einem solchen Maße unter der Wirkung des Alkohols oder sog. Rauschgifte (Kokain, Morphium, Opium usw.), daß sein Bewußtsein aufgehoben oder schwer gestört ist (vgl. Art. 10). — Die Herbeiführung dieses Zustandes muß selbstverschuldet sein. Die strafrechtlichen Schuldregeln finden uneingeschränkte Anwendung. Auch die fahrlässige Bewirkung des Zustandes der Trunkenheit genügt[3].

2. Der in diesem Zustand Befindliche verübt eine als Verbrechen oder Vergehen bedrohte Tat (Art. 9). Da er zur Zeit der Tat unzurechnungsfähig ist, kann er deswegen — z. B. wegen einer Tötung, einer Körperverletzung — nicht bestraft werden[4]. Nach Art. 14 und 15 des G. hat der Richter dagegen die Möglichkeit, gegenüber dem Täter, den er wegen der „Tat" freispricht, auf Verwahrung oder auf Versorgung zu erkennen, was allerdings nur dann in Frage kommen kann, wenn es sich um einen gefährlichen oder um einen besonderer Heilbehandlung bedürftigen Menschen handelt[5]. Sind solche Voraussetzungen nicht ge-

[1] Die bemerkenswerten parlamentarischen Beratungen zeigen deutlich die juristische Unsicherheit über das ganze Problem der Trunkenheit: StenBull. NR. 1928, 77ff.; 1933, 822; StR. 1931, 138f., 255.

[2] Materialien zu Art. 80 des MilStG.: StenBull. StR. 1921, 230ff.; 1922, 151ff.; NR. 1924, 649ff.; 1925, 390f.; 1926, 164, 763ff., 787. — Zu Art. 80 des MilStG. Entscheidungen MKG. 2, Nr. 46; 3, Nr. 39. — Zu Art. 263 des bürgerlichen StGB.: Prot. II. ExpKom. 1, 114, 128ff.; 7, 164ff.; StenBull. NR. 1929, 560ff.; StR. 1931, 555f. Vgl. auch Thormann- v. Overbeck: Art. 263, N. 1. — Hinweis auf ausländische Rechte (Deutschland, Österreich) bei Arnold: 28ff., ferner Kitzinger: Österreich. Z. f. Strafrecht, 1, 429ff. (mit reichen Lit.-Angaben); Kohlrausch: ZgesStRW. 32, 645ff.

[3] Seiler: StenBull. 1926, 164. Über Vorsatz und Fahrlässigkeit beim Trunkenheitsdelikt Gantenbein: 37ff. — Die gelegentlich in der Literatur vertretene Anschauung, eine selbstverschuldete Trunkenheit dürfe man gar nicht annehmen, die Schuld treffe die Gesellschaft, die nicht die Trinksitten als soziales Übel brandmarke, ist strafrechtlich unsinnig; gut darüber Gantenbein: 34ff. Zum Begriff des Selbstverschuldens, der in Art. 263 wohl weniger in einem juristisch-technischen Sinne, sondern eher als moralisches Werturteil aufzufassen ist, Arnold: 39ff.

[4] Bei Annahme verminderter Zurechnungsfähigkeit ist der Täter gemäß Art. 11 strafbar. Dazu Gantenbein: 65ff., 75ff. (Angetrunkenheit als Strafmilderungsgrund); Arnold: 34. — Damit hängt zusammen, daß beim Trunkenheitsdelikt des Art. 263 ein Versuch nicht denkbar ist. Wer die Erreichung sinnloser Betrunkenheit versucht, dieses Ziel aber nicht erreicht und im Zustand bloßer Angetrunkenheit ein Delikt begeht, steht unter dem Art. 11; vgl. Arnold: 48f.

[5] Auf Verwahrung und Versorgung haben in diesem Zusammenhang auch Zürcher und Gautier: Prot. II. ExpKom. 7, 165, 167 hingewiesen; vgl. auch Gantenbein: 71ff. (sichernde Maßnahmen nach Militärstrafrecht).

geben, so helfen die Art. 14/15 nicht. Der gelegentliche Rauschverbrecher ist mit diesen Maßnahmen kaum erreichbar (vgl. schon Allg. Teil, § 33 III 3).

Hier setzt der Straftatbestand des Art. 263 ein. Man hat ihn als einen Fall der sonst vom G. nach Möglichkeit vermiedenen Erfolgshaftung bezeichnet, die man hier mit kriminalpolitischen Überlegungen und auch mit im Volke verbreiteten Anschauungen rechtfertigen mag[1]. Eigenartig und vielleicht im Einzelfall unbefriedigend ist, daß die im Zustand der selbstverschuldeten Unzurechnungsfähigkeit begangene Übertretung von Art. 263 nicht erfaßt wird. In der Praxis wird man sich in der Regel mit polizeilichen Maßnahmen gegenüber solchen Sündern zu helfen wissen[2].

3. Die Strafdrohung des Art. 263 lautet auf Gefängnis bis zu 6 Monaten oder auf Buße (Abs. I) und auf Gefängnis schlechthin, wenn der Täter „eine mit Zuchthaus als einziger Strafe bedrohte Tat" verübt hat (Abs. II). Diese Abstufung zeigt deutlich den Gedanken einer gewissen Erfolgshaftung[3]. Neben der Hauptstrafe kann der Richter auf Verhängung des Wirtshausverbotes (G. Art. 56) erkennen. — Da der Täter wegen des Deliktes der Trunkenheit, wenn auch nicht wegen des in seinem Zustand verübten Verbrechens oder Vergehens, bestraft wird, so steht bei einer Verurteilung zu Gefängnis nichts entgegen, daß der Richter überdies gemäß Art. 44 und 45 die Maßnahmen: Behandlung von Gewohnheitstrinkern und Rauschgiftkranken zur Geltung bringen kann. — Die Verfolgung von Amts wegen soll auch dann erfolgen, wenn die im Zustand der Unzurechnungsfähigkeit verübte Tat ein Antragsdelikt ist[4].

Anstiftung und Beihilfe zum Trunkenheitsdelikt sind möglich. Voraussetzung einer Bestrafung des Anstifters und des Gehilfen ist jedoch, daß der Betrunkene in seinem Zustand eine als Verbrechen oder Vergehen bedrohte Tat begangen hat[5].

---

[1] Gegen die Annahme einer Erfolgshaftung GANTENBEIN: 96ff., 105 mit der juristischen Konstruktion: Das schuldhafte Sichbetrinken ist ein Gefährdungsdelikt. Dazu kommt als rein objektive Strafbarkeitsbedingung die im Zustand der Unzurechnungsfähigkeit erfolgende, also von der Schuld nicht umfaßte Erfüllung eines Deliktstatbestandes. Diese Auffassung hat Vieles für sich, weil sie das Schuldprinzip rein erhält. Vgl. auch ARNOLD: 52ff.

[2] Im Resultat anders das Militärstrafrecht. Nach Art. 80 Ziff. 3 des MilStG. werden in selbstverschuldeter Trunkenheit begangene leichte Fälle disziplinarisch bestraft; dazu GANTENLEIN: 94f. Der Art. 263 des G. weist auf leichte Fälle nicht ausdrücklich hin, aber er sieht in Abs. I als Strafdrohung neben Gefängnis auch Buße vor.

[3] GANTENBEIN: 105 bezeichnet die erhöhte Strafsanktion (gemäß Absatz II) als ein Zugeständnis des Gesetzgebers an das Rechtsgefühl des Volkes. ARNOLD: 54 betrachtet den Absatz II als einen „seltsam anmutenden" Rückfall in die Erfolgshaftung.

[4] So auch THORMANN-v. OVERBECK: Art. 263, N. 5.

[5] ARNOLD: 50f.

§ 82. Bettel und Landstreicherei.

Literatur: FRAUENLOB: Bettel und Landstreicherei nach schweizer. Strafrecht, Berner Diss. (1939). — v. HIPPEL: VD. Bes. Teil, 2, 107ff. (mit reicher Rechtsvergleichung und Lit.-Angaben), 153ff. — GAUTIER: Mitteilungen I. K. V., 4, 352ff. — STÄMPFLI: Berner Z., 49, 185ff., 249ff.

I. Die Gesetzgebung behandelt Bettel und Landstreicherei regelmäßig zusammen. Das ist insofern zutreffend, als der Landstreicher gewöhnlich auch dem Bettel fröhnt[1]. Ein ähnlich gearteter Kampf muß sich gegen beide richten. Ein schwierig zu lösendes Problem sind Bettel und Landstreicherei in jedem Land. Auch in der Schweiz. Aber die Plage ist hier vielleicht weniger groß als in anderen Ländern[2]. Solange die Wirtschaft gedeiht, die Arbeitslosigkeit nicht erschreckend überhand nimmt, solange namentlich neben organisierter privater Wohltätigkeit der Staat genügend Mittel zur Fürsorge und Armenpflege aufbringt, kann er das Übel mindern. Aber Krieg und Krise werden die Zustände wieder zum Schlimmern wenden. Wenn in guten Zeiten soziale Maßnahmen zur Bekämpfung von Bettel und Landstreicherei wenn auch nicht ausreichen, so doch im Vordergrund stehen, erfordern Krisenzeiten auch die Intensivierung strafrechtlicher Maßnahmen. — Bettel und Landstreicherei stören, wenn sie nicht übermächtig werden, kaum den öffentlichen Frieden, wohl aber die öffentliche Ordnung[3], die auf diesem Gebiet durch die staatliche Fürsorge und Armenpflege zu gewährleisten versucht wird. Das führt dazu, die beiden Delikte nicht als Vergehen, sondern als bloße Übertretungen zu behandeln, wobei die Art der zweckmäßigen Bekämpfung von besonderer Bedeutung ist (unten V).

II. Während die sozialen Maßnahmen zur Bekämpfung von Bettel

---

[1] Auch das Hausieren hat man gelegentlich als — staatlich konzessionierten — Bettel bezeichnet; FRAUENLOB: 13. Soweit es aber staatlich bewilligt ist, entzieht es sich strafrechtlichem Zugriff.

[2] Es war nicht immer so. Interessante historische Daten bei FRAUENLOB: 18ff. Noch teilweise in Kraft ist das Konkordat der eidg. Stände vom 17. Juni 1812, gemeineidgenössische Verfügungen gegen Gauner, Landstreicher und gefährliches Gesindel betreffend; dazu Vollziehungsbestimmungen vom 14. Juli 1828; Sammelwerk zürcher. Gesetzgebung, 3, 663ff., 666ff. (Verwaltungsrecht).

[3] So zahlreiche kantonale Gesetze, z. B. Tessin Art. 417ff. (trasgressioni contra l'ordine pubblico); Waadt Art. 237—239. Der eidg. E. 1918 hat den Landstreicherei und Bettel behandelnden Art. 332 zusammen mit Trunkenheit und Tierquälerei in den Abschnitt: Übertretungen gegen den öffentlichen Frieden eingefügt. ZÜRCHER: Prot. II. ExpKom. 7, 173 nennt B. und L. „einen gesellschaftsfeindlichen Zustand". Zur Frage des Schutzobjekts ferner FRAUENLOB: 32ff.; BINDING: Lb. 2 II, 912: Delikte gegen die Volkswohlfahrt; v. HIPPEL: 109: Kampf gegen den arbeitsscheuen Müßiggänger, gegen den böswilligen Störer des Rechtsfriedens u. — reichlich gesucht — 215: Schutz des staatlichen Interesses an der wirtschaftlichen Selbstbehauptung des Einzelnen.

und Landstreicherei in der Hauptsache den Kantonen obliegen[1], zeigte sich Unsicherheit darüber, ob auch die strafrechtliche Bekämpfung den Kantonen zu überlassen oder durch bundesrechtliche Bestimmungen zu ordnen sei. Der bisherige Rechtszustand und die Entwicklung des eidg. StGB. sind Zeugnis dafür:

1. Das BGes. vom 3. Dezember 1850 betreffend die Heimatlosigkeit (GesSlg. 2, 138ff.) bestimmt in Art. 18: „Vaganten und Bettler sollen je nach den Gesetzen des Kantons, in welchem sie betroffen werden oder in Ermangelung solcher Gesetze mit Verhaft oder Zwangsarbeit bestraft werden; fremde Vaganten sind in ihren Heimatsstaat zurückzutransportieren.“ Einheimische Bettler und Vaganten sollen nach Art. 19 in ihre Heimatgemeinde oder in ihren Wohnort zurückgeführt werden. Soweit es sich um die Bestrafung handelt, sieht das Gesetz eine Art Rahmenvorschrift in der Art vor, daß es den Kantonen überlassen bleibt, Strafnormen aufzustellen. Unterlassen sie es, so sollen Vaganten und Bettler — nach Maßgabe des eidgenössischen Gesetzes — bestraft werden. Man hat diese Bestimmung als eine bloße Sollvorschrift bezeichnet mit der Wirkung, daß eine Strafpflicht der Kantone nicht besteht[2]. Nach der Fassung des Art. 18 sind jedenfalls landesfremde Vaganten (und Bettler) in ihren Heimatsstaat abzuschieben. Daß schweizerische Bettler nach Art. 19 des Gesetzes in ihre Heimatgemeinde zurückgeführt werden sollen, steht wenigstens dann nicht im Widerspruch mit Art. 45 III der BV., wenn sie dauernd der öffentlichen Wohltätigkeit zur Last fallen und Heimatgemeinde oder Heimatkanton trotz amtlicher Aufforderung angemessene Unterstützung nicht gewähren.[3]

2. Die Kantone sehen Strafbestimmungen[4] gegen Bettel und Landstreicherei zum Teil in den StGB. vor, z. B. Freiburg Art. 189, Schaffhausen §§ 129—132 (besonders ausführliche Ordnung, in schweren Fällen als Vergehen behandelt, während einfache Fälle nach Art. 70 und 71 eines Fürsorgegesetzes vom 2. Oktober 1933 strafbar sind), Genf Art. 242 bis 248 (in einem besonderen Abschnitt: Des infractions commises par les vagabonds ou mendiants). Andere Kantone regeln im PolStG. oder in besonderen Polizeiverordnungen, so z. B. Baselstadt, PolStG. §§ 109

---

[1] Auf die verwaltungsrechtlichen Maßnahmen und die private Fürsorgetätigkeit kann hier nicht eingegangen werden. Zahlreiche Literaturhinweise bei FRAUENLOB: 7ff.; siehe auch 74f.; vgl. ferner v. HIPPEL: 196ff.

[2] FRAUENLOB: 38. Ob das der Sinn der Vorschrift ist, mag man bezweifeln. Die Frage ist unwichtig, weil bisher, mit Ausnahme von Zug die Gesetze aller Kantone den Bettel und zumeist auch die Landstreicherei strafrechtlich erfaßten; unten 2.

[3] Vgl. BE. 23 I, 14 und 33 I, 62: gewerbsmäßiger Bettel als Grund des Entzuges der Niederlassung.

[4] Vollständige Liste bei FRAUENLOB: 39f.; s. auch 36, Anm. 7; vgl. ferner v. HIPPEL: 153ff.

bis 111 (auch Ausstellung von Zeugnissen zum Bettelgebrauch)[1]. In einer großen Zahl von Kantonen sind Bestimmungen in die Armengesetze, in Bern in das Armenpolizeigesetz von 1912[2], Art. 1, 2 (Bettel), Art. 27 28 (schwerer Bettel), Art. 29 (Landstreicherei), Art. 30 (Unterstützung der Zusammenkünfte von Bettlern und Landstreichern), Art. 46ff. (Strafbehörden und Verfahren) eingefügt. Interessant ist die kasuistische, weit ausgreifende Ordnung in den §§ 24ff. der Armenverordnung des Kantons Schwyz von 1851 (Reichlin: Schwyzer Rechtsbuch, 805f.). Ausführlich auch die Maßnahmen gegen Bettler und Vagabunden in den §§ 37ff. des zürcher. Gesetzes von 1851 betreffend das Armenwesen (Sammelwerk der zürcher. Gesetzgebung, 2, 480ff.).

3. Die eidgenössischen Vorentwürfe und der E. 1918 Art. 332 nahmen eine Ordnung durch Bundesrecht in Aussicht. Dagegen erhob sich schon in einem frühen Stadium der Beratungen Widerspruch mit der Auffassung, es handle sich um Übertretungen, deren Bestrafung aus praktischen Gründen den Kantonen überlassen werden sollte[3]. In der parlamentarischen Beratung ist die Bestimmung über B. und L. gestrichen worden. Die Ordnung sollte dem kantonalen Gesetzgeber anheimgestellt bleiben[4]. Damit ist klargestellt, daß für die beiden Delikte der zugunsten der Kantone geschaffene Vorbehalt des Art. 335 des G. gilt. Die Kantone können die bereits bestehenden Bestimmungen gegen B. und L. beibehalten[5] oder neue Vorschriften erlassen, wobei eine Anpassung an die befriedigende Formulierung, die Art. 332 des eidg. E. 1918 gibt, zu erwägen ist[6]. Für die dogmatische Erörterung der beiden Tatbestände

---

[1] In Zug werden B. und L. „von den Gemeinden auf Grund der allgemeinen Polizeikompetenz geahndet"; so Frauenlob: 39. Der durch v. Overbeck bearbeitete VE. zu einem PolStG. für den Kanton Zug sah Bestimmungen in den §§ 23 bis 25 vor; Z. 52, 245; jetzt Zug, PolStG. von 1940, §§ 11 und 12.

[2] Texte bei Krebs: Straf- und Strafprozeßgesetze, 1 (3. Aufl.), 166ff.

[3] Cornaz: Prot. I. ExpKom. 2, 754; am gleichen Ort Hinweis von Stooss auf die Verschiedenheit und Unzulänglichkeit der kantonalen Bestimmungen. — Zum VE. 1908 Prot. II. ExpKom. 2, 262f., 270ff., 499ff. (Anträge Silbernagel betreffend Bettel mit Kindern); 7, 172ff., 364ff.; 8, 333. Weitere Daten bei Frauenlob: 24ff.

[4] StenBull. NR. 1929, 616.

[5] Einzelne Kantone, z. B. Schaffhausen, Bern, Genf, haben erschwerte Fälle von B. und L. nicht als Übertretungen, sondern als Vergehen behandelt; so lautet die Strafdrohung in § 129 II des StGB. von Schaffhausen auf Gefängnis bis zu 1 Jahr, in § 131 auf Gefängnis bis zu 6 Monaten. Solche und entsprechende Bestimmungen anderer Kantone haben neben dem eidg. StGB. nicht mehr Bestand, außer soweit man annehmen kann, es handle sich um Strafsanktionen zu Übertretungen kantonaler Verwaltungsvorschriften; vgl. auch unten V. zu dieser Frage, ferner Hafter: Verhandlungen des Schweiz. Jur. Vereins 1939, ZschwR. NF. 58, 14a, 23a, 52a und f.; Panchaud: eod. 73a und ff.

[6] Zweckmäßig ist eine Ordnung in den kantonalen Einführungsgesetzen zum StGB.; vgl. z. B. EG. Zürich Art. 23.

(unten III/IV) und für die weitere Gestaltung der kantonalen Rechte behält die Fassung des E. ihren Wert. Sie liegt der folgenden Untersuchung zugrunde.

III. **Bettel.** Nicht jeder Bettel — ein auf wirkliche oder angebliche Bedürftigkeit gestütztes Bittgesuch um Geld oder Geldeswert[1] — ist strafwürdig. Zahlreiche kantonale Rechte bestrafen zwar den Bettel schlechthin. Schwyz, Armenverordnung, § 24 bestimmt z. B. „alles Fechten und Betteln, unter welcher Form es sein mag, ist verboten". Genf Art. 243 erklärt: „Quiconque aura été trouvé mendiant, sera puni d'un emprisonnement de un jour à un mois[2]." Das ist eine Überspannung des Strafrechts, abgesehen davon, daß eine strenge Durchführung einer solchen Bestimmung kaum irgendwo erfolgt. Der Gesetzgeber muß versuchen, Schranken zu setzen[3]. Daß Notstand (G. Art. 34) straflos macht, ist klar. Eine weitere Beschränkung soll namentlich in der Weise erfolgen, daß eine bestimmte Gesinnung gefordert wird, aus der heraus der Bettel erfolgt (subjektive Unrechtselemente), oder daß es sich um besonders sozial gefährliche Bettelarten handelt (qualifizierter Bettel). Das geschieht in Art. 332 des E. 1918.

1. Das Betteln muß aus Arbeitsscheu oder Habsucht geschehen. Ähnlich bestimmen schon Bern, Armenpolizeigesetz Art. 1 (Arbeitsscheu oder Gewinnsucht), Luzern, Armengesetz § 65, Freiburg Art. 189 II. — Arbeitsscheu setzt Arbeitsfähigkeit voraus. Der — nachweisbar — Arbeitswillige soll dagegen straflos bleiben, ebenso der Arbeitsunfähige, wenn sie nicht aus Habsucht betteln. Man soll den schuldhaften Schmarotzer, nicht den ehrlichen Notleidenden treffen[4]. Bettel aus Habsucht soll immer strafbar sein. Ob man von ihr oder, mit kantonalen Rechten, von Gewinnsucht redet, macht einen gewissen Unterschied aus. Habsucht ist schärfer. Sie ist ein besonders verwerfliches Streben nach Geld und Geldeswert[5], das sich bei einem nur angeblich hilfsbedürftigen Bettler noch besonders auswirkt. Ob und wieweit im Einzelfall die subjektiven Momente vorhanden sind, ist Tatfrage, deren Wertung weitgehend dem Richterermessen überlassen bleibt. Bei gewerbs- und gewohnheitsmäßigem Bettel werden Arbeitsscheu oder Habsucht oder beides regelmäßig gegeben sein. Daß, wenn die Voraussetzungen der

---

[1] Dazu FRAUENLOB: 43ff.

[2] Weitere kantonale Daten bei FRAUENLOB: 50. Vgl. auch den Übertretungstatbestand in § 361 Ziff. 4 des deutschen StGB.: Wer bettelt ... wird mit Haft bestraft. Aber die Literatur legt die Bestimmung einschränkend aus; vgl. BINDING: Lb. 2 II, 913ff.: gewerbsmäßiges Fordern von Geschenken zur eigenen Lebensnotdurft; auch v. LISZT-SCHMIDT: Lb. (25. Aufl.), 867f.

[3] BINDING: a. a. O. 914: Einmal bitten steht frei. In der Gewerbsmäßigkeit des Bettels liegt der einzige Grund zu seiner Bestrafung.

[4] v. HIPPEL: 212ff.

[5] Vgl. LANG: Prot. II. ExpKom. 7, 366.

Arbeitsscheu oder der Habsucht erfüllt sind, auch das Angehen von Behörden (Armenpflegen usw.) als Bettel zu bestrafen ist, darf nicht, wie es merkwürdigerweise geschehen ist, bestritten werden[1]. In solchen Fällen werden unter Umständen die besonderen Vorschriften wegen betrüglicher Erlangung von Arbeitslosenunterstützung (oben § 52 I 2 c) anwendbar sein.

2. Art. 332 Ziff. 1 II des E. 1918 nennt als weiteren Tatbestand das Ausschicken von Kindern[2] oder von abhängigen Personen zum Bettel. Das kann bald Anstiftung, bald echte indirekte Täterschaft, nach der Lage des Einzelfalles auch Beihilfe zum Selbstbettel sein. Der Nachweis der Arbeitsscheu oder der Habsucht ist hier nicht erforderlich. Die Bestimmung dient auch dem Jugendschutz[3]. Sie findet sich, z. T. erweitert, auch in kantonalen Rechten: Baselstadt PolStG. § 110 (Anleiten oder Ausschicken von Kindern); Bern, Armenpolizeigesetz Art. 1 (Ausschicken von abhängigen Personen und Nichtabhalten solcher Personen vom Bettel), Art. 27 II (Bettel in Begleitung von Kindern oder in Gesellschaft von nicht zum gleichen Familienverband gehörenden Personen)[4]. St. Gallen, Armengesetz Art. 77 macht den Eltern zur Pflicht, die Kinder vom Bettel abzuhalten. — Während der Bettel ein typisches Vorsatzdelikt ist, kann das Nichtabhalten von Kindern und abhängigen Personen auch fahrlässig geschehen. Strafwürdig ist eine solche Fahrlässigkeit wohl nicht[5].

3. Den gewohnheits- und gewerbsmäßigen Bettel hebt der E. 1918 nicht hervor. Art. 27 II des bernischen Armenpolizeigesetzes z. B. nimmt dagegen bei Gewohnheitsmäßigkeit schweren, mit Gefängnis oder mit Arbeitshaus zu bestrafenden Bettel an. Die in Art. 332 Ziff. 2 des eidg. E. für den Rückfall vorgesehene verschärfte Sanktion wies jedoch auf Möglichkeiten zur besonderen Bekämpfung des gewohnheits- und gewerbsmäßigen Bettlertums hin (unten V).

4. Wann vollendeter Bettel vorliegt, ist umstritten[6]. Aber sicher ist, daß es nicht auf den Erfolg ankommt. Erforderlich ist das in irgendeiner Weise — Wort, Schrift, Gesten — erfolgende Bittgesuch, das den

---

[1] Unrichtig SCHMID im „Armenpfleger“, 4, 107; ZÜRCHER: Erläuterungen VE. 1908, 488: Kein Bettel das Ansprechen von Wohltätigkeitsanstalten, insbesondere auch der staatlichen Armenpflege, die dazu da sind, von Bedürftigen angegangen zu werden. Anders, für Strafbarkeit, BINDING: Lb. 2 II, 915, 917.

[2] Der Ausdruck ist technisch, gemäß G. Art. 82, zu verstehen; BINDING: 920.

[3] Zum Bettel mit Kindern weitgehende Anträge von SILBERNAGEL: Prot. II. ExpKom. 2, 262f.; siehe auch 7, 179.

[4] Über die bernische Ordnung STÄMPFLI: 205; THORMANN: Prot. II. ExpKom. 7, 176f.

[5] BINDING: 921 fordert Vorsatz.

[6] Vgl. FRAUENLOB: 59f. Gut GAUTIER: Prot. II. ExpKom. 7, 174f.: „Il ne suffit pas . . . d avoir sonné à une porte . . . Mais on mendie quand on tend la main, parce que ce geste est un geste de sollicitation. Peu importe alors le résultat.“

Ersuchten erreicht hat[1]. Straflos ist, wer ohne zu bitten, ein Almosen entgegennimmt. Hier fehlt es am Tatbestand. Eigenartig bestimmt Tessin, Art. 417 § 1: Chi è colto in accattonaggio, senza una speciale e competente autorizzazione, è punito. Die Bettellizenz schließt also die Rechtswidrigkeit aus. Nicht als Bettel gilt auch das sog. Kollektieren, die Beanspruchung der Mildtätigkeit im Interesse fremder Personen und Unternehmungen[2]. Wenn aber einer solchen Kollekte Arbeitsscheu oder Habsucht — wenn auch einer dritten Person — zugrunde liegt, ist Strafe am Platz.

IV. **Landstreicherei.** Art. 332 Ziff. 1 I des eidgenössischen E. 1918 setzte wie beim Bettel auch bei der Landstreicherei das subjektive Unrechtsmoment der Arbeitsscheu voraus. Die Bestimmung enthält zwei Varianten: das mittellos im Lande Herumziehen und das fortgesetzte Sichumhertreiben eines Mittellosen an einem Orte ohne festes Unterkommen[3]. Ähnlich, aber weitergehend bestimmt Bern, Armenpolizeigesetz Art. 29: Umherziehen oder Umhertreiben aus Arbeitsscheu oder, wenn der Täter arbeitsunfähig ist, aus Hang zu ungeordnetem Leben[4]. Dazu hebt Art. 62 Ziff. 8 — mit der Androhung der Versetzung in eine Arbeitsanstalt — besonders hervor das Umherziehen oder Umhertreiben in Verbänden, wenn dadurch die öffentliche Sittlichkeit gefährdet oder das Publikum in hohem Maße belästigt wird (Zigeuner). Freiburg Art. 189 verzichtet mit der Fassung: Wer aus Arbeitsscheu als Landstreicher herumzieht auf eine Definition. Deutlich kommen die Varianten der Land- und der sog. Stadtstreicherei in der Waadt Art. 237 zum Ausdruck: Celui qui, par inconduite ou par fainéantise, parcourt le pays ou rode, sans logement fixe et sans ressources, dans une région ou dans une localité.

---

[1] BINDING: 919.

[2] ZÜRCHER: Erläuterungen, 488; FRAUENLOB: 47; BINDING: 915 mit dem Zusatz: anders, wenn die angebliche Kollekte nur die Maske für den Eigenbettel bildet. Vgl. auch BE. 35 I, Nr. 111: Kollektieren bei der Verteilung von religiösen Traktaten kein Bettel, auch wenn die gesammelten Gelder von den kollektierenden Personen teilweise für den eigenen (bescheidenen) Lebensunterhalt verwendet werden; s. auch Zürcher Bl. 8, Nr. 189, ferner jetzt z. B. Luzern, EGStGB. § 49: Kollekten ohne Bewilligung des Regierungsrates strafbar.

[3] Über die auf das französische Recht zurückgehende Entwicklung des Tatbestandes FRAUENLOB: 67. Der französische C. p. Art. 270 erklärt: Les vagabonds ou gens sans aveu, sont ceux qui n'ont ni domicile certain ni moyens de subsistance, et qui n'exercent habituellement ni métier ni profession. Ältere kantonale Gesetze haben diese Umschreibung des Tatbestandes übernommen: Tessin Art. 418 § 1, Wallis Art. 149, Neuenburg Art. 198, Genf Art. 242. Kritisch dazu v. HIPPEL: 219f.: strafbar soll sein das Umherziehen von Arbeitsscheuen und das Wandern von Arbeitsunfähigen aus Neigung zum Bummelleben. Damit werden subjektive Unrechtsmomente betont.

[4] Der Fall des arbeitsunfähigen Landstreichers fehlte im eidgenössischen E. 1918.

1. Beide Varianten nach Art. 332 des E. 1918 setzen Mittellosigkeit des Täters voraus[1]. Mit der Landstreicherei verbindet sich daher regelmäßig der Bettel. Da er aber begrifflich nicht in der Landstreicherei aufgeht, ist die Annahme von Realkonkurrenz gerechtfertigt[2]. Diese Auffassung wird auch dadurch gestützt, daß die Landstreicherei ein Dauerdelikt ist, zu dem als besondere Einzeltat ein Bettel hinzukommen kann.

2. Das im Lande Herumziehen ist die eigentliche Landstreicherei. Ob der Vagant juristisch einen Wohnsitz hat oder nicht, ist gleichgültig. Er kann das Delikt auch von einem festen Wohnsitz aus erfüllen. Betreibt der Herumziehende ein Wandergewerbe (Kesselflicker, Scherenschleifer) und handelt es sich nicht nur um maskierte Arbeitsscheu, so fehlt es am Tatbestand[3]. Gleiches gilt für wandernde Handwerksgesellen, die ein Wanderbuch besitzen sollen. — Aus dem der Landstreicherei zugrunde liegenden Sachverhalt folgt, daß ein mittelloses Herumziehen während längerer Zeit erforderlich ist[4].

3. Nach dem Vorbild des bernischen Armenpolizeigesetzes (Art. 29) ist die zweite Variante in Art. 332 des E. 1918 gestaltet, das fortgesetzte Sichherumtreiben an einem Orte ohne festes Unterkommen, das sog. Stadt- oder Lokalvagantentum[5]. Entscheidend ist, daß das Vagieren „fortgesetzt" erfolgt. Das weist wiederum auf die Figur des Dauerdeliktes hin. Der Ausdruck ist hier nicht im technischen Sinne des fortgesetzten Verbrechens (Allg. Teil, § 75 I 3) zu verstehen. Auch bei dieser Variante bleibt sich gleich, ob der Täter juristischen Wohnsitz hat oder nicht. Aber ohne „festes Unterkommen" muß er sein, ohne Wohnung, ohne Bleibe. Es sind die Leute, die in Anlagen, in Winkeln, unter Brücken nächtigen, armes, aber meist nicht ungefährliches Volk, namentlich wenn die Arbeitsscheu zugrunde liegt.

V. Der E. 1918 behandelt — richtiger Weise — Bettel und Landstreicherei als Übertretungen. Als Strafe war Haft vorgesehen, überdies, fakultativ, Entziehung der elterlichen Gewalt und gegenüber einem Aus-

---

[1] Deutlicher als nach dem deutschen im französischen Text: Celui qui par fainéantise et étant dénué de ressources se traînera de lieu en lieu ou vagabondera sans habitation fixe dans une localité.

[2] So auch Frauenlob: 72f. Anders Binding: a.a.O. 924, der aus der regelmäßigen Verbundenheit von L. und B. schließt, die Strafe des Bettels sei in der des Landstreichens mitenthalten. Noch anders v. Liszt-Schmidt: Lb. § 190 I, die das Wesen der Landstreicherei in dem bettelnden Herumwandern von Ort zu Ort erblicken.

[3] Zürcher: Erläuterungen 487. Der ein Wandergewerbe Betreibende bedarf Ausweisschriften (Heimatlosengesetz Art. 19).

[4] Frauenlob: 69.

[5] Prot. II. ExpKom. 7 173, 176 (Thormann) 365 (le vagabond quasi sédentaire).

länder neben der Hauptstrafe Landesverweisung (Art. 332 Ziff. 1 IV)[1].

Bei Rückfall, wenn der Täter vor Ablauf eines Jahres nach der Verurteilung sich neuerdings schuldig macht, konnte nach dem E. 1918 Einweisung in eine Arbeitserziehungsanstalt erfolgen. Darin liegt zugleich die verschärfte Kampfansage gegenüber dem gewohnheits- und gewerbsmäßigen Bettler und Landstreichertum[2].

Dritter Abschnitt.

Gemeingefährliche Delikte.

§ 83. Gemeingefahr. Typus der gemeingefährlichen Delikte.

Literatur: Angaben zu § 11, insbesondere COTTIER: Der Begriff der Gemeingefahr, Freiburger Diss. (1918). — KITZINGER: VD. Bes. Teil, 9, 1ff., 19ff. — v. ULLMANN: eodem, 9, 31ff. — LIEBER: Über die durch den Erfolg qualifizierten Delikte, Zürcher Diss. (1925), 69ff. — DELAQUIS: Z. 57, 106ff. — Angaben zu §§ 84—90.

I. Gefahr im Sinne des Rechtes bedeutet einen Zustand, der den Eintritt der Verletzung von rechtlich geschützten Interessen als möglich oder als wahrscheinlich erwarten und befürchten läßt. Gemeingefahr ist gegeben, wenn ein solcher Zustand für eine größere Zahl von Menschen, eventuell auch für Sachen oder für Tiere in einem weiten Umfang, besteht. Nicht gegen einzelne Menschen und Güter richtet sich der gefährdende Angriff, sondern gegen eine Allgemeinheit. Es ist eine Gefahr, ,,welche das Hinausgreifen der Verletzung über das Gebiet einer Anzahl von Sonderverletzungen befürchten läßt" (BINDING). Ob die gefährdete Allgemeinheit zahlenmäßig bestimmbar oder, was bei gemeingefährlichen Delikten sehr häufig der Fall sein wird, unbestimmbar ist, hat nicht entscheidende Bedeutung[3]. Zum Teil liegt es auch schon an den Mitteln, mit denen eine Tat begangen wird, daß ihre Verwendung eine Gemeingefahr herbeiführt, insbesondere in den Fällen, in denen Naturkräfte verbrecherisch verwendet werden[4]. Es sind Mittel, denen

---

[1] Übersicht über die Mannigfaltigkeit der in den kantonalen Gesetzgebungen angedrohten Strafen und Maßnahmen (Arbeitshaus, Gefängnis, Haft, Arrest, Geldbuße, Verweis, Landesverweisung, Wirtshausverbot, Konfiskation, Entzug der elterlichen Gewalt, Einstellung in den bürgerlichen Rechten; Arbeitsanstalt, Arbeitskolonie, Trinkerheilanstalt) bei FRAUENLOB: 77ff.; 75f. gut gegen kurzzeitige Gefängnis- und Haftstrafen.

[2] BINDING: a.a.O. 913, 922 bezeichnet generell den Bettel als gewerbsmäßiges, die Landstreicherei als gewohnheitsmäßiges Delikt. Gegen diese Merkmale v. HIPPEL: 168f.

[3] Dazu COTTIER: 104ff.

[4] Zum ganzen ausführlich schon oben § 11 und die dort erörterte Literatur, namentlich COTTIER: 40ff. Über die Entwicklung des Begriffes der Gemeingefähr-

der Täter, der sie entfesselt, unter Umständen machtlos gegenübersteht.

II. Die gesetzgebungstechnische Eigenart liegt bei den Tatbeständen der Gemeingefährdungsdelikte vielfach — wenn auch keineswegs in allen Fällen — darin, daß die Grundlage in einer Verletzung, z. B. in einer Sachbeschädigung, besteht und daß sich daraus eine Gemeingefahr ergibt[1]. Das kommt namentlich in einer Reihe von Bestimmungen im 7. und 9. Titel des G. zum Ausdruck. Zum Beweis dafür sollen vorläufig nur zwei Beispiele genannt werden: Art. 228 hat eine Sachbeschädigung zur Grundlage, die Beschädigung oder Zerstörung von elektrischen Anlagen, Wasserbauten, Schutzvorrichtungen gegen Naturereignisse. Die Ergänzung des Tatbestandes liegt in den Worten: „und dadurch wissentlich Leib und Leben von Menschen oder fremdes Eigentum in Gefahr bringt“[2]. Die gleichen ergänzenden Worte enthält der Art. 238, dessen Grundlage die Hinderung oder Störung des Eisenbahnbetriebes — also eine Verletzungshandlung, die unter Umständen allerdings nur eine Polizeiübertretung darstellt — bildet. Mit dem Hinweis auf eine bestimmt bezeichnete Gemeingefahr (tatsächliche Gefährdung) hat das G. ein **konkretes** Gefährdungsdelikt geschaffen. Bei anderen Tatbeständen, in denen der erwähnte Zusatz fehlt, z. B. bei Art. 234 (Verunreinigung von Trinkwasser für Menschen oder Haustiere mit gesundheitsschädlichen Stoffen), ist der Gesetzgeber dagegen weiter gegangen. Er hat ein **abstraktes** Gefährdungsdelikt gebildet. Das Gesetz geht hier von einer keiner Widerlegung zugänglichen Präsumption der Gefährlichkeit aus. Auch wenn im Einzelfall Gefahr für Menschen oder Tiere nicht bewiesen werden kann oder gar nicht bestand, weil z. B. ein Brunnen nicht mehr benutzt wird, so hat trotzdem Bestrafung einzutreten, weil davon auszugehen ist, daß nach dem Willen des Gesetzgebers eine Brunnenvergiftung stets als gefährlich zu bewerten ist[3].

III. Bei den gemeingefährlichen Delikten bereitet die **Schuldfrage** Schwierigkeiten. Eine bestimmte Lösung ergibt sich aus der Betrachtung der Tatbestände des G., die, wie die schon genannten Art. 228 und

---

lichkeit besonders Binding: Lb. 2 I, 1ff; v. Ullmann: 31ff. — Der französische Text übersetzt „Gemeingefahr“ mit danger collectif; dazu Gautier: Prot. II. Exp-Kom. 3, 321. Der italienische Text sagt comune pericolo.

[1] Die Bildung einer besonderen Gruppe der gemeingefährlichen Delikte ist erst spät — im deutschen Recht (preußisches Landrecht von 1794) — erfolgt; gesetzgeberische Daten und Literatur bei Kitzinger: 1ff.

[2] Die Beziehung zwischen einer bloßen Sachbeschädigung und gemeingefährlichen Delikten kommt z. B. in Zürich § 187 mit den Worten zum Ausdruck: Wer ohne Erregung einer gemeinen Gefahr . . . fremdes Eigentum beschädigt oder zerstört. Vgl. oben § 11 III.

[3] Über konkrete und abstrakte Gefährdung oben § 11 I; Thormann-v. Overbeck: Vorbemerkungen zu Art. 221ff., N. 1; v. Ullmann: 36ff. Über die besonderen Verhältnisse bei der Brandstiftung unten § 84 und v. Ullmann: 40ff.

238, zunächst eine Verletzungshandlung umschreiben und dann die Worte hinzufügen „und dadurch wissentlich Leib und Leben von Menschen oder fremdes Eigentum in Gefahr bringt". Das G. geht davon aus, daß der Täter vorsätzlich, d. h. mit Wissen und Willen (Art. 18 II), z. B. eine elektrische Anlage beschädigt oder zerstört hat (Art. 228). Für die daraus sich entwickelnde Gemeingefahr wird dagegen nicht der Vorsatz — das Wissen und Wollen —, sondern nur das Wissen um die Gefahr gefordert. Mit Bezug auf die Verursachung der Gemeingefahr kann man von einer Art Wissensschuld reden. Aber es ist müßig, lange theoretische Betrachtungen darüber anzustellen, ob damit neben Vorsatz und Fahrlässigkeit eine dritte Schuldform in das Strafrecht eingeführt worden ist. Wichtig ist nur: Anderes als in bisherigen Rechten spielt auch für die Bewirkung der Gemeingefahr der Schuldgedanke eine Rolle. Sie wird nicht mehr als ein von keinerlei Schuld erfaßter Erfolg hingestellt[1]. Kann aber einem Täter nachgewiesen werden, daß er über das Wissen um die verursachte Gefahr hinaus mit Willen darauf ausgegangen ist, z. B. Menschenleben zu zerstören, so kommen nicht mehr Gefährdungstatbestände, sondern die Bestimmungen über vorsätzliche Tötung (G. Art. 111ff.) zur Geltung[2].

Bei den Tatbeständen dagegen, in denen der Zusatz von der wissentlichen Lebens- oder Eigentumsgefährdung fehlt, den abstrakten Gemeingefährdungen (oben II), z. B. bei Art. 234 (vorsätzliche Verunreinigung von Trinkwasser), ist nur der den ganzen Tatbestand erfassende Gefährdungsvorsatz nachzuweisen. Er unterscheidet sich vom Verletzungsvorsatz allein dadurch, daß das Wissen und Wollen des Täters sich lediglich auf eine Gefährdung, nicht auf einen weiteren, verletzenden Erfolg richtet[3]. Einzuräumen ist, daß die Entscheidung über die Tragweite des Tätervorsatzes im Einzelfall schwierig sein kann. Die vorsätzlichen Gefährdungsdelikte sind aber nicht, wie man angenommen hat, nichts anderes als unvollendete Verletzungsverbrechen mit

---

[1] Vgl. dagegen z. B. Zürich § 211: In Brand setzen von Sachen, „so daß dadurch Gefahr für ... Personen oder ... Eigentum entsteht". Das ist hinsichtlich der verursachten Gemeingefahr reine Erfolgshaftung, bei der man auch konstruieren kann, daß die Bewirkung der Gemeingefahr eine außerhalb des Tatbestandes liegende, sog. objektive Strafbarkeitsbedingung darstellt. Vgl. auch Binding: Lb., 2 I, 6, Ziff. 3b: objektives Strafbarkeitsmerkmal als schwerer Erfolg des Verletzungsdeliktes.

[2] Zürcher: Erläuterungen VE. 1908, 117, 264; Binding: Die Normen und ihre Übertretung, 2 (2. Aufl.), 877: „Jede bewußt widerrechtliche Gefährdung in Verletzungsabsicht fällt aus dem Gefährdungsdelikte heraus."

[3] Oben § 11 III (Auseinandersetzung mit der Literatur) und namentlich Binding: a. a. O. 877ff.: Verletzungs- und Gefährdungsvorsatz schließen einander aus. Der reine Gefährdungsvorsatz rechnet damit, daß es bei der Gefährdung bewenden werde; Hinweis auf den Tellschuß (878f.). Vgl. ferner Cottier: 85ff., 102ff. (schweizer. Entwürfe); v. Ullmann: 34.

dolus eventualis[1]. Der Gefährdungsvorsatz hat seine eigene Bedeutung[2].

Mit diesen Betrachtungen sind für die Gestaltung der Schuldfrage bei den gemeingefährlichen Delikten nur gewisse Richtlinien aufgestellt. Bei einzelnen Tatbeständen ist, im Hinblick auf die verschiedene Begrenzung der Gemeingefahr, die Frage der Schuld besonders zu prüfen.

Bezeichnend ist, daß bei fast allen gemeingefährlichen Delikten nicht nur die vorsätzliche, sondern auch die fahrlässige Verübung strafbar ist. Sie ist bei einer großen Zahl der zu der Gruppe zu zählenden Verbrechen (unten IV) auch viel häufiger als die vorsätzliche Begehung (z. B. bei den Delikten gegen die öffentliche Gesundheit und den Verkehrsdelikten). Die Schwere, die in der Verursachung einer Gemeingefahr liegt, veranlaßt den Gesetzgeber, auch die fahrlässige Erregung mit Strafe zu bedrohen[3].

IV. Wie weit der Kreis der gemeingefährlichen Delikte gezogen werden soll, ist bisher wenig abgeklärt. Das zeigt die Systematik der bisherigen Rechte. Zürich faßt unter der vagen Bezeichnung: Verbrechen gegen die allgemeine Sicherheit von Personen und Eigentum, Brandstiftung und Brandgefährdungen, Verursachung einer Überschwemmung, Vergiftung von Futtervorräten für Tiere und von Viehtränken, Verbreitung von ansteckenden Krankheiten zusammen (§§ 211 bis 223), während die gemeingefährliche Behandlung von Lebensmitteln und die „Vergiftung" von Trinkwasser bei den Delikten gegen Leben und Gesundheit eingefügt wurde (§ 136). Bern stellt die Brandstiftung und die Verursachung einer Überschwemmung mit „anderen Vermögensbeschädigungen", insbesondere mit der Eigentumsschädigung, zusammen (Art. 189—204). Luzern bezeichnet als gemeingefährliche Verbrechen die gemeingefährliche Vergiftung, die Brandstiftung, die Gefährdung von Transportmitteln (§§ 105—113) und fügt unter der Bezeichnung: Andere gemeingefährliche Handlungen eine mit einigen Beispielen ausgestattete generelle Bestimmung an (§ 114). Freiburg, das sich zum Teil an die eidgenössischen Entwürfe anschließt, betrachtet als „Gemeingefährliche Straftaten" Brandstiftung, Verursachung einer Explosion, einer Überschwemmung, eines Erdsturzes, des Einsturzes eines Bauwerks, Verkehrsgefährdungen, Hinderung und Störung des Betriebs lebenswichtiger Werke, Verunreinigung von Trinkwasser, aber auch die gemeingefährliche Drohung und die öffentliche Aufforderung zum Verbrechen (Art. 133—142). Waadt (Art. 215 bis 231) gibt — ohne die gemeingefährliche Drohung und ohne die Aufforderung zum Verbrechen — eine ähnliche Zusammenstellung wie Frei-

[1] Löffler: VD. Bes. Teil, 5, 278.
[2] Vgl. dazu Lieber: 69ff., 73.
[3] Zürcher: Erläuterungen VE. 1908, 264.

burg, jedoch unter der Bezeichnung: Délits contre la sécurité publique[1].

Diese Beispiele zeigen die Unsicherheit der Systematik und damit die schwierige Faßbarkeit des Begriffs der Gemeingefahr. Dogmatisch und gesetzgebungstechnisch mag man von dem Satz ausgehen: Ein gemeingefährliches Delikt verübt, wer für Leben oder Gesundheit einer größeren Zahl von Menschen oder in einem größeren Umfang für Sachen oder Tiere oder für andere wirtschaftliche Interessen schuldhaft einen Gefahrzustand verursacht, der die Möglichkeit einer Verletzung besorgen läßt (siehe schon oben I)[2]. Nach dieser Auffassung gehören zu der Gruppe die Brandstiftungen, die Explosions- und Sprengstoffdelikte, die Verursachung einer Überschwemmung oder eines Einsturzes, die gemeingefährliche Beschädigung von elektrischen Anlagen usw., die Bau- und Fabriksbetriebsgefährdungen. Das G. faßt sie in Art. 221—230 im Titel: Gemeingefährliche Verbrechen und Vergehen zusammen. Zu ihnen, gehören aber auch die Delikte gegen die öffentliche Gesundheit (8. Titel, Art. 231—236) und die Delikte gegen den öffentlichen Verkehr (9. Titel Art. 237—239). Man kann sich fragen, ob nicht auch die Fälschungsdelikte der Gruppe zuzuzählen sind[3]. Aus zahlreichen Fälschungen — auch aus den Geldfälschungen — kann sich ein Zustand gemeiner Gefahr, insbesondere für Sachwerte, ergeben. Der Eigenart der Fälschungsdelikte, bei denen das Täuschungsmoment im Vordergrund steht, entspricht jedoch besser eine gesonderte Betrachtung (unten §§ 91ff.).

§ 84. Brandstiftung.

Literatur: Angaben zu § 83. — Osenbrüggen: Die Brandstiftung in den Strafgesetzbüchern Deutschlands und der deutschen Schweiz (1854). — Näf: Über den Eintritt der Vollendung bei dem Verbrechen der Brandstiftung (1851). — Gautier: Etude sur le crime d'incendie (1884). — Cuche: Du crime d'incendie (1890). — Stooss: Grundzüge, 2, 337ff. — v. Ullmann: VD. Bes. Teil, 9, 38ff., 56f., 67ff. — v. Muralt: Die Brandstiftung im schweizer. Strafrecht, Berner Diss. (1906) .— Berchtold: Das Verbrechen der Brandstiftung, Zürcher Diss. (1943. Nicht mehr berücksichtigt). Herbertz: Z. 45, 352ff.

I. Erst allmählich haben die Gesetzgebungen die Brandstiftung

[1] Gautier: Prot. II. ExpKom. 3, 321 hat erklärt: „La ‚Gemeingefahr' est inconnue des codes latins. Les délits créant un danger collectif n'y sont donc pas groupés d'après ce principe. Ils sont compris habituellement dans les délits contre la sécurité publique ou même, parfois, dans les délits contre la propriété."

[2] Zu eng ist die Beschränkung auf die Fälle, in denen der Täter eine Naturkraft in gefährdender Weise entfesselt, sog. Naturkraft-Theorie; darüber Cottier: 108f. Die Schwierigkeiten einer Begriffsbestimmung zeigen gut Kitzinger: 7f., 24f.; v. Ullmann: 36; vgl. auch Bodmer (Lit. zu § 86): 19ff. (instruktiv für den Standpunkt des schweizer. Gesetzgebers).

[3] Stooss: Grundzüge, 2, 369ff. behandelt im Kapitel: Gemeingefährliche Verbrechen auch die Lebensmittel- und Warenfälschungen.

von der Sachbeschädigung losgelöst[1]. Ein großer Teil der bisherigen kantonalen Rechte fügten bis jetzt die Brandstiftung bei den Vermögensdelikten ein: Bern behandelt sie als besondere Art der Vermögensbeschädigung (Art. 189ff.). Auf dem gleichen Standpunkt stehen z. B. St. Gallen Art. 96ff., Thurgau §§ 197ff. (von der Brandstiftung und anderen Beschädigungen fremder Sachen) und Tessin Art. 393ff. (Crimini contro la proprietà non commessi per fine di lucro). Graubünden §§ 192ff. hat zwar aus den Brandstiftungstatbeständen einen besonderen Titel gebildet, gibt aber dem folgenden, XXXI. Titel des Gesetzes die Bezeichnung: Andere Beschädigungen fremden Eigentums. Der Gedanke der Sachbeschädigung bildet überall den Ausgangspunkt. Die Brandstiftung ist nach diesen Rechten Verletzungsdelikt, ausgezeichnet durch das besondere Zerstörungsmittel des Feuers und gerichtet auf die Beschädigung oder Zerstörung bestimmter Gegenstände (Wohngebäude, Kirchen, Fabriken, Waldungen usw.). Der Gedanke der Gefährdung und der Gemeingefährdung kommt in der kasuistischen Ausgestaltung dieser Gesetze allerdings gelegentlich zum Ausdruck. So z. B. in Graubünden, das in § 193 Ziff. 3 u. a. die Brandstiftung qualifiziert, wenn durch sie Menschen in Lebensgefahr gebracht wurden und in § 195 lit. b den Richter anweist, bei der Strafzumessung „die mindere oder größere Gefahr, welche mit der Brandstiftung für Menschen und Eigentum verknüpft war", zu berücksichtigen.

In anderen Gesetzen ist die Herauslösung der Brandstiftung aus den Vermögensdelikten vollzogen. Zürich §§ 211ff., Glarus §§ 115ff., Solothurn §§ 166ff., Appenzell a. Rh. Art. 128ff. behandeln die Brandstiftung als Verbrechen gegen die allgemeine Sicherheit von Personen und Eigentum. Der Gedanke der Gemeingefahr kommt hier deutlicher zum Vorschein. — Die systematische Ordnung welscher Rechte ist ähnlich: Waadt Art. 215ff., Neuenburg Art. 246ff. und Genf Art. 216 bezeichnen Brandstiftungen als Verbrechen contre la sécurité publique.

Als eine dogmatische und systematische Weiterentwicklung, die schließlich zu der Auffassung des eidgenössischen G. (Art. 221f.) hinüberführt, mag gelten, daß Luzern §§ 107ff., Schwyz §§ 98ff., Zug §§ 103 ff., Freiburg Art. 133f., Basel §§ 163ff., Schaffhausen §§ 133ff. und Appenzell i. Rh. Art. 95ff. die Brandstiftung in eine neu geschaffene Gruppe der gemeingefährlichen Delikte eingefügt haben[2].

[1] Vgl. BINDING: Lb., 2 I, 10: Brandstiftung im germanischen Recht als geschärfte Eigentumszerstörung; auch v. ULLMANN: 45: Im älteren germanischen Recht tritt das Gefahrmoment der bei der Brandstiftung gleichzeitig vorhandenen widerrechtlichen Schadenszufügung gegenüber vollständig in den Hintergrund.

[2] Ausführliche kantonale Daten bei STOOSS: Grundzüge, 2, 337ff., der in zwei tabellarischen Übersichten die beiden Gruppen der welschen und der deutschschweizerischen Rechte — beide Gruppen mit einer verwirrend weitläufigen Kasuistik — einander gegenüberstellt. Über die kantonalen Rechte ferner v. MURALT: 29ff.; COTTIER: 130ff. — Rechtsvergleichend über die systematische Entwicklung v. ULLMANN: 44ff.

Die Brandstiftung und das viel seltenere Delikt der Verursachung einer Überschwemmung kann man als die besonders eindrucksvollen Prototypen der gemeingefährlichen Verbrechen bezeichnen. Der Täter entfesselt Naturgewalten und beschwört damit Gefahren herauf, deren Reichweite vielfach nicht zu ermessen, deren Enderfolg unberechenbar ist[1]. Liest man die Gesetzestexte, so scheint es allerdings, als ob nicht in allen als Brandstiftung bezeichneten Fällen das Moment der Gemeingefahr entscheidende Bedeutung hat[2]. Auch bei Art. 221 I und 222 I des eidg. G. könnte man das annehmen, wenn es heißt: wer zum Schaden eines anderen oder unter Herbeiführung einer Gemeingefahr eineFeuersbrunst verursacht. Aber das Gewicht liegt stets auch auf dem Wort Feuersbrunst. Sie bedeutet regelmäßig wenigstens eine abstrakte Gemeingefahr[3].

II. Im Gegensatz zu der breiten Kasuistik der kantonalen Rechte — mit Ausnahme von Freiburg Art. 133/134 — hat das eidg. G. in zwei kurzen Bestimmungen das gesamte Gebiet der Brandstiftungen zu erfassen unternommen. Die folgenden dogmatischen Erörterungen sollen immer wieder bei Art. 221/222 des G. ausmünden. Die sich ergebenden Einzelfragen sind jedoch unter Heranziehung der kantonalen Ordnungen zu besprechen:

1. Wie bei einer großen Zahl anderer gemeingefährlicher Delikte besteht die Grundlage des Brandstiftungstatbestandes in einer Verletzung, einer Sachbeschädigung. Schon wenige Beispiele zeigen, zu welchen Umständlichkeiten die Umschreibung der verletzenden Handlung und der Angriffsobjekte die Gesetzgeber geführt hat: Zürich § 211 spricht von Inbrandsetzen von Sachen und fügt erklärend hinzu, daß die Brandstiftung vollendet ist, wenn das Feuer den anzuzündenden Gegenstand ergriffen hat (dazu unten III 1). Dann setzen, mit verschieden abgestuften Strafdrohungen, die Unterscheidungen ein: Inbrandsetzen von bewohnten und unbewohnten Gebäuden und anderen Räumlichkeiten, von Pulvermühlen, Pulvermagazinen, Pulverwagen usw., von Bergwerken, Waldungen, Fruchtfeldern und Torfmooren, von Vorräten von landwirtschaftlichen Erzeugnissen oder Waren auf Märkten, Bahnhöfen „oder an anderen solchen Orten" (§§ 212, 214, 215)[4]. Nach

[1] Dazu v. Muralt: 11ff.

[2] Erörterung der einzelnen Varianten unten II 2.

[3] Feuersbrunst und Gemeingefahr sollen immerhin nicht identifiziert werden. Im Einzelfall kann vielleicht festgestellt werden, daß trotz der verursachten „Feuersbrunst" keine Gefahr und erst recht keine Gemeingefahr bestand. Folge: Straflosigkeit des Täters; siehe unten II 2 i. f. Zur Frage im Ganzen gut Cottier: 123ff.

[4] Vgl. zu Zürich §§ 211ff. die Kommentare von Zürcher und Zeller. — Trotz oder gerade wegen der ausführlichen Kasuistik ergaben sich Auslegungsschwierigkeiten und Lücken: Zürcher Bl. 18, Nr. 77 und 20, Nr. 181 (keine Brandstiftung an

dem Vorbild des französischen C. p. (Art. 434), der die Gestaltung der meisten bisherigen Brandstiftungsrechte beeinflußt hat, kennt Zürich § 217 auch noch einen Tatbestand der mittelbaren Brandstiftung: das Inbrandsetzen von Sachen, die vermöge ihrer Beschaffenheit und Lage geeignet sind, anderen (geschützten) Gegenständen das Feuer mitzuteilen, wenn die Brandlegung in der Absicht erfolgt, Brandstiftung an den letzteren Gegenständen zu verüben[1]. Eine ähnliche Kasuistik — mit Abweichungen in Einzelpunkten — zeigen Bern Art. 189ff., Basel §§ 163ff., Thurgau §§ 197ff., Tessin Art. 393ff., Genf Art. 216ff. (besonders ausführlich) und andere Rechte[2]. Für sich steht der eigenartige § 167 des aargauischen StGB., der Brandlegung schon dann annimmt, wenn der Täter, „um ein eigenes oder fremdes Gebäude oder einen fremden Wald in Brand zu stecken, eine zur Anzündung desselben geeignete und keine weitere Tätigkeit von seiner Seite erheischende Vorkehr trifft, . . . ohne Rücksicht darauf, ob der Brand wirklich ausbricht oder nicht“. Was nach anderen Rechten einen bloßen Versuch darstellt, z. B. das Werfen einer brennenden Zigarre in eine mit Heu oder Stroh gefüllte Scheune, ist hier schon vollendete Brandstiftung. Bezeichnend ist die in § 168 angefügte Strafzumessungsnorm, wonach der Richter nach Maßgabe der dadurch verursachten Gefahr und des gestifteten oder beabsichtigten Schadens die Strafe zu bemessen hat.

Ob die Gesetze von Gefahr oder Gemeingefahr ausdrücklich sprechen oder nicht, bleibt sich im Grunde gleich. Sie ist es, die überall lauert und die Gesetzgeber veranlaßt hat, die Brandstiftungsdelikte von den bloßen Sachbeschädigungen loszulösen[3]. Das gilt sicher auch für das waadtländische StGB., das ohne einen Hinweis auf das Gefahrmoment den Grundtatbestand des Art. 215 in die knappe Formel bringt: Celui qui met le feu à la chose d'autrui[4].

---

beweglichen Sachen außer den in § 215 ausdrücklich genannten, oder wenn es sich um Mobilien handelt, die „Räumlichkeiten“ darstellen: Schiffe, Eisenbahn- und Wohnwagen, Jahrmarktsbuden usw.); siehe dagegen JZ. 32, 219, Nr. 155 zu Luzern § 107 (Anzünden eines Motorrades in betrügerischer Absicht ist Brandstiftung). Ferner Bl. 33, Nr. 154: Auslegung des Begriffes „unbewohnte Gebäude“ in der Weise, daß auch sonst bewohnte, aber zur Zeit des Brandes verlassene Gebäude darunter fallen. Gegenteilige Auffassung zu Thurgau §§ 197, 199: JZ. 26, 282, Nr. 198.

[1] Vgl. Zürcher: Erläuterungen VE. 1908, 265, auch Stooss: Grundzüge, 2, 344, 357; Zeller: Kommentar zürcher. StGB., Noten zu § 217.

[2] v. Muralt: 35ff. gibt ausführliche Zusammenstellungen der Brandstiftungsobjekte nach den kantonalen Rechten. — Ablehnung der kasuistischen Methode Prot. I. ExpKom. 2, 139; v. Ullmann: 47ff.

[3] Auch Stooss: Gründzüge, 2, 339 sagt, daß die Gesetze, die das Gefahrmoment im Tatbestand nicht nennen, die Gefährlichkeit wenigstens mittelbar in Betracht ziehen.

[4] Art. 218 bestimmt dann allerdings ausdrücklich: Celui qui met le feu à sa propre chose, lorsque l'acte est de nature à porter atteinte à la sécurité publique,

2. Von den ersten Entwürfen an ist im eidgenössischen G. die Kasuistik der bisherigen Rechte aufgegeben worden. Die VE. 1894 (Art. 136f.) und 1903 (Art. 148f.) fassen den Grundtatbestand in die Worte: Wer eine Feuersbrunst verursacht. Mit dem Ausdruck „Feuersbrunst" soll das ausgebrochene Feuer und damit die in der Entfesselung der Naturgewalt liegende Gemeingefahr, der Einhalt zu gebieten menschlicher Macht schwer fällt, gekennzeichnet werden[1]. Die gleiche Formel übernahm der E. 1918 (Art. 187f.), während der VE. 1908 (Art. 143) komplizierter unterschied: Anzünden einer fremden oder eigenen Sache, um dadurch eine Feuersbrunst an fremdem Eigentum zu verursachen und — Verursachung einer Feuersbrunst an eigener Sache, verbunden mit wissentlicher Gefährdung von Menschenleben oder fremdem Eigentum[2].

Der schließliche Text — G. Art. 221/2 — folgt in der Grundlage der von Anfang an gewählten Formel: Verursachung einer Feuersbrunst. Doch ist der Tatbestand mit zwei Varianten näher umschrieben[3]:

a) Die Brandstiftung muß zum Schaden eines anderen erfolgt sein. Die Schädigung eines Dritten — gemeint ist nicht nur Sachschaden — muß bewiesen werden. Die Erinnerung an den alten Zusammenhang zwischen Sachbeschädigung und Brandstiftung tritt hier einigermaßen hervor. Daß man sich aber nicht mit dem Tatbestand der Sachbeschädigung (G. Art. 145) begnügt, liegt einmal darin, daß als Geschädigte z. B. auch ein Mieter, ein Hypothekargläubiger, eine Versicherungsanstalt in Betracht kommen können[4] und ferner darin, daß der Täter eine Feuersbrunst verursacht, wobei der Gedanke der Gemeingefahr hineinspielt. — Der Tatbestand ist nicht nur dann erfüllt, wenn der Täter den Brand direkt an die zu zerstörende fremde Sache legt, sondern auch

---

est puni ... Aber es wäre nicht zu verstehen, daß der Tatbestand des Art. 215 nicht mehr als ein Sonderfall der Sachbeschädigung (Art. 204: dommage à la propriété) sein sollte.

[1] Dazu die sorgfältige Untersuchung von Cottier: 117ff., überdies Stooss: Grundzüge, 2, 363; VE. 1894, Motive, 213; Prot. I. ExpKom. 2, 138f. mit der Bemerkung, es komme auf die Umstände des Einzelfalles an, ob ein Feuer als eine Feuersbrunst erscheine oder nicht; ferner v. Muralt: 146ff.; Zürcher: Erläuterungen VE. 1908, 266f.: (Feuersbrunst-Gemeingefahr). Vgl. den häufigen Hinweis, z. B. bei Binding: Lb. 2 I, 16 auf Gegenstände, wie Zeuge, Felle und Häute, die nicht in Flammen brennen, sondern verglimmen. Die Annahme einer „Feuersbrunst" ist aber auch hier zulässig. Dazu auch Prot. II. ExpKom. 3, 328ff.

[2] Dazu Zürcher: a. a. O. 267ff. und die bemerkenswerten Beratungen in Prot. II. ExpKom. 3, 320ff.; 4, 86ff.

[3] Beachtenswert die parlamentarische Beratung: StenBull. NR. 1929, 545f.; StR. 1931, 547; NR. 1934, 405f.; 1935, 518f.; StR. 1935, 244; 1936, 180.

[4] Wettstein: StenBull. StR. 1936, 180. — Die besondere Frage des Versicherungsbetruges bleibt offen; unten IV 2.

wenn er eine ihm gehörige Sache anzündet und dadurch eine Feuersbrunst mit der gewollten oder wenigstens fahrlässig herbeigeführten Wirkung eines fremden Schadens entfesselt.

b) Nach der anderen Variante der Art. 221/2 verursacht der Täter eine Feuersbrunst unter Herbeiführung einer Gemeingefahr. Hier ist gleichgültig, ob die Brandlegung an eigener oder fremder Sache erfolgt. Entscheidend ist allein, ob eine Gemeingefahr entstand. Aber die Vagheit des Begriffes: Gemeingefahr (oben § 83 IV) zeigt sich gerade hier. Liegt sie auch dann vor, wenn ein einsam gelegenes, unbewohntes Gebäude in Flammen aufgeht, aber Feuerwehrleute eingreifen und sich damit wohl in jedem Fall Gefahren aussetzen? Die Frage ist eher zu bejahen[1].

Sieht man von diesem umstrittenen Fall ab, so erscheinen wenigstens folgende Grenzziehungen sicher: Straflos ist, wer eine eigene Sache anzündet, ohne daß eine mit Gemeingefahr verbundene „Feuersbrunst" verursacht oder zu verursachen versucht wird[2]. Handelt es sich, unter im übrigen gleichen Umständen, um eine fremde Sache, so kommt nicht Brandstiftung, sondern nur Sachbeschädigung in Frage. Bei einer herrenlosen Sache liegt dann Brandstiftung vor, wenn der Täter eine Feuersbrunst verursacht, aus der sich eine Gemeingefahr ergibt.

3. Bei der vorsätzlichen Brandstiftung gemäß Art. 221 I — Strafdrohung für diesen Grundtatbestand: Zuchthaus — bereitet die Schuldfrage Schwierigkeit. Klar ist, daß die Verursachung der Feuersbrunst mit Wissen und Willen geschehen muß, anzunehmen ist auch, daß, bei der ersten Variante, der Täter vorsätzlich, mindestens mit dolus eventualis, zum Schaden eines anderen gehandelt haben muß. Fraglich ist dagegen, ob, bei der zweiten Variante, der Vorsatz auch das Moment: Herbeiführung einer Gemeingefahr umfassen muß. Das würde zu erheblichen Beweisschwierigkeiten und unter Umständen zu einer ungerechtfertigten Einengung des Tatbestandes führen. Zu fordern ist da-

---

[1] Ebenso Rohr: Prot. II. ExpKom. 4, 88. Zweifelnd Gautier: eodem, 3, 322: „Pour ceux qui se laissent attirer par l'incendie, si honnête que soit leur mobile, ce n'est pas l'incendiaire qui met leur vie en danger. Les pompiers, en particulier, courent dans les incendies un risque professionnel. Je reconnais pourtant que cette question est ardue." Zu der Streitfrage namentlich auch StenBull. NR. 1935, 518f. (Straflosigkeit); StR. 1935, 244 (Strafbarkeit).

[2] v. Muralt: 153; Gautier und Calame: Prot. II. ExpKom. 3, 323: „Si l'auteur a pris toutes les précautions voulues pour empêcher l'extension du feu, s'il a avisé la population de son projet pour éviter qu'elle soit alarmée, il ne fait . . . que d'exercer un des attributs de son droit de propriété . . ." Ausdrücklich bestimmen in diesem Sinne Graubünden § 196 III und Neuenburg Art. 252; vgl. auch VE. 1894 Art. 138. Gegenstück: Aargau § 171 lit. b, das Zuchthaus bis zu 8 Jahren androht, „wenn das Feuer am eigenen Gebäude ohne Gefahr für fremde Gebäude oder für Personen gelegt wurde".

gegen der regelmäßig leichte Beweis, daß der Täter jedenfalls gewußt hat, daß er eine Gemeingefahr bewirkt[1].

Beim Grundtatbestand der fahrlässigen Brandstiftung gemäß Art. 222 I — Strafdrohung: Gefängnis oder Buße — ist Fahrlässigkeit (G. Art. 18 III) nicht nur mit Bezug auf die Verursachung der Feuersbrunst, sondern auch, je nachdem, im Hinblick auf die Schädigung eines anderen oder auf die Herbeiführung einer Gemeingefahr nachzuweisen[2].

4. Sowohl bei vorsätzlicher wie bei fahrlässiger Brandstiftung kennt das G. nur den einen erschwerten Fall, daß der Täter Leib und Leben von Menschen in Gefahr bringt[3]. In Art. 221 II ist im Zusammenhang mit dem Vorsatzdelikt von wissentlicher Gefährdung die Rede (Strafdrohung: Zuchthaus nicht unter 3 Jahren). Bei der fahrlässigen Brandstiftung ist qualifiziert die fahrlässige Gefährdung von Menschen hervorgehoben; Art. 222 II (Strafdrohung: Gefängnis). — Möglich ist durchaus, daß sich mit vorsätzlicher Brandstiftung eine nicht wissentliche, sondern nur fahrlässige Gefährdung von Menschen verbindet. Das G. nennt den Fall nicht ausdrücklich. Anzuwenden ist hier richtigerweise nur der Grundtatbestand des Art. 221 I, wobei der Richter genügende Möglichkeit hat, die Tatsache der Menschengefährdung bei der Strafzumessung zu berücksichtigen[4].

5. Beim Vorsatzdelikt sieht Art. 221 III vor, daß, wenn nur ein geringer Schaden entstanden ist, auf Gefängnis erkannt werden kann. Diese Möglichkeit besteht auch, wenn gleichzeitig der qualifizierte Fall von Absatz II, die wissentliche Menschengefährdung, gegeben ist[5].

III. 1. Die Grenzen zwischen Vollendung und Versuch, aber

---

[1] Damit ist, was wünschenswert ist, der Schuldgedanke auch hier gewahrt. Die Wissensschuld mit Bezug auf die Verursachung der Gemeingefahr gehört nach dem eidgenössischen G. so sehr zum Kennzeichen der gemeingefährlichen Delikte (oben § 83 III), daß die Annahme sich auch hier rechtfertigt. THORMANN-v. OVERBECK: Art. 221, N. 15/16 nehmen an, daß auch das Moment der Herbeiführung einer Gemeingefahr schlechthin vom Vorsatz umfaßt sein muß.

[2] Nichtbeachtung von Feuerpolizeivorschriften führt, wenn ein Brand ausbricht, erst dann zu einer Bestrafung wegen fahrlässiger Brandstiftung, wenn der Beweis geleistet ist, daß die Feuersbrunst als Folge der Mißachtung von feuerpolizeilichen Normen hätte vorausgesehen werden können; vgl. den Fall in Zürcher Bl. 10, Nr. 207.

[3] Anders die reiche Mannigfaltigkeit bisheriger Rechte; Daten bei STOOSS: Grundzüge, 2, 358ff. und namentlich v. MURALT: 61ff. — Der französische Text und entsprechend der italienische sagen richtiger „mis en danger la vie ou l'intégrité corporelle des personnes".

[4] Andere, eher abzulehnende Lösung: Annahme einer Idealkonkurrenz von Art. 221 I mit Art. 222 II. Dann müßte der Richter gemäß Art. 68 Ziff. 1 I in jedem Fall zu einer Erhöhung der Zuchthausstrafe über 1 Jahr hinaus gelangen.

[5] Als unlogisch kritisiert von GAUTIER: Prot. II. ExpKom. 3, 322f. (privilège „en dépit de l'intention (?) aggravante"). — Was „geringer Schaden" ist, bestimmt sich nach richterlichem Ermessen; vgl. JZ. 25, 267, Nr. 190 (Thurgau).

auch zwischen ihm und bloßen Vorbereitungshandlungen sind bei der Brandstiftung sehr unsicher. Deshalb bestimmen bisherige Rechte — in allerdings sehr verschiedener Weise — ausdrücklich den Zeitpunkt der Vollendung[1]. Er läßt sich für Art. 221 des G. schwer feststellen, weil oft zweifelhaft bleiben wird, von welchem Moment an eine „Feuersbrunst" besteht[2]. Als Leitsatz soll gelten, daß Vollendung anzunehmen ist, wenn ein Feuer entfesselt wurde, das die Möglichkeit der Ausdehnung besaß, dem Einhalt zu gebieten, menschlicher Macht schwer fällt. Im Zweifelfall mag der Richter sich von dieser Überlegung leiten lassen[3]. — Da der Täter, der mit Feuer operiert, regelmäßig die Auswirkung nicht in seiner Hand hält, muß bei der Frage des Versuches stark auf subjektive Momente abgestellt werden, d. h. aus dem, was der Täter bereits ausgeführt hat, geschlossen werden, ob er es auf eine gemeingefährliche oder auf eine einen Dritten schädigende Feuersbrunst abgesehen hat oder nicht. Dem Richter bleibt die Aufgabe, von diesen Gesichtspunkten aus die Tatsachen des Einzelfalls zu werten[4].

2. Fast durchgängig berücksichtigen die bisherigen Rechte die tätige Reue des Brandstifters. Dem Täter, der aus eigenem Antrieb das Feuer erstickt oder löscht oder wirksame Hilfe — die Feuerwehr — herbeiruft, versprechen die Gesetze je nachdem Straflosigkeit oder Milderung. Auch die beiden letzten kantonalen Gesetzbücher bestimmen darüber: Nach Freiburg Art. 133 IV kann auf Gefängnis erkannt werden, wenn der Täter den Brand freiwillig gelöscht oder erstickt hat, und Waadt Art. 222 I läßt den Brandstifter straflos, qui éteint le feu „de son propre mouvement, avant qu'il en soit résulté aucun dommage".

Für das eidgenössische G. reichen die Normen des Allgemeinen Teils aus: die Möglichkeit der unbeschränkten Strafmilderung nach Art. 22 II, wenn der Täter aus eigenem Antriebe zum Nichteintritt des Erfolges beigetragen oder den Erfolgseintritt verhindert hat, ferner die Strafmilderung gemäß Art. 65 und 66 bei tätiger Reue nach vollendeter Tat.

IV. 1. Eine Feuersbrunst kann auch durch das Mittel einer Explo-

---

[1] S. oben II 1; weitere Angaben bei Stooss: Grundzüge, 2, 338f.; v. Muralt 103ff. (geschichtliche Daten und Hinweise auf Literatur), 113ff. (schweizerische Gesetze).

[2] So zutreffend Thormann: Prot. II. ExpKom. 3,327. Vgl. auch schon Prot. I. ExpKom. 2, 208, ferner die Kritik bei v. Muralt: 149ff.: Durch den Ausdruck „Feuersbrunst" ist der Zeitpunkt der Vollendung zu spät angesetzt; fraglich ist auch, ob der im französischen Text verwendete Ausdruck „incendie" mit „Feuersbrunst" identisch ist.

[3] Vgl. auch die Untersuchung über Vollendung und Versuch im Hinblick auf die kantonalen Rechte bei v. Muralt: 117ff., 132ff.

[4] Vgl. Thormann- v.Overbeck: Art. 221, N. 17 nennen als Versuchsfälle das Versagen von zur Brandstiftung angewendeten Mitteln, den Ausbruch einer Feuersbrunst, die aber weder zum Schaden anderer ausschlägt, noch sich zu einer Gemeingefahr auswächst.

sion von Feuer entwickelnden Stoffen verursacht werden. Das wird durch die Tatbestände der Brandstiftung gedeckt. Etwas anderes ist es, wenn viele ältere Gesetze — in Anlehnung an Art. 435 des französischen C. p. — die Brandstiftungsnormen und -strafen zur Anwendung bringen, wenn Gebäude usw. durch Pulver oder andere Explosivstoffe zerstört werden (Zürich § 216, Bern Art. 197, Glarus § 119, Solothurn § 171, Tessin Art. 398 § 2, Neuenburg Art. 254 usw.). Damit werden andere gemeingefährliche Zerstörungen um der ähnlichen Wirkung willen wie Brandstiftungen behandelt[1].

Die neuere Entwicklung geht andere Wege. Sie hat in den Art. 223 bis 226 des G. zwei neue Gruppen gemeingefährlicher Delikte geschaffen, die von der Brandstiftung, aber auch untereinander, sich deutlich unterscheiden: die Verursachung einer Explosion und die Sprengstoffdelikte (unten § 85).

2. Das G. verzichtet darauf, im Zusammenhang mit der Brandstiftung den **Versicherungsbetrug** hervorzuheben. Einen erinnernden Hinweis mag man in der einen Tatbestandsvariante des Art. 221: Verursachung einer Feuersbrunst zum Schaden eines Andern erblicken. Bisherige Rechte bringen den Gedanken beim Fall der Brandstiftung an eigener Sache dadurch zum Ausdruck, daß sie betrügerische, gewinnsüchtige oder schädigende Absicht fordern[2]. Vollendeter oder auch nur versuchter Betrug wird aber damit nicht verlangt, sondern nur eine in betrügerischer Absicht erfolgende Vorbereitungshandlung, die als Brandstiftung bestraft wird[3].

Ob, im Zusammenhang mit der Brandstiftung, der Versicherungsbetrug in irgendeiner Form berücksichtigt werden soll, ist umstritten[4]. Bemerkenswert bestimmt Schwyz § 101: „Brandlegung ohne Beschädigung und Gefahr anderer, welche in der Absicht verübt worden, einen Versicherungsvorteil zu erlangen, unterliegt der Strafe des Betrugs." Nach dem Wortlaut kann das nur so verstanden werden, daß eine durch Brandstiftung an eigener Sache bekundete betrügerische Absicht wie ein vollendeter Betrug behandelt werden soll. Auch Waadt Art. 220 —, escroquerie par incendie — weist auf die Betrugsbestimmungen hin, während Freiburg Art. 91 I im Anschluß an den Betrugstatbestand in allgemeiner Fassung einen Täter für strafbar erklärt, der einen ver-

---

[1] Vgl. dazu Binding: Lb. 2 I, 21f.; Cottier: 142.

[2] Die kantonalen Daten bei Stooss: Grundzüge, 2, 362. Vgl. auch oben § 52 I 1.

[3] So JZ. 32, 219, Nr. 155 zu Luzern § 107 (In Brand stecken einer dem Täter gehörenden Sache „in betrüglicher Absicht"): der Täter hatte seine beiden Motorräder zum Brennen gebracht, um die Versicherungsbeträge zu erhalten. Vgl. auch Hegler: VD. Bes. Teil, 7, 443, 532.

[4] Für eine Ordnung Gretener: Prot. I. ExpKom. 2, 647f.; Büeler: Prot. II. ExpKom. 4, 88f., auch Hegler: VD. Bes. Teil, 7, 532.

sicherten Gegenstand zerstört oder beschädigt, um sich oder einem anderen die Versicherung zu verschaffen.

Für eine besondere, über den Betrugstatbestand hinausgehende Ordnung bestehen aber kaum ausreichende Gründe (oben § 52 I 1 und dort Zitierte). — Realkonkurrenz zwischen Brandstiftung und Betrug oder Betrugsversuch ist dann gegeben, wenn der Täter einer vorsätzlichen oder einer fahrlässigen Brandstiftung nachher dem Versicherer gegenüber den Tatbestand des Betruges (Art. 148) erfüllt oder einen Betrug versucht.

3. Im Gegensatz zu bisherigen Rechten[1] läßt das G. die Fälle, in denen im Zusammenhang mit einer Brandstiftung Menschen das Leben verloren haben oder verletzt worden sind, unerwähnt. Die Lösung ist klar. Eine Erfolgshaftung besteht nicht. Im Einzelfall ist zu untersuchen, ob der Täter sich einer mit der Brandstiftung konkurrierenden vorsätzlichen oder fahrlässigen Tötung oder Körperverletzung schuldig gemacht hat[2].

§ 85. Verursachung einer Explosion. Sprengstoffdelikte.

Literatur. COTTIER: (Angaben zu § 82): 142ff. — LESCH: Die Anarchistengesetze der Schweiz, Leipziger Diss. (1919). — v. ULLMANN: VD. Bes. Teil, 9, 70ff. — ZÜRCHER: Z. 7, 118ff. — BURCKHARDT: Z. 9, 238ff. — KRONAUER: Z. 21, 22ff. — STÄMPFLI: Z. 38, 51ff. — LANGHARD: Die anarchistische Bewegung in der Schweiz (1903).

I. Das G. bedroht in Art. 223 die **Verursachung einer Explosion** von Gas, Benzin, Petroleum „oder ähnlichen Stoffen“, z. B. von Sauerstoff in flüssigem Zustand, wenn der Täter dadurch wissentlich Leib und Leben von Menschen oder fremdes Eigentum in Gefahr bringt. Gemeint sind — im Gegensatz zu den Sprengstoffen (unten II) — Stoffe, deren wirtschaftliche Verwendung und Bedeutung vornehmlich in der Krafterzeugung liegt, die aber, wenn sie mißbraucht werden, zerstörende oder wenigstens gefährdende Wirkung haben können[3]. Die Explosion besteht in der plötzlichen Entwicklung oder Ausdehnung von Gasen oder Dämpfen, wodurch z. B. ein Behälter zersprengt wird.

---

[1] Zusammenstellung bei v. MURALT: 64ff.

[2] Auch Freiburg bekennt sich bei dem in Art. 133 III ausdrücklich genannten erschwerten Fall: Tod eines Menschen, wenn der Täter dies voraussehen konnte, zur Schuldhaftung, während Waadt Art. 216 lit. e auch schon den Fall erschwerend berücksichtigt, daß ein Mensch bei einem Brand das Leben verlor, ohne daß der Täter das hat voraussehen können (Erfolgshaftung). Qualifikation höheren Grades sieht Art. 217 vor, wenn der Brandstifter den Tod eines Menschen hätte voraussehen sollen.

[3] GAUTIER: Prot. II. ExpKom. 3, 334f.: „des matières qui, bien que capables de faire explosion, ne sont point normalement destinées à cela.“ COTTIER: 145f. (Unterscheidung zwischen Explosiv- und Sprengstoffen); vgl. auch THORMANN-v. OVERBECK: Art. 223, N. 1; Art. 224, N. 1.

1. Die Bewirkung einer Explosion bildet die Grundlage des Tatbestandes. Sie muß rechtswidrig erfolgen. Eine technisch richtig bemessene und wirtschaftlich zweckbestimmte Explosion, z. B. von Benzin zur Erzeugung treibender Kraft, liegt selbstverständlich im Rahmen des Erlaubten[1]. Die technisch richtige Bemessung schließt ja auch die Gefahrwirkung aus.

2. Beim Tatbestand der vorsätzlichen rechtswidrigen Explosionsverursachung (G. Art. 223 Ziff. 1 I) ist überdies erforderlich, daß der Täter wissentlich Leib und Leben von Menschen oder fremdes Eigentum in Gefahr bringt. Die wissentlich bewirkte konkrete Gefahr muß bewiesen werden. Nicht erforderlich ist eine Gemeingefahr. Es genügt die Gefährdung eines einzelnen Menschen oder einer einzelnen fremden Sache[2]. — Geht die Schuld des Täters darüber hinaus, hat er nicht nur wissentlich gefährdet, sondern durch die Verursachung einer Explosion Menschen töten oder verletzen, fremdes Eigentum in Brand setzen oder sonst zerstören oder schädigen wollen, so ist, je nach der Lage des Einzelfalles, wegen vollendeter oder versuchter Tötung, Brandstiftung oder Sachbeschädigung zu bestrafen. Die bewußt widerrechtliche Gefährdung in Verletzungsabsicht ist nicht mehr bloß Gefährdungsdelikt (oben S. 83 III, auch § 84 IV 1). — Der Art. 223 nennt nur die Gefährdung fremden Eigentums. Wer durch die Verursachung einer Explosion seine eigene Sache gefährdet, fällt nicht unter die Bestimmung, doch ist hier zu prüfen, ob nicht polizeirechtliche Strafvorschriften zur Anwendung gelangen müssen[3].

Die vorsätzliche Verursachung einer gemeingefährlichen Explosion wird kaum häufig sein. Die Strafe ist Zuchthaus. Der Richter kann auf Gefängnis erkennen, wenn nur ein geringer Schaden entstanden ist (Art. 223 Ziff. 1 II). Abgesehen davon, daß hier der sonst vom G. verpönte Gedanke der Erfolgshaftung sich hervorwagt, mutet diese Bestimmung im Rahmen des Abs. I seltsam an: Der Tatbestand setzt einen

---

[1] ZÜRCHER: Erläuterungen 270f.

[2] Die Einordnung des Deliktes bei den gemeingefährlichen Verbrechen ist durch die latente Gemeingefahr, die in einer Explosion liegt, gerechtfertigt. COTTIER: 152, 156f. fordert Gemeingefahr als Tatbestandsmerkmal. Anders — zutreffend — GAUTIER: Prot. II. Exp. Kom. 3, 335. — Das Verhältnis des Art. 223 und anderer Artikel aus diesem Zusammenhang (z. B. des Art. 227) zu der Individualgefährdung gemäß Art. 129 (oben § 15) erscheint klar: Art. 223 ist durch das vom Täter verwendete Gefährdungsmittel, die Verursachung einer Explosion, eine dem Art. 129 vorgehende Spezialbestimmung.

[3] Vgl. z. B. Zürcher Bl. 10, Nr. 207: Aufstellen eines Azetylenapparates ohne die geforderte Anzeige an die Behörden; Explosion. Dazu die zürcher. VO. vom 6. April 1905 betreffend Karbid und Azetylen; Sammelwerk der zürcher. Gesetzgebung 1, 1838ff. und jetzt namentlich VO. des Bundesrates vom 10. April 1934 betreffend Kalziumkarbid und Azetylen (Eidg.GesSlg. N. F. 50, 282ff.). Siehe auch ZÜRCHER: Erläuterungen VE. 1908, 269

Schaden gar nicht voraus, während der Abs. II unvermittelt auf einen Schadenserfolg hinweist. Besser wäre, entsprechend der Bestimmung in Art. 224 II, die Formel: Ist nur Gefahr in geringem Umfang entstanden, so kann auf Gefängnis erkannt werden.

3. Häufiger als das Vorsatzdelikt wird die fahrlässige Verursachung einer Explosion sein. Art. 223 Ziff. 2 bedroht sie mit Gefängnis oder Buße. Die kurze Fassung der Ziff. 2: Handelt der Täter fahrlässig ... ist so zu deuten, daß sich die Fahrlässigkeitsschuld auf alle in der Ziff. 1 genannten Momente: die Explosionsverursachung und die Gefährdung von Menschen oder fremdem Eigentum erstrecken muß[1].

Vom G. nicht deutlich gelöst ist der — durchaus mögliche — Fall, daß Jemand zwar vorsätzlich eine Explosion verursacht, jedoch ohne wissentlich Menschen oder fremdes Eigentum zu gefährden. Nur eine fahrlässige Gefährdung kann dem Täter bewiesen werden. Da das Tatbestandsmoment der Wissensschuld nach der Ziff. 1 nicht erfüllt ist, bleibt nur die Fahrlässigkeitsstrafe gemäß Ziff. 2 übrig.

II. Die in den Art. 224—226 des G. umschriebenen **Sprengstoffdelikte** sind die Wiedergabe der Art. 1—3 des Bundesgesetzes vom 19. Dezember 1924 betreffend den verbrecherischen Gebrauch von Sprengstoffen und giftigen Gasen (Eidg. GesSlg. N. F. 41, 230ff.). Dieses G. hat das seinerzeit durch anarchistische Umtriebe veranlaßte BGes. vom 12. April 1894 betreffend Ergänzung des BGes. über das Bundesstrafrecht vom 4. Februar 1853 ersetzt. Das G. von 1894 hatte außer den Sprengstoff-Tatbeständen noch eine Bestimmung gegen die „Aufmunterung" zu Verbrechen gegen die Sicherheit von Personen oder Sachen — den sog. Anarchistenartikel — enthalten (siehe schon oben § 76 II)[2].

Die folgende Erörterung berücksichtigt, um die Entwicklung klar zu machen, neben der Darstellung der Art. 224—226 des G. auch noch das inzwischen aufgehobene Sprengstoffgesetz von 1924[3].

---

[1] Siehe die vollständigere Fassung in Art. 145 Ziff. 2 des VE. 1908, der die einzelnen Momente aus der Ziff. 1 wiederholte. Die frühere Fassung: „und dadurch Leib und Leben von Menschen oder fremdes Eigentum in Gefahr bringt" weist aber auf eine Erfolgshaftung hinsichtlich der Gefahrverursachung hin.

[2] Weitere Ergänzung durch das BGes. vom 6. März 1906: Aufforderung usw. zur Begehung anarchistischer Verbrechen, als Art. 52 bis in das Bundesstrafrecht von 1853 eingefügt. Diese Bestimmung bestand bis zum Inkrafttreten des StGB. noch zu Recht; vgl. oben § 76 II. — Über die Sprengstoff-Tatbestände des Gesetzes von 1894: Zürcher: Z. 7, 120ff. (zum Entwurf des G.); Burckhardt: Z. 9, 238ff.; Kronauer: Z. 21, 22ff.; Langhard: 423ff.; Lesch: 2ff.; vgl. auch die Kritik des Gesetzes, das übertrieben hohe Strafdrohungen enthielt, in StenBull. StR. 1924, 91ff.; NR. 1924, 586f. Übersicht über die Sprengstoffverbrechen von 1894—1924 bei Stämpfli: Z. 38, 52ff.

[3] Materialien zum Sprengstoffgesetz von 1924: Burckhardt: Schweizer. Bundesrecht, 4, Nr. 2035; BBl. 1924 I, 589ff.: Entwurf und Botschaft des Bundesrates; StenBull. StR. 1924, 91ff., 108ff., 391ff., 444; StenBull. NR. 1924, 586ff.,

1. BGes. Art. 1 und G. Art. 224 gestalten übereinstimmend den Haupttatbestand der vorsätzlichen Gefährdung in verbrecherischer Absicht. Der Täter bringt Leib und Leben von Menschen oder fremdes Eigentum[1] in Gefahr. Wie in den anderen Fällen, in denen der Gesetzgeber diese Formel verwendet — z. B. Art. 223 und dazu oben I 2 — genügt die Gefährdung eines einzelnen Menschen oder einer einzelnen fremden Sache. Die Gemeingefahr ist bei diesem Delikt, wenigstens abstrakt, immer vorhanden. Sie ergibt sich aus der Tatsache, daß der Täter Sprengstoffe oder giftige Gase verwendet[2].

Im Gegensatz zu den in Art. 223 als Mittel der Tatbegehung genannten Explosivstoffen sind Sprengstoffe Substanzen, deren Bestimmung in der Zertrümmerung von Massen liegt und die zu diesem Zweck hergestellt werden (Dynamit, Pikrinsäure, Sprengpulver, Sprengpatronen, Knallquecksilber usw.)[3]. Sie können durch Schlag oder Entzündung zur Explosion mit Sprengwirkung gebracht werden. Der VE. 1908 Art. 146ff. und der E. 1918 (Art. 190ff.) nannten neben den Sprengstoffen noch besonders die Sprengbomben, d. h. Sprengstoffe in einer regelmäßig aus Eisen bestehenden Umhüllung, die bei der Explosion besonders schwere Verletzungen und Zerstörungen bewirken können. Deshalb und im Hinblick darauf, daß Sprengbomben außer im Krieg wohl nur bei einem verbrecherischen Anschlag zur Verwendung kommen, wurde der Gebrauch von Bomben qualifiziert (VE. Art. 146 Ziff. 2 und E. Art. 190 II: beim Vorsatzdelikt Zuchthausstrafe nicht unter 5 Jahren)[4]. In den endgültigen Text ist die Unterscheidung nicht übernommen worden. Dagegen haben das BGes. von 1924 in den Art. 1—3 und das G. in den

---

749f., 835. — Hinweis auf ausländische Sprengstoffgesetze, die in den letzten zwei Dezennien des 19. Jahrhunderts in zahlreichen Ländern im Kampf gegen einen um diese Zeit besonders militanten Anarchismus erlassen wurden, bei Zürcher: Erläuterungen, 271, ferner bei v. Ullmann: 70ff.; vgl. auch BBl. 1924 I, 589ff. (Verschiedenartigkeit der Sprengstoffverbrechen).

[1] Nicht Gefährdung des dem Täter selbst zustehenden Eigentums, wenn damit nicht fremde Menschen in Gefahr gebracht werden. Nicht Gefährdung herrenloser Sachen; vgl. Binding: Lb. 2 I, 23; Stämpfli: Z. 38, 64. — Anwendung explodierender Stoffe, z. B. von Sprengpatronen, beim Fischfang ist nach Art. 5 Ziff. 1 und Art. 31 Ziff. 3 des BGes. vom 21. Dezember 1888 betreffend die Fischerei als bloße Übertretung strafbar.

[2] BBl. 1924 I, 593f.; Lesch: 14f.; Stämpfli: Z. 38, 62.

[3] Gautier: Prot. II. ExpKom. 3, 341; Binding: Lb. 2 I, 23; Cottier: 144. — Die Teile, aus denen Sprengstoffe zusammengesetzt werden, z. B. Nitroglyzerin, Pulver, Schießbaumwolle, sind nicht Sprengstoffe im Sinne des Gesetzes. Im Zweifelfall hat der Richter Sachverständige zu hören. Vgl. Lesch: 8ff. mit der zutreffenden Bemerkung, daß im Hinblick auf Fortschritte der Technik eine Aufzählung der Sprengstoffe durch das Gesetz nicht erfolgen kann.

[4] Dazu Kronauer: Z. 21, 39; Prot. II. ExpKom. 3, 343. Auf die Unbestimmtheit der Abgrenzung zwischen Sprengstoff und Sprengbombe hat Lang: eodem, 347 hingewiesen; vgl. auch StenBull. NR. 1924, 590.

Art. 224—226 den Sprengstoffen die giftigen Gase gleichgestellt. Schon bei der Beratung des MilStG., Art. 162—164, war diese Einfügung erfolgt mit der Begründung, die Erfahrungen des Weltkrieges und bei revolutionären Aktionen in der Nachkriegszeit hätten das Bedürfnis nach einem strafrechtlichen Schutz gegen die verbrecherische Verwendung von giftigen Gasen gezeigt. Technisch möglich ist, giftige Gase ähnlich wie Sprengstoffe in den Verkehr zu bringen[1]. Was unter giftigen Gasen zu verstehen ist, sagen die Texte nicht. Die Zuziehung von Sachverständigen ist hier in jedem Falle geboten. — Wird durch giftige Gase eine Explosion verursacht, so fragt sich, ob Art. 224 oder Art. 223 anzuwenden ist. Die letztere Lösung ist richtig[2].

Die Art der Tatverübung wird eigenartig mit den Worten: „Wer ... durch Sprengstoffe oder giftige Gase ... in Gefahr bringt." Der Tatbereich wird dadurch in weitester Weise gespannt: die Verursachung einer Explosion, eine Verletzung, einen Sachschaden, überhaupt eine Wirkung — außer der Gefahrverursachung — fordert das G. nicht[3]. Schon das rechtswidrige Hinlegen und das Liegenlassen eines Sprengstoffes an einem Orte, wo sich eine Gefahr für Menschen oder fremdes Eigentum ergibt, vollenden den objektiven Tatbestand[4].

Nach der subjektiven Seite stellen das BGes. von 1924 Art. 1 und das G. Art. 224 die doppelte Voraussetzung auf, daß der Täter vorsätzlich und in verbrecherischer Absicht gehandelt haben muß. Er muß also mit Wissen und Willen Gefahr für Leib und Leben von Menschen oder für fremdes Eigentum herbeigeführt haben. Was aber bedeutet daneben die weitere Voraussetzung, daß er in verbrecherischer Absicht gehandelt haben muß? Das ist ein besonderer Hinweis auf das Motiv, der vielleicht damit zu erklären ist, daß man seinerzeit bei der Gestaltung der Sprengstoffdelikte die Bekämpfung des militanten Anarchismus zum Ausgangspunkt nahm[5]. Aber der Gesetzgeber hat an-

---

[1] StenBull. NR. 1925, 792; BBl. 1924 I, 592 (Botschaft zum BGes. von 1924).

[2] Anders, für die Anwendung der Art. 224ff. in jedem Fall bei giftigen Gasen, Thormann-v. Overbeck: Art. 223, N. 3.

[3] Zürcher: Prot. II. ExpKom. 3, 339 (reine Gefährdungsdelikte); Lesch: 10ff. Vgl. dagegen Art. 223 Ziff. 1 I: Wer ... eine Explosion ... verursacht und dadurch ... in Gefahr bringt. Auch beim Sprengstoffdelikt waren die ursprünglichen Fassungen enger, z. B. E 1918 Art. 190 I: Wer ... Sprengstoffe gebraucht und dadurch wissentlich ... in Gefahr bringt. Dazu Gautier: Prot. II. ExpKom. 3, 342.

[4] Bereitstellen und Hinlegen gebrauchsfertiger Sprengstoffe: BBl. 1924 I, 594; Prot. II. ExpKom. 341f. (Gautier), 343 (Kronauer: Versenden durch die Post), 347f.; Cottier: 159; Lesch: 10f.; Stämpfli: Z. 38, 65.

[5] Stämpfli: Z. 38, 66 umschreibt den Begriff „verbrecherische Absicht" formal als Absicht, eine nach einem Strafgesetz als Verbrechen oder Vergehen strafbare Handlung zu begehen. Wenn das richtig ist, muß aber dem Täter der in einer bestimmten Richtung liegende geplante Enderfolg bewiesen werden.

genommen, daß ein vorsätzliches Sprengstoffdelikt auch ohne verbrecherische Absicht verübt werden kann und diesen Tatbestand besonders — mit einer geringeren Strafdrohung — gestaltet (BGes. 1924 Art. 3 und G. Art. 225). Der Wert dieser Unterscheidung ist zweifelhaft[1]. Wenn der Unterschied zwischen vorsätzlichen Sprengstoffdelikten mit und ohne verbrecherische Absicht überhaupt gemacht werden soll, so hätte die Differenzierung auf der Grundlage eines weit zu fassenden Strafrahmens der richterlichen Strafzumessung überlassen werden können. Art. 63 des G. schreibt dem Richter ausdrücklich vor, daß er bei der Straffindung die Beweggründe des Täters zu berücksichtigen hat (siehe noch unten 2).

Die im BGes. 1924 Art. 1 I ausgesetzte Strafdrohung lautet auf Zuchthaus bis zu 15 Jahren. Nach G. Art. 224 I in Verbindung mit Art. 35 Ziff. 1 beträgt sie Zuchthaus bis zu 20 Jahren. — Nach beiden Texten kann auf Gefängnis erkannt werden, wenn nur Eigentum in geringem Umfang gefährdet worden ist (je Abs. II)[2]. Damit wird nicht auf die Intensität des Vorsatzes und der „verbrecherischen Absicht", sondern auf die Gefahrgröße abgestellt. Das ist wiederum der Gedanke der Erfolgshaftung.

2. Art. 3 des BGes. 1924 und Art. 225 des G. fassen, gesetzgebungstechnisch nicht einwandfrei, die vorsätzliche, ohne verbrecherische Absicht erfolgende und die fahrlässige Gefährdung zusammen.

Vorsätzliche Gefährdung ohne verbrecherische Absicht läßt sich bei einem Sprengstoffdelikt wohl nur in der Form des dolus eventualis denken. Der Bauunternehmer, der Dynamit verwendet, der Bauer, der einen Wurzelstock sprengt[3], handeln sicher nicht mit dem direkten Vorsatz, Menschen oder fremdes Eigentum in Gefahr zu bringen. Aber denkbar ist, daß sie einen solchen Gefahrerfolg bewußt in den Kauf nehmen. Das wird immerhin selten genug und schwer beweisbar sein. Jedenfalls liegt das Hauptgewicht dieser Bestimmung nicht auf dem Vorsatz, sondern auf dem Fahrlässigkeitstatbestand. Es kann sich um Nachlässigkeiten bei der Aufbewahrung in Sprengstoffabriken und -lagern, beim Transport, bei der an sich rechtmäßigen Verwendung von Spreng-

[1] Siehe auch die kritischen Bemerkungen von Dubuis: Prot. II. Exp Kom. 3, 345 u. von Müller: StenBull. NR. 1924, 592. Zur ganzen Frage bemerkenswert StenBull. NR. eod. 587ff. und StR. 1924, 391 ff.

[2] Bei jeder, auch einer geringfügigen Gefährdung von Menschen, ist immer nach Abs. I zu strafen; StenBull. StR. 1924, 96; Thormann- v. Overbeck: Art. 224, N. 8; vgl. auch Stämpfli: Z. 38, 67 (geringe Menge oder Sprengkraft des Sprengstoffes, der nur zu geringfügigen Schädigungen führen kann).

[3] Beispiele bei Lang: Prot. II. Exp. Kom 3, 349; StenBull. StR. 1924 96ff; NR. 1924, 587, 590f.; Stämpfli: Z. 38, 68f.

stoffen handeln[1]. Fahrlässige Gefährdungen, die bei der Herstellung von Sprengstoffen oder giftigen Gasen vorkommen, trifft das G. wohl kaum. Nach dem Wortlaut erfaßt es nur Gefährdungen durch das fertige Produkt[2]. Eventuell kommen jedoch bei der Herstellung die Fahrlässigkeitstatbestände der Tötung, der Körperverletzung, der Brandstiftung und der Verursachung einer Explosion (G. Art. 223 Ziff. 2) zur Geltung.

Die Strafdrohung sowohl für vorsätzliche Gefährdung ohne verbrecherische Absicht wie für fahrlässige Gefährdung lautet auf Gefängnis bis zu 5 Jahren. In leichten Fällen, bei geringer Wahrscheinlichkeit einer Verletzung oder wenn nur unbedeutende Objekte gefährdet werden, kann auf Buße erkannt werden.

3. Art. 2 des BGes. von 1924 und Art. 226 des G. führen den Schutz gegen Sprengstoffgefährdungen in der Richtung weiter, daß verschiedene Arten von Vorbereitungshandlungen zu Sprengstoffdelikten unter Strafe gestellt werden (abstrakte Gefährdungen)[3]. Daß es sich um Vorbereitungen handelt, ergibt sich aus einer für alle diese Tatbestände geltenden Voraussetzung: der Täter muß wissen oder annehmen, daß die Sprengstoffe oder Gase zu verbrecherischem Gebrauche bestimmt sind. Der Gesetzgeber hat hier eine z. B. auch bei der Hehlerei (G. Art. 144) verwendete Formel zur Geltung gebracht. Aus den Worten „annehmen muß“ soll nicht auf die Strafbarkeit bloßer Fahrlässigkeit geschlossen werden[4]. Sie bedeuten nur eine Beweiserleichterung. Der Beweis, daß der Täter um die Bestimmung der Stoffe zu verbrecherischem Gebrauch gewußt hat, ist vielleicht schwer zu erbringen. Aber aus den Umständen kann der Richter den Schluß ziehen, daß er das annehmen mußte und trotzdem seine Tätigkeit — mindestens mit dolus eventualis — entfaltete (oben § 58 II 4). Nicht erforderlich ist, daß der Täter von einem bestimmten einzelnen Verbrechensplan Kenntnis hat[5]. — Folgende Einzelfälle, mit differenzierten Strafdrohungen, ergeben sich:

a) Die Herstellung von Sprengstoffen oder giftigen Gasen (BGes. 1924 Art. 2 I, G. Art. 226 I). Der Tatbestand ist mit der Fertigstellung

---

[1] BBl. 1924 I, 596f.; ZÜRCHER: Erläuterungen, 273; Prot. II. Exp. Kom. 3 340, 350; LESCH: 81ff.

[2] Anders LESCH: 83 und BBl. 1924 I, 597, wo auch auf Fahrlässigkeiten des Fabrikanten, Chemikers, Erfinders, die diese Stoffe herstellen, hingewiesen wird.

[3] Vgl. STÄMPFLI: Z. 38, 70.

[4] GAUTIER: Prot. II. ExpKom. 3, 353 spricht kaum zutreffend von négligence d'un genre particulier. Kritik der Formel „oder annehmen muß“ durch LANG: eodem, 355 (Beweisregel oder Hinweis auf Fahrlässigkeit?) Richtig — Beweispräsumption für Vorsatz. — GERMANN: Z. 54, 369.

[5] BBl. 1924 I, 596: ZÜRCHER: Erläuterungen VE. 1908, 275; vgl. auch LESCH: 23f., 79ff.

des Sprengstoffes erfüllt[1]. Sie ist im Hinblick darauf, daß die Fabrikation zu einem verbrecherischen Zweck erfolgt, die gefährlichste und dem eigentlichen Sprengstoffdelikt (G. Art. 224) am nächsten stehende Handlung[2]. Strafdrohung: Zuchthaus bis zu 10 Jahren oder Gefängnis nicht unter 6 Monaten.

b) Das Sichverschaffen, einem anderen Übergeben, von einem anderen Übernehmen, Aufbewahren, Verbergen, Weiterschaffen von Sprengstoffen oder giftigen Gasen oder Stoffen, die zu deren Herstellung geeignet sind (BGes. 1924 Art. 2 II, G. Art. 226 II)[3]. Neben den gebrauchsfertigen Sprengstoffen und Gasen nennt das Gesetz hier auch die zur Herstellung verwendeten Grundstoffe (Ausgangsstoffe, z. B. Nitroglyzerin und Kieselgur, Salpetersäure, aber auch Zündladungen und Zündungen). Strafdrohung: Zuchthaus bis zu 5 Jahren oder Gefängnis nicht unter 1 Monat.

c) Die Anleitung zur Herstellung von Sprengstoffen oder giftigen Gasen. Sie muß sich richten an eine Person, die einen verbrecherischen Gebrauch solcher Stoffe plant (BGes. 1924 Art. 2 III, G. Art. 226 III)[4]. — Wird die „Anleitung“ durch das Mittel der Druckerpresse begangen, so ist fraglich, ob die Bestimmungen über das Preß-Strafrecht zur Anwendung gelangen. Das BGes. von 1924 Art. 5 und schon das frühere Gesetz von 1894 Art. 5 schlossen das ausdrücklich aus[5]. Im StGB. fehlt dagegen eine entsprechende Bestimmung[6]. Der Art. 27 über die Verantwortlichkeit der Presse muß daher anwendbar sein.

Daß das gewerblich zulässige Herstellen, Sichverschaffen, Auf-

---

[1] Als unnötig hat das Bundesgericht bezeichnet, daß der Sprengstoff explosionsfertig gemacht, mit Zündschnüren, mechanischen Vorrichtungen versehen wird; STÄMPFLI: Z. 38, 71.

[2] Der Hersteller leistet in vielen Fällen Beihilfe. Er verschafft dem Attentäter die Mittel zu seiner Tat. G. Art. 25 reicht aber nicht aus. Nach Art. 226 I ist auch dann zu strafen, wenn eine Verwendung der Sprengstoffe oder Gase nicht erfolgt. Wer Sprengstoffe herstellt und sie selbst verwendet, ist nur aus Art. 224 strafbar. ZÜRCHER: Erläuterungen VE. 1908, 273f.; LESCH: 34. — Mischungsversuche als versuchte Herstellung: ZÜRCHER: a. a. O. 274.

[3] Zu den einzelnen Ausführungshandlungen ZÜRCHER: Erläuterungen, 275f.; vgl. auch LESCH: 27ff. (zu Art. 3 des alten Gesetzes von 1894). Ob im Einzelfall Art. 226 II oder der schwerere Tatbestand des Art. 224 — Gefährdung in verbrecherischer Absicht — gegeben ist, bleibt der richterlichen Feststellung überlassen. — Mit dem in der Schweiz erfolgenden Übernehmen, Aufbewahren usw. ist der Tatbestand erfüllt. Ob der Sprengstoff in der Folge auf ausländischem Gebiet verwendet wird oder verwendet werden soll, ist ohne Bedeutung; BE. 40 I, 564 f.; STÄMPFLI: Z. 38, 67.

[4] Man sprach von „Anarchistenschulen“; vgl. den Fall Bilite, über den KRONAUER: Z. 21, 29ff. berichtet. — Unterschied zwischen Anleitung und dem engeren Begriff der Anstiftung LESCH: 19.

[5] Vgl. BBl. 1924 I, 598; LESCH: 46f.

[6] G. Art. 398 II lit. l hat das Sprengstoffgesetz im ganzen Umfang aufgehoben.

bewahren usw. von Sprengstoffen und giftigen Gasen nicht strafbar ist, erscheint selbstverständlich. Ebensowenig steht der in der Literatur immer wieder genannte Chemieprofessor, der in Wort und Schrift „Anleitung" gibt, unter der Strafdrohung von Art. 226 III — es sei denn, daß er weiß oder annehmen muß, ein verbrecherischer Gebrauch werde geplant[1]. Überall dagegen hat man mit den Möglichkeiten einer fahrlässigen Gefährdung (Art. 225) zu rechnen und vorbehalten bleibt immer die Anwendbarkeit von gewerbe- und sicherheitspolizeilichen Bestimmungen über den Verkehr mit Sprengstoffen und giftigen Gasen[2].

4. Die BGes. von 1894 und 1924 hatten auch gewisse Auslandstaten dem schweizerischen Recht unterstellt, Art. 4 des G. von 1924 mit den Worten: „Die in den Art. 1 und 2 erwähnten Handlungen (d. h. vorsätzliche Gefährdung in verbrecherischer Absicht, ferner das Herstellen usw.) unterliegen, auch wenn sie im Ausland begangen werden, den Strafbestimmungen dieses Gesetzes, sofern sie gegen die Eidgenossenschaft, die Kantone oder ihre Angehörigen gerichtet sind.[3]" Das StGB. hat eine entsprechende Bestimmung, die praktisch kaum von großer Tragweite ist, nicht übernommen[4].

5. Die ganze Gruppe der Sprengstoffdelikte steht unter den Kennzeichen: Gefährdung und Vorbereitung zu verletzenden Handlungen. Geht der Täter weiter, gelingt sein Attentatsplan, tötet er, verletzt oder zerstört er, oder kommt es wenigstens zu einem Versuch solcher Delikte, so ergeben sich die zahlreich möglichen Konkurrenzen mit den Tatbeständen der Tötung[5], der Körperverletzung, der Sachbeschädigung, der Brandstiftung, der Verursachung einer Explosion. Solange noch kantonale Strafgesetzbücher galten, traf in diesen Fällen kantonales Recht mit dem eidgenöss. Sprengstoffgesetz zusammen.

Art. 6 des BGes. 1924 unterstellte die Sprengstoffdelikte der Bundesgerichtsbarkeit, sah aber die Möglichkeit der Delegation an die kantonalen Behörden vor, die namentlich dann zu erwägen war, wenn konkurrierende kantonalrechtliche Tatbestände mitzubeurteilen waren. Drei Wege öffneten sich:

a) Nach Art. 6 I des BGes. von 1924 in Verbindung mit Art. 10 Ziff. 1

---

[1] Zu diesen Fragen Lesch: 20f.; BBl. 1924 I, 596; StenBull NR. 1924, 592.

[2] Zürcher: Erläuterungen, 276. Nach G. Art. 335 Ziff. 1 bleibt hier das Gesetzgebungsrecht insoweit den Kantonen vorbehalten, als der Bund nicht regelt.

[3] Vgl. auch den noch viel weiter gehenden Art. 190 III des E. 1918: „Der Täter ist auch strafbar, wenn er die Tat im Ausland begangen hat, in der Schweiz betreten und nicht ausgeliefert wird." — Bestrafung des Delikts der Gefährdung durch Sprengstoffe nach dem Weltrechtsprinzip; dazu Allg. Teil, § 11 II 4 und § 12 III.

[4] Logoz: StenBull. NR. 1929, 547 hat die Weglassung bedauert.

[5] Art. 99 des E. 1918 nannte unter den als Mord bezeichneten Fällen ausdrücklich die vorsätzliche Tötung durch Sprengstoffe.

der BStrPrO. von 1934 bestand für die Beurteilung von Sprengstoffdelikten in erster Linie die Zuständigkeit des Bundesstrafgerichtes. Es konnte mit dem Sprengstoffverbrechen zusammenhängende kantonalrechtliche Delikte, z. B. eine Brandstiftung, mitbeurteilen und zwar nach dem Strafrecht des Kantons, in welchem die Tat begangen worden war (BStrPrO. Art. 20 I und III). Dabei galt die Konkurrenzregel: Einsatzstrafe auf Grund des schwersten Verbrechens — je nachdem aus eidgenössischem oder kantonalem Recht — mit der Möglichkeit der Strafschärfung (BStrPrO. Art. 21). Dem Bundesstrafgericht standen alle in dem mit zur Anwendung gelangenden kantonalen Strafrecht vorgesehenen Strafdrohungen zur Verfügung[1].

b) Durch Delegation des eidgenöss. Justiz- und Polizeidepartements konnte ein Sprengstoffdelikt den kantonalen Behörden des Tatortes zur Untersuchung und Beurteilung übertragen werden (BStrPrO. Art. 18, 247 I). Die kantonalen Gerichte hatten dabei — selbstverständlich — das Bundesstrafrecht anzuwenden (BStrPrO. Art. 247 II). War daneben gleichzeitig ein kantonalrechtlicher Tatbestand (Brandstiftung, Sachbeschädigung usw.) zur Geltung zu bringen, so galt für die kantonalen Gerichte die gleiche Konkurrenzregel wie im Falle a (BStrPrO Art. 250 und 21)[2].

c) Art. 20 II der BStrPrO. sah endlich noch vor, daß beim Zusammentreffen eidgenössischen und kantonalen Rechtes die Anklagekammer des Bundesgerichtes zu entscheiden hatte, ob der Beschuldigte der eidgenössischen oder einer kantonalen Gerichtsbarkeit zu überweisen sei. Die wenig klar redigierte Bestimmung konnte sich nur auf Fälle beziehen, in denen eine Delegation an die kantonale Gerichtsbarkeit nicht erfolgt war. Die Anklagekammer konnte aber nachträglich das mit der Bundesstrafsache zusammenhängende kantonalrechtliche Delikt loslösen und es — wohl aus Gründen der Zweckmäßigkeit — an die kantonale Gerichtsbarkeit überweisen[3].

Mit dem Inkrafttreten des eidgenöss. StGB. entfiel eine Konkurrenz zwischen Sprengstoffdelikten und kantonalen Verbrechens- oder Vergehenstatbeständen. Ist Real- oder Idealkonkurrenz mehrerer Delikte gegeben, so hat der Richter den Art. 68 des G. anzuwenden. Nur Zuständigkeitsfragen bleiben. Sie können gerade beim Zusammentreffen eines Sprengstoffdeliktes — grundsätzlich Zuständigkeit des Bundesstrafgerichtes (G. Art. 340 Ziff. 1 und Art. 342) — mit anderen

[1] Auch die Todesstrafe, solange sie in kantonalen Rechten noch bestand; vgl. BStrG. von 1853 Art. 9 II und dazu BBl. 1924 I, 599.

[2] Dazu eine alte, an Art. 33 des BStrG. von 1853 sich anschließende Praxis: BE. 34 I, Nr. 17; 40 I, Nr. 51; BBl. 1909 III, 708f. (Kreisschreiben des Bundesrates an die Kantonsregierungen); Burckhardt: Schweizer. Bundesrecht, 4, Nr. 2038; Stämpfli: BStrPrO. Art. 21, N. 1.

[3] Vgl. Stämpfli: Art. 20, N. 2.

Verbrechen — grundsätzlich kantonale Gerichtsbarkeit (G. Art. 343) — praktisch werden. Für solche Fälle bestimmt Art. 344 Ziff. 1, daß der Bundesrat auf Antrag der Bundesanwaltschaft die Vereinigung der Verfolgung und Beurteilung in der Hand der Bundes- oder der kantonalen Behörde anordnen kann. Anders wenn es sich um in die Zuständigkeit der Bundesassisen fallende Verbrechen handelt, die mit Delikten im Zusammenhang stehen, die dem Bundesstrafgericht oder der kantonalen Gerichtsbarkeit unterstehen, z. B. Aufruhr und Gewalttat gegen Bundesbehörden (G. Art. 285 und 341 lit. b), verbunden mit einem Sprengstoffdelikt und Brandstiftung. Dann ist nach Art. 344 Ziff. 2 die ausschließliche Zuständigkeit der Bundesassisen gegeben. Durch die neue Ordnung werden die für das bisherige Recht geltenden Zuständigkeitsbestimmungen der Art. 19—21 der BStrPrO. von 1934 aufgehoben[1].

§ 86. Verursachung anderer Gemeingefahren (Überschwemmungen usw.).

Literatur. Angaben zu § 83, insbesondere Cottier: 161–181. — v. Ullmann: VD. Bes. Teil, 9, 79ff., 113ff. — Neumeyer: eodem, 179ff. — Müller und Fehr: Das Baupolizeirecht in der Schweiz (1913). — Kaestli: Die schweizer. Gesetzgebung auf dem Gebiete des Bau- und Wohnungswesens, Berner Diss. (1919). — Eichholzer: Die Strafe im schweizer. Arbeiterschutz, Z. 53, 81ff. — Zürcher: JZ. 9, 201ff.

I. Die Art. 227—230 des G. enthalten zum Teil Tatbestände, die in der bisherigen Gesetzgebung nicht oder nur ungenügend berücksichtigt sind: die Verursachung einer Überschwemmung oder eines Einsturzes (Art. 227), die gemeingefährliche Beschädigung von elektrischen Anlagen, Wasserbauten und Schutzvorrichtungen gegen Naturereignisse (Art. 228), die Gemeingefährdung durch Verletzung der Regeln der Baukunde (Art. 229) und durch Beseitigung oder Nichtanbringung bestimmter Sicherheitsvorrichtungen (Art. 230).

Die Entwicklung der Technik, der Segen — oder der Unsegen — der Zivilisation schaffen stetig neue Gefahren und Gefährdungsmöglichkeiten. Auch das Strafgesetz muß ihnen zu begegnen versuchen.

Die Tatbestände der Art. 227—230 sind nach dem übereinstimmenden Schema geformt, daß die Grundlage in einer Verletzung, Zerstörung, Beschädigung — in Art. 229 und 230 Ziff. 1 II in einer Unterlassung bestimmter Art — besteht, und daß der Täter dadurch wissentlich Menschen oder fremdes Eigentum in Gefahr bringt. Es sind konkrete Ge-

[1] So ausdrücklich G. Art. 398 II lit. o. Aufgehoben wird auch der in dieser Stelle nicht genannte Art. 250 der BStrPrO. über das Zusammentreffen von eidgenöss. und kantonalem Strafrecht, wenn ein kantonales Gericht zu urteilen hat. — Aufrecht bleiben dagegen die Bestimmungen über Delegation von Bundesstrafsachen an die Kantone; BStrPrO. Art. 1 II, 18, 247, 254.

fährdungsdelikte[1]. Überall ist, was ein weiteres Kennzeichen der Gemeingefährdungsdelikte bildet, auch die fahrlässige Verübung strafbar.

II. 1. Die **Verursachung einer Überschwemmung** ist eine Art Analogon zur Brandstiftung. Der Täter entfesselt die Wassergewalt, eine Naturkraft, der die Menschen unter Umständen machtlos gegenüberstehen. Erst spät, gegen Ende des 18. Jahrhunderts, taucht der Tatbestand in der Gesetzgebung auf. Er findet sich in einigen kantonalen Gesetzen: Zürich §§221 und 223 mit der Umschreibung Verursachung einer Überschwemmung durch Beschädigung von Dämmen oder auf andere Weise. Die Strafdrohungen sind nach den Erfolgen — Tod eines Menschen, Gefährdung von Menschenleben, Eigentumsschaden — abgestuft. Ähnlich bestimmen Bern Art. 198, 199, Glarus 120, 121, Tessin Art. 401 (cagionare in qualsiasi modo una inondazione), Wallis Art. 329. Obwalden Art. 95 bestraft gleich der Brandstiftung das Durchstechen von Dämmen, Wuhrungen und Schleusen, das in der Absicht erfolgt, eine Überschwemmung zu verursachen. Eigenartig lautet Thurgau § 209: Wer . . . zur Gefährde für Leben oder Eigentum durch Überschwemmung Dämme, Wuhrungen, Schleusen oder andere Wasserwerke zerstört oder beschädigt. Freiburg Art. 136 und auch Waadt Art. 225, 226 lauten ähnlich wie das eidgenöss. G. Als bloße Übertretung bestraft Baselstadt PolStG. § 147 Ziff. 5 das Unter-Wasser-Setzen von fremden Besitzungen oder von Wegen.

2. Art. 227 Ziff. 1 I des G. begnügt sich mit der allgemeinen Umschreibung: Verursachung einer Überschwemmung. Sie ist das Unter-Wasser-Setzen eines Stückes Erdoberfläche, eventuell auch eines umschlossenen Raumes[2]. Die Wertung des Einzelfalles ist dem Richter überlassen. Eine „Überschwemmung" im Sinne des Gesetzes kann auch durch die Beschädigung einer Wasserleitung in einem Hause geschehen. Entscheidend ist, ob eine Gemeingefahr für Menschen oder fremdes Eigentum entsteht[3]. Siehe ferner unten III, zu Art. 228.

Mit dem hergebrachten Überschwemmungstatbestand verbindet der Art. 227 die Verursachung des Einsturzes eines Bauwerkes und des

---

[1] Nähere Erörterung darüber und insbesondere über die Wissensschuld oben § 83 II und III. Die nachfolgende Darstellung hebt nur die bei einzelnen Tatbeständen sich ergebenden Besonderheiten hervor.

[2] BINDING: Lb., 2 I, 31. Anders DAVID: Prot. I. ExpKom. 2, 243: Im Begriff der Überschwemmung liegt schon, daß weite Strecken Landes überflutet werden. Vgl. auch die einschränkende Auslegung von ZÜRCHER: Erläuterungen VE. 1908, 278; GAUTIER: Prot. II. ExpKom. 3, 358: à condition que la propriété menacée soit d'une grande étendue; COTTIER: 164ff.

[3] BINDING: Lb., 2 I, 34: Die „Überschwemmung" muß das Maß der Sondergefährdung überschreiten. Materialien: Prot. I. ExpKom. 2, 242f. (nur „Überschwemmung", welche das Leben von Menschen oder weite Strecken Landes gefährdet), 651f.; Prot. II. ExpKom. 3, 356ff.; 4, 95f.

Absturzes von Erd- und Felsmassen. Diese Tatbestände sind anderer Art. Um die Entfesselung einer Naturkraft mag es sich handeln, wenn man eine verbrecherische Verwendung der Schwerkraft annehmen will[1]. Aber diese Auffassung ist gesucht. Die Verbindung mit der „Überschwemmung“ erklärt sich mit Überlegungen der Gesetzesökonomie. Freiburg Art. 136 nennt neben der Überschwemmung die Verursachung des Einsturzes von Erd- oder Felsmassen, während die Verursachung des Einsturzes eines Bauwerkes losgelöst in Art. 137 behandelt wird. Waadt Art. 225, 226 faßt inondaton, éboulement ou l'écroulement d'une construction ou d'un ouvrage zusammen. — Der Begriff: Bauwerk umfaßt Hoch- und Tiefbauten, auch ein Baugerüst. Der Ausdruck Erd- und Felsmassen deutet an, daß es sich um einen Einsturz von einem gewissen Umfang handeln muß[2].

3. Für die Schuldfrage kann auf die Erörterungen zum Tatbestand der Verursachung einer Explosion (Art. 223) verwiesen werden (oben § 85 I 2 und 3). Die Verhältnisse sind analog. Auch bei der Verursachung einer Überschwemmung oder eines Ein- oder Absturzes kann ein Täter mit Verletzungsvorsatz gehandelt haben, die Überschwemmung z. B. kann Mittel des Mordes sein. Je nachdem sind Konkurrenzen zu beachten: Tötungs-, Verletzungs- und Sachbeschädigungstatbestände können mit dem Gefährdungsdelikt des Art. 227 zusammentreffen, das selbst schon mit der Bewirkung des Gefahrzustandes vollendet ist.

Die Strafdrohungen lauten gleich wie in Art. 223 und sind in gleicher Weise abgestuft (oben § 85 I 2 und 3).

Das Überschwemmungsdelikt ist hierzulande außerordentlich selten. Auf Jahre hinaus nennt z. B. die zürcherische Kriminalstatistik keine Verurteilung.

III. 1. Der Art. 228 des G.: **Beschädigung von elektrischen Anlagen, Wasserbauten und Schutzvorrichtungen** geht zum Teil in ähnlicher Richtung wie der Art. 227 (Überschwemmung usw.).

Die Grundlage bildet eine Beschädigung oder Zerstörung. Als Angriffsobjekte nennt das G. zunächst elektrische Anlagen. Eine Beschädigung ist z. B. die Erzeugung von Kurzschluß[3].

---

[1] So Thormann-v. Overbeck: Art. 227, N. 1.

[2] Prot. II. ExpKom. 3, 358f.; 4, 95f. Über das Verhältnis des Art. 227 zu Art. 229 (Gefährdung durch Verletzung der Regeln der Baukunde) unten III 3. — Zu den Begriffen „Einsturz“ und „Absturz“ Cottier: 174ff.

[3] Ein weiteres von Zürcher: Erläuterungen VE. 1908, 279 hier genanntes Beispiel: das Versenken von Blitzschutzendungen in einem Bache, wodurch Badende verletzt werden, erfüllt den Tatbestand nicht. Das ist weder Zerstörung noch Beschädigung einer elektrischen Anlage. — Bisheriges Recht: BGes. vom 24. Juni 1902 betreffend die elektrischen Schwach- und Starkstromanlagen (Eidgenöss. GesSlg. N. F. 19, 259ff.), Art. 55/56, insbesondere Art. 55 lit. a: Wer durch eine Handlung oder Unterlassung vorsätzlich eine elektrische Anlage beschädigt oder

An zweiter Stelle werden Wasserbauten genannt, was durch die beispielsweise Aufzählung: Dämme, Wehre, Deiche, Schleusen verdeutlicht wird. Unter Wasserbauten sind von Menschenhand erstellte Vorrichtungen, insbesondere zum Schutze gegen Wassergewalt und Überschwemmungen, zu verstehen. Der Zeitpunkt der Vollendung dieses Tatbestandes liegt früher als bei der Überschwemmung. Er ist — immer unter der Voraussetzung der Bewirkung einer Gemeingefahr für Leib und Leben von Menschen oder für fremdes Eigentum — schon durch die beschädigende oder zerstörende Handlung erfüllt, auch wenn es nicht zu einer Überschwemmung kommt[1]. Im Einzelfall kann zweifelhaft sein, ob Art. 228 zutrifft, oder ob der Versuch einer „Überschwemmung" angenommen werden soll. Der Richter hat die Möglichkeit einer alternativen Feststellung, wenn er prozessual eine solche Art der Entscheidung anerkennen will.

Das G. weist endlich auf die Beschädigung oder Zerstörung von Schutzvorrichtungen gegen Naturereignisse hin, wobei als Beispiele Bergsturz und Lawinen genannt werden. In unserem Alpenland kann dieser Schutz wichtig sein[2]. Zu den Schutzvorrichtungen gehören namentlich auch die Schutzwaldungen.

2. Aus Beziehungen zu anderen Tatbeständen und aus Konkurrenzmöglichkeiten können sich Schwierigkeiten ergeben, deren restlose Lösung dem Richter nicht immer leicht fallen wird. Abgesehen von dem Verhältnis des Art. 227 (Überschwemmung) zu Art. 228 Ziff. 1 III (Wasserbauten) ist zu beachten:

Art. 146, der Tatbestand der unrechtmäßigen Entiehung von (elektrischer) Energie, hat keine Beschädigung oder Zerstörung einer elektrischen Anlage und keine Bewirkung einer Gemeingefahr zur Voraussetzung (oben § 49 III). Konkurrenz von Art. 146 mit Art. 228 ist möglich, wenn der Täter einer Energieentziehung zugleich in gemeingefährlicher Weise die elektrische Anlage beschädigt[3]). Er wird unter Umständen auch durch die Beschädigung und erst recht durch die Zerstörung einer Anlage die Versorgung mit Wasser, Licht, Kraft oder Wärme hindern, stören oder gefährden und damit neben Art. 228 auch den Tat-

gefährdet, wird bestraft: a) wenn dadurch Personen oder Sachen einer erheblichen Gefahr ausgesetzt waren, mit Gefängnis. Art. 56: Fahrlässigkeitsdelikt. Diese Bestimmungen werden durch Art. 398 lit. e des eidgenöss. StGB. aufgehoben.

[1] Zürcher: Prot. II. ExpKom. 3, 361; Cottier: 164, der den Richter anweist, namentlich auf den Vorsatz des Täters zu achten: Vorsatz auf Verursachung einer Überschwemmung oder Vorsatz auf Zerstörung einer Wasserbaute als Schutzvorrichtung.

[2] Gautier: Prot. II. ExpKom. 3, 361 hat den Tatbestand das délit alpestre genannt.

[3] Anders Zürcher: Erläuterungen, 279, der Konkurrenz zwischen einer gemeingefährlichen Schädigung elektrischer Anlagen und Energieentziehung ausschließt.

bestand des Art. 239: Störung von Betrieben, die der Allgemeinheit dienen, erfüllen[1]. — Der Täter, der in gemeingefährlicher Weise Schutzvorrichtungen gegen Naturereignisse beschädigt oder zerstört, kann zugleich den öffentlichen Verkehr auf Straßen oder den Eisenbahnverkehr hindern, stören oder gefährden (Art. 237, 238). — Sind die besonderen Voraussetzungen der Bewirkung einer Gemeingefahr nicht gegeben, so ist immer noch zu prüfen, ob eine Verurteilung wegen Sachbeschädigung (Art. 145) in Betracht kommt.

Daß der Art. 228 nach verschiedenen Richtungen solche Ausstrahlungen — sit venia verbo — zeigt, ist, weil dadurch Unklarheiten entstehen, wenig erfreulich. Sie sind ein Beweis dafür, daß es bei zahlreichen Tatbeständen der Gemeingefährdung gesetzgeberisch noch nicht gelungen ist, sichere Grenzen zu ziehen.

3. Für die Schuldfrage ist auf die Erörterungen oben § 85 I 2 und 3 zu verweisen. Die Strafdrohung lautet gleich wie in Art. 223 und 227: beim Vorsatzdelikt Zuchthaus mit der Möglichkeit, auf Gefängnis zu erkennen, wenn nur geringer Schaden entstanden ist, bei Fahrlässigkeit Gefängnis oder Buße.

IV. 1. Der Tatbestand der **Baugefährdung** (G. Art. 229) hat einige Vorläufer in kantonalen Rechten. Zürich § 149 bedroht Bauunternehmer, Bauaufseher und Arbeiter, welche bei der Ausführung einer Baute den Regeln der Baukunst „so sehr zuwiderhandeln, daß daraus für andere Leibes- oder Lebensgefahr entsteht", mit Polizeibuße. Bei Rückfall kann auf Gefängnis bis zu 3 Monaten und auf Untersagung der selbständigen Betreibung des Berufes erkannt werden. Luzern PolStG. § 137 faßt den Tatbestand als wissentliches (!) oder fahrlässiges Handeln „gegen die allgemein anerkannten Regeln der Baukunde", wodurch Leben oder Gesundheit oder fremdes Eigentum gefährdet werden. Ähnlich bestimmt Solothurn § 174. Die Bestimmungen dieser kantonalen Rechte haben Übertretungscharakter. Dagegen ist der den eidgenössischen Entwürfen nachgebildete Tatbestand in Art. 137 IV des StGB. von Freiburg als Vergehen bei Vorsatz mit Gefängnis nicht unter 6 Monaten und mit Buße bedroht.

2. Der Vergehenstatbestand: Gefährdung durch Verletzung der Regeln der Baukunde nach Art. 229 des G. geht schon auf die ersten Vorentwürfe zurück, die aber nur den Fall der fahrlässigen Ausführung oder Leitung eines Baues vorsahen[2]. Der E. 1918 Art. 195 hat die vorsätzliche und die fahrlässige Tat berücksichtigt und den Tatbestand nach dem bei den Gemeingefährdungsdelikten verwendeten

[1] Dazu unten § 87 IV; Cottier: 176ff.

[2] Prot. I. ExpKom. 2, 243f., 671f.; VE. 1896 Art. 60; VE. 1903 Art. 69; auch noch VE. 1908 Art. 152 und dazu Zürcher: Erläuterungen, 280ff., Prot. II. ExpKom. 3, 364ff.

Regelschema geformt. Die Grundlage bildet die vorsätzliche Außerachtlassung der Baukunderegeln, womit sich die wissentliche Gefährdung von „Mitmenschen[1]" verbinden muß. Im Gegensatz zu den Art. 227 und 228 ist die Gefährdung fremden Eigentums nicht berücksichtigt.

3. Während der Tatbestand: Verursachung des Einsturzes eines Bauwerkes (Art. 227) von Jedermann erfüllt werden kann, ist Art. 229 ein Sonderdelikt, ein Berufsdelikt. Täter ist, wer mit der Leitung oder Ausführung eines Bauwerkes oder eines Abbruches beschäftigt ist: Architekten, Baumeister, Bauführer, Unternehmer einzelner Arbeiten, Arbeiter, aber auch der Bauherr, der gefährdende Anordnungen trifft[2]. Diese Personen haften nur für das sie treffende Verschulden. Der Architekt z. B. haftet strafrechtlich nicht für Anordnungen und Unterlassungen, die ohne sein Wissen erfolgen. Der Richter hat im Einzelfall die individuelle Verantwortung festzustellen[3].

Das G. nennt Leitung und Ausführung eines Bauwerkes oder eines Abbruches. Der Ausdruck: Bauwerk (Bau) ist im umfassendsten Sinne zu verstehen: Hoch- und Tiefbau, Straßen-, Wasser-, Bergbau, Baureparaturen, aber auch andere Anlagen, z. B. eine elektrische Installation[4]. Unter einem Bauwerk kann man zur Not auch Abbrucharbeiten verstehen. Durch die besondere Nennung im G. werden jedoch Zweifel beseitigt. — Die verletzende Handlung ist mit den Worten: Außerachtlassen der anerkannten Regeln der Baukunde bezeichnet. Das können, vielleicht vor allem, Unterlassungen sein. Häufig wird der Richter nicht in der Lage sein, aus eigenem Wissen und Erkennen festzustellen, ob dieses Moment gegeben ist oder nicht. Er muß Sachverständige zuziehen, die namentlich darauf hinzuweisen sind, daß es sich um von den technischen Wissenschaften anerkannte, also feststehende Regeln handeln muß: Regeln über Fundamentierung, Gerüstung, Baukonstruktion, Materialverwendung, Sicherungsmaßnahmen, Grundsätze für Feuersicherheit, einwandfreie Hygiene usw.[5]. — Die bloße Anfer-

[1] Sowohl der am Bau Mitbeteiligten, wie auch unbeteiligter Dritter (Passanten); BINDING: Lb. 2 I, 105; COTTIER: 171ff.

[2] ZÜRCHER: Erläuterungen, 281; Prot. II. ExpKom. 3, 364. Vgl. die Aufzählung in Zürich § 149: Bauunternehmer, Bauaufseher, Arbeiter und dazu ZELLER: Kommentar, § 149, N. 3; ferner REICHEL: Z. 21, 338.

[3] ZELLER: Kommentar zürcher. StGB. § 149, N. 5; LOGOZ: StenBull. NR. 1929, 547 (responsabilité personnelle).

[4] Prot. II. ExpKom. 3, 366f.; 4, 97ff.; vgl. auch BINDING: Lb. 2 I, 104; COTTIER: 170f.

[5] Vgl. Prot. II. ExpKom. 3, 365f., ferner BINDING: Lb. 2 I, 105: Die weiseste Regel, die aber bestritten ist, bildet keinen Gegenstand strafbar werdender Verletzung; NEUMEYER: 179f. — Ergänzende Bestimmungen der Gewerbe-, Bau- und Feuerpolizei bleiben nach G. Art. 335 den Kantonen vorbehalten; vgl z. B. schon bisher Zürich § 220 (Feuergefährdung; dazu ZELLER: Kommentar); Luzern PolStG. §§ 114, 115 (Übertretungen in bezug auf die Baupolizei usw.), § 118 (feuergefährliche Einrichtungen).

tigung nicht kunstgerechter Pläne und Zeichnungen erfüllt den Tatbestand noch nicht. Entscheidend ist, daß mit der Ausführung begonnen wird[1].

4. Eine vorsätzliche Verletzung der Regeln der Baukunde wird selten, jedenfalls schwer nachweisbar sein. Denkbar ist insbesondere eine Verletzung mit dolus eventualis. Zu beweisen ist überdies, daß der Täter wissentlich Leib und Leben von Mitmenschen gefährdet hat (dazu oben § 83 III). Die Strafdrohung für das Vorsatzdelikt lautet auf Gefängnis und Buße (Art. 229 I). — Größere Bedeutung kommt dem Fahrlässigkeits-Tatbestand zu. Ihn erfüllt namentlich auch der des Bauens Unkundige, der leichtfertig und in gefährdender Weise die Leitung oder die Ausführung eines Baues übernimmt[2]. Die Fahrlässigkeit muß sich sowohl auf die Außerachtlassung der Regeln der Baukunde als auch auf die Gefährdung von Menschen beziehen[3]. Nach Art. 229 II ist die Strafdrohung Gefängnis oder Buße.

Mit der fahrlässigen Gefährdung können fahrlässige Tötung und fahrlässige Körperverletzung zusammentreffen. Der Art. 229 umfaßt solche Fälle nicht. Neben ihm gelangen Art. 117 und Art. 125 zur Geltung. Ob im Einzelfall auch oder nur der Tatbestand der wissentlichen und gewissenlosen Lebensgefährdung — Individualgefährdung gemäß Art. 129 — erfüllt ist, hat der Richter zu prüfen.

V. 1. Erst in der parlamentarischen Beratung ist der Art. 230: **Beseitigung oder Nichtanbringung von Sicherheitsvorrichtungen** in das G. eingefügt worden[4]. Gewerbepolizeiliche Bestimmungen des Bundes und der Kantone bilden die Grundlage. Das BGes. vom 18. Juni 1914 betreffend die Arbeit in den Fabriken (Eidgenös. GesSlg. N. F. 30, 535ff.), Art. 5 I—III bestimmt, daß der Fabrikinhaber zur Verhütung von Krankheiten und Unfällen alle Schutzmittel einzuführen hat, die nach der Erfahrung notwendig und nach dem Stande der Technik und den gegebenen Verhältnissen anwendbar sind, daß Arbeitsräume, Maschinen und Werkgerätschaften so herzustellen und zu unterhalten sind, daß Gesundheit und Leben der Arbeiter nach Möglichkeit gesichert werden, daß in Fabrikräumen Maßnahmen zu treffen sind, um die Luft zu erneuern und von Staub, schädlichen Gasen und Dämpfen möglichst zu

---

[1] Ebenso COTTIER: 169, der aber — kaum zutreffend — in vorsätzlicher falscher Planerrichtung wenigstens einen Gefährdungsversuch sehen will.

[2] SEILER: StenBull. NR. 1929, 545.

[3] THORMANN-v. OVERBECK: Art. 229, N. 12.

[4] Die Bestimmung knüpft an den § 190 des deutschen VE. von 1909 an (Beseitigung von Sicherheitsvorrichtungen in lebensgefährlichen Betrieben) und dazu die (deutsche) Begründung, Bes. Teil, 610ff. Vgl. auch Luzern PolStG. § 138: Betriebsgefährdung.

befreien[1]. — In Art. 88 enthält das Fabrikarbeitsgesetz Strafdrohungen gegenüber Fabrikinhabern und deren Stellvertreter, die sich gegen Sicherungsvorschriften verfehlen. Für die Abgrenzung dieser Strafnormen gegenüber Art. 230 des G. ergibt sich:

Art. 88 des Fabrikarbeitsgesetzes trifft nur Fabrikinhaber und deren verantwortliche Stellvertreter (vgl. Art. 89). Es handelt sich um Berufsdelikte. Täter nach Art. 230 des G. kann dagegen Jedermann, ein Betriebsinhaber, die Arbeiter, Drittpersonen, sein[2].

Die Verfehlungen gegen die Fabrikgesetzgebung haben Übertretungscharakter. Die Strafdrohung nach Art. 88 I lautet für leichte Fälle auf Buße von 5—50 Franken, für schwere Fälle auf Buße von 50—500 Franken, womit Gefängnis bis zu 3 Monaten verbunden werden kann[3]. Die Zuwiderhandlungen verjähren in einem Jahr nach der Begehung (Art. 90 I). Dagegen ist der Tatbestand des Art. 230 des G., der unter schwereren Voraussetzungen steht (siehe unten 2), ein Vergehen mit der Strafdrohung Gefängnis und Buße für die vorsätzliche, Gefängnis oder Buße für die fahrlässige Tat.

Bei Art. 230 des G. handelt es sich um konkrete Gefährdungen[4], weil dem vorsätzlich handelnden Täter nachgewiesen werden muß, daß er wissentlich Leib und Leben von Mitmenschen gefährdet hat. Die in Art. 88 des Fabrikarbeitsgesetzes unter Strafe gestellten Handlungen sind dagegen zunächst abstrakte Gefährdungen. Jedoch sollen nach Abs. II lit. b die Strafen innerhalb des gegebenen Rahmens erhöht werden, wenn die Zuwiderhandlung „mit einer besonderen Gefahr für Gesundheit und Leben der Arbeiter verbunden war“ (konkrete Gefährdung). Daß aber diese, eine Straferhöhung auslösende konkrete Gefahr eine Schuld des Täters zur Voraussetzung hat, ergibt sich aus dem Fabrikarbeitsgesetz nicht. Es hängt der Erfolgshaftung an.

2. Die Tat des Art. 230 besteht darin, daß der Täter eine zur Verhütung von Unfällen dienende Vorrichtung beschädigt, zerstört, beseitigt

---

[1] Dazu die Einzelvorschriften in der Vollziehungs-VO. vom 3. Oktober 1919 zum Fabrikarbeitsgesetz (GesSlg. N. F. 35, 789ff.) Art. 30ff.: Hygiene in bestehenden Fabriken. Weiteres Beispiel: die Sicherungsvorschriften der VO. des Bundesrates vom 10. April 1934 betreffend Kalziumkarbid und Azetylen (GesSlg. N. F. 50, 282ff.). In Art. 1 II dieser VO. wird auf weitere Vorschriften der kantonalen Bau- und Feuerpolizei hingewiesen; vgl. z. B. Baselstadt PolStG. §§ 114f.: Übertretungen in bezug auf die Baupolizei und Aufsicht über Maschinen. Siehe auch die Hinweise bei GERMANN: StGB. N. zu Art. 230.

[2] EICHHOLZER: 89.

[3] Dazu jetzt Art. 333 II des G., die Bestimmung, wonach bei Taten, die in einem Nebenstrafgesetze des Bundes mit Gefängnis von nicht mehr als 3 Monaten bedroht sind, die allgemeinen Bestimmungen des StGB. über die Übertretungen anzuwenden sind, wobei statt auf Gefängnis auf Haft zu erkennen ist. — Zu den Tatbeständen des Fabrikarbeitsgesetzes vgl. COTTIER: 178ff.

[4] Abweichend THORMANN-v. OVERBECK: Art. 230, N. 2.

oder sonst unbrauchbar macht oder außer Tätigkeit setzt. Als weitere Begehungsart nennt die Ziff. 1 II das vorschriftswidrige Nichtanbringen solcher Vorrichtungen, eine Unterlassung, für deren Feststellung besonders die Vorschriften der Fabrikarbeitsgesetzgebung (siehe oben 1) zu beachten sind.

Schutzvorrichtungen zur Unfallverhütung in Fabriken stehen im Vordergrund. Für den Begriff „Fabrik" sind Art. 1 II des Fabrikarbeitsgesetzes[1] und Art. 1ff. der Vollziehungsverordnung dazu maßgebend. Aber der Streitfrage, ob eine Anstalt als Fabrik zu betrachten ist, kommt für den Straftatbestand des Art. 230 deshalb keine große Bedeutung zu, weil er überdies auf andere (lebens- oder gesundheitsgefährliche) Betiebe und ganz allgemein auf Maschinen, die unfallverhütende Vorrichtungen erfordern, hinweist. Zu denken ist an Bergwerksbetriebe, Tunnelbauten[2] und im weitesten Sinn an jedes industrielle, gewerbliche, unter Umständen auch an ein rein privates Unternehmen, bei dem zur Gefahrabwendung Sicherungsvorrichtungen angebracht sind, oder bei dem entgegen bestehenden Vorschriften notwendige Sicherungen nicht eingerichtet oder nicht zweckmäßig unterhalten werden[3]. Im Falle der rechtspflichtwidrigen Unterlassung ist das Delikt vollendet, sobald durch die Nichtanbringung der sichernden Vorrichtungen eine Gefahr für Leib und Leben von Mitmenschen sich ergibt.

Zu beachten ist die Möglichkeit der Idealkonkurrenz mit dem Tatbestand der Sachbeschädigung. Hat der Täter aus gemeiner Gesinnung einen großen Sachschaden verursacht, so ist die Sachbeschädigung die schwerere Tat (Art. 145 II). Sie dildet die Grundlage für die richterliche Straffindung (Art. 68 Ziff. 1 I).

§ 87. Delikte gegen den öffentlichen Verkehr.

Literatur. Angaben zu § 83, insbesondere Cottier: 216 - 240. — Stooss: Grundzüge, 2, 386ff., 398ff. — Meili: Das Recht der modernen Verkehrs- und Transportanstalten (1885) und Das Telephonrecht (1885). — v. Ullmann: VD. Bes. Teil, 9, 85ff., 95ff. Wettstein: Das Telegrafenstrafrecht, Berner Diss. (1903) und dazu Stooss: Z. 16, 332ff. — Gmür: der strafrechtliche Schutz der schweizer. Eisenbahnen (1907). — Hofmann: Der strafrechtliche Schutz der schweizer. Eisenbahnen, Berner Diss. (1907). — Guyer: Die Eisenbahnverkehrsgefährdung und ihre Bestrafung in der Schweiz (1907). — Knecht: Das Eisenbahnstrafrecht, Zürcher Diss. (1908). — Bodmer: Wesen und Begriff der Verkehrsdelikte

[1] „Eine industrielle Anstalt darf als Fabrik bezeichnet werden, wenn sie eine Mehrzahl von Arbeitern außerhalb ihrer Wohnräume beschäftigt, sei es in den Räumen der Anstalt und auf den zu ihr gehörenden Werkplätzen, sei es anderwärts bei Verrichtungen, die mit dem industriellen Betrieb im Zusammenhang stehen." Ob eine industrielle Anstalt als Fabrik zu gelten hat, entscheidet der Bundesrat (Art. 2 des Fabrikarbeitsgesetzes). Zum Begriff Heeb: Der Begriff der Fabrik im schweizer. Fabrikarbeiterschutz, Zürcher Diss. (1939).

[2] Zürcher: Erläuterungen, 282.

[3] Vgl. auch die Begründung zum deutschen VE. 1909, Bes. Teil, 611.

nach dem VE. zu einem schweizer. StGB., Leipziger Diss. (1913). — Arbenz: Der Motorfahrzeugführer als Delinquent, Zürcher Diss. (1932), 62ff. — Huber: Z. 2, 469ff. — Mittermaier: Z. 14, 396ff. — Weiss: Z. 42, 77ff. — Stämpfli: JZ. 24, 337ff. — Buser: Z. f. schweiz. Recht, N. F. 51, 115a und ff. (Radiostrafrecht). — Zurbrügg: Die Radiostörungen als Rechtsproblem, Berner Diss. (1939). — Bucher: Das internationale Luftstrafrecht unter besonderer Berücksichtigung schweizer. Verhältnisse, Zürcher Diss. (1939), mit reichen Lit.-Angaben. — Gautschi: JZ. 37, 373ff. — Staub: Hinderung, Störung und Gefährdung von Betrieben, die der Allgemeinheit dienen, Zürcher Diss. (1941).

I. Daß die Tatbestände der Art. 237—239 des G., die unter der Bezeichnung: Verbrechen und Vergehen gegen den öffentlichen Verkehr[1] zusammengefaßt werden, zu den gemeingefährlichen Delikten gezählt werden sollen, ergibt sich aus der Tatbestandsfassung. Bei den Art. 237 (Störung des öffentlichen Verkehrs) und 238 (Störung des Eisenbahnverkehrs) zeigt sich wiederum der Typus: eine Handlung bestimmter Art, die Hinderung, Störung oder Gefährdung des Verkehrs als Grundlage, woraus sich eine Gemeingefahr für Menschen, eventuell auch für fremdes Eigentum[2], also eine konkrete Gefährdung, ergibt. Als abstraktes Gefährdungsdelikt ist dagegen der Art. 239 (Störung von Betrieben, die der Allgemeinheit dienen) geformt, wenn man in der bloßen Betriebsstörung überhaupt noch ein gemeingefährliches Delikt sehen will; unten IV.

Den Ausgangspunkt für die Gruppe bildet der Art. 67 des Bundesstrafrechts von 1853, der Tatbestand der Gefährdung der Sicherheit des Eisenbahn-, Dampfschiff- und Postwagenverkehrs, wozu der durch das eidgenöss. Schwach- und Starkstromgesetz von 1902 ersetzte Art. 66 des Bundesstrafrechts kam, der in erster Linie dem Schutz des Nachrichtenverkehrs dienen sollte (unten III 1 und IV).

II. Das Neue besteht darin, daß das G. in Art. 237 einen allgemeinen Tatbestand: **Störung des öffentlichen Verkehrs** geschaffen hat[3], von dem sich die Störung des Eisenbahnverkehrs (Art. 238) als erschwerter Tatbestand abhebt.

1. Als Angriffsobjekt bezeichnet das G. den öffentlichen Verkehr, d. h. den Verkehr auf öffentlichen, für das Hin- und Herbewegen von

[1] Besser wäre die Bezeichnung: Gemeingefährliche Delikte gegen die Sicherheit des öffentlichen Verkehrs. Der VE. 1908 Art. 160ff. bestimmte: Verbrechen gegen die Verkehrssicherheit; vgl auch Lang: Prot. II. ExpKom. 5, 35; Wettstein: 67ff.

[2] Die Gefährdung fremden Eigentums ist nur in den Art. 238 (Eisenbahngefährdung), nicht in den Art. 237 (Störung des Verkehrs auf der Straße, auf dem Wasser usw.) aufgenommen worden. Eine Gefährdung im Schiffsverkehr z. B. kann aber ebenso schwer wiegen wie im Bahnverkehr; Studer: Prot. II. ExpKom. 4, 146.

[3] So schon, wenn auch in anderer Fassung, Art. 167 des VE. 1896 und dazu Prot. I. ExpKom., 2, 666ff. Aus den Materialien vgl. ferner Prot. II. ExpKom. 4, 141ff.; 5, 34ff.; StenBull. NR. 1929, 549ff.; StR. 1931, 550f.; siehe auch Mittermaier: Z. 14, 398f.; Bodmer: 18ff.

Menschen und für die Beförderung von Sachen benutzten „Wegen". Als solche Wege nennt das G. beispielsweise die Straße, das Wasser und die Luft. Aus der Nennung bloßer Beispiele folgt, daß auch ein öffentlicher Verkehr an anderen Orten, auf einem Ausstellungsareal, einem Festplatz, in einem öffentlichen Lokal, in welchen größere Menschenmengen sich hin- und herbewegen, als Angriffsobjekt in Frage kommen kann[1]. — Der öffentliche Verkehr ist in Art. 237 nur als Angriffsobjekt zu denken. Schutzobjekt sind die verkehrenden Menschen, die der Täter durch Hinderung, Störung oder Gefährdung des Verkehrs wissentlich in eine Gefahr für Leib und Leben bringt[2]. In der wissentlichen Menschengefährdung, nicht in der Verkehrsstörung an sich liegt der Grund, daß das G. den Art. 237 als Vergehens-, ja im erschwerten Falle von Ziff. 1 II als Verbrechenstatbestand gestaltet hat. Dadurch ergibt sich auch die Abgrenzung gegenüber Bestimmungen der Nebenstrafgesetzgebung, die den Personen- und Güterverkehr schlechthin schützen und regeln sollen und im wesentlichen polizeirechtlichen Charakter haben; unten 2-4.

2. Als erstes Beispiel nennt der Art. 237 den Verkehr auf der Straße. Die hier durch Fuhrwerke aller Art dem Menschen drohenden Gefahren sind beim heutigen Verkehr ungeheuer groß. Um sie zu bannen oder wenigstens zu verringern, stehen, gleichsam auf der vorderen Ebene, polizeiliche Verkehrsregelungen. Hierher gehören neben kantonalen und kommunalen Straßenverkehrsordnungen zahlreiche Bestimmungen des BGes. vom 15. März 1932 über den Motorfahrzeug und Fahrradverkehr (Art. 17–35, 58ff.) und der dazu ergangenen Verordnungen. Auf diese Gesetzgebung kann hier nur hingedeutet werden[3]. Sie kann mit dem Art. 237 in Konkurrenz treten[4]. Der Schutz des Postwagenverkehrs,

[1] ZÜRCHER: Erläuterungen, 298f. — MITTERMAIER: Z. 14, 400f. kritisiert die Beschränkung auf den „öffentlichen" Verkehr. Auch große, nicht der Öffentlichkeit zugängliche Gesellschaftshäuser, Fabriken usw. mit ihren Verkehrsmöglichkeiten (Aufzügen, Brücken usw.) bieten Gelegenheit für gefahrvollen Verkehr; vgl. auch BODMER: 38f., 77f. („allgemeiner" Verkehr); GAUTIER: Prot. II. Exp-Kom. 4, 144.

[2] Der Unterschied zwischen Angriffs- und Schutzobjekt wird bei diesen Delikten nicht immer genügend erkannt; vgl. ZÜRCHER: Erläuterungen, 142. BODMER: 37ff., 82f., 97ff. betrachtet als Schutzobjekt den Verkehr. Das ist nicht zutreffend. Vgl. auch STAUB: 36ff. (zu Art. 239).

[3] BAUMANN: StenBull. StR. 1931, 551; BODMER: 72f. — Über die Automobil- und Straßenverkehrsregelung vgl. außer den Kommentaren zum Motorfahrzeuggesetz, insbesondere dem großen Kommentar von STREBEL, ARBENZ 11ff.; BARTHOLMESS: La législation sur les automobiles, Genfer Diss. (1913); TRAXLER: Die Verkehrszeichen im Rahmen der Straßenverkehrsregelung, Berner Diss. (1937); LEUCH: Z. 52, 270ff. (Rechtsprechung des Bundesgerichts zum Motorfahrzeuggesetz)

[4] Andererseits ist aber auch möglich, daß z. B. ein Automobilist Verkehrsvorschriften nicht verletzt und trotzdem den Tatbestand der Störung des öffentlichen Verkehrs erfüllt. Vgl. zu ähnlichen Fragen — fahrlässige Tötung oder Körperverletzung durch einen Automobilfahrer, obschon keine Verkehrsregeln übertreten werden — LÄTSCH JZ. 34, 353ff.

der bisher in Art. 67 des Bundesstrafrechts von 1853 enthalten war, geht jetzt in Art. 237 — Verkehr auf der Straße — auf[1].

3. Das G. nennt als weiteres Beispiel den Verkehr auf dem Wasser. Der bisherige Art. 67 des Bundesstrafgesetzes von 1853 erfaßt zusammen mit dem Eisenbahn- und Postwagenverkehr auch die Gefährdung des Dampfschiffverkehrs, also eine Art der Gefährdung des Wasserverkehrs. Der Art. 237 des G. nennt jetzt als mögliches Angriffsobjekt den Verkehr auf dem Wasser im ganzen Umfang, jegliche Schiffahrt mit oder ohne Motorbetrieb[2]. Die Ergänzung liegt auch hier in der Wasser- und Schiffahrtspolizeigesetzgebung über Fahr- und Signalordnung, Anforderungen an die Schiffe und ihre Ausrüstung, Sicherung der Landungsstellen und Häfen usw. Zu beachten sind hier interkantonale und internationale Schiffahrts- und Hafenordnungen[3].

4. Ausdrücklich weist der Art. 237 endlich auf den Verkehr in der Luft und damit auf die daraus sich ergebenden Gefahren hin. Die ergänzenden verwaltungs- und polizeirechtlichen Bestimmungen des Bundes über den Luftschutz und den Luftverkehr, wozu internationale Vereinbarungen kommen, sind zahlreich. Auf sie ist hier nicht näher einzutreten[4].

5. Als Begehungsarten nennt der Art. 237 — entsprechend den Art. 238 und 239 — Hinderung, Störung und Gefährdung des Verkehrs. Nicht ohne Grund ist dieser Fassung Unbestimmtheit vorgeworfen worden. Die Angriffsarten und Tatmöglichkeiten, die in ihr

---

[1] Dazu polizeirechtlich die auf Grund des eidgenöss. Postverkehrsgesetzes von 1924, Art. 3 III ergangene VO. des Bundesrates vom 12. Juni 1936 über den Wagenverkehr auf Bergpoststraßen (Eidg. GesSlg. N. F. 52, 476ff.). Strafdrohung gegen die Übertretung dieser Fahrordnungsvorschriften in Art. 61 II und III des Postverkehrsgesetzes. Vgl. ferner Luzern § 114: Gemeingefährdung von öffentlichen Transportmitteln, auch Schwyz § 102; BE. 57 I, Nr. 12 (Postwagengefährdung).

[2] Bisherige, das BStR. von 1853 ergänzende kantonale Bestimmungen: Thurgau §§ 218/19 (gemeingefährliches Scheitern- oder Sinkenmachen eines Schiffes), Tessin Art. 403 (Handlungen in der Absicht, einen Schiffbruch herbeizuführen), Genf Art. 229 (gemeingefährliche Zerstörung von Schiffen, Schiffbruch). Über die Gefährdung der Dampfschiffahrt auch Staub: 14ff.

[3] Daten bei Zürcher: Erläuterungen, 299; Burckhardt: Schweizer. Bundesrecht, 5, Nr. 3205ff.

[4] BV. Art. 37ter: Die Gesetzgebung über die Luftschiffahrt ist Sache des Bundes; dazu Burckhardt: Kommentar (3. Aufl.), 323f. und Schweizer. Bundesrecht, 5, Nr. 3209ff.; siehe z. B. die VO. des Bundesrates vom 27. Januar 1920 betreffend die Ordnung des Luftverkehrs (Eidg. GesSlg., N. F. 36, 171ff.), ferner das internationale Abkommen vom 13. Oktober 1919/18. Juni 1934 über die Regelung der Luftfahrt (Eidg. GesSlg., N. F. 50, 645ff.). Vgl. auch schon Meili: Das Luftschiff im internen Recht und Völkerrecht (1908), insbesondere 40ff. und jetzt namentlich Bucher: 71ff., 114ff. (schweizer. Luftstrafrecht), ferner Germann: StGB., Note zu Art. 237; BE. 56 I, Nr. 67 (Fall Bassanesi) und dazu Stämpfli: Z. 45, 1ff. und Hafter: eodem, 149ff.

liegen, sind ungeheuer groß. Die Literatur hat zahlreiche, zum Teil nicht zweifelsfreie Beispiele zusammengestellt: Beschädigung von Straßen, Brücken, Aufzügen, Legen von Hindernissen, z. B. durch das Spannen von Drähten über eine Straße, gefahrdrohende Bauten an einer Straße, Werfen von Steinen, Hetzen von Tieren, aber auch schon die Bewirkung von Stauungen in einem Menschenstrom, das Nichteinhalten von Verkehrsordnungen, überrasches Fahren, Beseitigung von Signalen usw. Im Hinblick auf den Luftverkehr werden genannt Beschädigung der Fahrzeuge und Apparate, Verweigerung einer Notlandung, Schießen und Werfen gegen Fahrzeuge im Flug[1]. — Als Täter kommen vor allem Fahrzeuglenker in Betracht. Andererseits sind auch sie, namentlich Automobilisten, vor Angriffen, Störungen und Gefährdungen zu schützen. Täter kann auch jeder Reiter, jeder Fußgänger sein[2].

Bei der Vielheit der Täter- und Begehungsmöglichkeiten muß der Richter sich hüten, die Tragweite des Art. 237 zu überspannen. Nicht bloß eine Hinderung, Störung oder Gefährdung des Verkehrs, denen regelmäßig mit polizeirechtlichen Maßnahmen genügend entgegengetreten werden kann[3], muß bewiesen werden. Zu beweisen ist zunächst überdies, daß der Täter durch sein Verhalten wissentlich Leib und Leben von Menschen in Gefahr gebracht hat. Die Ziff. 2 des Art. 237 bedroht allerdings auch die fahrlässige Hinderung, Störung und Gefährdung. Der Fahrlässigkeitstatbestand ist in dem Sinne aus der Ziff. 1 zu ergänzen, daß der Täter durch sein Verhalten Leib und Leben von Menschen in Gefahr bringt. Ob die Fahrlässigkeit auch diese Gefährdung umfassen muß, ist nicht anzunehmen; siehe unten III 3. Hier besonders fragt es sich, ob eine kriminelle Bestrafung angezeigt ist, ob nicht Übertretungsstrafen ausreichen würden[4]. Das G. droht Gefängnis oder Buße an.

6. Auf den Grundtatbestand der vorsätzlichen Verkehrsstörung steht Gefängnis (Art. 237 Ziff. 1 I). Der Abs. II enthält die Erschwerung, daß auf Zuchthaus bis zu 10 Jahren erkannt werden kann, wenn der Täter wissentlich Leib und Leben vieler Menschen in Gefahr bringt — eine Qualifikation, die das G. bei den anderen gemeingefährlichen Delikten nicht vorsieht. Man darf aus dieser Bestimmung nicht den Schluß ziehen, daß der Abs. 1 nur eine Individualgefährdung im Auge hat. Es ist mög-

---

[1] Vgl. Mittermaier: Z. 14, 405ff. (die dem „Verkehr" eigentümlichen Gefahren), ferner Zürcher: Erläuterungen, 298, 300; Gautier: Prot. II. ExpKom. 4, 144f.; Cottier: 239f.; Bodmer: 73ff. mit der Unterscheidung: Gefährdung aus den Verkehrsmitteln und Gefährdung gegen Verkehrsmittel, ferner Thormann-v. Overbeck: Art. 237, N. 3 und 4 mit weiteren Beispielen.

[2] Siehe auch Arbenz, 60f.

[3] Zu beachten sind namentlich die im Motorfahrzeuggesetz (Art. 17ff.) aufgestellten Verkehrsregeln und die Strafbestimmungen dazu (Art. 58ff.). Zur Zurückhaltung in der Anwendung des Art. 237 raten auch Lang und Burckhardt: Prot. II. ExpKom. 4, 146f.

[4] So Lang: Prot. II. ExpKom. 4, 146.

lich, daß im Einzelfall nur ein einzelner Mensch in direkte Gefahr gebracht wird. Aber bei einer Hinderung, Störung oder Gefährdung des öffentlichen Verkehrs ist immer, mindestens latent, eine Gemeingefahr vorhanden. — Wo die — direkte — Gefährdung vieler Menschen beginnt, ist theoretisch oder gar zahlenmäßig nicht bestimmbar. Das Richterermessen muß entscheiden. Aus der dem Richter zur Verfügung gestellten Zuchthausstrafe muß jedenfalls geschlossen werden, daß, abgesehen von der Gefährdung vieler Menschen, nur sehr schwere Verkehrsstörungen unter diese Strafdrohung gebracht werden dürfen[1].

Aus möglichen Konkurrenzfragen ist wenigstens der Fall herauszuheben, daß bei einer vorsätzlich-wissentlichen Verkehrsstörung ein Mensch fahrlässig getötet oder verletzt wird. Die Annahme einer Idealkonkurrenz mit fahrlässiger Tötung oder Körperverletzung ist gegeben[2].

III. Die in Art. 238 des G. erfaßte **Störung des Eisenbahnverkehrs**, die gemeinhin, aber ungenau sog. Eisenbahngefährdung, schließt sich in der gesetzlichen Gestaltung eng an den Art. 237 an. Die Störung des öffentlichen Verkehrs mag als Grundtatbestand, die Störung des Eisenbahnverkehrs als eine Qualifikation gelten[3].

Der bisherige Art. 67 des Bundesstrafrechts von 1853 in der revidierten Fassung vom 5. Juni 1902[4] ist, abgesehen davon, daß er die Gefährdung des Dampfschiff- und Postwagenverkehrs mitenthält, anders als das neue Recht gestaltet. Die umständliche, zum Teil stark umstrittene Ordnung berücksichtigte folgende Fälle, zu denen eine reiche, auch für das neue Recht verwertbare Judikatur besteht:

Vorsätzliche Gefährdung der Sicherheit des Eisenbahn-, Dampfschiff- oder Postwagenverkehrs[5] mit der Strafdrohung Gefängnis;

---

[1] In den Beratungen wurde hingewiesen auf einen Automobilisten, „der vorsätzlich in eine große Menge hineinfährt, auf die Gefahr hin, einige Menschen zu töten oder zu verletzen", ferner auf einen Täter, der aus Haß gegen die Automobilfahrer einen Eisendraht in einer gewissen Höhe über die Straße spannt; Prot. II. ExpKom. 5, 36f.

[2] LANG: Prot. II. ExpKom. 5, 37f.

[3] Zur Entwicklung des Eisenbahnstrafrechts HOFMANN: 8ff., 15ff.; KNECHT: 4ff.

[4] Über Auslegung und Anwendung des ursprünglichen Art. 67 von 1853 STOOSS: Grundzüge, 2, 386ff.; vgl. auch BE. 54 I, 53ff. Gute, mit Literatur reich belegte Darstellung der bisherigen Rechtsprechung über die Eisenbahngefährdung bei STÄMPFLI: JZ. 24, 337ff.; ferner Zürcher Bl. 38, 89: es muß sich um eine dem spezifisch technischen Betrieb eigentümliche Gefahr handeln.

[5] Hier ist, anders als in Art. 238 des G., die Verkehrssicherheit das Schutzobjekt; HOFMANN: 27, 33f.; WEISS: Z. 42, 80ff.; vgl. ferner Zürcher Bl. 33, Nr. 126. — Zum Begriff: Gefährdung der Sicherheit des Eisenbahnverkehrs STÄMPFLI: JZ. 24, 339ff.; BE. 54 I, 296f., 362; 65 I, 328: Heraufbeschwörung einer dem technischen Bahnbetrieb innewohnenden Gefahr durch Betriebsstörung (vgl. auch 54 I, Nr. 9: unrichtige Weichenstellung), aber auch durch Schaffung einer Lage, durch welche im Zusammenhang mit dem Bahnbetrieb eine Gefahr für Menschen oder

Erschwerung, mit der Strafdrohung Zuchthaus, wenn ein Mensch bedeutend verletzt oder getötet, oder wenn sonst ein erheblicher Schaden verursacht worden ist[1];

fahrlässige erhebliche Gefährdung mit der Strafdrohung Gefängnis bis zu einem Jahr;

Erschwerung — Strafdrohung: Gefängnis bis zu drei Jahren —, wenn ein Mensch bedeutend verletzt oder getötet, oder wenn sonst ein erheblicher Schaden verursacht worden ist[2].

Beim Fahrlässigkeitstatbestand ist hinzugefügt, daß mit der Gefängnisstrafe auch Geldbuße verbunden und daß in leichteren Fällen[3] auf Geldbuße allein erkannt werden kann.

Gegenüber Beamten und Angestellten der Posten, Telegraphen, Eisenbahnen und Dampfschiffe als Täter einer Verkehrsgefährdung sieht der bisherige Art. 68 des BStR. von 1853 Amtsentsetzung (vgl. Art. 2 lit. d und Art. 6) vor[4].

Neben Art. 67 des BStR. und der Bahnpolizeigesetzgebung des Bundes (unten 4) blieb für kantonale Strafbestimmungen gegen Eisenbahn-

---

Sachgüter verursacht wird; Verursachung der Gefahr des Überfahrenwerdens für eine auf der Bahn befindliche Person. Kritisch dazu Weiss: a. a. O. 80ff., der auf Grund des Art. 67 nur eine Störung des Eisenbahnverkehrs als solche für strafbar hält. Vgl. ferner BE. 54 I, Nr. 46 (falsche Weichenstellung usw., konkrete Gefährdung erforderlich); Nr. 47 (Einfahren einer geschlossenen Barrière durch einen Automobilisten); 58 I, Nr. 35 (Überfahren eines optisch-akustischen Signals bei einem Bahnübergang; Voraussetzung: nahe Möglichkeit, Wahrscheinlichkeit des Schadenseintrittes); 61, Nr. 28. Weitere, auch kantonale Judikatur bei Stämpfli: JZ. 24, 338ff.; s. auch Schmid: Das Delikt der fahrlässigen Tötung mit besonderer Berücksichtigung der Straßenverkehrsunfälle, Zürcher Diss. (1937), 132ff.

[1] Reine Erfolgshaftung; Stämpfli: JZ. 24, 343. Festzustellen ist, daß im Zusammenhang mit der Verkehrsgefährdung eine Tötung, eine bedeutende Körperverletzung oder ein erheblicher Sachschaden verursacht werden muß. Bei der Vagheit der Begriffe: bedeutende Verletzung und erheblicher Sachschaden bleibt dem Richterermessen ein breiter Spielraum. Hofmann: 46ff. nimmt eine bedeutende Verletzung bei dauernder — nicht notwendig bleibender — körperlicher oder geistiger Schädigung eines Menschen an. Wegleitend kann künftig der Begriff der schweren Körperverletzung gemäß G. Art. 122 sein. — Hat der Eisenbahnattentäter mit Tötungs- oder Verletzungsvorsatz gehandelt, so liegt Konkurrenz mit der Eisenbahngefährdung vor. Zum Begriff der Erheblichkeit siehe unten 3. — Die Tötung oder Verletzung braucht nicht notwendig eine auf oder in der Eisenbahn befindliche Person zu treffen; Hofmann: 50, anders Stämpfli: JZ. 24, 339.

[2] Zur fahrlässigen Eisenbahngefährdung durch Motorfahrzeugführer Arbenz: 62ff. — Keine Idealkonkurrenz von fahrlässiger Eisenbahnverkehrsgefährdung und fahrlässiger Tötung, wenn ein Passant getötet wurde; Konsumption durch Art. 67: Zürcher Bl. 32, Nr. 135; Arbenz: 77.

[3] „Leichtere Fälle": entweder kleine Gefahrgröße oder geringes Verschulden oder beides. Ein leichter Fall kann nicht angenommen werden, wenn einer der erschwerten Fälle (Tötung usw.) gegeben ist; Hofmann: 57f.; Arbenz: 79f.

[4] Dazu Hofmann: 53ff., 59ff.

gefährdung kein Raum mehr. Streitig war jedoch, ob der § 217 des thurgauischen StGB.: Aufhebung oder Beschränkung der Eisenbahnbenutzung und Transportverhinderung, „ohne daß für den Zug Gefahr entsteht“, noch Geltung hatte. Da Art. 26 der BV. die Gesetzgebung über den Bau und Betrieb der Eisenbahnen ohne Vorbehalte als Bundessache erklärt, war das eidgenössische Eisenbahnstrafrecht schon bisher als umfassend und abschließend zu betrachten[1]. Durch den Art. 239 des eidgenössischen G. (Betriebsstörung, unten IV) ist die um die thurgauische Bestimmung entstandene Streitfrage endgültig erledigt. — Nicht zu dem vom eidgenössischen Recht restlos erfaßten Eisenbahnstrafrecht gehören Bestimmungen bisheriger kantonaler Rechte, die den Diebstahl auf Eisenbahnen usw. an dem Gepäcke der Reisenden oder anderen zu sofortigem Transport bestimmten Gegenständen qualifizieren (z. B. Zürich § 169 Ziff. 5, Schaffhausen § 213 Ziff. 3, Thurgau § 141 lit. b). Solange die kantonalen Rechte noch in Kraft standen, galten auch diese Bestimmungen[2].

Die Vergleichung des alten Rechtes — Art. 67 des BStR. von 1853 — mit dem Art. 238 des G. zeigt einmal die allerdings nicht restlos durchgeführte Tendenz, von bloßen Erfolgshaftungen abzurücken. Das neue Recht bringt ferner zum Ausdruck, daß die sog. Eisenbahngefährdung grundsätzlich als etwas Schwereres betrachtet wird als Störungen und Gefährdungen des anderen öffentlichen Verkehrs — zu Lande, auf dem Wasser oder in der Luft. Ob das bei der heutigen Verkehrsgestaltung zutreffend ist, steht dahin. Die Strafdrohung des Art. 238 I lautet auf Zuchthaus oder Gefängnis. Da aber Art. 237 Ziff. 1 II bei wissentlicher Gefährdung vieler Menschen dem Richter ebenfalls die Zuchthausstrafe zur Verfügung stellt, wirkt sich der Unterschied zwischen Art. 237 und 238 praktisch kaum aus. Für das Verständnis des Art. 238[3] bedürfen folgende Momente der Erklärung:

1. Angriffsobjekt ist der Eisenbahnverkehr, Schutzobjekt die Sicherheit von Menschen — des Bahnpersonals und der Reisenden — und von fremdem Eigentum, namentlich der Transportgüter[4]. Die Streit-

---

[1] Stooss: Grundzüge, 2, 388 läßt die Frage offen. Hofmann: 17ff. hält die thurgauische Bestimmung für dahingefallen. Ebenso Staub: 12 unter Hinweis auf Art. 5 des Bahnpolizeigesetzes von 1878 mit einem entsprechenden Übertretungstatbestand.

[2] Ebenso Hofmann: 26. Ausführlich über den „Eisenbahndiebstahl“ Knecht: 79ff. Vgl. ferner Neuenburg Art. 374 Ziff. 2: Der in der Eisenbahn begangene Raub (brigandage) ist qualifiziert.

[3] Aus den Materialien: Prot. I. ExpKom. 2, 235ff., 666ff. zu den ersten Vorentwürfen, die Eisenbahn- und Dampfschiffbetriebsgefährdung zusammenfaßten; Zürcher: Erläuterungen, 300ff.; Prot. II. ExpKom. 4, 154ff.; 5, 38ff. Über die Entwicklung des Tatbestandes in den Entwürfen Hofmann: 83ff.

[4] Zürcher: Erläuterungen, 300 und Prot. II. ExpKom. 4, 155; Gautier: eodem, 156, auch v. Ullmann: 86.

fragen, was als Eisenbahn zu betrachten und was zum Eisenbahnverkehr zu rechnen ist, sind abzuklären: Eisenbahn ist eine mit Schienen belegte Bahn, auf denen mit Rädern versehene Fahrzeuge bewegt werden sollen. Triebkraft der Eisenbahnen sind heute wohl ausschließlich mechanische Motoren (Elektrizität, Dampf, Wasser, komprimierte Luft usw.). In der raschen Fortbewegung und der Schwierigkeit sofortigen Anhaltens besteht regelmäßig ihre Eigentümlichkeit. Daraus ergibt sich die Gemeingefährlichkeit bestimmter gegen die Eisenbahn gerichteter Handlungen. Bei Pferdeeisenbahnen, die heute kaum mehr eine Rolle spielen[1], treffen diese Voraussetzungen nicht zu, wohl aber bei den durch motorische Kraft betriebenen Straßenbahnen, die das BGes. von 1899 über Bau und Betrieb der Nebenbahnen als Eisenbahnen behandelt (vgl. Art. 5)[2]. Im übrigen kann es nicht darauf ankommen, ob eine Eisenbahn öffentlichen oder privaten Interessen (Fabrik-, Industriebahnen) dient. Eine Beschränkung auf vom Bunde konzessionierte Bahnen, die dem öffentlichen Personen- und Gütertransport dienen, rechtfertigt sich bei der Frage der Anwendung des Art. 238 keineswegs[3]. — Auch Drahtseil- und Schwebebahnen sollen als Bahnen im Sinne des Art. 238 gelten, denn auch bei ihnen ergibt sich, was entscheidend ist, die Gemeingefährlichkeit bestimmter gegen sie gerichteter Störungen[4]. — Zum Eisenbahnverkehr gehören alle der Bahn eigenen technischen Transporthandlungen, aber auch alle den Transport vorbereitenden und ermöglichenden technischen Handlungen und die dazu dienenden Mittel: Lokomotiven, Wagen, Rangierzüge, Geleiseanlagen, Weichen, Signale, Bahnaufzüge, Bahntelegraphen- und -telephoneinrichtungen usw. Alles, was den technischen Bahnbetrieb in seinem planmäßigen Verlauf lahm-

---

[1] Eine alte Streitfrage hat sich damit von selbst erledigt. Dazu HUBER: Z. 2, 475ff.; STOOSS: Grundzüge, 2, 389 (keine Anwendung des Art. 67 BStR. auf Pferdebahnen); KNECHT: 53f.

[2] Gegen die Einbeziehung der Straßenbahnen, soweit sie nicht „auf monopolisierten Fahrstraßen" sich bewegen, BODMER: 101ff.

[3] Es ist verfehlt, für die Auslegung des Begriffes „Eisenbahn" im Sinne des Art. 238 den Art. 1 des BGes. von 1893 betreffend den Transport auf Eisenbahnen und Dampfschiffen (Eidg. GesSlg. N. F. 13, 644) heranzuziehen, wie das im Hinblick auf den Art. 67 des alten BStR. geschah; vgl. dazu HOFMANN: 27ff.; STÄMPFLI: JZ. 24, 337f. Zu eng ZÜRCHER: Prot. II. ExpKom. 4, 155; ARBENZ: 66 (Beschränkung auf dem öffentlichen Verkehr dienende Bahnen). Zutreffend GAUTIER: Prot. II. ExpKom. 4, 156f.; KNECHT: 22f.; BODMER: 103ff.; vgl. ferner BINDING: Lb., 2 I, 39ff.

[4] BURCKHARDT: Prot. II. ExpKom. 4, 162f. STÄMPFLI: a. a. O. 338 erwähnt hier auch „geleislose" Bahnen. Bei deren Störung ist aber besser Art. 237 (Verkehr auf der Straße) anzuwenden. KNECHT: 22 will Schwebebahnen ausschließen, „weil hier das eine Requisit, die Schienen, fehlen". Zur Frage im ganzen COTTIER: 230ff.

legt oder beeinträchtigt, ist objektiv Eisenbahngefährdung im Sinne des Art. 238[1].

2. Die Täterhandlungen umschreibt der Art. 238 gleich wie Art. 237 mit Hinderung, Störung und Gefährdung, wobei man, wie es im Randtitel der Bestimmung geschieht, die „Störung" als Oberbegriff verwenden kann. Sie kann auch durch Unterlassungen, z. B. durch Nichtstellen einer Weiche, durch Unterlassen eines Signals oder einer technischen Meldung erfolgen. Auch hier sind die Tatmöglichkeiten ungeheuer groß. Die „Störung" erfolgt entweder im Betrieb selbst durch Beamte und Angestellte der Bahn[2]. Oder sie geschieht durch das Eingreifen irgendeiner Drittperson, durch deren Verhalten der planmäßige Verkehr gestört wird: Beschädigung der Bahnanlagen, Legen von Hindernissen, Schießen und Steinewerfen auf Züge usw.[3]. Zwei Beispiele hebt der Art. 238 besonders hervor: die Herbeiführung der Gefahr einer Entgleisung oder eines Zusammenstoßes[4].

Immer muß beim Vorsatzdelikt des Abs. 1 außer der „Störung" dem Täter bewiesen werden, daß er wissentlich Leib und Leben von Menschen oder fremdes Eigentum in Gefahr gebracht hat[5]. Ist dieser zusätzliche Beweis nicht zu erbringen, so kann die „Störung" nur nach Art. 239 und nach den Bestimmungen des Bahnpolizeirechtes geahndet werden.

3. Von ungleich größerer praktischer Bedeutung als die Vorsatztat sind fahrlässige Störungen des Eisenbahnverkehrs, die Art. 238 II mit Gefängnis oder Buße bedroht. Anders als in den Art. 237 und 239 lautet die Fassung: Handelt der Täter fahrlässig und werden dadurch Leib und Leben von Menschen oder fremdes Eigentum erheblich gefährdet. Der Art. 237 berücksichtigt nur die Menschengefährdung, der Art. 238 nennt auch die Gefährdung fremden Eigentums, ein Unterschied, der sich nicht zureichend rechtfertigen läßt. Aus der Fassung des Art. 238 II muß

---

[1] Bodmer: 111ff.; Stämpfli: 339 und dortige Zitate. — Gefährdung von Menschen in Reparaturwerkstätten oder von Waren in Lagerhäusern einer Bahn fallen nicht unter Art. 238. Es liegt keine Störung des Bahnverkehrs vor, wohl aber unter Umständen eine Betriebsstörung gemäß Art. 239; vgl. unten IV.

[2] Beachte die Möglichkeit der Amtsentsetzung gemäß Art. 51 und, wenn es sich um eine Privatunternehmung handelt, des Berufsverbotes gemäß Art. 54; Hofmann: 92f.

[3] Knecht: 31ff.; Binding: Lb., 2 I, 44f. (Kasuistik).

[4] Die Beispiele weisen auf zwei schwere Gefährdungen des Bahnverkehrs hin. Ihre besondere Nennung kann vielleicht zu dem Schluß führen, daß, entgegen der bundesgerichtlichen Rechtsprechung zum bisherigen Recht (E. 54 I, 296f., 362) z. B. die Verursachung der Gefahr des Überfahrenwerdens für eine die Bahn benutzende Person nicht unter den Art. 238 fällt. Die zukünftige Rechtsprechung muß diese Frage abklären.

[5] Konkrete Gefährdung. Ob ein Schaden entstand, der vielleicht infolge günstiger Umstände noch abgewendet werden konnte, ist nicht von Bedeutung; vgl. Zürcher: Prot. II. ExpKom. 4, 156; Gautier: eodem, 5, 39.

ferner geschlossen werden, daß der Fahrlässigkeitsbeweis sich nur auf die Verkehrsstörung erstrecken muß. Für die daraus sich ergebende Gefährdung besteht dagegen Erfolgshaftung; siehe schon oben II 5.[1] — Der Beweis einer fahrlässigen Verkehrsstörung ist nicht schon durch den Nachweis erbracht, daß z. B. ein Bahnangestellter Dienstvorschriften mißachtet oder ein Automobilist Verkehrsregeln verletzt hat. Der Fahrlässigkeitsbeweis ist für sich zu führen[2].

Nur bei erheblichen Gefährdungen soll der fahrlässige Täter aus Art. 238 II bestraft werden. Das G. folgt darin dem Art. 67 II des BStG. von 1853 und läßt alte Streitfragen weiter bestehen. Nicht verwertbar für den Strafrichter ist eine Umschreibung des Begriffes Erheblichkeit in der VO. des Bundesrates vom 11. November 1925 betreffend das bei Gefährdungen oder Unfällen im Bahn- und Schiffsbetriebe zu beobachtende Verfahren (Eidg. GesSlg. N. F. 41, 719ff.). Art. 2 I der VO. erklärt eine „Verletzung" von Personen als erheblich, wenn sie voraussichtlich eine Arbeitsunfähigkeit von mehr als 14 Tagen zur Folge haben wird und in Abs. III wird ein 1000 Franken übersteigender „Schaden" als erheblich erklärt. Das Bundesgericht hat festgestellt, daß eine bundesrätliche VO. das Gesetz nicht verbindlich zu interpretieren vermag und daß, abgesehen davon, in der VO. nicht über die erhebliche „Gefährdung" bestimmt wird (E. 54 I, 58f.). Ob sie vorliegt, ist zunächst Tat- und Ermessensfrage[3]. Grundsätzlich hat das Bundesgericht erklärt: Die Erheblichkeit bestimmt sich nach der Größe des Schaden, der „bei voller Verwirklichung der Gefahr" eintreten würde, nicht nach dem Grad der Wahrscheinlichkeit ihrer Verwirklichung; eine erhebliche Gefahr ist keine dringende Gefahr[4]. Das Hypothetische dieser

[1] Nach dem VE. 1908 bestand diese Erfolgshaftung nicht. Art. 161 Ziff. 2 bestimmte: „Wer die Sicherheit von Menschen oder Sachen im Eisenbahnverkehr fahrlässig gefährdet." Dazu Prot. II. ExpKom. 4, 154ff., 454.

[2] STÄMPFLI: JZ. 24, 342f. mit Hinweisen auf die Judikatur; vgl. auch SCHMID: a. a. O. 136f.

[3] Aus der Rechtsprechung: BE. 54 I, 57f. (Möglichkeit des Zusammenstoßes einer mit Personen und Geräten beladenen Draisine mit einem entgegenfahrenden Güterzug). Weitere zahlreiche Fälle aus der Praxis bei STÄMPFLI: JZ. 24, 340ff. (Zusammenstoß eines Automobils mit einem Bahnzug; Entgleisen zweier Wagen eines Güterzuges infolge falschen Manöverierens; Zusammenstoß eines mit weit herausragenden Eisenstangen beladenen Lastautos mit einem Tram; Durchbrechen einer Barriere durch ein Automobil unmittelbar vor der Durchfahrt eines Zuges usw.) Vgl. ferner BE. 58 I, 216ff.; 61 I, 205ff.: Eisenbahngefährdung die nahe Möglichkeit, Wahrscheinlichkeit des Schadenseintrittes; ARBENZ: 68ff. (weitere Kasuistik).

[4] BE. 54 I,298, 363. Über den Begriff der erheblichen Gefahr wird juristisch stets Unsicherheit bestehen. Vgl. noch COTTIER: 217f.; SEILER: StenBull. NR. 1929, 553; HOFMANN: 37, 47f.: qualitativ große Gefahr und bedeutende Wahrscheinlichkeit eines Schadenseintrittes; STÄMPFLI: a. a. O. 339f. (mit weiterer Literatur): erhöhter Grad der Wahrscheinlichkeit eines Schadens, wobei die Gefahr-

Auffassung zeigt die Schwierigkeit, eine scharfe Umgrenzung zu finden.

4. Eine Störung des Eisenbahnverkehrs, bei der keine der in Art. 238 genannten konkreten Gefahren eintritt, kann nach Art. 239 strafbar sein; unten IV. Insbesondere aber kommen Bestimmungen des Eisenbahnpolizeirechtes in Frage[1]. Die Grenzziehung zwischen kriminellem und polizeilichem Eisenbahnstrafrecht muß dem Gesetzgeber überlassen bleiben[2]. Übertretungsstrafrecht enthalten namentlich das BGes. vom 18. Februar 1878 betreffend die Handhabung der Bahnpolizei (Eidg. GesSlg. N. F. 3, 422ff.) und im Anschluß daran bundesrätlich genehmigte Reglemente, insbesondere das Transportreglement der schweizer. Eisenbahn- und Dampfschiffunternehmungen vom 1. Januar 1894[3].

IV. Den Abschluß des Titels der Delikte gegen den öffentlichen Verkehr bildet der Art. 239: **Störung von Betrieben, die der Allgemeinheit dienen.** Ihm entspricht Art. 171 des MilStG. in der Neufassung vom 13. Juni 1941. Die Vorentwürfe zum G. (VE. 1908 Art. 162) hatten lediglich die Hinderung, Störung und Gefährdung des Telegraphen- und Telephonverkehrs erfaßt[4]. Die Erweiterung erfolgte durch die II. Expertenkommission[5]. Ausgangspunkt war der Gedanke, den Betrieb bestimmter Unternehmungen, die der Öffentlichkeit dienen, gegen verbrecherische Störungen zu sichern. Bei der großen Weite des Tatbestandes bestehen Zweifel, ob es sich durchgängig um Verkehrsdelikte handelt. Trifft das zu bei der Störung des Betriebes einer Anstalt oder Anlage, die zur allgemeinen Versorgung mit Wasser, Licht, Kraft oder Wärme dient?[6] An systematischen Bedenken soll man sich jedoch nicht allzu sehr stoßen. Fraglich ist ferner, ob die im Art. 239 enthaltenen

Größe sich aus den örtlichen, zeitlichen und sachlichen Verhältnissen zur Zeit der Gefährdung ergibt.

[1] BE. 58 I, 218.

[2] Über Abgrenzungsversuche HOFMANN: 24f.; KNECHT: 8ff. Art. 31 VI des BGes. von 1872 über den Bau und Betrieb der Eisenbahnen bestimmt: „Gegen Beschädigung der Eisenbahn, Gefährdung des Verkehrs auf derselben und Überschreitung bahnpolizeilicher Vorschriften wird die Bundesgesetzgebung die nötigen Bestimmungen aufstellen . . .“

[3] Darstellung des Eisenbahn-Polizeistrafrechts bei HOFMANN: 62ff.; KNECHT: 11, 103, 106ff., 116ff., 122ff., 127ff. — Art. 10 des Bahnpolizeigesetzes behält für schwerere Delikte ausdrücklich Art. 67 des Bundesstrafrechts von 1853 — jetzt G. Art. 238 — vor.

[4] Dazu ZÜRCHER: Erläuterungen, 302f.

[5] Prot. 4, 168ff.; 5, 42ff.; vgl. ferner StenBull. NR. 1929, 549ff., wo namentlich die Frage der Bestrafung der Fahrlässigkeit besprochen ist. Über die Entwicklung STAUB: 30ff.

[6] Bejaht von HUBER: Prot. II. ExpKom. 4, 169 mit der Begründung: Verkehr ist Raumüberwindung. Sie ist auch hier, wie bei den anderen geschützten Anlagen (Bahn, Post usw.) gegeben. STAUB: 11 unterscheidet beim Art. 239 zwischen Verkehrs- und Versorgungsbetrieben; 21ff.: vergleichende Hinweise auf deutsches und österreichisches Recht.

Tatbestände gemeingefährliche Delikte darstellen. Anders als in den Art. 237 und 238 weist der Art. 239 nicht auf konkrete Gefährdungen (Gefahr für Menschen und Sachen) hin. Aber Gefahren für eine breite Öffentlichkeit, vielleicht für eine ganze Landesgegend, werden durch die Störung von der Allgemeinheit dienenden Betrieben sicher verursacht. Da das G. diese Gefahren nicht näher bezeichnet, mag man von abstrakter Gemeingefahr reden[1].

1. Während die Art. 237 und 238 Verkehrsstörungen erfassen, handelt der Art. 239 von der Störung bestimmter Betriebe. Betrieb (exploitation des französischen Textes) ist ein weiterer Begriff als Verkehr. Er umfaßt die Organisation, das Material und das Personal eines Unternehmens, einer Eisenbahn, eines Kraftwerkes z. B.[2]. Nicht nur den technischen, auch den kaufmännischen Betrieb hat der Art. 239 im Auge.

2. Der Abs. I der Ziff. 1 weist auf die Störung des Betriebes einer öffentlichen Verkehrsanstalt hin. Er nennt als Beispiele den Eisenbahn-, Post-, Telegraphen- und Telephonbetrieb. Bei der Eisenbahn handelt es sich um staatliche oder staatlich konzessionierte Betriebe, bei Post, Telegraph und Telephon um staatliche Regalitätsbetriebe[3]. Daraus ergibt sich eine Erklärung des Beiwortes „öffentlich“. Die Anlage muß öffentlichen Verkehrszwecken, dem Menschen-, Güter- und Nachrichtenverkehr dienen. Zu den öffentlichen „Verkehrsanstalten“ gehören auch konzessionierte Schiffahrts- und Luftschiffahrts-Unternehmungen, Rohrposten, und namentlich auch radioelektrische Anlagen[4]). Dagegen fällt ein privates Taxameterunternehmen, auch wenn es konzessionspflichtig ist, kaum unter den Begriff einer öffentlichen Verkehrsanstalt und sicher nicht eine Haustelephonanlage[5]. Hier kann der Tatbestand der Sachbeschädigung in Betracht kommen.

---

[1] Lang: Prot. II. ExpKom. 4, 167: Abstrakte Störung des Verkehrs; Schutzobjekt sind dagegen Anlagen und Einrichtungen. Anders Staub: 37ff.: Angriffsobjekt der Betrieb.

[2] Zu den Begriffen Betrieb und Verkehr Staub: 98ff. Die Vagheit des Betriebsbegriffes, die sich auch bei der Anwendung des Art. 239 geltend machen wird, zeigt die nationalökonomische Berner Diss. von Willi: Der Begriff des Betriebes (1938); vgl. namentlich 14ff. und die, wenigstens juristisch, kaum befriedigende Umschreibung (84): „Betrieb sind die von einem einheitlichen Subjekt in bezug auf ein einheitliches Ziel zu einer dauernden organischen Einheit zusammengeschlossenen persönlichen, sachlichen und immateriellen Güter.“ BE. 54 I, 362 bezeichnet als zum technischen Bahnbetrieb gehörend außer dem fahrplanmäßigen Betrieb die Gesamtheit der der Abwicklung des Eisenbahnverkehrs dienenden technischen Vorgänge. Binding: Lb., 2I, 50: Betrieb bedeutet die Benutzung, genauer die Benutzbarkeit einer Anlage; vgl. auch Staub: 38f.

[3] Vgl. dazu Wiederkehr: Die Rechtsstellung der schweizer. Telegraphen- und Telephonanstalt, Zürcher Diss. (1924), auch Stämpfli: Z. 36, 241.

[4] Dazu insbesondere Buser: 115a und ff. und Zurbrügg: 168ff. (Erzwingung der Vorschriften gegen Radiostörungen).

[5] Kritisch zum Tatbestandsmoment „öffentlich“ Wettstein: 70ff. Für den

Soweit der Art. 239 den Eisenbahn-, Postwagen-, den Wasser-, Luft- und den Schiffahrtsbetrieb schützt, ergänzt er die Art. 237 und 238. Das Verhältnis zu ihnen ist klar. Sie treffen nur die schwereren Fälle der Verkehrsstörungen, wodurch der Täter Menschen oder fremdes Eigentum (Art. 238) in Gefahr bringt.

Auch bei den bloßen Betriebsstörungen ist im Einzelfall zu prüfen, ob nicht lediglich eine Übertretung, z. B. ein Bahnpolizeidelikt vorliegt; oben III 4.

3. Von der Störung des Betriebes einer zur allgemeinen Versorgung mit Wasser, Licht, Kraft oder Wärme dienenden Anstalt oder Anlage handelt der Abs. II des Art. 239. Der Angriff richtet sich gegen Kraftwerke, Wasserwerke, Gaswerke, große Heizungsanlagen (Fernheizungen). Die Störung eines Kraftwerkes, das an Eisenbahnen Strom abgibt, kann eine Eisenbahnverkehrsstörung verursachen. Dann ist die Anwendung des Art. 238 zu erwägen. — Neben der „Anstalt" wird in Art. 239 die „Anlage" besonders genannt[1]. Nicht nur öffentliche, auch private Anstalten und Anlagen sollen den Schutz empfangen, wenn sie der „allgemeinen" Versorgung dienen, d. h. hier einen größeren Kreis mit Wasser, Licht usw. beliefern. Die Einbeziehung weiterer der Allgemeinheit dienender Betriebe wurde erwogen, aber abgelehnt[2]. Für Erweiterungen hat das Polizeistrafrecht des Bundes und der Kantone freies Feld[3].

4. Wie in den Art. 237/38 wird die Täterhandlung mit Hindern, Stören oder Gefährden umschrieben. Da der Art. 239 aber nicht den Nachweis einer dazukommenden Gefahr für Menschen oder Sachen erfordert, stellt eine Hinderung oder Störung bereits ein Erfolgsdelikt dar. In einer Gefährdung wird regelmäßig ein strafbarer Hinderungs- oder Störungsversuch zu sehen sein, so daß sich wohl die besondere Nennung der Gefährdung erübrigt hätte[4].

Telegraphen- und Telephonverkehr wird die Beschränkung auf Anlagen des Bundes, der Eisenbahnen und der Starkstromunternehmungen vorgeschlagen; vgl. dazu Stooss: Z. 16, 334f. Ausführlich zum Begriff: öffentliche Verkehrsanstalt Staub: 39ff.

[1] Wettstein: Prot. II. ExpKom. 4, 170: Bei einer Feuersbrunst wird ein Wasserhahn böswillig abgestellt. Über die Versorgungsanstalten und -anlagen im einzelnen Staub: 60ff.

[2] Prot. II. ExpKom. 5, 44ff.: Spitäler, Straf- und Versorgungsanstalten, Feuerwehr, Sanitätsdienst, Kehrichtabfuhr, Schlachthofbetriebe usw. Siehe noch den für Zeiten des Aktivdienstes der Armee geltenden Verratstatbestand in Art. 87 Ziff. 2 des MilStG. (unten § 105 II 2).

[3] Vgl. z. B. Bestimmungen des PolStG. für Baselstadt §§ 75, 75a, 93ff. (Übertretungen in bezug auf die Fleischpolizei), 126.

[4] Zu den Begriffen Hinderung, Störung und Gefährdung jetzt namentlich Staub: 67ff.; vgl. auch Gautier: Prot. II. ExpKom. 4, 166. Zürcher: eodem nennt als Beispiel einer Gefährdung das Durchschneiden von Drähten zur Nachtzeit auf einer kleinen Bahnstation ohne Nachtdienst, wenn bis zum Beginn der Dienstzeit der Schaden wieder gut gemacht wird. Das ist auch ein Hinderungs- oder Störungsversuch.

Eine scharfe juristische Umgrenzung der Täterhandlungen fällt wie bei den anderen „Verkehrsdelikten“ auch bei Art. 239 schwer. Die Betriebsstörung kann durch Beschädigen oder Zerstören einer Anlage erfolgen[1], wobei sich Beziehungen zur Sachbeschädigung und im besonderen zu Art. 228 ergeben, der aber erfordert, daß aus einer Beschädigung oder Zerstörung sich Gefahr für Menschen oder fremdes Eigentum ergibt. Auch eine Störung oder Hinderung des Personals eines Betriebes steht unter der Drohung des Art. 239. Aber der Richter wird sich hüten müssen, Bagatellen zu erfassen[2]. — Umstritten ist die Frage, ob Streik und Sabotage des Dienstpersonals eines Betriebes unter den Art. 239 fallen[3]. Nach dem Wortlaut der Bestimmung ist seine Anwendung gegeben[4].

5. Art. 239 bedroht die Vorsatztat mit Gefängnis, die Fahrlässigkeit mit Gefängnis oder Buße.

Durch den Art. 239 wird Art. 57 des Schwach- und Starkstromgesetzes von 1902 außer Kraft gesetzt; vgl. G. Art. 398 lit. e.

§ 88. Delikte gegen die öffentliche Gesundheit. Einleitung.

Literatur. Stooss: Grundzüge, 2, 366ff. — Felder: Der strafrechtliche Schutz gegen die Verbreitung übertragbarer menschlicher Krankheiten, Zürcher Diss. (1919). — Cottier (Angaben zu § 83): 182ff. — Kitzinger: VD. Bes. Teil, 9, 158f. — Zangger: Z. 28, 260ff., 381ff. — Angaben zu §§ 89 und 90.

I. Schon frühe Entwürfe (VE. 1903 Art. 143ff., VE. 1908 Art. 153ff.) haben einen besonderen Abschnitt: Verbrechen gegen die öffentliche Gesundheit gebildet. Stooss: Grundzüge, 2, 366ff. und die VE. 1894 und 1896 (Art. 161ff.) stellten die Tatbestände der Krankheits- und Seuchenverbreitung, ferner die sog. Brunnenvergiftung, aber auch die Gefährdung durch verfälschte Lebensmittel usw. in den Kreis der gemeingefährlichen Verbrechen.

---

[1] Aber auch Betriebsstörung ohne Anlagenbeschädigung, z. B. durch Erdschluß bei einer Telegraphenlinie; Wettstein: 63; vgl. auch Binding: Lb., 2 I, 51 (Stromableitungen, störende Einwirkung auf die Betriebskraft).

[2] Gautier: Prot.a. a. O.: „Qu'en sera-t-il, si le monsieur qui cherche à retarder l'expédition d'un télégramme s'y prend en engageant avec la demoiselle du télégraphe une conversation tendre?“

[3] Huber: Prot. a. a. O. 169 nahm an, daß der Artikel die bloße Dienstverweigerung nicht trifft, sondern nur konkrete Handlungen oder Unterlassungen, die eine unmittelbare Betriebsstörung zur Folge haben.

[4] Burckhardt: eodem, 170: Die passive Resistenz muß unter den Artikel fallen, ebenso eine vertragswidrige Niederlegung der Arbeit ohne Einhalt vorgeschriebener Kündigung. Über die Bedeutung des Art. 239 als Bestimmung gegen den Streik jetzt namentlich Comtesse (Lit. zu § 103): 72ff. Vgl. auch die Bemerkungen von Lang: Prot. II. ExpKom. a. a. O., 170f.

Die bisherigen Rechte zeigen, soweit sie überhaupt ordnen, Unsicherheit. Fast durchgängig fehlt eine systematische Zusammenfassung: Zürich § 136 stellt die „Vergiftung" von Brunnen und Lebensmitteln bei den Tötungsdelikten ein. Im Titel: Verbrechen gegen die allgemeine Sicherheit von Personen und Eigentum stehen die Tatbestände der Vergiftung von Futtervorräten und Viehtränken und der vorsätzlichen Verbreitung einer ansteckenden Viehkrankheit (§ 222), während der § 223 umfassender die fahrlässige Verbreitung einer „ansteckenden Krankheit" unter Strafe stellt[1]. Ähnlich ordnet Bern Art. 124 (Vergiftung von Brunnen usw.) und Art. 200 (Vergiftung von Viehweiden usw., Verbreitung von Tierseuchen). Luzern § 105 kennt den Tatbestand der gemeingefährlichen Vergiftung von Brunnen, Lebensmitteln usw. Baselstadt §§ 170 und 171 stellt die gemeingefährliche Vergiftung von Brunnen und Waren mit der Verbreitung von Menschen- und Viehseuchen zusammen. In besonderen Abschnitten behandelt Neuenburg die Vergiftung von Brunnen und Lebensmitteln (Art. 257f.) und die Delikte gegen die öffentliche Gesundheit (Art. 259ff.: Verkauf von verdorbenen oder gesundheitsschädlichen Lebensmitteln, von Medikamenten, ohne daß eine gesetzliche Erlaubnis besteht usw.)[2]. In der neueren kantonalen Gesetzgebung bestimmt Freiburg Art. 140 im Titel: Gemeingefährliche Straftaten über die Verunreinigung des Trinkwassers für Menschen oder Haustiere und Waadt enthält den Tatbestand: Contamination d'eau im Abschnitt der Delikte gegen die öffentliche Sicherheit (Art. 227/228).

II. Die Ergänzung der lückenhaften kantonalen Rechte und eine systematisch gute Zusammenfassung bringen die Art. 231—236 des eidgenössischen G. unter der Bezeichnung: Verbrechen und Vergehen gegen die öffentliche Gesundheit. Der Abschnitt enthält die Tatbestände der Verbreitung von menschlichen Krankheiten, von Tierseuchen[3] und von für die Land- und Forstwirtschaft gefährlichen Schädlingen (Art. 231—233), die Verunreinigung von Trinkwasser (Art. 234) und die Herstellung und das Inverkehrbringen von gesundheitsschädlichem Futter (Art. 235/36). Beziehungen, die abzuklären sind, bestehen zur Warenfälschung (Art. 153—155) und zum BGes. vom 8. Dezember 1905 betreffend den Verkehr mit Lebensmitteln und Gebrauchsgegenständen; unten § 90 III und § 92.

Nichts steht entgegen, die Tatbestände der Art. 231—236 den gemeingefährlichen Delikten zuzuzählen. Mit der „öffentlichen Gesundheit"

---

[1] Zu Zürich §§ 222/23 beachtlich Felder: 25f., 28.

[2] Weitere kantonale Daten bei Stooss: Grundzüge, 2, 366ff. und namentlich bei Felder: 20ff. (auch kantonale Bestimmungen über die Verletzung sanitätspolizeilicher Vorschriften). Ferner Esser (Lit. zu § 90): 4ff. ausführliche Darstellung des früheren kantonalen „Lebensmittelstrafrechts".

[3] Seuche, eine Krankheit, die sich erfahrungsgemäß leicht verbreitet und regelmäßig eine unbestimmte Ausdehnungsfähigkeit besitzt; Binding: Lb., 2 I, 88.

gefährdet der Täter in allen Fällen Gemeinschaftsinteressen[1]. Die Fassung der Tatbestände weicht allerdings von dem bei den gemeingefährlichen Delikten üblichen Typus (siehe oben § 83 II) ab. Immerhin erinnert Art. 235 Ziff. 1 I mit dem Text: Wer vorsätzlich Futter ... für Haustiere so behandelt oder herstellt, daß sie die Gesundheit der Tiere gefährden, an den Typus. Bei den anderen Bestimmungen erscheint der Hinweis auf eine ausdrücklich zu nennende Gefahr deshalb nicht notwendig, weil sie sich von selbst aus dem Verhalten des Täters ergibt: Er verbreitet eine gefährliche menschliche Krankheit oder eine Tierseuche[2] oder einen landwirtschaftlichen Schädling. Er verunreinigt Wasser mit gesundheitsschädlichen Stoffen, oder er bringt gesundheitsschädliches Futter in den Verkehr.

III. Gesetzgeberische Aufgabe ist hier, Maßnahmen der Verwaltungs- und Polizeigesetzgebung zum Schutz der menschlichen und tierischen Gesundheit und zum Schutze von Nutzpflanzen zu verstärken. Verwaltungs- und Polizeirecht des Bundes und der Kantone und einzelne internationale Übereinkommen[3] stehen im Vordergrund. Die Tatbestände des StGB. erfassen nur besonders schwere Fälle. Die Grenzziehung gegenüber polizeirechtlichen Maßnahmen muß im Einzelfall geprüft werden; unten § 89 I 4.

§ 89. Verbreitung von Krankheiten und Schädlingen.

Literatur. Angaben zu § 88. — Ferner MUTTER: Die Bekämpfung übertragbarer menschlicher Krankheiten nach dem Entwurfe zu einem schweizer. StGB., Leipziger Diss. (1921). — FONTANA: Il diritto sanitario delle persone, Freiburger Diss. (1929). — Lit. zu § 7 (Geschlechtskrankheiten), dazu auch PFENNINGER: JZ. 31 176. — BÜRGI und v. WALDKIRCH: Eidgenössische Tierseuchengesetzgebung, Kommentar zum Bundesgesetz vom 13. Juni 1917 (1923).

---

[1] ZÜRCHER: Erläuterungen VE. 1908, 283: Die zu bekämpfenden Gefahren sind in ihrer Tragweite unübersehrbar. Vgl. auch COTTIER: 213ff.; LOGOZ: Sten-Bull. NR. 1929, 548.

[2] Siehe dagegen die Fassung in Prot. I. ExpKom. 2, 218 (Art. 158): „Wer vorsätzlich eine Handlung vornimmt, durch die Menschen oder Tiere in Gefahr gebracht werden, an einer gemeingefährlichen Seuche zu erkranken."

[3] Beispiele: BGes. vom 2. Juli 1886 betreffend Maßnahmen gegen gemeingefährliche Epidemien (Eidg. GesSlg. N. F. 9, 277ff.) mit Abänderungen durch das BGes. vom 18. Februar 1921 (GesSlg. N.F. 37, 353ff.); BGes. vom 2. Oktober 1924 betreffend den Verkehr mit Betäubungsmitteln (GesSlg. N.F. 41, 439ff.); BGes. vom 13. Juni 1928 betreffend Maßnahmen gegen die Tuberkulose (GesSlg. N.F. 44, 731ff.); BGes. vom 13. Juni 1917 betreffend die Bekämpfung von Tierseuchen (GesSlg. N.F. 34, 125ff.). Über die zahlreichen, zu diesen Gesetzen ergangenen Verordnungen vgl. die Zusammenstellungen bei GIACOMETTI: Das öffentliche Recht der schweizer. Eidgenossenschaft (2. Aufl), 1145ff. Vgl. ferner BV. Art. 31 II lit. d und 69: Gesetzgebungsbefugnis des Bundes zur Bekämpfung übertragbarer oder stark verbreiteter oder bösartiger Krankheiten von Menschen und Tieren; Art. 69 bis Bundesgesetzgebung über den Verkehr mit Nahrungs- und Genußmitteln und an.

I. Der Tatbestand der **Verbreitung menschlicher Krankheiten** (G. Art. 231)[1] enthält folgende Momente:

1. Es muß sich um eine gefährliche übertragbare Krankheit handeln. Wie weit dieser Begriff reicht, ist schwer abschließend festzustellen. Das Epidemiengesetz von 1886/1921, das sanitätspolizeiliche Ziele verfolgt, bezeichnet in Art. 1 I als „gemeingefährliche Epidemien" Pocken, asiatische Cholera, Fleckfieber (Kriegs-, Hunger-Typhus usw.), Pest. Art. 1 II ermächtigt jedoch den Bundesrat, die Bestimmungen des Gesetzes „auf andere besonders gefährliche übertragbare Krankheiten" anzuwenden[2]. Das sind für die Auslegung des Art. 231 wichtige Hinweise. Aber die Tragweite des Begriffs der „gefährlichen übertragbaren menschlichen Krankheit" ist für den Art. 231 des G. noch selbständig zu prüfen:

Anders als die Entwürfe — z. B. VE. 1908 Art. 153 — spricht das G. nicht von einer ansteckenden, sondern von einer übertragbaren Krankheit. Ansteckung bedeutet die unmittelbare Übertragung einer Krankheit von einem kranken menschlichen — oder tierischen — Organismus auf einen gesunden Menschen[3]. Der Begriff der übertragbaren Krankheit reicht weiter. Sie kann auch durch Zwischenträger, durch einen Insektenstich (Malaria), durch Nahrungsmittel (trichinöses Fleisch), durch schlechtes Wasser usw. verursacht werden. Um eine „ansteckende" Krankheit braucht es sich in solchen Fällen nicht notwendig zu handeln[4]. In jedem Fall muß es eine gefährliche Krankheit sein. Die in der

---

deren Gebrauchs- und Verkehrsgegenständen, soweit diese das Leben oder die Gesundheit gefährden können. Dazu — mit weiteren Hinweisen auf die Entwicklung der schweizerischen Gesetzgebung. — FELDER: 9ff.; REMUND (Lit. zu § 90): 157ff. — BURCKHARDT: Kommentar BV. (3. Aufl.) 242f., 611ff., 616ff. und namentlich BURCKHARDT: Schweizer. Bundesrecht, 3, 537ff.: Internationale Sanitätskonventionen und Bundesgesetzgebung über Gesundheitswesen und Sanitätspolizei. Internationale Übereinkommen z. B. die Pariserkonventionen von 1903, 1912 und 1926 betreffend Schutzmaßregeln gegen Pest, Cholera und Gelbfieber (BURCKHARDT: Bundesrecht, 539f., 582ff.); internationale Phylloxera Übereinkunft vom 3. November 1881. Geschichtliche Daten über internationale Seuchenbekämpfung bei FELDER: 1ff. — Die ständige Hygiene-Organisation des Völkerbundes gibt epidemiologische Nachrichten über den Krankheitsstand in der ganzen Welt heraus; vgl. BBl. 1923, III, 591f.

[1] Die Entwicklung des Tatbestandes in den Entwürfen ist bei FELDER: 43ff. dargestellt.

[2] Auf Grund dieser Blankettbestimmung erging die bundesrätliche VO. vom 23. August 1921 (Eidg. GesSlg. N.F. 37, 657ff.): Anzeigepflicht bei weiteren Krankheiten, ferner Eidg. GesSlg. N.F. 53, 347: Anzeigepflicht bei Febris undulans (Bangsche Krankheit); eodem, 1128: bei Poliomyelitis anterior acuta (Kinderlähmung).

[3] Ansteckungsgefahr auch durch einen an einer ansteckenden Krankheit Verstorbenen; FELDER: 30, Anm. 27.

[4] Über die Begriffe ansteckende und übertragbare Krankheiten ZÜRCHER: Erläuterungen, 284 und Prot. II. ExpKom. 3, 370; 4, 99f.; COTTIER (Lit. zu § 83): 190f.

Epidemiengesetzgebung aufgezählten „Bundeskrankheiten" schließen den Kreis nicht ab. Bei der Anwendung des Art. 231 hat der Richter nach seinem Ermessen und in Zweifelfällen nach Beratung mit Sachverständigen den Einzelfall zu entscheiden, wobei zu beachten ist, daß die Anschauungen über Gefährlichkeit oder Ungefährlichkeit gewisser Krankheiten, z. B. der Masern, schwankend sind. Als Leitsatz mag gelten, daß es sich um eine Krankheit handeln soll, die eine Todesgefahr oder die Gefahr einer schweren und dauernden Schädigung, z. B. Ertaubung nach Scharlach, in sich birgt. Die Verbreitung eines harmlosen Hustens oder Schnupfens oder z. B. der Röteln fällt nicht unter den Art. 231[1]. In der umstrittenen Frage, ob auch Geschlechtskrankheiten in den Bereich des Art. 231 gehören, mag man davon ausgehen, daß Gonorrhoe, weicher Schanker und Syphilis sicher gefährliche übertragbare Krankheiten sind. Die Schwierigkeiten liegen im Beweis, durch den festgestellt werden muß, daß der Täter schuldhaft eine Übertragung (Ansteckung) verursacht hat mit der Wirkung, daß durch die Ansteckung einer Person weitere Menschen in Gefahr gebracht werden[2]; siehe auch unten 2.

2. Die Tat besteht in der Verbreitung der Krankheit. Das setzt, als primären Erfolg, voraus, daß die Krankheit vom Täter mindestens bei einer Person verursacht und daß daraus eine — wenigstens abstrakte — Gemeingefahr für einen weiteren, bestimmten oder unbestimmten Personenkreis sich ergibt[3]. Auch durch Unterlassung, insbesondere durch Mißachtung gebotener hygienischer Sicherungsmaßnahmen, kann sich der Tatbestand erfüllen[4].

---

[1] Die Literatur zeigt in diesen Fragen begreiflicherweise Unsicherheit; vgl. GAUTIER: Prot. II. ExpKom. 3,372 (Zweifel hinsichtlich der Grippe); E. MÜLLER: eodem, 376. Kasuistik bei FELDER: 30f. (Unterscheidung zwischen eigentlichen Seuchen und weniger gefährlichen ansteckenden Krankheiten); COTTIER: 187ff. (Hinweis auf die Gesetzesmaterialien).

[2] Dazu schon oben § 7 III 1 und dort zitierte Literatur, ferner noch COTTIER: 191f.; FELDER: 31ff., 72ff. Ablehnend ZELLER: Kommentar zürcher. StGB. § 223, N. 1 mit der Begründung, die Geschlechtskrankheiten könnten nur „unter besonderen Umständen von einem Individuum auf ein anderes übertragen werden, sie tragen nicht ihrer Natur nach die „Gefahr großer Ausbreitung" in sich. Ablehnung auch hinsichtlich der Tuberkulose, „weil die Tuberkelbazillen allgemein verbreitet sind". Vgl. auch FELDER: 37f., 57f., 86ff. Anders bezüglich der Tuberkulose LOGOZ: StenBull. NR. 1929, 549.

[3] Zu diesem Begriff der Verbreitung ZÜRCHER: Prot. II. ExpKom. 3, 371. GAUTIER: eodem, 372: „C'est un délit de résultat. Mais il n'est pas nécessaire du tout que la propagation ait consisté à transmettre la maladie à plusieurs personnes. Un seul cas suffit. Un cas de propagation peut être suivi de beaucoup d'autres." Vgl. auch BINDING: Lb., 2 I, 89; Zürcher Bl. 15, Nr. 24: Verbreiten heißt, daß die Krankheit an einem anderen Ort zum Ausbruch kam. Ferner COTTIER: 186f., 193f.; FELDER: 65ff. (gegen die Gestaltung als Verletzungsdelikt).

[4] Gut ZÜRCHER: Erläuterungen, 284f. Siehe besonders den Tatbestand Baselstadt § 171, auch PolStG. § 82.

Täter können der mit der Krankheit Behaftete, aber auch Drittpersonen sein, die z. B. den Verkehr mit einem isolierten Kranken vermitteln oder die Schutzmaßnahmen beim Bestehen einer Epidemie in den Wind schlagen (Hausgenossen des Kranken, Krankenwärter, Ärzte, Reisende usw.).

Ziff. 1 I des Art. 231 stellt die vorsätzliche Tat unter die Strafe: Gefängnis von einem Monat bis zu 5 Jahren. Der Vorsatz muß alle Tatbestandsmomente: die Verbreitung einer gefährlichen übertragbaren menschlichen Krankheit umfassen[1]. Daß das mit direktem Vorsatz oder gar mit Absicht geschieht, wird selten genug sein[2]. Dagegen kann vielleicht ein dolus eventualis seine Rolle spielen, wobei für die Praxis die Grenzziehung gegenüber bloßer Fahrlässigkeit oft nicht leicht sein wird.

Beim Vorsatzdelikt hebt das G. in Ziff. 1 II mit der erschwerten Strafdrohung: Zuchthaus bis zu 5 Jahren den Fall heraus, daß der Täter aus gemeiner Gesinnung gehandelt hat (vgl. ähnlich Art. 145 II).

3. Häufiger als die Vorsatztat kommt eine fahrlässige Krankheitsverbreitung in Frage. Art. 231 Ziff. 2 sieht dafür Gefängnis oder Buße als Strafe vor. Daß in der bisherigen Rechtsprechung zu diesem Tatbestand kaum Urteile zu finden sind, hängt mit der Mangelhaftigkeit der kantonalen Bestimmungen, aber auch mit Beweisschwierigkeiten zusammen[3]. Im Interesse der Wahrung der Volksgesundheit ist ein schärferes Zugreifen wünschenswert. — Im Einzelfall ist die Fahrlässigkeit nach Maßgabe des Art. 18 III des G. zu prüfen. Die Verletzung sanitätspolizeilicher Vorschriften erfüllt den Tatbestand des Art. 231 für sich allein noch nicht, auch wenn eine Krankheitsübertragung erfolgte[4].

4. Das Verhältnis des Art. 231 zu der sanitätspolizeilichen Epidemiengesetzgebung, die Verwaltungs- und Übertretungsstrafrecht darstellt, ist festzustellen: Die Hervorhebung der Bestimmungen des BGes. von 1886 betreffend Maßnahmen gegen gemeingefährliche Epidemien als Beispiel genügt. Es schreibt „beim Herannahen einer gemeingefährlichen Epidemie" die Kontrolle des Trinkwassers, der Lebensmittel und Wohnungen, die Bereithaltung von angemessenen Absonderungslokalen usw. vor (Art. 2). Die Art. 3, 4 und 7 bestimmen über Anzeigepflichten, Krankenisolierung und ärztliche Überwachung, Kranken- und Leichen-

---

[1] Felder: 59f.

[2] In der Gesetzesberatung wurde erwogen, an Stelle von „vorsätzlich" zu sagen: Wer „wissentlich" oder: wer „absichtlich" oder: wer „in Kenntnis der Ansteckungsgefahr vorsätzlich" verbreitet; vgl. namentlich Prot. II. ExpKom. 3, 376f.

[3] Auf die Beweisschwierigkeiten macht namentlich Felder: 67ff. aufmerksam.

[4] Zürcher: Erläuterungen, 286. Die Schwierigkeiten zeigt das Beispiel von Lang: Prot. II. ExpKom. 3,370: Soll man die Mutter strafen, die ihr scharlachverdächtiges Kind noch zur Schule schickt? Vgl. dazu Felder: 26f., 61, ferner Zürcher Bl. 23, Nr. 192 (Mißachtung behördlicher Vorschriften über die Pockenschutzimpfung).

transport, Verkehr mit ansteckenden Waren, Maßnahmen, um das Land gegen das Eindringen epidemischer Krankheiten zu schützen usw. Nichtbeachtung und Umgehung solcher Maßnahmen werden mit Buße von 10—500 Franken, in schweren Fällen mit Buße bis auf 1000 Franken bedroht (Art. 9 I und II). Ausdrücklich wird die Anwendung der kantonalen Strafgesetze — jetzt Art. 231 des G. — vorbehalten. — Bei der Übertretung der Vorschriften der Epidemiengesetzgebung handelt es sich nicht um schuldhafte Krankheitsverbreitung, sondern nur um die Mißachtung von Normen zur Verhinderung und Bekämpfung von Epidemien [1].

Konkurrenzen des Art. 231 sind möglich mit Art. 232 (Verbreiten von Tierseuchen), wenn der Täter die Verbreitung einer auf Menschen und Tiere übertragbaren Krankheit verursacht hat (Maul- und Klauenseuche, Tuberkulose, Tollwut usw.), ferner mit Art. 234 (Verunreinigung von Trinkwasser) [2].

II. 1. Der Art. 232 des G.: **Verbreitung von Tierseuchen** schließt sich in der Gestaltung des Tatbestandes an den Art. 231 an. Für das Tatbestandsmoment der Verbreitung gilt bereits Gesagtes (oben I 2). Als Täter kommen beim Tierseuchendelikt die Besitzer erkrankter Tiere, aber auch beliebige Drittpersonen, die Zwischenträger sein können, in Betracht. Entsprechend dem Art. 231 enthält Art. 232 Ziff. 1 I den Grundtatbestand der vorsätzlichen Verbreitung mit der Strafdrohung: Gefängnis. Der erschwerte Tatbestand (Abs. II) mit der Strafdrohung: Zuchthaus bis zu 5 Jahren steht unter der doppelten Voraussetzung, daß der Täter aus gemeiner Gesinnung einen großen Schaden verursacht hat. Das stimmt mit der Fassung von Art. 145 II (qualifizierte Sachbeschädigung) überein. Der Vorsatz des Täters muß auch die Schadensgröße — selbstverständlich nicht zahlenmäßig — umfassen (oben § 43 II 2). Die fahrlässige Tat ist mit Gefängnis oder Buße bedroht.

2. Der Randtitel des Art. 232, der von der Verbreitung von Tierseuchen spricht, wird im Text dahin verdeutlicht, daß es sich um eine Seuche unter Haustieren, um Tiere, die der Mensch zur Nutzung oder aus Liebhaberei hält und züchtet, handeln muß [3]. Dabei ist, entsprechend

---

[1] ZÜRCHER: Erläuterungen, 285 und Prot. II. ExpKom. 4, 100; COTTIER: 182. FELDER: 18f., 39 und 62 spricht von einer subsidiären Geltung der Epidemiengesetzgebung. Das ist zweifelhaft. Das Delikt des Art. 231 und die Übertretungen der Epidemiengesetzgebung liegen auf verschiedenen Ebenen. Ein Täter kann sich konkurrierend sowohl nach G. Art. 231 wie nach der Sondergesetzgebung strafbar machen. Regelmäßig wird allerdings die Polizeiübertretung bei der Erfüllung des Tatbestandes gemäß Art. 231 des G. in diesem aufgehen. Aus der Rechtsprechung zum Epidemiengesetz: BE. 49 I, Nr. 45; 50 I, Nr. 53.

[2] ZÜRCHER: Erläuterungen, 284. Über weitere Konkurrenzmöglichkeiten mit Tötung, Körperverletzung usw. s. FELDER: 40ff., 63ff. Siehe auch unten II 2 und § 90.

[3] Seuchenverbreitung unter frei lebenden Tieren berücksichtigt die Gesetzgebung nicht; vgl. ZÜRCHER: Erläuterungen, 287; COTTIER: 197f.

dem Verhältnis zwischen Art. 231 und der Epidemiengesetzgebung, die Beziehung zur Tierseuchengesetzgebung zu beachten. Das BGes. vom 13. Juni 1917 (GesSlg. 34, 125ff.) nennt als Tierseuchen, d. h. als übertragbare gemeingefährliche Tierkrankheiten, die Rinderpest, die Lungenseuche des Rindviehs, die Maul- und Klauenseuche, den Rotz, die Wut, den Milzbrand, den Rauschbrand, den Rotlauf der Schweine, die Schweineseuche und die Schweinepest (Art. 1 I). Der Bundesrat ist befugt, die Vorschriften des Gesetzes auf andere gemeingefährliche Tierkrankheiten ganz oder teilweise für anwendbar zu erklären (Art. 1 II und Art. 3)[1]. Nach Art. 2 des Tierseuchengesetzes ist der Bundesrat befugt, dieses Gesetz bis zum Erlaß einer besonderen Tuberkulosegesetzgebung auch auf die Tuberkulose des Rindviehes, soweit es sich um äußerlich erkennbare Folgen handelt, zur Anwendung zu bringen. Das am 13. Juni 1928 erlassene BGes. betreffend Maßnahmen gegen die Tuberkulose (GesSlg. 44, 731ff.) ist so sehr auf die Tuberkulose des Menschen zugeschnitten, daß sich aus ihm kaum Bestimmungen zur Bekämpfung der Rindertuberkulose herauslesen lassen[2]. Die an den Art. 2 des Tierseuchengesetzes sich anschließende VO. vom 9. März 1934 (GesSlg. 50, 205ff) über die Bekämpfung der Rindertuberkulose hat jetzt das besondere Recht geschaffen. — Das Verhältnis der Tierseuchengesetzgebung zu Art. 232 ist das gleiche wie die Beziehung zwischen Art. 231 und der Epidemiengesetzgebung: Die Sondergesetze enthalten Ordnungsvorschriften zur Verhinderung und Bekämpfung von Seuchen (namentlich Tierseuchengesetz Art. 40ff.). Art. 232 dagegen setzt eine schuldhafte Seuchen**verbreitung** voraus. Konkurrenzen der Bestimmungen der Seuchengesetze mit dem Tatbestand des Art. 232 sind möglich[3].

III. Beim dritten Tatbestand der Gruppe, dem **Verbreiten von für die Land- und die Forstwirtschaft gefährlichen Schädlingen** (Art. 233), der technisch und in den Strafdrohungen für das Vorsatz- und für das Fahrlässigkeitsdelikt gleich wie der Art. 232 gestaltet wurde, ist lediglich noch auf das Verhältnis zu der Nebengesetzgebung aufmerksam zu machen. Das BGes. vom 22. Dezember 1893 — mit Abänderungen vom 5. Oktober 1929 — betreffend die Förderung der Landwirtschaft (GesSlg. 14, 209ff.; 46, 5ff.) ermächtigt den Bundesrat, Schutzmaßregeln gegen die

---

[1] Zusammenstellung der ergänzenden Bundesrats-Verordnungen bei GIACOMETTI: Das öffentliche Recht der Schweiz (2. Aufl.), 1161f.; vgl. z. B. die VO. vom 18. April 1923 über die Aufnahme der Milbenkrankheit der Bienen in das Tierseuchengesetz (Eidg. GesSlg. 39, 107f.), ferner BBl. 1940 I, 1113ff.

[2] Art. 45 der Vollziehungs-VO. vom 20. Juni 1930 zum Tuberkulosegesetz (GesSlg. 46, 413ff.) verweist immerhin mit Bezug auf die Viehtuberkulose „und ihre Übertragung auf den Menschen" auf die VO. vom 23. Februar 1926 betreffend den Verkehr mit Lebensmitteln und Gebrauchsgegenständen und auf die VO. vom 29. Januar 1909 betreffend das Schlachten, die Fleischschau und den Verkehr mit Fleisch und Fleischwaren.

[3] Gut BAUMANN: StenBull. StR. 1931, 550.

Verbreitung der Reblaus[1] und anderer pflanzlicher Schädlinge[2] anzuordnen (Art. 12). — Auch diese Sondergesetzgebung stellt Verwaltungs- und Polizeirecht dar. Sie kann mit dem Tatbestand des Art. 233, der schuldhaften Schädlingsverbreitung, in Konkurrenz treten. Zum Tatbestand der Sachbeschädigung (Art. 145) steht der Art. 233 im Verhältnis der Spezialität.

§ 90. Verunreinigung von Trinkwasser. Nebengesetze. Gesundheitsschädliches Futter.

Literatur. Stooss: Grundzüge, 2, 369ff. — Kitzinger: VD. Bes. Teil, 9, 119ff., 131ff. — Esser: Die Vergehen des eidgenöss. Lebensmittelgesetzes, Zürcher Diss. (1927). — Goldenberg: Die Lebensmittelkontrolle nach eidgenöss. Recht, Zürcher Diss. (1917). — Thalmann: Kompetenzen und Verfahren der Behörden des eidg. Lebensmittelpolizeigesetzes, Berner Diss. (1929). — Wüthrich: Die Gerichtstandsordnung des Lebensmittelgesetzes, Berner Diss. (1932). — Remund: Über die medizinische Bedeutung der Gefährdungsgesetzgebung, Zürcher (med.) Diss. (1916), 14, 68ff. — Zollikofer: Die eidgenöss. Betäubungsmittelgesetzgebung, Zürcher Diss. (1932). — Logoz: Z. 35, 150ff. — Maier: Der Kokainismus (1926).

I. Auch bei den hier zu einer Gruppe zusammengefaßten Delikten kann es sich um Krankheitsverursachung und Krankheitsverbreitung handeln. Aber im Gegensatz zu den Art. 231—233 ist ein solcher Erfolg nicht erforderlich. Die Art. 234—236 des G. sind abstrakte Gefährdungsdelikte (siehe oben schon § 83 II).

II. 1. Der in Art. 234 als **Verunreinigung von Trinkwasser** benannte Tatbestand wird in kantonalen Rechten drastisch als Brunnenvergiftung bezeichnet, wobei die Gesetze häufig neben der „Brunnenvergiftung" die Vergiftung von Lebensmitteln, Getränken und anderen Gebrauchswaren erwähnen. Wie unsicher und uneinheitlich die Gestaltung des Tatbestandes ist, der übrigens selten zur Anwendung kommt, zeigen einige Beispiele: Nach Zürich § 136 I ist wegen gemeingefährlicher Vergiftung strafbar, wer in der Absicht, Menschen an der Gesundheit zu schädigen, Brunnen, Wasserbehälter oder Lebensmittelvorräte in einen Zustand versetzt, in welchem deren Benutzung einer größeren Zahl von Personen gefährlich werden kann. Ein Schadenserfolg ist nicht gefordert. Qualifiziert ist die Tat — mit der schweren Strafdrohung: 5—15 Jahre Zuchthaus —, wenn sie einen bleibenden gesundheitlichen Nachteil für einen Menschen oder dessen Tod zur Folge hatte, „ohne daß der Täter dieses beabsichtigte" (§ 136 II). Das ist typische Erfolgshaftung. Eigenartig ist auch Bern Art. 124, der die Vergiftung von Brunnen und von Sachen, wenn durch deren Genuß oder Gebrauch jemand das Leben ver-

---

[1] Dazu die internationale Phylloxera-Übereinkunft von 1881/1889; v. Salis: Schweizer. Bundesrecht, 1, 13ff.; Burckhardt: Schweizer. Bundesrecht, 5, 771.

[2] Weitere Beispiele: falscher Mehltau der Reben, Schildlaus des Obstes, Kartoffelkrebs; dazu Burckhardt: a. a. O. 790f., 793f.f; Nonnenspinner der Nadelhölzer.

liert, mit der Strafe des Mordes bedroht. Hat dagegen „niemand das Leben verloren, so tritt die Strafe des Versuches ein". Mit ähnlicher Schärfe und fast überall auf die Erfolgshaftung abstellend bestimmen auch Luzern §§ 105/06, Glarus § 92, Aargau §§ 134/35 (mit Milderung gemäß § 1 des Ergänzungsgesetzes IV von 1932, wenn der Todeserfolg vom Täter weder beabsichtigt war, noch von ihm vorausgesehen werden konnte). Bemerkenswert ist u. a. Basel § 170, der auch die fahrlässige gemeingefährliche Vergiftung, wenn dadurch ein Schaden oder der Tod eines Menschen verursacht wurde, berücksichtigt (Abs. II)[1].

2. Auch hier bringt der Art. 234 des G. die erwünschte Lösung, die, allerdings mit einer schärferen Strafdrohung für das Vorsatzdelikt, bereits in Freiburg Art. 140 gilt[2].

An die Stelle des zu engen und unsicheren Begriffs der Vergiftung[3] von Brunnen, Wasserbehältern usw. tritt das Moment: Verunreinigung von Trinkwasser für Menschen oder Haustiere mit gesundheitsschädlichen Stoffen[4]. Wie in den Art. 231 und 232 sollen Menschen und Haustiere gegen eine Gemeingefahr geschützt werden. Der Schutz freilebender Tiere, des Wildes der Vögel, der Fische bleibt der Sondergesetzgebung überlassen[5]. — Ob es sich um einen gesundheitsschädlichen Stoff handelt, muß der Richter, unter Umständen mit der Unterstützung von Sachverständigen, im Einzelfall prüfen und feststellen, daß eine „Verunreinigung" von einer Art und in einem Maß gegeben ist, daß eine Gefahr für Leib und Leben von Mensch oder Tier entsteht[6]. Der Tatbestand des Art. 234, mindestens das Vorsatzdelikt, ist ein schweres Ver-

[1] Weitere kantonale Daten bei STOOSS: Grundzüge, 2, 367f.; vgl. auch schon oben § 88 I. Beachtlich für die Unsicherheit, eine befriedigende Umgrenzung des Tatbestandes zu finden: Prot. II. ExpKom. 2, 221ff., 659ff.

[2] Ähnlich auch Waadt Art. 227 (Contamination d'eau) mit dem Zusatz in Art. 288: La contamination d'eau n'est pas punissable, si elle ne met en danger que l'auteur ou sa propre chose. Est réservé le cas où l'acte constitue un autre délit ou un élément d'un autre délit.

[3] GAUTIER: Prot. II. ExpKom. 3, 381: difficile de donner une définition satisfaisante de la substance toxique; THORMANN: eodem, 382. Vgl. auch GYR: Die Vergiftung als Gefährdungsdelikt, Leipziger Diss. (1904), 13ff. (Gift als lebensgefährdendes Mittel).

[4] In Art. 156 des VE. 1908 war die Verunreinigung mit „giftigen Stoffen" noch erschwerend herausgehoben. Dazu ZÜRCHER: Erläuterungen, 288f. Ferner Prot. II. ExpKom. 3, 367, 380ff.

[5] BGes. vom 10. Juni 1925 über Jagd und Vogelschutz (Eidg. GesSlg. 41, 727ff.), vgl. z. B. Art. 43 Ziff. 1 I (widerrechtliches Giftlegen); BGes. vom 21. Dezember 1888 betreffend die Fischerei (GesSlg. 11, 62ff.), Art. 21: Verbot, in Fischgewässer Fabrikabgänge oder andere Stoffe in der Weise einzuwerfen oder abfließen zu lassen, daß dadurch der Fisch- oder Krebsbestand geschädigt wird.

[6] REMUND: 14 nennt Verunreinigung einer Wasserleitung durch Beschmutzen der Reservoir; Anstreichen der Reservoirwände mit blei- und arsenhaltiger Farbe.

brechen. Bagatellen, die bei der Gesetzesberatung erwähnt wurden[1], erfüllen das Gesetz nicht.

Entscheidend ist die Verursachung einer gemeinen Gefahr. Mit Vorsatz — Strafdrohung: Zuchthaus bis zu 5 Jahren oder Gefängnis nicht unter 1 Monat — wird die Tat begangen, wenn der Täter mit Wissen und Willen dem Trinkwasser einen gesundheitsschädlichen Stoff beimischt. Die weitere Absicht, Menschen oder Tiere zu schädigen oder zu gefährden, ist nicht erforderlich[2]. Fahrlässige Verübung — Strafdrohung: Gefängnis oder Buße (Art. 234 II) — mag eher als das Vorsatzdelikt vorkommen. Als Beispiel wurde die „Vergiftung" von Quellen durch künstliche Düngung von Wiesen genannt (Prot. II. ExpKom. 3, 381).

Geht der Vorsatz eines Täters, der Trinkwasser „verunreinigt", auf Tötung oder Gesundheitsschädigung eines Menschen oder eines Haustieres, so sind die entsprechenden Bestimmungen (Art. 112, 122f., 145: Mord, Körperverletzung, Sachbeschädigung) anzuwenden. Auch fahrlässige Tötung oder Körperverletzung (Art. 117, 125), unter Umständen auch die Individualgefährdung gemäß Art. 129 und die Art. 231 und 232 (Verbreitung menschlicher Krankheiten und von Tierseuchen)[3] können in Betracht kommen.

III. Eine Erörterung bestimmter Straftatbestände der Sondergesetzgebung, insbesondere des BGes. vom 8. Dezember 1905 betreffend den **Verkehr mit Lebensmitteln und Gebrauchsgegenständen** (LMG.) ist anzuschließen. Die Entwürfe (VE. 1903 Art. 147; 1908 Art. 157 und 159 und auch noch der E. 1918 Art. 200 und 201) enthielten Bestimmungen gegen das Herstellen und das Inverkehrbringen gesundheitsschädlicher Waren — Lebensmittel, Genußmittel, Gebrauchsgegenstände — für Menschen[4]. In der parlamentarischen Beratung wurden diese Bestimmungen gestrichen mit der Begründung, die Ordnung solle der Sondergesetzgebung vorbehalten bleiben[5].

---

[1] Ein Alkoholgegner meinte — wohl scherzhaft —, nach dem G. sei auch strafbar, wer gutes Quellwasser mit Wein „verunreinige"; LANG: Prot. II. ExpKom. 3. 382, auch 8, 288.

[2] THORMANN-v. OVERBECK: Art. 234, N. 3.

[3] Siehe oben § 89 I 4.

[4] Dazu ZÜRCHER: Erläuterungen, 290ff.; Prot. II. ExpKom. 3, 385ff.; 4, 102ff. — Über die frühere kantonale Gesetzgebung betreffend Lebensmittel- und Warenfälschung STOOSS: Grundzüge, 2, 371ff.; ESSER: 2ff.

[5] StenBull. NR. 1929, 548f.; StR. 1931, 549; vgl. schon Prot. II. ExpKom. 3, 389f. — Der am 11. Juli 1897 in die BV. aufgenommene Art. 69 bis bestimmt in Abs. I: Der Bund ist befugt, gesetzliche Bestimmungen zu erlassen: a) über den Verkehr mit Nahrungs- und Genußmitteln; b) über den Verkehr mit anderen Gebrauchs- und Verbrauchsgegenständen, soweit solche das Leben oder die Gesundheit gefährden können. Zur Geschichte der Verfassungsbestimmung ESSER: 22ff. Über die daran anschließende Bundesgesetzgebung über die Lebensmittelpolizei BURCKHARDT: Schweizer. Bundesrecht, 3, 600ff.; ESSER: 24ff., 86ff.; GOLDENBERG: 34ff.

1. Die Art. 36 und 37 des Lebensmittelgesetzes, Strafbestimmungen gegen Lebensmittelfälschung zum Zwecke der Täuschung in Handel und Verkehr und gegen das Inverkehrbringen gefälschter Lebensmittel[1], werden durch das eidgenöss. StGB. aufgehoben (Art. 398 lit. f). An ihre Stelle treten die Bestimmungen über die Warenfälschung (Art. 153 – 155 des G.); unten § 92.

2. Erhalten bleiben die in Art. 38 des Lebensmittelgesetzes umschriebenen Vergehenstatbestände.

a) Nach Art. 38 I ist strafbar, wer Lebensmittel, oder Gebrauchs- und Verbrauchsgegenstände so herstellt oder behandelt, daß ihr Genuß oder Gebrauch gesundheitsschädlich oder lebensgefährlich ist. Das sind abstrakte Gefährdungsdelikte[2]. Schutzobjekt ist die menschliche Gesundheit[3]. Der Art. 38 des LMG. gehört in den Kreis der Delikte gegen die öffentliche Gesundheit (G. Art. 231ff.). Das LMG. schützt aber überdies den reellen Produzenten und Handelsmann und den Konsumenten gegen Mißbrauch und Betrügerei. Die Übernahme in das G., wie die Entwürfe es vorsahen, wäre zweckmäßig gewesen.

An erster Stelle steht die Sorge um reelle Lebensmittel[4]. Konsument ist der Mensch. Die VO. vom 26. Mai 1936 zum LMG. (Eidg. GesSlg. 52, 305ff.) mit Abänderungen und Ergänzungen vom 19. April 1940 (GesSlg. 56, 369ff.) umschreibt in Art. 2 und in Art. 39ff. in breiter Kasuistik, was als Lebensmittel zu gelten hat: feste und flüssige Stoffe und Erzeugnisse, die sich durch den Gehalt an für den Aufbau oder Unterhalt des menschlichen Körpers notwendigen Stoffen auszeichnen, ferner Spezialnahrungsmittel (Malzextrakt, Spezialbrote usw.), Gewürze und Genußmittel usw. Das Bundesgericht hat festgestellt, daß die in den Verordnungen zum LMG. enthaltenen Aufzählungen nicht erschöpfend und für den Strafrichter auch nicht bindend sind[5]. Es bezeichnet als Lebensmittel zunächst alles, was zur Ernährung des menschlichen Körpers tauglich und nötig ist, überdies alles, was vom gesunden Menschen genossen wird und vom Magen aus am Stoffwechsel des menschlichen Körpers teilnimmt, auch künstliche Produkte, z. B.

[1] Über das Verhältnis zwischen Art. 36 und 37 (das Inverkehrbringen konsumiert die Fälschungshandlung) Zentralblatt für Staats- und Gemeindeverwaltung, 40, 588.

[2] Esser: 90.

[3] BE. 42 I, 230f.

[4] Die Verfassungsbestimmung Art. 69 bis lit. a spricht von Nahrungs- und Genußmitteln. Art. 1 lit. a des LMG. fügt dem Begriff „Lebensmittel" in der Klammer erklärend die Worte: Nahrungs- und Genußmittel bei. Zu den Begriffen Lebensmittel, Nahrungs- und Genußmittel, Gebrauchs- und Verbrauchsgegenstände vgl. auch Goldenberg: 5ff.

[5] So mit Bezug auf Gebrauchsgegenstände: BE. 49 I, 472; 50 I, 346f.

Joghurt, Fleischextrakte[1]. In dieser Umschreibung sind aber bestimmte Genußmittel, die, wenigstens bei bestimmungsgemäßem Verbrauch, nicht durch den Magen gehen, z. B. der Tabak, nicht enthalten. Zieht man jedoch zur Auslegung des Art. 38 den Art. 1 lit. a des LMG.: Lebensmittel-, Nahrungs- und Genußmittel heran, so erweitert sich der Kreis um Stoffe, die, ohne der Ernährung zu dienen, dem menschlichen Körper durch den Mund zum Genusse zugeführt werden[2].

Als Deliktsobjekte nennt der Art. 38 überdies Gebrauchs- und Verbrauchsgegenstände. Die VO. Art. 2 Ziff. 5 und Art. 449ff. zählen auch hier eine lange Reihe von Beispielen auf: lebens- oder gesundheitsgefährliche Geschirre, Geräte, Materialien, die bei der Lebensmittelfabrikation oder beim Handel mit Lebensmitteln zur Verwendung gelangen, Haushaltswaren, Gegenstände des allgemeinen Bedarfs, Spielwaren, kosmetische und andere Körperpflegemittel. Als Gebrauchsgegenstände haben alle Waren zu gelten, die bestimmungs- und erfahrungsgemäß menschlichen Bedürfnissen dienen[3]. Verbrauchsgegenstände im Besonderen sind Stoffe, die normalerweise von Menschen konsumiert werden und nicht in die Kategorie der Lebensmittel gehören. Wird eine solche Ware nicht bestimmungsgemäß verwendet — ein Desinfektionsmittel wird getrunken, Lederschwärze am menschlichen Körper eingerieben — und entsteht dadurch Schaden, so sind Herstellung und Vertrieb selbstverständlich straflos[4].

b) Strafbar ist das Herstellen oder das Behandeln der genannten Waren. Herstellen bedeutet Erzeugung der gesundheitsschädlichen oder lebensgefährlichen Produkte. Das Behandeln setzt eine ungefährliche Ware voraus, die durch bestimmte Einwirkungen, z. B. Färben von Nahrungsmitteln, gefährlich wird (traiter, manipuler, dénaturer)[5]. Das Delikt ist mit der Herstellung oder mit der gefährdenden Behandlung

[1] BE. 39 I, Nr. 40 (sog. Maggi-Würze als Lebensmittel). Für die Abgrenzung beachtlich Art. 3 der VO. zum LMG.: Unterscheidung, ob „eine zum Genuß bestimmte Ware als Lebensmittel oder als Heilmittel zu beurteilen ist". — Zum Begriff Lebens-(Nahrungs-) und Genußmittel ferner Binding: Lb., 2 I, 74f. Esser: 38ff.; Thalmann: 5ff.

[2] Esser: 39f. — Art. 2 Ziff. 4 der VO. nennt noch Farben, Konservierungsmittel usw., die bei Nahrungsmitteln zur Verbesserung des Aussehens oder zur Erzielung größerer Haltbarkeit verwendet werden.

[3] Zahlreiche Einzelbeispiele bei Zürcher: Erläuterungen, 291; Cottier: (Lit. zu § 83): 207ff.; Binding: Lb. 2 I, 83; Thalmann: 7ff.; vgl. auch Logoz: Z. 35, 154f. (gesundheitsschädliche Spielwaren).

[4] Esser: 90; Zürcher: Prot. II. ExpKom. 3, 387: Der zu erwartende Gebrauch muß die Gefahr der Schädigung nahelegen. Art. 157 des VE. 1908 wollte bestimmen, daß die Herstellung oder Behandlung der Ware derart sein müsse, daß der Genuß oder Gebrauch, „für den die Ware bestimmt ist oder zu dem sie voraussichtlich dienen wird", die Gesundheit schädigt oder gefährdet. Vgl. auch BE. 50 I, 348.

[5] Gautier: Prot. II. ExpKom. 3, 387f.

der Ware vollendet. Aus den Worten „gesundheitsschädlich oder lebensgefährlich“ in Art. 38 könnte man zwar schließen, daß entweder eine Lebensgefahr oder ein Gesundheitsschaden (Erfolg) eingetreten sein muß. Aber diese Auslegung ist nicht vernünftig, weil die Unterscheidung nicht durchführbar ist. Entscheidend ist, daß der Täter in jedem Fall eine Gemeingefahr verursacht. Sie ist mit der Existenz der Ware gegeben[1]. Ist eine Gesundheitsschädigung eingetreten, so ist die Anwendung der Bestimmungen über die Körperverletzung zu prüfen. Art. 38 V des LMG. behält die Bestimmungen über Delikte gegen die Gesundheit oder das Leben ausdrücklich vor[2].

Strafbar ist nach Art. 38 II ferner das Feilhalten oder sonstige Inverkehrbringen. Ob, wer feilhält, schon in Verkehr gebracht hat, ist sehr zweifelhaft[3]. Umfassender und besser bestimmte Art. 159 des VE. 1908: feilhalten, in Verkehr bringen, einführen, ausführen, lagern. Damit kommt der Gedanke, daß ein abstraktes Gefährdungsdelikt geschaffen werden sollte, zu klarem Ausdruck. Der Ausdruck Inverkehrbringen in Art. 38 II muß in dem Sinne weit verstanden werden, daß er jede Tätigkeit, eine Ware anderen zum Gebrauch zugänglich zu machen, umfaßt[4]. Art. 4 der VO. zum LMG. erklärt übrigens, sehr weitgehend, Inverkehrbringen im Sinne des Gesetzes bedeute das „Gewinnen, Herstellen, Lagern oder Ankünden zum Zwecke des Verkaufes sowie das Einführen, Feilhalten und Verkaufen“[5]. — Wenn der Täter, der die Ware hergestellt oder behandelt hat, sie auch in den Verkehr bringt, so ist er nur auf Grund des Abs. 1 des Art. 38 zur Rechenschaft zu ziehen[6]. Täter des Inverkehrbringens kann auch jeder Dritte sein.

---

[1] Unbefriedigend auch die Fassung in Art. 157 des VE. 1908: „die Gesundheit des Menschen schädigt oder gefährdet“. Gut ESSER: 92f. — Ob eine konkrete Gefahr überhaupt entsteht, und ob viele Menschen oder, im Einzelfall, nur ein Einzelner tatsächlich gefährdet wird, ist gleichgültig; BINDING: Lb. 2 I, 81. Der gemeingefährliche Charakter des Delikts entfällt dadurch nicht; anders wohl KITZINGER: 125.

[2] Idealkonkurrenz zwischen Körperverletzung und Tötung einerseits und dem Gefährdungstatbestand des Inverkehrbringens ist möglich; so auch ESSER: 97f., THALMANN: 21, a. M. GOLDENBERG: 48.

[3] Feilhalten ist Ausstellen oder Darbieten von Waren zum Verkauf; KITZINGER: 122.

[4] Zu dem Begriff ESSER: 55ff., 94f.; GAUTIER: 394: faits tendant à rapprocher du consommateur le produit nuisible; THALMANN: 13ff.

[5] Dazu THALMANN: 13ff.; Zürich, Obergericht, JZ. 36, 304f. und Zürcher Bl. 39, 371: Mit der Aufgabe der Ware zum Versandt durch Post, Bahn oder Auto wird das Inverkehrbringen erst eingeleitet. Das ist zu eng. Dagegen ist, auch nach dem Zürcher Entscheid, die Ware in Verkehr gebracht, sobald sie in die Verfügungsgewalt des Wiederverkäufers oder Konsumenten gelangt ist. Das ist selbstverständlich. Über den Begehungsort beim Inverkehrbringen und die damit zusammenhängenden Gerichtsstandsfragen WÜTHRICH: 37ff., 44ff. (Ubiquitätstheorie); Zürcher Bl. 39, Nr. 166.

[6] So zu der bei Art. 36 und 37 des LMG. sich ergebenden entsprechenden Frage Zürcher Bl. 17, Nr. 52: Bringt der Fälscher die Ware selber in Verkehr, so erfüllt

c) Strafbar ist die vorsätzliche Tat. Die Strafdrohung des Art. 38 III lautet auf Gefängnis bis zu 2 Jahren und Buße bis zu 3000 Franken oder auf Gefängnis oder auf Buße allein. Die fahrlässige Tat[1] ist mit Gefängnis bis zu 6 Monaten und Buße bis zu 1000 Franken oder mit Gefängnis oder Buße allein bedroht.

Durch Art. 398 lit. f des StGB. werden die materiellrechtlichen Bestimmungen der Art. 43 (Rückfall), 44 (Einziehung), 47 (Urteilsveröffentlichung) des LMG. aufgehoben. Die entsprechenden Vorschriften des StGB. sind anzuwenden. Dagegen bleiben auch in Zukunft aus dem LMG. erhalten die Bestimmungen der Art. 39—41[2], ferner die Art. 45 (Vernichtung und eventuell Verwertung der eingezogenen Waren), 46 (Berufs- oder Gewerbeverbot, wenn der Täter die Tat in Ausübung eines konzessionierten Berufes oder Gewerbes begangen hat[3]) und Art. 53 I („Übertretungen" von geringer Bedeutung[4]).

IV. 1. Das Bundesgesetz vom 7. März 1912 betreffend das Verbot von Kunstwein und Kunstmost (Eidg. GesSlg. 28, 641ff.[5]) ist in seinen verwaltungsrechtlichen Bestimmungen und den Straftatbeständen ähnlich wie das LMG. gestaltet. Die Art. 3 und 4 erklären, was als Kunstwein und Kunstmost anzusehen ist. Verboten sind Einfuhr, Herstellung, Lagerung und Feilhalten, auch von Mischungen von Stoffen zur Erzeugung (Art. 1 I, 5). Erlaubt sind dagegen Herstellung und Lagerung zum Gebrauch im eigenen Haushalt (Art. 1 II, 4). Auf das Herstellen oder Lagern zum Verkauf steht Gefängnis bis zu 1 Jahr und Buße bis zu 2000 Franken oder Gefängnis oder Buße allein (Art. 8), auf das Einführen, Feilhalten oder Verkaufen bei Vorsatz die gleiche Strafe (Art. 9 I und II), bei Fahrlässigkeit Buße bis zu 500 Franken (Art. 9 III[6]. Art. 10 — Gesundheitsschädlichkeit oder Lebensgefährlichkeit — ist dem Art. 38 des LMG., auch in den Strafdrohungen, nachgebildet (oben III 2).

---

er damit nicht einen neuen Tatbestand; Berner Z. 47, 620; vgl. Esser: 76f.; Binding: Lb. 2 I, 82.

[1] BE. 49 I, 473: Das Maß der geschuldeten Vorsicht ist je nach der Sachlage größer oder geringer (gewerbsmäßige Herstellung und Zwischenhändler).

[2] Art. 41 enthält die wichtige Bestimmung betreffend Übertretungen, die in den Verordnungen zum LMG. enthalten sind, wenn Art. 38 nicht anwendbar ist; vgl. z. B. BE. 50 I, Nr. 56; Fälle nennt auch Remund: 69f.

[3] Hier wäre auch der — besser gefaßte — Art. 54 des StGB. ausreichend gewesen. Vgl. BE. 44 I, Nr. 16: Weinhandel kein konzessioniertes Gewerbe.

[4] Kriterien des Begriffes „von geringer Bedeutung": BE. 46 I, Nr. 12.

[5] Die Materialien bei Burckhardt: Schweiz. Bundesrecht, 3, 670ff. (Schutz der öffentlichen Gesundheit und Bekämpfung von Fälschungen und der Täuschung des Publikums); vgl. auch die VO. zum Gesetz vom 12. Dezember 1912 (GesSlg. 28, 776ff.).

[6] Die Art. 8 und 9 sind ein Muster umständlicher Gesetzgebung. — Zu Art. 1 I und 9 (Einfuhr von Kunstwein) BE. 40 I, Nr. 12: Begehungsort der Bestimmungsort der Ware, nicht der Ort, wo sie die Grenze überschreitet; Verantwortlichkeit sowohl des Lieferanten wie des Bestellers (112ff.).

Nach Art. 15 soll eine Reihe von Bestimmungen des LMG. (Art.42ff.) auf das Kunstweingesetz entsprechende Anwendung finden. Soweit diese Vorschriften durch das StGB. aufgehoben sind (Art. 398 lit. f), entfallen sie auch für das Kunstweingesetz. Unter die Art. 8—10 fallende Übertretungen von geringer Bedeutung werden mit Buße von höchstens 50 Franken bedroht (Art. 14 I). Das entspricht Art. 53 des LMG.

2. Aus der Alkoholgesetzgebung ist hier außer Art. 32 bis der BV. (gebrannte Wasser, Alkoholmonopol) vor allem das Absinthverbot hervorzuheben. Auch hier handelt es sich um den Schutz der öffentlichen Gesundheit. Auf Grund des Art. 32ter der BV.[1] erging das Bundesgesetz vom 24. Juni 1910 betreffend das Absinthverbot (GesSlg. 26, 1059ff.) mit der Vollziehungsverordnung vom 5. Oktober 1910 (GesSlg. 26, 1064ff.)[2]. Art. 2 des Gesetzes und Art. 1 und 2 der VO. umschreiben, was als Absinth und Absinthnachahmungen zu gelten hat. Erlaubt ist die Verwendung des Wermutkrautes als Heilmittel und der aus dem Kraut gewonnenen pharmazeutischen Produkte (Art. 1 III). Strafbar sind Fabrikation, Einfuhr, Transport, Verkauf und Aufbewahrung zum Zwecke des Verkaufs[3], doch ist der Durchgangstransport der verbotenen Getränke gestattet (Art. 1 I und II). Auf die verbotenen Handlungen steht, gleich wie im LMG., bei Vorsatz Gefängnis bis zu 2 Jahren und Buße bis zu 3000 Franken oder Gefängnis oder Buße allein, bei Fahrlässigkeit Gefängnis bis zu 6 Monaten und Buße bis zu 1000 Franken oder Gefängnis oder Buße allein (Art. 3 I). Die in Art. 3 IV enthaltenen Verweisungen auf die Art. 42—52 des LMG. verlieren ihre Gültigkeit, soweit diese Bestimmungen durch Art. 398 lit. f. des StGB. aufgehoben sind.

3. Das BGes. vom 2. Oktober 1924 betreffend Betäubungsmittel mit der ausführlichen VO. dazu vom 23. Juni 1925 über den Verkehr mit Betäubungsmitteln (GesSlg. 41, 439ff., 446ff.) ist in Ausführung der internationalen Opiumkonvention (Haager Konvention) vom 23. Januar 1912, ergangen, die erst am 5. Juni 1924 von der Bundesversammlung genehmigt wurde. Dem die Opiumkonvention ergänzenden internationalen Abkommen über die Betäubungsmittel vom 19. Februar 1925 (Genfer Opium-Konvention; GesSlg. 45, 107ff.) ist die Schweiz am 14. Juni 1928 beigetreten[4]. — Als Grundlage für das Betäubungsmittel-

[1] Burckhardt: BV. (3. Aufl.), 264ff.; Fleiner: Bundesstaatsrecht, 391.

[2] Materialien bei Burckhardt: Bundesrecht, 3, 661ff.

[3] Straffrei bleibt der Ankauf; BE. 41 I, Nr. 31. Strafbar ist dagegen auch die Fabrikation zum Eigengebrauch: BE. 53 I, Nr. 24 (La fabrication est interdite d'une manière absolue).

[4] Über die, namentlich über die Genehmigung der Opiumkonvention von 1912, lange sich hinziehenden, mühsamen Beratungen die Daten bei Burckhardt: Bundesrecht, 3, 542ff. Über frühere kantonale Ordnungen und Pläne zur Bekämpfung des Cocainismus usw. Logoz: Z. 35, 156ff.; Zollikofer: 33ff. Die Entstehungsgeschichte der internationalen Konventionen ist dargestellt bei Zollikofer 1ff., die Stellung der Schweiz: 29ff., 37ff. (Ratifikation des Abkommens von 1912).

gesetz haben die Art. 69 und 31 lit. d der BV., die Bestimmung über die Bekämpfung bösartiger Krankheiten zu gelten, nicht Art. 69 bis, da es sich bei den Betäubungsmitteln weder um Nahrungs- oder Genußmittel, noch um Gebrauchs- oder Verbrauchsgegenstände handelt[1]. Art. 1ff. des Gesetzes und Art. 1 der VO. bezeichnen die erfaßten Opiate, deren Herstellung und Inverkehrbringen von einer Bewilligung der zuständigen kantonalen Behörde abhängig ist (VO. Art. 6ff.). Präpariertes Opium (Rauchopium) und dessen Rückstände dürfen überhaupt nicht in den Verkehr gebracht werden[2]. Aus den ausführlichen, die Präventivmaßnahmen ergänzenden Strafbestimmungen ist der Art. 11 des Gesetzes hervorzuheben, der, sehr umfassend, das unbefugte Herstellen, Verarbeiten, Einführen, Ausführen, Kaufen, Besitzen, Lagern, Verkaufen, entgeltlich oder unentgeltlich Abgeben, zum Verkauf oder zur Abgabe Anbieten[3] mit Gefängnis bis zu 1 Jahr oder mit Buße bis zu 20000 Franken bedroht. Beide Strafen können miteinander verbunden werden. Strafbar sind überdies Personen, die sich durch Vorweisung eines gefälschten oder abgeänderten ärztlichen Rezeptes die Produkte verschafft oder es versucht haben, ferner Apotheker, Ärzte usw., die außer in den wissenschaftlich gerechtfertigten Fällen, Opiate verordnen oder abgeben (Art. 11 IV und Art. 4). Auf Fahrlässigkeit steht Buße bis zu 5000 Franken. Bei Rückfall, und wenn eine mit der Handhabung des Gesetzes amtlich betraute Person (Kontrollorgane) die Bestimmungen des Gesetzes oder der VO. vorsätzlich übertritt, gilt die verdoppelte Strafdrohung (Art. 16, 17). Konfiskationen gemäß Art. 18 und 19 des Gesetzes erfolgen zu Händen der Eidgenossenschaft. Über die Verwendung der konfiszierten Stoffe entscheidet das eidgenössische Gesundheitsamt (VO. Art. 45 I). — Wie im LMG. sind auch im Betäubungsmittelgesetz (Art. 11 V) die Bestimmungen über Bestrafung von Verbrechen und Vergehen gegen Leben und Gesundheit vorbehalten. Idealkonkurrenz ist möglich (oben III 2 b).

---

[1] Vgl. BURCKHARDT: a. a. O. 545f. Ausführliche Erörterung der verfassungsrechtlichen Grundlage bei ZOLLIKOFER: 48ff.; gegen Art. 69 bis der BV. als Grundlage (57ff.).

[2] Reglementierung, Präventiv- und Kontrollmaßnahmen ZOLLIKOFER: 75ff., 85ff., 105ff.

[3] ZOLLIKOFER: 117f. — Ergänzend erklärt Art. 2 I der VO., daß Betäubungsmittel nur unter Beobachtung der Vorschriften von Gesetz und VO. in den Verkehr gebracht werden dürfen und erläutert den Begriff „Verkehr" mit den Worten: Herstellung, Verarbeitung, Lagerung, Transport, Feilhalten, Vermittlung, Kauf und Verkauf, Abgabe, Ein- und Ausfuhr, Transit (Abs. III). — Strafbar ist auch, wer die Stoffe ohne Bewilligung zu persönlichem Gebrauch einführt und lagert; Zürcher Bl. 30, Nr. 32. Die schweizerische Judikatur ist spärlich; beachtlich der Kommentar zum deutschen Opiumgesetz von 1920 in STENGLEIN: Strafrechtliche Nebengesetze (5. Aufl.), 1, 916ff.; vgl. auch LOUISE E. EISENLOHR: International Narcotics Control, Genfer Diss. (1934).

Eigenartig ist, daß das am gleichen Tag — 2. Oktober 1924 — wie das Betäubungsmittelgesetz ergangene Postverkehrsgesetz in Art. 60 II die Versendung von Opium, Morphium, Kokain oder anderen Betäubungsmitteln, durch die Post, wenn es „in verbotener Weise" geschieht, nur mit Buße von 5—1000 Franken bedroht. Im Verhältnis zu Art. 11 des Betäubungsmittelgesetzes und zu Art. 2 der VO. ist das eine beim Postversandt anzuwendende Sonderbestimmung. Zu prüfen bleibt in jedem Fall, ob nicht auch ein Tatbestand nach dem Betäubungsmittelgesetz gegeben ist. — Zu beachten ist hier endlich der Art. 45 des StGB., die Maßnahme der Anstaltsversorgung von Rauschgiftkranken, die wegen eines Verbrechens oder Vergehens zu Gefängnis oder Haft verurteilt werden.

V. Während das StGB. die Bestimmungen gegen gesundheitsschädliche Lebensmittel, Genußmittel und Gebrauchsgegenstände der Sondergesetzgebung überlassen hat, führt es in den Art. 235 und 236 den Kampf gegen das **Herstellen und Inverkehrbringen von gesundheitsschädlichem Futter für Haustiere.** Eidgenössische Straftatbestände fehlten bisher. Das LMG. schützt nur den Menschen. In wenig befriedigender Weise ordnen kantonale Rechte, z. B. Zürich § 222 (Legen von Gift oder anderen gefährdenden Stoffen in Futtervorräte, um Tiere anderer zu töten oder zu schädigen)[1]. Ähnlich Bern Art. 200, Schwyz § 103 I (als Eigentumsschädigung behandelt), Glarus § 125, Solothurn § 173, Genf Art. 345 (Vergiftung von Haustieren).

Die Vorentwürfe (VE. 1908 Art. 158) und der E. 1918 Art. 202 sahen nur die Herstellung von gesundheitsschädlichem Futter vor. Erst in der parlamentarischen Beratung ist der Tatbestand des Inverkehrbringens eingefügt worden[2].

1. Art. 235 Ziff. 1 I ist in der Fassung dem Art. 38 I des LMG. nachgebildet: Herstellen oder Behandeln[3] von Futter oder Futtermitteln in einer Weise, daß sie die Gesundheit der Tiere gefährden. Es muß sich um Haustiere, Tiere, die der Mensch zu seinem Nutzen oder zu seinem Vergnügen hält, handeln. Futter ist alles, was zur Ernährung des tierischen Körpers tauglich und nötig ist. Hier kommt vor allem eine gesundheitsgefährdende Behandlung, durch Beimischung gefährdender Stoffe, in Betracht[4]. Das G. nennt überdies Futtermittel. Darunter sind, im Gegensatz zum natürlichen (pflanzlichen) Futter, namentlich Fabrikate, die zum Teil aus Abfällen technischer Gewerbe gewonnen werden, zu verstehen (Ölkuchen, Futtermehle, Biertreber usw.). Das G. erfaßt ge-

---

[1] Dazu Zeller: Kommentar Zürcher StGB. § 222.

[2] StenBull. NR. 1929, 547ff.; StR. 1931, 549f.

[3] Über die Begriffe Herstellen und Behandeln oben III 2 b.

[4] Fraglich Zürcher: Erläuterungen, 292, wonach straflos sein soll, wer dem für sein eigenes Pferd bestimmten Hafer Arsenik beimischt, um dem Pferd ein schöneres Aussehen zu geben.

färdende Herstellung und Behandlung[1]. In der Tierwirtschaft und -behandlung verwendete Gebrauchsgegenstände nennt das G. nicht.

Wie die entsprechenden Bestimmungen des LMG. ist auch der Art. 235 ein abstraktes Gefährdungsdelikt. Erfolgt die Verabreichung des gefährlichen Futters mit dem Vorsatz, ein Tier zu töten oder geht es zugrunde, so ist, wenn das Tier in fremdem Eigentum steht, in idealer Konkurrenz Sachbeschädigung (Art. 145) gegeben[2].

Die Strafe des Vorsatzdeliktes ist Gefängnis oder Buße (Art. 235 Ziff. 1 I), bei gewerbsmäßigem[3] Herstellen oder Behandeln Gefängnis nicht unter einem Monat, verbunden mit Buße und Urteilsveröffentlichung[4]. Auf das fahrlässig begangene Delikt, das bloße Übertretung ist, steht Buße. In allen Fällen ist die Ware einzuziehen. Sie kann unschädlich gemacht oder vernichtet werden[5].

2. Nach Art. 236 wird das Einführen, Lagern, Feilhalten und das Inverkehrbringen gesundheitsschädlichen Futters und gesundheitsschädlicher Futtermittel bestraft. Eigenartig ist, wie sehr verschieden bei den gegen die öffentliche Gesundheit gerichteten gemeingefährlichen Delikten der Kreis der strafbaren Handlungen gezogen wird — besonders weit im Absinthgesetz (oben IV 2) und im Betäubungsmittelgesetz (oben IV 3). Dadurch entsteht, namentlich beim Begriff des Inverkehrbringens, eine gewisse Unsicherheit. Sie wird durch die in Art. I 2 der VO. zum Betäubungsgesetz gegebene Erläuterung des Ausdrucks „Verkehr" vergrößert. Zweckgemäß hat als Inverkehrbringen jede Tätigkeit, eine Ware anderen zum Gebrauch zugänglich zu machen, zu gelten. Ein Mehr anzunehmen, ist sprachwidrig. — Auf das Vorsatzdelikt des Art. 236 steht Gefängnis oder Buße und Urteilsveröffentlichung. Fahrlässigkeit ist als bloße Übertretung mit Buße bedroht. In allen Fällen erfolgt Einziehung der Ware, die unschädlich gemacht oder vernichtet werden kann.

Über das Verhältnis zur Warenfälschung (G. Art. 153f.) unten § 92 V.

---

[1] GAUTIER: Prot. II. ExpKom. 3, 392.

[2] THORMANN-V. OVERBECK: Art. 235, N. 7 nehmen für das Verhältnis des Art. 235 zu Art. 145 (Sachbeschädigung) und zu Art. 232 (Verbreitung von Tierseuchen) Gesetzeskonkurrenz im Sinne der Subsidiarität an. Das befriedigt nicht.

[3] Zum Begriff der Gewerbsmäßigkeit oben § 28 III 2.

[4] Das G. hebt sie hier besonders hervor. Sie wird, wie das in der allgemeinen Bestimmung des Art. 61 I vorgesehen ist, regelmäßig im öffentlichen Interesse liegen. Aber der Richter braucht das bei der Anwendung des Art. 235 Ziff. 1 II nicht besonders zu prüfen und festzustellen.

[5] Die allgemeine Einziehungsbestimmung des Art. 58, die eine Gefährdung der Sicherheit von Menschen, der Sittlichkeit oder der öffentlichen Ordnung voraussetzt, reicht hier nicht aus.

Vierter Abschnitt.

Fälschungen.

§ 91. Typus der Fälschungsdelikte. Fälschungsbegriff.

Literatur. ESCHER: Die Lehre von dem strafbaren Betruge und von der Fälschung (1840). — Angaben zu §§ 92—100.

I. Die Klarstellung der Gruppe der Fälschungsdelikte hat sich erst spät durchgesetzt. Fälschung und Betrug waren in heilloser Verwirrung miteinander verbunden. Gemeinsames besteht — die Täuschung, die Wahrheitsunterdrückung. Aber der Betrug hat nach der heutigen Rechtsentwicklung die Schädigung des Vermögens zum Ziel, und der Betrüger handelt in der Absicht, sich oder andere zu bereichern[1]. Beides, das Moment der Schädigung von Vermögensrechten und die Absicht auf rechtswidrigen Vorteil, spielen in zahlreichen Fälschungsfällen ihre Rolle. Das G. fordert bei der Urkundenfälschung (Art. 251), der Urkundenunterdrückung (Art. 254) und der Grenzverrückung (Art. 256) den Nachweis, daß der Täter in der Absicht gehandelt hat, jemanden am Vermögen oder an anderen Rechten zu schädigen oder sich oder einem anderen einen unrechtmäßigen Vorteil zu verschaffen. Aber bei einer großen Zahl der Fälschungsdelikte ist das nicht begriffswesentlich. Die Richtung der Fälschungsdelikte und das vom Gesetzgeber zu schützende Rechtsgut müssen daher anders bestimmt werden. Aber Unsicherheiten und nicht geringe Schwierigkeiten ergeben sich[2]. Das zeigt deutlich eine Durchsicht der bisherigen schweizerischen Rechte: Die meisten Kantone behandeln die Fälschungen unter dem nicht unzutreffenden, aber farblosen Titel: strafbare Handlungen gegen öffentliche Treue und Glauben und regelmäßig ist die Verbindung mit den Delikten der falschen Anschuldigung, des Meineids und des falschen Zeugnisses; so ordnen z. B. Zürich §§ 98ff., Bern Art. 101ff., Solothurn § 76ff., Tessin Art. 197ff. (contro la fede pubblica), Waadt Art. 257ff. und Genf Art. 112ff. (contre la foi publique). Aargau §§ 68ff. und Basel §§ 63ff. schließen die Fälschungen den Staatsdelikten an[3]. In St. Gallen stehen die Fälschungen (Art. 71ff.

[1] Vgl. BINDING: Lb. 1, 338f.; zur geschichtlichen Entwicklung von Fälschung und Betrug auch WÜRTENBERGER: (Lit. zu § 92) 206ff. und über die ältere Rechtswissenschaft und Begriffsentwicklung namentlich ESCHER: 51, 310ff., 322ff., ferner DU PASQUIER (Lit. zu § 97): 11f., 25ff.

[2] GUBSER (Lit. zu § 94): 60ff. gibt Daten zur systematischen Einordnung der Münzdelikte (crimina laesae majestatis, Verletzung der Grundlagen des Geldverkehrs usw.). Er selbst bezeichnet sie als Delikte gegen die publica fides, die als das allgemeine Vertrauen in „die Echtheit, Wahrheit und Beweiskraft von gewissen Gewährschaften“ verstanden wird; zustimmend STOOSS: Grundzüge, 2, 307, 309, 324 (Urkundenfälschung als Delikt gegen die öffentliche Treue und Glauben im Verkehr); vgl. auch ESSER (Lit. zu § 90): 35f.

[3] BINDING: Lb. 2 I, 110: „Es hilft, was in der Not immer helfen muß, das Staatsverbrechen.“

und 88ff.) im weitgefaßten Kreis der Vermögensdelikte im Titel: Betrug und Untreue. Auch Graubünden §§ 171ff. und 178ff. bringt sie bei den Vermögensverbrechen unter, und Thurgau überschreibt den 17. Titel des Besonderen Teils mit den Worten: Vom Betruge und der Fälschung.

Bezeichnend ist, daß das eidgenöss. G. und gleich auch Freiburg Art. 143ff. und 150ff. darauf verzichtet haben, die Fälschungsdelikte mit einer auf die zu schützenden Rechtsgüter hinweisenden Bezeichnung zu überschreiben. Der 10. Titel im Besonderen Teil des G. lautet: Fälschung von Geld, amtlichen Wertzeichen, amtlichen Zeichen, Maß und Gewicht, der 11. Titel trägt die Überschrift Urkundenfälschung. Damit wird, anders als bei den anderen Gesetzestiteln, nicht das geschützte Rechtsgut genannt. Das Gesetz weist vielmehr nur auf die Angriffsobjekte (Münzen, Urkunden, Waren usw.) und auf das deliktische Mittel, das der Täter zur Geltung bringt, hin.

Die ungewöhnliche gesetzgeberische Ordnung wird dadurch verständlich, daß sich eine Zusammenfassung der Fälschungsdelikte namentlich aus einer weitgehenden Gleichartigkeit der Verübung ergibt[1]. Der Täter täuscht oder legt es auf Täuschung an, erzeugt Unechtes oder verändert Echtes, stellt Unwahres als wahr hin oder verändert Wahres in Unwahres (unten II). Darin liegt, bei aller Variation, eine gewisse Einheitlichkeit. Aber sie besteht nur in den Mitteln, in der Art der Tatverübung. Eine Einheitlichkeit im Schutzobjekt vermag ich dagegen, wenn man von dem nichtssagenden und nicht faßbaren Begriff der publica fides absieht, nicht zu erkennen[2]. Unterscheidungen drängen sich auf. Sie ergeben sich aus den einzelnen Tatbestandsgruppen des G.

Die Gruppe der Warenfälschung (Art. 153—155) hat das G. bei den Vermögensdelikten eingefügt. Das Vermögen ist Schutzobjekt oder genauer, wie sich aus dem Text des Art. 153 ergibt, Handel und (geschäftlicher) Verkehr[3]. Gleiches gilt zunächst für die Maß- und Gewichtsfälschung

---

[1] Vgl. Diggelmann (Lit. zu § 92): 108f. (Zusammenfassung der Fälschungsdelikte im Hinblick auf die gemeinsame Art der Begehung). Dazu auch Engeli (Lit. zu § 97): 62ff.; Du Pasquier (Lit. zu § 97): 45ff. (Le faux conçu comme un délit caractérisé par le moyen employé).

[2] Gegen die Verwendung des Begriffes der publica fides als der Weiterentwicklung des „alten Rechtes auf Wahrheit" ausgezeichnet Binding: Lb. 2 I, 120ff. Er hat die große Gruppe: Verbrechen wider die Beweismittel und die Beglaubigungszeichen gebildet und damit ein Schutzobjekt — das er jedoch als Angriffsobjekt bezeichnet — herausgestellt (128ff.). Die Bindingsche Gruppe geht aber über die Fälschungsdelikte i. e. S. hinaus. Sie umfaßt außer der Urkunden-, der Geld-, der Maß- und Gewichtsfälschung und der Zeichenfälschung auch die falschen Beweisaussagen, insbesondere die Eidesdelikte. Dazu auch Engeli (Lit. zu § 97): 70ff.; Du Pasquier: a. a. O. 121f. spricht von einer nature mixte der Fälschungsdelikte.

[3] Gegen die Annahme eines Vermögensdeliktes Hegler: VD. Bes. Teil, 7, 535f.: Schutzobjekt das staatliche Interesse an der Sicherheit des Verkehrs. In

(unten § 93). Ebenso wie in Art. 153 ist nach Art. 248 erforderlich, daß die Tat „zum Zwecke der Täuschung in Handel und Verkehr“ begangen wird. Aus der Tendenz und der Fassung dieser Bestimmungen ergibt sich, daß es sich um gemeingefährliche Delikte handelt (unten § 92 II).

Auch bei den Geldfälschungen (Art. 240—244) und ebenso bei der Fälschung amtlicher Wertzeichen (Art. 245) und anderer amtlicher Zeichen (Art. 246) ist der Gedanke, daß der Täter eine Gemeingefahr verursacht, mindestens nicht abwegig — Gemeingefahren für den wirtschaftlichen Verkehr auf Gebieten, die der Staat betreut (unten §§ 94/95).

Ein uneinheitlicheres Bild ergibt sich bei den Urkundenfälschungen (Art. 251—257).[1] Der Grundtatbestand des Art. 251 und auch die privilegierte Fälschung von Ausweisen gemäß Art. 252, die Tatbestände der Urkundenunterdrückung (Art. 254) und der Grenzverrückung (Art. 256) dienen dem Vermögensschutz, aber auch dem Schutz „anderer Rechte“. Die Funktion der Urkunden als Mittel zum Beweise von Rechten und Rechtsverhältnissen innerhalb und außerhalb des Prozesses kommt damit zur Geltung. — Der Beweismittelschutz liegt auch dem Art. 253 (Erschleichung einer falschen Beurkundung), der Beamtenurkundenfälschung (Art. 317) und dem Tatbestand: falsches ärztliches Zeugnis (Art. 318) zugrunde. Die beiden letzteren Tatbestände bezeichnet das G. als Delikte gegen die Amts- und Berufspflicht, womit auf ein weiteres Schutzobjekt hingewiesen wird. — Die Beseitigung von Vermessungs- und Wasserstandszeichen (Art. 257) ist eine Erweiterung des Tatbestandes der Grenzverrückung. Die Bestimmung dient dem Schutz gewisser staatlicher Einrichtungen. Art. 277 endlich, die Bestimmung über Fälschung von militärischen Aufgeboten und Weisungen, soll Bedürfnisse der militärischen Sicherheit wahren.

II. Wenn die neuere Gesetzgebung und die wissenschaftliche Darstellung dieses weit ausgedehnte Gebiet unter der Bezeichnung Fälschungen zusammenfaßt, so mag das im Hinblick auf einzelne Tatbestände zu eng sein. Aber überall tritt der Gedanke, daß es sich um ein durch Unwahrheit täuschendes Verhalten handelt, hervor[2]. Die beiden Grundtypen sind das Fälschen und das Verfälschen. Da sie, mit gleicher oder wenigstens ähnlicher Bedeutung, in einer großen Zahl von Tatbeständen widerkehren, kann ihre Erklärung vorausgenommen werden.

---

der II. ExpKom. ist dagegen der Charakter der Warenfälschung als eines Vermögensdeliktes — mit Recht — mehrfach betont worden; Prot. 3, 386; 4, 173.

[1] Über die juristische Natur der Urkundenfälschungen namentlich die Untersuchungen von Du Pasquier: (Lit. zu § 97) passim, insbesondere 25ff. (Exposé des systèmes).

[2] Viel verwendete Formel: falsum est veritatis imitatio; vgl. Würtenberger: 207.

Fälschen ist Nachahmung eines echten Produktes, scheinbare — wörtlich verstanden — Herstellung (Pseudoprodukt, Pseudogeld z. B.). Mit dem Fälschungsbegriff ist eigentlich auszukommen in dem Sinne, daß er auch die Verfälschung umfaßt. Aber die Fälschungstatbestände, namentlich auch im G., heben die Verfälschung an zahlreichen Stellen besonders hervor. Dabei spielt die nicht zutreffende Vorstellung, daß die Verfälschung ein echtes Produkt notwendig voraussetzt, eine Rolle. Wie aber, wenn ein fälschlich hergestelltes Produkt, z. B. eine „falsche Urkunde", abgeändert, „verfälscht" wird, um bei einer Sache noch höheren Wert, mit einer Urkunde noch höheren Beweiswert vorzutäuschen? Entscheidend ist immer nur das zur Täuschung verwendete oder bestimmte Produkt, nebensächlich das Objekt, an dem es geschieht und die Art, wie es zustande kommt. Es widerspricht auch nicht dem Sprachgebrauch, eine gründliche „Verfälschung", z. B. einer Urkunde, als eine Fälschung zu bezeichnen[1]. In den folgenden Erörterungen mag immerhin, im Hinblick auf die Gesetzestexte, die Unterscheidung: Fälschung — Verfälschung berücksichtigt werden.

§ 92. Warenfälschung.

Literatur. Angabe zu § 91. — Stooss: Grundzüge, 2, 369ff. und Archiv für Kriminalanthropologie und Kriminalistik, 1, 183ff. — Diggelmann: Die Fälschung von Sammlungsobjekten und die strafrechtliche Bekämpfung derselben, Zürcher Diss. (1916). — Thormann- v. Overbeck: StGB. 2, 114ff. — Würtenberger: Das Kunstfälschertum. Entstehung und Bekämpfung eines Verbrechens vom Anfang des 15. bis zum Ende des 18. Jahrhunderts (1940). — Angaben zu §§ 93ff.

I. Die Art. 153—155 des G. behandeln die Warenfälschung und das Inverkehrbringen, Einführen und Lagern gefälschter Waren. Die Bestimmungen sind bei den Vermögensdelikten eingefügt, während die Vorentwürfe, z. B. der VE. 1908 Art. 163/4, sie mit den anderen Fälschungsdelikten in einem Abschnitt: Verbrechen gegen den geschäftlichen Verkehr zusammengefaßt haben[2].

Durch die Art. 153—155 werden die Art. 36 und 37 des LMG. aufgehoben. Das neue Recht erweitert diese Bestimmungen, die sich nur auf die zum Zwecke der Täuschung erfolgende Fälschung und das Inver-

[1] So namentlich Binding: 2 I, 230f. Die Auffassung, daß die Verfälschung ein echtes Objekt, eine echte Urkunde z. B., voraussetzt, ist häufig, so Zürcher: Erläuterungen, 324; Gautier: Prot. II. ExpKom. 4, 237 (Unterscheidung von Fabrikation und Falsifikation = altération d'un titre sincère); vgl. ferner Goldenberg (Lit. zu § 90): 9. Bezeichnend das Basler Urteil in JZ. 14, 275, Nr. 82: Behandlung eines Motorfahrradkontrollschildes durch Abklopfen von Buchstaben und Neubemalung. Die erste Instanz nahm Verfälschung, die zweite Fälschung an. Das beweist die mangelnde Schärfe und die Wertlosigkeit der Unterscheidung. — Über den Begriff der Verfälschung vgl. die von Esser (Lit. zu § 90): 45ff. zusammengestellten Definitionen.

[2] Dazu Thormann-v. Overbeck: 114f.

kehrbringen von Lebensmitteln bezogen[1]. Das G. hat der Warenfälschung einen viel umfassenderen Inhalt gegeben. Sie bezieht sich auf Alles, was als Ware zu gelten hat. Für die Begriffsbestimmung der Ware gibt das G. selbst einen Anhaltspunkt: Es muß sich um Gegenstände handeln, die in Handel und Verkehr gebracht zu werden pflegen. Der VE. 1894, Art. 146 hatte beispielsweise Lebensmittel, Heilmittel, Droguen, Dünger, Kunstgegenstände, Altertümer, Stücke für Sammlungen genannt[2]. Die Aufzählung ist interessant, weil sie zeigt, nach welchen Richtungen der Gesetzgeber den Kampf insbesondere zu führen unternahm. Namentlich auch dem Kunst-, Raritäten- und Antiquitätenschwindel soll er gelten[3]. Wieweit das neue Recht hier Erfolg haben wird, erscheint vorläufig unsicher. — Unter den Begriff „Ware" fällt jeder Gegenstand, der zur Befriedigung menschlicher Bedürfnisse, aber auch des Luxus, in den Handel gebracht wird. Unrichtig ist die Beschränkung auf „vertretbare Sachen, die in Mengen hergestellt werden"[4]. Gerade im Kunst- und Antiquitätenhandel, der Seltenheiten und Unica auf den Markt bringen will, trifft das nicht zu.

Die weitgespannten Tatbestände der Art. 153—155 haben in den bisherigen in- und ausländischen Rechten wenig Vorbilder. Die Kantone und seit 1905 das eidgenöss. LMG. haben sich in der Hauptsache auf die Fälschung von Lebensmitteln und Gebrauchsgegenständen beschränkt.[5]

[1] Zu den Art. 36/37 des LMG. namentlich ESSER (Lit. zu § 90): 29ff. (Darstellung der Art. 36/37 als einfache Lebensmittelfälschung im Gegensatz zu Art. 38, der gesundheitsschädlichen Lebensmittelfälschung). Stets sind die kasuistischen Bestimmungen der VO. vom 26. Mai 1936 zum LMG. über die Anforderungen an die Beschaffenheit der Lebensmittel zu berücksichtigen. Die Vorschriften der VO. behalten ihre Geltung auch für die Auslegung und Anwendung der Art. 153—155 des G. Vgl. auch THORMANN-v. OVERBECK: Art. 153, N. IV und Art. 154, N. V.

[2] Dazu STOOSS: Motive VE. 1894, 219, wo auch die Nachahmung von Postmarken für Sammelzwecke genannt wird; darüber jetzt G. Art. 245, 327 und 328; unten § 96 I und II. In den Beratungen der I. ExpKom., Prot. 2, 224ff. wurden Beispiele genannt, die die Unsicherheit der Grenzziehung zwischen der Warenfälschung einerseits, Betrug und Markenschutzdelikten andererseits zeigen; vgl. unten III 2 und V. Über wissenschaftliche Sammlungsobjekte DIGGELMANN: 4.

[3] Darüber DIGGELMANN: passim und WÜRTENBERGER, vgl. besonders 15, 176ff.: Die Kunstfälschung auch ein Angriff auf die Persönlichkeitsrechte des nachgeahmten Künstlers; siehe jetzt das BGes. vom 7. Dezember 1922 betreffend das Urheberrecht an Werken der Literatur und Kunst; dazu unten V.

[4] So ZÜRCHER: Prot. II. ExpKom. 4, 173; gut BINDING: Lb. 2 I, 353 (Ware ist jeder Gegenstand — Naturprodukt oder nicht —, der umgesetzt werden kann) und namentlich DIGGELMANN: 144ff., 177f., auch THORMANN-v. OVERBECK: Art. 153, N. 3.

[5] STOOSS: Grundzüge, 2, 369ff. hat die früheren kantonalen Rechte, an deren Stelle die Art. 36ff. des LMG. getreten sind, erörtert. Vgl. noch Schaffhausen § 231 (umfassendes Fälschungsdelikt: unechte Sachen verfertigen oder echte verfälschen und davon Gebrauch machen). Einige weitere Daten bei HEGLER: VD. Bes. Teil 7, 541. — Geschichtliches zu einem umfassenden Tatbestand der Warenfälschung

Gegen eine umfassende Bestimmung über die Warenfälschung hat sich die Kritik mehrfach gewendet[1]. Sie ist nicht unberechtigt. Es ist abzuwarten, ob die Rechtsprechung namentlich den Art. 153 zu voller Auswirkung gelangen läßt. Die große Reichweite der Bestimmungen ergibt sich aus der Analyse der Tatbestände.

II. Nach dem Grundtatbestande des Art. 153 I ist mit Gefängnis oder mit Buße zu bestrafen, „wer eine Ware zum Zwecke der Täuschung im Handel und Verkehr nachmacht, verfälscht oder im Werte verringert.[2]" Allen Fällen ist gemeinsam, daß dem Täter die Absicht nachgewiesen werden muß, im Handel und Verkehr zu täuschen[3]. Anders als der Betrüger, der sich mit seinem Täuschungswillen an eine oder mehrere bestimmte Einzelpersonen wendet, sie täuscht, irreführt und schädigt, verfertigt der Warenfälscher sein Produkt im Hinblick auf die bloße Möglichkeit, es in den Warenverkehr geben zu können[4]. Daß das geschieht und gelingt, ist nicht erforderlich. Die Verursachung der Gefahr durch die Herstellung der Fälschung genügt. Die Warenfälschung nach Art. 153 ist ein abstrakt gemeingefährliches Delikt[5], gerichtet gegen den ehrlichen Handel, gegen Vermögensinteressen. Die Vollendung ist mit der Herstellung der nachgemachten, verfälschten oder im Werte verringerten Ware gegeben, wenn zugleich der Beweis gelingt, daß der Täter eine Täuschung im Handel und Verkehr bezweckt hat[6]. Das wissenschaftliche Experiment, die Mischung zu eigenem Gebrauch, trifft das G. nicht[7].

Art. 113 der Carolina: „Item welcher böẞlicher und geverlicher weiß, maß, wag, gewicht oder andere Kauffmanschafft felscht, und für gerecht gebraucht und außgibt . . ."; dazu Würtenberger: 214. Ferner jetzt allgemein zum Delikt der Warenfälschung Diggelmann: 139ff.

[1] So schon Prot. I. ExpKom. 2, 224ff. mit dem Hinweis darauf, daß wenigstens beim Verkauf gefälschter Waren regelmäßig die Betrugsnorm ausreicht; siehe unten III 2. Kritik der Bestimmungen auch Prot. II. ExpKom. 4, 176ff. (Bestrafung von Vorbereitungshandlungen zum Betrug).

[2] Beispiele bei Thormann -v. Overbeck: Art. 153, N. 4—6.

[3] Französischer Text: „en vue de tromper autrui dans les relations d'affaires." Diggelmann: 152 faßt dieses Moment nicht im Sinne des technischen Absichtbegriffs auf, jeder Vorsatz soll genügen; dazu auch unten § 93 III 4.

[4] Vgl. Escher (Lit. zu § 91): Man betrügt Menschen und fälscht Sachen (313); entscheidendes Kriterium: täuschende Nachahmung oder Veränderung von Gegenständen, welche als Grundlagen der öffentlichen Treue gelten (316).

[5] Gautier: Prot. II. ExpKom. 4, 174f. spricht von der Verursachung einer unbestimmten Gefahr (danger incertain). Vgl. auch v. Liszt-Schmidt: Lb. (25. Aufl.): § 157 I: Die Warenfälschung bildet die Brücke von den gemeingefährlichen Verbrechen zu den Fälschungen; Diggelmann: 141 (Gemeingefährlichkeit; allgemeine Gefährdung des „Verkehrs"); Thormann-v. Overbeck: Art. 153, N. 7 (innere Verwandtschaft mit dem Betrug).

[6] Allgemein — im Sinne des Textes — zur Tatvollendung bei den Fälschungsdelikten; Diggelmann: 10f.

[7] Zürcher: Prot. II. EpxKom. 4, 174.

Als Tatform nennt das G. zunächst das Nachmachen (contrefaire). Es setzt ein echtes Muster, ein Original voraus, eine Gebrauchsware, ein Gemälde, eine alte Geige usw. Die Ware selbst, ihre Substanz, muß rechtswidrig nachgemacht werden, nicht nur ihr Äußeres, z. B. eine Marke, eine Verpackung. Beschränkt sich die Nachmachung darauf, so ist nicht Art. 153 des G., sondern die Markenschutzgesetzgebung anzuwenden (unten V). Für das Verfälschen gilt früher Gesagtes (oben § 91 II). An dritter Stelle nennt der Art. 153 die Wertverringerung (déprécier, svalutare), was namentlich durch Vermischung von vollwertiger Ware mit minderwertiger geschehen kann[1]. Im Grunde reicht auch hier der Fälschungsbegriff aus. Der Volksmund nennt den Bauern, der der Milch Wasser zusetzt, einen Fälscher. Er schafft ein neues, ein Falschprodukt.

Die gewerbsmäßige Tat[2] steht nach Art. 153 II unter der verschärften Strafdrohung Gefängnis nicht unter 1 Monat und Buße. Das Urteil gegen den gewerbsmäßigen Fälscher ist in jedem Fall zu veröffentlichen. Der in Art. 61 I des G. geforderte Nachweis, daß die Urteilsveröffentlichung im öffentlichen Interesse liegt, braucht nicht besonders erbracht zu werden. Durch gewerbsmäßige Fälschungen wird das öffentliche Interesse immer berührt. — In jedem Fall kann die gefälschte Ware eingezogen werden. Der Richter braucht sich nicht darüber auszusprechen, ob er die Voraussetzungen der allgemeinen Einziehungsbestimmung des Art. 58 für gegeben hält. Art. 58 II, wonach der Richter die Unbrauchbarmachung oder Vernichtung der eingezogenen Gegenstände anordnen kann, ist anwendbar[3].

III. Der Art. 154 des G. gestaltet den Kampf gegen Falschwaren weiter aus. Nach Art. 154 Ziff. 1 I ist strafbar, wer nachgemachte, verfälschte oder im Wert verringerte Waren vorsätzlich als echt, unverfälscht oder vollwertig „feilhält oder sonst in Verkehr bringt". Das ist die schon in Art. 37 I und 38 II des LMG. verwendete Formel[4]. Die Vorsatztat ist mit Gefängnis oder Buße bedroht. Erfolgt das Inverkehr-

---

[1] Aus der VO. zum LMG. ergeben sich zahlreiche Beispiele. Art. 8 bestimmt allgemein, daß Lebensmittel nicht im Wert verringert werden dürfen. Klare Fälle: Zusatz von Wasser zu Milch, Wein usw., Vermischung von Pfeffer mit Sand. Die VO. weist aber auch vielfach auf erlaubte Mischungen hin. — Wertverringerung ist Verschlechterung der Ware. Beim Nachmachen und beim Verfälschen braucht dagegen dieses Moment nicht gegeben zu sein; DIGGELMANN: 148.

[2] Über den Begriff der Gewerbsmäßigkeit oben § 28 III 2; THORMANN-v. OVERBECK: Art. 153, N. 11 (Gewerbsmäßigkeit, wenn sich aus der Art der Ausführung die Absicht auf regelmäßigen Erwerb ergibt).

[3] Ebenso THORMANN-v. OVERBECK: Art. 153, N. 12.

[4] Darüber oben § 90 III 2b; vgl. auch unten § 95 IV 2 (Inumlaufsetzen falschen Geldes). Zum Tatbestand des Inverkehrbringens auch DIGGELMANN: 156ff.; THORMANN- v. OVERBECK: Art. 154, N. 2.

bringen gewerbsmäßig[1], so ist die Strafe Gefängnis nicht unter einem Monat, Buße und Urteilsveröffentlichung (Art. 154 Ziff. 1 II)[2]. Auf fahrlässiges Inverkehrbringen, eine bloße Übertretung, steht Buße (Art. 154 Ziff. 2)[3]. In allen Fällen hat der Richter die Befugnis, auf Einziehung der Ware zu erkennen (Ziff. 3).

Zum Art. 154 ergeben sich zwei Fragen:

1. Inverkehrbringen kann der Fälscher selbst oder eine beliebige andere Person, der die gefälschte Ware zugänglich ist. Der Art. 154 trifft diese andere Person, während der die Ware selbst in den Verkehr bringende Fälscher richtigerweise nur auf Grund des Art. 153 zu bestrafen ist. Er hat weitergeführt, was er mit seiner Fälschung bezweckte, die Ware in den Verkehr gebracht. Formell mag man eine Realkonkurrenz von Art. 153 mit Art. 154 annehmen. Aber die Abgrenzung der beiden Tatbestände wird klarer, wenn man die Anwendung des Art. 154 auf die Fälle beschränkt, da andere Personen außer dem Fälscher das Inverkehrbringen betreiben[4]. Das ist eine Art Nachtat, ähnlich der Begünstigung und der Hehlerei.

2. Kritischer ist die Frage nach dem Verhältnis des Art. 154 — und in gewissen Fällen auch des Art. 153 — zum Betrug[5]. Der Ablauf der Geschehnisse kann so sein, daß ein Täter eine Ware, z. B. ein hoch im Werte stehendes Stück, ein Kunstwerk, nachmacht mit der von vorneherein bestehenden Absicht, damit eine bestimmte Person, einen Sammler, zu täuschen und zu schädigen. Art. 153 ist erfüllt. Aber auch eine — als solche straflose — Vorbereitungshandlung zum Betrug ist gegeben. Wird die Fälschung daraufhin vom Fälscher selbst oder von einer anderen Person, einem Agenten, feilgehalten, so liegt der Tatbestand des Art. 154 vor. Wenn aber die „Ware" direkt der Person, dem Liebhaber, auf dessen Täuschung es abgesehen ist, zum Erwerb angetragen wird, und

---

[1] Gewerbsmäßigkeit: oben § 28 III 2.

[2] Bei einem freisprechenden Urteil kommt Veröffentlichung gemäß Art. 61 II in Betracht.

[3] Das Fahrlässigkeitsdelikt setzt eine Prüfungspflicht des Händlers voraus. Lang: Prot. II. ExpKom. 4, 181 hat die Bestimmung als zu weitgehend kritisiert; ebenso Hafter und Huber: eodem, 182 (Aufgaben der Gewerbepolizei, nicht des Strafrechts). Auf die Wichtigkeit des Fahrlässigkeitstatbestandes im Kunst- und Antiquitätenhandels macht Diggelmann: 160f. aufmerksam; Exkulpation wegen Fachunkenntnis ausgeschlossen (178). Vgl. auch BE. 47 I, Nr. 18 zu Art. 37 III des LMG.: Fahrlässigkeit bei unterlassener Prüfung durch den Händler.

[4] S. schon oben § 90 III 2b i. f. und die dort genannte Literatur, namentlich Zürcher Bl. 17, Nr. 52 (der Milchfälscher, der seine im Wert verringerte Milch selbst verkauft). Wie der Text auch Gautier: Prot. II. ExpKom. 4, 181. Vgl. ferner unten § 95 I 1 (Inumlaufsetzen falschen Geldes durch den Fälscher).

[5] Über die „Kunstfälschung" unter den Gesichtspunkt des Betruges Diggelmann: 79ff., 110ff., 148ff., 174ff. (Verhältnis zwischen Betrug und Warenfälschung).

wenn gar der Verkauf gelingt, so müssen die Bestimmungen über Betrug oder Betrugsversuch zur Geltung gebracht werden. In diesen Unterscheidungen zeigt sich die Notwendigkeit, aber auch die Schwierigkeit, im Einzelfall Fälschung und Betrug voneinander abzugrenzen[1]. Allein das Prinzip wird klar: der Betrüger schädigt eine oder mehrere bestimmte Einzelpersonen, an die er sich mit täuschendem Verhalten wendet, der Warenfälscher dagegen handelt nur im Hinblick auf die noch unbestimmte Möglichkeit einer Verwertung. Er ist schon strafbar, wenn er die Falschware herstellt, feilhält, ausstellt, auf den Markt bringt[2].

IV. Den Abschluß der Gruppe bildet der mit Haft oder Buße bedrohte Übertretungstatbestand des Art. 155: Vorsätzliches Einführen und Lagern von Falschwaren, wenn der Täter weiß, daß sie zur Täuschung im Handel und Verkehr dienen sollen. Das sind regelmäßig Vorbereitungshandlungen zum Inverkehrbringen[3]. Auch hier gibt das G. dem Richter die Befugnis, die Urteilsveröffentlichung und die Ein ziehung der Waren anzuordnen (Art. 155 II und III). — Versuch und Beihilfe sind nicht strafbar (Art. 104 I), wohl aber die Anstiftung (Art.102 und 24).

V. Zusammen mit den Bestimmungen des LMG. (oben § 90 III), soweit sie weiter gelten, und hier nicht zu erörternden einschlägigen gewerbepolizeilichen Vorschriften gewähren die Art. 153—155 des G. einen sehr weitgehenden Schutz gegen Falschwaren jeder Art. Bedauerlich ist die Zersplitterung der Schutzbestimmungen und die vielleicht zu weitgehende Kasuistik, die zu Schwierigkeiten in der Abgrenzung führt: Gegen Fälschungen bestimmter Art wenden sich auch die besonderen Bestimmungen der Art. 235 und 236 (Herstellen und Inverkehrbringen von gesundheitsschädlichem Futter). Das trifft auch zu für das Markenschutzgesetz vom 26. September 1890 mit Abänderungen und Ergänzungen vom 21. Dezember 1928 und vom 22. Juni 1939 und das BGes. vom 5. Juni 1931 zum Schutz öffentlicher Wappen und anderer

---

[1] Die Schrift von Gross: Der Raritätenbetrug (1901) behandelt die Frage nur unter dem Gesichtspunkt des Betrugs.

[2] Bei der Neuheit der Warenfälschungstatbestände ist es nicht verwunderlich, daß sich bei den Beratungen Unsicherheit zeigte, vgl. z. B. Prot. I. ExpKom. 2, 224, 226 (Gretener: Betrug, wenn falsche Brillanten als echt verkauft werden, aber Zürcher: Schon das „Inverkehrbringen" verfälschter Waren als Betrug). Stooss: eodem 229 schlug vor, die Warenfälschung an den Betrugsartikel anzuschließen; dazu auch Stooss: Archiv für Kriminal-Anthropologie und Kriminalistik, 1, 183ff. Vgl. ferner Gautier: Prot. II. ExpKom. 4,174: Les délits de faux consistent en grande partie en des actes préparatoires d'escroquerie, ferner BE. 25 I, 347: bewußter Verkauf eines gefälschten Genußmittels als Betrug; Bern Art. 232 I: Betrug beim Verkauf von Gold- und Silberwaren, falschen, für echt verkauften Steinen usw.

[3] Gautier: Prot. II. ExpKom. 7, 31; 8, 315. Gegen die Bestimmung als zu weitgehend Lang: eodem, 7, 31.

öffentlicher Zeichen[1]. Diese Sondergesetze enthalten ähnlich geformte Tatbestände, wie sie den Art. 153ff. des G. eigen sind, z. B. Nachahmung von eingetragenen Marken, d. h. von Zeichen, welche zur Unterscheidung oder zur Feststellung der Herkunft gewerblicher und landwirtschaftlicher Erzeugnisse oder Waren dienen und auf diesen selbst oder deren Verpackung angebracht sind, ferner Verwendung einer fremden Marke, Verkauf, Feilhalten oder Inverkehrbringen von Waren mit dem Wissen, daß sie mit einer nachgemachten, nachgeahmten oder rechtswidrig angebrachten Marke versehen sind (Markenschutzgesetz, insbesondere Art. 1 Ziff. 2, Art. 24 lit. a bis c)[2]. Allein diese Gesetzgebung weist in eine andere Richtung als die Bestimmungen gegen die Warenfälschung im LMG. und im StGB. Sie ist ein Teilstück im Kampf gegen den unlauteren Wettbewerb[3], trifft nicht die Warenfälschung als solche. Aber leicht wird sich ergeben, daß ein Markendelikt mit einer Warenfälschung gemäß Art. 153/54 des G. in Konkurrenz tritt. In einem weitverstandenen Sinne kann man übrigens auch gewisse Markendelikte als Warenfälschung bezeichnen.

Ähnlich steht es um das Verhältnis zwischen den Art. 153ff. des G. und den Bestimmungen des BGes. vom 7. Dezember 1922 betreffend das Urheberrecht an Werken der Literatur und Kunst (s. oben § 70 III). Es schützt alle Werke der bildenden Künste gegen unberechtigte Wiedergabe, gegen täuschende Verwendung des Namens oder Kennzeichens des Urhebers usw. (vgl. namentlich Art. 1 IV, Art. 42 Ziff. 1 lit. a und b, Art. 43 Ziff. 1). Mit dem Schutz vermögensrechtlicher Interessen verbindet sich hier der Schutz der Persönlichkeitsrechte des Künstlers. Er reicht weiter als die Art. 153ff. des G., die subjektiv die Absicht des Täters auf Täuschung „im Handel und Verkehr" erfordern[4]. Wird bei einem Täter, der ein Kunstwerk nachmacht, verfälscht, in Verkehr bringt — gemäß Art. 154 —, einführt oder lagert — gemäß Art. 155 — diese Absicht bewiesen, so ist nicht das Urheberrechtsgesetz anzuwenden. Die schärferen Strafbestimmungen des StGB. sind zur Geltung

[1] Dazu oben § 70 II 3 und jetzt Matter: Kommentar zum Markenschutzgesetz (1939) und David: Kommentar (1940); beide Werke mit zahlreichen Literaturangaben; vgl. ferner Mertzlufft: Markenschutz und unlauterer Wettbewerb, Zürcher Diss. (1936); Margarete v. Burg: Die relative Schutzfähigkeit der Marke und der anderen gewerblichen Kennzeichen, Zürcher Diss. (1938); Kühne: Die Schutzfähigkeit der Marken, Berner Diss. (1940), 48ff.: Schutzfähigkeit schweizer. Wappen und Hoheitszeichen; dazu auch David: 82ff.

[2] Matter: 225ff., 233ff.; David: 56, 250ff.

[3] Vgl. Art. 26 (sog. Markenberühmung); Matter: 240ff.; v. Burg: 93f.; David: 286ff.

[4] Andererseits ergibt sich eine Einengung daraus, daß Urheber- und auch Markenrechte ausschließliche und zeitlich beschränkte Rechte bestimmter Personen sind; Diggelmann: 5f.

zu bringen, wobei auch hier der Betrugstatbestand vorbehalten bleibt; oben III 2.

Bei der künftigen Anwendung der Art. 153ff. des G. hat die Rechtsprechung die Aufgabe, diese mannigfachen Beziehungen zu berücksichtigen und abzuklären.

§ 93. Maß- und Gewichtsfälschung.

Literatur. Isler: Das schweizerische Maß- und Gewichtsrecht, Berner Diss. (1932). — Weismann: VD. Bes. Teil, 7, 314f.

I. Die Fälschung von Maß und Gewicht (G. Art. 248) steht mit der Warenfälschung in einem engen Zusammenhang. Wie in Art. 153 wird das subjektive Moment dahin umschrieben, daß der Täter zum Zwecke der Täuschung in Handel und Verkehr gehandelt haben muß. Der ehrliche Warenhandel und der geschäftliche Verkehr sind Schutzobjekt. Es ist bezeichnend, daß der schon bei der Warenfälschung genannte Art. 113 der Carolina die Fälschung von „maß, wag, gewicht, specerey oder ander kauffmanschafft" zusammenfaßt[1]. Während jedoch das G. die Warenfälschung bei den Vermögensdelikten eingefügt hat, erhält die Maß- und Gewichtfälschung ihre Ordnung im 10. Titel des Besonderen Teils, zusammen mit der Fälschung von Geld und amtlichen Zeichen. Das ist damit zu erklären und darin liegt zugleich eine der Differenzen gegenüber der Warenfälschung, daß die Bestrafung der Fälschung von Maßen, Gewichten und Waagen auch dem Interesse an richtigen Maßen und Gewichten, dem Schutz staatlicher Einrichtungen, dient. Maß- und Gewichtsfälschung ist zugleich ein Delikt gegen staatliche Beweis- und Beglaubigungszeichen.

II. Für die Auslegung und Anwendung des Art. 248 ist das auf Art. 40 der BV. gegründete BGes. vom 24. Juni 1909 über Maß und Gewicht von Bedeutung[2]. Dessen Art. 30 bestimmt: „Wer Eichzeichen, amtliche Stempel oder Schablonen, die zu Eichzwecken bestimmt sind, fälscht oder verfälscht oder nachahmt, wer solche gefälschte, verfälschte oder nachgeahmte Eichzeichen, Stempel oder Schablonen wissentlich geltend macht, wird wegen Fälschung von Bundesakten, gemäß Art. 61 des Bundesstrafrechts (vgl. unten § 97 I 1) bestraft[3]." Diese Bestim-

---

[1] So auch schon Art. 138 der Bambergischen und der Brandenburgischen Halsgerichtsordnung von 1507 und 1516; Zoepfl: Die peinliche Gerichtsordnung Kaiser Karls V. (1883), 96f.

[2] Zur Geschichte des schweizer. Maß- und Gewichtswesens und die Vereinheitlichung Isler: 1ff., 25ff.; BV. Art. 40 I: „Die Festsetzung von Maß und Gewicht ist Bundessache."

[3] Als Urkundenfälschung hat auch Stooss: Grundzüge, 2, 334f. die Maß- und Gewichtsfälschung bezeichnet; vgl. ferner Isler: 74. — Bisherige kantonale Rechte enthalten über Maß- und Gewichtsdelikte vereinzelte Bestimmungen, z. B. Bern Art. 232 II (Betrug durch Gebrauch falschen Gewichtes oder Maßes hin-

mung wird durch Art. 398 lit. g des StGB. aufgehoben. Bemerkenswert ist, daß das G. die Maß- und Gewichtfälschung aus dem Kreis der Urkundenfälschung herausgelöst hat.

III. 1. An erster Stelle steht der Tatbestand: Anbringen eines falschen Eichzeichens an Maßen, Gewichten, Wagen oder anderen Meßinstrumenten — ein typisches Fälschungsdelikt (Art. 248 II des G.). Auf Grund des Maß- und Gewichtsgesetzes (MGG.) sind Begriffe abzuklären: Unter Maßen, Gewichten und Wagen sind Sachen zu verstehen, die zur Bestimmung einer meßbaren Größe — Länge, Breite, Höhe, Fläche, Rauminhalt — oder zur Feststellung der Schwere eines Gegenstandes dienen. Dazu kommen aber Instrumente zur Messung der Temperatur und der Elektrizität. Das MGG. Art. 4ff. weist ausdrücklich auf Längen-, Flächen-, Körper-, Hohlmaße und Gewichte und auf die Maßeinheiten für Temperatur und Elektrizität hin (Art. 9—16). Auf solche „Meßinstrumente" im weitesten Sinne bezieht sich der Art. 248 II, zunächst mit der Bestimmung, daß die Anbringung eines falschen Eichzeichens unter Strafe gestellt wird. —Eichung ist der durch die kantonalen Eichstätten nach den Vorschriften des BGes. vorgenommene Akt, durch den beglaubigt wird, daß ein Meßgerät den gesetzlichen Maßansprüchen genügt. Dem Eichzwang unterliegt aber nicht jedes Meßgerät. Nach Art. 25 I des MGG. sind eichpflichtig Längen- und Hohlmaße, Gewichte, Wagen, Thermoalkoholmeter, Gasmesser und elektrische Meßinstrumente, wenn sie „in Handel und Verkehr zur Verwendung kommen" (dazu unten 4). Bei anderen Meßgeräten ist eine freiwillige Eichung möglich[1]. Sie ist aber zunächst rechtlich bedeutungslos, dient lediglich zur — nicht gesetzlich geforderten — Feststellung der

---

sichtlich der Quantität der verkauften Sachen); Baselstadt, PolStG. § 152 bestraft Übervorteilung durch unrichtiges Messen und Wägen, ohne falsches Maß und Gewicht zu brauchen und § 166 Ziff. 2: Nichtberechnung der Verkaufspreise im Detailverkauf auf das volle Maß und Gewicht (unlauterer Wettbewerb); Waadt Art. 267 bestimmt, als Ergänzung des Art. 30 des Maß- und Gewichtsgesetzes: „Celui qui fabrique de faux poids ou de fausses mesures, ou qui altère des balances, des poids ou des mesures, ou qui fait usage de poids, de balances ou de mesures faux ou altérés, est puni d'un emprisonnemt d'un an au plus ou d'une amende de mille francs au plus. Ces peines peuvent être cumulées"; vgl. ferner Neuenburg Art. 228.

[1] Zu den Begriffen Eichung, Zwangseichung, freiwillige Eichung ISLER: 37ff., 40f. — Eichen (īchen) = ehigen bedeutet gesetzmäßig machen, amtlich beglaubigen. Über den beschränkten Eichzwang gemäß Art. 25 des MGG. ausführlich ISLER: 42ff. Abs. II des Art. 25 ermächtigt den Bundesrat, die Eichpflicht auf weitere Meßinstrumente auszudehnen. Vgl. auch die Vollziehungsverordnung des Bundesrates vom 12. Januar 1912 zum MGG. (Eidg. GesSlg. 28, 196ff.) Art. 8 V und Art. 9 II und III): nicht eichpflichtig Maße und Gewichte anderer Länder, welche bei der Fabrikation von Exportartikeln benutzt werden; Analysen- und Präzisionswaagen der Apotheker für Laboratoriumsarbeiten und die Gewichte dazu. Keine Eichpflicht für Wassermesser; BURCKHARDT: Bundesrecht, 5, 177f.

Genauigkeit eines Meßinstrumentes. Strafrechtlich ergibt sich jedoch, daß auch strafbar ist, wer, ohne daß eine Eichpflicht besteht, ein Eichzeichen anbringt oder anbringen läßt, wenn es zum Zwecke der Täuschung in Handel und Verkehr geschieht. Vor allem aber trifft die Bestimmung den eichpflichtigen Täter, der, um die Eichgebühr zu umgehen oder aus anderen Motiven, amtliche Eichzeichen nachmacht[1].

2. Abs. II des Art. 248 enthält den weiteren Tatbestand: Verfälschung eines vorhandenen Eichzeichens. Er deckt sich teilweise mit der Bestimmung des III. Absatzes, wonach die Vornahme von Veränderungen an geeichten Meßgeräten strafbar ist. Das trifft auch zu, wenn ein vorhandenes Eichzeichen verfälscht wird. Aber der Abs. III geht weiter. Er gilt für Fälle, in denen das Eichzeichen unberührt bleibt, dagegen z. B. an einer Waage, an einem Gewicht selbst Änderungen vorgenommen werden[2].

3. Strafbar ist endlich, wer falsche oder verfälschte Meßgeräte gebraucht (Art. 248 IV). Der deutsche Text ist unbefriedigend, weil nach ihm fraglich ist, ob auch der Gebrauch eines gemäß Abs. III in der Substanz veränderten Meßgerätes, z. B. einer Waage, unter die Bestimmung fällt. Das muß aber angenommen werden. Besser ist auch hier der italienische Text, der von strumenti di misura falsi od alterati spricht. Zu kritisieren ist auch, daß beim Tatbestand des Abs. IV der Ingreß des Artikels — Zweck: Täuschung in Handel und Verkehr —, der sich gesetzestechnisch auf alle nachfolgenden Tatbestände bezieht, nicht in Betracht gezogen werden sollte. Der vorsätzliche Gebrauch, z. B. das Zumessen von Ware mit falschen oder veränderten Meßgeräten, ist schlechthin strafwürdig[3]. In anderen Fällen, z. B. der Verwendung eines verfälschten Gas- oder Elektrizitätsmessers, kommt überdies die Absicht der Täuschung in Handel und Verkehr gar nicht in Frage.

Wie bei anderen Fälschungsdelikten ist der Fälscher, der seine Fälschung selbst gebraucht, nur auf Grund von Abs. II oder III und nicht auch noch gemäß Abs. IV zu bestrafen. Die Anwendung der Regeln über Realkonkurrenz, die formell erwogen werden kann, empfiehlt sich nicht; vgl. oben § 90 III 2 b und § 92 III 2.

4. Subjektiv wird gefordert, daß der Täter seine Fälschung oder Veränderung zum Zwecke der Täuschung in Handel und Verkehr vornimmt. Nicht nötig ist, wenigstens bei den Tatbeständen der Abs. II

---

[1] Zürcher: Erläuterungen 322.

[2] Lang: Prot. II. ExpKom. 4, 233; Weismann: VD. Bes. Teil, 7, 315. Klarer als im deutschen kommt der Unterschied im italienischen Text zum Ausdruck: alterare la bollatura esistente (Abs. II), alterare misure, pesi, bilance od altri strumenti di misura bollati (Abs. III). Vgl. auch schon Prot. I. ExpKom. 2, 136, 631 f.

[3] Richtig ist in Art. 154 beim Inverkehrbringen gefälschter Waren im Gegensatz zu Art. 153 (Warenfälschung) das Moment: zum Zwecke der Täuschung weggelassen.

und III, daß die Täuschung Erfolg hat. Wie die Warenfälschung ist auch die Maß- und Gewichtsfälschung abstrakte Gemeingefährdung; vgl. oben § 92 II. Mit der Bewirkung der Gefahr vollendet sich das Delikt. — Was unter „Handel und Verkehr" zu verstehen ist, ergibt sich namentlich aus den kasuistischen Bestimmungen in Art. 8 und 10 der Vollziehungsverordnung zum MGG.: Maße und Gewichte in Verkehrsanstalten (Post, Bahnen usw.), Fabriken, Werkstätten und anderen geschäftlichen Betrieben, Wirtschaften, Hotels usw., Kasernen und Festungen; Waagen, welche in Hotels, Bahnhöfen usw. ausschließlich zum Abwägen von Personen bestimmt sind, müssen geeicht sein oder aber einen Schild mit der Aufschrift „Nicht amtlich geprüft" tragen [1].

Die Gesetzesworte „zum Zwecke der Täuschung" sollen nicht bedeuten, daß dem Täter die Vorsatznuance der Absicht nachgewiesen werden muß. Der Beweis, daß er mit Wissen und Willen täuschen wollte, genügt [2].

5. Die Strafdrohung des Art. 248 lautet, wie bei einer Reihe von Vermögensdelikten und wie bei der Urkundenfälschung (Art. 251 Ziff. 1), auf Zuchthaus bis zu 5 Jahren oder Gefängnis. Nach Art. 249 sind die falschen oder verfälschten Maße, Gewichte, Waagen und anderen Meßinstrumente einzuziehen und unbrauchbar zu machen oder zu vernichten [3].

IV. Für das Verhältnis zwischen Maß- und Gewichtfälschung und Betrug gelten entsprechende Überlegungen wie bei der Warenfälschung (oben § 92 III 2). Eine Maß- und Gewichtsfälschung kann Vorbereitung eines Betrugs sein. Ob sie sich zum Betrug oder zum Versuch auswirkt, ist Tatfrage. Sie wird sich insbesondere beim Gebrauch falscher, verfälschter oder in der Substanz veränderter Meßgeräte stellen [4].

---

[1] Ausführliche Untersuchung des Momentes „in Handel und Verkehr" bei ISLER: 45ff. mit Hinweisen auf weitere bundesrätliche Verordnungen (Elektrizitäts-, Gasmesserverordnungen). Die späteren Verordnungen zum MGG. sind zusammengestellt bei GIACOMETTI: Das öffentliche Recht (2. Aufl.), 1046; vgl. namentlich die VO. vom 10. Februar 1928 (GesSlg. 44, 18ff.). Grundsätzlicher Standpunkt: „Wenn es zur regelmäßigen, dauernden Tätigkeit einer Person gehört, Rechtsgeschäfte abzuschließen und sich bei deren Ausführung einer Waage, eines Längen- oder Flüssigkeitsmaßes usw. zu bedienen, so sollen diese Meßinstrumente geeicht werden müssen"; der Ausdruck „Handel und Verkehr" ist nach dem Begriff der Gewerbsmäßigkeit zu orientieren (ISLER: 49); vgl. auch BE. 47 I, 348f.; 60 I, 314ff.; BINDING: Lb. 2 I, 338.

[2] Vgl. auch DIGGELMANN (Lit. zu § 92): 152.

[3] Das muß auch für die gemäß Art. 248 III in der Substanz veränderten Meßgeräte gelten. Über weitere Fälle der Einziehung auf Grund von Art. 33 des MGG. und des Verordnungsrechtes und über Unbrauchbarmachung ISLER: 66ff. — Über das Verhältnis der Maß- und Gewichtsfälschung zu Art. 246 (Fälschung amtlicher Zeichen) unten § 96 III 1.

[4] Abgrenzungsfragen sind im Prot. I. ExpKom. 2, 631f. erörtert. Vgl. auch den Fall bei BURCKHARDT: Bundesrecht, 5, 182: Entfernung des eingegossenen Bleis aus einem Gewichtstein, täuschende Verwendung und Schädigung. Das ist Betrug, der das Maß- und Gewichtsdelikt konsumiert.

V. Das StGB. hat sich auf die Aufhebung der Art. 30 und 32 (Bundesgerichtsbarkeit) des MGG. beschränkt. Die Übertretungstatbestände dieses Gesetzes bleiben erhalten. Strafbar ist die Verwendung nicht geeichter, aber eichpflichtiger Meßgeräte, ferner die Mißachtung der Vorschrift, daß in schriftlich abgeschlossenen Verträgen und in amtlichen Aktenstücken Maßangaben nach den gesetzlichen Maßeinheiten erfolgen müssen[1]. Strafdrohung: Buße von 1—100 Fr., unter Vorbehalt „der Überweisung an den Strafrichter im Falle des Betruges" (Art. 28 in Verbindung mit Art. 25 und 27[2]). Nach Art. 29 ist der wissentliche Gebrauch unrichtiger Maße und Meßinstrumente mit Buße von 1—200 Fr. bedroht, wobei Meßgeräte als unrichtig gelten, wenn sie über die in der Vollziehungsverordnung festgestellten Grenzen (sog. Toleranzen) hinaus von der Richtigkeit abweichen[3]. Der Vorbehalt des Betrugs ergibt sich auch hier.

§ 94. Gelddelikte. Einleitung.

Literatur. Gubser: Die Münzverbrechen in den kantonalen Strafgesetzgebungen der Schweiz, Zürcher Diss. (1891). — Stooss: Grundzüge, 2, 307ff. — Wey: Die Gelddelikte, Berner Diss. (1916). — Holzer: Die Gelddelikte nach dem E. zu einem schweizer. StGB. 1918, Berner Diss. (1932). — Kohler: VD. Bes. Teil, 3, 203ff.

I. Die eigenartige Entwicklung und die bisherigen Zustände in der schweizerischen Ordnung der Gelddelikte sind — zum Verständnis der in den Art. 240—244, 247, 249, 250, 327 des G. gegebenen Gestaltung — festzuhalten.

1. Die BV. Art. 38 hat dem Bund das Münzregal verliehen, das Recht zur ausschließlichen Münzprägung, zur Bestimmung des Münzfußes und zur Tarifierung fremder Münzsorten. Nach Art. 39 steht dem Bund überdies das Recht zur Ausgabe von „Banknoten und anderen gleichartigen Geldzeichen" ausschließlich zu, wobei der Bund eine Rechtsverbindlichkeit für die Annahme dieses sog. fiduziarischen Geldes nicht aussprechen kann (Art. 39 VI)[4].

Damit ist dem Bund auch die Gesetzgebungsgewalt in Geldstrafsachen gegeben. Aber es hat lange gedauert, bis er — und bis zum Inkrafttreten des StGB. noch in unvollständiger Weise — von diesem Recht Gebrauch gemacht hat. Die Kantone behielten das Geldstrafrecht, und die kantonale Zersplitterung hat sich während Jahrzehnten unheil-

[1] Aus der Mißachtung der Vorschrift ergibt sich aber nicht die Ungültigkeit eines privatrechtlichen Vertrages; BE. 15, Nr. 44.

[2] Bestrafung aus Art. 28 auch bei der Verwendung nicht geeichter, öffentlich benutzbarer Personenwaagen ohne die Aufschrift: „Nicht amtlich geprüft"; VO. zum MGG. Art. 10.

[3] Zu diesem Übertretungsstrafrecht ausführlicher Isler: 32ff., 47ff., 69ff.

[4] Zur Entwicklung dieser Verfassungsbestimmungen namentlich Burckhardt: Kommentar BV. (3. Aufl.), 324ff., 329ff. und die dort genannte Literatur; Gubser: 25ff.

voll ausgewirkt[1]. Seither ist durch das BGes. vom 6. Oktober 1905, jetzt Gesetz vom 7. April 1921 über die schweizerische Nationalbank und durch das BGes. vom 3. Juni 1931 über das Münzwesen das einheitliche Geldstrafrecht im wesentlichen geschaffen worden (unten 2/3). Ein ausführlicher Hinweis auf die früheren kantonalen Rechte und ihre zahlreichen Variationen erübrigt sich daher[2]. Neben diesen Gesetzen noch geltende kantonale Besonderheiten sind in späteren Zusammenhängen berücksichtigt. Eigenartig ist, daß in neueren kantonalen Gesetzesausgaben die zum großen Teil durch das Bundesrecht außer Kraft gesetzten Geldfälschungsbestimmungen immer noch ihr Dasein fristeten, z. B. Zürich, Neudruck 1935, §§ 98ff., Baselstadt, Ausgabe 1932, §§ 63ff. Dadurch entstand Unsicherheit.

2. Die erste Stufe der Einheit auf dem Gebiet der Gelddelikte wurde mit den Art. 66—74 des Nationalbankgesetzes (NBkG.) von 1905/1921 (Eidg. GesSlg. 37, 581ff.) erreicht[3]. Die Tatbestände beziehen sich nur auf Banknoten und die in Art. 14 Ziff. 9 des Ges. vorgesehenen Gold- und Silberzertifikate[4]. Da der Inhalt dieser Tatbestände — mit der Beschränkung auf Banknoten (Papiergeld) — sich im wesentlichen mit den Art. 240ff. des StGB. deckt, braucht das Strafrecht des NBkG. nicht besonders erörtert zu werden.

In der Rechtsprechung hat sich die Frage ergeben, ob die Art. 66ff. des NBkG. auch auf in der Schweiz verübte Delikte mit ausländischen Banknoten anzuwenden sind. Das wurde mit der Begründung verneint, das Gesetz als Ausführung von Art. 39 der BV. schütze nur die auf Grund des eidgenössischen Monopols ausgegebenen Geldzeichen. Die Fälschung ausländischer Banknoten blieb daher den kantonalen Rechten unterstellt, sofern sie entsprechende Tatbestände (eventuell Fälschung öffentlicher Urkunden) enthielten[5]. Die dafür gegebene Begründung ist dürftig. Der Text der Art. 66ff. des NBkG., der ohne Einschränkung von „Bank-

[1] Stooss: Grundzüge, 2, 307ff. mit Hinweisen auf frühere Pläne zur Schaffung eines einheitlichen Geldstrafrechts; vgl. ferner Gubser: 28ff., 43f., 113ff.; Holzer: 33ff.

[2] Zusammenstellung bei Stooss: a. a. O. 309ff. Die Darstellungen von Gubser (namentlich 82ff.) und Wey gründen sich auf die kantonalen Rechte; Wey berücksichtigt die Vorentwürfe zum eidgenöss. StGB.

[3] Die Bestrebungen gehen weit zurück, auf einen Entwurf von 1890 zur Revision des Bankgesetzes von 1881; die Entwicklung bei Holzer: 40ff.

[4] Solche Zertifikate hat die Nationalbank nicht ausgegeben. Gemeint sind Bescheinigungen der Bank über hinterlegte Gold- oder Silberbarren. Dagegen gelten die Bundeskassenscheine von 5, 10 und 20 Fr. als „Banknoten" (Eidg. GesSlg. 30, 387f.). Ebenso sind Fälschungen von Darlehenskassenscheinen der eidg. Darlehenskasse wie Notenfälschungen strafbar; vgl. VO. des Bundesrates vom 10. September 1914 (GesSlg. 30, 471ff.), Art. 5 III, ferner Holzer: 43f.

[5] Holzer: 43—46 und namentlich Zürcher Bl. 11, Nr. 147 (Noten der ehemaligen österreichisch-ungarischen Bank als öffentliche Urkunden) vgl. auch BE. 36 I, Nr. 51, ferner Burckhardt: Schweizer. Bundesrecht, 5, 168.

noten" spricht, hätte eine weitere, vernünftige Auslegung zugelassen. Bemerkenswert ist andererseits, daß nach Art. 74 I des Gesetzes die „auf fremdem Gebiet" mit Bezug auf schweizerische Noten verübten Delikte auch in der Schweiz strafbar waren (vgl. StGB. Art. 240 III und dazu unten § 95 I 5).

3. Erst das Münzgesetz (MüG.) von 1931 (GesSlg. 47, 601ff.) hat die bundesstrafrechtlichen Bestimmungen gegen die Delikte an gemünztem Geld gebracht (Art. 13—28). Die Schaffung des neuen MüG. wurde vor allem durch die auf das Ende des Jahres 1926 erfolgte Auflösung der lateinischen Münzunion veranlaßt. Solange ein einheitliches Münzstrafrecht nicht bestand, hatte die Schweiz auch nicht die Möglichkeit, der am 20. April 1929 entstandenen Genfer Konvention zur Bekämpfung der Falschmünzerei[1] beizutreten.

Die Strafbestimmungen des MüG. sind nach dem Vorbild des Entwurfes zum StGB. gestaltet[2]. Die Darstellung der einzelnen Tatbestände folgt unten § 95.

II. Das StGB. spricht von Geldfälschung. Es versteht unter Geld das Metallgeld, das Papiergeld und die Banknoten (Art. 240ff.)[3]. Das entspricht auch dem in Art. 2 der Konvention aufgestellten Grundsatz: le mot „monnaie" s'entend de la monnaie-papier, y compris les billets de banque, et de la monnaie métallique, ayant cours en vertu d'une loi. In Art. 250 wird ferner bestimmt, daß das schweizerische Geldstrafrecht auch auf Metallgeld, Papiergeld und Banknoten des Auslandes Anwendung findet[4]. Die Lücken, die sich bisher aus kantonalen Rechten und auch aus dem NBkG. ergaben (oben I 2) sind damit geschlossen.

---

[1] Französischer Text: Convention internationale pour la répression du faux-monnayage, du 20 avril 1929 in der Z. 42, 417ff. Die Schweiz hat die Konvention bis jetzt nicht ratifiziert, aber der Bund wendet die administrativen Bestimmungen über den internationalen Nachrichtenverkehr zur Bekämpfung der Falschmünzerei im Einverständnis mit den Kantonen an. Schweizer. Zentralstelle ist die Bundesanwaltschaft; vgl. STÄMPFLI: Z. 45, 478ff. und Kreisschreiben des eidgenöss. Justiz- und Polizeidepartementes vom 18. Januar 1932, BBl. 1932 I, 115ff.; s. auch schon LUDWIG: Z. 27, 347ff. (Anlegung eines Verzeichnisses über ausgegebenes falsches Geld) und STOOSS: eodem, 28, 90ff., ferner BBl. 1930 II, 28. Über die Konvention vgl. noch PELLA: Revue pénitentiaire et de Droit pénal, 54, 312ff., 328ff.; ROUX: Revue internat. de Droit pénal, 7, 218ff.; KUENZER: Deutsche JZ. 35, 268ff.

[2] Botschaft des Bundesrates zum MüG.: BBl. 1930 II, 1ff., 26ff.

[3] Vgl. dazu auch Art. 988 des revidierten OR. von 1936: „Banknoten und andere in größerer Anzahl ausgegebene, auf Sicht zahlbare Inhaberpapiere, die zum Umlauf als Ersatzmittel für Geld bestimmt sind und auf feste Beträge lauten."

[4] GAUTIER: Prot. II. ExpKom. 4, 281 wies auf die Zirkulation ausländischen Geldes, namentlich von Bankenoten, im Inland hin. Art. 250 schützt also auch den inländischen Geldverkehr. — Wenige kantonale Rechte schützen ausländisches Geld: Zug § 57, Solothurn §§ 76, 79, Basel § 63, Neuenburg Art. 215, Genf Art. 216; weitere Daten bei HOLZER: 63 und 73ff. Das wirkte sich in Fällen von internatio-

Bei der dem strafrechtlichen Geldbegriff durch das G. gegebenen Umschreibung ist es müßig, auf die finanzwissenschaftlichen Erklärungen des Geldes näher einzutreten. Geld gemäß den Art. 240ff. des G. sind die von einem völkerrechtlich anerkannten Staat oder mit dessen Ermächtigung ausgegebenen Zahlungsmittel, das Staatsgeld. Die Bestimmungen kantonaler Rechte, z. B. Basel § 67, wonach auf den Inhaber lautende Kreditpapiere, wie Aktien, Obligationen, deren Interimsscheine und Coupons dem Gelde „gleichgestellt" werden, haben keine Bedeutung mehr[1].

III. Angriffs- oder, wie man auch sagen kann, Handlungs- oder Tatobjekt der Gelddelikte ist in- oder ausländisches Staatsgeld. Über das Schutzobjekt bestehen dagegen die verschiedensten Lehrmeinungen. Man hat die Gelddelikte als Staatsverbrechen, als delicta laesae majestatis, als Verletzung des staatlichen Münzregals, als Störung der Rechtseinrichtung des Geldverkehrs, des wirtschaftlichen Verteilungsprozesses, in älteren Rechten auch als Vermögensdelikte aufgefaßt. Immer wieder spielt auch der Standpunkt: Verletzung von Treu und Glauben im Verkehr seine Rolle (siehe schon oben § 91 I)[2]. In allen diesen Konstruktionen mag etwas Richtiges liegen. Sie sind ein Beweis dafür, wie mannigfache Interessen durch die Gelddelikte verletzt oder gefährdet werden können. Wegen dieser Mannigfaltigkeit hat das G. in der Überschrift des 10. Titels des Besonderen Teils auch von einer Nennung des Schutzobjektes abgesehen (oben § 91 I). Im Vordergrund steht der durch die Staaten und durch internationale Vereinbarungen (namentlich jetzt die Genfer Konvention von 1929) zu schützende Geldverkehr und zwar in dem Sinne, daß schon die Gefährdung strafbar sein soll. Die Mehrzahl der Gelddelikte sind abstrakte Gefährdungsverbrechen. Sieht man auf die Möglichkeiten der Auswirkung, so steht auch nichts entgegen, sie zu den gemeingefährlichen Delikten zu zählen[3].

---

naler Bedeutung eigenartig aus: Genfer Falschmünzerbande, die ägyptische und türkische Goldmünzen fälschte und nach Frankreich exportierte; Fälschung russischer Noten; vgl. HOLZER: 36ff.; zum Genfer Fall auch BE. 8, Nr. 47 (Auslieferung nach Frankreich bewilligt).

[1] Vgl. noch VE. 1908 Art. 166 und dazu Prot. II. ExpKom. 4, 190ff., jetzt G. Art. 251 Ziff. 2: Fälschung von Emissionspapieren als erschwerte Urkundenfälschung (unten § 98 II 3/4). Zum strafrechtlichen Geldbegriff ZÜRCHER: Erläuterungen, 310 und namentlich HOLZER: 62ff.; BINDING: Lb. 2 I, 313f.; vgl. auch GUBSER: 92ff., 104ff. (Frage der Kreditpapiere); WEY: 144.

[2] Ausführliche Erörterungen der Frage nach dem Schutzobjekt HOLZER: 18ff., 46ff., 62 (Rechtseinrichtung des Geldverkehrs); GUBSER: 60ff., WEY: 54ff., 60ff. (Stellung der Gelddelikte in den kantonalen Rechten); BINDING: Lb. 2 I, 303 (Verbrechen wider den Beweis mit Beweiszeichen); 306ff. (geschichtliche Daten). Geschichtlich besonders wertvoll KOHLER: 204ff.

[3] Allerdings, die „furchtbare Gefährlichkeit der Geldfälschung kommt nur ihrer Begehung im großen zu"; BINDING: a. a. O. 310.

IV. Neben den Tatbeständen der Art. 240ff. des G. bleibt Art. 72 des NBkG. erhalten. Er bedroht die entgegen der Vorschrift des Art. 39 der BV. erfolgende Ausgabe von Banknoten oder anderen gleichartigen Geldzeichen. Die Strafe lautet auf Gefängnis bis zu 1 Jahr oder auf Buße, die dem Fünffachen des Nennwertes der „unbefugt ausgegebenen Schuldscheine" entspricht, zum mindestens aber 5000 Franken beträgt. Um ein Fälschungsdelikt handelt es sich hier nicht, sondern um eine das staatliche Notenmonopol schützende Bestimmung, um die Anmaßung des Geldhoheitsrechtes. In der Art der angedrohten Bußenstrafen kommt der fiskalische Charakter zum Ausdruck. Beachtenswert ist, daß, anders als bei den Fälschungen, nicht schon das Herstellen, sondern erst das Ausgeben solcher Noten strafbar ist. Nach dem Sinn des Art. 72 kommt Idealkonkurrenz der Monopolverletzung mit einer Notenfälschung nicht in Betracht. Die entgegen dem Verbot des Art. 72 ausgegebenen „Schuldscheine" sind als echt gedacht. Stellen sie dagegen eine Nachahmung staatlicher Noten dar, so macht sich der Täter der Fälschung schuldig (Art. 240)[1].

§ 95. Die einzelnen Gelddelikte.

Literatur. Angaben zu § 94.

I. Die schwerste Form ist die **Geldfälschung** mit dem in Art. 240 I des G. aufgestellten Grundtatbestand und der Strafdrohung Zuchthaus. Er tritt an die Stelle von Art. 66 des NBkG. und Art. 13 des MüG.

1. Die Tat besteht in der fälschenden Herstellung von Geld, regelmäßig in der Nachmachung (contrefaire) staatlichen, in- oder ausländischen Metallgeldes, Papiergeldes oder von Banknoten[2]. Subjektiv ist die Absicht erfordert, die Fälschung als echt in Umlauf zu setzen. Nicht erforderlich ist eine Täuschungs- und Schädigungsabsicht oder die Schädigung anderer Person (beim Inumlaufsetzen). Darin scheiden sich die Gelddelikte vom Betrug, mit dem jedoch Konkurrenz möglich ist.[3] — Bringt der Fälscher sein Falsifikat selbst in Umlauf, so ist er nur auf Grund des Art. 240, nicht auch gemäß Art. 242 zu beurteilen[4]. — Die Fälschung muß sich auf gültiges, nicht auf sog. verrufenes, außer Kurs

[1] Zu Art. 72 des NBkG. mit geschichtlichen Notizen und dem Hinweis auf die geringe praktische Bedeutung der Bestimmung HOLZER: 54ff.

[2] Nach den welschen Texten (contrefaire, contraffare) wird ein existierendes Geld-Vorbild vorausgesetzt. Nach dem deutschen Text (fälschen) ist das nicht ausdrücklich gefordert. Strafbar muß auch die Fälschung von Stücken sein, die den staatlichen Werten nicht entsprechen, z. B. die Herstellung eines silbernen Zehnfrankenstückes; so zutreffend BINDING: Lb. 2 I, 315 (falsches Phantasiegeld).

[3] KOHLER: 222: Nicht die Interessen des Einzelnen, die öffentlichen Interessen kommen bei der Fälschung in Betracht; vgl. ferner GUBSER: 222ff.

[4] Siehe unten IV 2 und die entsprechende Auslegung bei der Lebensmittel- und der Warenfälschung oben § 90 III 2b und § 92 III 1.

gesetztes Geld beziehen (siehe unten VII). Das Ziel des Täters ist, die Fälschung als echt in Umlauf zu setzen. Echt hat hier die Bedeutung von gültig[1]. Wer verrufenes Geld in den Verkehr bringen wollte, erreicht dieses Ziel nicht. Aus dem vom G. geforderten subjektiven Moment folgt auch, daß nicht aus Art. 240 strafbar ist, wer aus Liebhaberei, zu Sammlerzwecken, alte Münzen fälschlich herstellt. Erfolgt jedoch eine solche Nachahmung zum Zwecke der Täuschung in Handel und Verkehr oder werden solche Falsifikate als echt, d. h. als wären sie Originale, in den Verkehr gebracht, so kommen die Bestimmungen über Warenfälschung (Art. 153—155) und eventuell über den Betrug in Betracht[2].

2. Die Fälschung gemünzten Geldes kann stofflich sein — durch Verwendung geringerwertigen Metalls oder einer minderwertigen Legierung. Entscheidend ist immer die Fälschung des Gepräges, die auch dann strafbar ist, wenn der Täter nicht unterwertiges Metall verarbeitet[3]. Bei der Fälschung von Papiergeld und Banknoten spielt das Stoffliche eine geringere Rolle. Die Fälschung liegt in der Nachahmung des Textes, des Notendrucks, der dem Papiergeld eigentümlichen Beweiszeichen[4].

3. Vollendet ist die Fälschung mit dem Abschluß der Fälschungsarbeit, der Herstellung des Falsifikates[5]. Schwierigkeiten ergeben sich bei der Frage, wann Versuch vorliegt. Die Lösung läßt sich vielleicht auf dem Weg über den Art. 247 gewinnen. Nach ihm ist mit Gefängnis zu bestrafen, wer Geräte zur Fälschung oder Verfälschung von Geld anfertigt oder sich verschafft, um sie unrechtmäßig zu gebrauchen (Abs. I)[6], und wer Geräte zur Herstellung von Geld unrechtmäßig gebraucht (Abs. II)[6]. Das sind Vorbereitungen zur Fälschung, die ohne

---

[1] So auch Diggelmann (Lit. zu § 92): 129.

[2] Oben § 92. Über Fälschung alter Münzen Würtenberger (Lit. zu § 92): 140ff.; auch Germann: StGB., N. zu Art. 240. Eine besondere Bestimmung, die Nachahmung alter Münzen unter Strafe zu stellen, werde von der II. ExpKom., Prot. 8, 291f. abgelehnt (Eingabe der Schweizer. Numismatischen Gesellschaft).

[3] Zürcher: Erläuterungen, 312f.; Gubser: 123f.; Wey: 70ff.; Holzer: 87 (Fälschung mit gesetzlichem Feingehalt der Münze).

[4] Über Fälschungstechnik und -methoden vgl. die kriminalistische Literatur, z. B. Weingart: Kriminaltaktik (1904), 328ff.; Finzi: Contraffazione di monete e di Sigilli, bolli pubblici e loro impronte (1906).

[5] In zweifacher Hinsicht merkwürdig ein Urteil des Kriminalgerichts Luzern vom 31. Januar 1936 (JZ. 34, 121, Nr. 95). Es beurteilte einen Münzfälschungsfall auf Grund des § 125 des luzern. StGB., obschon das eidgenöss. Münzstrafrecht seit dem MüG. von 1931 galt. Es verneinte ferner die Erfüllung des Tatbestandes, weil die angefertigten Stücke „außerordentlich plump“ und von geringem Gewicht und zur Täuschung wenig geeignet waren.

[6] NBkG. Art. 69 bestimmte: „Wer Stiche, Platten, Clichés oder andere Formen, die zur Fälschung oder Verfälschung von Banknoten bestimmt sind anfertigt oder anschafft, wird mit Zuchthaus bis zu 5 Jahren oder mit Gefängnis nicht unter 6 Monaten bestraft“, während Art. 23 des MüG. bereits eine dem Art. 247 des StGB. entsprechende Fassung enthält. — Der Art. 247 muß,

diese besonderen Bestimmungen straflos bleiben müßten. Während nach dem Tatbestand des Abs. I der Täter sich eigentliches Fälschungsgerät verschafft, z. B. eine Falschmünzerwerkstätte einrichtet, trifft der Abs. II Fälle, in denen Jemand sich echter Platten, Klischees, Prägestempel usw. bemächtigt und sie gebraucht. Die Strafdrohung für beide Varianten lautet auf Gefängnis. — Die Grenzziehung zwischen bloßer Vorbereitungshandlung und Versuch ist freilich heikel genug. Theoretisch ist davon auszugehen, daß der Täter die ihm zur Verfügung stehenden und für eine Fälschung tauglichen Geräte in einer, erkennbar auf die Verwirklichung einer Fälschung hinzielenden Betätigung gebraucht hat[1]. Wenn Jemand, der sich mit Fälschungsplänen trägt, echte Banknoten photographiert und davon Diapositive anfertigt, Werkzeug und Material anschafft, so bleibt das im Rahmen der Vorbereitung. Wenn er aber das Bild des Diapositivs, einer Glasplatte, auf eine Kupferplatte überträgt, die — allerdings erst nach Durchführung von Ätzungen — sich zu Vervielfältigungen eignet, so wird man einem Täter mit der Annahme, er habe mit der Ausführung der Fälschung bereits begonnen, nicht Unrecht tun[2].

4. Art. 240 II des G. bestimmt, wie schon Art. 13 II des MüG., daß „in besonders leichten Fällen" die Strafe auf Gefängnis lauten soll. Wann ein „besonders leichter Fall" gegeben ist, bleibt, bei der Vagheit dieser Formel, weitgehend richterlichem Ermessen überlassen[3]. Anhaltspunkte für die Auslegung ergeben sich aus den Gesetzesmaterialien: Die Entwürfe — schon der VE. 1894 Art. 128 bis zum VE. 1908 Art. 166 — privilegierten die Fälle, da die Fälschung für jedermann leicht erkennbar (augenfällig) ist, oder da der Täter nur wenige Stücke von geringem Wert anfertigt. Diese tatbestandsmäßigen Umschreibungen wurden infolge der an ihnen geübten Kritik zugunsten der jetzigen Fassung fallen gelassen[4]. Fraglich bleibt immerhin, ob der ungeschickte Fälscher und der Täter, der erwischt wird, solange das Maß seiner Fälschungen gering ist, eine Privilegierung überhaupt verdienen. Auch bei scheinbar unbedeutenderen Fällen einer Geldfälschung liegt immer eine nicht geringe krimi-

---

obschon der Wortlaut zunächst Zweifel läßt, auch „Geräte", die zur Münzverringerung (Art. 243 Ziff. 1) dienen sollen, umfassen; vgl. KOHLER: 233. Ausführlich zu den Tatbeständen des Art. 247 HOLZER: 111ff.

[1] Allg. Teil, § 39 III/IV.

[2] Der Text knüpft an den Fall in Zürcher Bl. 11, Nr. 147 an; vgl. ferner BE. 36 I, 278 (Auslieferungsfall). — Anders BINDING: Lb. 2 I, 317 (Anfertigung der geätzten Platten und Probedrucke liegen noch vor der Schwelle des Versuchs).

[3] Die Abstufung: schwere — leichte Fälle kommt besonders häufig im MilStG. vor. Die Rechtsprechung hat dazu festgestellt, daß die Entscheidung über solche Gradabstufungen beim erkennenden Richter liegt, und daß die Kassationsgerichtsbarkeit den Entscheid, den Fall der Willkür ausgenommen, nicht überprüfen kann; vgl. z. B. Entsch. MKG., 1926/1935, Nr. 5 und 46.

[4] Prot. II. ExpKom. 4, 191ff.

nelle Tendenz und eine nicht leicht zu nehmende Gefahr vor. Bei der Anwendung von Abs. II des Art. 240 ist daher Vorsicht zu empfehlen.

Um etwas anderes als um die leichten Fälle gemäß Art. 240 handelt es sich bei dem Übertretungstatbestand des Art. 327. Nach ihm ist strafbar, wer, ohne Fälschungsabsicht im Sinne des Art. 240, insbesondere zum Scherz oder zur Reklame, Papiergeld, Banknoten oder amtliche Wertzeichen des In- oder Auslandes so nachmacht oder nachahmt, daß die Gefahr der Verwechslung mit wirklichen Werten entsteht (sog. Blüten). Auch das Inverkehrbringen, Feilhalten und Einführen solcher Gegenstände ist strafbar[1]. Der Versuch dieser Übertretungen ist straflos (G. Art. 104 I). Obligatorisch ist die Einziehung (vgl. Art. 58) vorgesehen. — In diesen Zusammenhang gehört auch der neben dem StGB. weiter bestehende Art. 22 des MüG., der unter dem Randtitel: Münzähnliche Gegenstände bestimmt: „Wer, ohne Bewilligung des eidgenössischen Finanzdepartementes, den schweizerischen Münzen ähnliche, für Handel und Verkehr bestimmte Gegenstände herstellt oder einführt, wird mit Buße bestraft[2].“

5. Nach Art. 240 III gilt für die Geldfälschung das Universalitätsprinzip (Allg. Teil § 11 II, 4; § 12 III). Danach ist auch strafbar, wer die Tat im Ausland begangen hat, in der Schweiz betreten und nicht ausgeliefert wird, wenn die Tat auch am Begehungsorte strafbar ist[3]. Wie weit das Universalitätsprinzip sich praktisch auswirken wird, steht dahin. Für den Schweizer, der eine Geldfälschung im Ausland verübt hat und nach der Tat in die Heimat zurückkehrt, gilt nach Art. 6 des G. ohnehin sog. stellvertretendes Strafrecht.

---

[1] Ähnlich, schon NBkG. Art. 70; dazu der Fall BBl. 1909 I, 809ff. Zum Art. 327 des StGB. Prot. II. ExpKom. 7, 142ff. mit besonderem Hinweis darauf, daß solche Nachahmungen eine Versuchung zum widerrechtlichen Gebrauch bilden. Wey: 137 wendet sich gegen das Tatbestandsmoment, wonach die Nachahmung zu Verwechslung Anlaß geben kann, er fordert ein uneingeschränktes Verbot; vgl. ferner Holzer: 148ff.

[2] Vgl. auch MüG. Art. 12. Es handelt sich um Metallmarken, wie sie von Konsumvereinen, Fabriken usw., namentlich früher, ausgegeben wurden. Die Verwendung zur Entlöhnung von Arbeitern ist unzulässig; vgl. Burckhardt: Schweiz. Bundesrecht, 5, 161; Zürcher: Erläuterungen VE. 1908, 481f. — Art. 24 des MüG. gab die Möglichkeit, solche münzähnlichen Gegenstände und die zur Herstellung verwendeten Geräte einzuziehen und unbrauchbar zu machen. Art. 398 lit. n des G. hat diese Bestimmung aufgehoben. Das ist irrtümlich geschehen. Weder Art. 58, noch Art. 249 oder Art. 327 Ziff. 2 des StGB. schließen diese Lücke.

[3] Das entspricht zum Teil den in Art. 8 und 9 der Genfer Konvention von 1929 zur Bekämpfung der Falschmünzerei enthaltenen Grundsätzen (Z. 42, 419). Vgl. schon Prot. II. ExpKom. 1, 34ff., 459, ferner Art. 74 I des NBkG. und Art. 26 des MüG., der weitergehend als Art. 240 III des StGB. nicht nur für die Münzfälschung, sondern auch für die Münzverfälschung und das Ausgeben falscher Münzen sich zum Universalitätsprinzip bekannte; s. ferner Holzer: 78ff.

6. Eine gut organisierte Geldfälschung wird sich unter Umständen über einen längeren Zeitraum erstrecken. Der Täter wird es z. B. unternehmen, unter Verwendung desselben Fälschungsgerätes, eines Prägestockes, zeitlich auseinanderliegend Serien zu fälschen. Darin ist ein fortgesetztes Delikt, eine Verbrechenseinheit, zu sehen mit der Wirkung, daß die Verjährung erst mit dem Tag beginnt, an dem der Täter die letzte Tätigkeit ausführt (G. Art. 71 III)[1].

II. Der Tatbestand der **Geldverfälschung** (G. Art. 241) setzt echtes, gültiges Geld voraus. Die Tat besteht in einer Änderung echter Stücke. Der französische Text bezeichnet sie mit falsifier im Gegensatz zu dem bei der Geldfälschung verwendeten Ausdruck contrefaire, der italienische Text spricht von alterare[2]. Subjektiv ist die Absicht des Täters nachzuweisen, die verfälschten Stücke zu einem höheren Wert in Umlauf zu bringen. Die Strafdrohung lautet auf Zuchthaus bis zu 5 Jahren oder auf Gefängnis nicht unter 6 Monaten. Wie bei der Geldfälschung ist für besonders leichte Fälle lediglich Gefängnis angedroht (Abs. II). Dieser formelhafte Hinweis ist auch hier an die Stelle von kasuistisch gestalteten privilegierten Tatbeständen getreten (oben I 4 und z. B. VE. 1908 Art. 168). — Verglichen mit der Geldfälschung ist die Verfälschung von geringerer praktischer Bedeutung. Sie kommt selten vor. In der Beratung der Bestimmung hat man als Fälle genannt die Änderung der Zahlen auf einer Banknote[3], die Versilberung oder Vergoldung von Kupfer oder Nickelmünzen. Ob der in diesem Zusammenhang erwähnte Fall, daß Goldstücke ausgehöhlt und mit Blei gefüllt werden, das sog. Ausschälen echter Münzen, gemäß Art. 241 als Geldverfälschung oder als Münzverringerung (Art. 243) zu beurteilen wäre, ist zweifelhaft[4]. Beide Lösungen sind vertretbar. Von der aus den überkommenen Rechten stammenden, zu weit getriebenen kasuistischen Unterscheidung der einzelnen Gelddelikte ist auch das G. nicht losgekommen. Ein weitgespannter Fälschungstatbestand hätte, mit einem weiten Strafrahmen, die Herstellung falschen Geldes, die Verfälschung echten Geldes und die

---

[1] Zu dieser Frage insbesondere GUBSER: 143ff.; vgl. ferner HOLZER: 100ff., MERKEL: VD. Allg. Teil, 5, 307, BINDING: Lb. 2 I, 322f.

[2] Vgl. den gleich redigierten Tatbestand in Art. 14 des MüG. BOLLI: Prot. II ExpKom. 4, 212 hat zutreffend die Notwendigkeit einer Unterscheidung zwischen Fälschung und Verfälschung in Frage gestellt; vgl. auch oben § 91 II. Über die Geldverfälschung nach den früheren kantonalen Rechten GUBSER: 162ff.

[3] Art. 67 des NBkG. sprach von der Bezeichnung echter Banknoten mit einem höheren Wert, um sie mit diesem höheren Wert in Verkehr zu bringen.

[4] GAUTIER: Prot. II. ExpKom. 4, 210: „la démarcation entre l'altération et la dépréciation n'est pas aisée et cette distinction peut conduire à des conséquences bizarres"; vgl. auch ZÜRCHER: eodem, 212; BINDING: Lb. 2 I, 327; WEY: 100ff. (gemeinsame Behandlung von Münzverfälschung und -verringerung).

Münzverringerung zusammenfassen können. Der Fälschungswille des Täters und eine „Fälschung" sind in allen diesen Fällen gegeben[1].

III. Die **Münzverringerung** (sog. Kippen) (Art. 243 Ziff. 1) beschränkt sich auf Metallgeld, weil sie einen Substanzeingriff, eine Verringerung des Metallgehaltes, erfordert. Sie kann „durch Beschneiden, Abfeilen, durch chemische Behandlung oder auf andere Art" geschehen[2]. So umschreibt das G. und auch schon Art. 16 des MüG. Das subjektive Moment kommt hier in der Weise zum Ausdruck, daß der Täter mit der Absicht gehandelt haben muß, das verringerte Geld als vollwertig in Umlauf zu bringen[3].

In Ziff. 1 II ist die gewerbsmäßig betriebene Münzverringerung qualifiziert hervorgehoben. Während beim Grundtatbestand die Strafe auf Gefängnis oder Buße lautet, ist sie bei Gewerbsmäßigkeit[4] auf Zuchthaus bis zu 3 Jahren oder Gefängnis nicht unter 1 Monat erhöht.

Bei dem zunehmenden Verfall des inneren Wertes der Münzen und bei der selten gewordenen Zirkulation von Goldmünzen wird die Münzverringerung ein immer weniger lukratives Unternehmen werden.

IV. Das **Inumlaufsetzen von Fälschungen** (Verausgabungsdelikt) ist mit Bezug auf gefälschtes und verfälschtes Geld in Art. 242, mit Bezug auf verringerte Münzen in Art. 243 Ziff. 2 unter Strafe gestellt. Mehrere Einzelfragen ergeben sich:

1. In den Art. 242 und 243 und auch in Art. 244 ist der Ausdruck „Inumlaufsetzen (bringen)" gebraucht, während an anderen Stellen des G. (Art. 154, 204 Ziff. 1 II, 236) von „Inverkehrbringen" die Rede ist. Materiell besteht keine Verschiedenheit. Der Unterschied ist nur sprachlich und damit zu erklären, daß es üblich ist, von „Geldumlauf" zu sprechen. — Er ist gegeben, sobald das Geld seine bestimmungsgemäße Wirksamkeit im Verkehr ausübt[5]. — Bei falschem und verfälschtem Geld gehört zum Tatbestand des Art. 242, daß der Täter vorsätzlich die Stücke als echt oder unverfälscht in Umlauf bringt. Bei verringerten Münzen[6] muß der Täter den Vorsatz haben, die Stücke als vollwertig in den Verkehr zu bringen (Art. 243 Ziff. 2 I). Die Strafdrohungen für die beiden

[1] Ähnliche Gedanken einer zusammenfassenden Ordnung der Fälschungstatbestände bei KOHLER: 225ff. und namentlich 269f. Gegen die Trennung in Münzverfälschung und -verringerung auch GUBSER: 173.

[2] Prot. II. ExpKom. 4, 215 (Hinweis auf galvanoplastische Behandlung von Münzen); siehe auch oben II: Aushöhlen von Münzen.

[3] Die Absicht des Täters geht freilich an erster Stelle darauf, Metall zu gewinnen. Sie verbindet sich jedoch mit dem Willen, die verringerte Münze als vollwertig in Umlauf zu bringen; vgl. Prot. I. ExpKom. 2, 130f.

[4] Zum Begriff der Gewerbsmäßigkeit oben § 28 III 2.

[5] Dazu bemerkenswerte Kasuistik bei KOHLER: 223ff.; zum Begriff vgl. auch GUBSER: 131ff., 186ff.

[6] Die Bestimmung bezieht sich nicht auf durch den Gebrauch abgenützte Münzen; WETTSTEIN: Prot. II. ExpKom. 4, 217.

Fälle gehen ungerechtfertigt weit auseinander: Auf das Inumlaufsetzen falschen oder verfälschten Geldes steht Zuchthaus bis zu 3 Jahren oder Gefängnis, während, wenn es sich um verringertes Geld handelt, nur Gefängnis oder Buße angedroht ist. — Wenn ein Täter das falsche Geld an verschiedenen Orten in Umlauf setzt, so ergeben sich unter Umständen verschiedene Gerichtsstände. Die Lösung eines solchen Konfliktes mit der Wirkung der Zusammenfassung aller Einzelfälle hat nach der in Art. 346 II des G. enthaltenen Vorschrift des forum praeventionis zu erfolgen.

2. Als Täter des Inumlaufsetzens hat eine vom „Fälscher" verschiedene Person zu gelten. Es ist allerdings umstritten, wie es mit dem Fälscher zu halten ist, der selbst sein Produkt in den Verkehr bringt. Soll er nach den Regeln über die Konkurrenz wegen zweier Delikte bestraft werden[1]? Die Auffassung, daß die Anwendung des im Einzelfall gegebenen „Fälschungstatbestandes" ausreicht, ist vorzuziehen. Mit der Ausgabe des falschen Geldes führt der Täter zu Ende, was er mit seiner Fälschung im Sinne hatte. Man hat auch von einer straflosen Nachtat gesprochen[2].

Der Täter, der Fälschungen in Umlauf setzt, wird häufig im Einverständnis mit dem Fälscher stehen. Er ist dem Hehler ähnlich. Die beiden betreiben ein Kompagniegeschäft, und ihr Zusammenwirken erhöht die Gefahr für den Geldverkehr. Art. 167 II des VE. 1908 hatte erschwerend den Fall herausgehoben, daß das Inumlaufsetzen gefälschten Geldes „im Einverständnis mit dem Fälscher oder einem Teilnehmer an der Fälschung" erfolgte, und Art. 169 II bestimmte Gleiches für das Ausgeben verfälschten Geldes mit dem Zusatz, daß der Täter „eine größere Zahl von Stücken in Umlauf bringt". Das G. nennt solche Erschwerungen nicht mehr. Aber der Richter kann diese Fälle des bewußten Zusammenwirkens[3] bei der Strafzumessung innerhalb des gegebenen Strafrahmens berücksichtigen.

3. Im Anschluß an bisherige Rechte — z. B. auch MüG. Art. 15 II und 17 II — soll leichter bestraft werden, wer falsches Geld als echt,

[1] So, mit dem Hinweis auf die französische Doktrin, GAUTIER: Prot. II. Exp-Kom. 4, 203; ebenso SEILER: StenBull. NR. 1929, 554f.; BAUMANN: eodem. StR. 1931, 552.

[2] ZÜRCHER: Erläuterungen, 314 und besonders HOLZER: 126ff., ferner St. Gallen Kantonsgericht: JZ. 25, 28, Nr. 6 (zu den Art. 90/91 des st. gall. StGB.); übereinstimmend auch die deutsche Lehre, vgl. z. B. KOHLER: a. a. O. 226, 236; siehe schon oben § 90 III 2b i. f. und namentlich § 92 III 1 (Inverkehrbringen gefälschter Waren durch den Fälscher selbst).

[3] Eigenartig KOHLER: 226, der Mittäterschaft annimmt, wenn der Eine die Münzen verfertigt und der Andere sie im Einverständnis mit ihm in Umlauf setzt. Richtig ist Mittäterschaft allerdings dann gegeben, wenn zwei Personen sich vorgängig darüber verständigen, daß die eine falsches Geld anfertigen, die andere es in Umlauf setzen soll; BINDING: Lb. 2 I, 325.

verringertes Geld als vollwertig eingenommen hat, nachträglich die Falschheit entdeckt und trotzdem die Fälschung weitergibt. Der Gesetzgeber hat damit psychologisch richtig die besondere Lage, in die Jemand — ein „philiströs denkender Mensch", wie KOHLER (239) dazu schrieb — schuldlos geraten kann, und aus der er sich auf eine allerdings unerlaubte Art befreien will, privilegierend berücksichtigt. Die Strafmilderung kommt nach dem Gesetzestext nicht nur der Person, die ein falsches Stück eingenommen hat und es weitergibt, sondern auch dem, der falsches Geld weitergibt, das sein Auftraggeber oder sein Vertreter — Verhältnis Hausfrau — Dienstmädchen z. B. — an Zahlung genommen hat[1]. — Höchst merkwürdig ist auch hier der Unterschied in der Strafdrohung: nach Art. 242 II, wenn es sich um Falschgeld handelt, Gefängnis oder Buße, also eine Vergehensstrafe, nach Art. 243 Ziff. 2 II bei verringerten Münzen nur die Übertretungsstrafe der Buße. In jenem Fall ist daher auch der Versuch strafbar, im Zusammenhang mit Art. 243 bleibt er dagegen straflos.

V. Das G. schließt den Kreis der von ihm erfaßten eigentlichen Gelddelikte[2] mit den Tatbeständen des Art. 244: **Einführen, Erwerben, Lagern falschen Geldes.** Tatobjekt sind falsches oder verfälschtes Geld jeder Art (siehe oben § 94 II) und verringerte Münzen. Der Art. 244 weist auf zu Zeiten sicher bestehende internationale Fälscherbeziehungen hin. Das trifft besonders beim Einführen zu. Subjektiv muß nachgewiesen werden, daß das Einführen, Erwerben[3] oder Lagern[4] geschieht, um die „Fälschungen" als echt, unverfälscht oder vollwertig in Umlauf zu setzen. Damit ist der Tatbestand als Vorbereitungshandlung zu den Delikten des Inumlaufsetzens gekennzeichnet. Die Strafdrohung aus Art. 244 I lautet auf Gefängnis. Der Abs. II qualifiziert mit der Strafdrohung: Zuchthaus bis zu 5 Jahren den Fall, daß Fälschungen „in großer Menge" (grandes quantités) eingeführt, erworben oder gelagert werden. Der Gedanke der Gewerbsmäßigkeit spielt hier mit.

Die Strafbarkeit der im Art. 244 enthaltenen Tatbestände ergibt sich aus der Gefährlichkeit — abstrakte Gefährdungen — und daraus, daß sie, ähnlich der Hehlerei, mit vorangegangenen Delikten, den Fälschungen, zusammenhängen.

Entsprechend wie bei den Tatbeständen des Inumlaufsetzens ist es auch bei Art. 244 richtiger, als Täter nur Drittpersonen anzunehmen

---

[1] LANG: Prot. II. ExpKom. 4, 205.

[2] Über die Tatbestände aus Art. 247: Fälschungsgeräte und unrechtmäßiger Gebrauch von Geräten s. schon oben I 3.

[3] Erwerben ist im weiten Sinne zu verstehen, nicht nur wenn es gegen Entgelt geschieht; GAUTIER: Prot. II. ExpKom. 4, 220.

[4] Mit Bezug auf Geld vielleicht ein merkwürdiger Ausdruck. Zu den Begriffen Einführen und Lagern vgl. Art. 155 und dazu oben § 92 IV, auch Art. 236, ferner Prot. II. ExpKom. 4, 220f. (THORMANN, LANG).

und eine Realkonkurrenz zwischen Art. 244 einerseits und Art. 240 bis 243 andererseits nicht zur Geltung zu bringen. Namentlich soll der Fälscher, der seine Fälschungen auch einführt oder lagert, nur nach den Fälschungsbestimmungen, nicht auch noch gemäß Art. 244 bestraft werden[1].

VI. Für das ganze Gebiet der Gelddelikte ist Art. 50 besonders zu beachten, der den Richter ermächtigt, wenn der Täter aus Gewinnsucht handelt, in jedem Fall neben der Freiheitsstrafe auf Buße zu erkennen. — Alles falsche, verfälschte oder verringerte Geld, sowie die Fälschungsgeräte sind einzuziehen und unbrauchbar zu machen oder zu vernichten (Art. 249)[2]. Neben dieser Bestimmung gelten weiter Art. 25 I und II des NBkG., wonach die Nationalbank mit Ermächtigung des Bundesrates befugt ist, bestimmte Notenserien zurückzurufen, wenn Nachahmungen von Noten vorliegen, und Art. 9 des MüG., wonach die eidgenössische Staatskasse gefälschte Münzen dem Verkehr entzieht[3].

VII. Neben den Gelddelikten des StGB. bleiben folgende Übertretungstatbestände des MüG. erhalten:

Art. 19: Einführen und Erwerben von verrufenen, d. h. außer Kurs gesetzten und aus dem rechtmäßigen Verkehr verschwundenen Münzen, um sie in Umlauf zu bringen, und das Inumlaufbringen solcher Münzen in großer Menge[4] — Strafdrohung: Haft oder Buße und Einziehung;

Art. 20: In unrechtmäßiger Bereicherungsabsicht erfolgendes Einführen oder Erwerben von Münzen, die in der Schweiz keinen gesetzlichen Kurs haben, um sie in Umlauf zu bringen, und das Inumlaufbringen solcher Münzen in großer Menge — Strafdrohung: Haft oder Buße;

---

[1] Vgl. oben IV 2; a. M. Gautier: Prot. II. ExpKom. 4, 220.

[2] So schon die durch das G. aufgehobenen Art. 71 des NBkG. und Art. 24 des MüG. — Als Fälschungsgeräte haben nur Geräte zu gelten, die eigens dem Fälschungszweck dienen, nicht z. B. eine vom Täter verwendete Papierschneidemaschine. Nicht der Einziehung verfallen die vom Täter verwendeten Materialien (Metall, Papier usw.); Holzer: 169ff.

[3] Über verwaltungsrechtliche Bestimmungen betreffend Unbrauchbarmachung falscher Münzen durch Zerschneiden Burckhardt: Schweiz. Bundesrecht, 5, 155f. Zu beachten ist hier jetzt G. Art. 58 I, wonach die öffentliche Ordnung gefährdende Gegenstände (instrumenta et producta sceleris) ohne Rücksicht auf die Strafbarkeit einer bestimmten Person einzuziehen sind. Dieser Grundsatz muß auch zu Art. 249 gelten.

[4] Kantonale Rechte enthielten weitere Tatbestände, z. B. Zürich § 100: verrufenem Metallgeld durch Veränderungen das Ansehen von gültigem geben und als gültig ausgeben (Münzbetrag); Luzern § 125, mit Ausdehnung auch auf Papiergeld, als „Münzfälschung" bestraft. Im Hinblick auf die abschließende Ordnung der Gelddelikte durch das Bundesrecht sind solche kantonale Bestimmungen dahingefallen. — Über „verrufenes" Geld gut Gubser: 97f.

Art. 21: Beschädigung und Inumlaufbringen beschädigter Münzen als vollwertig — Strafdrohung: Buße[1]. Art. 9 bestimmt dazu, daß die eidgenössische Staatskasse abgenutzte und beschädigte Münzen dem Verkehr zu entziehen hat.

Der Versuch dieser Übertretungen ist straflos (G. Art. 333 I in Verbindung mit Art. 104).

§ 96. Delikte an amtlichen Zeichen.

Literatur. Buser: Das schweizer. Postverkehrsgesetz nebst den wichtigeren Bestimmungen der Postordnung (2. Aufl. 1935). — Derselbe: JZ. 22, 321ff., 337ff., ferner in der Schweizer Briefmarkenzeitung, 1935, Nr. 1—3 (Sonderabdruck). — Brunner: Fälschungen und Nachahmungen im schweizer. Postrecht, Zürcher Diss. (1930). — Weismann: VD. Bes. Teil, 7, 316f., 397ff.

I. Die in den Art. 245, 246, 327 und 328 des G. erfaßten Delikte an bestimmten amtlichen Zeichen stehen im Hinblick auf die Schutztendenz und in der Gestaltung der Tatbestände in naher Verwandtschaft mit den Geld- und den Urkundendelikten. Zusammenfassend kann man die geschützten Zeichen als Beweiszeichen charakterisieren — Beweis für einen durch Kauf erworbenen, staatlich garantierten Wert, bei der Postmarke z. B., Beweis andererseits für eine staatlich durchgeführte Kontrolle (Fleischschauerstempel, Zollmarken usw.). Verwaltungsrechtliche Bestimmungen bilden die Grundlage. Der Gesetzgeber hat die Frage zu lösen, wie weit er strafrechtliche Schutzbestimmungen in das StGB. übernehmen, wie weit er sie andererseits der Sondergesetzgebung überlassen soll.

In den Art. 245 und 246 stehen, wie bei den Geld- und den Urkundendelikten, die Typen der Fälschung und der Verfälschung im Vordergrund. Die in früheren Zusammenhängen — namentlich oben § 91 II — zu diesen Begriffen gegebenen Erörterungen gelten auch hier.

II. 1. Der Art. 245 des G. mit dem Randtitel: **Fälschung amtlicher Wertzeichen** (timbres officiels de valeurs) nennt als Beispiele solcher Zeichen Postmarken, Stempel- und Gebührenmarken. Sie sind die Angriffsobjekte. Begriff und Bedeutung dieser Zeichen ergeben sich aus dem Verwaltungsrecht:

---

[1] Die Entwürfe zum StGB. hatten entsprechende Tatbestände vorgesehen: VE. 1908 Art. 270, 271; E. 1918 Art. 325, 326, überdies VE. 1908 Art. 272: Einführen, Erwerben und Inumlaufbringen von ausländischen Goldmünzen fremder Währung mit dem Ziel, einen höheren Wert als den der gesetzlichen Parität zu erlangen. Zu diesen Tatbeständen Zürcher: Erläuterungen VE. 1908, 477ff.; Prot. II. ExpKom. 7, 128ff. (Sicherung der Reinheit der Geldwährung), 349ff. Über dieses „zur Aufrechterhaltung eines geregelten Geldumlaufes" notwendige Übertretungsstrafrecht Holzer: 139ff., 152ff. (ausführliche Darstellung). In der Bundesversammlung wurden diese Bestimmungen der Entwürfe im Hinblick auf die oben genannten Vorschriften des MüG. gestrichen, StenBull. StR., 1931, 676; NR. 1934, 414.

Die Postmarken, mit Einschluß der Taxmarken für unfrankierte oder ungenügend frankierte Kleinsendungen, sind die auf Grund des Postregals ausgegebenen staatlichen Beweiszeichen für eine Zahlung von Postgebühren. Bestimmungsgemäß dienen sie zur Freimachung von Postsendungen. Sie sind Wertträger. Im kleineren Geschäftsverkehr spielen sie auch als Zahlungsmittel eine gewisse Rolle. Dem Geld sind sie aber nicht gleichgestellt, da eine Annahmepflicht nicht besteht. Den Postmarken, die auf die Postsendungen aufgeklebt werden, sind gleich zu halten die Aufdrucke von Wertzeichen auf Postkarten, Streifbändern, Briefumschlägen usw., die Antwortscheine des Weltpostvereins, ferner die Aufdrucke von auf Grund postamtlicher Bewilligung verwendeten Frankiermaschinen[1]. Das alles sind amtliche Wertzeichen.

Die in Art. 245 als weiteres Beispiel genannten Stempel- und Gebührenmarken[2] sind ebenfalls Beweiszeichen für an eine öffentlichrechtliche Stelle (Staat, Gemeinden) für gewisse Gebühren und Abgaben geleistete Zahlung. Was in diesem Sinne „stempelpflichtig" ist, bestimmt sich teilweise nach eidgenössischem, teilweise nach kantonalem Recht (Gerichtsakten, Verträge, Wechsel, Plakate usw.). Hier genügt die Feststellung, daß der umfassende Art. 245 sich auf alle vom Staat oder einer Gemeinde ausgegebenen Stempel- und Gebührenmarken und ebenso auf an Stelle von Klebmarken erfolgende Aufdrucke (Stempelpapier) bezieht. Kantonale Bestimmungen über Delikte an amtlichen Stempeln, die den Charakter von Wertzeichen haben, z. B. Waadt Art. 265 (timbres officiels de valeur) sind durch den Art. 245 des StGB. aufgehoben. Für den Vorbehalt kantonaler Rechte gemäß G. Art. 335 besteht kein Bedürfnis.

Immer muß es sich aber um von einer Amtsstelle ausgegebene oder im amtlichen Verkehr verwendete Wertzeichen handeln[3]. Auf von einem privaten Betrieb ausgegebene Rabatt-, Sparmarken usw. bezieht sich der Art. 245 nicht. Dagegen ist er nach der Vorschrift des Art. 250 auch auf

---

[1] Buser: Postverkehrsgesetz, 149ff. und namentlich Briefmarkenzeitung, 1ff.; Zürcher: Erläuterungen VE. 1908, 319; Brunner: 21ff.; vgl. auch Art. 47 des Weltpostvertrages von 1934 (Eidg. GesSlg. N. F. 50, 1130ff.).

[2] Der Entwicklung der Zahlung gewisser Gebühren durch Marken sind keine Schranken gesetzt. Zürcher: a. a. O. 319 weist auf Sparmarken, Marken zur Zahlung von Versicherungsbeiträgen hin. Vgl. JZ. 30, 220, Nr. 44 und Z. 46, 122ff.: Basler Urteil über die Fälschung ausländischer Zigarettenbanderolen (Tabaksteuerzeichen). Straflosigkeit, da § 68 des Basler StGB. nur inländische Wertzeichen schützte. Anders jetzt Art. 245 und 250 des G. — In einzelnen Kantonen wird zwischen Stempel- und Gebührenmarken unterschieden; Prot. II ExpKom. 5, 58. Für die Geltung der Strafnormen des Art. 245 ist eine Unterscheidung ohne Bedeutung.

[3] Nicht mehr ausgegebene Postmarken dürfen unter Umständen — bis sie widerrufen sind — zur Frankierung noch verwendet werden. Auch für sie gilt der Schutz des Art. 245; Zürcher: Erläuterungen, 320.

alle entsprechenden Wertzeichen des Auslandes anwendbar. Für die Postwertzeichen, Poststempel und Postsiegel galt das schon bisher auf Grund von Art. 58 des Postverkehrsgesetzes (PVG.) vom 2. Oktober 1924 (GesSlg. N. F. 41, 329ff.)[1].

2. Die in Ziff. 1 I des Art. 245 zunächst genannten Fälschungen und Verfälschungen[2] (contrefaire ou falsifier; contraffare od alterare) setzen subjektiv die Absicht des Täters voraus, ein solches „Wertzeichen" in irgendeiner Weise als echt oder unverfälscht zu verwenden. Das entspricht der bei den Gelddelikten in Art. 240, 241, 243 und 244 geforderten Absicht des Inumlaufbringens (oben § 95 I 1).

Der Nachweis der Verwendungsabsicht genügt. Zur Vollendung ist die Verwendung nicht gefordert. Im übrigen ergeben sich bei der Zeichenfälschung für die Fragen: Vorbereitungshandlung, Versuch und Vollendung die gleichen Probleme und Zweifel wie bei der Geld-, insbesondere der Notenfälschung. Die Tatbestände des Art. 247: Fälschungsgeräte und unrechtmäßiger Gebrauch von Geräten finden wie bei der Geldfälschung auch mit Bezug auf amtliche Wertzeichen Anwendung (oben § 95 I 3). Es ist also dafür gesorgt, daß auch hier Fälschungsplänen schon frühzeitig entgegengetreten werden kann.

3. Bei der Wertzeichenfälschung ergibt sich als besonderer Tatbestand die Behandlung entwerteter Zeichen derart, daß ihnen der Schein gültiger gegeben wird, wobei wiederum die Absicht des Täters nachgewiesen werden muß, die Stücke als gültig zu verwenden (Art. 245 Ziff. 1 II). Für die Postwertzeichen war Gleiches schon in Art. 58 II des PVG. bestimmt. Die Handlung besteht z. B. im Entfernen des Entwertungsstempels auf Marken. Auch bei Frankiermaschinenaufdrucken kann das geschehen[3]. In einem weiteren Sinn verstanden handelt es sich auch hier um Fälschung

[1] Grundlage: die durch den Weltpostvertrag eingegangenen Bindungen, jetzt Art. 81 des Vertrages vom 20. März 1934. Über die Entwicklung und Ausgestaltung des Poststrafrechts in einzelnen Ländern auf Grund des Vertrages. Brunner: 68ff. Über die Entwicklung der Post-Gesetzgebung auch Burckhardt: Schweiz. Bundesrecht, 5, 996ff., 1006ff.

[2] Vgl. Zürcher: Prot. II. ExpKom. 4, 230 und den interessanten Fall von Postmarkenverfälschung bei Brunner: 38f. Über weitere Fälle von Fälschungen und Verfälschungen (Zusammensetzen von Teilen gebrauchter Wertzeichen; gefälschte Überdrucke) berichtet Buser: Briefmarkenzeitung, 9. — Zur Geschichte des schweizerischen Poststrafrechts, insbesondere der Delikte an Wertzeichen, Brunner: 11ff.

[3] Buser: 221; Brunner: 44ff.; JZ. 8, 240, Nr. 237 (Wiederverwendung abgestempelter Marken durch einen Postbeamten, der den alten Stempel durch neue Stempelung zu verdecken suchte). Vgl. überdies den als „Verletzung des Postregals" bezeichneten Tatbestand in Art. 62 Ziff. 1 IV des PVG.: Verwendung schon benützter Postwertzeichen. Diese Bestimmung ist durch Art. 398 lit. k des StGB. aufgehoben. Buser: 238 verstand darunter die bloß fahrlässige Verwendung entwerteter Postwertzeichen. Das ist zweifelhaft. Jedenfalls fällt mit dem Inkrafttreten des StGB. die Strafbarkeit der Fahrlässigkeit dahin.

oder Verfälschung, weil der Stempelaufdruck zum Bestandteil der Marke geworden ist.

4. Für alle in Ziff. 1 des Art. 245 umschriebenen Tatbestände gilt das Universalitätsprinzip (oben § 95 I 5). Eigenartig ist, daß es im Kreis der Gelddelikte nur bei der Fälschung i. e. S. (Art. 240 III) vorgesehen ist, während bei den Wertzeichen der Grundsatz auch bei der Verfälschung und bei der Manipulation an entwerteten Zeichen gilt. Von großer praktischer Bedeutung werden diese Bestimmungen kaum sein.

Die einheitliche Strafdrohung für alle aus der Ziff. 1 sich ergebenden Tatbestände lautet auf Gefängnis. Damit kann, wenn der Täter aus Gewinnsucht handelt, was regelmäßig zutreffen wird, Buße verbunden werden (Art. 50 I). Obligatorisch ist nach Art. 249 die Einziehung falscher und verfälschter Wertzeichen. Der Art. 249 nennt entwertete manipulierte Wertzeichen nicht. Faßt man diesen Fall als eine Art Verfälschung auf (oben 2), so ist die Einziehung auch hier gegeben.

5. Die Ziff. 2 des Art. 245 bestraft mit Gefängnis oder mit Buße — mit der Möglichkeit, die beiden Strafen zu verbinden (Art. 50 II) — die Verwendung falscher, verfälschter und entwerteter Wertzeichen als echt, unverfälscht oder gültig. Die Frage nach dem Täter ist in gleicher Weise wie beim Inumlaufsetzen falschen und verfälschten Geldes (Art. 242) zu lösen, d. h. als Täter, der verwendet, hat eine vom „Fälscher" verschiedene Person zu gelten (oben § 95 IV 2). — Auch hier gilt die Einziehung gemäß Art. 249.

6. Zwei Übertretungstatbestände ergänzen die Vergehen aus Art. 245: Nachmachung und Nachahmung von amtlichen Wertzeichen ohne Fälschungsabsicht, insbesondere zum Scherz oder zur Reklame, in der Art, daß eine Verwechslungsgefahr[1] herbeigeführt wird: Art. 327, für dessen Einzelerörterung auf oben § 95 I 4 verwiesen wird[2].

Von anderer Art ist der Art. 328. Er dient dem Schutz der Postwertzeichensammler. Strafbar — mit Haft oder Buße und Einziehung — ist, wer in- oder ausländische Postwertzeichen nachmacht, um sie als nachgemacht in den Verkehr zu bringen, ohne die einzelnen Stücke als Nachahmungen kenntlich zu machen. Strafbar ist auch das Einführen, Feilhalten und Inverkehrbringen solcher Stücke[3]. Zulässig

---

[1] Sie besteht nicht oder kaum bei den von einzelnen Truppenkörpern der Armee ausgegebenen und verwendeten sog. Mobilisationsmarken, die keine Wertbezeichnung enthalten. Vgl. auch BURCHKARDT: Schweiz. Bundesrecht, 5, 1025 (nicht strafbare Nachbildungen von Postwertzeichen).

[2] Der Art. 327 bezieht sich auf amtliche Wertzeichen im ganzen Umfang des Art. 245 (oben 1), also nach den dort genannten Beispielen namentlich auf Postmarken, Stempel- und Gebührenmarken.

[3] Das ist so zu verstehen, daß z. B. auch der feilhaltende Täter nicht verschweigt, daß es sich um ein Faksimile handelt, nur ist das Stück nicht als Nachahmung kenntlich gemacht. Aus der Praxis (Fall FOURNIER) BUSER: Briefmarkenzeitung, 11ff.

sind als Faksimile[1] bezeichnete Nachahmungen. — Die Tatbestände des Art. 328 sind abstrakte Gefährdungsdelikte. Die Bestimmung bezieht sich sowohl auf Postwertzeichen, die im Verkehr noch gültig sind, als auch auf frühere, selten gewordene Stücke (Raritäten), die den Sammler locken. Der Vergleich mit dem Handel mit alten Münzen liegt nahe. Von der Warenfälschung (G. Art. 153—155) und weiter auch vom Betrug heben sich die Tatbestände des Art. 328 dadurch ab, daß der Täter nicht zum Zwecke der Täuschung handelt oder gar täuscht. Tut er das, wird mit Faksimilestücken Schwindel getrieben, so sind Warenfälschung und Betrug selbstverständlich in Betracht zu ziehen[2]. — Ein Versuch aus Art. 328 bleibt straflos (G. Art. 104 I).

7. Das StGB. hat das mit dem Postbetrieb im Zusammenhang stehende Fälschungsrecht nicht voll erfaßt. Ergänzende Bestimmungen des PVG bleiben erhalten. Das trifft für eine Reihe von mit Gefängnis bedrohten Vergehen gemäß Art. 58 zu: Fälschung und Verfälschung von in oder ausländischen Poststempeln und Postsiegeln[3], um sie als echt zu verwenden, Fälschung oder Verfälschung eines Postschecks, um ihn zu verwenden, ferner die Verwendung solcher Fälschungen (sog. Postbetrug)[4]. Dazu kommen folgende, mit Buße bedrohten, auch bei Fahrlässigkeit strafbaren (Art. 56 Ziff. 2) Übertretungstatbestände: Die Nachahmung von geltenden schweizerischen Wertzeichen, Stempeln, Siegeln, Sackschlössern, Briefeinwürfen, Schloßfächern und zugehörigen Schlüsseln der Post ohne Bewilligung der Postverwaltung und der Gebrauch solcher Nachahmungen; Art. 59 I. Nach dem 2. Absatz dieses Artikels macht sich ferner strafbar, wer Uniformen und Fuhrwerken das Aussehen von solchen der Postverwaltung gibt (Verwechslungsgefahr), und wer solche Uniformen und Fuhrwerke gebraucht[5]. Alle durch den Art. 59 erfaßten Nachahmungen sind schlechthin strafbar. Der Nachweis einer schädigenden Absicht ist nicht erfordert. Die Organe der Postverwaltung und das Publikum sollen vor Täuschungen bewahrt werden[6].

---

[1] Als Faksimile gilt eine dem Urbild völlig entsprechende Nachbildung; DIGGELMANN (Lit. zu § 92): 58.

[2] Oben § 92 III 2; DIGGELMANN: a. a. O. 127ff. (interessante Daten über Faksimilefabrikation und -handel), 153ff.; auch ZÜRCHER: Erläuterungen, 320 und namentlich — mit Fällen aus der Praxis — Prot. II. ExpKom. 7, 216ff.; BRUNNER: 28, 33f. BUSER: Briefmarkenzeitung, 7, 15f. hebt den Warencharakter namentlich der entwerteten und abgerufenen Wertzeichen besonders hervor.

[3] Über die Funktion des Poststempels gut BRUNNER: 23ff. (Beweis, daß die Post ihren Dienst geleistet hat); über die Postsiegel: 26ff., 35ff.

[4] Zu diesen Tatbeständen BUSER: 218ff.; über Beziehungen zu den Urkundendelikten unten § 97 II 1. Über die Postscheckfälschung insbesondere BRUNNER: 47ff.

[5] BUSER: 222ff. und JZ. 22, 341f. Der Gedanke der Postregalverletzung, die das PVG. in Art. 62 näher umgrenzt, spielt schon in Art. 59 hinein.

[6] BRUNNER: 56ff. (ausführlich zum Art. 59, mit Verwertung der Ausführungsbestimmungen zum PVG.).

III 1. Bei der **Fälschung amtlicher Zeichen** nach Art. 246 des G. handelt es sich nicht um Wertzeichen, sondern, wie der Tatbestand deutlich zum Ausdruck bringt, um Zeichen, die eine „Behörde an einem Gegenstand anbringt, um das Ergebnis einer Prüfung oder um eine Genehmigung festzustellen" (Eigenschaftszeichen). Ihnen fehlt, anders als dem Geld und den Wertzeichen, die Verkehrsfähigkeit. Als Beispiele nennt das G. Stempel der Gold und Silberkontrolle, Stempel der Fleischschauer, Marken der Zollverwaltung[1]. Ob es sich um Kontroll- oder Genehmigungsstempel einer Bundes-, einer kantonalen oder einer Ge meindebehörde handelt, macht keinen Unterschied.

Der Art. 246 ist umfassend. Bisherige Bestimmungen kantonaler Rechte werden durch ihn aufgehoben. Vorschriften bisheriger Rechte sind aber für die Zukunft durch weitere darin genannte Beispiele beachtenswert: Bern Art. 104 nennt neben Siegeln und Stempeln die sog. Waldhämmer[2] einer Staats- oder Gemeindebehörde oder einer öffentlichen Anstalt (!), ferner öffentliche Zeichen, die zur Bezeichnung von Waren oder Lebensmitteln bestimmt sind. Luzern § 135 bezeichnet als Angriffsobjekt das Amtssiegel einer öffentlichen Behörde und allgemein amtliche Stempel[3]. Auch Freiburg Art. 148 nennt in allgemeiner Formulierung Siegel einer Behörde oder einer Person öffentlichen Glaubens und amtliche Zeichen oder Stempel. Baselstadt § 69 II stellt unter den Urkundenbegriff und die Bestimmungen über die Urkundenfälschung auch Abdrücke von Siegeln und Stempeln und ähnliche Zeichen. Ausführlich ordnen welsche Rechte, z. B. Neuenburg, das in Art. 225 die Nachahmung amtlicher Stempel behandelt. Dann bestimmt Art. 226: Celui qui contrefait le marteau de l'Etat ou d'une commune, servant aux marques forestières, ou l'empreinte destinée à être apposée au nom de l'Etat ou des communes sur les diverses espèces de bétail, denrées ou marchandises. Und Art. 227 stellt noch die betrügerische Aneignung und den unrechtmäßigen Gebrauch solcher Zeichen unter Strafe[4].

Angesichts der Verschiedenheit der kantonalen Rechte und namentlich auch im Hinblick auf die bisher unsichere Abgrenzung der amtlichen Zeichen von den Urkunden (unten § 97 II 1) stellt der Art. 246 des G. eine gute Lösung dar. Er umfaßt alles, was notwendig ist: die eine amt-

---

[1] Weitere Beispiele aus eidgenössischem Recht bei ZÜRCHER: Erläuterungen, 309. Ferner JZ. 14, 275, Nr. 82 (Baselstadt: Velokontrollschild als Erklärung einer Amtsstelle, daß für ein Motorrad die vorschriftsmäßige Prüfung und Genehmigung erfolgt ist; nach Basler Recht Urkundenfälschung gemäß StGB. § 69).

[2] Amtliche Beglaubigung der Identität verkaufter Baumstämme durch Anschlagen mit einem Waldhammer; ZÜRCHER: a. a. O. 308.

[3] Ein Urteil JZ. 32, 283, Nr. 206.

[4] Weitere kantonale Daten bei STOOSS: Schweizer. Strafgesetzbücher, 535ff. im Abschnitt: Delikte an Urkunden, Grenzsteinen, Siegeln und Stempeln und an Maß und Gewicht.

liche Kontrolle oder Genehmigung beweismäßig feststellenden Siegel, Stempel und eventuellen anderen Zeichen. Zu eng hatten die Vorentwürfe, im Anschluß an die Warenfälschung, bestimmt: VE. 1894. Art. 133 und deutlich VE. 1908 Art. 165, der nur die Fälschung amtlicher Warenzeichen, mit denen „Vieh, Holz oder andere Waren" versehen werden, erfaßte[1]. In der endgültigen Fassung bezieht sich die Bestimmung dagegen auf amtliche Siegel und Stempel in einem viel weiteren Umfang, auch auf das Staatssiegel — le Grand Sceau de l'Etat[2] — und Gemeindesiegel, denn durch den Siegel- oder Stempelbeidruck soll immer auch in diesen Fällen das Ergebnis irgendeiner Prüfung oder eine Genehmigung bestätigt werden.

Anders als bei den amtlichen Wertzeichen (Art. 245) werden durch den Art. 246 ausländische amtliche Zeichen anderer Art nicht erfaßt, da der Art. 250 nur Geld und Wertzeichen des Auslands nennt. Eine einengende Auslegung des Art. 246 ergibt sich auch daraus, daß der Mißbrauch gewisser amtlicher Zeichen unter anderen Bestimmungen steht: Die Eichzeichenfälschung ist nach Art. 248 strafbar (oben § 93 III). Für die Poststempel- und Postsiegelfälschung gelten die Bestimmungen des PVG. (oben II 7). Als Sondervorschriften gehen dem Art. 246 auch vor die Art. 40 und 41 des Telegraphen- und Telephonverkehrsgesetzes von 1922 (Fälschung und Nachahmung von Amtsstempeln und Amtssiegeln), zum Teil auch die Art. 45ff. des BGes. vom 20. Juni 1933 über die Kontrolle des Verkehrs mit Edelmetallen und Edelmetallwaren (Eidg. GesSlg. N. F. 50, 345ff.)[3]. Aufrecht bleiben ferner Art. 63 und 65 I des Motorfahrzeuggesetzes mit den Bestimmungen über den Gebrauch falscher und verfälschter Kontrollschilder.

2. In der Bezeichnung der einzelnen strafbaren Handlungen schließt sich der Art. 246 an Art. 245 an: Fälschung und Verfälschung, verbunden mit der Absicht der Verwendung als echt oder unverfälscht; Ver-

---

[1] Dazu Zürcher: Erläuterungen, 308ff.; Prot. II. ExpKom. 4, 185ff. mit der guten Kennzeichnung der amtlichen Warenzeichen durch Gautier: (186) „Elles certifient non seulement que l'examen de la marchandise par le fonctionnaire a eu lieu, mais encore que la marchandise a été trouvée de bonne qualité, loyale et marchande."

[2] Zur Frage des Staatssiegelschutzes Gautier und andere Prot. II. ExpKom. 4, 187ff.; 5, 49 (Mißbrauch des Staatssiegels als Urkundendelikt betrachtet; dazu auch 4, 229).

[3] Die Fälschungsbestimmungen dieses Gesetzes werden in Art. 398 des StGB. nicht als aufgehoben genannt. Art. 246 hebt aber „Stempel der Gold- und Silberkontrolle" als Beispiel hervor. Soweit Tatbestände, wie sie der Art. 246 umschreibt, im Einzelfall erfüllt sind, sollten die Strafbestimmungen des Edelmetallgesetzes nicht mehr als weiterbestehend betrachtet werden. — Aus dem Bereich des Art. 246 scheiden völlig die privaten Warenzeichen aus, auch wenn sie gesetzlich geschützt sind; vgl. Art. 24ff. des Markenschutzgesetzes, dazu oben § 70 II 3 und jetzt die Kommentare zum Gesetz von Matter (1939), 222ff. und von David (1940), 250ff.

wendung der Falsifikate durch Drittpersonen (Art. 246 II). Die Strafdrohung geht auf Gefängnis oder Buße. Die Einziehungsbestimmung des Art. 249 gilt auch hier. Dagegen ist das bei der Fälschung amtlicher Wertzeichen in Art. 245 Ziff. 1 IV vorgesehene Universalitätsprinzip nicht in den Art. 246 übernommen. Auch der Art. 247 (Fälschungsgeräte) ist nicht anwendbar.

Über den Siegelbruch, die Entfernung und Unwirksammachung von amtlichen Zeichen und Siegeln (Art. 290), s. unten § 116 II.

§ 97. Urkundendelikte. Einleitung.

Literatur. Stooss: Grundzüge, 2, 323ff. — Du Pasquier: Essai sur la nature juridique du faux en écriture, Lausanner Diss. (1909). — Riesen: Die Fälschung von Bundesakten, Berner Diss. (1913). — Engeli: Die Urkundenfälschung, Berner Diss. (1913). — Weismann: VD. Bes. Teil, 7, 243ff., 310ff. — Teichmann: ZschwR. N. F. 7, 347ff. und Z. 10, 173ff. — Ludwig: Z. 25, 163ff. — Herold: JZ. 28, 36f. — Angaben zu §§ 99 und 100.

I. Noch größere Unsicherheit als es bei den Gelddelikten der Fall ist, zeigt die bisherige Gestaltung und Entwicklung der Urkundendelikte[1]. In einer Reihe von kantonalen Rechten ist die Loslösung der Urkundendelikte vom Betrug noch nicht durchgeführt. Der Urkundenbegriff ist nicht abgeklärt, die Grenzziehung von öffentlichen und privaten Urkunden umstritten.

1. Den kantonalen Rechten ging bisher insbesondere der Art. 61 des Bundesstrafgesetzes von 1853 vor. Zu den einzelnen in diesem Artikel enthaltenen Bestimmungen besteht eine reiche Judikatur. Sie soll in einigen Hauptzügen festgehalten werden, weil sie auch für die Auslegung und Anwendung des neuen Rechtes von Nutzen ist. Strafbar war nach Art. 61, wer Bundesakten verfälscht[2] oder unbefugt zerstört, wer fälschlicherweise Schriften unter dem Namen oder der Unterschrift oder dem Siegel einer Bundesbehörde oder eines Bundesbeamten verfaßt, wer dergleichen falsche (gefälschte) oder verfälschte Urkunden wissentlich geltend macht[3]. Die Strafdrohung lautet auf Zuchthaus von 1—30 Jahren (Art. 3 IV), in „ganz geringfügigen Fällen" auf Gefängnis, verbunden mit einer Geldbuße.

Verwirrend ist, daß der Art. 61 als Angriffsobjekte Bundesakten,

[1] Geschichte und Rechtsvergleichung verbindende Darstellung von Weismann: VD. Bes. Teil, 7, 243ff.

[2] Gefährdungstatbestand, betrügerische Absicht nicht gefordert; JZ. 29, 203, Nr. 147 (Zürich); vgl. dagegen StGB. Art. 251 Ziff. 1.

[3] Der Art. 61 erfaßte nicht die Falschbeurkundung (Lugurkunden) und nicht die Verfälschung von Urkunden, die nicht von einem Bundesbeamten, sondern von einem kantonalen Beamten in Ausführung eines Bundesgesetzes ausgestellt werden, z. B. Zivilstandsakten; vgl. Burckhardt: Bundesrecht, 4, 563f.

Schriften und Urkunden nennt[1]. Die Schwierigkeiten, die sich daraus für den Begriff der Urkunde — in einem umfassenden Sinn verstanden — ergaben, erhöhen sich dadurch. Sie werden nicht geringer durch die im französischen Text verwendeten Worte: documents fédéraux, pièces, actes. Bundesakten und Schriften fallen aber unter den Urkundenbegriff des Art. 61, der am Schluß von „dergleichen Urkunden" spricht. Dabei sollte jedoch beachtet werden, daß unter Akten nicht nur Schriftstücke, sondern auch Pläne, Zeichnungen, Photographien usw. verstanden werden müssen[2]. Insoweit reicht der Begriff der Bundesurkunde gemäß Art. 61 des BStrG. vielleicht weiter als Art. 110 Ziff. 5 des StGB. (unten II, wo die weiteren Momente des Urkundenbegriffs zur Erörterung gelangen.

Bemerkenswert, auch für das Verständnis und die Anwendung des neuen Rechts, ist, was die neuere Rechtsprechung als Bundesakten (-ur kunden) angesprochen hat: die von den Bundesbahnen ausgegebenen Eisenbahnfahrkarten und -abonnemente sind Bundesakten[3]. Das Bundesgericht hatte ferner in einem Urteil vom 19. Dezember 1911 (E. 37 I, Nr. 104) die durch einen Mandatbriefträger vorgenommene Fälschung der Quittung des Adressaten auf dem Postmandat als Verfälschung von Bundesakten bestraft. Schon das Urteil vom 30. April 1913 (BE. 39 I, Nr. 39) hat aber diese Auffassung widerrufen mit der Begründung, der Art. 61 des BStrG. beziehe sich nur auf öffentliche Urkunden, als solche könne die Mandatsquittung nicht etwa deshalb betrachtet werden, weil sich die Verurkundung des Quittungsausstellers mit den Verurkundungen der Postorgane auf dem (amtlichen) Mandatsformular befinde[4]. — Dagegen ist Art. 61 gegeben bei Fälschung einer Einzahlungsquittung für ein Postmandat (Zürcher Bl. 20, Nr. 161 und JZ. 17, 362, Nr. 278).

Als „Bundesakten" gelten ferner die Zahlungsanweisung beim Postscheck und der Mandatskarton, sowohl in bezug auf den vorgedruckten wie den vom Benützer geschriebenen Text, überdies Auszahlungsrech-

---

[1] Abgrenzungsversuche bei Riesen: 7ff.; Ludwig: Z. 25, 163ff. (besonders zum Begriff der Bundesakten); BE. 32 I, 558: Gleichstellung von „Bundesakten" und „Bundesurkunden".

[2] Das Bundesgericht (E. 39 I, 246f.) hat allerdings erklärt, daß die Begriffe „Bundesakten" und „Schriften" sich decken und daß beide Begriffe im Begriff der „öffentlichen Urkunde des Bundes" als einer von einer Bundesamtsstelle ausgestellten Urkunde aufgehen; vgl. auch Z. 46, 374f. (Bern).

[3] BE. 32 I Nr. 79; 39 I, Nr. 38; JZ. 26, 380, Nr. 74 (Bern); 30, 314, Nr. 59 und Zürcher Bl. 33, Nr. 73 (Zürich, mit Hinweisen auf zahlreiche weitere Entscheide); vgl. dagegen jetzt G. Art. 110 Ziff. 5 II und dazu unten II 3; gut auch Herold: JZ. 28, 36f.

[4] Vgl. auch Burckhardt: Schweizer. Bundesrecht, 4, 561f., ferner JZ. 30, 29, Nr. 24 (Bern). Anders, wenn eine Verfälschung des dem Absender überlassenen Postmandatabschnittes erfolgt, weil die Ausstellung dieses Abschnittes durch einen Bundesbeamten erfolgt (Poststempel und Unterschrift); Z. 46, 374f. (Bern).

nungen und Bilanzen der Poststelle (BE. 58 I, Nr. 9 und JZ. 28, 378, Nr. 82), dagegen nach einem zürcherischen Urteil nicht Postübergabebücher oder sog. Lagerbücher der Postverwaltung, weil es sich nur um Aktenstücke des internen Dienstes handelt, die nicht an die Öffentlichkeit kommen und nicht öffentlichen Glauben genießen (Zürcher Bl. 32, Nr. 82; JZ. 29, 232, Nr. 41)[1].

2. Die mit der Zeit gefestigte Rechtsprechung zu Art. 61 des BStG. hat auch die Grenzziehung gegenüber den Fälschungsbestimmungen der kantonalen Rechte gefördert. Hier aber offenbaren sich verhängnisvoll Uneinheitlichkeit und Mängel der bisherigen Ordnungen, von denen STOOSS (Grundzüge, 2, 325) sagt, daß sie wenig Selbständigkeit zeigen und Zeugnis ablegen von der fehlenden Einsicht in das Wesen der Urkundendelikte. Eine kurze Erörterung von Beispielen, vor allem unter dem Gesichtspunkt einer Unterscheidung zwischen deutsch-schweizerischen und welschen Rechten, genügt hier[2].

Der Urkundenbegriff wird regelmäßig nicht umgrenzt und nicht definiert. Zug § 61 II, Appenzell I.-Rh. Art. 62 und Basel § 69 II/III geben immerhin gewisse Umgrenzungen. Nach Basel sind Urkunden nicht nur Schriftstücke, sondern auch Abdrücke von Siegeln und Stempeln und ähnliche Zeichen. Als öffentliche gelten die von einer Behörde, einem Beamten oder einem Notar in amtlicher Eigenschaft errichteten oder beglaubigten Urkunden. Dazu gehören auch amtlich beglaubigte Maße, Waagen und Gewichte[3].

Basel ist auch dadurch bemerkenswert, daß es die Urkundendelikte, völlig getrennt vom Betrug, in einem besonderen Abschnitt zusammengefaßt hat (§69ff.)[4]. Gleiches gilt für Freiburg (Art. 150ff.), das sein Ur-

---

[1] Weitere Entscheide bei BURCKHARDT: Bundesrecht, 4, 563f.: Art. 61 anwendbar bei Fälschung eines eidgenössischen Maturitätszeugnisses; Art. 61 nicht anwendbar bei unrichtigen Eintragungen einer Firma in die Listen betr. Arbeitslosenunterstützung, ferner bei Verfälschung der von einer kantonalen Amtsstelle ausgestellten Ausweiskarte für Handelsreisende (siehe dazu unten § 98 IV 1); Daten auch bei RIESEN: 39.

[2] Ausführliche Darstellungen bei STOOSS: Grundzüge, 2, 324f. und namentlich bei ENGELI: passim.

[3] Das StGB. hat hier die Bereinigung dadurch herbeigeführt, daß es in Art. 248 die Fälschung von Maß, Gewicht und Waagen und in Art. 246 die Fälschung amtlicher Zeichen von der Urkundenfälschung losgelöst hat; dazu oben §§ 93 und 96 und über Ausscheidungen, die schon durch kantonale Rechte vorgenommen wurden, ENGELI: 12ff. Vgl. auch die in den welschen Rechten durchgeführte Differenzierung zwischen der Fälschung von Schriften (faux en écritures) und von gewissen Beglaubigungszeichen (sceaux, timbres, poinçons etc.); z. B. Genf Art. 124ff., 131ff.

[4] Zu Basel § 69 „Fünf Gutachten über den Straffall von Dr. W.“ (1905) in der Frage, ob Urkundenfälschung vorliegt, wenn auf einem unfertigen Wechsel, der bereits das Akzept enthält, die Unterschrift des Trassanten nicht durch diesen selbst angebracht ist, sondern durch den eine allgemeine Vollmacht besitzenden Anwalt nachgeahmt wird. Es erfolgte Verurteilung. Die Urteile der 1. und 2. Instanz

kundenstrafrecht (Art. 150ff.) im wesentlichen den eidgenössischen Entwürfen nachgebildet hat. Selbständiger, namentlich kasuistischer gestaltet sind die Art. 270ff. des waadtländischen StGB., die mit der Geld- und Zeichenfälschung im Titel: délits contre la foi qublique verbunden sind.

Als Gegenbeispiel und für ältere Anschauungen bezeichnend ist Zürich: Bei den „Verbrechen gegen öffentliche Treue und Glauben" werden nur die Delikte an und mit öffentlichen Urkunden behandelt (§ 102f.). Fälschung, Vernichtung, Unterdrückung, Gebrauch von Fälschungen sind, soweit es sich um Privaturkunden handelt, nie selbständig strafbar. Sie werden nur berücksichtigt als Mittel zur Verübung von Betrug — ausgezeichneter Betrug gemäß § 192 Ziff. 2, wobei nachgewiesen werden muß, daß der Täter den Betrugstatbestand gemäß § 191 erfüllt hat, oder daß mindestens Versuch vorliegt. Die Teilung, je nachdem es sich um Delikte an öffentlichen oder privaten Urkunden handelt, ist auch durchgeführt in Luzern — einerseits §§ 132ff.: Staats- oder öffentliche Kreditpapiere oder öffentliche Urkunden, andererseits § 226 lit. a: Privaturkunden, welche zum Beweise von Verträgen, Verpflichtungen, Befreiungen oder überhaupt von Rechten oder Rechtsverhältnissen dienlich sind (qualifizierter Betrug). Sehr ähnlich bestimmt auch Aargau § 68 und § 161 II lit. c und d. Den gleichen Grundsätzen, jedoch mit etwas anderer Durchführung, folgt Glarus: Im Anschluß an das Münzstrafrecht behandelt es in § 68 die Delikte an Banknoten, Aktien, Interimsscheinen, Obligationen, befaßt sich dann in § 70 mit den öffentlichen Urkunden und bestraft nach § 140 Ziff. 2 wegen ausgezeichneten Betrugs, wenn er durch Fälschung, Vernichtung, Unterdrückung oder Entwendung einer Privaturkunde oder Gebrauch einer falschen Urkunde verübt wird.

In den welschen Rechten und in Bern, die ihre Ordnung unter dem, Einfluß der Art. 145ff. des französischen Code pénal[1] geschaffen haben, ist die Loslösung der Urkundendelikte vom Betrug wenigstens äußerlich in der Hauptsache durchgeführt. Unterschieden wird auch hier zwischen Fälschung von öffentlichen Schriften, Handels- und Bankpapieren einerseits, von Privaturkunden andererseits; vgl. z. B. Bern Art. 106ff., 110ff; Genf Art. 131ff., 136ff. Tessin faßt in einem Grundtatbestand (Art. 215.) die Fälschung von öffentlichen und privaten Urkunden zusammen, differenziert dann aber in der Durchführung, je nachdem es sich um öffentliche oder private Schriften (atti) handelt, z. B. Art. 217. Zur Geltung kommt in den welschen Rechten namentlich auch die französische Unter-

sind abgedruckt in Z. 18, 217ff. Dagegen Zeller: JZ. 3,45f. (Anwalt als negotiorum gestor; nichts objektiv Unwahres, da der Wechsel akzeptiert war); a. M. Wieland: JZ. 3, 83f. und namentlich ZschwR. N. F. 24, 248ff.

[1] Darüber namentlich Weismann: 249ff.; Du Pasquier: 95ff., 103ff. (schweizerische, vom französischen Recht beeinflußte Gesetze); Engeli: 18ff.

scheidung zwischen dem faux matériel und dem faux immatériel, der inhaltlich falschen amtlichen Beurkundung (dazu unten § 98 I 4); vgl. z. B. Bern Art. 107, Genf Art. 132. Die Bewirkung einer Falschbeurkundung (mittelbare Fälschung) findet sich auch in einigen deutschschweizerischen Rechten, z. B. Solothurn § 85, Basel § 73.

Diese hier an Einzelbeispielen und in einigen Hauptpunkten gezeigten Unterschiede der bisherigen Rechte genügen, um die durch das G. gebrachte Vereinheitlichung und Vereinfachung der Urkundendelikte in helles Licht zu setzen (unten §§ 98/99)[1].

II. Die Urkunde (titre und im italienischen Text documento) ist das Angriffsobjekt der ganzen Deliktsgruppe. Bisherige Gesetzgeber haben sich zu wenig bemüht, den Begriff zu definieren und zu umgrenzen[2]. Die Erklärung mag darin liegen, daß die Problematik des Urkundenbegriffs lange zu wenig erkannt wurde. Bevor man aber an eine Erörterung der Urkundendelikte herangehen kann, muß man erklären, was eine echte Urkunde ist. Sie ist der Schlüssel zum Verständnis der falschen (BINDING).

Einigermaßen sicher ist der Ausgangspunkt: Urkunden sind sachliche Beweismittel — durch ihre Existenz, ihre besondere Beschaffenheit und durch ihren gedanklichen Inhalt. Damit sie ihre Funktion als Hilfsmittel im geschäftlichen Verkehr erfüllen kann, muß die Urkunde echt und wahr sein.

Hier setzen die einzelnen Probleme ein: Es fragt sich, wie weit der Urkundenbegriff zu fassen ist. Ist er auf Schriftstücke zu beschränken oder auf andere „Beweiszeichen" auszudehnen? Eine weitere Frage ist, ob die Urkunde, die bei einem Urkundendelikt von Bedeutung sein kann, zum Beweis bestimmt oder nur dazu geeignet zu sein braucht. Abzuklären ist überdies die Unterscheidung zwischen privaten und öffentlichen Urkunden. Namentlich der Kreis der letzteren ist zu bestimmen[3].

---

[1] Zur Frage des Schutzobjektes und der systematischen Einordnung der Urkundendelikte in das Gesetz oben § 91 I. Vgl. noch ENGELI: 5ff. (Untersuchung der kantonalen Rechte in bezug auf diese Fragen), 48f. (eidgenöss. Entwürfe), 62ff. (dogmatische Auseinandersetzung mit der Literatur), 74ff., 135: Schutzobjekt der Urkundendelikte der geschäftliche Verkehr und sekundär Vermögen, Ehre, Freiheit, Sicherheit der Rechtspflege. Angriffspunkte der Urkundendelikte sind Echtheit und Wahrheit der Urkunde.

[2] Rechtsvergleichende Daten bei TEICHMANN: Z. 10, 188ff.

[3] Die einzelnen Probleme sind gut erkannt von ENGELI: 11ff. und namentlich 76ff. (Auseinandersetzung mit der Literatur); 77 (Urkunde als sachliches Beweismittel); vgl. auch FREY (Lit. zu § 99): 58ff. — Über das Urkundenrecht allgemein und die öffentliche Beurkundung im Privatrecht im Besonderen Verhandlungen des Schweizer. Juristenvereins 1921, Referate von MUTZNER und BERTONI: Z. für schweizer. Recht, N. F. 40, 103a und ff., 146a und ff., 226a und ff., ferner SCHELLENBERG: Öffentliche Beurkundung von Rechtsgeschäften, insbesondere nach zürcher. Recht, Zürcher Diss. (1930). Vgl. auch Das öffentliche Urkundenwesen der europäischen Staaten (1913), 136ff.: BLUMENSTEIN über die Schweiz.

Der Art. 110 Ziff. 5 des G. hat die gesetzliche Ordung gebracht. Es bleibt die Aufgabe, die Tragweite dieser erklärenden Bestimmung im einzelnen zu prüfen:

1. Entgegen den Entwürfen, die nur Schriften als Urkunden bezeichneten (VE. 1908, Art. 63 Ziff. 8; E. 1918, Art. 97 Ziff. 5)[1] dehnt das G. den Begriff auf bestimmte Zeichen aus. — Eine Schrift ist eine Mehrheit von Buchstaben, Ziffern usw., die Worte versinnbildlichen und einen Gedanken so zum Ausdruck bringen, daß er aus dem Schriftstück selbst erkennbar ist, gleichgültig, auf was für einem Gegenstand die Schrift angebracht ist. Zu den Schriften im Sinne der Bestimmung gehören selbstverständlich auch Drucksachen und durch andere Vervielfältigungsarten hergestellte „Schriften". Ob zum Urkundenbegriff gehört, daß der zum Ausdruck gebrachte Gedanke ohne weitere Erklärung einem größeren Kreis von Personen verständlich wird, ist umstritten[2]. Notwendig für den Begriff ist dieses Requisit nicht. — Entgegen der welschen Auffassung, die den Urkundenbegriff auf „Schriften" beschränkt[3], erfolgte in der parlamentarischen Beratung die Ausdehnung auf „Zeichen, die bestimmt sind, eine Tatsache von rechtlicher Bedeutung zu beweisen"[4]. Das ist eine üble Begriffsverfälschung, aus der sich neue Schwierigkeiten der Abgrenzung ergeben. Da die Urkundendefinition des Art. 110 nur bei den Urkundendelikten zur Geltung kommt, müssen die in dieser Definition genannten „Zeichen" von an anderen Stellen des G. berücksichtigten Zeichen unterschieden werden: Art. 245 behandelt die amtlichen Wertzeichen, Art. 246 andere amtliche, von einer Behörde an einem Gegenstand angebrachte Zeichen, Art. 248 die Eichzeichen an Maßen, Gewichten usw. Soweit

---

[1] Prot. II. ExpKom. 6, 188ff. (Beschränkung auf Schriften (écrits) entsprechend dem Sprachgebrauch). Anders StenBull. StR. 1931, 351: Urkunden müssen nicht notwendig Schriftstücke sein (Siegel, Stempel, Kerbholzzeichen usw.). Zur Streitfrage reiche Angaben aus der deutschen Literatur bei BINDING: Lb. 2 I, 186f.; WEISMANN: 331ff.

[2] Vgl. ENGELI: 81ff. (Mitteilungsfähigkeit). Richtig BINDING: 185 (alles Lesbare ist Urkunde, gleichgültig, wie viele diese Lesekunst verstehen. Eine Urkunde kann mit einer Stenographie oder in einer Geheimschrift geschrieben sein, die nur zwei Personen miteinander vereinbart haben).

[3] Vgl. GAUTIER: Prot. II. ExpKom. 6, 189; LACHENAL: StenBull. NR. 1934, 262 und besonders auch die geistvolle Erörterung des Urkundenbegriffs bei BINDING: 175ff. (der Urkunde „war stets die in geschriebene Worte gefaßte Erklärung eines Willens oder einer Wahrnehmung wesentlich"; 185). Die ganze Erörterung des Urkundenbegriffs durch BINDING ist von der Auffassung getragen, daß nur Schriften der Urkundencharakter zukommen soll: „Urkunde ein Schriftstück, durch welches der Aussteller eintritt für die Wahrheit einer darin enthaltenen, also bekundeten, rechtlich bedeutsamen Tatsache" (208). Sehr fraglich bleibt, ob diese Umschreibung die sog. Zufallsurkunde (unten 2) mitumfaßt.

[4] Vgl. namentlich StenBull. StR. 1935, 204; 1936, 174 und 356. Dagegen ENGELI: 82f., 135 und schon TEICHMANN: Z. 10, 176ff.

Delikte an oder mit solchen Zeichen begangen werden, handelt es sich nicht um Urkundendelikte, sondern um die in den genannten Bestimmungen besonders umschriebenen Fälschungen; oben §§ 93 und 96. Leges speciales im Verhältnis zu den Urkundendelikten sind auch die Bestimmungen über Delikte an Grenzsteinen und anderen „Grenzzeichen", die Grenzverrückung des Art. 256 und das in Art. 257 umschriebene Delikt der Beseitigung von Vermessungs- und Wasserstandszeichen; unten § 100. Auch auf die privaten Warenzeichen kann sich der Urkunden-Zeichenbegriff des Art. 110 nicht beziehen, weil hier durch die besondere Markenschutzgesetzgebung vorgesorgt ist (oben § 92 V).

Angesichts dieses weit ausgebauten besonderen Zeichenstrafrechts fragt man sich, was unter den Urkundenzeichen des Art. 110 noch zu verstehen ist. Es können wohl, namentlich im Hinblick auf den Bereich des Art. 246 (Fälschung amtlicher Zeichen), nur private Beweiszeichen sein: Kerbholzzeichen, wie sie in der Alpen-Milchwirtschaft und bei den Weinbauern verwendet werden, private Stempel, Siegel, Wappen, Monogramme usw., soweit sie nicht als „Schriften" zu gelten haben, vielleicht auch Haus- und Hofzeichen[1]. Die Ausweitung des Urkundenbegriffs auf solche Zeichen und die Anwendung der Urkundenfälschungsbestimmungen auf sie bleibt problematisch[2].

2. Zu der Form[3], der Beschaffenheit, die einem Gegenstand äußerlich Urkundencharakter verleitet, muß ein bestimmter gedanklicher Inhalt kommen mit der Eignung, eine Tatsache von rechtlicher Bedeutung zu beweisen. Die Urkunde muß in dem Sinne Beweismittel sein, daß sie mittelbar oder unmittelbar zum Beweis eines Rechtsverhältnisses erheblich sein kann. Der Komponist, der seine Gedanken durch Noten, der Künstler, der sie in einer Zeichnung zum Ausdruck bringt, schreibt keine Urkunde[4]. Auch der schlichte Liebesbrief oder das Romanmanuskript sind keine „Urkunden".

Art. 110 Ziff. 5 I fordert bei Schriften, daß sie bestimmt oder geeignet, bei Urkundszeichen, daß sie bestimmt sein müssen, eine

---

[1] Die Zusammenstellung von Entscheidungen des deutschen Reichsgerichts bei BINDING: 184f. zeigt, zu was für merkwürdigen Ergebnissen die Anerkennung der Beweiszeichen als Urkunden führen kann; vgl. auch TEICHMANN: Z. 10, 177ff.

[2] Eigenartige mögliche Konsequenzen: Die Fälschung amtlicher Beweiszeichen wird nach Art. 246 mit Gefängnis oder mit Buße bestraft. Bei Fälschung eines privaten Beweiszeichens, das als Urkunde zu gelten hat, kann die Strafe bis zu 5 Jahren Zuchthaus aufsteigen. Art. 251 setzt freilich die Absicht auf Schadenszufügung oder unrechtmäßigen Vorteil voraus, aber ein solches Motiv wird auch bei dem Täter, der ein amtliches Zeichen fälscht, kaum je fehlen.

[3] Erkennbarkeit des Ausstellers: ENGELI: 83ff., 97. Ob bei den Schrifturkunden die Unterzeichnung (durch den Aussteller) wesentlich ist oder nicht, hängt von den Umständen des Einzelfalles ab; kasuistische Erörterung bei BINDING: 199ff.

[4] BINDING: 185.

rechtlich erhebliche Tatsache zu beweisen. Das weist bei den Schriften auf den Unterschied zwischen Absichtsurkunden (titres par destination) und Zufallsurkunden (titres d'occasion) hin. Jene sind zum Abschluß eines Rechtsgeschäftes oder zum Zweck der Feststellung rechtserheblicher Tatsachen errichtet worden, diese erhalten diese Funktion erst aus später eintretenden Umständen[1]. Bei der Herstellung sog. Zufallsurkunden, Urkunden des gesellschaftlichen Verkehrs z. B., mag es nicht voraussehbar, oder es mag zweifelhaft sein, ob und wann sie zum Beweise rechtlich erheblicher Tatsachen verwendbar sein werden. Ihre Verwendbarkeit und ihre Verwendung ergibt sich aber in dem Moment, da Jemand sich anschickt, mit einer solchen Urkunde einen gerichtlichen oder auch einen außergerichtlichen Beweis zu führen — z. B. Liebesbriefe in einem Ehescheidungsprozeß, ein Brief, aus dem sich ergibt, daß der Schreiber an einem bestimmten Datum sich an einem gewissen Ort aufgehalten hat[2]. Wer in Kenntnis solcher Umstände eine ihm zugängliche Schrift verfälscht oder unterdrückt, muß, wenn die übrigen Voraussetzungen der Art. 251 oder 254 gegeben sind, strafbar sein.[3] — Ob der im G. gemachte Unterschied, daß die als Urkunden geltenden Zeichen immer bestimmt sein müssen, eine rechtserhebliche Tatsache zu beweisen, daß also bloße Eignung nicht genügt, gerechtfertigt ist, hängt davon ab, welche Reichweite man diesem Zeichenbegriff gibt. Die bereits erwähnten Kerbholzzeichen sind sicherlich von vorneherein zum Beweise bestimmt, aber bei privaten Stempeln, Siegeln, Wappen usw. kann es anders sein. Werden sie erst nachträglich — wie die als sog. Zufallsurkunden bezeichneten Schriften — zum Beweis verwendbar und verwendet, so können sie nach Art. 110 Ziff. 5 nicht als Urkunden gelten Das ist verfehlt. Wenn man schon neben den Schrifturkunden die Zeichenurkunden hat anerkennen wollen, dann hätte man beide Gruppen auch in gleicher Weise behandeln sollen.

3. Bleibt noch die Grenzziehung zwischen privaten und öffentlichen Urkunden[4]. Art. 110 Ziff. 5 II beschreibt nur diese. Das genügt.

[1] Prot. II. ExpKom. 6,189 (Zürcher und Gautier). Zu diesen Fragen Teichmann: Z. 10, 184ff.; Engeli: 88ff., der allein auf die objektive Beweisfähigkeit, nicht auf die Beweiswirksamkeit und den Beweiswert einer Urkunde abstellen will. Für diese Beweisfähigkeit genügt, daß die urkundliche Erklärung „verständlich, lesbar und der Erklärende deutlich erkennbar ist". Beweiswirksamkeit ist nach diesem Autor keine notwendige Eigenschaft der Urkunde, sondern nur ein für den Einzelfall brauchbares Bestimmungsmerkmal.

[2] Dazu auch Ernst Huber: Das Recht der Urkundsperson in den schweizer. Kantonen, Zürcher Diss. (1910), 4ff. Vgl. Z. 40, 243f.; JZ. 35, 281, Nr. 198 (Fälle von sog. Zufallsurkunden; Basler Urteile).

[3] Teilweise im Anschluß an Binding: 189ff.

[4] Die erhöhte Bedeutung der öffentlichen Urkunde betont ZGB. Art. 9 I: Sie erbringt für die durch sie bezeugten Tatsachen vollen Beweis, solange nicht die Unrichtigkeit ihres Inhaltes nachgewiesen ist. Dazu Gmür: Kommentar ZGB.

Sind die Erfordernisse, die an eine öffentliche Urkunde gestellt werden, nicht erfüllt, so ist nach dem ersten Absatz der Ziff. 5 nur das Vorhandensein einer privaten Urkunde in Erwägung zu ziehen.

Das Bedeutsame der neuen gesetzlichen Ordnung liegt darin, daß für die Unterscheidung nicht mehr ausschließlich die Herkunft der Urkunde den Ausschlag gibt, sondern auch der Inhalt[1]. Den Ausgangspunkt für die Kennzeichnung der öffentlichen Urkunde (titre authentique) bildet freilich der Hinweis auf den Aussteller: eine Behörde oder ein Beamter hat sie Kraft seines Amtes, oder eine „Person öffentlichen Glaubens" hat sie in dieser Eigenschaft errichtet[2]. — Das G. bestimmt den Begriff der Behörde nicht. Sie ist ein organisiertes Amt. Die öffentliche Urkunde rührt von demjenigen Organ der Behörde her, das zur Errichtung befugt ist. Unter Beamten versteht die Erklärung in Art. 110 Ziff. 4 „die Beamten und Angestellten einer öffentlichen Verwaltung und der Rechtspflege". Ergänzend wird hinzugefügt, daß als Beamte auch Personen zu gelten haben, die provisorisch ein Amt bekleiden oder angestellt sind, oder die vorübergehend amtliche Funktionen ausüben (näheres unten § 130 II). Diese Erklärung gilt auch für den in der Ziff. 5 verwendeten Beamtenbegriff. Als Urkundspersonen kommen im Sinne dieser Bestimmung Beamte und Angestellte des Bundes, der Kantone und der Gemeinden in Betracht. Fraglich mag sein, ob die Ziff. 4 z. B. auch die Lehrer, deren Beamtenqualität bestritten ist, umfaßt. Die zutreffende Auslegung hat aber davon auszugehen, daß für das StGB. als Beamter zu gelten hat, wer „amtliche Funktionen ausübt". Das ist bei dem vom Staat oder von einer Gemeinde bestellten Lehrer gewiß. Eine von ihm Kraft seiner Stellung ausgestellte Urkunde ist eine öffentliche. Dagegen gelten nicht als Beamte die Mitglieder einer Behörde, eines Parlaments, einer Schulpflege z. B., soweit sie nicht zugleich Beamteneigenschaft haben[3]. — Wenn das G. endlich

(2. Aufl.), 92ff. und EGGER (2. Aufl.), 128ff.; s. auch unten § 98 II 1. Vgl. ferner ENGELI: 16ff., 93ff.; KRATZER: L'acte authentique en droit suisse, Thèse, Lausanne (1930); BINDING: 215ff. (Kasuistik); FREY (Lit. zu § 99): 72ff. — Der französische Text in Art. 110 Ziff. 5 II nennt die öffentlichen Urkunden titres authentiques, der italienische Text sagt documenti pubblici.

[1] Den Standpunkt, daß es nur auf den Aussteller, nicht auf den Inhalt — privat- oder öffentlich-rechtliches Geschäft — ankommt, vertritt, mit ausführlichen Erörterungen, noch BE. 32 I, Nr. 79 in Aufhebung eines vom Basler Appellationsgericht gefällten Urteils, das unterschieden hatte zwischen dem Staat als Inhaber des staatlichen Imperiums und als Träger rein privatrechtlicher Rechte und Pflichten. Ebenso wie das Basler Urteil Zürcher Bl. 17, Nr. 36. Vgl. ferner JZ. 14, 275, Nr. 82 und 29, 336, Nr. 59: Fahrrad- und Autonummernschilder als öffentliche Urkunden.

[2] Dazu ERNST HUBER: a. a. O. 1ff. (über die Urkundspersonen); 8ff. (Urkundsperson als Begriff des öffentlichen Rechts). Gut auch HEROLD: JZ. 28, 36f.

[3] Prot. II. ExpKom. 6, 181ff. Die Konsequenz ist, daß eine z. B. von einem Parlamentsmitglied in solcher Eigenschaft erstellte Schrift keine öffentliche Ur-

die von Personen öffentlichen Glaubens in dieser Eigenschaft errichteten Urkunden als öffentliche bezeichnet, so weist es auf Privatpersonen hin, die durch staatliche Autorisation befugt sind, öffentliche Urkunden auszustellen, die Notare in den Kantonen, in denen sie nicht Beamte sind, z. B. in Bern, Basel, Genf[1]. — Die öffentliche Urkunde ist stets Absichtsurkunde, d. h. sie wird geschaffen, um Tatsachen von rechtlicher Bedeutung zu beweisen. Bei ihr handelt es sich immer um Schriften, gewiß nicht um die in Art. 110 Ziff. 5 auch genannten Zeichen.

Die große praktische Bedeutung von Ziff. 5 II liegt insbesondere in dem ausdrücklichen Vorbehalt, daß Schriftstücke, die von der Verwaltung wirtschaftlicher Unternehmungen und Monopolbetrieben des Staates und anderer öffentlichrechtlicher Verbände in zivilrechtlichen Geschäften ausgestellt werden, nicht als öffentliche Urkunden gelten sollen. Der Akzent ist auf die Worte in zivilrechtlichen Geschäften — Transport-, Kauf-, Mietverträge usw. — zu legen[2]. Der bisher gemachte Unterschied, je nachdem es sich um Fälschungen mit Fahrkarten der Staats- oder einer Privatbahn handelt (oben I 1), der eine juristische Groteske ist, wird damit beschworen[3]. Schwierigkeiten, deren Lösung der Praxis vorbehalten bleibt, bestehen immer noch. Bei der zunehmenden staatlichen Wirtschaftslenkung wird es im Einzelfall fraglich sein, ob es sich um eine wirtschaftliche Unternehmung des Staates oder eines anderen öffentlich-rechtlichen Verbandes handelt, oder ob der Staat nur reglementiert und beaufsichtigt. Zweifelhaft kann auch sein, ob ein „zivilrechtliches Geschäft" angenommen werden soll[4].

---

kunde darstellt. Eine Fälschung oder Verfälschung steht daher unter Art. 251 Ziff. 1, nicht unter Ziff. 2. Anders ist es nur, wenn ein Behördenmitglied durch das Gesetz als Urkundsperson bezeichnet wird — der Vorsitzende, der Aktuar einer Behörde.

[1] Darüber ausführlich Ernst Huber: a. a. O. 8ff., 14ff. (private Urkundspersonen); 21ff. (Organisation des Urkundwesens in den Kantonen). 166ff. (strafrechtliche Verantwortlichkeit der privaten Urkundspersonen).

[2] Zur ganzen Frage Binding: 213ff. und namentlich Prot. II. ExpKom. 6, 188ff.; 7, 299f. Huber, auf dessen Anträge die Vorbehaltsbestimmung zurückgeht, wollte weiter gehen und in den Vorbehalt schlechthin alle Schriftstücke von öffentlichen Anstalten und Verbänden, „die nicht unmittelbar Bestandteile der eigentlichen Staats- und Gemeindeverwaltung sind (Universitäten, Museen, Kantonalbanken, Unfallversicherungsanstalt"), aufnehmen (6, 190). Das hätte aber zu einer zu weitgehenden Einschränkung des Begriffs der öffentlichen Urkunde geführt.

[3] Vgl. auch Zürcher Bl. 17, Nr. 36 und JZ. 14, 38, Nr. 12 (Fischereikarten, ausgestellt von einer Gemeinde als Inhaberin einer Fischenz, als privatrechtliche Urkunde); ferner Bl. 39, 222f.

[4] Vgl. z. B. die Frage von Huber: Prot. II. ExpKom. 4, 261, ob Akte der Alkoholverwaltung Akte einer Steuerbehörde oder Akte ökonomischer Funktion sind. Bei den Monopolbetrieben treffen kommerzielle und öffentlich-rechtliche Momente zusammen. Ferner Tuason: JZ. 39, 93f. (Der Postempfangschein für

4. Nach Art. 255 des G. finden die Urkundendelikts-Tatbestände der Art. 251—254 auch auf Urkunden des Auslands Anwendung[1]. Es steht beim ausländischen Recht, wie es seinen Urkundenbegriff festlegen will. Wenn aber der schweizerische Richter ein Delikt mit oder an einer fremden Urkunde zu beurteilen hat, so hat er schweizerisches Strafrecht mit Einschluß der in Art. 110 des G. gegebenen Erklärungen anzuwenden. Er kann also nicht ein ausländisches Schriftstück als öffentliche Urkunde gelten lassen, wenn es das nach der in Art. 110 Ziff. 5 gegebenen Kennzeichnung nicht ist.

§ 98. Urkundenfälschung.

Literatur. Angaben zu § 97.

I. Der Art. 251 des G. mit der als Zusammenfassung zu verstehenden Bezeichnung **Urkundenfälschung** greift weit aus. Er enthält nicht weniger als sechs verschiedene Tatbestände:

1. Urkundenfälschung im engeren Sinne. Sie ist vorsätzliche Herstellung einer falschen, unechten Urkunde, in der Regel mit falschem Text und falscher Unterschrift[2]. Der französische Text sagt créer un titre faux, der italienische formare un documento falso. Der in Art. 110 Ziff. 5 I bestimmte Urkundenbegriff gewinnt hier seine Bedeutung. Der Täter erstellt, ohne dazu berechtigt zu sein, eine Schrift, die täuschend eine Tatsache von rechtlicher Bedeutung beweisen soll (vgl. oben § 97 II). Die Fälschung soll einem Falschbeweis dienen. Ob der Inhalt wahr oder unwahr ist, hat nicht entscheidende Bedeutung. Wesentlich ist, daß der Täter nicht das Recht hat, eine bestimmte rechtserhebliche Tatsache zu beurkunden, und daß er, wenn es sich um eine Urkunde handelt, für die eine bestimmte Form vorgeschrieben ist, z. B. ein eigenhändiges Testament, ein Wechsel, gewisse öffentliche Urkunden, diese

---

eine Postanweisung oder eine Einzahlung im Postscheckverkehr eine öffentliche Urkunde; kein zivilrechtlicher Vertrag, sondern Beanspruchung der Post aus öffentlichem Recht gemäß Art. 4 des Postverkehrsgesetzes).

[1] Engeli: 93 bezeichnet den ausdrücklichen Hinweis auf ausländische Urkunden als unnötig. Er ist aber angebracht, um Zweifel zu zerstreuen. Vgl. auch Zürcher Bl. 17, Nr. 137; 18, Nr. 15.

[2] Die Fälschung ist im Grunde gar keine „Urkunde“, nur der Schein einer solchen; vgl. auch Binding: 230ff. (Pseudourkunde). — Die Unterschrift kann Mißbrauch des Namens einer wirklich existierenden Person oder Gebrauch eines erdichteten Namens sein; Escher: 350; vgl. auch den Basler Fall des Dr. W., oben S. 591, Anm. 4, ferner, wenig befriedigend, JZ. 38, 152, Nr. 70 (Baselstadt): Keine Fälschung die Beifügung eines dem Aussteller nicht zukommenden Titels (Professor) zur an sich richtigen Unterschrift. — Eine Falschurkunde braucht nicht notwendig eine Unterschrift zu tragen; dazu Binding: Lb. 2 I, 199ff. — Fälschung von Rotationierungsmarken: Zürcher Bl. 19, Nr. 18. Urkundenfälschung verneint beim Unterschreiben eines Untersuchungsprotokolles mit falschem Namen (Baselstadt: JZ. 22, 68, Nr. 11), ferner bei falscher Nameneintragung in einem Hotelmeldeschein (Zug: JZ. 33, 171, Nr. 122).

Form mißbraucht[1]. Die Frage, ob der Täter sich strafbar macht, bleibt zunächst offen. Sie führt bei der schlichten Urkundenfälschung zu den im Ingreß des Art. 251 umschriebenen subjektiven Momenten, der intention frauduleuse nach der französisch-rechtlichen Auffassung. Die Fälschung muß in der Absicht geschehen, jemanden am Vermögen oder an anderen Rechten, an der Ehre, an der Freiheit z.B., zu schädigen[2] oder sich oder einem anderen einen unrechtmäßigen Vorteil, im Vermögen oder anderen Rechten, zu verschaffen.

Diese subjektiven Momente haben Gültigkeit für alle im Art. 251 zusammengefaßten Tatbestände[3]. Anders ist es dagegen bei einer Reihe von Sonder-Fälschungstatbeständen (G. Art. 277, 282, 317), nach denen Fälschungen schlechthin strafbar sind, ohne daß es darauf ankommt, was der Täter bezweckte.

Genügend ist der Nachweis, daß die Absicht auf Schädigung oder auf Vorteilserlangung bestand. Nicht erforderlich, daß der Fälscher seine Falschurkunde gebraucht. Die Fälschung nach Art. 251 ist kein zweiaktiges Delikt.[4] Noch weniger muß ein Schaden eingetreten oder ein Vorteil erlangt worden sein. Die Praxis wird allerdings regelmäßig erst dann in der Lage sein, sich mit einer Fälschung zu befassen, wenn von ihr zum Zwecke der Täuschung Gebrauch gemacht worden ist oder das wenigstens versucht wurde.

Die Vollendung des Deliktes ist nach Art. 251 mit der Fälschung gegeben, der Versuch mit der angefangenen Fälschung erfüllt, immer unter der Voraussetzung, daß der Täter in der Absicht, zu schädigen oder unrechtmäßigen Vorteil zu erlangen, gehandelt hat, daß also in diesen Richtungen eine Gefahr verursacht worden ist[5].

---

[1] Dagegen Binding: 227f. Allein der Hinweis auf den Formmißbrauch ist da berechtigt, wo für die Gültigkeit einer Urkunde eine bestimmte Form gefordert wird.

[2] Vgl. Weismann: 348f.; Engeli: 125 und namentlich schon Escher: (Lit. zu § 91): 401ff. mit bemerkenswerten Beispielen.

[3] Konsequenz: Straflosigkeit einer Fälschung, mit der die Befriedigung eines zu Recht bestehenden Anspruchs bewirkt werden soll oder die erfolgt, um sich vor Schaden zu bewahren. Vgl. den Fall Prot. I. ExpKom. 2, 116: ein Waisenvogt hatte sich für eine von ihm ausbezahlte Unterstützung keine Quittung ausstellen lassen und sie nachher selbst ausgefertigt. Für die Strafwürdigkeit auch solcher Fälle — mit milderer Strafdrohung. — Du Pasquier: 162, 175 mit dem Redaktionsvorschlag: si l'avantage recherché par l'agent n'était que la réalisation de son droit.

[4] Anders bisherige Rechte, z. B. Zug § 61, Solothurn § 81, Basel § 69, die den Tatbestand erst mit dem Gebrauch der Urkunde zum Zweck der Täuschung sich vollenden lassen; weitere Daten bei Stooss: Grundzüge, 2, 331f., 335.

[5] Die Auffassung: strafwürdige Gefährdung vertritt schon Escher (Lit. zu § 91): 350ff. Zu der Frage, mit Erörterung der kantonalen Rechte, Engeli: 24ff., 52ff. (eidgenöss. Entwürfe) und namentlich 106ff., 136f. (Auseinandersetzung mit der Doktrin und dem Postulat, die Fälschung öffentlicher Bücher, Register und Protokolle schlechthin als strafbar zu erklären, dagegen, wenn es sich um andere öffentliche Urkunden

2. Verfälschung einer Urkunde. Wie bei den anderen Fälschungsdelikten ist gegen die Auffassung Stellung zu nehmen, daß sie eine echte Urkunde als Angriffsobjekt notwendig voraussetzt. So kann es sein, wird es meistens zutreffen. Aber vom Verfälschungstatbestand ist auch der Fall zu erfassen, da der Täter eine gefälschte Urkunde abändert, „verfälscht", um den Schein eines anderen, eventuell eines höheren Beweiswerts vorzutäuschen. Die Unterscheidung zwischen Fälschung und Verfälschung, die sich in den Gesetzgebungen forterbt, ist im Grunde haltlos[1].

3. An dritter Stelle nennt das G. die Blankettfälschung. Es umschreibt sie dahin, daß der Täter die echte Unterschrift[2] oder das echte Handzeichen eines anderen zur Herstellung einer unwahren Urkunde benützt. Daß der Art. 251 hier von einer unwahren, d. h. einer die Wahrheit entstellenden oder verschweigenden Urkunde spricht, ist verfehlt. Um eine Fälschung, nicht um eine Falschbeurkundung, die allerdings mit gegeben sein kann, handelt es sich. Der Täter, der eine fremde Namensunterschrift vorfindet und einen Text dazu schreibt, stellt eine falsche Urkunde her. Die welschen Texte, die hier zur Auslegung des deutschen heranzuziehen sind, sagen richtiger „abuser de la signature ... d'autrui pour fabriquer un titre supposé" und „abusare dell'altrui firma autentica ... per formare un documento suppositizio". Mit dem Ausdruck titre supposé wird die unechte, falsche, nicht die Lugurkunde (unten 4) gekennzeichnet[3]. — Keine Urkundenfälschung ist die Fälschung einer Blankounterschrift, eines Blankoakzeptes z. B. Die „Urkunde"

und um Privaturkunden handelt, das Gebrauchmachen zu fordern). Vgl. ferner Zürcher: Erläuterungen, 324ff. mit ähnlicher Unterscheidung. Dagegen, im Anschluß an die französische Doktrin und die welschschweizerischen Rechte, Gautier: Prot. II. ExpKom. 4, 237: Bestrafung der Fälschung an sich; Thormann: eod. 240. Vgl. ferner Du Pasquier: 96f., 139ff.; Engeli: 30f. (Kantone der französischen Gruppe).

[1] Siehe schon oben § 91 II mit der zitierten Literatur, ferner Weismann: 369; Binding: 231 (Verfälschung einer unechten Urkunde ist Herstellung einer anderen falschen). — Verfälschung einer eigenen echten Urkunde: JZ. 28, 100, Nr. 100 (Thurgau).

[2] Namen- oder Firmenstempel und ebenso die gedruckte Unterschrift, die zur Herstellung einer Blankettfälschung verwendet werden, genügen: JZ. 32, 110, Nr. 25 (Baselstadt).

[3] Gut die Unterscheidung bei Du Pasquier: 22f.: titre faux (unecht) quand la déclaration qu'il contient n'émane pas intégralement du signataire ou de celui qui en apparaît comme l'auteur, c'est à dire quand il a été matériellement altéré ou fabriqué par un tiers. Dagegen „mensongère" ou „inexacte" une déclaration contraire à la vérité. Vgl. ferner Engeli: 96ff. mit guter Durchführung des Unterschiedes zwischen der Herstellung einer unechten Urkunde (Fälschung) und einer unwahren Urkunde (Falschbeurkundung). Binding: 237 weist darauf hin, daß die unbefugte Blankettausfüllung eine Urkundenfälschung ist, die das Gesetz gar nicht besonders zu nennen braucht.

verlangt eine Erklärung, nicht nur einen Aussteller. Die falsche nackte Blankounterschrift kann höchstens Vorbereitung einer Fälschung sein.

4. Von der Fälschung und der Verfälschung unterscheidet sich die in Art. 251 an vierter Stelle berücksichtigte Falschbeurkundung dadurch, daß der Täter nicht unbefugt eine falsche Urkunde herstellt oder ein bestehendes Dokument verfälscht. Er ist zur Urkundenerrichtung berechtigt, aber er gibt ihr einen falschen Inhalt, er beurkundet „eine rechtlich erhebliche Tatsache unrichtig". Das ist das faux immatériel des französischen und welscher Rechte[1]. Waadt Art. 273 umschreibt, allerdings mit Beschränkung der Falschbeurkundung auf öffentliche Urkunden, den Tatbestand mit den Worten constater comme vrai un fait qu'on sait être faux ou comme faux un fait qu'on sait être vrai. Das ist anschaulich, berücksichtigt aber den Fall nicht, daß rechtswidrig und schuldhaft eine rechtlich erhebliche Tatsache verschwiegen wird.

Bei der Falschbeurkundung erhalten die im Ingreß des Art. 251 geforderten subjektiven Momente — die Absicht zu schädigen oder unrechtmäßigen Vorteil zu erlangen — ihr besonderes Gewicht. Man muß sich vor einer Überspannung hüten. Der Verfasser eines lügnerischen Briefes ist nur strafwürdig, wenn der klare Beweis vorliegt, daß er mit Bezug auf die darin berührten rechtserheblichen Tatsachen gelogen hat, um Schaden zu stiften oder unrechtmäßigen Vorteil zu erlangen. Damit ist allerdings das Delikt vollendet. Aber bevor er seine Lugurkunde gebraucht oder zu gebrauchen versucht, wird der Täter selten zu fassen sein[2].

5. Strafbar ist nicht nur, wer selbst falsch beurkundet, sondern auch wer eine Falschbeurkundung veranlaßt, „eine rechtlich erhebliche Tatsache unrichtig beurkunden läßt" (Art. 251 Ziff. 1 II i. f.). Das ist ein Fall der sog. mittelbaren Falschbeurkundung, der aber wohl

---

[1] Stooss: Grundzüge, 2, 330. Der Tatbestand der Falschbeurkundung ist erst in der parlamentarischen Beratung in die Bestimmung eingefügt worden. Die Entwürfe enthielten ihn nicht; StenBull. N. R. 1929, 557, 559; StR. 1931, 554. Auch das schon 1928 in Kraft getretene MilStG. berücksichtigte in Art. 78 (Fälschung dienstlicher Aktenstücke) und in Art. 172 (Urkundenfälschung) die Falschbeurkundung nicht. Die militärgerichtliche Rechtsprechung hat jedoch, anders als BE. 34 I, Nr. 57, auch die Falschbeurkundung — falsche Eintragungen auf Standblättern bei Schießübungen — als Fälschung bestraft; Entscheidungen des MilKassGer. 1926—1935, Nr. 15 und 36, ferner Z. 44, 106ff. und 48, 18ff. (Trüssel). Das war vielleicht juristisch gewagt, aber sachlich gerechtfertigt. Inzwischen sind die Art. 78 und 172 des MilStG. durch die Novelle vom 13. Juni 1941 dem bürgerlichen StGB. angepaßt worden. Vgl. ferner JZ. 29, 61, Nr. 57: zu Art. 169 des StG. von St. Gallen; bemerkenswert, daß auch Unterlassung von Einträgen in einem von einem Beamten zu führenden Kassabuch als Falschbeurkundung bezeichnet wird.

[2] Über weitere Fälle von Falschbeurkundung: Art. 317 (durch Beamte und Personen öffentlichen Glaubens) und Art. 318 (falsches ärztliches Zeugnis) unten § 133.

zu unterscheiden ist vom Tatbestand der Erschleichung einer falschen Beurkundung gemäß Art. 253 (unten § 99 I). Diese Bestimmung trifft die durch Täuschung eines Beamten oder einer Person öffentlichen Glaubens erwirkte Urkunde mit unwahrem Inhalt, während nach Art. 251 der Täter eine andere Privatperson zur Ausstellung einer Lugurkunde veranlaßt. Ein Ahnungsloser unterzeichnet z. B. seinem Mitkontrahenten einen Vertrag, der als Schenkung ausgemacht war, während die Urkunde auf Kauf lautet[1].

6. Der sechste Tatbestand knüpft an die in Abs. 2 des Art. 251 umschriebenen Fälschungen an: Gebrauch einer von einem Dritten hergestellten Urkunde „dieser Art" zur Täuschung. Der Gebrauch der Urkunde erfolgt, als sei sie echt oder wahr. Zur Täuschung muß sie gebraucht werden. Das reicht weiter, als wenn es heißen würde: zum Zwecke des Beweises[2]. Täter ist ein anderer als der Fälscher. Gebraucht er selbst seine Fälschung, so wird er nur wegen dieser bestraft. Über die Täuschungsabsicht hinaus ist dem die falsche Urkunde benutzenden Täter zu beweisen, daß er beabsichtigte, Schaden zu stiften oder unrechtmäßigen Vorteil zu erlangen. Der Ingreß des Art. 251 gilt auch für den Tatbestand des Gebrauchs falscher Urkunden[3].

Die Frage der Vollendung ist hier besonders heikel. Sicher ist, daß die Täuschung nicht gelungen zu sein braucht. Das G. verlangt nur die Täuschungsabsicht. Aber der Täter muß die Täuschung versucht haben. Er muß an die zu täuschende Person herangekommen sein, sie muß von der Urkunde Kenntnis erhalten haben. Wie die Fälschung auf den Empfänger wirkt, ob er sich irreführen läßt, ob er die Urkunde prüft oder sie wegwirft, ist dagegen gleichgültig. Was geschieht, bevor die Urkunde der zu täuschenden Person zugekommen ist, die Aufgabe zur Post z. B., ist richtigerweise als bloßer Versuch aufzufassen[4]. Solange ist auch ein Rücktritt möglich. — Gegen diese Auffassung ließe sich einwenden,

---

[1] Gautier: Prot. II. ExpKom. 4, 268f. — Eine solche Erschleichung einer Urkunde mit unwahrem Inhalt wird, wenn die Gefahr eines Vermögensschadens besteht und der Täter in Bereicherungsabsicht handelt, auch einen Betrugsversuch darstellen (Art. 148 und 22). Nach Art. 251 ist aber bereits Vollendung gegeben. Der Betrugstatbestand scheidet von vorneherein dann aus, wenn die Absicht des Täters nicht auf Vermögensschädigung oder Vermögensvorteil geht.

[2] Darüber Engeli: 113ff., der aber die Fassung „zur Täuschung" als zu wenig weitgehend kritisiert. Es soll schlechthin jeder Gebrauch, als ob die Urkunde echt wäre, strafbar sein.

[3] Zum Tatbestand des Gebrauchmachens schon Escher (Lit. zu § 91): 340ff. mit der Erklärung, wer wissentlich eine gefälschte Urkunde gebrauche, erneuere dadurch gewissermaßen die Fälschung selbst. Vgl. ferner Binding: 240ff.

[4] Du Pasquier: 156ff. nimmt dagegen Vollendung (crime consommé) an, sobald der Täter alles, was an ihm lag, getan hat, um mit der Urkunde eine Täuschung zu bewirken. Übergabe zur Post oder an einen Boten; Einlegung beim Richter, damit ein anderer, der getäuscht werden soll, von der Urkunde Kenntnis nehme.

daß der Sprachgebrauch das Wort „gebrauchen" weiterreichen läßt. Das G. verlangt aber, daß der Gebrauch zum Zwecke der Täuschung erfolgen muß; vgl. auch Art. 253 II. Ein solcher Gebrauch wird durch die Aufgabe der Urkunde zur Post — um bei diesem Beispiel zu bleiben — erst vorbereitet[1].

7. Für alle sechs in der Ziff. 1 des Art. 251 umschriebenen Tatbestände lautet die Strafdrohung auf Zuchthaus bis zu 5 Jahren oder Gefängnis. Die nach Art. 50 I gegebene Möglichkeit, den aus Gewinnsucht handelnden Täter neben der Freiheitsstrafe zu Buße zu verurteilen, wird bei Urkundenfälschungen häufig von Bedeutung sein.

II. Die Ziff. 2 des Art. 251 bestimmt — mit der Strafdrohung: Zuchthaus bis zu 5 Jahren oder Gefängnis nicht unter 6 Monaten — über qualifizierte Fälle von Fälschung und Mißbrauch. Die Bestimmung ist das Ergebnis einer mühsamen, aber interessanten Beratung in der II. Expertenkommission[2].

Zunächst ergibt sich, daß die Grundtatbestände der Ziff. 1 sich nur auf private Urkunden beziehen können, denn die Ziff. 2 weist in erster Linie darauf hin, daß die erschwerte Drohung gelten soll, wenn die Fälschung oder der Mißbrauch ein öffentliches Register oder eine öffentliche Urkunde betrifft. Den öffentlichen Urkunden wird jedoch eine Gruppe abschließend aufgezählter Privaturkunden gleichgestellt. Der Gesetzgeber hat damit den bisherigen Wertungsstandpunkt, daß eine Fälschung privater Urkunden in allen Fällen ein leichteres Gewicht haben soll als die Fälschung einer öffentlichen Urkunde, aufgegeben[3].

1. Der in der verschärften Strafdrohung zum Ausdruck gebrachte Gedanke des erhöhten Schutzes gilt zunächst für öffentliche Register und öffentliche Urkunden. Weshalb die öffentlichen Register besonders genannt werden, ist, da auch sie öffentliche Urkunden sind, zunächst verwunderlich. Art. 9 des ZGB. enthält unter dem Randtitel: Beweis mit öffentlicher Urkunde diese zweifache Nennung. Im Zivilrecht wird sie damit gerechtfertigt, daß die öffentliche Urkunde i. e. S. eine Willenserklärung in qualifizierter Form darstellt, während das

---

[1] Im wesentlichen wie der Text; BINDING: 249ff.; vgl. ferner WEISMANN: 365ff., ENGELI: 115ff., Vollendung, wenn durch die Übermittlung an die zu täuschende Person die Verfügungsmöglichkeit des Täters über die Urkunde entfallen ist (118). — Mehrmaliges Gebrauchen der falschen Urkunde durch denselben Täter wird regelmäßig ein fortgesetztes Delikt (G. Art. 71 III) sein; vgl. auch das thurgauische Urteil JZ. 26, 282, Nr. 196.

[2] Prot. II. ExpKom. namentlich 4, 247ff., 258f.; 5, 62ff. Zum Folgenden auch DU PASQUIER: 145ff. (De la falsification ou contrefaçon de certaines catégories de titres).

[3] Dazu bemerkenswerte Begründung von GAUTIER: Prot. II. ExpKom. 4, 249f.; dagegen, mit dem Hinweis auf die regelmäßig höhere Beweiskraft der öffentlichen Urkunde, BURCKHARDT: eodem, 257.

öffentliche Register Publizitätsinteressen dient[1]. Das Zivilrecht hat die Zivilstands-, Handels-, Güterrechts-, Erbausschlags-, Eigentumsvorbehalts-, Viehverpfändungsregister, das Grundbuch und die Grundbuchpläne geschaffen[2]. Den Auszügen und Abschriften aus einem öffentlichen Register kommt die gleiche Bedeutung wie dem Register selbst zu, wenn der Auszug von dem zur Registerführung berechtigten Organ ausgestellt wurde[3]. Praktisch können namentlich solche Auszüge einer Fälschung oder Verfälschung verfallen. Als Täter einer Fälschung der Register selbst können insbesondere Beamte in Frage kommen (G. Art. 317). — Im StGB. wäre die besondere Nennung der öffentlichen Register nicht notwendig gewesen, weil die Erklärung des Urkundenbegriffs in Art. 110 Ziff. 5 auch die öffentlichen Register deckt[4] und der Fälscher eines öffentlichen Registers oder eines Registerauszugs ohnehin als Fälscher einer öffentlichen Urkunde strafbar ist. Im übrigen gilt, was oben § 97 II 3 über die öffentliche Urkunde gesagt wird[5].

2. Art. 251 Ziff. 2 nennt an zweiter Stelle die eigenhändige letztwillige Verfügung (ZGB. Art. 505). Sie ist Privaturkunde. Sie hat, wenn sie formgerecht errichtet wird, die gleiche Wirkung und die gleiche Beweiskraft wie die öffentlich beurkundete letztwillige Verfügung. Dann ist es auch gerechtfertigt, Fälschungen gleich wie bei einer öffentlichen Urkunde zu behandeln[6].

3. Bei den ferner in der Ziff. 2 genannten Emissionspapieren handelt es sich je nach der ausgebenden Stelle um private oder um öffentliche Urkunden. Der VE. 1908 hatte in Art. 63 Ziff. 7 als Emissionspapiere bezeichnet „Obligationen, Gold- und Silberzertifikate, Aktien, Anteilscheine, Pfandbriefe und Anleihenstitel mit Grundpfand, die in größerer Zahl ausgegeben werden (Schweizer. ZGB. Art. 875ff. und 916ff.), und die Zins- und Dividendenkoupons solcher Papiere". Das Besondere war, daß die Vorentwürfe die Delikte an und mit solchen Emissionspapieren bei den Gelddelikten eingefügt hatten (VE. 1908 Art. 166ff.). Auch

---

[1] Egger: Kommentar ZGB. (2. Aufl.), Art. 9, N. 2—4 und 7; dazu auch Engeli: 111ff.

[2] Dazu Gmür: Kommentar ZGB. (2. Aufl.), Art. 9, N. 7; Egger: a. a. O. Allg. Einleitung, N. 23.

[3] Gmür: Art. 9, N. 8; Egger: Art. 9, N. 13.

[4] So auch Gautier und Reichel: Prot. II. ExpKom. 5, 64f., 70. Zürcher: eodem 5, 62 bemerkte lediglich, das G. folge dem „Sprachgebrauch" des ZGB.

[5] Weshalb, wie Gmür: a. a. O. Art. 9, N. 6 annimmt, Gerichtsprotokolle und Auszüge aus denselben nicht als öffentliche Urkunden betrachtet werden sollen, ist nicht verständlich. G. Art. 110 Ziff. 5 II in Verbindung mit Ziff. 4 deckt auch Gerichtsakten. Zutreffend zürcher. EG. zum ZGB. § 231: gerichtliche Akten als öffentliche Urkunden und dazu JZ. 10, 100, Nr. 22.

[6] Nicht notwendig war, den Erbvertrag besonders zu nennen, wie man vorgeschlagen hatte. Der Erbvertrag bedarf zu seiner Gültigkeit der Form der öffentlichen letztwilligen Verfügung (ZGB. Art. 512 I). Er ist eine öffentliche Urkunde.

in bisherigen kantonalen Rechten war das nicht selten der Fall. Glarus § 68 bestimmte z. B.: „Das Nachmachen von Kreditpapieren auf den Inhaber, wie Banknoten, Aktien oder deren Stelle vertretende Interimsscheine, Obligationen, Zins- oder Dividenden-Koupons u. dgl. . . . wird gleich der Münzfälschung . . . bestraft." Basel § 67 stellte ausdrücklich die auf den Inhaber lautenden Kreditpapiere dem Geld gleich[1]. Für den Gesetzgeber war die Frage eine lange Zeit unabgeklärt[2]. Die II. Expertenkommission hat richtigerweise die Delikte mit Emissionspapieren aus der Verbindung mit den Gelddelikten gelöst. Die in den Vorentwürfen vorgesehene Erklärung und Umgrenzung des Begriffes „Emissionspapier" wurde von der II. ExpKom. nicht übernommen[3].

4. Der erhöhte Schutz wird endlich dem Wechsel und anderen Ordrepapieren zuteil. Diese Begriffe sind in einer für das Strafrecht verbindlichen Weise durch die Art. 965ff., 990ff. (Wechsel), 1100ff. (Scheck), 1153 (Warenpapiere) des revidierten OR. von 1936 festgelegt. Zu beachten ist besonders der den Abschnitt: Wechselähnliche und andere Ordrepapiere einleitende Art. 1145 mit der Bestimmung, daß ein Wertpapier als Ordrepapier gilt, wenn es an Ordre lautet oder vom Gesetz als Ordrepapier erklärt ist. Beim Wechsel trifft das immer zu. Er ist auch dann Ordrepapier, wenn er nicht ausdrücklich an Ordre ausgestellt ist. — Namenpapiere (OR. Art. 974) und Inhaberpapiere (OR. Art. 978) genießen den erhöhten Schutz, wenn sie Emissionspapiere sind und wenn sie von der öffentlichen Hand ausgegeben oder ausgestellt wurden, als öffentliche Urkunden[4] (oben 3). Bei „Banknoten und anderen in größerer Zahl ausgegebenen, auf Sicht zahlbaren Inhaberpapieren, die zum Umlauf als Ersatzmittel für Geld bestimmt sind und auf feste Beträge lauten" (OR. Art. 988) kommt bei Fälschungen Art. 251 Ziff. 2 nicht zur Anwendung. Delikte an oder mit solchen Papieren stehen unter den Art. 240ff.; oben § 94 II.

III. Den aus der Ziff. 2 des Art. 251 herauszulesenden Schärfungen steht die Privilegierung besonders leichter Fälle mit der Strafdrohung Gefängnis oder Buße gegenüber (Ziff. 3). In den Vorentwürfen (VE. 1908 Art. 274) stand dafür ein Übertretungstatbestand mit der Bezeichnung: geringfügige Urkundenfälschung.

---

[1] Weitere Daten bei Engeli: 18, 50.

[2] Vgl. schon Prot. I. ExpKom. 2, 634f.; Du Pasquier: 146ff. Gegen die Verbindung mit den Gelddelikten bereits Gubser (Lit. zu § 94): 103ff.; Binding: a. a. O. 330ff.

[3] Prot. 5, 51, 65, 71.

[4] So der Schuldbrief und die Gült, die Namen- oder Inhaberpapiere sind (ZGB. Art. 859) und die, ebenso wie die Grundpfandverschreibung (ZGB. Art. 824f.), als öffentliche Urkunden errichtet werden. Vgl. das Luzerner Urteil JZ. 32, 266, Nr. 196: der Täter hatte auf gelöschten, mit dem „Kassationsvermerk" versehenen Gülten diesen Vermerk ausradiert.

Wann ein „besonders leichter Fall" anzunehmen ist, bleibt dem Ermessen des erkennenden Richters überlassen[1]. Die nach der Ziff. 3 mögliche Milderung bezieht sich auf alle in der Ziff. 1 genannten sechs Tatbestände. Sie kann auch in den qualifizierten Fällen der Ziff. 2, also auch wenn eine öffentliche Urkunde, ein Wechsel usw. in Frage steht, zur Anwendung gelangen. Auch der Ingreß des Art. 251, mit der Absicht des Täters, zu schädigen oder sich oder anderen unrechtmäßigen Vorteil zu verschaffen, muß gegeben sein. Nach dieser Richtung kann ebenfalls ein besonders leichter, geringfügiger Fall vorliegen[2].

IV. Von der nach Art. 251 Ziff. 3 möglichen gemilderten Bestrafung von Fälschungen sind die privilegierten **Fälschungen von Ausweisen** (Art. 252) wohl zu unterscheiden. Bei ihnen ist maßgebend, daß es sich um Urkunden besonderer Art handelt und, was damit eng zusammenhängt, daß der Täter in der zwar nicht entschuldbaren, aber zu berücksichtigenden Absicht handelt, sich oder einem anderen das Fortkommen zu erleichtern.

Die Bestimmung übernimmt altes Rechtsgut. In Anlehnung an die Art. 153ff. des französischen C. p. (faux commis dans les passe-ports, feuilles de route et certificats) berücksichtigen kantonale Rechte mildernd Fälschungen von amtlichen Ausweisschriften, von Pässen, von amtlichen Zeugnissen über gute Aufführung, über Armut usw., von Arztzeugnissen usw.; so z. B. Bern Art. 111, Tessin Art. 222—230 (passaporti, fogli di via, carte di origine, di dimora o di domicilio o licenze), Genf Art. 139 bis 146 und Novelle vom 27. März 1915 (actes, diplômes ou certificats conférant des grades ou des titres universitaires). Diese besonderen Fälschungen werden in breiter kasuistischer Ausgestaltung behandelt. Das Moment, daß der Täter zum Zwecke besseren Fortkommens gehandelt haben muß, wird nicht erwähnt, allein es liegt im Sinne solcher Bestimmungen. Andere kantonale Rechte heben diese den Täter leitende Absicht ausdrücklich hervor; z. B. Zürich § 103 lit. b, Glarus § 70 lit. b, Freiburg Art. 151 (um seines Nutzens willen), Basel § 74, Waadt Art. 279 (faux diplômes et certificats), Art. 280 (usage de faux titres dans le dessein ... de se procurer ou de procurer à un tiers un avantage illégitime, matériel ou moral)[3].

Der Art. 252 Ziff. 1 des G. enthält unter Verzicht auf umständliche Kasuistik eine Reihe von Tatbeständen, die alle durch das Moment: Ab-

---

[1] Vgl. dazu die Rechtsprechung des MKG., Entscheidungen 1926/1935, Nr. 5, 44, 46, S. 132 und dort Zitierte.

[2] Zur ganzen Frage GAUTIER: Prot. II. ExpKom. 8, 293, ferner eodem 7, 148ff.: leichte Fälle namentlich etwa Fälschung von Ausweisen zur Benutzung öffentlicher Verkehrsanstalten.

[3] Weitere Daten bei ENGELI: 44ff., 129ff.

sicht des Täters, sich oder einem anderen das Fortkommen zu erleichtern[1], zusammengehalten werden. Die Strafdrohung ist Gefängnis oder Buße.

1. Fälschung von Ausweisschriften, Zeugnissen, Bescheinigungen. Unter Ausweisschriften werden ausschließlich amtliche Urkunden: Pässe, Heimats-, Geburtsscheine usw., allgemein öffentliche Urkunden zur Feststellung der Persönlichkeit, der Standes- und der Familienverhältnisse ihres Trägers zu verstehen sein[2]. — Für Fälschung und auch für den Mißbrauch einzelner besonderer amtlicher Ausweisschriften bestehen bundesrechtliche Spezialvorschriften. Das trifft zu für den auch weiter vorzubehaltenden Art. 13 des BGes. von 1930 über die Handelsreisenden (Eidg. GesSlg. 47, 361ff.) mit den Tatbeständen der Erschleichung, der eigenmächtigen Abänderung und der wissentlichen Benutzung einer derart abgeänderten Karte[3]. Ferner bestimmt Art. 23 I, II und IV des BGes. von 1931 über Aufenthalt und Niederlassung der Ausländer (sog. Fremdenpolizeigesetz: GesSlg. 49, 279ff.) über Fälschung, Verfälschung, Mißbrauch fremdenpolizeilicher Ausweispapiere. Die Strafdrohung lautet auf Gefängnis bis zu 6 Monaten und — fakultativ — auf Buße[4]. Es gehört zu den gesetzgeberischen Zufälligkeiten und Unstimmigkeiten, daß z. B. das mit einem ausländischen Paß verübte Delikt unter einer geringeren Strafdrohung steht als der Art. 252 des G. sie vorsieht. Für solche Sondernormen besteht im Hinblick auf den ausreichenden Art. 252 des G. kein Bedürfnis mehr. Sie sollten richtigerweise als aufgehoben gelten. — Die ferner genannten Zeugnisse und Bescheinigungen können öffentliche oder private Urkunden sein. Das G. hat auf die in bisherigen kantonalen Rechten übliche beispielsweise Aufzählung[5] verzichtet. Die Praxis hat den Begriffen „Zeugnis" und „Bescheinigung" den zutreffenden Inhalt zu geben, wobei entscheidend sein muß, daß, nach der Absicht des Täters, das Dokument ihm oder einem anderen das Fortkommen erleichtern soll. Ob das Zeugnis objektiv dazu geeignet ist oder nicht, ist nicht von Bedeutung.

2. An zweiter Stelle nennt der Art. 252 die Verfälschung, wozu die Erörterungen oben I 2 und schon § 91 II zu beachten sind.

---

[1] Im VE. 1908 lautete das Marginale des entsprechenden Art. 275: Urkundenfälschung ohne schädigende Absicht. Zur Entwicklungsgeschichte des Art. 252 Gautier: Prot. II. ExpKom. 7, 150ff.

[2] Zürcher: Erläuterungen, 483; Prot. II. ExpKom. 7, 152 (Heimatscheine).

[3] Strafdrohung: Gefängnis (Haft) bis zu 3 Monaten und Buße, oder Gefängnis (Haft) oder Buße allein. Anders als bei Art. 252 ist hier nur eine Übertretung angenommen; vgl. StGB. Art.333 II.

[4] Rechtsprechung zum Fremdenpolizeigesetz: Zürcher Bl. 36, Nr. 10 und 63: Fälschung, Verfälschung, Mißbrauch ausländischer Pässe.

[5] Zürich § 103 nennt als Beispiele Wanderbücher, Arbeits- und Dienstbücher, Gesundheitsscheine, amtliche Zeugnisse über Aufführung, Armut, Krankheit, Unglücksfälle oder ähnliche Umstände. Rechtsprechung dazu bei Köpfli: Zürcher StGB. zu § 103.

3. Abweichend von Art. 251 nennt der Art. 252 weder die Blankettfälschung, noch die Falschbeurkundung oder die Veranlassung einer solchen. Aber es darf nicht angenommen werden, daß, wenn in solchen Fällen die Voraussetzungen für eine Privilegierung zutreffen, der Art. 252 nicht zur Geltung gebracht werden soll. Zur Not können alle diese Fälle unter den Fälschungsbegriff gebracht werden[1].

4. Der Tatbestand in Ziff. 1 III: Gebrauch einer von einem Dritten hergestellten Schrift „dieser Art" zur Täuschung deckt sich mit Art. 251 Ziff. 1 III mit der einzigen Abweichung, daß der Art. 252 nur Schriften nennt, während der Art. 251 den weiteren Urkundenbegriff (Art. 110 Ziff. 5) verwendet. Vgl. oben I 6.

5. Der Mißbrauch echter, nicht für den Benutzer bestimmter Ausweisschriften zur Täuschung, der in Ziff. 1 IV des Art. 252 erfaßt wird, ist kein Fälschungsdelikt mehr[2]. In solchen Fällen wird häufig — sobald Bereicherungsabsicht vorhanden ist — Betrug (Art. 148) oder Betrugsversuch gegeben sein. Ob dem Täter das Privileg aus Art. 252 zugute kommen soll, entscheidet sich nach dem subjektiven Moment, ob lediglich die Absicht, sich oder einem anderen das Fortkommen zu erleichtern, anzunehmen ist. — Auch hier sind, namentlich zur Frage der Vollendung, die Erörterungen oben I 6 zu vergleichen.

6. Gewerbsmäßige Fälschung und Verfälschung und das mit solchen Schriften Handeltreiben bedroht Art. 252 Ziff. 2 mit der geschärften Strafe: Gefängnis nicht unter 1 Monat. Daß damit Buße verbunden werden kann, ergibt sich aus Art. 50 I.

§ 99. Weitere Urkundendelikte.

Literatur. Angaben zu § 97. — Frey: Die Unterdrückung von Urkunden auf der Grundlage des VE. von 1916 zu einem schweizer. StGB., Zürcher Diss. (1917). — Leemann: JZ. 11, 1f. — Meili: Die Fälschung einer telegraphischen Depesche, Rechtsgutachten (1889). — Stämpfli: Z. 36, 246ff. — Schulthess: Das militärische Kontrollwesen und dessen strafrechtlicher Schutz, Zürcher Diss. (1942).

I. **Erschleichung einer Falschbeurkundung**[3]. Der Art. 253 schließt sich an den bereits in Art. 251 Ziff. 1 II umschriebenen Tatbestand der mittelbaren Falschbeurkundung an (oben § 98 I 5). Die beiden Vorschriften stimmen darin überein, daß der Täter eine rechtlich erheb-

---

[1] Im Einzelfall ist die Anwendung von Art. 251 Ziff. 3 (besonders leichte Fälle) zu erwägen. Ob diese Bestimmung oder Art. 252 zur Geltung kommen soll, ist im Hinblick auf die Absicht, von der sich der Täter leiten ließ, zu entscheiden.

[2] Art. 23 II des Fremdenpolizeigesetzes von 1931 sieht vor: wissentliche Verwendung durch Unberechtigte und Überlassung echter Papiere an Unberechtigte zum Gebrauch. Bei zweckmäßiger Auslegung genügt jetzt der Art. 252 des G. auch in diesen Fällen. — Z. 49, 115: Benutzung eines fremden Führerausweises für ein Motorfahrzeug durch eine Person, die keinen Ausweis besitzt (Baselstadt).

[3] Im VE. 1908 ungenau als intellektuelle Urkundenfälschung bezeichnet (Art. 178); dazu Zürcher: Erläuterungen, 327f.

liche Tatsache unrichtig beurkunden läßt. Aus Art. 253 ergeben sich aber folgende Besonderheiten:

1. Der Täter wendet sich, um eine sog. Lugurkunde zu erwirken, nicht an eine Privatperson, sondern an einen — gutgläubigen — Beamten oder an eine Person öffentlichen Glaubens, z. B. an einen nicht beamteten Notar (oben § 97 II 3)[1]. Abs. I des Art. 253 nennt als Beispiele die Erwirkung der Beglaubigung einer falschen Unterschrift oder einer unrichtigen Abschrift[2]. Der Täter, dem das gelingt, erlangt immer eine unwahre öffentliche Urkunde[3].

2. Art. 253 fordert ein durch Täuschung Bewirken, und das Marginale lautet: Erschleichung einer falschen Beurkundung. Das steht nicht in Art. 251. Aber praktisch ergibt sich hier kaum ein Unterschied, denn auch der Täter, der sich gemäß Art. 251 eine unrichtige Beurkundung erwirkt, muß sie erschleichen, muß täuschen. Mit der Erwirkung der unwahren Urkunde ist das Delikt vollendet.

3. Art. 253 fordert nicht, anders als Art. 251, die Absicht des Täters, zu schädigen oder sich oder einem anderen einen unrechtmäßigen Vorteil zu verschaffen. Die bei einem Beamten oder einer Person öffentlichen Glaubens erschlichene falsche Beurkundung ist schlechthin strafbar. Daß der Täter mindestens auf unrechtmäßigen Vorteil aus sein wird, wird kaum je zweifelhaft sein. Allein der ausdrückliche Beweis erübrigt sich.

4. Verschieden in der Fassung, aber nicht dem Sinne nach sind Art. 251 Ziff. 1 III und Art. 253 II. Während nach Art. 251 der täuschende Gebrauch einer „von einem Dritten hergestellten Urkunde" bedroht ist, lautet Art. 253 umständlicher: „wer eine so erschlichene Urkunde gebraucht, um einen anderen über die darin beurkundete Tatsache zu täuschen". Daß der die Urkunde gebrauchende Täter ein anderer sein muß als der mittelbare Fälscher kommt hier, anders als in Art. 251, nicht klar zum Ausdruck, muß aber auch hier gelten[4] (vgl. oben § 95 IV 2 und dort Zitierte).

---

[1] Entsprechender Tatbestand in Art. 173 des MilStG., der außer Beamten und Personen öffentlichen Glaubens noch militärische Vorgesetzte nennt. Dazu Entscheidungen des MKG. 2 (1926—1935), Nr. 15, S. 44 und namentlich Nr. 56: Erschleichung eines unrichtigen Gerichtsprotokolls durch Angabe eines falschen Namens vor Gericht; vgl. dagegen GAUTIER: Prot. II. ExpKom. 4, 269. — Beamte oder Personen öffentlichen Glaubens als Täter: Art. 317 Ziff. 1 II.

[2] Dazu LEEMANN: JZ. 11, 1f. — Rechtsprechung: JZ. 14, 276, Nr. 83 (Baselstadt zu § 73 I: Erwirkung der Beglaubigung einer unechten Paßunterschrift); Zürcher Bl. 14, Nr. 59: Erwirkung der Beglaubigung einer gefälschten Unterschrift auf einer Bürgschaftsurkunde. Anders der Fall Zürcher Bl. 33, Nr. 125 und JZ. 31, 45, Nr. 34: Fälschung einer amtlichen Beglaubigung.

[3] So auch ZÜRCHER: Prot. II. ExpKom. 4, 268.

[4] Das gesetzgebungstechnische Postulat, Gleiches mit gleicher Formulierung zu erfassen, ist, wenn man Art. 251 Ziff. III 1 und Art. 253 II zusammenhält, mißachtet.

Über den Zeitpunkt der Vollendung des Gebrauchs siehe oben § 98 I 6.

Die Strafdrohung des Art. 253 lautet wie in Art. 251 Ziff. 1 auf Zuchthaus bis zu 5 Jahren oder auf Gefängnis.

5. Neben Art. 253 gelten auch weiterhin Sonderbestimmungen: Art. 1 des BGes. von 1923 betreffend Strafbestimmungen zum Handelsregister- und Firmenstrafrecht (Eidg. GSlg. 40, 37ff.) bedroht vorsätzliche und auch fahrlässige Veranlassung einer zur Täuschung geeigneten Eintragung in das Handelsregister — mit dem Vorbehalt: „sofern schwerere Strafbestimmungen nicht in Anwendung zu bringen sind"; dazu schon oben § 52 III und dort zitierte.

Die Ursprungszeugnis-VO. des Bundesrates vom 9. Dezember 1929 zum Zollgesetz von 1925 (Eidg. GSlg. 45, 585ff.) nennt in Art. 14 Fälle von mittelbarer Falschbeurkundung mit Bedrohung sowohl der vorsätzlichen als auch der fahrlässigen Tat. Sie sind durch die Strafdrohungen — Bußen und in schweren Fällen maximal Gefängnis (Haft) bis zu 3 Monaten — als Übertretungen gekennzeichnet.

Über das Verhältnis zwischen Art. 253 und Art. 216 (Unterdrückung und Fälschung des Familienstandes) siehe oben § 74 III i. f.

II. **Urkundenunterdrückung.** In Art. 61 des BStG. von 1853 wird die unbefugte Zerstörung von Bundesakten[1] genannt, in Art. 38 die Unterstützung eines fremden Staates zum Nachteil der Eidgenossenschaft durch Entwendung oder Vernichtung von Urkunden. Die Unterdrückung findet sich in verschiedener Ausgestaltung auch in kantonalen Rechten: Zürich z. B. behandelt als Fälschung auch die Unterdrückung einer echten öffentlichen Urkunde (§ 102) und nach § 192 Ziff. 2 liegt ausgezeichneter Betrug vor, wenn der Täter ihn durch „Vernichtung, Unbrauchbarmachung, Unterdrückung oder Entwendung[2] einer Privaturkunde" verübt. Ähnlich bestimmt Thurgau § 160. Basel § 76 Ziff. 1 bestraft den Täter, der „eine Urkunde, welche ihm nicht oder nicht ausschließlich gehört, in rechtswidriger Absicht, vernichtet, beschädigt oder unterdrückt". Tessin Art. 221 bestraft wie die Fälschung „la dolosa soppressione o distruzione in tutto od in parte di un documento"[3].

1. Art. 254 des G. setzt eine echte Urkunde voraus. Er beschreibt die Urkundenunterdrückung im einzelnen als Beschädigen — teilweise Unter-

---

[1] Spitzfindige Untersuchung, ob das Auskratzen des Datums auf einer Bahnfahrkarte die teilweise Zerstörung einer Bundesakte (JZ. 16, 65, Nr. 39) oder eine Verfälschung darstellt. Besser JZ. 26, 264, Nr. 185 (Bundesanwaltschaft: Beschädigen und Verändern = Verfälschen); vgl. auch Binding: Lb. 2 I, 238f.; Frey: 92ff. mit der Erörterung von Einzelfällen.

[2] Zürcher Bl. 17, Nr. 120: nicht im Falle der Unterschlagung. Das ist eine zu ängstliche Jurisprudenz.

[3] Weitere Daten bei Stooss: Grundzüge, 2, 333; Frey: 26ff., 38ff. (kantonale Rechte).

drückung —; Vernichten — vollständige Unterdrückung[1], Beiseiteschaffen[2] oder Entwenden[3]. Das muß, gleich wie bei der Fälschung Art. (251), geschehen in der Absicht, jemanden am Vermögen oder an anderen Rechten zu schädigen oder sich oder einem anderen einen unrechtmäßigen Vorteil zu verschaffen[4]. Freiburg Art. 154 sagt kürzer: in rechtswidriger Absicht, Waadt Art. 277 erwähnt besonders auch die Absicht auf moralischen Schaden oder auf unrechtmäßigen moralischen Vorteil.

2. Zwischen öffentlichen und privaten Urkunden unterscheidet der Art. 254 nicht. Dagegen verlangt er eine Urkunde, über die der Täter nicht allein verfügen darf. Dieses Moment gibt dem Tatbestand die besondere Note:

Geschützt gegen die „Unterdrückung" einer Urkunde ist einmal der Eigentümer gegen jedermann, ferner auch wer an gemeinschaftlichem Eigentum (ZGB. Art. 646ff.) teilhat. Täter einer Vernichtung oder einer Entwendung z. B. kann daher auch der Mit- und der Gesamteigentümer sein, ebenso der Miterbe, der ein Testament unterdrückt.

Geschützt ist ferner der Besitzer, z. B. der Pfandbesitzer einer Urkunde, auch gegenüber dem Eigentümer[5].

Der Art. 254 soll endlich die Fälle treffen, in denen eine Pflicht — des Eigentümers oder eines Inhabers — zur Edition einer Urkunde besteht, wenn durch die „Unterdrückung" die Erfüllung der Editionspflicht unmöglich gemacht wird. Die Pflicht zur Edition — in einem Zivil- oder Strafprozeß, in einem verwaltungsrechtlichen Verfahren — muß aber im Zeitpunkt der Tat feststehen, der Täter muß wissen, daß er über die Urkunde „nicht allein" verfügen darf[6].

3. Die Strafdrohung ist für die Urkundenunterdrückung gleich wie bei der Fälschung (Art. 251 Ziff. 1) mit Zuchthaus bis zu 5 Jahren oder

---

[1] Dazu BINDING: 299f.; FREY: 87 hebt hervor, daß nicht die Zerstörung der Substanz das Entscheidende ist, sondern die Ausschaltung als Beweismittel, z. B. durch Beseitigung des Textes.

[2] Andere, besondere Fälle: Nichtaufbewahrung von Geschäftsbüchern, Geschäftsbriefen und -telegrammen: Art. 166 und 325 II; vgl. oben § 62 I und II, über die Unterdrückung von Telegrammen siehe auch unten III 3.

[3] Diebstahl oder Urkundenunterdrückung? Vgl. JZ. 35, 281, Nr. 198 (Baselstadt: Entscheidend ist der Wille, die Absicht des Täters). Diebstahl setzt nach G. Art. 137 Bereicherungsabsicht voraus. Das ist spezieller als die in Art. 254 genannten Motive; FREY: 98ff., der das Beiseiteschaffen und das Entziehen zutreffend als ein Unterdrücken ohne Veränderung der Substanz kennzeichnet.

[4] Kasuistische Erörterungen bei FREY: 115ff.

[5] Zu den einzelnen Fällen FREY: 74ff. Entscheidend ist: wer ein Recht am Inhalt einer Urkunde hat, dem steht auch ein Recht an ihr zu (78).

[6] Diese Verhältnisse sind in den Beratungen der II. ExpKom. 4, 273 besprochen, aber nicht recht abgeklärt werden; vgl. auch FREY: 79ff. — BINDING: 300 (Urkunden, deren Vorlegung durch den Richter verlangt ist oder die mit Beschlag belegt sind, gehören stets auch dem Staate, der sie beschlagnahmt hat).

Gefängnis angesetzt. Geschieht die Tat zum Nachteil eines Angehörigen oder Familiengenossen, z. B. bei einem Testament, so ist ein Strafantrag erforderlich (Art. 254 II)[1].

Die Unterdrückung einer Zivilstandsurkunde ist nicht aus Art. 254, sondern gemäß Art. 216 zu strafen[2].

III. Die Art. 251—255 des G. erschöpfen das Strafrecht der Urkundenfälschung nicht. Außer schon in der vorangehenden Darstellung erwähnten Spezialbestimmungen sind als Sondertatbestände[3] namentlich zu nennen:

1. Aus dem StGB. die in Art. 267 Ziff. 1 II enthaltenen, als diplomatischer Landesverrat bezeichneten Fälle von Urkundenverfälschung und -unterdrückung;

die Fälschung und Unterdrückung von militärischen Aufgeboten und Weisungen gemäß Art. 277 mit der Ergänzung in Art. 103 des MilStG.;

die Wahlfälschung nach Art. 282 Ziff. 1 I;

die Fälschungen durch Beamte oder Personen öffentlichen Glaubens als Täter (Art. 317) und die Falschbeurkundung durch Ärzte und Hebammen (Art. 318).

Diese Tatbestände sind in den Zusammenhängen, in die sie gehören, näher zu erörtern.

2. Reich an Sondertatbeständen ist ferner die Nebengesetzgebung des Bundes und, soweit nach Art. 335 kantonale Vorbehalte — z. B. für das Steuerstrafrecht — gelten, auch der Kantone. Diese besonderen Vorschriften gehen den Art. 251ff. des G. vor. Außer für die schon in früheren Zusammenhängen genannten Bestimmungen trifft das für folgende, hier nur beispielsweise genannten Fälle[4] zu:

Fälschung dienstlicher Aktenstücke nach MilStG. Art. 78;

unberechtigte Eintragungen, Fälschungen und Änderungen im Dienstbüchlein gemäß Art. 85 und 86 der VO. von 1925 über das militärische Kontrollwesen (Eidg. GSlg. 41, 755ff.)[5];

aus dem Betäubungsmittelgesetz von 1924 (GSlg. 41, 439ff.) Art. 11 III und V: vorsätzlicher und fahrlässiger Gebrauch gefälschter oder abgeänderter Rezepte; Art. 12: falsche Angaben in den vorgeschriebenen Lagerbüchern, Unterlassung von Eintragungen, Gebrauch eines Lagerbuches mit falschen oder unvollständigen Angaben — strafbar auch die Fahrlässigkeit;

---

[1] Richtige Begründung dafür Hildebrand: Prot. II. ExpKom. 4, 275: Wenn unter Verwandten der Diebstahl von Geld nur auf Antrag strafbar ist, so soll es auch die „Unterdrückung" eines Schuldbriefs sein. Vgl. noch Art. 110 Ziff. 2/3.

[2] Gautier: Prot. II. ExpKom. 4, 274; vgl. auch oben § 74 i. f.

[3] Dazu besonders auch Frey: 123ff.

[4] Weitere Angaben namentlich bei Germann: Anmerkungen zu Art. 148 und 251.

[5] Dazu und über das Verhältnis der Strafbestimmungen der Kontrollverordnung zum bürgerlichen und zum MilStG. Schulthess: 77ff.

aus dem BGes. von 1919 über die Kautionen der Versicherungsgesellschaften (GSlg. 35, 351ff.) Art. 20: vorsätzliche und fahrlässige unrichtige Darstellung von auf die Kaution bezüglichen Verhältnissen (Falschbeurkundung).

Durchgängig handelt es sich bei diesen Nebengesetzen um Privilegierungen, die ihren Grund in besonderen Verhältnissen haben. Die Generalklausel in Art. 398 I des G., daß die ihm widersprechenden strafrechtlichen Bestimmungen des Bundes aufgehoben werden, trifft hier nicht zu.

3. Zweifelsfragen bestehen beim besonderen Fall der Telegrammfälschung[1]. Das BGes. von 1922 betreffend den Telegraphen- und Telephonverkehr (GSlg. 39, 13ff.) bedroht mit Gefängnis die mit telegraphendienstlichen Verrichtungen betraute Person, die ein Telegramm oder Radiogramm fälscht, unrichtig wiedergibt, verändert, unterdrückt oder dem Empfangsberechtigten vorenthält oder irgend jemandem Gelegenheit verschafft, solche Handlungen vorzunehmen (Art. 39 lit. b und c). Die Vorentwürfe zum StGB. und noch der E. 1918 Art. 287 III und IV hatten als besondere Beamtendelikte entsprechende Tatbestände vorgesehen[2]. In der parlamentarischen Beratung wurden diese Bestimmungen mit der Begründung, sie sollten der Sondergesetzgebung überlassen bleiben, gestrichen[3]. Es bleibt also bei der Sonderordnung nach Art. 39 des Telegraphen- und Telephonverkehrsgesetzes, wofür im einzelnen gilt:

Anders als in den E. zum StGB., die Telegraphenbeamte als Täter nannten, wird im Sondergesetz eine mit telegraphendienstlichen Verrichtungen betraute Person als Täter bezeichnet. Damit wird aber auf amtliche Funktionen hingewiesen, so daß, wenn man den in Art. 110 Ziff. 4 umgrenzten Beamtenbegriff heranzieht, es sich auch nach Art. 39 des Verkehrsgesetzes um Beamtendelikte handelt.

Wie aber, wenn ein Nichtbeamter ein Aufgabetelegramm fälscht, verändert (verfälscht), unterdrückt oder z. B. ein Ankunftstelegramm beseitigt oder dem Empfangsberechtigten vorenthält? Dann ist die Anwendung der Art 251 und 254 zu erwägen mit dem Beweis, daß der Täter

---

[1] Binding: a. a. O. 217, 254ff.

[2] Zürcher: Erläuterungen, 425 nennt als Einzelfälle: Fälschung mit oder ohne Beseitigung eines echten Schriftstückes (Aufgabetelegramm), Verfälschung durch unbefugte Veränderung, unrichtige telegraphische oder schriftliche Wiedergabe (Ankunftsdepesche), Unterdrückung durch Beseitigung des Aufgabetelegramms, ehe der Inhalt telegraphiert wurde, Unterlassen der telegraphischen Übertragung, Beseitigung und Nichtbefördern des Ankunftstelegramms. Vgl. ferner Prot. II. ExpKom. 5, 391ff.; 6, 148f.; Wettstein: Telegraphenstrafrecht (Lit.-Angaben zu § 87), 89ff. und dazu Stooss: Z. 16, 335ff.; Stämpfli: Z. 36, 247, 249.

[3] StenBull. NR. 1929, 612, 614.

in der Absicht auf Schädigung oder auf Erlangung eines unrechtmäßigen Vorteils gehandelt hat. Wird eine solche Absicht auch dem das Telegrammdelikt begehenden Beamten bewiesen, so muß Konkurrenz von Art. 39 des Verkehrsgesetzes mit Art. 251 oder 254 des StGB. angenommen werden[1].

Der in Art. 39 lit. c des Verkehrsgesetzes weiter genannte Tatbestand: irgend jemandem Gelegenheit verschaffen, solche Telegrammdelikte zu verüben, ist ebenfalls auf den Beamten als Täter gemünzt. Für die das Delikt ausführende Privatperson können wiederum die Art. 251 und 254 in Betracht kommen. Trifft das zu, so hat der Beamte dazu Beihilfe geleistet[2]. Aber die besondere Bestimmung der lit. c des Art. 39 läßt den Beamten auch dann strafbar werden, wenn den ausführenden Dritten — beim Fehlen der schädigenden oder gewinnsüchtigen Absicht — keine Strafe trifft[3].

Bei der Anwendung von Art. 39 lit. b und c des Verkehrsgesetzes kann dahingestellt bleiben, ob ein Telegramm oder ein Radiogramm eine Urkunde im Sinne von Art. 110 Ziff. 5 I des G. ist[4], und — eventuell — ob solche Schriften als öffentliche oder als private Urkunden zu gelten haben. Wenn aber bei einer Telegrammfälschung die Anwendung des Art. 251 erwogen werden muß, so bedarf die Frage der Lösung: Das Aufgabetelegramm kann, je nach dem Inhalt und der Person des Ausstellers, private oder öffentliche Urkunde sein. Das Ankunftstelegramm ist die Wiedergabe der Aufgabedepesche oder soll es wenigstens sein. Fraglich bleibt allein, ob die vom Ankunftsamt angebrachten amtlichen Vermerke für sich allein den Charakter einer öffentlichen Beurkundung haben. Das Amt vermerkt den Namen der Aufgabestelle, die Telegrammnummer, die Wortzahl, Tag und Stunde der Aufgabe (Telegraphenordnung vom 17. Dezember 1923, § 19 III; GSlg. 39, 480). Das ist öffentliche Beurkundung[5]. Wer sie fälscht oder verfälscht, steht unter der Strafdrohung der Ziff. 2 des Art. 251 und, wenn er Beamter ist, unter Art. 317.

---

[1] Ebenso GAUTIER: Prot. II. ExpKom. 5, 393; STÄMPFLI: Z. 36, 248; a. M. LANG: Prot. II. ExpKom. 5, 394 (nur, je nach der Sachlage, entweder das Beamtendelikt oder Fälschung gemäß Art. 251).

[2] So wohl auch GAUTIER: a. a. O. 393. Umgekehrt kann auch Teilnahme des Dritten am Beamtendelikt vorkommen; STÄMPFLI: 250.

[3] Ebenso STÄMPFLI: 250.

[4] STÄMPFLI: Z. 247. Der Schutz bezieht sich auf alle Telegramme, nicht nur auf solche mit Urkundencharakter.

[5] Temperamentvoll bestritten von BINDING: 259. STÄMPFLI: Z. 36, 246 stellt zutreffend fest, daß die Telegraphenverwaltung die telegraphische Nachricht nur vermittelt, daß die Ankunftsdepesche also nicht öffentliche Urkunde ist. Die Frage jedoch, ob „die dienstlichen Zusätze am Kopf des Telegramms als amtliche Erklärungen mit Urkundenqualität" zu gelten haben, läßt STÄMPFLI offen.

§ 100. Grenzverrückung und ergänzende Tatbestände.

Literatur. Angaben zu § 97. — v. SEGESSER: Die Grenzverrückung, Berner Diss. (ohne Jahreszahl).

I. Im G. ist von der **Grenzverrückung** an zwei Stellen die Rede: im Titel „Urkundenfälschung" in Art. 256, ferner bei den Staatsdelikten in Art. 268 mit der Bezeichnung Verrückung staatlicher Grenzzeichen. Die zusammenfassende Erörterung der Art. 256 und 268 läßt sich, trotz der verschiedenen Schutzrichtung, rechtfertigen.

Schon in Art. 38 des BStR. von 1853 steht im Titel: Verbrechen gegen die äußere Sicherheit und Ruhe der Eidgenossenschaft der sehr unbestimmt gefaßte Tatbestand: „Wer die Grenzen der Schweiz absichtlich verändert oder ungewiß macht." Die Erfassung der Grenzverrückung ohne politische Bedeutung war dagegen bisher den kantonalen Rechten überlassen. Die Ordnung geschah auf sehr verschiedene Weise, was hier nur mit einigen Beispielen zu zeigen ist[1]: Zürich § 192 Ziff. 4 nimmt ausgezeichneten Betrug an, wenn er durch Veränderung oder Beseitigung von Marken oder anderen Grenzzeichen verübt wird. Ähnlich bestimmt Schwyz § 83 lit. b (Marchverrückung). Zug § 61 bezeichnet als Urkunden auch Grenzsteine und -marken und läßt die Delikte an solchen in der Urkundenfälschung aufgehen. Basel § 76 Ziff. 2 stellt die „Grenzsteinveränderung" mit der Urkundenunterdrückung zusammen mit der Fassung: wer einen Grenzstein in rechtswidriger Absicht wegnimmt, unkenntlich macht, verrückt oder fälschlich setzt. Im Anschluß an Art. 456 des französischen C. p. erfaßt Bern in den Art. 234 und 235 in ausführlicher Kasuistik zahlreiche Angriffe auf die Grenzen eines fremden Grundstücks, wenn sie in der Absicht erfolgen, die Grenzen zu verändern oder unkenntlich zu machen. Ähnlich wie das eidgenössische G. bestimmt Waadt Art. 278, das im selben Artikel die Grenzverrückung mit Bezug auf privates Eigentum (Abs. I) und mit Bezug auf Kantons- und Gemeindegrenzen (Abs. II) zusammenfaßt.

II. Daß das G. den Art. 256 im Titel über die Urkundenfälschung untergebracht hat, liegt im Zuge der Entwicklung und läßt sich auch damit rechtfertigen, daß gewisse Grenzzeichen bei der weitreichenden Fassung von Art. 110 Ziff. 5 zu den Urkunden gezählt werden können[2].

1. Angriffsobjekt ist nach Art. 256 ein zur Feststellung privater Grundstücksgrenzen dienender Grenzstein oder ein anderes Grenz-

[1] Ausführliche, namentlich auch die geschichtliche Entwicklung des Tatbestandes berücksichtigende Darstellung bei v. SEGESSER: 7ff., 105ff. (Entwicklung der schweizer. Rechte).

[2] Über die wechselvolle systematische Einfügung der Grenzverrückung — Sachbeschädigung, Betrug, Fälschung, Delikt gegen die publica fides — v. SEGESSER 4f., 105ff., 134ff.; vgl. auch GAUTIER: Prot. II. ExpKom. 4, 285 und THORMANN: eodem 287; WEISMANN: (Lit. zu § 96) 395ff. (Grenzfälschung).

zeichen. Art. 668 I des ZGB. erklärt, daß die Grenzen durch die Grundbuchpläne und durch Abgrenzungen auf dem Grundstück selbst — Anbringung von Grenzzeichen (Art. 669) — angegeben werden. Wo das Grundbuch besteht, verlieren freilich Grenzzeichen und das Delikt der Verrückung an Bedeutung. Nur wo noch Grenzzeichen vorhanden oder angebracht sind, was nicht verbindlich vorgeschrieben ist[1], kann das Delikt der Verrückung verübt werden. Grenzzeichen können künstlich geschaffen werden — Steine, Pfähle mit darauf angebrachten Zeichen usw. —, sie können aber auch von Natur bestehen — Gräben, Wasserläufe usw.[2].

Während die Grenzzeichen, auf die der Art. 256 hinweist, der Erkennbarmachung und damit dem Schutz des Privateigentums, dem Beweise von Privatrechten, dienen, sind die Zeichen gemäß Art. 268 „zur Feststellung der Landes-, Kantons- oder Gemeindegrenzen" bestimmt[3]. Sie sind wichtige öffentlich-rechtliche Zeichen. Das G. nennt Grenzsteine oder andere Grenzzeichen. Das können Grenzpfähle, Schlagbäume, Tafeln usw. sein.

2. In beiden Bestimmungen ist die Art der Tatverübung mit den gleichen Worten umschrieben: beseitigen, verrücken, unkenntlich machen, falsch setzen und verfälschen. Verwandtes mit den eigentlichen Urkundendelikten kommt darin zum Ausdruck: das Falschsetzen[4] steht der Falschbeurkundung nahe, das Beseitigen und das Unkenntlichmachen der Urkundenunterdrückung. Für sich steht die Verrückung, die dem Delikt den Namen gegeben hat.

3. Mit der unterschiedlichen Schutzrichtung der Art. 256 und 268 hängt zusammen, daß bei der Grenzverrückung nach Art. 256 dem Täter die Absicht, jemanden am Vermögen oder an anderen Rechten zu schädigen oder sich oder einem anderen einen unrechtmäßigen Vorteil zu verschaffen, bewiesen werden muß[5]. Das G. verwendet hier die gleiche

---

[1] Dazu die Kommentare zum ZGB., z. B. LEEMANN: Sachenrecht (2. Aufl.), Art. 668, N. 1.

[2] LEEMANN: a. a. O. N. 5.

[3] Die VO. des Bundesrates vom 15. Dezember 1910 — Instruktion für die Grundbuchvermessungen — (GSlg. 26, 1402ff.) fordert in Art. 11 lit. b die Vermarkung der Landes-, Kantons-, Amts- oder Bezirksgrenzen, der politischen Gemeindegrenzen, eventuell der Orts- oder Zivilgemeindegrenzen und der Grenzen von Gebieten, welche politisch mehreren Gemeinden angehören. Danach bestimmt sich auch die Reichweite des Art. 268 des StGB. — In Art. 15 lit. g und k der erwähnten Instruktion wird Näheres über Art und Beschaffenheit der Grenzzeichen gesagt.

[4] GAUTIER: Prot. II. ExpKom. 4, 286 nimmt, nicht zutreffend an, daß hier als Täter nur Beamte (Geometer) in Frage kommen.

[5] Absicht, über die Eigentumsgrenze zu täuschen. Anders der — auch mögliche — Diebstahl von Grenzzeichen und die Zerstörung und Beschädigung aus Bosheit (Sachbeschädigung nach Art. 145); vgl. ZÜRCHER: Erläuterungen, 334; BURCKHARDT: Prot. II. ExpKom. 5, 78.

Formel wie bei der Fälschung und der Unterdrückung von Urkunden (Art. 251, 254). Daß die Absicht der Vermögensschädigung genannt wird, ist gegeben. Wieso aber bei der Grenzverrückung des Art. 256 auch andere als Vermögensrechte berührt werden könnten, ist nicht erfindlich. — Bei der Verrückung staatlicher Grenzzeichen, dem Staatsdelikt des Art. 268, erübrigen sich Hervorhebung und Beweis einer besonderen Absicht. Die vorsätzliche Verrückung staatlicher Zeichen muß schlechthin strafbar sein. Die Schwere des Delikts kommt auch in der Strafdrohung — Zuchthaus bis zu 5 Jahren oder Gefängnis — zum Ausdruck[1]. Der Gesetzgeber hat dem gegenüber die nur Privatrechte berührende Tat des Art. 256 tiefer — mit der Drohung Zuchthaus bis zu 3 Jahren oder Gefängnis — bewertet.

4. Daß der Art. 268 im Titel der Delikte gegen den Staat und die Landesverteidigung — zwischen die Tatbestände des diplomatischen Landesverrats und der Verletzung schweizerischer Gebietshoheit — eingefügt wurde, ist insoweit nicht recht befriedigend, als der Schutz außer auf die Landesgrenzen sich auch auf Kantons- und Gemeindegrenzen erstreckt. Die Entwürfe hatten die Verrückung staatlicher Grenzzeichen zusammen mit dem Tatbestand an Grenzzeichen mit privatrechtlicher Bedeutung behandelt (z. B. E. 1918 Art. 222). Erst in der parlamentarischen Beratung erfolgte die Übernahme zu den Staatsdelikten.

III. Nicht vom Schutz der Grenzen, aber vom Schutz von Zeichen, denen im Grundstücks- und im Wasserrecht ebenfalls öffentlich-rechtliche Bedeutung zukommt, handelt Art. 257 mit dem Randtitel: **Beseitigung von Vermessungs- und Wasserstandszeichen.** Als Arten der Tatverübung bezeichnet das G. wie in den Art. 256 und 268 das Beseitigen, Verrücken, Unkenntlichmachen und Falschsetzen, während das Verfälschen, das auch möglich sein kann, nicht besonders genannt wird.

Nur öffentliche, d. h. behördlich gesetzte und verwendete Zeichen erhalten den Schutz.

Vermessungszeichen (signaux trigonométriques) sind technische Hilfsmittel zur Aufnahme des Landes und der Grenzen. Näheres darüber bestimmen die auf Grund des Art. 950 des ZGB. (auf amtlicher Vermessung beruhende Grundstückspläne) erlassenen bundesrätlichen Verordnungen vom 15. Dezember 1910 betreffend die Grundbuchvermessungen (GSlg. 26, 1389ff., 1402ff.). Anders als die Grenzzeichen dienen Vermessungszeichen nicht zum Beweis von Rechten[2]. Deshalb sind sie auch nicht Urkunden im Sinne der Begriffserklärung in Art. 110 Ziff. 5.

Der Begriff Wasserstandszeichen scheint mir ungenügend ab-

---

[1] Die Bedeutung und die Schwere des Delikts der Verrückung staatlicher Grenzzeichen wird in Prot. II. ExpKom. 5, 81 erörtert. Über das Verhältnis der Bestimmung zu Art. 267 Ziff. 1 II (diplomatischer Landesverrat) unten § 104 IV 2.

[2] Ebenso Huber: Prot. II. ExpKom. 5, 81.

geklärt[1]. Sicher gehören darunter „Zeichen, die angebracht worden sind, um einen bestimmten Wasserstand ein für allemal zu fixieren, wie Hochwassertafeln, Niederwassertafeln"[2]. Allein bei solchen Erinnerungszeichen würde der durch den Sachbeschädigungstatbestand (Art. 145) gewährte Strafschutz genügen. Wichtig ist aber daneben der Schutz von Vorrichtungen und Apparaten — Pegel, Limnigraphen usw. —, „die zur Messung der jeweiligen Wasserstände dienen und deren Aufzeichnungen die notwendige Grundlage für die von der Landeshydrographie vorzunehmenden Berechnungen bilden"[2]. Diese Beobachtungen dienen der Wissenschaft, aber direkt auch der Praxis, z. B. der Schiffahrt, Wasserkraftwerken. Bleibt man am Worte hängen, so ist mindestens fraglich, ob solche Apparate und Vorrichtungen Wasserstandszeichen sind. Aber die zweckmäßige Auslegung des Art. 257 muß das annehmen.

Im Vergleich mit Art. 256 ist die in Art. 257 ausgesetzte Strafdrohung merkwürdig gering. Sie lautet wie bei der einfachen Sachbeschädigung, die freilich nur auf Antrag strafbar ist (Art. 145 I), auf Gefängnis oder Buße[3].

---

[1] Prot. II. ExpKom. 5, 76ff.: auseinandergehende Meinungen.

[2] Gutachtliche Äußerungen der Schweizerischen Landeshydrographie: Prot. II. ExpKom. 5, 79f.

[3] Burckhardt: Prot. a. a. O. 78 hatte die gleiche Strafdrohung wie für die Grenzverrückung beantragt.

Delikte gegen den Staat, staatliche Organisation und Ordnung.

§ 101. Staatsdelikte. Einleitung.

Literatur. Stooss: Grundzüge, 2, 400f. — Thilo: Contre les espions, les mouchards et les agents provocateurs (ohne Jahreszahl). — Lüthi: Zum Staatsschutz in der Schweiz (1939); Das Verbot der staatsgefährlichen Propaganda in der Armee (1941); Der strafrechtliche Staatsschutz der Schweiz (1942). — Stämpfli Z. 35, 97ff.; 51, 15ff. — Stooss: Z. 36, 46ff. — Le Fort: Z. 41, 43ff. — Trüssel-Z. 54, 237ff. — Lüthi: Berner Z. 77, 385ff. — Angaben zu den folgenden §§ (Einzeldarstellung). — Vgl. auch Valer: Die Bestrafung von Staatsvergehen in der Republik der drei Bünde. Ein Beitrag zur mittelalterlichen Rügegerichtsbarkeit und zur Geschichte der Demokratie in Graubünden (1904).

I. Daß auch die sog. Staatsdelikte gegen die Gemeinschaftsinteressen sich richten, ist selbstverständlich. Aber die gesonderte Betrachtung rechtfertigt sich damit, daß hier eine besondere Art des Gemeinschaftslebens, der Staat als Organisation und der Staat in seinen Funktionen, als Angriffsziel verbrecherischer Handlungen hervortritt. Je stärker und mächtiger der Staat ist, um so mehr erweitern sich seine Bereiche und seine Funktionen, um so mehr vergrößern sich aber auch die Flächen, die verbrecherischen Angriffen ausgesetzt sind. Daraus ergibt sich das Maß des strafrechtlichen Schutzbedürfnisses. Der Staat muß sich in seiner Existenz, in seinen Funktionären und in der Erfüllung der Aufgaben, die ihm obliegen, zu schützen suchen. Aber das staatliche Leben ist wechselvoller Entwicklung unterworfen. Schutzbedürfnisse verschwinden und neue entstehen. In inneren oder äußeren Krisen des staatlichen Lebens offenbart sich das mit unheimlicher Gewalt und Plötzlichkeit und an den Gesetzgeber tritt die Aufgabe heran, neue Deliktsmöglichkeiten zu erkennen und gegen sie wirkungsvolle strafrechtliche Waffen zur Verfügung zu stellen.

Damit hängt zusammen: Ein neues Strafgesetzbuch, das in einer Zeit ruhigen staatlichen Lebens geschaffen wurde, ist in Krisenzeiten auf dem Gebiet der Staatsdelikte der Gefahr des Ungenügens ausgesetzt. Die Nebengesetzgebung muß eingreifen. Aber sie ist, wie wir das immer wieder auch in der Schweiz erleben, von vielleicht nur vorübergehenden Bedürfnissen inspiriert und trägt daher leicht Momente der Zufälligkeit und Unsicherheit in sich. Das führt, wenigstens bei einem Teil der Staatsdelikte, dazu, daß es schwer hält, gewisse Tatbestände scharf zu umgrenzen und sie zugleich so abschließend zu gestalten, daß sie auch neu auftauchenden Gefahren, die das staatliche Leben bedrohen können, zu trotzen geeignet sind.

Die bisherige Ordnung der Staatsdelikte, die vor allem im Bundesstrafrecht von 1853 erfolgte, war veraltet, entsprach heutigen Bedürfnissen nicht mehr. Die Nebenstrafgesetzgebung hat seit Jahren, zum Teil mit Erfolg, zum Teil auch nur mit tastenden Versuchen, eingegriffen. Auf diese Entwicklungen soll noch eingegangen werden (unten IV). Auf alle Fälle bedeutet jetzt die neue Ordnung, die im StGB. zusammen mit den Art. 86ff. des MilStG. gegeben wird, einen Fortschritt, der nicht hoch genug bewertet werden kann[1].

II. Wie weit man das Gebiet der Staatsdelikte reichen lassen soll, ist umstritten. Für das neue Recht ist es richtig, der Ordnung des G. zu folgen.

Zahlreiche, auch bisherige kantonale Gesetzbücher, z. B. Bern, Basel, Tessin, Genf, haben die Staatsdelikte an den Anfang des Besonderen Teils gestellt. Das eidgenössische G. läßt sie den Delikten gegen Interessen des Einzelnen und gegen gesellschaftliche Gemeinschaftsinteressen nachgehen. Man braucht über diese systematische Verschiedenheit keine politisch-ideologischen Betrachtungen anzustellen. In den Motiven zum 1. VE. von 1894 hat Stooss diese Anordnung damit begründet, daß „die Verbrechen gegen die Person für die Strafrechtspflege die wichtigsten sind“ (145). Jedenfalls sind sie die Delikte, mit denen die Rechtsprechung sich am häufigsten zu befassen hat. Das veranlaßte Gesetzgeber, sie voranzustellen.

Ein Überblick über die Titel 13—18 des Besonderen Teils des G. ergibt folgende Gruppen von Staatsdelikten:

1. Delikte gegen den Staat in seiner Existenz und gegen die staatlichen Grundlagen, insbesondere Landesverrat und Hochverrat, aber auch Störung der militärischen Sicherheit (Art. 265ff.). Auf diesem letzteren Gebiet enthält das G. nur wenige Bestimmungen (Art. 276 bis 278)[2]. Die notwendige Ergänzung liegt in den Art. 86ff. des MilStG., die unter dem Titel: Verbrechen und Vergehen gegen die Landesverteidigung und gegen die Wehrkraft stehen. Da diese Delikte in allen Fällen dem militärischen Recht und der Militärgerichtsbarkeit unterstehen, waren sie nicht in das bürgerliche StGB. zu übernehmen.

2. Delikte gegen den Volkswillen, die strafbaren Handlungen im Zusammenhang mit Wahlen und Abstimmungen (Art. 279—284).

---

[1] Für eine Weiterausgestaltung des Hochverratsschutzes (G. Art. 265) tritt namentlich Lüthi: Zum Staatsschutz, 11ff. ein. Dazu unten § 103 IV.

[2] Drei Übertretungstatbestände kommen dazu: Verletzung militärischer Geheimnisse gemäß Art. 329, Handel mit militärisch beschlagnahmtem Material (Art. 330), Unbefugtes Tragen der militärischen Uniform (Art. 331).

3. Strafbare Handlungen gegen die Amtsgewalt und die öffentliche Ordnung (Art. 285—295), Bestimmungen, durch welche namentlich die Inhaber der Amtsgewalt in der Ausübung und Durchführung ihrer Aufgaben geschützt werden sollen.

4. Die unter dem Titel: Störung der Beziehungen zum Ausland stehenden Art. 296—302 treten an die Stelle der im alten BStrG. von 1853 sog. Verbrechen gegen fremde Staaten. Die neue Bezeichnung dieser Gruppe deutet darauf hin, daß nicht der Schutz fremder Staaten, sondern der Schutz des eigenen Staates im Vordergrund steht.

5. Die mit der Bezeichnung: Verbrechen und Vergehen gegen die Rechtspflege zusammengefaßten Art. 303—311 enthalten nicht nur die Prozeßverbrechen, sondern auch die Delikte der Begünstigung — die in gewissen Fällen allerdings auch den gesetzmäßigen Prozeßverlauf hemmt —, die Gefangenenbefreiung und die Gefangenenmeuterei.

6. Den Amtsdelikten (Art. 312ff.) sind zwei Tatbestände, die strafbare Handlungen gegen die Berufspflicht erfassen, angefügt: das falsche ärztliche Zeugnis (Art. 318) und die Verletzung des Berufsgeheimnisses (Art. 321).

Aus diesen Gruppen hebt derArt. 4 des G. die Art. 265—268, 270/71 (Staatsdelikte in einem engeren Sinn), 272—274 (verbotener Nachrichtendienst), 275 (rechtswidrige Vereinigung) und 276/77 (Störung der militärischen Sicherheit) mit der Bestimmung heraus, daß auch die im Ausland verübte Tat dem schweizerischen Gesetz unterworfen ist. Für die in Betracht kommenden Staatsdelikte, die in das MilStG. übernommen wurden, gilt gemäß Art. 9 dieses Gesetzes das Gleiche.

An die aus dem G. sich ergebende Umgrenzung des Gebiets der Staatsdelikte hält sich die nachfolgende Darstellung. Man könnte den Kreis weiter ziehen. Um den Schutz staatlicher Interessen geht es auch bei zahlreichen Tatbeständen, die ihre Erörterung im Abschnitt: Delikte gegen Gemeinschaftsinteressen gefunden haben — z. B. bei den Friedensstörungen (oben §§ 76—79), bei den Gelddelikten und den Delikten an amtlichen Zeichen (§§ 94—96). Es gibt keine scharfe Grenze zwischen Staatsinteressen und gewissen Gemeinschaftsinteressen. Aber die nach ihrem Inhalt kurz gekennzeichneten sechs Gruppen von Staatsdelikts-Tatbeständen haben immerhin das Besondere, daß sie dem Schutz von Interessen dienen, die zu jedem staatlichen Gemeinwesen notwendig gehören.

III. Daß gewisse Interessen in den einzelnen Staatswesen in verschiedener Form sich äußern, die Schwergewichte in einer Demokratie anders verteilt sind als in einer Monarchie oder einer Diktatur, hat für die systematische und dogmatische Behandlung der Staatsdelikte kaum große Bedeutung. Aber die Auswirkung zeigt sich in der Gestaltung einzelner Tatbestände, sehr deutlich z. B. in den mit dem Titel: Vergehen gegen den Volkswillen überschriebenen Art. 279ff. des schweizerischen Gesetzes.

Die gelegentlich auch noch in der schweizerischen Literatur erfolgende Kennzeichnung des Staatsdeliktes als crimen laesae majestatis ist gedankenlos. Der römische Begriff bezog sich ursprünglich auf die majestas populi Romani und als crimen galt jede dem Ansehen der Gemeinde zugefügte Schädigung. Später trat der Schutz der Macht und des Ansehens des Kaisers in den Vordergrund[1]. Ganz besonders für die schweizerische Rechtsentwicklung sollte das crimen laesa majestatis keine Bedeutung haben.

IV. Die Unsicherheit, die für die schweizerische Gesetzgebung auf dem Gebiet der Staatsdelikte bezeichnend ist, hat mehrere Gründe: Die in den Art. 36ff. des Bundesstrafgesetzes von 1853 bisher gegebene Ordnung zum Schutz der bundesstaatlichen Interessen hat sich als ungenügend erwiesen. Die Novellen- und Sondergesetzgebung, die im Lauf der Jahrzehnte Vieles änderte und ergänzte, blieb Stückwerk. Erst das StGB., zusammen mit den in das MilStG. übernommenen Bestimmungen über gewisse Staatsdelikte, schafft eine übersichtliche und leidlich vollständige Ordnung. Sie beseitigt auch die Merkwürdigkeit, daß kantonale Rechte neben die Bestimmungen des eidgenössischen Rechtes ein umfassendes System der Staatsdelikte mit Bestimmungen gegen Hochverrat, Landesverrat, Aufruhr usw. gestellt haben. Das trifft z. B. für die Kantone Bern (Art. 67ff., Luzern §§ 88ff., Basel §§ 48ff., mit gewissen Einschränkungen auch für Genf Art. 85ff. zu. Theoretisch ergab sich zwar die Abgrenzung, daß die kantonalen Rechte nur die kantonalstaatlichen Interessen zu schützen hatten[2]. Aber bei der staatsrechtlichen Verflechtung des Bundes mit den Kantonen mußte sich aus dieser Doppelregelung die Gefahr von Kollisionen ergeben[3]. Wenn sie in der Praxis keine große Rolle spielten, so liegt ein Grund darin, daß kantonale Fälle von Landesverrat und auch von Hochverrat nicht allzu häufig waren (vgl. unten § 103 II).

Die Unklarheit des Verhältnisses zwischen bisherigem Bundes- und kantonalem Recht wird durch den Art. 52 des BStrG. vergrößert. Er sieht die analoge Anwendung der bundesrechtlichen Bestimmungen über Verbrechen gegen die verfassungsmäßige Ordnung und die innere

[1] Mommsen: Römisches Strafrecht, 537—539; Binding: Lb. 2 II, 364ff.; Comtesse (Lit. zu § 103): 12ff.

[2] Stooss: Grundzüge, 2, 400ff. mit weiteren kantonalen Daten. Über die allgemeine Entwicklung seit der Helvetik Lüthi: Zum Staatsschutz, 1ff.

[3] Nach dem m. W. nie ausdrücklich aufgehobenen Art. 67 des bernischen StGB. ist z. B. strafbar die Anreizung „eines nicht schweizerischen Staates zu einem Kriege gegen den Kanton Bern", die Unterstützung des Feindes, das Waffentragen des Berners gegen den eigenen Kanton (Ziff. 1), ferner der Versuch, den Kanton Bern oder einen Teil desselben in die Gewalt oder Abhängigkeit einer fremden Macht zu bringen oder einen Teil desselben vom Kantonalverbande loszureißen (Ziff. 3). Die Kollision mit entsprechenden Bestimmungen in Art. 36 und namentlich in Art. 37 des BStR. ist offensichtlich.

Sicherheit (BStrG. Art. 45—50) vor, wenn solche Handlungen gegen einen Kanton gerichtet waren, und wenn sie Ursache oder Folge von Unruhen waren, durch die eine bewaffnete eidgenössische Intervention veranlaßt wurde. Danach sollte eigentlich der Art. 52 im Falle der eidgenössischen Intervention entsprechende kantonale Bestimmungen über Hochverrat, Aufruhr usw. vollständig beiseite schieben. Aber Art. 9 II des BStrPr. von 1934 hat nachträglich einschränkend bestimmt, daß nur wenn das kantonale Recht keine entsprechenden Bestimmungen enthält, Art. 52 anzuwenden sei[1].

Mit dem Inkrafttreten des eidgenössischen G. entfallen diese Fragen. Sie behalten jedoch politisch ein über das Juristische hinausreichendes geschichtliches Interesse. Unter diesem Gesichtspunkt steht auch die nachfolgende Zusammenstellung von Daten über die Bestrebungen, namentlich des Bundesgesetzgebers, das Gebiet der Staatsdelikte besser zu erfassen. Diese Pläne setzten besonders intensiv nach dem ersten Weltkrieg ein, der mit seinen politischen Aus- und Nachwirkungen das Ungenügen der bestehenden strafrechtlichen Abwehrmittel gegen gewisse Aktionen, die sich gegen den Staat richten, schmerzlich offenbarte. Diese gesetzgeberischen Entwicklungen und Versuche haben die endgültige Fassung der Staatsdelikte im StGB. vielfach beeinflußt und sind daher auch wichtig für das Verständnis und die Auslegung der schließlich in das bürgerliche und auch in das militärische Strafgesetz übernommenen Tatbestände. Wenigstens die hauptsächlichen Daten sollen in einer kurzen Skizze hier festgehalten werden[2].

1. E. und Botschaft des Bundesrates vom 11. April 1921 über die Abänderung des Bundesstrafrechts von 1853 (Titel: Verbrechen gegen die verfassungsmäßige Ordnung und die innere Sicherheit). Aus der parlamentarischen Beratung dieser sog. Umsturznovelle ergab sich das BGes. vom 31. Januar 1922 betreffend Abänderung des Bundesstrafrechts vom 4. Februar 1853 in bezug auf Verbrechen gegen die verfassungsmäßige Ordnung und die innere Sicherheit und in bezug auf die Einführung des bedingten Strafvollzugs[3]. Das Gesetz wurde

---

[1] Stämpfli: Kommentar BStrPrO. Art. 9, N. 7 erklärt, sicher zu weitgehend, das „analoge" Bundesstrafrecht des Art. 52 für „grundsätzlich abgeschafft"; richtig Lüthi: a. a. O. 5; vgl. auch Stooss: Z. 36, 59ff. Vgl. ferner zu diesen Fragen BE. 5, Nr. 101 (Stabiohandel), 480ff. und dazu mit Literaturangaben Bader (Lit. zu § 102): 144ff.: Tragweite des Art. 52 BStrG. im Verhältnis zum kantonalen Recht; ebenso Z. 5, 93ff. (Fall Clericetti); Z. 5, 119ff. (Fall Castioni): Zusammentreffen von Hochverrat und vorsätzlicher Tötung (BStrG. Art. 45, 51 und 52 zusammen mit Art. 88, 89 § 2 lit. a des tessinischen StGB.); Z. 47, 489ff.: Fall Nicole und dazu Stämpfli: eodem, 420ff.

[2] Dazu jetzt namentlich Comtesse (Lit. zu § 103): 27ff., auch Lüthi: 4ff. mit Hinweisen auf weiter zurückliegende Daten, ferner v. Erlach (Lit. zu § 105): 63ff.

[3] Botschaft und E. BBl. 1921 II, 249ff.; StenBull. StR. 1921, 290ff.; 1922, 1ff., 44; NR. 1921, 507ff.; 1922, 1f.; Gesetzestext (Referendumsvorlage) BBl.

in der Volksabstimmung vom 24. September 1922 abgelehnt. Die geplante, längst fällige Einführung des bedingten Strafvollzugs in das eidgenössische Strafrecht vermochte es nicht zu retten. In seinem hauptsächlichen Inhalt sah es verschärfte Bestimmungen gegen Hochverrat (Art. 45), Aufruhr und Widersetzung (Art. 46 und 46 bis), gegen die Gefährdung der verfassungsmäßigen Ordnung und inneren Sicherheit (Art. 47), ferner neue Bestimmungen zum Schutz von Wahlen und Abstimmungen vor[1].

2. Ein zweiter, nach anderer Richtung ausgreifender Versuch, der E. eines Bundesgesetzes zum Schutze der öffentlichen Ordnung vom 13. Oktober 1933 führte ebenfalls zu keinem Ziel[2]. In der Volksabstimmung vom 11. März 1934 wurde auch dieses Gesetz verworfen. Seine Tendenz war, gegen Vorbereitungshandlungen, die auf einen gewaltsamen Umsturz hinzielten, anzukämpfen, die demokratische Idee, auf welcher die Eidgenossenschaft aufgebaut ist, zu schützen. „Wer den Bürgerkrieg in seinen Enderscheinungen vermeiden will, der muß ihn in seinen Anfängen erdrücken" (BBl. 1933 I, 756). Unter diesem Zeichen stehen namentlich die Bestimmungen über Aufforderung zu Verbrechen und Vergehen gegen den Staat oder die öffentliche Ordnung (Art. 1), gegen Landfriedensbruch (Art. 2), Hinderung oder Anmaßung der Ausübung staatlicher Gewalt (Art. 6), Ansammeln und Verteilen von Waffen oder Munition (Art. 7). „Die klassischen Hochverrats- und Aufruhrparagraphen", bemerkt dazu die Botschaft zum E. (755), „mögen für die zielbewußten Anstifter und Verführer in Reserve gehalten werden.[3]"

3. Das in der Volksabstimmung von 1934 verworfene Ordnungsgesetz hatte auch Bestimmungen gegen Amtshandlungen ausländischer Beamter in der Schweiz und gegen politischen Nachrichtendienst für das Ausland enthalten (Art. 8). Die Opposition hatte sich nicht gegen diese Vorschriften gerichtet. Der Erlaß solcher Bestimmungen erschien notwendig. Er erfolgte durch dringlichen Bundesbeschluß vom 21. Juni

---

1922 I, 137ff. und Z. 35, 92ff.; Burckhardt: Schweizer. Bundesrecht, 4, 532ff., auch 555ff.

[1] Zum Gesetz kurzer Bericht von Delaquis: ZgesStRW. 42, 501ff. und namentlich Stämpfli: Z. 35, 97ff.; Schürch (Lit. zu § 76): 111.

[2] Veranlassung waren im National- und im Ständerat im Anschluß an die Genfer Unruhen vom Herbst 1932 eingebrachte Motionen; StenBull. StR. 1933, 123ff., 149ff.; NR. 1933, 144ff., 255ff., Botschaft und E. BBl. 1933 I, 753ff.; StenBull. 1933, NR. 346ff., 616ff., 742; StR. 235ff., 353f., 398; Gesetzestext (Referendumsvorlage) BBl. 1933 II, 511ff.

[3] Vgl. auch Schürch (Lit. zu § 76): 112. — Nach dem Mißerfolg des eidgenössischen Gesetzgebers hat der Kanton Zürich in Entwürfen vom 18. März 1935 zu einer Verfassungsänderung und zu einem Gesetz zum Schutze der verfassungsmäßigen Ordnung auf kantonalem Boden entsprechende Bestimmungen geplant; Amtsbl. des Kantons Zürich, 1935, 328ff. In der Volksabstimmung vom 5. Mai 1935 wurden auch diese Vorlagen verworfen.

1935 betreffend den Schutz der Sicherheit der Eidgenossenschaft[1]. Inoffiziell hat dieser BB. rasch die Bezeichnung Spitzelgesetz erhalten. Seine Tatbestände sind, mit wenigen Änderungen, als Art. 271—274 in das StGB. übernommen worden. Ihre Erörterung mit Hinweisen auf die Literatur und die bisherige Rechtsprechung findet sich unten § 107.

4. Schon im folgenden Jahr gelang, ohne daß es zu einer Referendumsabstimmung kam, die Schaffung des BGes. vom 8. Oktober 1936 betreffend Angriffe auf die Unabhängigkeit der Eidgenossenschaft (GesSlg. 53, 37f.)[2]. Es enthält zwei Bestimmungen gegen Landesverrat. Veranlaßt wurde das Gesetz durch die irredentistische Tätigkeit des tessinischen Journalisten COLOMBI und seiner Mitbeteiligten, gegen die eine auf Grund des Art. 37 des BStRs. von 1853 geführte Strafuntersuchung von der Bundesanwaltschaft eingestellt werden mußte. Die im Art. 37 enthaltenen Tatbestände, wonach „ein Bürger oder Einwohner der Schweiz" sich strafbar macht, wenn er „eine fremde Macht zu Feindseligkeiten gegen die Schweiz oder einen Teil derselben oder zu einer die Schweiz gefährdenden Einmischung in ihre inneren Angelegenheiten anreizt", reichten nicht aus, um die Beschuldigten zu fassen[3]. Das neue Gesetz übernahm daher aus dem EStGB. die weiterreichende Bestimmung gegen Angriffe auf die Unabhängigkeit der Eidgenossenschaft (jetzt Art. 266 Ziff. 1 des StGB.)[4], bereinigte den alten Art. 37 des BStR. und bestimmte, abweichend vom bisherigen Recht, daß landesverräterische Handlungen und Hochverrat auch strafbar sein sollen, wenn die Tat im Ausland begangen wurde.

5. Seit der Verschärfung der internationalen Lage im Jahre 1938 und der wachsenden Gefahr ihrer Auswirkung im Inland hat der Bundesrat, zunächst unter Hinweis auf Art. 102 Ziff. 9 und 10 der BV., in steigendem Maße von seinem Verordnungsrecht Gebrauch gemacht. Er erließ am 5. Dezember 1938 die VO. betreffend Maßnahmen gegen staatsgefährliche Umtriebe und zum Schutz der Demokratie (Ges-

---

[1] Botschaft und E. BBl. 1935 I, 742ff.; StenBull. 1935, NR. 213ff., 265ff., 289; StR. 219ff., 254; Text des BB. GesSlg. 51, 482ff., auch Z. 49, 380ff. Dazu THILO: passim, ferner kurzer Bericht über den BB. ZschwR. N. F. 55, 477f. — Unmittelbar vor dem Erlaß des BB. hat Baselstadt am 16. Mai 1935 eine Ergänzung des StGB. mit Bestimmungen gegen rechtswidrigen Nachrichtendienst und gegen Amtsanmaßung für eine fremde Behörde oder Organisation dazu ergehen lassen; ZschwR. N. F. 55, 504f.

[2] Botschaft und E. BBl. 1936 II, 171ff.; StenBull. 1936, NR. 1293ff.; StR. 452ff. Kurzer Hinweis auf das Gesetz ZschwR. N. F. 57, 492; Abhandlung von STÄMPFLI: Z. 51, 15ff. Vgl. unten § 104 II.

[3] Vgl. die Einstellungsverfügung der Bundesanwaltschaft, Z. 51, 114ff. und BBl. 1936 II, 171f.

[4] Die Einzelerörterungen unten § 104 III, bei der Darstellung des Landesverrats.

Slg. 54, 856ff.)[1]. Diese sog. Demokratieschutzverordnung enthält, mit merkwürdig niederen Strafdrohungen ausgestattet, eine Reihe von Tatbeständen, die alle auf eine Beseitigung oder Gefährdung der verfassungsmäßigen Ordnung des Bundes oder der Kantone oder auf die Gefährdung der inneren oder äußeren Sicherheit des Landes hinzielen — Vorschubleistung politischer ausländischer Propaganda, öffentliche staatsgefährliche unwahre Behauptungen, Verächtlichmachung der demokratischen Grundlagen des Staates, Aufreizung zum Hasse gegen einzelne Bevölkerungsgruppen (Art. 1 und 2). In der Hauptsache treffen diese Bestimmungen Gedankenäußerungsdelikte. Die Straftatbestände werden durch verwaltungsrechtliche Bestimmungen — Befugnis zur Auflösung staatsgefährlicher Unternehmungen, zur Vermögenseinziehung, zu Presseverboten, zum Verbot von Kundgebungen — ergänzt (Art. 5—7).

Die Demokratieschutzverordnung ist schon typische Notgesetzgebung, für außerordentliche Verhältnisse berechnet[2]. Seit dem Beginn des zweiten Weltkrieges hat sie mit erhöhter Macht eingesetzt. Die Grundlage der neuen Erlasse bildet der BB. vom 30. August 1939 über Maßnahmen zum Schutze des Landes und zur Aufrechterhaltung der Neutralität (GesSlg. 55, 769f.). Die Bundesversammlung hat damit dem Bundesrat Vollmacht und Auftrag erteilt, die zur Behauptung der Sicherheit, Unabhängigkeit und Neutralität der Schweiz, zur Wahrung des Kredites und der wirtschaftlichen Interessen des Landes und zur Sicherung des Lebensunterhaltes erforderlichen Maßnahmen zu treffen (Art. 3). — Der Form und dem Inhalt nach gehören die auf Grund dieser Vollmacht geschaffenen Erlasse nicht mehr in den Kreis der normalen Gesetzgebung. Es sind Zeitgesetze, an die sich die Hoffnung knüpft, daß sie in einer nicht zu fernen Zeit wieder dahinfallen. Deshalb verzichtet dieses Buch auf die Einzelerörterung.[3]

---

[1] Kurze Darstellung ZschwR. N. F. 58, 423. Ausführlich zum Strafrecht der Demokratieschutzverordnung COMTESSE (Lit. zu § 103): 31ff. (Darstellung unter dem Gesichtspunkt: den Hochverratstatbestand ergänzende Bestimmungen).

[2] COMTESSE: a. a. O. 27ff. kennzeichnet die Demokratieschutzverordnung von 1938 als den die Hochverratsbestimmung des G. generell ergänzenden Erlaß. Ihm werden — 38ff. — die besonderen ergänzenden Vorbereitungstatbestände gegenübergestellt.

[3] Zu diesem VO.-Recht bestehen keine gedruckten Botschaften, wohl aber wertvolles Material in nachträglichen Berichten des Bundesrates an die Bundesversammlung und Beratung darüber: I. Bericht BBl. 1939 II, 549ff. und dazu StenBull. 1940, NR. 1ff., StR. 1ff., 181ff.; II. Bericht BBl. 1940 I, 645ff. und dazu StenBull. 1940, NR. 589ff., StR. 305ff.; III. Bericht BBl. 1940 I, 1196ff. und dazu StenBull. 1940, NR. 625ff., StR. 431ff., 454ff. — Zusammenstellung schweizerischer kriegsstrafrechtlicher Erlasse im Bulletin de la Commission internationale pénale et pénitentiaire, 9, 47ff., ferner bei TRÜSSEL: Z. 54, 237ff. Ausführliche Darstellung bei COMTESSE: a. a. O. 38ff.

§ 102. Politische Delikte.

Literatur. Weder: Zur Behandlung der politischen Delikte im internationalen Strafrecht, Berner Diss. (1887). — Bader: Der Begriff des politischen Delikts nach schweizer. Gesetzgebung und Praxis, Zürcher Diss. (1894). — Stiffler: Beitrag zur Begriffsbestimmung und Beurteilung des politischen Verbrechens im Auslieferungsrecht, Berner Diss. (1909). — Corbaz: Le crime politique et la jurisprudence du Tribunal fédéral suisse en matière d'extradition, Lausanner Diss. (1927). — Hoffmann: Das politische Delikt im schweizer. Recht und in der schweizer. Rechtsprechung, Zürcher Diss. (1933). — Thilo: Le délit politique vu par le Tribunal fédéral (1933). — Mamelok: JZ. 2, 213ff. — Krafft: Z. 37, 1ff. — Weitere Literaturangaben, außer in den genannten Schriften, auch bei Burckhardt: Kommentar BV. (3. Aufl.), 606.

I. Verfehlt ist, wie es gelegentlich geschieht, das politische Delikt mit dem Staatsdelikt zu identifizieren. Die politischen Delikte liegen in einem engeren Kreis innerhalb des weiteren der Staatsdelikte[1]. Eine möglichst deutliche Umgrenzung ist ein Bedürfnis — für das Ausliefe-recht und für das interne Recht. In der Gesetzgebung findet sich der Ausdruck: politisches Delikt an zahlreichen Stellen. Aber die Gesetze umschreiben den Begriff nicht. Sie überlassen es der Wissenschaft und der Rechtsprechung, ihn zu erklären und zu umgrenzen[2]. Dabei ergibt sich eine Unterscheidung zwischen politischen Delikten im internationalen Auslieferungsrecht und im internen Recht. Das erfordert differenzierte Untersuchungen.

1. Das BGes. von 1852/1872 über die Auslieferung von Verbrechern und Angeschuldigten — sog. interkantonales Auslieferungsgesetz —, das mit dem Inkrafttreten des eidgenössischen StGB. (Art. 398 lit. b) entfällt, verpflichtet nicht zur Auslieferung für „politische Vergehen" (Art. 3)[3]. Die in Art. 2 gegebene Liste der interkantonalen Auslieferungsdelikte nennt auch folgende Staatsdelikte: Bestechung, Mißbrauch der Amtsgewalt, Amtsanmaßung, Meineid, falsches Zeugnis und falsche Anschuldigung. Da in diesen Fällen eine Auslieferung gestattet werden muß, liegt der Schluß nahe, daß es sich nicht um politische Delikte handelt. Aber das trifft nicht in allen Fällen zu. Jedenfalls ist

[1] Burckhardt: Kommentar BV. (3. Aufl.), 598f.

[2] Über die geschichtliche Entwicklung und über Wandlungen des Begriffs Bader: 8ff., 181ff., Stiffler: 32ff. (Entwicklung im Auslieferungsrecht); Corbaz: 11ff.; Hoffmann: 3ff. — In einem Entwurf von 1890 zur Revision des BStR. von 1853 findet sich die Definition: „Als politische Verbrechen und Vergehen . . . werden alle im Bundesstrafrecht und in den kantonalen Strafgesetzen vorgesehenen rechtswidrigen Handlungen betrachtet, welche zu einem politischen Zweck begangen worden sind oder mit politischen Verhältnissen im Zusammenhang stehen"; vgl. Z. 3, 176.

[3] Grundlage war Art. 55 der BV. von 1848, jetzt BV. von 1874 Art. 67: Für politische Vergehen und für Preßvergehen kann die interkantonale Auslieferung nicht verbindlich gemacht werden; Burckhardt: a. a. O. 606f.; Hoffmann: 61ff.

mit dieser Ordnung für einen Begriff des politischen Deliktes noch nichts gewonnen. Die Gesetzgebungsmaterialien und die Praxis zum interkantonalen Auslieferungsgesetz geben keinen Aufschluß.

An die Stelle des Art. 3 des Auslieferungsgesetzes setzt das StGB. in Art. 352 II die Bestimmung, daß bei politischen Verbrechen und Vergehen die interkantonale Zuführung eines Beschuldigten oder Verurteilten verweigert werden darf, daß aber der verweigernde Kanton die Beurteilung des Beschuldigten selbst zu übernehmen hat. Erfolgt eine Zuführung, so darf der Zugeführte wegen eines politischen Delikts nur verfolgt werden, wenn „wegen einer solchen Straftat" die Übergabe — ausdrücklich — bewilligt worden ist (Art. 352 III)[1]. Diese den Art. 67 der BV. berücksichtigenden Bestimmungen gehen auf die Befürchtung zurück, daß der verletzte Kanton das in Frage stehende Delikt nicht unbefangen beurteilen könnte. Für die Umgrenzung des in Art. 352 des G. verwendeten Begriffs des politischen Deliktes kann man daraus folgern, daß nicht nur gegen politische Einrichtungen gerichtete oder zu einem politischen Zweck verübte Taten, sondern auch aus politischer Leidenschaft begangene Delikte gemeint sein sollen[2]. Jedenfalls ist es richtig, den Begriff des politischen Deliktes gemäß Art. 352 des G. weit zu fassen[3], was wohl auch noch damit gestützt werden kann, daß die Bestimmung neben den politischen Delikten in gleicher Weise auch die durch das Mittel der Druckerpresse begangenen Verbrechen und Vergehen in die Ordnung einbezieht. Auch die in Art. 2 des interkantonalen Auslieferungsgesetzes genannten Staatsdelikte — Mißbrauch der Amtsgewalt, Amtsanmaßung usw. —, die dieses Gesetz grundsätzlich mit der Auslieferungspflicht beschwert hatte, können daher unter Umständen politische Delikte sein mit der Wirkung, daß nach Art. 352 des G. eine interkantonale Zuführung verweigert werden kann. — Die weite Ausdehnung des Begriffs muß sich ferner im Begnadigungsrecht, bei Art. 395 II des G., auswirken. Er bestimmt, daß bei politischen Verbrechen und Vergehen und bei Straftaten, die mit einem politischen Verbrechen oder Vergehen zusammenhängen — sog. Konnexität —, das Begna-

[1] Bei der Beratung dieser Bestimmungen wurde über den Begriff des politischen Deliktes wenig gesprochen. Nur GAUTIER bemerkte (Prot. II. ExpKom. 8, 84), daß der Ausdruck nicht nur die absolut politischen, sondern auch die sog. konnexen Delikte umfaßt; siehe unten I 2. — Zur interkantonalen Rechtshilfe im Strafrecht, insbesondere auch zur interkantonalen Auslieferung (Zuführung) jetzt Verhandlungen des Schweizer. Juristentages 1928, Referate von THORMANN und PILLER: ZschwR. N. F. 47, 1a und ff., 40a und f., 144a und ff., 199a und ff., ferner HAFTER: Z. 42, 74ff. und HOFFMANN: 71ff.

[2] So BURCKHARDT: BV. Art. 67, N. II 2; vgl. auch Art. 65, zu Abs. I.

[3] Ebenso STOOSS: Z. 36, 56f. und jetzt für das neue Recht auch HOFFMANN: 71f., 109 (alle Handlungen, die aus politischem Motiv und zu einem politischen Endzweck begangen werden).

digungsverfahren auch durch den Bundesrat oder durch die zuständige Kantonsregierung eingeleitet werden kann[1].

2. Die Fragen liegen anders im internationalen Verhältnis, bei der Anwendung der Auslieferungsverträge und des BGes. von 1892 betreffend die Auslieferung gegenüber dem Auslande, dem sog. internationalen Auslieferungsgesetz, von dem ausgegangen werden soll. Dem in Art. 10 I dieses Gesetzes verkündeten Grundsatz der Nichtauslieferung wegen politischer Verbrechen und Vergehen ist hinzugefügt, daß die Auslieferung bewilligt wird, „obgleich der Täter einen politischen Beweggrund oder Zweck vorschützt, wenn die Handlung, um deren Willen die Auslieferung verlangt wird, vorwiegend den Charakter eines gemeinen Verbrechens oder Vergehens hat" (Abs. II)[2].

Die Tendenz einer Einschränkung des Begriffes ist deutlich. Im Verhältnis zum Ausland sollen gewisse Überlegungen, die in den interkantonalen Beziehungen vielleicht Beachtung verdienen, nicht gelten. Der gesetzgeberische Gedanke ist der, daß die Schweiz keine Veranlassung hat, den Täter eines vorwiegend gemeinen Deliktes zu schützen bloß deswegen, weil er behauptet, aus politischen Motiven oder zu politischen Zwecken gehandelt zu haben. Aber die derart gegebene Abgrenzung ist vag. Das Gesetz überläßt es daher dem Bundesgericht „im einzelnen Falle nach freiem Ermessen über die Natur der strafbaren Handlung" zu entscheiden. Darin liegt im Grunde das Eingeständnis, daß es nicht gelingt, den Begriff des politischen Deliktes in einer für alle Fälle gültigen Art gesetzlich zu bestimmen.

Bei dieser Sachlage kommt der Rechtsprechung des Bundesgerichts bei der Entscheidung von Einsprachen gegen eine Auslieferung (BGes. von 1892, Art. 23/24) besondere Bedeutung zu[3]. — Kommt es nicht zu einer Einsprache oder willigt der Verfolgte selbst in seine Auslieferung ein, so ist

---

[1] Gerichtsorganisatorisch und prozessual wird die weite Fassung des Begriffs des politischen Delikts von Bedeutung im Hinblick auf BV. Art. 112 Ziff. 3 und Art. 341 lit. d des StGB. (Zuständigkeit der Bundesassisen in sog. Interventionsfällen). Dazu schon Stämpfli: Kommentar SBtPrO. zu dem durch das StGB. aufgehobenen Art. 9, N. 7. Über das eidgenössische Interventionsrecht namentlich Gnehm: Zürcher Diss. (1912), insbesondere 57ff.; Stooss: Z. 36, 46ff.; Hoffmann: 76ff; Stämpfli: Z. 47, 425ff.; Bader: 141ff.

[2] Zur Entstehungsgeschichte des Art. 10 Bader: 189ff.; Hoffmann: 37ff. — In den von der Schweiz abgeschlossenen Auslieferungsverträgen wird regelmäßig nur bestimmt, daß bei politischen Delikten keine Auslieferung erfolgt: z. B. Vertrag mit Belgien Art. 3 I, mit Deutschland Art. 4 I, mit Frankreich Art. 2 I, mit Italien Art. 3, mit Portugal Art. 4 (wegen politischer Verbrechen oder Vergehen oder wegen irgendeines anderen darauf bezüglichen Grundes"). Weitere Daten bei Hoffmann: 30ff.

[3] Erstmals Zusammenstellung durch v. Cleric: Z. 24, 331ff.; vgl. auch Z. 27, 159. Über Fälle in politischen Auslieferungssachen auch Bader: 197ff. Vgl. ferner Stiffler: 71ff., 76f.; Corbaz: 67ff. und namentlich 91ff.; Hoffmann: 43ff.

das bedeutungslos, wenn ein politisches Delikt in Frage steht. Die Prüfung in dieser Richtung muß von Amts wegen erfolgen[1].

Das Bundesgericht betont häufig, daß für die Entscheidung, ob ein politisches Delikt vorliegt, unter Würdigung sämtlicher Umstände des Einzelfalles, das freie Ermessen maßgebend ist (E. 17, 456 und namentlich 32 I, 539)[2].

Das bietet dann die geringsten Schwierigkeiten, wenn es sich um absolut politische Delikte handelt, um Angriffe gegen die Existenz des Staates oder dessen Institutionen; Beispiele: Hochverrat, Aufruhr (E. 32 I, 538)[3], Verabredung Mehrerer und öffentliche Aufreizung zur Begehung von Verbrechen gegen die Sicherheit des Staates (E. 27 I, 63)[4].

Dem gegenüber stehen die relativ politischen Delikte. Sie können Staatsdelikte sein, z. B. der Meineid (E. 19, 128), auch Amtsdelikte, z. B. die Amtsunterschlagung (E. 32 I, 336). Sie können aber auch irgendeinen anderen Tatbestand erfüllen. Das Bundesgericht hat das Gebiet des relativ politischen Deliktes häufig umgrenzt. Besonders deutlich ist schon die Feststellung in E. 27 I 65, daß jede Verbrechenshandlung, welche mit einem politischen Zwecke zusammenhängen kann, geeignet ist, politisches Verbrechen zu sein: Mord, Totschlag, Raub, Brandstiftung, Fälschung, Erpressung u. a. m. „Der Charakter der Tat ergibt sich aus der Abwägung der begleitenden Umstände[5].“ Bemerkenswert sind zwei vom Bundesgericht besonders hervorgehobene Fälle: In E. 19, 130 wird eine Tat (Anstiftung zu Meineid) als relativ politisches Delikt bezeichnet, weil der Täter damit bezweckte, die staatliche Repression eines von ihm vorher verübten politischen Deliktes (Majestätsbeleidigung) zu verhindern. Das ist zugleich ein Beispiel für sog. Kon-

---

[1] Auslieferungsgesetz Art. 22. Dazu MAMELOK: JZ. 2, 214f.

[2] Dazu v. CLERIC: Z. 24, 333f. mit der durch Beispiele belegten Feststellung, daß bei gemeinen Verbrechen, bei denen das politische Argument geltend gemacht wird, das Bundesgericht allmählich zu festeren Grundsätzen gelangt ist. — Neuere Entscheide: BE. 49 I, Nr. 36; 50 I, Nr. 48; 54 I, Nr. 29 und Nr. 45; 56 I, Nr. 72; 59 I, Nr. 26.

[3] Vgl auch Zürcher Bl. 20, Nr. 71: Aufruhr gemäß § 73 des zürcher. StG. ein absolut politisches Delikt.

[4] Über die Wahrung des Asylrechts bei politischen Delikten STIFFLER: 45ff.; CORBAZ: 60ff. — Zum Folgenden: Unterscheidung zwischen crimes politiques pures, relatifs, complexes ou mixtes, connexes namentlich CORBAZ: 18ff., 140ff., 169ff.

[5] Vgl. auch BE. 49 I, Nr. 36 (gemeine Delikte, die als Manifestationen einer politischen Bewegung erscheinen und politischen Zwecken dienen); 50 I, Nr. 48 (delitto in sè di natura comune ma avente prevalentemente carattere politico, S. 304); 54 I, Nr. 29 (Auslieferung bewilligt); 54 I, Nr. 45 (Urkundenfälschung als relativ politisches Delikt; Auslieferung bewilligt); 56 I, Nr. 72 (Sprengstoffdelikte und Brandstiftung; Terrorakte; Auslieferung bewilligt); 59 I, Nr. 26 (Verweigerung der Auslieferung für einen Totschlag, der beim gewalttätigen Kampf um die Macht im Staate erfolgt). Ferner BURCKHARDT: Bundesrecht, 4, 235; KRAFFT: Z. 37, 4ff. und namentlich THILO: passim.

nexität. Andererseits soll als relativ politisch auch ein an sich gemeines Delikt, z. B. ein Mord, gelten, der zu dem Zwecke begangen wird, um ein absolut politisches Verbrechen zu decken, „d. h. ein gegen die politische oder soziale Organisation des Staates gerichtetes Verbrechen vorzubereiten oder den Erfolg eines solchen herbeizuführen" (E. 34 I, 570)[1].

Eine besondere Figur stellt das gemischt politische (komplexe) Verbrechen dar. Es erfüllt gleichzeitig den Tatbestand eines gemeinen und eines politischen Deliktes, z. B. der Königsmord, der zugleich Hochverrat und Verbrechen gegen das Leben ist (Idealkonkurrenz). Grundsätzlich gilt hier Gleiches wie bei den relativ politischen Delikten, d. h. es ist zu prüfen, ob die Tat, wegen deren die Auslieferung verlangt wird, vorwiegend den Charakter eines gemeinen oder eines politischen Delikts hat (vgl. Art. 10 II des Auslieferungsgesetzes). Im Fall E. 27 I, Nr. 10 wurde die Auslieferung zwar wegen Teilnahme am Attentat auf den italienischen König verweigert, aber wegen Teilnahme am Mord bewilligt (S. 68f.). Ob freilich eine solche Trennung der beiden Tatseiten bedenkenfrei ist, mag dahingestellt bleiben[2]. — Nach Art. 11 I des Auslieferungsgesetzes wird endlich wegen Fiskaldelikten und wegen rein militärischer Delikte die Auslieferung nicht bewilligt. Das gilt absolut. Ob man, was namentlich bei den rein militärischen Delikten erwogen werden kann, sie in den weiteren Kreis der politischen Delikte einfügen will, kann dahingestellt bleiben[3].

II. Überblickt man die Praxis, die das Bundesgericht in internationalen Auslieferungsfällen entwickelt hat, so kann man feststellen, daß sich mit der Zeit bestimmte Grundsätze herausgebildet haben. Aber sie sind nicht so sicher, daß sich daraus ein eindeutiger Begriff des politischen Deliktes ableiten ließe. Wenigstens für das relativ politische Delikt mit Einschluß des gemischt politischen trifft das nicht zu. Es bleibt immer bei dem in Art. 10 II des Auslieferungsgesetzes verkündeten

---

[1] Anders, wenn zwischen einem aus politisch-revolutionären Motiven verübten Mord und dem auf Änderung der Staatsorganisation gerichteten Endziel kein direkter Zusammenhang gesehen werden kann; Mord zur Befriedigung eines Rachegefühls (Fall E. 33 I, Nr. 63, S. 406f., Auslieferung bewilligt). — Vgl. auch Zürcher Bl. 18, Nr. 191: Nötigung anläßlich eines Generalstreiks kein politisches Delikt, sofern die Nötigung sich nicht gegen den Staat und seine Institutionen richtet. Ferner BE. 17, 457: Wenn bei einem Vermögensdelikt politische oder soziale Doktrinen nur zum Schein vorgeschoben werden, muß die Auslieferung bewilligt werden; vgl. auch Bader: 192; Corbaz: 149f.

[2] Dazu die sog. belgische Attentatsklausel, wonach die Tötung eines fremden Staatsoberhauptes nie als politisches Delikt gelten soll; Bader: 182f., 194ff.; Stiffler: 40. Die Schweiz hat die Attentatsklausel nie übernommen; Corbaz: 52ff.

[3] Vgl. BE. 39 I, Nr. 14 und 37 (Fragen der Übertretung fiskalischer Gesetze); 39 I, Nr. 64 (Auslieferung eines italienischen Unteroffiziers bewilligt wegen im Dienst begangener Vermögensdelikte, aber abgelehnt mit Bezug auf Desertion).

Grundsatz der Fallentscheidung nach freiem Ermessen. Das ist auch gut so[1]. Beim Wandel der politischen Verhältnisse und Anschauungen muß vor allem im internationalen Auslieferungsrecht ein gewisses Maß von Entscheidungsfreiheit gewahrt und die dogmatische Unsicherheit des Begriffs des politischen Deliktes in Kauf gnommen werden. Berücksichtigt man auch, daß die Tragweite des Begriffs, wie er sich im internationalen Verhältnis auswirkt, nicht mit der Auswirkung innerhalb des Landes identisch zu sein braucht (oben I 1)[2], so erscheint eine scharfe eindeutige Begriffsbestimmung nicht möglich[3].

Die von jeher zahlreichen Versuche der Wissenschaft, den Begriff des politischen Delikts in einer Definition oder gar einer gesetzgeberischen Formel zu erfassen, sind verlorene Liebesmüh geblieben. Eine reiche Literatur, auf die hier verwiesen wird, gibt darüber Aufschluß[4]. Die folgende Darstellung beschränkt sich darauf, bei den einzelnen in Betracht kommenden Tatbeständen zu prüfen, ob sie als absolut politische Delikte zu gelten haben; unten §§ 103ff.

Erster Abschnitt.

Delikte gegen die staatlichen Grundlagen und gegen den Staat in seiner Existenz.

I. Hochverrat und Landesverrat. Spionage.

§ 103. Hochverrat.

Literatur. Angaben zu §§ 101 und 102. — STOOSS: Grundzüge, 2, 401ff. — WILDI: Verbrechen gegen die Staatsmacht (Hochverrat usw.), Berner Diss. (1905). — FEINBERG: Das Vergehen des Hochverrates, Zürcher Diss. (1920). — SCHNORF: Der Hochverrat im schweizerischen Recht, Zürcher Diss. (1935). — COMTESSE: Der strafrechtliche Staatsschutz gegen hochverräterische Umtriebe im schweizerischen Bundesrecht (1942). — VAN CALKER: VD. Bes. Teil, 1, 1ff. — STÄMPFLI: Z. 35, 97ff., 104f. — WEBER: Lit. zu § 105.

I. Hochverrat ist das ausgesprochenste Staatsdelikt. Er geht aufs Ganze, auf die Beseitigung der bestehenden staatlichen Ordnung, auf

[1] Kritik im Nationalrat. Die „außerordentlich elastische Fassung“ des Art. 10 lasse dem Bundesgericht in seinen Entscheidungen zu viel Freiheit; BURCKHARDT: Bundesrecht, 4, 227f.

[2] Anders noch — gegen eine Differenzierung — Allg. Teil, § 52 I. Daran halte ich nicht mehr fest.

[3] Gut schon PFENNINGER: Referat am 18. Schweizer. Juristentag (1880), 101: „Weder das Rechtsgut noch das politische Objekt, weder Absicht noch Motiv, noch der Ursprung in der Insurrektion können einseitig und ausschließlich den Begriff bestimmen; vielmehr ist er aus dem Ganzen, nach den Regeln der Erfahrung in Würdigung der speziellen Lage, zu finden.

[4] BADER: 21ff.; STIFFLER: 59ff., 70f.; CORBAZ: 17ff.; HOFFMANN: 16ff.

den Umsturz. Gelingt er, so ist der Hochverräter der Held, der Sieger, dem die Macht zufällt. Mißlingt ein hochverräterischer Plan, so muß — oder sollte wenigstens — das Strafgesetz auf dem Plan erscheinen. Das ist selbstverständlich. Jeder Staat muß die Macht, die er hat, sichern, auch das Staatswesen, das objektiver Betrachtung als schlecht, als korrupt erscheint. Wenn es das ist, so werden die Machthaber erst recht die ihnen gegen einen Umsturz zur Verfügung stehenden Waffen zur Geltung bringen, weil nur in ihnen die Möglichkeit liegt, den Weiterbestand zu sichern[1].

Der Hochverrat ist immer ein politisches Delikt, ja er ist dessen echtester Typus. Aber gerade an ihm kann sich zeigen, wie verkehrt die Auffassung ist, der Unterschied zwischen dem sog. gemeinen und dem politischen Verbrechen bestehe darin, daß dieses nicht auf eine gemeine Gesinnung zurückzuführen sei[2]. Gewiß kann ihm eine von lauteren Motiven geleitete und sachlich und moralisch zu rechtfertigende politische Opposition gegen die herrschende Macht zugrunde liegen. Daß es auch anders sein kann, daß kalter Egoismus eines Einzelnen oder Machtgier einer Gruppe einen Staat zu Fall zu bringen versucht, beweist die Geschichte aller Zeiten[3]. Daß aber in jedem Fall am Charakter als eines politischen Deliktes und an den daraus sich ergebenden Konsequenzen — namentlich international an der Nichtauslieferung — festgehalten werden muß, ist gar nicht zu bestreiten. Andererseits sollte ebenso feststehen, daß auch der einen Hochverrat beurteilende Richter bei der Strafzumessung auf die Verschiedenheit der Motive Rücksicht zu nehmen hat (G. Art. 63); unten VI 1. Das wird in revolutionären Zeiten, die an die Unabhängigkeit und die Charakterfestigkeit des Richters höchste An-Anforderungen stellen, nicht immer leicht sein.

Der in vielen Rechten übernommene Ausdruck Hochverrat (haute trahison, alto tradimento, high treason) ist, wenigstens für die heutige Zeit, nicht bezeichnend. Verrat setzt ein Treueverhältnis voraus. Er

---

[1] Zur Geschichte des Hochverratstatbestandes WILDI: 90ff. Über die schweizer. Entwicklung im 19. Jahrhundert PFENNINGER: Strafrecht der Schweiz, 142ff. (Helvetik), 222ff. (Periode bis 1830), 295 (1830—1848), 350ff. (1848—1870), 514ff.

[2] Die Äußerungen in der Literatur sind teilweise mindestens mißverständlich, z. B. FERRI: Z. 33, 32: „La délinquence commune est toujours déterminée par un sentiment égoiste de celui qui l'accomplit... La délinquence politico-sociale, au contraire, bien qu'elle puisse revêtir des formes violentes et sanguinaires, est toujours déterminée par un sentiment altruiste. Ce sera une aberration de l'altruisme, mais c'est toujours de l'altruisme." Vgl. auch WOLF: Verbrechen aus Überzeugung (1927), worunter strafbare Taten verstanden werden, als deren Motiv die Überzeugung von einer Pflicht, so zu handeln, erscheint (5). Der Hochverrat mit seinen Vorbereitungshandlungen wird dann schlechthin als typisches Überzeugungsverbrechen bezeichnet (18ff.).

[3] So auch STOOSS: 2, 407.

ist Verletzung einer Treupflicht. Für den Ausländer, der ebenso wie der Angehörige des verletzten Staates Täter sein kann, besteht eine solche Treupflicht selbstverständlich nicht[1]. Da sich jedoch die Bezeichnung eingebürgert hat und sich mit ihr im Werturteil des Volkes gewisse Vorstellungen verbinden, haben auch neue Gesetze am Ausdruck festgehalten[2].

II. Das bisherige Recht ist doppelspurig. Art. 45 des BStR. von 1853 umschreibt den Hochverrat — ohne den Ausdruck zu verwenden — als Teilnahme an einem Unternehmen, welches den gewaltsamen Umsturz der Bundesverfassung oder die gewaltsame Vertreibung oder Auflösung der Bundesbehörden oder eines Teiles derselben zum Zwecke hat[3]. Als Hochverrat hat überdies der in Art. 37 genannte Fall: Losreißung eines Kantons oder eines Kantonsteiles von der Eidgenossenschaft zu gelten (unten III 3). Art. 48 trifft die öffentliche Aufreizung zum Hochverrat[4]. Zum Schutz der kantonalen Verfassungen und Behörden hinüber führt die Brücke des Art. 52, der die analoge Anwendung der eidgenössischen Hochverratsbestimmung in Fällen einer eidgenössischen bewaffneten Intervention vorsieht, wenn eine kantonale Bestimmung fehlt (oben § 101 IV)[5].

Daneben stehen zum Schutze der kantonalstaatlichen Interessen zahlreiche Bestimmungen kantonaler Rechte[6]. Da sie mit dem eidgenössischen StGB. entfallen, genügt der Hinweis auf einige Beispiele: Bern Art. 68—70 mit der Feststellung, die Tat sei vollendet, sobald der Täter „alles getan hat, was von ihm abhing, um die beabsichtigte Wirkung hervorzubringen"; Basel §§ 2 Ziff. 2 und 47; Graubünden §§ 61/2, die auch den gegen die Eidgenossenschaft gerichteten Hochverrat mitberücksichtigen, was im Hinblick auf das BStrR. bedeutungslos ist;

---

1 Nach der unbestrittenen Auffassung des Gemeinen Rechts waren nur Staatsuntertanen Subjekte des Hochverrats; dazu Temme: Lb. des schweizer. Strafrechts (1855), 341; Wildi: 120f.; Feinberg: 23f.

2 van Calker: 15f.; Schnorf: 47f. Wildi: 121f., 181 mit dem Vorschlag, anstatt Hochverrat die Bezeichnung „Verbrechen gegen die Regierungsmacht" zu wählen. Das ist als Deliktsbezeichnung zu akademisch.

3 Keine Anwendung des Art. 45 auf Massenunruhen in Kriegszeiten (Generalstreik); Burckhardt: Bundesrecht, 4, 555. — Daß Art. 73 lit. a des BStR. auch die Tatbestände der Art. 36—38 dieses Gesetzes unter die Bezeichnung Hochverrat stellte, ist verfehlt. Die Art. 36—38 handeln in der Hauptsache nicht von Hoch-, sondern von Landesverrat (unten § 104 II). — Das BGes. vom 31. Januar 1922, (sog. Umsturznovelle), das in der Volksabstimmung abgelehnt wurde, hatte eine weitgehende Ausdehnung des Hochverratstatbestandes geplant; siehe dazu oben § 101 VI 1 mit Zitaten.

4 Dazu Wildi: 48f.

5 Zum bisherigen Bundesrecht Schnorf: 11ff., 20ff.

6 Daten bei Stooss: 2, 402f.; Wildi: 58ff.; Feinberg: 8ff.; Schnorf: 24ff. und passim.

Tessin Art. 88—91 mit breiter Kasuistik (crimini e delitti contro l'ordine costituzionale)[1]; Neuenburg Art. 115—121[2].

III. Der Art. 265 des G. erfaßt **hochverräterische Handlungen,** die sich einzeln gegen den Bund oder einen Kanton und Handlungen, die sich gleichzeitig sowohl gegen den Bund wie auch gegen einen Kanton richten können. Eine die verschiedenen Fälle umfassende allgemeine Begriffsbestimmung, die gesetzgeberisch verwertbar wäre, gelingt nicht[3]. Drei verschiedene Ziele und Angriffsobjekte[4] nennt das G., die alle durch das Moment, daß es sich um eine gewaltsame Unternehmung (unten IV) handeln muß, zusammengehalten werden.

1. Abänderung der Verfassung des Bundes oder eines Kantons (Art. 265 II, Verfassungshochverrat). Aus dem Wesen des Hochverratsdeliktes muß sich ergeben, daß nicht jede Bestimmung der Verfassungen unter dem Schutz des Art. 265 steht, sondern nur Normen, unter Umständen auch solche, die nicht in der Verfassungsurkunde stehen, in denen die Grundorganisation des Bundes und der Kantone niedergelegt sind, also namentlich die Staatsmacht, die Staatsform, die Souveränität der Kantone im Sinne der Art. 3 und 5 der BV, das Wahl- und Stimmrecht, die individuellen Freiheitsrechte[5]. Das in den Verfassungsurkunden geordnete Recht reicht aber viel weiter. Die Mehrzahl der Bestimmungen der Verfassung ist mit dem Hochverratstatbestand in keinen Zusammenhang zu bringen. Ihr Schutz ist durch die Staatsrechtspflege, vor allem durch das Bundesgericht als Staatsgerichtshof (OrgGBRPfl. Art. 175ff.), genügend gewährleistet. — In der Praxis muß bei einer Anwendung des Art. 265 die einschränkende Auslegung des Begriffs der Verfassung für

---

[1] Einer der seltenen schweizer. Hochverratsfälle seit 1848, der aber, da es zu einer eidg. Intervention kam, nach Bundesrecht beurteilt wurde: Sturz der Tessiner Regierung im September 1890; vgl. BE. 17, Nr. 62; BADER (Lit. zu § 102): 42ff.; Z. 5, 119ff.

[2] Neuenburger Royalisten-Handstreich von 1856; durch eine Amnestie erledigt; BADER: 38ff. Zu Neuenburg Art. 116 BE. 58 I, 92ff.

[3] Vgl. FEINBERG: 20f.; SCHNORF: 46: Der Hochverrat ist gegen den Staat als Einzelwesen gerichtet. Er ist ein vorsätzlicher und rechtswidriger Angriff auf die Verfassung, d. h. den grundlegenden rechtlichen und tatsächlichen organisatorischen Aufbau des Staates. Gesetzgeberisch ist eine solche Definition nicht zu verwerten.

[4] SCHNORF: 54ff.; STÄMPFLI: Z. 35, 104 (Angriffe auf die Staatsverfassung, das Staatsgebiet und die Träger der Staatsgewalt); LÜTHI: Berner Z. 77, 387ff.

[5] Vgl. LÜTHI: Berner Z. 77, 388 und namentlich COMTESSE: 15f. Siehe ferner den Antrag HUBER: Prot. II. ExpKom. 4, 381 statt „die Verfassung" „die verfassungsmäßige Ordnung" zu sagen. Aber das trifft das Entscheidende auch noch nicht. Zu eng WILDI: 126 (Verfassungssturz als Verletzung der durch die Verfassung legalisierten staatlichen Machtbefugnis); vgl. VAN CALKER: 20. — Art. 265 II trifft nicht eine Unternehmung, die auf die Beseitigung der staatlichen Ordnung überhaupt, auf die Vernichtung des Staates gerichtet ist (Anarchismus). Das ist keine bloße Abänderung der Verfassung; BINDING: Lb. 2 II, 442; FEINBERG: 21f.

den Einzelfall geprüft werden. Um eine Unternehmung, die Verfassung in ihrer Totalität zu ändern, braucht es sich nicht zu handeln[1].

2. Art. 265 III umschreibt den zweiten Tatbestand mit den Worten „die verfassungsmäßigen Staatsbehörden abzusetzen oder sie außerstand zu setzen, ihre Gewalt auszuüben" (Behördenhochverrat)[2]. Eine einschränkende Auslegung des Ausdrucks „verfassungsmäßige Staatsbehörden" ist auch hier notwendig. Es ist undenkbar, das gewaltsame Vorgehen gegen irgendeinen in einer Verfassung genannten und verfassungsmäßig bestellten Beamten als Hochverrat zu betrachten. Hochverrat ist Zerstörung der bestehenden Regierungsmacht, ist Umsturz. Das Delikt muß sich gegen Behörden oder Beamte richten, die die Staatsmacht in einem höheren Sinne repräsentieren[3]. Aber das ist unbestimmt. Bisherige Gesetze haben daher eine Aufzählung versucht. Bern Art. 70 Ziff. 2 spricht von höchsten Staatsbehörden und bezeichnet als solche den Großen Rat, den Regierungsrat, das Obergericht und seine Abteilungen. Tessin Art. 88 nennt „il Governo cantonale costituzionalmente stabilito", weist dann aber in Art. 89 auf den Großen Rat und den Staatsrat hin. — Besser als durch die Nennung einzelner Behörden erfolgt die Umgrenzung durch die Besinnung auf den Hochverratsbegriff und durch die Klarstellung des Verhältnisses zwischen Art. 265 und 285, dem Tatbestand: Gewalt und Drohung gegen Behörden und Beamte (unten § 114 II). Hinderung, Nötigung, tätliche Angriffe werden durch den Art. 285 erfaßt. Erst wenn solche Handlungen darauf gerichtet sind, die eigentlichen (höchsten) Repräsentanten der Staatsmacht abzusetzen oder außerstand zu setzen, ihre Macht auszuüben, ist Hochverrat in Betracht zu ziehen[4]. Der Erfolg oder wenigstens das Ziel Absetzen oder Außerstandsetzen, die Gewalt auszuüben, muß gegeben sein. Das kann auf verschiedenste Art erfolgen: durch eine Absetzungsproklamation, durch Gefangennahme der Regierung, durch Nötigung, durch Besetzung der Regierungsgebäude usw. Die Skala der revolutionären Mittel wird sich nach der Lage des Einzelfalles richten[5]. Wenn der Umsturz oder wenigstens die Umsturztendenz klar am Tage liegen, so wird die Bewertung der einzelnen Handlung — mindestens theoretisch — keine großen Schwierigkeiten mehr bieten.

[1] Feinberg: 28f.

[2] Schnorf: 64ff.; Comtesse: 17f.

[3] Prot. II. ExpKom. 4, 377, 379f. Antrag Thormann: „die obersten verfassungsmäßigen Staatsbehörden"; auch schon Wildi: 128f., ferner Feinberg: 29f. — In der Monarchie ist der Monarch höchster Repräsentant der Staatsmacht. Für den schweizerischen Bundespräsidenten trifft das nicht zu.

[4] Hochverrat richtet sich gegen die Staatsmacht. Die im Art. 285 umschriebenen Tatbestände berühren nur die Staatsgewalt, die sich für die einzelnen Behörden und Beamten aus der Staatsmacht ergibt; vgl. auch Wildi: 126, Feinberg: 31f.; Comtesse: 18.

[5] Kasuistik bei Schnorf: 82ff.

3. Der vierte Absatz des Art. 265 weist auf die Gebietsabtrennung (Gebietshochverrat) hin mit den zwei Fällen: schweizerisches Gebiet von der Eidgenossenschaft und kantonales Gebiet von einem Kanton loszulösen. Die Schweiz hat kein Bundesgebiet. In jedem Fall wird es sich um die Abtrennung kantonalen Gebiets handeln. Aber der Bund ist immer dann mitbetroffen, wenn ein Kanton oder ein Kantonsteil abgetrennt werden soll, um ihn einem fremden Staate anzugliedern oder um aus ihm einen selbständigen Staat zu bilden[1]. Da hier die Existenzmacht des Staates mitberührt wird, ist fraglich, ob es sich um Hoch- oder um Landesverrat handelt. Im Tatbestand des vierten Absatzes mischen sich Momente aus beiden Delikten. Er steht gleichsam zwischen Hoch- und Landesverrat[2].

4. Verschiedene Hochverratrfälle aus den Absätzen II—IV können in einer Unternehmung zusammentreffen, z.B. die Absetzung der Regierung mit der gewaltsamen Verfassungsänderung. Ergibt sich das Eine nur als Folge oder Begleiterscheinung des Anderen, so ist die Verurteilung wegen einer Deliktsmehrheit nicht angezeigt. In anderen Fällen kann aber eine Deliktsmehrheit, namentlich auch eine Realkonkurrenz gegeben sein[3]. Das ist auf Grund des Sachverhalts zu prüfen.

IV. Die Tatbestände des Art. 265 werden durch das Moment, daß die Unternehmungen Gewalt voraussetzen, zusammengehalten. Negativ folgt daraus, daß Verfassungsänderungen, Gebietsverschiebungen usw., die auf gesetzlichem Wege erfolgen oder geplant werden — selbstverständlich — keinen Hochverrat darstellen. Das muß zunächst auch gelten für Unternehmungen, bei denen Verfassungs- oder Gesetzesbestimmungen mißachtet werden[4]. Das G. fordert Gewalt. Der VE. 1908, Art. 63

---

[1] Dagegen berührt die Gebietsverschiebung zwischen Kantonen und auch eine Vereinigung von Kantonsgebieten das „schweizerische Gebiet" nicht. — Über die möglichen Fälle der Abtrennung auch FEINBERG: 33, ferner THORMANN: Prot. II. ExpKom. 4, 380.

[2] So auch WILDI: 130, 150; vgl. ferner Prot. II. ExpKom. 4, 378, GAUTIER: „Il ne s'agit plus d'intérêts de politique intérieure" — was aber fraglich bleibt — „mais bien de l'intérêt national"; SCHONRF: 69 (Grenzzone zwischen Hoch- und Landesverrat); COMTESSE: 18ff.

[3] Über den weiteren Fall eines militärischen Hochverrats unten § 105 II.

[4] SCHNORF: 72 (bloße Rechtswidrigkeit genügt nicht), 77ff. über Rechtfertigungsgründe. Zu weitgehend VAN CALKER: 36 mit dem Vorschlag, jede auf ungesetzlichem Wege oder mit ungesetzlichen Mitteln erfolgende Änderung als Hochverrat zu bestrafen und die gewaltsame Begehung nur als qualifizierendes Moment zu berücksichtigen. Abzulehnen auch BINDING: Lb. 2 II, 439 („gewaltsam" gleich „widerrechtlich"); vgl. ferner den Art. 45 des in der Volksabstimmung verworfenen sog. Umsturzgesetzes (Z. 35, 92ff.). Gegen bloße Widerrechtlichkeiten und Gesetzesverletzungen hat der Rechtsstaat andere Mittel als die Hochverratsstrafe. Zutreffend FEINBERG: 34ff.; vgl. auch LÜTHI (Lit. zu § 101): Zum Staatsschutz, 12. — Im Bundesratsbeschluß vom 5. Dezember 1938 betreffend Maßnahmen gegen staatsgefährliche Umtriebe und zum Schutz der Demokratie (GesSlg. 54,

Ziff. 5 hatte sie mit den Worten umschrieben, daß dem Nötigen durch Gewalt jede andere Handlung gleichgestellt wird, die eine Person zum Widerstand unfähig macht. Man mag diese, nicht in das G. übernommene Definition verwenden. Aber bei Art. 265 liegt die Schwierigkeit darin, daß die Anwendung von Gewalt nicht notwendige Voraussetzung ist. Sie wird gegeben sein, wenn eine revolutionäre Aktion schon weit vorgeschritten ist. Aber das G. nimmt vollendeten Hochverrat schon an bei einer Handlung, die darauf gerichtet ist (acte tendant à; atto diretto à), mit Gewalt staatliche Änderungen vorzunehmen (unten V). Wenn daher Täter gefaßt werden, bevor es zur — geplanten — Gewaltanwendung kam, so ist die Voraussetzung des Art. 265 bereits erfüllt. Wollte man das nicht annehmen, so würde der Gedanke des G., schon hochverräterische Pläne unter Umständen als vollendetes Delikt zu bestrafen, seine Wirkung verlieren. Der Ausdruck Gewalt muß daher in Art. 265 in dem Sinne ausgelegt werden, daß er nicht nur die bereits angewendete, sondern auch die vom Täter in Aussicht genommene, die drohende Gewalt trifft[1]. — Bei dieser Umgrenzung sollte der Hochverratstatbestand stehen bleiben. Ob zum Schutz der — schweizerischen — Staatsform und Staatsordnung noch weitergehende Bestimmungen als wünschenswert erscheinen, ist eine Frage für sich[2].

V. Der Hochverrat ist Vorsatzdelikt. Der Täter muß mit Wissen und Willen eine Handlung vornehmen, die darauf gerichtet ist, mit Gewalt eine der in den Absätzen II—IV umschriebenen Änderungen vorzunehmen. Besondere Schwierigkeiten ergeben sich in der Schuldfrage nicht. Von Bedeutung — auch für die Schuldfrage — ist, daß der Gesetzgeber die Vollendung des Delikts denkbar weit vorgeschoben hat:

Der Hochverrat gilt nicht nur als vollendet, wenn ein Umsturz durchgeführt wurde, sondern auch dann, wenn er gewaltsam versucht wurde und dann, wenn Vorbereitungshandlungen, aus denen die Richtung auf gewaltsamen Umsturz deutlich erkennbar ist, festgestellt werden[3]: Verschwörung, Komplott, Waffenansammlungen, Aufreizung zum Umsturz usw. brauchen nicht mehr durch besondere Tatbestände erfaßt zu werden, wie das noch im BStR. von 1853 (Art. 48) und im

856ff.) bedroht jetzt freilich Art. 1 I jedes Unternehmen, die verfassungsmäßige Ordnung der Eidgenossenschaft oder der Kantone rechtswidrig zu beseitigen oder zu gefährden, mit Gefängnis bis zu 1 Jahr oder mit Buße bis zu 2000 Franken. Das ist aber nicht Hochverrat, was sich auch aus der Strafdrohung ergibt.

[1] Gut SCHNORF: 72ff.; vgl. ferner COMTESSE: 20.

[2] Vgl. jetzt die VO. des Bundesrates vom 5. Dezember 1938 betreffend Maßnahmen gegen staatsgefährliche Umtriebe und zum Schutze der Demokratie (GesSlg. 54, 856ff.). Dazu oben § 101 IV 5, auch LÜTHI: Zum Staatsschutz, 13f.

[3] Siehe dagegen noch VE. 1908 Art. 193: „Wer es versucht, mit Gewalt ... abzuändern" usw.; dazu WILDI: 133ff. Über die Weiterentwicklung zum jetzigen Text Prot. II. ExpKom. 4, 379ff.; 5, 92f.; StenBull. NR. 1929, 584ff., 781ff. (bemerkenswerte Erörterungen), StR. 1931, 656; vgl. ferner FEINBERG: 37ff., der

weitergehenden sog. Umsturzgesetz von 1922 (Art. 47) der Fall war[1]. Eine Ergänzung des Art. 265 bringt Art. 275 mit dem Tatbestand: Rechtswidrige Vereinigung (unten § 109 I) und als weitere Ergänzung muß auch die generelle Bestimmung des Art. 259: Öffentliche Aufforderung zu Verbrechen beachtet werden. Das Verhältnis zwischen Art. 265 und 259 Art. kann dahin bestimmt werden, daß jener Artikel, der die schwerere Strafdrohung enthält, nur anzuwenden ist bei Vorbereitungen von einer Art, die deutlich auf einen nahe bevorstehenden Umsturz hinweisen. Jedenfalls soll man sich davor hüten, den Kreis solcher Vorbereitungshandlungen allzu weit, auf jede scharfe und drohende Kritik an bestehenden Zuständen, auszudehnen[2]. Mit dem Nachweis, daß der Täter vorsätzlich eine Handlung — die auch in einer Rede bestehen kann — vorgenommen hat, aus der nach vernünftiger Schlußziehung gefolgert werden kann, daß sie auf den Umsturz ausgeht, muß es streng genommen werden. — Da der Art. 265, im angedeuteten Sinne, bereits gewisse Vorbereitungshandlungen (Gefährdungen) erfaßt, fragt es sich, ob auch der Versuch solcher Handlungen, z. B. der Versuch, eine Waffenansammlung durchzuführen, strafbar sein soll. Theoretisch kann man das nicht verneinen[3]. Aber in der Praxis wird der Richter entscheidend immer die Frage zu prüfen haben, ob der oder die Täter so gehandelt haben, daß aus ihrem Verhalten deutlich erkennbar das Ziel auf einen Umsturz sich ergibt, und ob sie dieses Ziel bis zuletzt im Auge behalten haben. Bejaht er, so wird er eine strafbare Vorbereitungshandlung annehmen, verneint er, so wird er freisprechen.

für eine kasuistische Begrenzung der strafbaren Vorbereitungshandlungen eintritt (44ff.); SCHNORF: 92ff.; LE FORT: Z. 41, 45ff.; THORMANN- v. OVERBECK: Art. 265, N. 9; LÜTHI: Berner Z. 77, 388f.

[1] Vgl. auch die §§ 82 und 83 des deutschen StGB. (hochverräterisches Komplott; Aufforderung, Anreizung zu einem hochverräterischen Unternehmen, Vorbereitung „in anderer Weise"). Freiburg Art. 156 II nennt beispielsweise als strafbare Vorbereitungshandlungen das Ankaufen und Ansammeln von Waffen, das Komplott, die mit Vereinigungen, Versammlungen, Anschlägen, Drucksachen, Schriften oder Abbildungen betriebene Propaganda oder Agitation. Ganz ähnlich Waadt Art. 290 II. In diesen Bestimmungen offenbart sich, wie schwierig, vielleicht auch wie gefährlich die Umgrenzung der Vorbereitungshandlungen ist.

[2] Dazu BE. 58 I, 92ff. zu Art. 116 des neuenburg. StGB. Gut auch VAN CALKER: 46: die Vorbereitung muß ein auf die Ausführung eines bestimmten hochverräterischen Angriffs gerichtetes Verhalten offenbaren. — COMTESSE: 94ff. wendet sich aus dogmatischen Gründen gegen die Auffassung, daß Aufforderung zum Hochverrat Vorbereitung dazu sein kann. Sie sei eine selbständige, teilnahmeähnliche Handlung. Das überzeugt nicht.

[3] Von Bedeutung könnte hier ein freiwilliger Rücktritt vom unvollendeten Versuch werden. Jedoch bestimmt Art. 21 II des G. für ihn nur, daß der Richter von einer Bestrafung wegen des Versuches Umgang nehmen kann. Zu dieser Frage FEINBERG: 48f.; SCHNORF: 108ff. (110 und 133, wo de lege ferenda eine grundsätzliche Berücksichtigung des freiwilligen Rücktritts und der tätigen Reue gefordert wird).

VI. 1. Die Strafdrohung des Art. 265 lautet auf Zuchthaus oder Gefängnis von 1—5 Jahren. Die fakultative Androhung von Gefängnis wurde zutreffend damit begründet, daß in gewissen Fällen, im Hinblick auf die Motive, die entehrende Zuchthausstrafe ungerecht ist[1]. Die Ausschaltung der Zuchthausstrafe ist aber auch aus Art. 64 III in Verbindung mit Art. 65 IV des G. erreichbar, wenn der Täter aus achtungswerten Beweggründen gehandelt hat[2].

2. Wenn bei der Durchführung eines Hochverrats noch andere Delikte verübt werden, was regelmäßig der Fall sein wird, so ist zu unterscheiden: Sind sie — gleichsam unvermeidliche, notwendige — Mittel der revolutionären Aktion, z. B. eine Nötigung, eine Freiheitsberaubung, so werden sie von Art. 265 mitumfaßt. Aber z. B. für Diebstahl, Raub, Brandstiftung, die bei einer solchen Gelegenheit verübt werden, darf das nicht gelten. Es wäre unrichtig, sie im Hochverrat, einem politischen Delikt, aufgehen zu lassen. In solchen Fällen sind die Bestimmungen über die Konkurrenz (Art. 68) anzuwenden[3]. Das G. schweigt sich im Gegensatz zu bisherigen Rechten[4], darüber aus. Die Entscheidung bleibt der richterlichen Prüfung überlassen, ob im Einzelfall die Konsumption durch den Art. 265 angenommen oder abgelehnt werden darf.

3. Hochverrat gegen die Eidgenossenschaft ist von den Bundesassisen zu beurteilen (G. Art. 341 lit. a)[5]. Das gilt auch, wenn der gegen einen Kanton gerichtete Hochverrat eine bewaffnete eidgenössische Intervention veranlaßt (Art. 341 lit. d). In allen anderen Fällen ist die Tat durch die kantonalen Behörden zu verfolgen und zu beurteilen (Art. 343).

§ 104. Landesverrat.

Literatur. Angaben zu §§ 101—103. — Stooss: Grundzüge, 2, 403ff. — van Calker: VD. Bes. Teil, 1, 55ff. — Gutjahr: ZgesStRW. 49, 608ff.; vgl. auch Finger: Gerichtssaal, 102, 227ff., 290ff. (Problematik des Tatbestandes des Landesverrates). — Stämpfli: Z. 51, 15ff.

I. Landesverrat ist, wie der § 100 des preußischen Landrechts umschrieb „ein Unternehmen, wodurch der Staat gegen fremde Mächte in äußere Gefahr und Unsicherheit gesetzt wird". Auf welche Weise das geschieht, wird nicht gesagt. Gewiß ist nur, daß der Landesverrat die äußere Sicherheit und Unabhängigkeit des Staates verletzt oder

[1] Gautier: Prot. II. ExpKom. 4,379; vgl. auch Stooss: 407; Feinberg: 50ff.; ferner Schnorf: 118ff., 122ff. (Strafdrohungen kantonaler Rechte).

[2] In diesem Sinne ist die Erörterung von Germann: Z. 54, 376 zu ergänzen.

[3] Zürcher: Erläuterungen, 345f. und namentlich Schnorf: 128ff.

[4] Beispiele: BStR. von 1853 Art. 51 in Verbindung mit Art. 40; vgl. auch Zürich § 75, Neuenburg Art. 119. Weitere Daten bei Schnorf: 131f.; vgl. auch Stämpfli: 35, 101f.

[5] Dazu Stämpfli: ZschwR. N. F. 50, 27a und ff.

gefährdet, während der Hochverrat sich gegen die innere Sicherheit wendet[1].

Daß auch der Landesverrat ein politisches Delikt ist, wird nicht bestritten.

In noch stärkerem Maße, als das beim Hochverrat der Fall ist, setzte der Landesverrat ursprünglich ein Treueverhältnis voraus[2]. Ältere Rechte lassen daher als Täter eines Landesverrates nur Staatsangehörige gelten. Art. 37 des BStR. von 1853, der wichtigste Landesverratstatbestand des bisherigen Rechtes, ist die Remiszenz an diese Auffassung. Er nennt als Täter einen „Bürger oder Einwohner der Schweiz". Für die heutigen Verhältnisse und Auffassungen ist auch das zu eng[3]. Als Täter eines Landesverrats kann Jedermann in Betracht kommen und ebenso ist für die Geltung des schweizerischen Rechts unwesentlich, ob die Tat im In- oder im Ausland verübt wird (Art. 4 I des G.). Für die unter Militärstrafrecht stehenden landes- und hochverräterischen Handlungen (unten § 105) gilt gleichfalls, daß auch die im Ausland, von einem Schweizer oder von einem Ausländer verübten Delikte nach schweizerischem Recht zu beurteilen sind (MilStG. Art. 9 I).

Während die Hochverratstatbestände im Art. 265 zusammengefaßt sind, wozu noch die in der Hauptsache hochverratsähnlichen Tatbestände in Art. 87 des MilStG. kommen[4], sind die Verbrechen des Landesverrats in eine Reihe von Artikeln aufgeteilt. Im Vordergrund steht der Art. 266 des G. Angriffe auf die Unabhängigkeit der Eidgenossenschaft. Weshalb das G. die Bezeichnung als Landesverrat hier vermieden hat, ist nicht zu erklären. In Art. 267 ist der besondere Fall des diplomatischen Landesverrats angeschlossen. Um Landesverrat in einem weiteren Sinne handelt es sich auch bei den Delikten der Waffenhilfe und der Begünstigung des Feindes (MilStG. Art. 90 und 91 und dazu unten § 106 I und II).

---

[1] Unterscheidungskriterium des französischen C. p., dem die Bezeichnungen Landes- und Hochverrat fremd sind: Crimes et délits contre la sûreté extérieure de l'Etat (Art. 75—85) und Crimes contre la sûreté intérieure de l'Etat (Art. 86 bis 90). — Vgl. Stooss: 2, 406: Der Hochverrat bezweckt, die wichtigsten staatlichen Einrichtungen willkürlich durch Gewalt aufzuheben oder abzuändern. Der Landesverrat besteht in der rechtswidrigen Unterstützung eines fremden Staates zum Nachteil des einheimischen; Wildi: 126, 142, 149: Hochverrat gerichtet gegen die Regierungsmacht, die Macht des Staates, sich nach Innen selbst zu bestimmen; Landesverrat gerichtet gegen die Existenzmacht des Staates. Ferner zur Abgrenzung Weber (Lit. zu § 105): 11ff.

[2] Gegen die Berücksichtigung des Treueverhältnisses beim Landesverrat Wildi: 136ff.; Weber: 19ff.

[3] So schon Stooss: 2, 405; Mahler (Lit. zu § 105): 82ff. (Landesverrat unter Beiseiteschiebung des Treubruchsmomentes als Landesschädigung aufzufassen).

[4] Das Marginale des Art. 87 des MilStG.: militärischer Landesverrat ist ungenau; unten § 105 II.

II. Die bisherigen Rechte zeigen, wie beim Hochverrat, die Doppelspur des eidgenössischen und der kantonalen Rechte. Im BStR. von 1853 trifft Art. 36 die Waffenhilfe gegen die Eidgenossenschaft. Der Mischtatbestand des Art. 37 umschreibt, in verschiedenen Varianten, Angriffe auf die Unabhängigkeit der Eidgenossenschaft[1], und Art. 38 behandelt neben einem Tatbestand der Grenzveränderung Fälle des sog. diplomatischen Landesverrats[2]. Diese im BStG. gegebene Ordnung ist unklar und hat sich als ungenügend erwiesen. Die Änderung und Ergänzung erfolgte durch das BGes. vom 8. Oktober 1936 betreffend Angriffe auf die Unabhängigkeit der Eidgenossenschaft (oben § 101 IV 4).

Die Frage, ob neben bundesrechtlichen Bestimmungen bisher noch Raum für kantonale Ordnungen war, steht beim Landesverrat unter anderen Gedanken als beim Hochverrat. Stooss (II 406) nimmt an, daß der gegen einen Kanton begangene Landesverrat immer als Verrat gegen die Eidgenossenschaft strafbar ist, da nur sie völkerrechtliches Subjekt ist und allein dem Bund das Recht zusteht, Krieg zu erklären und Frieden zu schließen und Staatsverträge mit dem Ausland einzugehen. Kantonale Rechte enthalten aber, zum Teil sehr ausführliche, dem Bundesrecht parallel gehende Landesverratstatbestände, z. B. Bern Art. 67, Schaffhausen § 92. Die neuesten kantonalen Strafgesetzbücher, Freiburg und Waadt, haben dagegen von Vorschriften gegen den Landesverrat abgesehen[3]. Die zutreffende Lösung ergibt sich jedoch aus der Überlegung, daß verräterische Handlungen auch zum Schaden eines Kantons möglich sind, ohne daß der Bund davon nachteilig berührt wird — bei Verhandlungen zwischen dem Bund und einem Kanton oder den Kantonen unter sich und namentlich auch bei Verträgen, die ein Kanton gemäß Art. 9 der BV. selbständig mit dem Ausland abschließen kann[4]. Auf solche Fälle eines möglichen sog. diplomatischen Landesverrats bezieht sich § 71 des zürcher. StGB. mit dem Tatbestand: „wer den Kanton einer fremden Regierung gegenüber durch Auslieferung, Vernichtung oder Fälschung von Urkunden oder anderen Beweismitteln oder sonst durch geheimes Einverständnis mit derselben absichtlich in

[1] Der ebenfalls in Art. 37 untergebrachte Tatbestand: Versuch, einen Kanton oder einen Kantonsteil von der Eidgenossenschaft „loszureißen" kann dann als Landesverrat gelten, wenn schweizerisches Gebiet einem fremden Staat angegliedert werden soll; siehe jetzt Art. 265 IV des eidg. StGB. und dazu oben § 103 III 3: Gebietshochverrat, der gleichsam zwischen Hoch- und Landesverrat steht; dazu auch Wildi: 150.

[2] Zu Art. 36—38 des BStR. Stooss: 2, 403ff.; Wildi: 52ff.

[3] Capt und Gamboni: Kommentar zum waadtländischen StGB. Art. 290, N. 1 erklären wie Stooss, daß bei Angriffen auf die äußere Sicherheit eines Kantons nur eidgenössisches Recht in Frage kommt.

[4] Burckhardt: Kommentar BV. (3. Aufl.), 79ff., 91ff.; Schwarzenbach: Staatsverträge der Kantone mit dem Ausland, Zürcher Diss. (1926); His: ZschwR. N. F. 48, 31ff. mit weiteren Lit.-Angaben.

Nachteil zu bringen sucht"[1]. Art. 267 Ziff. 1 II des eidgenössischen G. hat jetzt solche Fälle wenigstens teilweise berücksichtigt (unten IV 2).

III. **Angriffe auf die Unabhängigkeit der Eidgenossenschaft** (G. Art. 266). Das ist der grundlegende Landesverratstatbestand[2]. Wie beim Hochverrat lautet der Ingreß: „Wer eine Handlung vornimmt, die darauf gerichtet ist." Die gleichen Fragen und Lösungen, insbesondere mit Bezug auf die Vorbereitungshandlungen, ergeben sich (oben § 103 V)[3]. Dagegen spielt das Moment der Gewalt beim Landesverrat keine Rolle.

1. Der Art. 266 hebt mit der generellen Bestimmung: Verletzung oder Gefährdung der Unabhängigkeit der Eidgenossenschaft an (Ziff. 1 II). Im Hinblick auf die nachfolgenden besonderen Tatbestände (Art. 266 Ziff. 1 III, Ziff. 2 und Art. 267) ist diese Bestimmung als ergänzende Generalklausel aufzufassen. Sie bedeutet, daß als Landesverräter auch strafbar ist, wer in anderer Weise, als es in den besonderen Fällen bestimmt wird, sich gegen die Unabhängigkeit des Landes vergeht. Das ist freilich sehr vag[4]. Das Hauptgewicht ist darauf zu legen, daß die politische Unabhängigkeit der Eidgenossenschaft tangiert wird[5]. Gegenüber Ziff. 1 III ergibt sich als deutlicher Unterschied, daß nicht oder noch nicht die Einmischung einer fremden Macht geplant zu sein braucht. Schon eine vorläufig rein intern bleibende, die Unabhängigkeit des Landes gefährdende Aktion soll getroffen werden.

Da schon jede auf eine Gefährdung der Unabhängigkeit gerichtete Handlung als strafbar zu gelten hat, ist mit der Fassung „zu verletzen oder zu gefährden" fast zu viel des Guten geschehen.

2. Den Tatbestand in Ziff. 1 III des Art. 266 kann man das Einmischungsdelikt nennen. Die landesverräterische Handlung ist darauf gerichtet, eine die Unabhängigkeit des Landes gefährdende Ein-

[1] Dazu gut ZELLER: Kommentar zürcher StGB., Noten zu § 71. Ähnlich auch Basel § 48; vgl. auch BADER: 47 und namentlich WILDI: 58ff., 85ff. (weitere Angaben über kantonale Rechte).

[2] Die Ziff. 1 des Art. 266 ist schon durch Art. 2 des Unabhängigkeitsgesetzes vom 8. Oktober 1936 (sog. Colombi-Novelle) geltendes Recht geworden; siehe oben § 101 IV 4. Mit dem Inkrafttreten des G. fiel diese Novelle wieder dahin (Art. 398 lit. a).

[3] Auch hier wirkt sich die Ergänzung durch den Tatbestand des Art. 275: Rechtswidrige Vereinigung aus; unten § 109 I.

[4] So auch GAUTIER: Prot. II. ExpKom. 4, 383; 5, 93. LANG: eodem, 5, 94 nannte als Fall die öffentliche Propaganda für den Anschluß an einen anderen Staat. Sie zeigte sich später in der irredentistischen Propaganda des Colombi und seiner Mitbeteiligten, die den Erlaß des Unabhängigkeitsgesetzes von 1936 veranlaßte; BBl. 1936 II, 171ff.; weitere Zitate oben § 101 IV 4; LÜTHI: Berner Z. 77, 392.

[5] Denkbar schwerster Fall die Aufhebung der Eidgenossenschaft als Angriffsziel. Art. 266 schützt aber nur die Eidgenossenschaft, nicht die Kantone. Zu erwägen ist, diese gegen Aufhebung durch den Gebietshochverratstatbestand (Art. 265 IV) zu schützen; so SCHNORF (Lit. zu § 103): 71. Ob eine solche Auslegung des Art. 265 zulässig ist, bleibt freilich zweifelhaft.

mischung einer fremden Macht herbeizuführen. Mindestens muß der Plan, in dieser Richtung mit der Regierung oder den Agenten eines fremden Staates in Verbindung zu kommen, nachgewiesen werden. Auch wenn das Unternehmen erfolglos bleibt, sei es weil der fremde Staat ablehnt, oder weil der Plan rechtzeitig unschädlich gemacht wird, ist der Tatbestand erfüllt. Die auf eine gefährdende Einmischung gerichtete Tätigkeit genügt[1]. Sie ist aber dann nicht gegeben, wenn lediglich bei Organen des fremden Staates eine Intervention erreicht oder erstrebt wird, um Differenzen, die sich aus Verträgen oder aus dem Völkerrecht ergeben, auf diplomatischem Wege zu erledigen. Das ist nicht Herbeiführung einer „Einmischung" im Sinne des Gesetzes[2].

Die Strafdrohung auf die in der Ziff. 1 des Art. 266 enthaltenen Tatbestände lautet auf Zuchthaus oder auf Gefängnis von 1 bis zu 5 Jahren. Daß auch Gefängnisstrafe zur Wahl gestellt wird, ist damit zu erklären, daß auch Fälle, die für den Staat nicht allzu schwer wiegen, vorkommen können. Dagegen besteht kaum Veranlassung, auf achtenswerte Beweggründe — z. B. bei einem ausländischen Täter — Rücksicht zu nehmen.

3. Zur vollen Schwere steigert sich der Landesverrat beim Tatbestand der Ziff. 2 des Art. 266, der landesverräterischen Friedensgefährdung[3]. Mit Zuchthaus nicht unter 3 Jahren wird bestraft, wer mit einem fremden Staat in Beziehung tritt, um einen Krieg gegen die Eidgenossenschaft herbeizuführen. In den Vorentwürfen (VE. 1908 Art. 196 II) war dieser Fall zusammen mit einem Tatbestand: Schädigung oder Gefährdung der Eidgenossenschaft für den Fall eines Krieges oder während eines Krieges als militärischer Landesverrat erfaßt[4]. Aus den Beratungen

---

[1] Vgl. STÄMPFLI: Z. 51, 26f. — Ergänzungen durch die Notgesetzgebung des Bundesrates: VO. vom 5. Dezember 1938 betreffend Maßnahmen gegen staatsgefährliche Umtriebe und zum Schutze der Demokratie (GesSlg. 54, 856ff.), Art. 1II: Vorschubleistung einer Propaganda des Auslandes, die auf die Änderung der politischen Einrichtungen der Schweiz abzielt; Strafdrohung Gefängnis bis zu 3 Jahren und Buße bis zu 10000 Franken (Ergänzende VO. vom 4. August 1942; GesSlg. 58, 741ff.). Voraussetzung ist hier der Nachweis, daß eine solche ausländische Propaganda besteht. Diese Bestimmung enthält zugleich Momente eines hochverratsähnlichen Tatbestandes; s. oben § 103 III 1 und IV. Propagandatatbestände finden sich auch in der VO. vom 4. Dezember 1939 betreffend das Verbot der staatsgefährlichen Propaganda in der Armee (GSlg. 55, 1461) und dazu LÜTHI (Lit. zu § 101), ferner in Art. 2 der VO. vom 6. August 1940 über Maßnahmen gegen die kommunistische und anarchistische Tätigkeit (GSlg. 56, 1336f.): Propaganda in irgendwelcher Form" und Vorschubleistung.

[2] ZÜRCHER: Erläuterungen, 356f.; GAUTIER: Prot. II. ExpKom. 4, 383.

[3] So VAN CALKER: 56, 78f.; WEBER (Lit. zu § 105): 21.

[4] Zu VE. 1908 Art. 196 II — jetzt G. Art. 266 Ziff. 2 — HUBER: Prot. II. Exp. Kom. 4, 393: die Bestrebungen, einen Krieg gegen die Eidgenossenschaft herbeizuführen als schwerster Fall der Veranlassung einer fremden Einmischung. Davon zu unterscheiden ein Verhalten, das die Eidgenossenschaft vor oder während eines Krieges schädigt — jetzt MilStG. Art. 87 (unten § 105 II).

ergab sich einerseits die Ziff. 2 des Art. 266, andererseits der Art. 87 des MilStG. (unten § 105 II).

Die Ziff. 2 des Art. 266 weicht von der Gestaltung der anderen Tatbestände dieses Artikels derart ab, daß er Vorbereitungshandlungen nicht trifft. Die Handlung besteht darin, daß der Täter mit der Regierung eines fremden Staates oder mit deren Agenten in Beziehung tritt oder zu treten versucht. Unter Regierung sind die offiziellen Organe eines Staates, soweit sie hier in Frage kommen, verstanden, unter einem Agenten Jedermann — auch Privatpersonen —, der im Auftrag oder auch ohne besonderen Auftrag für einen Staat sich betätigt. Das kann selbstverständlich auch ein in fremdem Sold und Dienst stehender Schweizer sein. — Mit einer solchen Person tritt der Verräter in Beziehung. Diese Verbindung muß auf irgendeine Weise, durch Schrift oder Wort, hergestellt oder versucht worden sein. Ob die Gegenpartei auf Vorschläge und Pläne des Täters eintritt, ist unwesentlich. Nachzuweisen ist nur, daß die Beziehung gefunden oder gesucht wird, um einen Krieg gegen die Eidgenossenschaft herbeizuführen, nicht erforderlich, daß es zum Kriege kommt oder auch nur Verwicklungen entstehen.

Das Regierungsorgan und den Agenten, mit dem sich der Täter des in Art. 266 Ziff. 2 umschriebenen Deliktes in Verbindung setzt, trifft die Bestimmung nicht. Die ergänzende Funktion der Ziff. 1 II (oben 1) kann hier Bedeutung gewinnen. Auch Ziff. 1 III, das Einmischungsdelikt (oben 2), kann bei diesen Drittpersonen gegeben sein. Das trifft immer dann zu, wenn ihnen eine auf die gefährdende Einmischung gerichtete Handlung bewiesen werden kann.

IV. Der Art. 267 bestimmt in kasuistischer Ausgestaltung über den herkömmlich, aber nicht bezeichnend sog. **diplomatischen Landesverrat**[1]. Er ersetzt zum Teil den Art. 38 des BStG. von 1853. Für die drei in Art. 267 enthaltenen Fälle lautet die Strafdrohung bei der vorsätzlichen Tat auf Zuchthaus oder auf Gefängnis von 1 bis zu 5 Jahren. Bemerkenswert ist die Übereinstimmung mit den in Art. 265 und 266 Ziff. 1 vorgesehenen Strafen. Auf fahrlässigen diplomatischen Verrat steht Gefängnis oder Buße (Art. 267 Ziff. 2).

Anders als bei den Grundtatbeständen des Art. 266 Ziff. 1 fordert die Erfüllung des Art. 267 bestimmte verletzende Handlungen. Vorbereitungen mit verräterischer Zielrichtung genügen zur Vollendung nicht[2]. Das wird für das Verhältnis der beiden Artikel zueinander von Bedeutung. Wenn bei einem landesverräterischen Verhalten die besonderen Tatbestände des Art. 267 nicht ausreichen, kann namentlich die generelle Bestimmung aus Art. 266 Ziff. 1 II zur Geltung kommen.

[1] Die Bezeichnung wird auch von van Calker: 55 als nicht charakteristisch abgelehnt; ebenso von Weber (Lit. zu § 105): 23f.; Gutjahr: 608ff. (Vergleichung der schweizerischen mit den deutschen und österreichischen Entwürfen).

[2] Die Gesetzesmaterialien zum Art. 267 sind nicht aufschlußreich.

1. Der Geheimnisverrat nach Ziff. 1 I setzt ein Geheimnis voraus, dessen Bewahrung zum Wohle der Eidgenossenschaft geboten ist. Die Bestimmung fügt sich, als besonders schwerer Fall, in den großen Kreis strafbarer Geheimnisverletzungen ein[1].

Von einem einheitlichen Geheimnisbegriff ist auszugehen. Es sind Tatsachen, die geheimgehalten werden sollen. Aber das Maß des gegen die Verletzung zu gewährenden Schutzes ist abhängig von der besonderen Sphäre, dem ein Geheimnis zugehört. Für die Geheimnisverletzung gemäß Art. 267 ergibt sich eine Umgrenzung zunächst nach zwei Richtungen:

Es muß sich um ein Staatsgeheimnis handeln[2]. Wann die Bewahrung eines Geheimnisses „zum Wohle der Eidgenossenschaft geboten ist" (un secret que l'intérêt de la Confédération commandait de garder), läßt sich nur von Fall zu Fall feststellen. Es ist richtig, anzunehmen, daß das Verhältnis zu einem fremden Staat mit im Spiele sein muß[3]. Ein Geheimnis, das nur innenpolitische Bedeutung hat, wird besser nur als Amtsgeheimnis, nicht als Staatsgeheimnis betrachtet; vgl. dazu Art. 320 und unten § 134 II 1/2.

Nicht unter dem Art. 267 steht die Verletzung militärischer Geheimnisse, die auch Staatsgeheimnisse im Sinne der vorstehenden Ausführung sein können. Für sie gilt Art. 86 des MilStG. (unten § 105 IV).

Art. 267 Ziff. 1 I weist nur auf Staatsgeheimnisse der Eidgenossenschaft, nicht auch der Kantone hin — eine Lücke, die praktisch kaum von großer praktischer Bedeutung sein wird. Kantonale Staatsgeheimnisse sind immerhin denkbar im Hinblick auf die Beziehungen, die gemäß Art. 9 und 10 der BV. zwischen einem Kanton und einem fremden Staat (oben II) und ferner zwischen Kantonen bestehen können[4].

Täter einer Geheimnisverletzung kann Jedermann sein, dem ein Staatsgeheimnis bekannt ist. Art. 267 Ziff. 1 I ist kein Sonderdelikt wie die Verletzung des Amts- oder des Berufsgeheimnisses (Art. 320, 321). Begeht aber ein Mitglied einer Behörde oder ein Beamter die verräterische Verletzung, so trifft mit Art. 267 in idealer Konkurrenz Art. 320 zusammen. Eine Strafschärfung gebührt hier dem Täter mit Recht.

---

[1] Vgl. die Zusammenstellung oben § 41 IV.

[2] van Calker: 58 (Tatsachen, die nur innerhalb eines bestimmten amtlichen Kreises bekannt sind und deren Bekanntwerden über diesen Kreis hinaus dem Willen der Regierung widerspricht); vgl. auch Binding: Lb. 2 II, 477; Comtesse: Z. 56, 266f.

[3] Eigenartig Gutjahr: 617 („Geheimnisse" alle Tatsachen, die geeignet sind, eine völkerrechtliche Haftung der Schweiz zu begründen, z. B. Mitteilungen über Neutralitätsverletzungen seitens der Schweiz als Geheimnisverrat).

[4] Gutjahr: 612ff., 616ff., 619ff., 631ff. geht davon aus, daß beim Geheimnisverrat die beteiligten Staaten sich als Völkerrechtssubjekte gegenüberstehen müssen. Den Kantonen fehlt diese Eigenschaft. Damit sind aber „kantonale Staatsgeheimnisse" nicht ausgeschlossen.

Die Tat gemäß der Ziff. 1 I des Art. 267 besteht darin, daß der Täter das Geheimnis einem fremdem Staate oder dessen Agenten oder der Öffentlichkeit bekannt oder zugänglich gemacht hat. Dem Täter war das Geheimnis bekannt. Daß nicht auch schon das Ausspähen eines Staatsgeheimnisses, um es bekannt oder zugänglich zu machen, mit Strafe bedroht wird, ist ein Mangel[1]. Der Paralleltatbestand in Art. 86 des MilStG. enthält eine entsprechende Bestimmung (unten § 105 IV). Die Strafzumessung beim Verbrechen des Art. 267 kann immerhin eine vorangegangene Ausspähung straferhöhend berücksichtigen. — Die Person, an die der Täter sich wendet, kann ein Beamter, ein Organ des fremden Staates oder eine Privatperson, die — mit oder ohne Auftrag — dem fremden Staat Dienste leistet, sein. Daß überdies noch der Verrat an die Öffentlichkeit genannt wird, ist deshalb richtig, weil ein der Öffentlichkeit, z. B. durch die Presse, preisgegebenes Staatsgeheimnis selbstverständlich auch dem Ausland zur Kenntnis kommt. Wie heikle Fragen sich bei der öffentlichen Bekanntgabe eines Geheimnisses ergeben können, zeigt sich namentlich, wenn man sie mit dem Presserecht in Verbindung bringt[2]. — Der Täter muß das Geheimnis bekannt oder zugänglich machen. Der erste Ausdruck bedeutet Mitteilung, der zweite läßt schon Hinweise und Andeutungen, wie an ein Staatsgeheimnis heranzukommen ist, genügen[3]. Damit ist auch hier die Vollendung des Deliktes weit vorgeschoben. Daß weiterer Schaden entstanden ist, fordert das G. nicht.

2. Der Urkunden- und Beweismittelverrat in Ziff. 1 II übernimmt in einer bereinigten Fassung Tatbestände aus Art. 38 des BStrG. von 1853. Das Mittel, mit dem der Verräter operiert, sind ,,Urkunden oder Beweismittel'', die sich auf Rechtsverhältnisse zwischen der Eidgenossenschaft oder einem Kanton und einem ausländischen Staate beziehen. Was als Urkunde zu gelten hat, bestimmt sich nach Art. 110 Ziff. 5 (oben § 97 II). Da es sich um Urkunden handelt, die sich auf staatliche Verhältnisse zwischen der Schweiz und dem Ausland beziehen, kommen offenbar nur öffentliche Urkunden in Frage (Art. 110 Ziff. 5 II). Neben den Urkunden nennt Art. 267 Ziff. 1 II noch (andere)

---

[1] Über politische Spionage Mahler (Lit. zu § 105): 25ff., 147ff., ferner unten § 107 II: zu den Art. 272—274 des G.

[2] Art. 27 Ziff. 7 schließt bei Hochverrat und Landesverrat, mit ausdrücklichem Hinweis auf Art. 267 Ziff. 1 I, das Zeugnisverweigerungsrecht des Redaktors aus. Das regelmäßige Verbot, gegen die an der Herstellung eines Presseerzeugnisses beteiligten Personen prozessuale Zwangsmittel anzuwenden und die sonst bei Preßdelikten gewährte einjährige Verjährungsfrist gelten nicht.

[3] Gautier: Prot. II. ExpKom. 8, 299: Il ne s'agit pas toujours de révélations proprement dites. On peut trahir un secret en s'arrangeant pour le laisser pénétrer; vgl. auch Thormann-v. Overbeck: Art. 267, N. 3 (Begehung durch Unterlassung).

Beweismittel[1]. Ob das notwendig war, ist mehr als fraglich. Man könnte an Grenzsteine oder andere Grenzzeichen zur Markierung der Landesgrenzen, eventuell auch an öffentliche Vermessungs- und Wasserstandszeichen, wenn sie für internationale Verhältnisse von Bedeutung sein sollten[2], denken. Aber gegen die Beseitigung solcher Zeichen und gegen die Grenzverrückung wenden sich die Art. 256, 257 und mit Bezug auf die Landesgrenzen der Tatbestand des Art. 268: Verrückung staatlicher Grenzzeichen (oben § 100). Mit diesen Bestimmungen, namentlich mit dem Art. 268, den das G. direkt auf den Tatbestand des diplomatischen Landesverrat folgen läßt, sind genügend Vorkehren getroffen[3].

Daß in Art. 267 Ziff. 1 II auch auf Rechtsverhältnisse zwischen einem Kanton und einem ausländischen Staate hingewiesen wird, ist im Hinblick auf Art. 9 der BV. richtig (siehe oben II). Dagegen berücksichtigt das G. nicht einen Urkunden- und Beweismittelverrat, der sich in zwischen Kantonen bestehenden Rechtsverhältnissen ereignen kann. Das ist eine Lücke[4]. Die Ausfüllung kann durch die Bestimmungen über die Urkundendelikte (Art. 251, 254 und 256, 257) erfolgen.

Die Täterhandlung wird mit den Worten „verfälscht, vernichtet, beiseiteschafft oder entwendet" bezeichnet. Mit den drei letztgenannten Worten wird gleich wie in Art. 254 eine Urkunden- oder Beweismittelunterdrückung charakterisiert. Voraussetzung ist eine echte Urkunde (oben § 99 II 1). Das ist auch bei der überdies genannten Verfälschung nicht anders. Aber verwunderlich ist, daß der Tatbestand die Fälschung, die fälschliche Herstellung nicht nennt. Weshalb soll der sog. diplomatische Landesverrat nicht auch durch eine Fälschung oder eine Falschbeurkundung erfolgen können? In solchen Fällen, insbesondere bei einer Falschbeurkundung, wird es sich um einen Beamten als Täter handeln. Er ist auf Grund des Art. 317 zu beurteilen.

Abschließend bestimmt Art. 267 Ziff. 1 II, daß der Täter durch seine Tat vorsätzlich die Interessen der Eidgenossenschaft oder des beteiligten Kantons gefährdet haben muß. Die Vollendung des Delikts setzt also die Verfälschung oder die Unterdrückung der Urkunde oder des Beweismittels und daraus sich ergebend die staatliche Gefährdung, die der Vorsatz mitumfaßt haben muß, voraus. Eine Schädigung der staatlichen Interessen braucht nicht erfolgt zu sein. Insoweit stellt der Tatbestand ein Gefährdungsdelikt dar. Versuch liegt vor, wenn der Täter mit dem Vorsatz — oder vielleicht genauer mit dem Bewußtsein —, daß eine

[1] Berechtigte Kritik des Textes „Urkunden oder Beweismittel" durch Gutjahr: 618f.: Urkunden, die nicht Beweismittel sind, gibt es nicht.

[2] Vgl. dazu oben § 100 III.

[3] Aus der vergleichenden Betrachtung des Art. 268 mit dem Tatbestand des Beweismittelverrates nach Art. 267 Ziff. 1 II ergibt sich, daß das Verhältnis, in dem die beiden Bestimmungen zueinander stehen, ungenügend abgewogen wurde.

[4] So auch Gutjahr: 635.

Interessengefährdung sich ergeben kann, eine Urkundenfälschung oder -unterdrückung unternimmt.

3. Ob die Aufnahme des sog. Diplomatendelikts (landesverräterische Untreue) in das G. (Art. 267 Ziff. 1 III) einem praktischen Bedürfnis entspricht, mag bezweifelt werden. Es ist ein Sonderverbrechen. Als Täter nennt das G. einen Bevollmächtigten der Eidgenossenschaft. Darunter sind nicht nur die regulären diplomatischen und konsularischen Vertreter der Eidgenossenschaft, sondern jede vom Bund mit einem Unterhandlungsauftrag betraute und bevollmächtigte Person zu verstehen. Die Tat besteht darin, daß der Bevollmächtigte die Verhandlungen mit einer auswärtigen Regierung zum Nachteil der Eidgenossenschaft führt. Das vollendete Delikt erfordert den Beweis eines Nachteils (Schadens). Er ist mit dem Abschluß des nachteiligen Vertrags gegeben. Ein Einverständnis mit der fremden Regierung ist nicht Voraussetzung[1]. Man hat den Tatbestand mit der ungetreuen Geschäftsführung (Art. 159), die ein Vermögensdelikt ist, verglichen. Hinzuweisen ist ferner auf das Verbrechen der ungetreuen Amtsführung (Art. 314), das aber nur von einem Behördenmitglied oder einem Beamten begangen werden kann und die Absicht auf die Erlangung eines unrechtmäßigen Vorteils voraussetzt. Eine solche Absicht fordert Art. 267 nicht. Er geht als Sonderbestimmung den Art. 159 und 314 vor. Handelt der Täter aus Gewinnsucht, so kann neben der Freiheitsstrafe auf Buße erkannt werden (Art. 50 I).

4. Alle in der Ziff. 1 des Art. 267 genannten Fälle sind auch bei fahrlässiger Verübung strafbar (Ziff. 2). Das ist im Hinblick auf die Bedeutung des zu schützenden Rechtsgutes richtig.

V. Landesverräterische Handlungen gemäß Art. 266 sind vom Bundesstrafgericht zu beurteilen[2]. Das gilt auch für Delikte aus Art. 267 und 268, sofern sie gegen den Bund gerichtet sind (Art. 340 Ziff. 1 V und Art. 342). Nach Art. 18 der BStPrO. können solche Delikte an die kantonalen Behörden zur Untersuchung und Beurteilung delegiert werden. Das ist aber, wenigstens wenn sich der Verrat gegen die Eidgenossenschaft gerichtet hat, nicht wünschenswert. Wenn der Beschuldigte Bundesbeamter ist, z. B. beim sog. Diplomatendelikt, kann er vor die Bundesassisen gewiesen werden (Art. 341 lit. e).

§ 105. Verratsdelikte nach Militärstrafrecht.

Literatur. Angaben zu §§ 103 und 104. — Huber: Der Schutz der militärischen und völkerrechtlichen Interessen im schweizer. StGB., Gutachten (1913). — v. Erlach: Der Rechtsschutz für Armee und Landesverteidigung gegen wehrfeind-

[1] Die Gesetzesmaterialien zum ganzen Art. 267 sind dürftig, Prot. II. Exp-Kom. 4, 386f. Vgl. noch Gutjahr: 622ff. zur Nichtberücksichtigung einer Benachteiligung der Kantone durch landesverräterische Untreue.

[2] Dazu ausführlich Stämpfli: ZschwR. N. F. 50, 27a und ff.

liche Betätigung, Berner Diss. (1936). — WEBER: Der militärische Landesverrat im schweizer. Recht, Zürcher Diss. (1939). — LOCHER: Die Verletzung von Lieferungsverträgen über Heeresbedürfnisse, Zürcher Diss. (1920); vgl. auch KITZINGER: VD., Bes. Teil, 9, 169ff. — ZÜBLIN: Die moderne Spionagegesetzgebung, Zürcher Diss. (1895). — MAHLER: Spionage und ihre strafrechtliche Bekämpfung im schweizer Recht, Zürcher Diss. (1937), mit reichen Lit.-Angaben. — HAFTER: Z. 27, 235ff. — TRÜSSEL: Z. 54, 237ff. — FRÖHLICH: Der passive Luftschutz und seine strafrechtliche Sicherung, Zürcher Diss. (1940). — Angaben zu § 107.

I. Die VE. und noch der E. 1918 enthielten im Abschnitt der Delikte gegen den Staat und die Landesverteidigung zahlreiche weitere Verratsbestände zum Schutze militärischer Interessen. In der parlamentarischen Beratung wurden sie ausgeschieden und in das MilStG. von 1927 übernommen (Art. 86—91)[1]. Der Grund liegt darin, daß die Täter dieser Delikte in allen Fällen unter der Militärgerichtsbarkeit stehen. Sie hat auch materiell Militärstrafrecht anzuwenden. Dabei ist zu unterscheiden: Die Verletzung militärischer Geheimnisse (Art. 86) und die durch das sog. Anpassungsgesetz von 1941 neu in das MilStG. eingefügte Bestimmung gegen Sabotage (Art. 86 ^{bis}) sind zu allen Zeiten und gegenüber jedem Täter nach Militärrecht zu beurteilen (MilStG. Art. 2 Ziff. 8). Der sog. militärische Landesverrat (Art. 87) und die verräterische Nachrichtenverbreitung (Art. 89) sind nur strafbar, wenn sie in einer Zeit erfolgen, da Truppen zum aktiven Dienst aufgeboten sind. In diesen Zusammenhang gehört auch noch die Verletzung von Lieferungsverträgen (Art. 97). Jeder Täter steht unter dem militärischen Recht (Art. 3 Ziff. 1 IV). Gleiches gilt gemäß Art. 4 Ziff. 2 I für die nur in Kriegszeiten in Frage kommenden Delikte der durch einen Franktireur unternommenen Feindseligkeiten gegen das schweizerische Heer (Art. 88), der sog. Waffenhilfe (Art. 90) und der Begünstigung des Feindes (Art. 91)[2].

Die Erörterung der in das MilStG. übernommenen Verratstatbestände ist hier notwendig, weil erst dadurch sich ein Gesamtbild der Bestimmungen über Hochverrat und Landesverrat ergibt. Gemeinsames Schutzobjekt der Art. 86—91 sind die Wehrkraft des Landes und die Landesverteidigung (siehe die Überschrift des 5. Abschnittes im Besonderen Teil des MiltSG.).

II. Der Begriff des Hochverrats ist dem MilStG. fremd. Aber der als **militärischer Landesverrat** bezeichnete Art. 87 enthält zum Mindesten hochverräterische Elemente. Er soll auch die innere Sicherheit, die Staatsmacht schützen[3]. Die — zu enge — Bezeichnung als Landes-

[1] Über diesen Vorgang StenBull. NR. 1929, 584ff., auch GERMANN: StGB., Vorbemerkung zum 13. Titel des Bes. Teils.

[2] Schweizerische Daten zur geschichtlichen Entwicklung der Bestimmungen über militärischen Landesverrat und über die Geltung des Militärstrafrechts WEBER: 28ff., 104ff., 124ff.

[3] Vgl. SCHNORF: (Lit. zu § 103) 60ff. — Auch HUBER: 28ff., auf dessen Vorschläge der Art. 87 in seinen Grundzügen zurückgeht, betonte ausdrücklich, daß es

verrat weist allerdings in erster Linie auf den Schutz gegenüber einem fremden Staate hin. — Zur Anwendung gelangt die Bestimmung nur, wenn Truppen zum aktiven Dienste aufgeboten sind. Für im aktiven Dienst befindliche Personen gilt der Art. 87 ohne Weiteres, für Zivilpersonen erst, wenn der Bundesrat die Unterstellung beschlossen hat[1].

Der Art. 87 enthält zwei Varianten:

1. Unmittelbare Störung oder Gefährdung der Unternehmungen des schweizerischen Heeres (Ziff. 1). Das wird durch Beispiele ergänzt: Beschädigung oder Vernichtung von dem Heere dienenden Verkehrs- oder Nachrichtenmitteln, Anlagen oder Sachen, ferner Hinderung oder Störung von Anstalten, die dem Heere dienen. Schon durch diese Beispiele wird der Kreis der unter die Bestimmung fallenden Handlungen sehr weit gezogen. Zu prüfen ist in allen Fällen, ob die Mittel und Anlagen direkt dem Heere und der Landesverteidigung dienen: Eisenbahnen und andere Verkehrs- und Nachrichtenmittel, Festungswerke, Munitionslager, Zeughäuser, Kriegswerkstätten, Waffen, Flugzeuge usw. Die Bestimmung der Tragweite der Ziff. 1 muß im Hinblick auf den Einzelfall der Rechtsprechung vorbehalten bleiben[2]. Sie ist, insbesondere auch wegen der differenzierten Strafdrohung, von Bedeutung, um das richtige Verhältnis zwischen den Ziff. 1 und 2 des Artikels zu gewinnen.

2. Auf die mittelbare Störung oder Gefährdung der Unternehmungen des Heeres weist die Ziff. 2 hin. Sie soll namentlich den sog. Zersetzungshochverrat treffen[3]. Die allgemeine Tatbestandsformel wird auch hier durch Beispiele erläutert: Störung der öffentlichen Ordnung, Hinderung oder Störung von Betrieben, die für die Allgemeinheit oder die Heeresverwaltung — und damit für das Heer — wichtig sind[4]. Das Hinterland, die Bevölkerung, die Versorgung der Armee wird

---

sich nicht nur um den Schutz gegen Störung und Gefährdung der Landesverteidigung durch das Ausland handelt, sondern auch um den inneren Schutz „im Falle eidgenössischer bewaffneter Intervention". Er spricht auch von militärischem Hochverrat. — Was der Art. 87 bestimmt, wurde in der Hauptsache schon, nach den Vorschlägen von Huber, in die VO. des Bundesrates vom 6. August 1914 betreffend Strafbestimmungen für den Kriegszustand (Eidg. GesSlg. 30, 370ff.), Art. 3 Ziff. 2, aufgenommen; dazu Hafter: Z. 27, 239f.; vgl. ferner VE. 1916 MilStG. Art. 77 und weitere Daten zur Entwicklung der Bestimmung bei Weber: 43ff.; v. Erlach: 72f.: Ausdehnung auf Friedenszeiten postuliert.

[1] So die VO. vom 29. August 1939 (GesSlg. 55, 748f.) und dazu Trüssel: Z. 54, 241. Aktivdienst: Dienst zur Behauptung der Unabhängigkeit des Vaterlandes gegen außen, sowie zur Handhabung von Ruhe und Ordnung im Innern; Mil.Organisation, Art. 8 lit. b.

[2] Weber: 46f., 100 nennt weitere Beispiele.

[3] Gut darüber Schnorf (Lit. zu § 103): 60ff.

[4] Huber: 30f. umschreibt ausführlicher: Desorganisierung der öffentlichen Ordnung durch Unterbrechung lebenswichtiger Betriebe (Licht-, Wasser-, Lebensmittelversorgung usw.); Einstellung von für die Heeresbedürfnisse wichtigen Be-

in einen Zustand der Gefahr und der Unordnung gebracht. Ergeben sich daraus gefährdende Wirkungen für die Heeresunternehmungen, was oft nicht leicht zu beweisen sein wird, so ist der objektive Tatbestand erfüllt. — Die Tragweite auch dieser Bestimmung ist schwer zu überblicken[1]. Mit den beiden Ziffern des Art. 87 kann in Aktivdienstzeiten alles getroffen werden, was irgendwie das Heer gefährdet. Vielleicht ist aus den angeführten Beispielen und auch aus dem Marginale „Militärischer Landesverrat" eine gewisse einschränkende Auslegung zu gewinnen[2].

3. Nach beiden Ziffern des Art. 87 muß dem Täter eine Störung oder Gefährdung der Unternehmungen des Heeres nachgewiesen werden. Damit ist die Vollendung des Delikts weit vorgerückt. Die eigenartige Folge ist, daß eine Bestrafung wegen bloßen Versuchs kaum denkbar ist. Wer sich verbrecherisch z. B. an einem Munitionslager, an einem militärischen Flugzeug, an einem für die Heeresverwaltung wichtigen Betrieb zu schaffen macht, ohne den Erfolg einer Vernichtung, Beschädigung oder Hinderung zu erreichen, gefährdet und ist wegen des vollendeten Deliktes zu bestrafen[3]. Auch im Versuch einer bloßen Gefährdung kann schon eine Gefährdung liegen. Es hängt nur davon ab, wie weit man den Gefahrbegriff faßt. Eine gewisse Überspannung der beiden Tatbestände kann nicht geleugnet werden.

4. Die Strafdrohungen sind abgestuft. Auf die vorsätzliche unmittelbare Störung oder Gefährdung steht Zuchthaus nicht unter 3 Jahren, auf die vorsätzliche mittelbare Zuchthaus oder Gefängnis nicht unter 6 Monaten. Die Ziff. 3 sieht vor, daß in schweren Fällen auf lebenslanges Zuchthaus und in Kriegszeiten[4] auch auf Todesstrafe erkannt werden kann[5].

In Ziff. 4 wird die fahrlässige Tat mit Gefängnis bedroht. Beim Fahr-

---

trieben, z. B. Konservenfabriken, Schuhfabriken); Demoralisierung der öffentlichen Meinung. Vgl. dazu Prot. II. ExpKom. 5, 106ff., ferner auch StGB. Art. 239 mit den Erörterungen oben § 87 IV, namentlich IV 3; SCHNORF: 61ff.

[1] Beispiel mit Kritik von LANG: Prot. II. ExpKom. 4, 412f.: Ist eine Protestversammlung gegen die Fortsetzung eines Krieges als Störung der öffentlichen Ordnung im Sinne von Art. 86 Ziff. 2 zu betrachten?

[2] Zu diesem Schluß gelangt HUBER mit dem Hinweis auf die in den Ziff. 1 und 2 genannten Beispiele: Prot. II. ExpKom. 4, 398.

[3] Vgl. WEBER: 102, der das nicht genügend erkannt hat. Zu den Momenten der Störung und Gefährdung zutreffend COMTESSE (Lit. zu § 103): 118ff.

[4] Kriegszeiten: MilStG. Art. 5.

[5] Die VO. des Bundesrates vom 28. Mai 1940 (Eidg. GesSlg. 56, 525ff.) hat in Abänderung des MilStG. bestimmt, daß nicht nur in Kriegszeiten, sondern auch in Zeiten des „gegenwärtigen" Aktivdienstes die Todesstrafe ausgesprochen werden kann (Art. 6 Ziff. 1 lit. a); TRÜSSEL: Z. 54, 239. — Vgl. noch Art. 8 der Strafvorschriften vom 24. Juni 1938 für den passiven Luftschutz (GesSlg. 54, 697ff.): Zerstörung oder Beschädigung der Einrichtungen; Störung oder Gefährdung der Übungen. Dazu FRÖHLICH: 94ff. (bürgerliches Strafrecht und bürgerliche Gerichtsbarkeit (Art. 12); geringere Strafdrohungen).

lässigkeitsdelikt darf weder die Störung oder Gefährdung der Heeresunternehmungen, noch die in den Beispielen genannte schädigende Handlung vom Wissen und Willen des Täters erfaßt sein[1].

5. Als ein Ausschnitt aus dem allgemeinen Verratstatbestand des Art. 87 ist die besondere Bestimmung des Art. 89 über landesverräterische Nachrichtenverbreitung zu betrachten[2]. Das Gesetz hat den Tatbestand dem Art. 87 entsprechend geformt. Auch hier ist Voraussetzung, daß Truppen zum aktiven Dienst aufgeboten sind und, wie in Art. 87, Tatumstand, daß der Täter die Unternehmungen des Heeres stört oder gefährdet. Die Störung oder Gefährdung geschieht durch Verbreitung unwahrer Nachrichten[3]. Das ist ein Sonderfall, den man auch unter die Worte „Störung der öffentlichen Ordnung" im Sinne von Art. 87 Ziff. 2 unterbringen könnte.

Der Ton liegt auf dem Adjektiv unwahr und beim Vorsatzdelikt muß der Beweis geleistet werden, daß der Täter sich der Unwahrheit bewußt war und durch seine Äußerungen die Heeresunternehmungen stören oder gefährden wollte. Das gibt dem Delikt seine Schwere, macht es zu einem Verratsverbrechen. Unter Verbreiten ist die Mitteilung an einen größeren Personenkreis, z. B. durch die Druckerpresse oder in einer Versammlung, zu verstehen (vgl. oben § 33 III 1). Die vertrauliche Äußerung gegenüber einer einzelnen Person erfüllt den Tatbestand nicht. Die Strafdrohung lautet, niedriger als in Art. 87, beim Vorsatzdelikt auf Zuchthaus oder auf Gefängnis nicht unter 2 Monaten. Das Fahrlässigkeitsdelikt ist mit Gefängnis bedroht. Bei ihm gilt das oben zu 4 Gesagte. Der Täter ist ein leichtsinniger Schwätzer. Er hätte die Möglichkeit gehabt, sich zu orientieren und hat es nicht getan.

In der II. Expertenkommission wurde in diesem Zusammenhang noch über einen weiteren Tatbestand: Verbreitung von Nachrichten entgegen dem Verbot einer zuständigen (militärischen oder bürgerlichen) Behörde beraten. Das sollte sich auf wahre Nachrichten beziehen, durch deren Verbreitung ebenfalls Heeresunternehmungen gestört oder gefährdet werden können[4]. Der Tatbestand, ein Ungehorsamsdelikt, ist nicht in das Gesetz übernommen worden. Das kann eine Lücke sein, die aber durch den Blankettatbestand des Art. 107 MilStG.: Ungehorsam gegen all-

---

[1] Über Fahrlässigkeitsfälle COMTESSE: a. a. O. 124.

[2] HUBER: 31 und 57 hatte die Verbreitung unwahrer Nachrichten in den allgemeinen Verratstatbestand eingefügt. Die Herauslösung erfolgte durch die II. Expkom. Prot. 4, 409ff.; 5, 108ff. — Über das Verhältnis des Art. 89 zum Tatbestand der Verbreitung unwahrer Nachrichten nach MilStG. Art. 102 COMTESSE: a. a. O. 125f.

[3] Beispiele: Unwahre Nachrichten über Mobilisation, Aufmarsch und Bewegungen der Armee, Stärke der Truppen an einzelnen Orten; Prot. II. ExpKom. V, 109.

[4] Prot. II. ExpKom. 5, 24f., 108ff.

gemeine Anordnungen geschlossen werden kann[1]. Dazu kommt der in Art. 3 der bundesrätlichen VO. vom 28. Mai 1940 betreffend Abänderung und Ergänzung des MilStG. geschaffene Tatbestand der Gerüchtemacherei[2]. Er trifft das Aufstellen und Verbreiten von Gerüchten und unwahren Behauptungen, durch welche die Bevölkerung in Unruhe versetzt wird[3]. Bei der Aufstellung und Verbreitung von Gerüchten kann es sich auch um Wahres handeln. Die Geltung des Tatbestandes ist auf die Zeit des gegenwärtigen Aktivdienstes beschränkt. Neben der Landesverteidigung soll er auch die Neutralität schützen. Um ein Verratsdelikt kann es sich aber, schon im Hinblick auf die niedrige Strafdrohung — Gefängnis, in leichten Fällen disziplinarische Bestrafung —, nicht handeln.

6. In naher Beziehung zu den in Art. 87 umschriebenen Grundtatbeständen des sog. militärischen Landesverrats steht dagegen Art. 97 des MilStG.: Verletzung von Lieferungsverträgen[4]. Das Gesetz hat den Tatbestand zwar nicht in den mit dem Worte „Verräterei" bezeichneten Unterabschnitt, sondern im Abschnitt „Schwächung der Wehrkraft" eingefügt. Aber der Zusammenhang mit den bereits erörterten Verrätereidelikten wird darin offenbar, daß der vertragsbrüchige Lieferant von Heeresbedürfnissen in hohem Maße die Unternehmungen des Heeres stören oder mindestens gefährden kann. Dieses in den Art. 87 und 89 hervorgehobene Moment nennt der Art. 97 allerdings nicht. Eine Störung oder Gefährdung braucht daher nicht bewiesen zu werden. Aber darin liegt keine Einschränkung, sondern eine Erweiterung der Tragweite des Tatbestandes. Es steht nichts entgegen, den treulosen, mit Vorsatz handelnden Lieferanten als Verräter an der Landesverteidigung zu bezeichnen.

Die Grundlage des Tatbestandes besteht darin, daß der Staat, der Bund oder ein Kanton, durch eines seiner Organe einen Vertrag über die Lieferung von Heeresbedürfnissen abgeschlossen hat. Darunter ist alles zu verstehen, was für das schweizerische Heer und den militärischen Betrieb notwendig ist: Waffen, Sanitätsmaterial, Kleider, Schuhe, Lebensmittel, Zug- und Reittiere, Fourage usw.[5]. Wann der

[1] Besonders geordneter, schwerer Fall die Verletzung militärischer Geheimnisse nach Art. 86; unten IV.

[2] Darüber Comtesse: a. a. O. 50ff.

[3] Jetzt neue, erweiterte Fassung durch Art. 2 der VO. vom 4. August 1942 (GesSlg. 58, 741ff.): „Wer vorsätzlich oder fahrlässig Gerüchte oder unwahre Behauptungen aufstellt oder verbreitet, die geeignet sind, die Bevölkerung in Unruhe zu versetzen."

[4] Auch dieser Tatbestand war in den Entwürfen zum StGB. (E. 1918 Art. 242) enthalten und wurde dann in das MilStG. übernommen. Beratung: Prot. II. Exp-Kom. 4, 417ff.; 5, 112ff. Über ausländisches Recht und die Entwicklung im schweizerischen Recht Locher: 15ff.

[5] Alles, was durch den Abschluß von Lieferungsverträgen sich als für die Armee notwendig erweist; Locher: 29ff., 34ff.: Lieferungsverträge als Sachleistungs-

Vertrag, für den die obligationenrechtlichen Regeln gelten müssen, zum Abschluß kam, ist unwesentlich. Wesentlich ist dagegen, daß die Vertragsverletzung in einer Zeit, da Truppen zum aktiven Dienste aufgeboten sind, erfolgte. Nicht erforderlich ist, daß der Vertrag im Hinblick auf eine Aktivdienstzeit zustande kam. Für die Erfüllung des Tatbestandes ist allein der Zeitpunkt der Fälligkeit der Lieferung maßgebend, nicht der Zeitpunkt, an dem das Lieferungsbedürfnis entstand[1].

Als Täter steht in der ersten Linie der Lieferant, der den Vertrag abgeschlossen hat. Die Ziff. 2 des Art. 97 stellt unter die gleichen Strafdrohungen überdies Unterlieferanten, Vermittler und Angestellte, „die die Verletzung des Vertrages verschulden". Diese Personen haben nicht mit dem Staat kontrahiert, sie sind nicht seine Lieferanten, den Haupttatbestand gemäß der Ziff. 1 erfüllen sie nicht. Aber sie lassen den dem Staat vertraglich verpflichteten Lieferanten schuldhaft im Stich mit der Wirkung, daß dieser nicht erfüllen kann. Ist diese Sachlage klar, so trifft die Unterlieferanten usw. allein, nicht aber den „Lieferanten" die Strafe. Möglich ist dagegen auch ein schuldhaftes Zusammenwirken des Lieferanten als Täter mit Unterlieferanten, Vermittlern oder Angestellten als Gehilfen[2].

Beim Vorsatzdelikt besteht die Handlung des Lieferanten darin, daß er mit Wissen und Willen in einer Aktivdienstzeit den von ihm geschlossenen Vertrag über Lieferung von Heeresbedürfnissen nicht — oder wie das G. hinzufügt — nicht gehörig erfüllt[3]. Die Anknüpfung an den Text in Art. 97 I des OR. ist offensichtlich, die Bedeutung der Nichterfüllung nicht anders als im Zivilrecht zu verstehen. Zwischen Nichterfüllung und nicht gehöriger Erfüllung mag man einen, unter Umständen bei der Strafzumessung zu berücksichtigenden graduellen Unterschied erblicken. Aber eine bloß teilweise Vertragserfüllung ist schließlich immer Nichterfüllung. — Die in der Ziff. 2 genannten Täter handeln vorsätzlich, wenn sie im Bewußtsein, daß es sich um die vertragliche Lieferung von Heeresbedürfnissen handelt, die als Unterlieferanten oder Vermittler dem „Lieferanten" gegenüber eingegangenen Verpflichtungen nicht einhalten oder als Angestellte Aufträge und Weisungen des Lieferanten in einer Weise mißachten, die eine Vertragsverletzung zur Folge hat[4].

---

verträge zu verstehen; vor allem Kaufverträge, aber auch Miete, Leihe und Werkverträge, nicht Verträge über Arbeitsleistungen; vgl. dazu Weber: 85ff. auch Dubuis: Prot. II. ExpKom. 5 112.

[1] Gut Locher: 54f. 63.

[2] Locher: 40f. 51f. 76ff. 84ff.; Weber: 90f.

[3] Der Vorsatz muß alle Momente umfassen, auch daß Heeresbedürfnisse auf dem Spiel stehen; nicht richtig Weber: 89 (Wissen darum, daß der Vertrag sich auf Heeresbedürfnisse bezieht, nicht erforderlich).

[4] Locher: 66 ff.

Die Strafdrohung für das Vorsatzdelikt lautet auf Zuchthaus bis zu 5 Jahren oder auf Gefängnis. Die Beweggründe der Tat können in verschiedener Richtung gehen. Ist das Motiv Gewinnsucht, so soll der Richter gerade bei diesem Delikt auch auf Buße erkennen (Art. 35 I). — Die Fahrlässigkeit ist mit Gefängnis bedroht. Die ungewöhnliche Fassung in Ziff. 1 II: „Liegt der Nichterfüllung Fahrlässigkeit zugrunde" an Stelle des üblichen „Handelt der Täter fahrlässig" ist damit zu erklären, daß in jeder Art von Nichterfüllung eine Unterlassung liegt[1]. Sie kann dem Lieferanten oder einer der in der Ziff. 2 genannten Personen zur Last fallen.

Täter einer Vertragsverletzung aus Art. 97 werden vornehmlich Zivilpersonen sein. Die Zuständigkeit der Militärgerichtsbarkeit ergibt sich aus Art. 3 Ziff. 1 und Art. 218 des MilStG.

III. Durch das sog. Anpassungsgesetz von 1941[2] wurde mit dem Randtitel **Sabotage** als Art. 86 bis ein neuer Sammeltatbestand in das MilStG. eingefügt. Unter der gleichen Bezeichnung hatte schon die V.O. des Bundesrates vom 28. Mai 1940 (GesSlg. 56, 525ff.) in Art. 2 entsprechende, aber in der Folge nicht als ausreichend betrachtete Bestimmungen geschaffen. Die Beziehung zum Art. 87 (militärischer Landesverrat) ist offensichtlich, das Verhältnis zu ihm nicht leicht zu bestimmen. Von entscheidender Bedeutung ist, daß, während Art. 87 nur zu Aktivdienstzeiten zur Geltung kommt, die militärrechtlichen Sabotagebestimmungen des Art. 86 bis zu allen Zeiten gegenüber Jedermann gelten sollen (MilStG. Art. 2 Ziff. 8 in der Fassung des Anpassungsgesetzes).

Der Art. 86 bis trifft drei Gruppen von Handlungen, für die gemeinsam gilt, daß der Täter durch sein Verhalten wissentlich die Landesverteidigung beeinträchtigen oder gefährden muß[3].

1. Nach Abs. I ist strafbar, wer dem Heere dienende Anlagen oder Sachen vernichtet, beschädigt oder in ihrer Verwendung gefährdet. Das entspricht Handlungen, die in Art. 87 als Beispiele genannt werden. Es sind Sachbeschädigungen und -gefährdungen. Da sie besonderer Art

[1] Andere Erklärung bei Locher: 71f., der Fahrlässigkeit nur mit Bezug auf die Nichterfüllung des Vertrages annimmt, daneben aber für die Strafbarkeit das Wissen darum, daß es sich um einen Vertrag zur Lieferung von Heeresbedürfnissen handelt, fordert. Sollen Lieferanten oder auch ein „Angestellter" straflos bleiben, weil sie aus Fahrlässigkeit die Tatsache, daß Heeresbedürfnisse auf dem Spiel stehen, nicht beachteten oder nicht berücksichtigten?

[2] BGes. vom 13. Januar 1941 betreffend Anpassung des Militärstrafgesetzes und der Militärstrafgerichtsordnung an das schweizer. Strafgesetzbuch (GesSlg. 57, 1269ff.); E. und Botschaft: BBl. 1940, 997ff. — Zum Sabotagetatbestand Comtesse: a. a. O. 125ff.

[3] Ähnliche Redaktion wie bei zahlreichen gemeingefährlichen Delikten, z. B. G. Art. 221 II, 223 Ziff. 1 I; MilStG. Art. 161 Ziff. 1 I, 165 Ziff. 1 I. Über das Gesetzgebungstechnische zu Art. 86 bis Comtesse: 128ff.

sind, geht Art. 86 bis I dem Art. 73 (Mißbrauch von Heeresmaterial) und dem Art. 135 (Sachbeschädigung) vor.

2. In Abs. II wird die Hinderung, Störung oder Gefährdung der Tätigkeit einer Behörde oder eines Beamten als Sabotage bezeichnet — immer unter der Voraussetzung, daß in ihr eine Beeinträchtigung oder Gefährdung der Landesverteidigung liegt. Das hebt den Art. 86 bis ab von ähnlichen Tatbeständen des bürgerlichen Strafrechts, namentlich den Art. 285 Ziff. 1 und 286 des G. (Hinderung von Amtshandlungen); unten § 114 I und II.

3. Der Sabotage macht sich ferner schuldig, wer Bekleidungs- oder Ausrüstungsgegenstände oder Abzeichen der schweizerischen Armee oder ihrer Hilfsorganisationen (rechtswidrig) herstellt, sich verschafft, aufbewahrt, verwendet oder einem anderen übergibt (Abs. III)[1]. Vor allem bei dieser Gruppe wird der Zusatz, daß der Täter dadurch die Landesverteidigung beeinträchtigt oder gestört haben muß, von ausschlaggebender Bedeutung. Nicht Sabotage im Sinne des Art. 86 bis verübt, wer unberechtigt die Uniform trägt, um sich z. B. Kredit zu verschaffen (Betrug) oder, was auch schon vorkam, um seinem Mädchen zu imponieren. Diese Fälle sind nach Art. 331 des StGB. mit Haft bis zu 8 Tagen oder mit Buße zu bestrafen; unten § 109 V 2.

Der falsche Uniformträger, der sich Befehlsgewalt anmaßt, macht sich außer aus Art. 86 bis noch aus Art. 69 des MilStG. strafbar.

4. Es steht nichts entgegen, auch die Bestimmungen des Art. 86 bis zu den Verratsdelikten — in einem weiteren Sinne — zu zählen. Die Strafdrohung lautet auf Gefängnis, in schweren Fällen auf Zuchthaus. Eine Vergleichung des Art. 86 bis mit Art. 87 ergibt, daß wohl die meisten, wenn nicht alle der in Art. 86 bis beschriebenen Fälle auch unter die Handlungen gemäß Art. 87 subsumiert werden können. Wer die Landesverteidigung beeinträchtigt oder gefährdet, wird regelmäßig auch die Unternehmungen des Heeres unmittelbar oder mittelbar stören oder gefährden; oben II 1 und 2. Daraus ergibt sich der Schluß, daß in Zeiten des Aktivdienstes und erst recht im Kriege Sabotageakte in der Regel nach den schwereren Strafbestimmungen des Art. 87 zu beurteilen sind.

Auf einen Unterschied in der Fassung der beiden Artikel ist noch aufmerksam zu machen: Nach Art. 87 Ziff. 1 und 2 ist dem Täter nachzuweisen, daß er vorsätzlich, mit Wissen und Willen, die Heeresunternehmungen gestört oder gefährdet hat. Art. 86 bis erfordert den Vorsatz nur mit Bezug auf die in den Abs. I—III genannten Handlungen und

[1] Vgl. Art. 23 lit. f der Ordnung der Gesetze und Gebräuche des Landkrieges (Ausgabe des Bundesrates von 1939): Verbot des Mißbrauchs der militärischen Abzeichen oder der Uniform des Feindes. Das setzt allerdings den Krieg voraus. Dann aber wäre nicht mehr Art. 86 bis, sondern Art. 87 Ziff. 1 anzuwenden. Vgl. auch noch Trüssel: Z. 54, 245f.

läßt es am Wissen darum, daß dadurch die Landesverteidigung beeinträchtigt oder gefährdet wird, genug sein. Praktisch kommt diesem Unterschied kaum große Bedeutung zu. Wer bei einer Sabotage das Wissen um die Beeinträchtigung hat, wird sie bei seinem Handeln regelmäßig auch billigend in Kauf nehmen.

IV. Art. 86 des MilStG., die Bestimmung über die **Verletzung militärischer Geheimnisse,** ist die militärrechtliche Parallele zu Art. 267 Ziff. 1 I des bürgerlichen StGB; oben § 104 IV 1. Während aber der Tatbestand in Art. 267 nur den Geheimnisverrat erfaßt, wendet sich der Art. 86 des MilStG. auch gegen die Geheimnisausspähung, die Militärspionage.

Auch diese Bestimmung wurde aus dem E. 1918 des StGB. (Art. 234) in das MilStG. hinübergenommen, weil jeder Täter, auch in Friedenszeiten, unter dem militärischen Recht stehen soll (MilStG. Art. 2 Ziff. 8).

1. Die Ziff. 1 I trifft das Vorsatzdelikt der Spionage, das Ausspähen von Tatsachen, Vorkehren, Verfahren oder Gegenständen, die mit Rücksicht auf die Landesverteidigung geheim gehalten werden. Das Ausspähen muß geschehen, um das Geheimnis einem fremden Staate, dessen Agenten oder der Öffentlichkeit bekannt oder zugänglich zu machen[1]. Diese Absicht muß bewiesen werden. Sie ist für den Spion typisch[2]. Darin liegt der Hauptunterschied zwischen Art. 86 und 106 des MilStG.; unten 6.

Was als militärisches Geheimnis (faits tenus secrets dans l'intérêt de la défense nationale) zu betrachten ist, läßt sich nicht im Gesetz bestimmen. Der Richter hat die Umstände des Einzelfalles zu prüfen und zu würdigen[3].

Die Ausdrücke „spionieren" (espionner) und „ausspähen" gehen sprachlich auf die gleiche Wurzel zurück[4]. Sie bedeuten im Bereich des Art. 86, daß der Täter mit oder ohne Auftrag eines fremden Interessenten

---

[1] Die Bestimmung entspricht im wesentlichen dem Vorschlag von HUBER: 56. Dazu Prot. II. ExpKom. IV, 397, 404ff.; V, 96ff.; vgl. ferner schon die VO. des Bundesrates vom 6. August 1914 (GesSlg. 30, 370ff.), Art. 3 Ziff. 1; EMStG. von 1918, Art. 87 und dazu StenBull. StR. 1921, 454, NR. 1925, 425f.; MilStG. von 1851, Art. 42 lit. a—c und Art. 43 (früheres Spionagerecht). Ausführlich zur Entwicklung MAHLER: 119ff.

[2] So auch MAHLER: 96ff. (die Absicht des Spions als Merkmal des Spionagebegriffs).

[3] Zum Geheimnisbegriff und zur Tragweite der Begriffe Agent eines fremden Staates, Öffentlichkeit, bekannt oder zugänglich machen oben § 104 IV 1. — MAHLER: 21f., 47ff., 62ff. (Objekte der Spionage; Geheimnisbegriff). EMKG. 1936ff., Nr. 58, 89.

[4] MAHLER: 15 (Althochdeutsch spehon, spiohon). Der italienische Text sagt in Art. 86 scrutare. Dagegen lautet das Marginale zu Art. 272—274 des bürgerlichen StGB. spionaggio. Vgl. Art. 29 der Ordnung der Gesetze und Gebräuche des Landkrieges (Ausgabe des Bundesrates von 1939): Begriff des Spions.

(Staates), aber jedenfalls zu dessen Gunsten ein die Landesverteidigung betreffendes Geheimnis erkundet. Eine Erweiterung liegt darin, daß die Erkundung auch darauf gehen kann, das Geheimnis an die Öffentlichkeit zu bringen. Dann wird es außer der Öffentlichkeit im eigenen Land auch dem fremden Staat zugänglich. Diese Erklärung der Spionage rechtfertigt ihre Einordnung bei den Verratsdelikten[1].

2. Das Ausspähen muß Tatsachen betreffen, die mit Rücksicht auf die Landesverteidigung geheim gehalten werden[2]. Das können nicht nur rein militärische, sondern auch politische und wirtschaftliche Tatsachen sein, die für die Landesverteidigung von Bedeutung sind, z. B. Verhältnisse in der Metall-, der Nahrungsmittel- und der Textilindustrie[3]. Gerade daraus ergibt sich auch, daß Art. 86 zu eng ist, wenn er nur Geheimnisse erfaßt. Auch nicht geheime, aber „unerkannte", nicht offenkundige Tatsachen, z. B. die Ernährungslage, die Volksstimmung in einem Lande können geeignete Spionageobjekte sein[4].

3. Mit der gleichen Strafdrohung — Zuchthaus —, die für den Spion vorgesehen ist, trifft Art. 86 Ziff. 1 II den mit Vorsatz handelnden Geheimnisverräter. Er kennt die geheim zu haltenden Tatsachen und gibt sie einem fremden Staate, dessen Agenten oder Öffentlichkeit preis. Er ist, z. B. als Beamter oder als Offizier, Geheimnisträger. — Der Spion, der zunächst ein Geheimnis ausgespäht hat und es dann dem fremden Staat oder der Öffentlichkeit preisgibt, ist nur aus Abs. I, nicht auch noch aus Abs. II zu bestrafen. Konkurrenz (MilStG. Art. 49) ist nicht anzunehmen. Die Verhältnisse liegen gleich wie z. B. bei dem Geld- oder dem Urkundenfälscher, der seine Fälschung selbst verwendet. Man mag in allen solchen Fällen von an sich strafloser Nachtat reden, was aber nicht ausschließt, daß die Erreichung des Zweckes, den sich der Spion gesetzt hat, bei der Strafzumessung berücksichtigt werden kann.

Die Frage der Vollendung hängt damit zusammen: Die Spionage (Abs. I) ist vollendet, wenn der Täter mit der Absicht der Preisgabe ein Geheimnis ausgespäht hat. Solange die Preisgabe nicht erfolgt ist, ist

---

[1] Dabei wird nicht verkannt, daß das Eindringen in ein Geheimnis, die Spionage, und das Preisgeben eines Geheimnisses, der Verrat, zwei verschiedene, auseinanderzuhaltende Vorgänge sind. Wer aber ausspäht, um preiszugeben, kann seiner Tendenz und seiner Gesinnung nach als Verräter bezeichnet werden. Zu diesen Fragen, teilweise abweichend, namentlich MAHLER: 70ff. Nur vom Verrat handelt Art. 86 Ziff. 1 II; unten 3. Vgl. noch ZÜBLIN: 21, 63, 71ff., 140ff.; WILDI (Lit. zu § 103): 152ff.

[2] Der Vorschlag von HUBER: 56 lautete: „Tatsachen . . ., deren Geheimhaltung für den Fall eines Krieges oder in Kriegszeiten zum Wohl der Eidgenossenschaft geboten ist." Dazu Kritik Prot. II. ExpKom. 5, 96ff. Vgl. ferner EMKG. 1936ff., Nr. 89.

[3] Gut darüber MAHLER: 17, 117f.

[4] So namentlich MAHLER: 63ff. mit weiteren einleuchtenden Beispielen. Vgl. dazu Art. 274 des bürgerlichen StGB. (militärischer Nachrichtendienst); unten § 107 III.

die Spionage im Hinblick auf die zu schützende Landesverteidigung bloße Gefährdung. Beim Verrat (Abs. II) vollendet dagegen erst die Preisgabe den Tatbestand.

4. Die Ziff. 2 des Art. 86, die sich sowohl auf die Spionage wie auf den Verrat bezieht, enthält Qualifikationen:

Werden die Handlungen in Zeiten eines aktiven Dienstes — außer der Kriegszeit — verübt, so lautet die Strafdrohung auf Zuchthaus nicht unter 3 Jahren.

Auf lebenslanges Zuchthaus kann erkannt werden, wenn der Spion oder der Verräter durch seine Handlungen die Unternehmungen des Heeres gestört oder gefährdet hat. Das ist die auch in Art. 87 verwendete Formel, wobei sowohl eine unmittelbare wie eine mittelbare Störung oder Gefährdung berücksichtigt werden kann (oben II 1 und 2). Nach den Grundtatbeständen der Ziff. 1 gefährdet der Täter in jedem Fall die Landesverteidigung. Dem gegenüber fordert die Erschwerung der Ziff. 2 eine Störung oder Gefährdung der Heeresunternehmungen[1]. Man mag das als enger auffassen. Die Gefährdung der Landesverteidigung — z. B. politisch oder wirtschaftlich — kann erfolgen, ohne daß damit Heeresunternehmungen berührt werden. — Obschon es aus Art. 86 Ziff. 2 nicht deutlich hervorgeht, daß die bei einer Störung der Heeresunternehmungen mögliche lebenslange Zuchthausstrafe nur in Zeiten des Aktivdienstes wirksam werden kann, ist das anzunehmen.

In Kriegszeiten kann die Todesstrafe verhängt werden (Ziff. 2 i. f.). — Die VO. des Bundesrats vom 28. Mai 1940 hat erweiternd bestimmt, daß während der Dauer des zur Zeit bestehenden Aktivdienst-Zustandes in jedem Fall auf lebenslanges Zuchthaus oder auf Todesstrafe erkannt werden kann (Art. 6 Ziff. 1). Das ist als vorübergehendes Notrecht gedacht. In das sog. Anpassungsgesetz von 1941 ist die Verschärfung nicht übernommen worden.

5. Art. 86 Ziff. 3 bedroht die fahrlässige Handlung mit Gefängnis. Das kann sich nur auf den Geheimnisverrat, nicht auf die Spionage beziehen. Schon das „Ausspähen" verträgt sich kaum mit dem Fahrlässigkeitsbegriff. Vor allem aber erfordert die Spionage die Absicht des Täters, ein Geheimnis preiszugeben.

6. Art. 86 trifft die klassischen Fälle der militärischen Spionage und des Verrats militärischer Geheimnisse[2]. Diese Bestimmungen sind von

---

[1] Auch hier zeigt sich wieder die Vagheit des Art. 87 (oben II 2). Die die Heeresunternehmungen störende oder gefährdende Tat des Spions oder des Geheimnisverräters erfüllt auch den Art. 87. Die Lösung muß darin gesehen werden, daß der besondere, in Art. 86 Ziff. 2 enthaltene Tatbestand dem Art. 87 vorgeht.

[2] Dem Art. 86 nachgebildet ist der zum bürgerlichen Strafrecht gehörende Art. 7 des Bundesbeschlusses vom 24. Juni 1938 betreffend Strafvorschriften für den passiven Luftschutz (GesSlg. 54, 697ff.). Über die besondere Spionage im passiven Luftschutz Fröhlich: 89ff.

einer Anzahl weiterer Vorschriften umgeben, da durch den Art. 86 allein der Schutz militärischer Geheimnisse nicht genügend gesichert ist:

Art. 106 des MilStG. trägt den gleichen Randtitel wie Art. 86: Verletzung militärischer Geheimnisse. Er ist bei Art. 106 zutreffender als bei Art. 86, für den das Marginale: militärische Spionage und Geheimnisverrat angezeigt wäre. Art. 106 steht im Abschnitt, der die Delikte gegen die Störung der militärischen Sicherheit enthält. Mit Zuchthaus bis zu 5 Jahren oder mit Gefängnis, in Kriegszeiten schlechthin mit Zuchthaus, wird bedroht, wer vorsätzlich Gegenstände, die — gleich wie in Art. 86 — „mit Rücksicht auf die Landesverteidigung geheim gehalten werden", widerrechtlich an sich nimmt, abbildet oder vervielfältigt. Auf Fahrlässigkeit steht Gefängnis oder Buße. Um Spionage oder Verrat handelt es sich nicht, eher um sträfliche Neugierde[1]. Aber Art. 106 hat auch als Lückenbüßer Bedeutung, wenn ein Spionage- oder Verratsbeweis nicht erbracht werden kann[2]. Durch die VO. vom 28. Mai 1940 hat der Art. 106 jedoch für die Zeit des „gegenwärtigen Aktivdienstes" eine Erweiterung erfahren, die ihn der Verratsbestimmung des Art. 86 naherückt: Strafbar soll auch sein, wer von ihm ausgespähte oder ihm sonst bekannte Tatsachen, Vorkehren, Verfahren oder Gegenstände, die mit Rücksicht auf die Landesverteidigung geheimgehalten werden, Unberechtigten zugänglich macht oder sonst preisgibt. Auf die Vorsatztat steht Zuchthaus schlechthin oder Gefängnis (Art. 4 Ziff. 1 der VO.). In der Ziff. 3 wird ausdrücklich Art. 86 vorbehalten. Damit ist — auf Zeit — ein weiterer Verratstatbestand geschaffen worden[3]. — Noch ein drittes Mal hat der Gesetzgeber die Bezeichnung Verletzung militärischer Geheimnisse beim Übertretungstatbestand nach Art. 329 des bürgerlichen StGB. verwendet: unrechtmäßiges Eindringen in von der Militärbehörde gesperrte Örtlichkeiten; unberechtigtes Abbilden militärischer Anstalten oder Gegenstände, Vervielfältigung und Veröffentlichung solcher Gegenstände[4]. Durch die VO. vom 4. August 1942 über Straf- und Verfahrensbestim-

---

[1] Züblin: 158; Wildi (Lit. zu § 103): 156f.

[2] StenBull. StR. 1921, 463f.; Mahler: 133. Vgl. auch E MKG. 3, Nr. 86.

[3] Zur Spionagegesetzgebung im weiteren Sinn sind auch Art. 3 und 4 des BGes. vom 24. Juni 1904 (GesSlg. 20, 146ff.) zu zählen, die die Trainierung von Brieftauben aus der Schweiz nach dem Ausland oder umgekehrt verbieten. Dazu Mahler: 132 (Nachrichtenübermittlung durch Brieftauben).

[4] Huber: 27. — In diesen Rahmen gehören besondere Bestimmungen betreffend die Festungsgebiete: Bundesbeschluß vom 18. März 1937 (GesSlg. 53, 162ff.), Art. 5 und 6 (Verbot des Photographierens, Zeichnens usw., der Veröffentlichung solcher Aufnahmen); Art. 16 und 17 (Strafdrohungen). Ferner VO. vom 1. Oktober 1937 (GesSlg. 53, 822ff.), Art. 6, 11, 15, 19, 20. Durch die weitere VO. vom 8. Juni 1940 (GesSlg. 56, 577f.) wurden diese Bestimmungen ausgedehnt auf alle Gebiete, für die im Interesse der Landesverteidigung besondere Sicherungsmaßnahmen notwendig sind.

mungen zum Schutze der Landesverteidigung usw. (GesSlg. 58, 741ff.), Art. 1 lit. c ist „für die Zeit des gegenwärtigen Aktivdienstes" die Beurteilung den Militärgerichten übertragen. Aus der Übertretung ist ein Verbrechen geworden. Nach Art. 1 III der genannten VO. kann auf Gefängnis, in schweren Fällen auf Zuchthaus erkannt werden.

Die Abrundung der Spionagegesetzgebung erfolgt durch die Art. 272 bis 274 des bürgerlichsn StGB (unter § 107) und durch die dem Tatbestand nach übereinstimmenden Art. 301 des StGB. und Art. 93 des MilStG. über sog. internationale Spionage (unten § 123 III).

§ 106. Verratsdelikte nach Militärstrafrecht, Fortsetzung.

Literatur. Angaben zu § 105. — BISLIN: Der unerlaubte Eintritt in fremden Militärdienst als Schwächung der Wehrkraft, Berner Diss. (1938). — SCHRÄMLI: Unerlaubter Eintritt in fremden Militärdienst und Werbung für fremden Militärdienst nach schweizer. Recht, Zürcher Diss. (1941).

Die drei Tatbestände der Art. 90, 91 und 88 des MilStG. kann man unter der Bezeichnung **Kriegsverrat** zusammenfassen. Sie setzen in jedem Fall voraus, daß die Eidgenossenschaft mit einem anderen Staat im Krieg steht.

I. **Landesverräterische Waffenhilfe** (Art. 90). Sie war im bisherigen Recht durch Art. 36 des BStG. von 1853 erfaßt. Die Übernahme dieses krassesten Falles des Landesverrats in das MilStG. war gegeben[1]. Nur ein Schweizer kann das Delikt verüben. Die landesverräterische Waffenhilfe ist ein Sonderdelikt. Der Art. 90 umschreibt sie in zwei Varianten: Er stellt das Waffentragen in einem Kriege gegen die Eidgenossenschaft voran. Ob der Täter, völkerrechtlich und kriegsrechtlich gesehen, ein regulärer oder irregulärer Kämpfer ist, macht für die Anwendung des Art. 90 keinen Unterschied. Im letzteren Fall ist dagegen noch die Anwendung der Franktireur-Bestimmung des Art. 88 (unten III) in Erwägung zu ziehen. Außer dem Waffentragen (port d'armes), der eigentlichen Waffenhilfe, nennt Art. 90 überdies den Eintritt in ein feindliches Heer. Das umfaßt auch die Betätigung in einem nichtkombattanten Dienst. Ob der Eintritt, die Eingliederung in eine Heeresorganisation, z. B. als Hilfsdienstpflichtiger, Wagenführer, Arbeiter in Militärwerkstätten, gegeben ist, muß im Einzelfall geprüft werden[2], ebenso das Verhältnis des Art. 90 zum Allerweltstatbestand des

---

[1] VE. MilStG. Art. 78; E. Art. 91; auch E. 1918 bürgerliches StGB. Art. 237. HUBER (Lit. zu § 105): 14ff., 55; Prot. II. ExpKom. 4, 396f., 400ff.; WEBER (Lit. zu § 105): 78ff., 111f.

[2] Vgl. den in Art. 94 verwendeten Ausdruck: „Eintritt in fremden Militärdienst" und die weite, diesem Begriff vom MKG. gegebene Auslegung: E. 3, Nr. 24 (jede Dienstleistung bei einer dem Heere zugehörigen oder angegliederten Organisation, auch Dienst hinter der Front); siehe auch WEBER: 82f.; SCHRÄMLI: 52ff.

Art. 87. Auch die Beziehung zu Art. 94 (Fremder Militärdienst), der nicht mehr zu den Verratsdelikten zu zählen ist, muß dann untersucht werden, wenn Zweifel darüber bestehen, ob die Eidgenossenschaft sich mit dem betreffenden fremden Staat im Kriege befindet[1]. — Dem Eintritt in ein feindliches Heer steht das Verbleiben gleich.

Der in Art. 90 eingefügte Zusatz, daß der Täter seine Waffenhilfe leistet, „ohne dazu gezwungen zu sein", sagt im Grunde Selbstverständliches. Coactus non voluit. Auch ein Notstand (MilStG. Art. 26 Ziff. 1) kann gegeben sein. Der Zusatz erfolgte mit Rücksicht auf Schweizer, die auch Bürger eines anderen Landes sind. Auch der Doppelbürger wird aber, wenn er im feindlichen Heer tätig ist, dann nicht von Strafe befreit wenn er aus freiem Entschluß sich im Krieg gegen die Schweiz zur Verfügung gestellt hat[2]. — Die Strafdrohung des Art. 90 lautet auf Tod oder Zuchthaus. Bei der landesverräterischen Waffenhilfe ist besonders auch Art. 9 des MilStG. (Strafbarkeit auch der im Ausland verübten Tat) zu beachten. Der landesverräterische Schweizer, der in schweizerische Gefangenschaft gerät, ist nicht als Kriegsgefangener zu behandeln, sondern aus Art. 90 zu bestrafen[3].

II. Die **Begünstigung des Feindes** (Art. 91). Jedermann kann Täter sein. Das MilStG. von 1851 nannte zahlreiche Fälle in breiter Kasuistik (namentlich Art. 42 lit. d, f, g, auch Art. 44 lit. h). Eine umfassende brauchbare Formulierung des Tatbestandes gelingt kaum[4]. Der Art. 91 enthält, abschließend, drei Tatbestände:

1. Die Überlieferung von Gegenständen, die der Landesverteidigung dienen, an den Feind (Ziff. 1 I). Als Feind ist hier nicht nur die feindliche Heeresmacht, sondern auch die Bevölkerung des gegnerischen

und dort Zitierte; Bislin: 34ff. mit der kaum zutreffenden Annahme (36), daß auch die im Auftrag einer ausländischen militärischen Behörde erfolgende Spionage Militärdienst sei. In diesem Falle ist Art. 86 des MilStG. auch auf den Schweizer, anzuwenden.

[1] „im Krieg" gemäß Art. 90 ist enger als „in Kriegszeiten", wenigstens wenn man MilStG. Art. 5 (unmittelbar drohende Kriegsgefahr) mit in Betracht zieht. — Zu dem hier nicht weiter zu erörternden Art. 94 Bislin: passim; Schrämli: 38ff.; Weber: 79ff.

[2] Dazu Prot. II. ExpKom. 4, 401ff.; Weber: 111f. — Bei Art. 94 MilStG. (Fremder Militärdienst in einem Staat, mit dem die Schweiz nicht im Krieg steht) mag man zugunsten des Doppelbürgers anders überlegen. Eine VO. vom 11. Juni 1940 (GesSlg. 56, 579) bestimmt, daß auf den Schweizer, der die Staatsangehörigkeit eines anderen Staates besitzt und während der Dauer des gegenwärtigen Aktivdienstes in der Armee dieses Staates Militärdienst leistet, Art. 94 nicht anwendbar ist. Die analoge Anwendung dieses Satzes bei Art. 90 sollte aber nicht zugelassen werden. Über die militärrechtliche Stellung des Doppelbürgers Bislin: 59ff. (mit weiterem Material).

[3] Huber: 15.

[4] Der Vorschlag von Huber: 56: „Wer im Kriege (durch Dienste oder Lieferungen) den Feind begünstigt" ist zu unbestimmt. Er knüpfte an Art. 37 i. f. des BStG. von 1853 an.

Landes zu betrachten[1]. Nicht nur Gegenstände, die dem Heere, sondern, in einem weiteren Sinn, der Landesverteidigung dienen, kommen in Betracht. Das können auch Lebensmittel, Textilien, Brennstoffe usw. — wirtschaftliche Landesverteidigung — sein. Überliefern heißt hier in die Hände spielen. Das kann auch durch eine Unterlassung geschehen.

2. Der Tatbestand in Ziff. 1 II: Begünstigung des Feindes durch Dienstleistungen oder Lieferungen ist wiederum bedenklich vag. Den Feind begünstigen heißt, den Unternehmungen des Feindes Vorschub leisten, ihm einen Vorteil verschaffen[2]. Begünstigende Dienstleistung ist auch die Spionage zugunsten des Feindes. Sie kann hier nicht gemeint sein, weil für sie die schärferen Bestimmungen des Art. 86 zutreffen. Dagegen umfaßt die Bestimmung z. B. die Führung einer feindlichen Truppe, ferner die Leistung wirtschaftlicher, eventuell politischer Dienste, die das eigene Land schädigen oder gefährden und dem Feind nützen[3]. Klarer ist der Ausdruck: den Feind durch Lieferungen begünstigen: Lieferung von Waffen und anderen Bedarfsartikeln an den Feind, Handel treiben mit ihm. Wie hier die Abgrenzung des Abs. II von Abs. I („Gegenstände überliefern") zu finden ist, läßt sich freilich schwer feststellen[4].

3. Deutlicher ist der Tatbestand in Abs. III, die finanzielle Begünstigung des Feindes. Strafbar ist, wer bei einer Anleihe eines mit der Schweiz im Kriege befindlichen Staates mitwirkt oder auf sie zeichnet[5]. Das Mitwirken — im französischen Text participer, im italienischen besser cooperare — bezieht sich auf den Bankier, der bei der Vorbereitung einer Anleihe tätig ist, ferner eine Anleihe oder einen Anleihensteil übernimmt, um sie beim Publikum unterzubringen. Die Bestimmung trifft auch den in der Schweiz wirkenden ausländischen Bankier, ebenso wie den im Ausland tätigen Schweizer Bankmann (MilStG. Art. 9). Täter ist auch jeder Anleihezeichner im Inland und der Schweizer im Ausland. Entscheidend ist in allen Fällen nur, daß die Schweiz mit dem die Anleihe

[1] Weber: 38 und 51ff. (zum ganzen Artikel).

[2] Nicht jede Vorteilsverschaffung. Eine „Lieferung" nützt vielleicht der Schweiz und dem Feind. Entscheidend ist, ob dem Feind mehr Nutzen zukommt als der Eidgenossenschaft; Weber: 40f. Das führt freilich zu spitzigen Abwägungen.

[3] Erlaubt sein müssen Sanitätsdienste, Leistung von Kontributionen, die ein Okkupationsheer verlangt, persönliche Dienstleistung von Beamten und Privaten, die eine Okkupationsmacht fordert. Hier können auch die Strafausschließungsgründe des Zwangs und des Notstandes von Bedeutung sein; Huber: 31; Weber: 63ff.

[4] Lösungsversuch bei Weber: 53f., wonach sich der Abs. I nur auf „unbewegliche Verteidigungsgegenstände" (Festungen, Lager, Munitionsdepots usw.) beziehen soll. Das ergibt sich jedoch nicht aus dem Text.

[5] Bei der Beratung des Artikels ist nur dieser Tatbestand ausführlicher erörtert worden; Prot. II. ExpKom. 5, 104ff.; Weber: 61f und 126 kritisiert die Bestimmung als zu eng. Jede finanzielle Begünstigung des Feindes sollte erfaßt werden.

begebenden Staat im Kriege steht. Auf Staatsangehörigkeit und Wohnsitz des Täters kommt es nicht an[1].

4. Die Tatbestände des Art. 91 sind Vorsatzdelikte. Der Nachweis einer besonderen Absicht, z. B. der hier vor allem denkbaren Gewinnsucht, ist nicht erforderlich. Liegt sie vor, so kann der Richter mit der Freiheitsstrafe eine Buße verbinden (Art. 35 I zusammen mit Art. 33 Ziff. 1). Die Freiheitsstrafe lautet auf Zuchthaus oder auf Gefängnis nicht unter 6 Monaten. In schweren Fällen, deren Feststellung beim richterlichen Ermessen liegt, kann auf Todesstrafe oder lebenslanges Zuchthaus erkannt werden (Ziff. 2).

III. Man mag in diesen Zusammenhang auch den Art. 88 des MilStG.: **Franktireur** stellen. Die Bestimmung enthält Kriegsrecht[2]. Ob sie einen eigentlichen Verratstatbestand darstellt, mag dahingestellt bleiben. Der Art. 88 wendet sich mit der Strafdrohung Tod oder Zuchthaus nicht unter 3 Jahren gegen den Bandenkrieg, gegen Leute, die von der Schweiz als nicht zu der bewaffneten feindlichen Macht gehörend anerkannt werden. Das ist abhängig von Art. 1 der Ordnung der Gesetze und Gebräuche des Landkrieges von 1907 (Ausgabe des Bundesrates von 1939), der auch die Schweiz beigetreten ist. Danach gehören zu den regulären Kriegführenden nicht nur das Heer, sondern auch Milizen und Freiwilligenkorps, wenn eine für die ihr Untergebenen verantwortliche Person an ihrer Spitze steht, wenn sie ein festes, aus der Ferne erkennbares Abzeichen tragen, wenn sie die Waffen offen führen, wenn sie bei ihren Unternehmungen die Gesetze und Gebräuche des Krieges beobachten. In Ländern, wo Milizen oder Freiwilligenkorps das Heer oder einen Heeresbestandteil bilden, sind diese unter der Bezeichnung „Heer" inbegriffen[3].

Wer, ohne diese Bedingungen zu erfüllen, gegen das schweizerische Heer Feindseligkeiten unternimmt, ist als Franktireur nach Art. 88 zu bestrafen. Die Rechte, die dem anerkannten Krieger zustehen, z. B. die Behandlung als Kriegsgefangener (Art. 4ff. der Gesetze und Gebräuche

[1] Vgl. dazu Art. 17 und 18 des Abkommens vom 18. Oktober 1907 betreffend die Rechte und Pflichten der neutralen Mächte und Personen im Falle eines Landkrieges (Ausgabe des Bundesrates, 1939, 53ff.): Hinweis auf zulässige und nicht zulässige Handlungen.

[2] Art. 88 spricht nicht wie Art. 90 von einem Krieg gegen die Schweiz, sondern von „Kriegszeiten"; vgl. über die Differenzierung MilStG. Art. 5. Das ist redaktionell verfehlt. Der Art. 88 setzt voraus, daß die Schweiz sich im Kriege befindet. Erst dann steht sie einer „bewaffneten Macht des Gegners" gegenüber.

[3] Vgl. StenBull. StR. 1921, 454; Noten zu Art. 1 in den Gesetzen und Gebräuchen usw. (Ausgabe des Bundesrats), ferner Art. 2: die Bevölkerung eines nicht besetzten Gebietes, die beim Herannahen des Feindes aus eigenem Antrieb zu den Waffen greift, ohne Zeit zur Organisation gehabt zu haben, gilt als kriegsführend, wenn sie die Waffen offen führt und die Gesetze und Gebräuche des Krieges beobachtet (sog. levée en masse).

des Landkrieges und Abkommen vom 27. Juli 1929 über die Behandlung der Kriegsgefangenen), stehen ihm nicht zu.

Unter Feindseligkeiten ist jede das schweizerische Heer oder dessen Angehörige unmittelbar oder mittelbar störende oder gefährdende Unternehmung zu betrachten. Damit ist auf die Umschreibung der Tatbestände in Art. 87 (oben § 105 II) hingedeutet. Er kann für die Auslegung des Art. 88 verwertet werden. Der Ausdruck Franktireur weist allerdings in erster Linie darauf hin, daß der Täter Waffen braucht, aus dem Hinterhalt schießt (Heckenschützen). Aber darin kann sich der Begriff „Feindseligkeiten" nicht erschöpfen.

IV. Eine Ergänzung aller gegen die militärrechtliche Verräterei (Art. 86—91) gerichteten Bestimmungen stellt der Art. 79 unter der farblosen Bezeichnung: **Nichtanzeige von Verbrechen oder Vergehen** dar. Er steht im Abschnitt über die Dienstverletzungen, ist also ein rein militärrechtlicher Tatbestand. Wer Kenntnis von dem Vorhaben einer Verräterei erhält und die Erstattung einer Anzeige unterläßt, wird, wenn die Tat ausgeführt oder versucht wurde, mit Gefängnis, in leichten Fällen disziplinarisch bestraft. Steht der Täter in so nahen Beziehungen zu dem Begünstigten, daß sein Verhalten entschuldbar ist, so bleibt er straflos. Die Bestimmung richtet sich gegen den Mitwisser eines Verratsplanes, dem man zumutet, daß er sich bemüht, eine verräterische Unternehmung im Keim zu ersticken[1]. Art. 79 ist, auch in Zeiten des Aktivdienstes und in Kriegszeiten, nicht auf Zivilpersonen anwendbar, außer wenn es sich um eine dem Heere folgende Person gemäß Art. 4 Ziff. 1 handelt. Im bürgerlichen StGB. fehlt eine entsprechende Bestimmung. Das kann in der Praxis als eine Lücke empfunden werden.

§ 107. Verbotener Nachrichtendienst.

Literatur. Angaben zu § 105. — Thilo: La répression de l'espionnage en Suisse (ohne Jahreszahl); deutsche Übersetzung in JZ. 14, 185, 203; Journal des Tribunaux, 83, Heft 9; Contre les espions, les mouchards et les agents provocateurs (ohne Jahreszahl). — Schlatter: Der unerlaubte Nachrichtendienst im schweizer. Recht, Berner Diss. (1931). — Wachter: Die Verletzung von Wirtschaftsgeheimnissen usw., Berner Diss. (1941). — Stämpfli: Z. 47, 58ff. — Hafter in Festschrift für Fritz Fleiner (1937), 203ff. — Lüthi: Berner Z. 77, 398ff. — Thilo: Journal des Tribunaux, 1942, 386ff. mit weiteren Lit.-Hinweisen. — Angaben zu § 123.

I. Unter der harmlos klingenden Bezeichnung **Verbotener Nachrichtendienst** schließen die Art. 272—274 des G. den Kreis der schweizerischen Spionagegesetzgebung. Die Bestimmungen sind in ihren wesentlichen Zügen aus dem dringlichen Bundesbeschluß vom 21. Juni 1935

[1] Entsprechende Bestimmung schon in Art. 85 des MilStG. von 1851. Zum neuen Tatbestand StenBull. StR. 1921, 448; NR. 1925, 390ff. (Anzeige als Treupflicht und Soldatenpflicht bezeichnet). — Vgl. noch Art. 7 u. 8 der VO. des Bundesrates vom 22. September 1939/16. April 1940 über die Wahrung der Sicherheit des Landes (Militärstrafrechtspflege, Ausgabe 1941, 156 ff.).

betreffend den Schutz der Sicherheit der Eidgenossenschaft (GesSlg. 51, 482ff.)[1] in das G. übernommen worden. In der Praxis, ja im Volksmund ist der Erlaß von 1935 als Spitzelgesetz bezeichnet worden.

Jeder verbotene Nachrichtendienst gemäß Art. 272—274 steht, auch wenn er im Ausland verübt wird, unter dem schweizerischen Recht (G. Art. 4). Die Beurteilung erfolgt, wenn die Handlung gegen den Bund gerichtet ist, was beim militärischen Nachrichtendienst (Art. 274) immer zutreffen wird, durch das Bundesstrafgericht, in den anderen Fällen durch die kantonalen Behörden (G. Art. 340 Ziff. 1 V, Art. 342). Doch können die grundsätzlich dem Bundesstrafgericht zukommenden Fälle zur Untersuchung und Beurteilung auch den kantonalen Behörden übertragen werden (BStGO. Art. 18, 254f.).

II. Beim Tatbestand des politischen Nachrichtendienstes (Art. 272) ergibt sich zunächst eine gewisse Beziehung zum Geheimnisverrat nach G. Art. 267 Ziff. 1 I. Aber diese Bestimmung bezieht sich nur auf Staatsgeheimnisse, und sie trifft nicht den Spion, sondern nur den Träger eines Geheimnisses, der es einem fremden Staate, dessen Agenten oder der Öffentlichkeit verrät (oben § 104 IV). Art. 272 mit seiner größeren Tragweite kann Lücken, die der Art. 267 zeigt, in gewissen Fällen schließen.

1. Im Art. 272 und auch im Art. 274 wird als die dem Täter zugeschriebene Handlung zunächst das Betreiben oder Einrichten eines Nachrichtendienstes über bestimmte Verhältnisse genannt. Dazu kommt das Anwerben für solche Dienste und das ihnen Vorschubleisten. Damit kann, als vollendetes Delikt und als Täterhandlung, jede irgendwie geartete Tätigkeit erfaßt werden, die auf die Erforschung bestimmter Tatsachen (Spionage) und ihre Mitteilung an Andere gerichtet ist[2]. Ein „Vorschubleisten“ kann

[1] Botschaft und E. BBl. 1935 I, 742ff.; StenBull. NR. 1935, 213ff., 265ff.; StR. 1935, 219ff., 254; vgl. ferner Z. 49, 380ff.; ZschwR. N. F. 55, 477f. — Vgl. auch schon Art. 8 des in der Volksabstimmung verworfenen sog. Ordnungsgesetzes vom 13. Oktober 1933 (BBl. 1933 II, 511ff.): Politischer Nachrichtendienst für das Ausland; siehe oben § 102 IV 2. Einen allgemeingefaßten Tatbestand des Nachrichtendienstes zugunsten einer fremden Macht enthielt auch Art. 5 der VO. vom 6. August 1914 betreffend Strafbestimmungen für den Kriegszustand (GesSlg. 30, 370ff.). Dazu unten § 123 III; Hafter: Z. 27, 242ff. und namentlich Thilo: JZ. 14, 185ff., 203ff. über Urteile des Bundesstrafgerichts aus den Jahren 1916 und 1917 (reiches Material); Pfenninger (Lit. zu § 123): passim.

[2] BBl. 1935 I, 745: Schaffung irgendeiner Organisation, eines Bureaus, einer sog. Zentrale, auch wenn noch keine Nachrichten eingezogen oder übermittelt worden sind, aber auch einzelne Handlungen: Überwachung von Personen (auch als Gegenspionage), Einziehen oder Weitergeben einer Nachricht, ohne daß ein Dienst organisiert wurde. StenBull. NR. 1935, 213ff.: Erfassung aller Formen des Spitzeltums und der Spionage. Vgl. auch Thilo: JZ. 14, 188ff. und derselbe: Contre les espions, 6ff., 20ff.; Pfenninger: 160ff.; BE. 61 I, 414f.; 66 I, Nr. 17: Jede einzelne Handlung, die sich als Auskundschaftung, Einziehung oder Weitergabe

auch durch Unterlassung geschehen[1]. Jedermann kann Täter sein[2].

2. Der verbotene Nachrichtendienst muß sich auf die politische Tätigkeit von Personen oder politischen Verbänden beziehen, und er muß zum Nachteil der Schweiz oder ihrer Angehörigen oder Einwohner (ressortissants ou habitants), was im weitesten Sinne zu verstehen ist, erfolgen. Politisch ist jede Tätigkeit, die sich mit staatlichen Dingen, mit öffentlichen Angelegenheiten befaßt, sei es in Übereinstimmung mit herrschenden Anschauungen und Einrichtungen, sei es im Gegensatz zu ihnen[3]. Ob eine solche politische Tätigkeit von einer Einzelperson oder von einem Verband, einer Partei, einem Verein, ausgeübt wird, macht für die Anwendung des Art. 272 keinen Unterschied[4]. Aber in allen Fällen ist ein Doppeltes festzustellen:

Der Nachrichtendienst muß sich zum Nachteil der Schweiz, besonders auch ihrer Neutralität, oder eines Schweizers — auch wenn er sich im Ausland aufhält — oder eines Einwohners der Schweiz — also auch eines Ausländers — auswirken oder auswirken können[5]. Ob und wann ein solcher Nachteil eingetreten ist oder eintreten kann, läßt sich nur durch Prüfung des Einzelfalles feststellen. Auch ideelle Nachteile, nicht nur materielle Schädigung oder Behinderung, sollen berücksichtigt werden.

Zum anderen muß der Dienst im Interesse des Auslands geschehen. Das wird in Art. 272 durch die Worte: Interesse einer fremden

---

einer Nachricht erweist (110, 113); 65 I, 331ff.: Strafbar auch schon die Annahme eines Spitzelauftrags. — Eine Erweiterung der Strafbarkeit eines Nachrichtendienstes ergibt sich ferner aus dem Tatbestand des Art. 275: Rechtswidrige Vereinigung; unten § 109 I.

[1] Zum Begriff: Vorschubleisten StenBull. StR. 1935, 230 (z. B. eine Deckadresse zur Verfügung stellen, Instruktion, Bezahlung, Überwachung eines Agenten); Thormann-v. Overbeck: Art. 272, N. 11.

[2] Vorbehalten bleibt die Exterritorialität der diplomatischen Agenten; Thilo: JZ. 14, 187.

[3] BE. 66 I, Nr. 17: Angaben über politische Tätigkeit auch die Beschuldigung des Schmuggels verbotener Zeitungen und der Spitzeltätigkeit (110ff.). Ferner Stämpfli: Z. 47, 58ff. (Fall Firstermacher: Überwachung italienischer Antifascisten in der Schweiz). Vgl. auch Thormann-v. Overbeck: Art. 272, N. 3; Lüthi: Berner Z. 77, 400ff.; Thilo: Journ. des Tribunaux, 1942, 391f. (weite Auslegung).

[4] Vgl. Thilo: Journ. des Trib., 1942, 393. — Nachrichtendienst über amtliche Tätigkeit steht nicht unter dem Art. 272. Unter Umständen kann in einem solchen Fall Geheimnisverrat nach Art. 267 Ziff. 1 I gegeben sein. — Nicht strafbar ist ein Nachrichtendienst über die politische Gesinnung einer Person; StenBull. StR. 1935, 230. Aber eine Gesinnung, die sich äußert, ist politische Tätigkeit; so zutreffend Lüthi: Berner Z. 77, 401f.

[5] Schweizerreisende, Kurgäste usw. sind nicht „Einwohner"; Thormann-v. Overbeck: Art. 272, N. 6.

Behörde, Partei oder ähnlichen Organisation[1] verdeutlicht. Der Adressat, in dessen Interesse der Täter handelt, braucht sich nicht im Ausland zu befinden. Die Nachricht kann z. B. auch für eine in der Schweiz selbst bestehende ausländische politische Organisation oder Stelle bestimmt sein. Ob die Praxis alle im Art. 272 enthaltenen Möglichkeiten in vollem Ausmaß wahrnimmt, bleibt allerdings zweifelhaft. — Nicht erforderlich ist, daß der Täter im Auftrag einer fremden Stelle gehandelt hat, daß der ausländischen Stelle die Nachricht zugekommen ist, oder daß sie gar Nutzen aus ihr zieht. Das G. verlangt nur, daß der Nachrichtendienst in fremdem Interesse erfolgt[2]. Der Wert, den eine Nachricht hat, ist unerheblich. Sie kann auch falsch sein[3]. Das G. enthält nach diesen Richtungen keine Einschränkungen. Allerdings können sich hier im Einzelfall nach der subjektiven Seite Zweifel ergeben. Der Nachrichtendienst ist ein Vorsatzdelikt[4]. Der Täter muß mit Wissen und Willen in fremdem Interesse handeln. Das tut er unter Umständen nicht, wenn er bewußt falsch und irreführend berichtet (siehe jedoch unten 3).

3. Die Strafdrohung für alle in der Ziff. 1 des Art. 272 umschriebenen Varianten des Nachrichtendienstes lautet auf Gefängnis.

Die Ziff. 2 droht für schwere Fälle, deren Bestimmung dem freien Richterermessen anheimgegeben ist, Zuchthaus an. Als Beispiel hebt das G. den Fall hervor, daß der Täter zu Handlungen aufreizt oder „falsche" Berichte erstattet, die geeignet sind, die innere oder äußere Sicherheit der Eidgenossenschaft zu gefährden.

Die Ziff. 2 geht in mehrfacher Richtung über die in der Ziff. 1 enthaltenen Tatbestände hinaus:

Einmal enthält sie einen ganz neuen Tatbestand: Der Täter treibt nicht nur Nachrichtendienst. Er verbindet ihn mit einer Aufreizung zu Handlungen, die für die innere oder äußere Sicherheit der Eidgenossenschaft gefährlich sein können. Damit ist auf die Gebiete des Hoch- und des Landesverrats hingewiesen. Ja, wer in der angegebenen Weise aufreizt, erfüllt z. B. auch den Tatbestand gemäß Art. 266 Ziff. 1 I/II. Aber Art. 272 Ziff. 2 mit der im Vergleich zu Art. 266 Ziff. 1 schwereren Strafdrohung geht vor. — Aufreizen (inciter) ist ein besonders scharfes Auffordern. Folgen braucht es nicht zu haben. Es ist lediglich festzustellen, daß die Handlungen, auf die der aufreizende Bericht abzielt, die Sicherheit der Schweiz gefährden können.

---

[1] Gemeint sind parteiähnliche politische Organisationen, die als Partei nicht anerkannt sind (anarchistische, eventuell kommunistische Verbände oder solche mit antidemokratischen Tendenzen).

[2] BE. 66 I, 112. Art. 5 der VO. vom 6. August 1914 bestimmte enger als Art. 272 des G. und als Art. 2 des Spitzelgesetzes: Nachrichtendienst „zugunsten einer fremden Macht". Dazu auch AMSTALDEN: StenBull. StR. 1935, 230.

[3] BE. 65 I, 334f.

[4] BE. 66 I, 112.

Erschwert ist nach der Ziff. 2 auch die Erstattung falscher Berichte, die geeignet sind, die Sicherheit der Eidgenossenschaft zu gefährden. Die Beschränkung auf falsche (unwahre) Berichte ist verfehlt. Auch wahren Berichten kann selbstverständlich die Eignung zur Gefährdung der Staatssicherheit zukommen.

III. Vom politischen unterscheidet der Art. 274 des G., wie schon Art. 3 des Spitzelgesetzes, den militärischen Nachrichtendienst[1].

1. Die Täterhandlungen sind gleich wie in Art. 272 umschrieben: Nachrichtendienst betrieben, einen solchen Dienst einrichten, für solche Dienste anwerben oder ihnen Vorschub leisten. Was darüber oben II 1 gesagt wird, gilt auch hier[2].

2. Der Art. 274 ist namentlich im Zusammenhang mit Art. 86 des MilStG. zu betrachten. Er ist eine bedeutsame Ergänzung der militärrechtlichen Bestimmung[3]. Sie und auch Art. 106 des MilStG. in der durch die VO. vom 28. Mai 1940 ergänzten Fassung beziehen sich auf die Ausspähung und den Verrat von Tatsachen, Vorkehren, Verfahren oder Gegenständen, die mit Rücksicht auf die Landesverteidigung geheimgehalten werden (oben § 105 IV). Art. 274 reicht viel weiter. Abgesehen von den stark erweiterten Täterhandlungen, die Nachrichtendienst darstellen, braucht es sich nicht notwendig um militärische Geheimnisse in einem engeren Sinn zu handeln. Der militärische Nachrichtendienst kann sich auf Dinge erstrecken, die militärische Bedeutung haben, aber nicht vom Schleier des Geheimnisses umgeben sind, ja vielleicht gar nicht geheim gehalten werden können: militärisch interessante geographische Daten, allgemeine Lage von befestigten Anlagen, Belegung von Kasernen, Versorgungsverhältnisse der Truppe, aber auch der Zivilbevölkerung, Einstellung der Bevölkerung zur Armee usw.[4].

---

[1] Die Dreiteilung: politischer, militärischer und wirtschaftlicher Nachrichtendienst rechtfertigt sich trotz der dagegen erhobenen Einwendungen. Auch die Verschiedenheit in den Strafdrohungen der Art. 272—274 ist zu beachten. Für die Erfassung durch eine einheitliche umfassende Bestimmung hat sich Thilo: Contre les espions etc., 11 ausgesprochen (il n'y a aucune différence essentielle entre les trois infractions); ferner Thilo: Journ. des Trib., 1942, 395ff., vgl. auch Mahler (Lit. zu § 105): 33,128ff.

[2] Vgl. BE. 66 I, 113; Zürcher Bl. 37, Nr. 168 (Vorbereitungshandlungen).

[3] Vgl. auch Thilo: Journal des Tribunaux, 1942, 387. — Nach G. Art. 340 Ziff. 1 und Art. 342 hat das Bundesstrafgericht Fälle eines militärischen Nachrichtendienstes gegen die Schweiz (G. Art. 274) zu beurteilen; siehe schon oben I. Art. 1, lit. b der VO. des Bundesrates vom 4. August 1942 über Straf- und Verfahrensbestimmungen zum Schutze der Landesverteidigung und der Sicherheit der Eidgenossenschaft (GesSlg. 58, 741ff.) stellt dagegen solche Fälle „für die Dauer des gegenwärtigen Aktivdienstes" unter die Militärgerichtsbarkeit.

[4] BBl. 1935 I, 745; BE. 61 I, 412f.: Tatsachen, die einzeln an ihrem Ort allgemein erfahrbar sind, in ihrer Gesamtheit aber nur durch besondere Vorkehren in Erfahrung gebracht werden können; Tatsachen, die mitbestimmend sein können für militärpolitische Maßnahmen des Staates, für den der Nachrichtendienst er-

3. Art. 3 des Spitzelgesetzes sah nicht nur den militärischen Nachrichtendienst im Interesse des Auslands zum Nachteil der Schweiz vor, sondern berücksichtigte auch solche Dienste im Interesse des Auslandes zum Nachteil eines anderen fremden Staates. Diesen Fall der von der Schweiz aus betriebenen sog. internationalen Spionage hat das G. jetzt in den 16. Titel: Störung der Beziehungen zum Ausland übernommen (Art. 301; unten § 123 III)[1].

Nachteil für die Schweiz: Da es sich um den Schutz der Landesverteidigung handelt, darf der Begriff nicht eng ausgelegt werden. Schon eine Gefährdung der militärischen Sicherheit erfüllt ihn. Der Dienst muß für einen fremden Staat erfolgen. In Art. 3 des Spitzelgesetzes stand im Interesse des Auslandes. Gleich ist auch Art. 272 des G. gefaßt. Daß mit der unterschiedlichen Redaktion Verschiedenes gemeint sein soll, ergibt sich nicht. Die Erörterung (oben II 2) zum Art. 272 gilt entsprechend auch hier. Zur Erfüllung des Tatbestandes ist unnötig, daß dem fremden Staat die Nachricht zugekommen ist oder ihm einen Nutzen gebracht hat. Das folgt schon aus der weiten Spannung des Begriffes „Nachrichtendienst". — Für die Bestimmung des Vorsatzes gilt Entsprechendes wie beim politischen Nachrichtendienst (oben II 2).

Nicht zum Tatbestand gehört, ob der Täter für seine Dienste eine Belohnung erhalten hat oder nicht. Gewinnsucht kann bei der Strafzumessung berücksichtigt werden (G. Art. 50)[2].

4. Die Strafdrohung in Art. 274 lautet — niedriger als beim politischen und beim wirtschaftlichen Nachrichtendienst — auf Gefängnis oder Buße. Das erklärt sich damit, daß schwere Fälle, die eigentliche Militärspionage, unter den schweren Drohungen des Art. 86 und eventuell des Art. 106 des MilStG. stehen. In Art. 3 des Spitzelgesetzes war Art. 86 des MilStG. ausdrücklich vorbehalten[3].

Die Korrespondenz und das „Material" eines militärischen Nachrichtendienstes sollen in allen Fällen eingezogen werden (Art. 274 Ziff. 2.). Das geht über die Einziehungsbestimmung des Art. 58 hinaus. Auch ungefährliches Material kann, wenigstens politisch oder militärisch, interessant sein.

folgt; vgl. auch THORMANN-v. OVERBECK: Art. 274, N. 3; LÜTHI: Berner Z. 77, 400, 402f. (Entscheidend die Frage: Dient die Nachricht der fremden Militärpolitik?).

[1] Den gleichen Tatbestand unter dem Obertitel Neutralitätsverletzungen enthält auch Art. 93 des MitStG. im sog. Anpassungsgesetz vom 13. Juni 1941 (unten § 123 III).

[2] So auch THILO: Journ. des Trib. 1942, 387, 389, 394f.

[3] Die von MAHLER: 130 wegen Nichtübernahme dieses Hinweises in das G. geäußerten Bedenken bestehen nicht. Die Anwendung des Art. 86 des MilStG. muß, wenn die Voraussetzungen gegeben sind, selbstverständlich erfolgen. — Die VO. vom 4. August 1942 über Straf- und Verfahrensbestimmungen zum Schutze der Landesverteidigung usw. (GesSlg. 58, 741 ff.) läßt jetzt auch Zuchthausstrafe zu (Art. 1 III).

IV. Der wirtschaftliche Nachrichtendienst (Art. 273) unterscheidet sich von den beiden anderen Arten nicht nur nach dem Ziel, sondern auch nach der Art der Ausführung[1]. In der Redaktion zeigt der Art. 273 eine dem Art. 86 des MilStG. ähnliche Form:

1. Abs. I enthält den Spionagetatbestand, die Auskundschaftung eines Fabrikations- oder Geschäftsgeheimnisses. Das muß, obschon Art. 273 es nicht ausdrücklich sagt, zum Nachteil der schweizerischen Wirtschaft geschehen[2]. Auskundschaften heißt ausspähen, vielleicht mit der besonderen, für den Wirtschaftsspion charakteristischen Note, daß er sich, wenn es gelingt, in einen Fabrik- oder Geschäftsbetrieb eingliedert und in ihm tätig wird. — Unter Fabrik- und Geschäftsgeheimnissen nach Art. 273 ist zunächst Gleiches zu verstehen wie nach Art. 162; oben § 69 III 1. Die Praxis zum Spitzelgesetz hat aber den Begriff sehr weit ausgedehnt[3]. Die oben in § 69 IV gegebene Darstellung der Wirtschaftsspionage ist noch auf den Text des Art. 4 des Spitzelgesetzes gegründet. Die Erweiterung der Fassung durch den Art. 273 des G. ist von sehr großer Bedeutung. Im Spitzelgesetz war die Absicht des Wirtschaftsspions noch mit den Worten umschrieben: um das Geheimnis einer „fremden Regierung, Behörde, Partei oder ähnlichen Organisation oder ihren Agenten zugänglich zu machen". Das war ganz ungenügend[4]. Der Art. 273 hat den Tatbestand jetzt nach den verschiedenen Richtungen geführt, die der Wirtschaftsspion einschlagen kann. Nach dem neuen Text erfolgt die Auskundschaftung, um das Geheimnis einer fremden amtlichen Stelle oder einer ausländischen Organisation oder privaten Unternehmung oder ihren Agenten zugänglich zu machen. Damit sind alle Stellen und Personen genannt, die als mögliche Adressaten einer solchen Wirtschaftsspionage dem Land gefährlich werden können. „Agent" ist jeder, der im Interesse einer der genannten ausländischen Stellen tätig wird. Ein Handeln aus Auftrag fordert das G. nicht.

---

[1] Rechtsvergleichende Hinweise bei HAFTER: 209, 216f., 222; MAHLER: 28ff.; WACHTER: 69ff.

[2] THILO: Contre les espions . . ., 13: die Bestimmung erfaßt nicht eine im Ausland zum Nachteil einer ausländischen Firma betriebene Spionage.

[3] BE. 65 I, Nr. 10: Geschäftsgeheimnisse zunächst Tatsachen geschäftlicher Natur, die nach dem Willen des Geschäftsinhabers nicht außerhalb des Betriebes stehenden Personen oder der Öffentlichkeit preisgegeben werden sollen. Darüber hinaus Tatsachen des Wirtschaftslebens, an denen auch andere in der Schweiz sich aufhaltende Personen als ein Geschäftsinhaber ein Geheimhaltungsinteresse haben, z. B. Arbeitnehmer eines schweizer. Betriebes mit Bezug auf Lohnverhältnisse. Ferner BE. 65 I, 333: alle Tatsachen des Wirtschaftslebens, an deren Geheimhaltung ein „schutzwürdiges Interesse" liegt — auch Verhältnisse der privaten Vermögens- und Einkommenwirtschaft. Ob eine Nachricht wahr oder falsch ist (angebliche Devisenschiebungen einer Privatperson), macht für die Strafbarkeit keinen Unterschied (334f.).

[4] Zur Frage der Erweiterung. Hafter: 213ff.

2. Den Geheimnisverrat erfaßt der Abs. II. Er ist erfüllt, wenn der Inhaber eines Geheimnisses es einer der genannten fremden Stellen zugänglich macht. Das kann durch Mitteilung geschehen. Aber auch Andeutungen und Hinweise, wie an ein Wirtschaftsgeheimnis heranzukommen ist, genügen (vgl. oben § 104 IV 1 zum Art. 267 Ziff. 1 I). — Wie in entsprechenden anderen Fällen, z. B. beim Tatbestand der Verletzung militärischer Geheimnisse gemäß Art. 86 des MilStG., gilt auch für den Art. 273, daß, wer selbst ein Wirtschaftsgeheimnis ausgekundschaftet hat und es dann an eine fremde Stelle weitergibt, nur aus Abs. I zu bestrafen ist[1]. Der Abs. II trifft daher einen Geheimnisträger, der ein Wirtschaftsgeheimnis kennt oder erfährt, ohne ausgekundschaftet zu haben (oben § 105 IV 3).

3. Die Strafdrohung lautet für Spionage und Verrat gleich auf Gefängnis, in schweren Fällen auf Zuchthaus. Ob ein schwerer Fall vorliegt, ist Ermessensfrage. Anders als der Art. 272 nennt Art. 273 keine Beispiele. Man mag aber aus Art. 272 Ziff. 2 auf einen schweren Fall von Wirtschaftsspionage schließen, wenn Geheimnisse ausgespäht oder verraten werden, deren Bewahrung auch im staatlichen Interesse liegt, ohne daß es sich um ein Staatsgeheimnis handelt (vgl. Art. 267 Ziff. 1 I). Die verschärfte Strafdrohung soll den Wirtschaftsspion und -verräter treffen, der irgendwie auch die staatliche Sicherheit gefährdet. Diese Feststellung zeigt, wie nahe die drei Arten des politischen, militärischen und wirtschaftlichen Nachrichtendienstes beieinander liegen. Idealkonkurrenz zwischen ihnen ist möglich[2]. — In jedem Fall, auch wenn ein Handeln aus Gewinnsucht (Art. 50 I) nicht gegeben oder nicht bewiesen ist, kann der Richter neben der Freiheitsstrafe zu Buße verurteilen[3].

II. Ergänzende Staatsschutzbestimmungen.

§ 108. Verletzung schweizerischer Hoheitsinteressen.

Literatur. v. Wattenwyl: Die Verletzung schweizerischer Gebietshoheit, Berner Diss. (1925). — Stämpfli: Z. 47, 58ff. — Lüthi: Berner Z. 77, 393ff. — Frey: Die Gebietshoheit im schweizer. Staatsrecht und im Völkerrecht, Zürcher Diss. (1932).

I. Als **Verletzung schweizerischer Gebietshoheit** bezeichnet der Art. 269 des G. das in Verletzung des Völkerrechts erfolgende Eindringen auf

---

[1] Ebenso Thormann-v. Overbeck: Art. 273, N. 8. Unrichtig noch Hafter: 213.

[2] Über Zusammenhänge der Wirtschaftsspionage mit unlauterem Wettbewerb und Verletzung von Patent- und Musterschutzrechten Hafter: 206f., 211f., 219ff.; Mahler: 170f., 175ff.

[3] Nur die Vorsatztat ist strafbar. Das ist hinsichtlich des Verratstatbestandes im zweiten Absatz des Art. 273 nicht zu billigen; vgl. Hafter: 211 und 224f.

schweizerisches Gebiet. Die Bestimmung geht auf Art. 39 des BStG. von 1853: Verletzung des schweizerischen Gebietes oder Verübung einer „anderen völkerrechtswidrigen Handlung gegen die Schweiz“ zurück[1]. Der neue Text des Art. 269 hebt nur einen Fall der Gebietsverletzung heraus: das Eindringen auf schweizerisches Gebiet, wenn es in Verletzung des Völkerrechts geschieht. Die notwendige Ergänzung des Schutzes staatlicher Hoheitsinteressen, der staatlichen Herrschaftssphäre, erfolgt durch den Art. 271 (unten II).

Das Gegenstück zu den Art. 269 und 271 bildet der Art. 299 Ziff. 1 mit dem Tatbestand: Verletzung fremder Gebietshoheit (unten § 122). Wenn die Schweiz so geartete Angriffe auf fremde Staaten strafrechtlich ahndet, so muß sie erst recht auch den eigenen Staat schützen[2].

1. Der Art. 269 schützt das schweizerische Staatsgebiet, politisch-geographisch verstanden, gegen Verletzungen, die von außen her erfolgen (violation de la souveraineté territoriale). Das ergibt sich daraus, daß ein Eindringen gefordert wird, ähnlich wie es beim Hausfriedensbruch der Fall ist, wo das G. ebenfalls das Wort „Eindringen“ verwendet (Art. 186). Eindringen bedeutet beim Delikt des Art. 269, daß ein Betreten schweizerischen Staatsgebietes im Widerspruch mit geschriebenem oder ungeschriebenem Völkerrecht (Vertrags- und Gewohnheitsrecht) erfolgt. Gewalt braucht nicht angewendet zu werden[3]. Auch ein Einschleichen und insbesondere ein Einfliegen kann den Tatbestand erfüllen. Auch der Luftraum gehört zum Staatsgebiet[4], ebenso das im Staatsraume sich befindende Erdinnere[5].

2. Wann ein Eindringen in Verletzung des Völkerrechts gegeben ist, läßt sich bei der Unsicherheit dieses Rechtsgebietes schwer abschließend bestimmen. In gewissen Fällen besteht aber wohl, wenigstens theoretisch, Klarheit: Eindringen fremder Truppen, auch einer abgedrängten Armee, wenn ihr Übertritt in die Schweiz nicht genehmigt wird; das Einfliegen in den schweizerischen Luftraum durch die Luftwaffe einer fremden Macht, auch ein kriegsähnliches Eindringen durch Privatpersonen (Freischarenzüge[6]). Solche Fälle werden sich in der

[1] Vgl. noch die Fassung in Art. 197 des VE. 1908: „Wer schweizerisches Gebiet, dem Völkerrecht zuwider, verletzt.“ — Zu Art. 39 des BStG. STÄMPFLI: Z. 47, 58ff. und eodem 135f. (Einstellungsbeschluß der Anklagekammer des Bundesgerichts in der Polizeispitzelaffäre FIRSTERMACHER).

[2] LÜTHI: Berner Z. 77, 393f.

[3] Unrichtig der Vorschlag von BOLLI: Prot. II. ExpKom. 4, 389 mit der Beschränkung auf eine gewaltsame Verletzung.

[4] LÜTHI: Berner Z. 77, 394; STÄMPFLI: Z. 45, 4f. mit weiteren Literaturangaben.

[5] Tunnelbohrung am Simplon, ausgehend von schweizerischem und übergreifend auf italienisches Staatsgebiet, dazu BURCKHARDT: Schweizer. Bundesrecht, 1, Nr. 11.

[6] LÜTHI: a. a. O. 395; HUBER: Prot. II. ExpKom. 4, 390: Die materielle Verletzung des Gebietes wird sehr selten sein. Zu beachten heute namentlich das Einfliegen fremder Flieger.

Regel einer strafrechtlichen Verfolgung entziehen. Eher ist ihr erreichbar der fremdstaatliche Polizei- oder Zollbeamte, der in Verfolgung eines Delinquenten unrechtmäßig auf schweizerisches Staatsgebiet eindringt. Dann fragt es sich aber ob nicht bereits der Tatbestand aus Art. 271 I — verbotene Handlungen für einen fremden Staat — gegeben ist[1]. — Grenzübertritt in die Schweiz ohne gültige Ausweise (Paß, Visum) ist kein Eindringen im Sinne des Art. 269, da dadurch nicht Völkerrecht sondern nur fremdenpolizeiliches Landesrecht verletzt wird[2].

3. Der Vorsatz des Täters muß auf das „Eindringen" in schweizerisches Gebiet gehen. Der Flieger z. B., der sich in den schweizerischen Luftraum verirrt, ist nicht strafbar. Irrt der Täter in der Frage, ob er durch sein Eindringen Völkerrecht verletzt, so ist zweifelhaft, ob Tat- oder Rechtsirrtum angenommen werden soll (Art. 19 oder Art. 20). Wieder einmal zeigt sich, wie verfehlt die hier vom G. getroffene Unterscheidung zwischen Tat- und Rechtsirrtum ist. Die Anwendung des Art. 19 ist zu befürworten, also ein Irrtum über einen Tatumstand anzunehmen.

4. Die Strafdrohung des Art. 269 lautet auf Zuchthaus oder Gefängnis. So der deutsche Text, während durch ein Redaktionsversehen im französischen und im italienischen Text die in Art. 233 des E. 1918 vorgesehene Drohung: Gefängnis oder Buße stehen geblieben ist[3].

II. Mit dem Art. 269 steht der Art. 271: **Verbotene Handlungen für einen fremden Staat** im engsten Zusammenhang. Im E. 1918 Art. 233 waren die Tatbestände zusammengefaßt. Die Auseinanderlösung hat das Gute, daß sie den Unterschied zwischen dem Schutz des Staates als Landesgebiet (violation materielle du territoire) und dem Schutz anderer staatlicher Hoheitsinteressen, der Herrschaftssphäre, deutlicher hervortreten läßt. Entscheidend ist zunächst, daß die Gebietsverletzung gemäß Art. 269 von außen her erfolgt, während die Hoheitsverletzung nach Art. 271 auf schweizerischem Gebiet selbst geschieht, ohne daß ein „Eindringen" des Täters vorzuliegen braucht[4].

Der Art. 271 ist die Wiedergabe von Art. 1 des Spitzelgesetzes vom

---

[1] Wie zweifelhaft die Tragweite des Art. 269 ist, zeigen weitere in der Literatur erörterte Beispiele. Abzulehnen die von HUBER: Prot. II. ExpKom. 4, 390 genannten Fälle: Überschwemmung schweizerischen Gebiets durch eine Wasseranlage an der Grenze, Schießen über die Grenze. Von einem „Eindringen" kann hier nicht die Rede sein. LÜTHI: a. a. O. 394f. lehnt richtig solche unnachbarlichen Einwirkungen, z. B. auch durch Scheinwerfer, als unter Art. 269 fallend, ab. Vgl. ferner FREY: 148f., 151ff. (Praxis).

[2] THORMANN-v. OVERBECK: Art. 269, N. 3.

[3] Die Redaktion der welschen Texte ist nachträglich durch einen, staatsrechtlich allerdings anfechtbaren Bundesratsbeschluß vom 20. November 1941 berichtigt worden.

[4] Prot. II. ExpKom. 4, 390f.; v. WATTENWYL: 13, 20f., 26f., 30f.; vgl. auch FREY: 7ff., 146ff.

21. Juni 1935 (GesSlg. 51, 482ff.; oben § 101 IV 3)[1]. Die Bestimmung schützt die Herrschaft des Staates innerhalb seines Gebietes in dem Sinne, daß kein fremder Staat auf schweizerischem Gebiet seine Staatsgewalt ausüben darf, es sei denn daß eine besondere Bewilligung oder Genehmigung vorliegt[2]. Anders als der in der Praxis als unzureichend befundene Art. 39 des BStG. von 1853, der sich auf die allgemeine Formel: Verletzung schweizerischen Gebietes oder Verübung einer „anderen völkerrechtswidrigen Handlung" beschränkt, enthält der Art. 271 besondere Verbotstatbestände. Die Strafdrohung lautet auf Gefängnis, in schweren Fällen auf Zuchthaus.

1. Strafbar ist, wer auf schweizerischem Gebiet ohne Bewilligung Handlungen für einen fremden Staat vornimmt, die einer Behörde oder einem Beamten zukommen (Abs. I)[3]. — Handlungen für einen fremden Staat bedeutet, daß eine Tätigkeit im Interesse einer ausländischen Behörde entfaltet wird. Ob das mit oder ohne Auftrag einer fremden Behörde geschieht, und ob der Täter ein (ausländischer) Beamter oder eine Privatperson ist, bleibt sich gleich[4]. Gemeint sind Handlungen, die ihrem Wesen nach in die Zuständigkeit einer schweizerischen Behörde oder eines schweizerischen Beamten gehören — Behörden und Beamte des Bundes, eines Kantons oder einer Gemeinde: Polizeiliche Erhebungen, Festnahmen, Verhaftungen, prozessuale Vernehmungen, Augenscheine, Vollstreckungshandlungen, Erhebungen für ausländische Zollbehörden, Devisenstellen usw.[5].

Die verbotene Handlung muß auf schweizerischem Gebiet erfolgen. Genügend ist, wenn ein Teil der Tätigkeit in der Schweiz vorgenommen wird (G. Art. 7).

Die Bewilligung einer fremdstaatlichen Handlung durch Staatsvertrag,

---

[1] Vgl. schon Art. 8 des in der Volksabstimmung verworfenen BGes. vom 13. Oktober 1933 zum Schutze der öffentlichen Ordnung (oben § 101 IV 2). Die Bestimmung wurde geschaffen, weil die Anklagekammer des Bundesgerichts die Anwendbarkeit des Art. 39 des BStG. von 1853 auf die Umtriebe von Polizeispitzeln (Fall FIRSTERMACHER) verneint hatte; BBl. 1935 I, 744 und dortige Zitate.

[2] FLEINER: Bundesstaatsrecht, 85ff.; FREY: 10ff.

[3] Erläuterungen bei THORMANN-v. OVERBECK: Art. 271, N. 2—9; LÜTHI: 396ff.

[4] BE. 65 I, 43ff. (Handlungen „für die Interessen" ausländischer Devisenbehörden und damit für einen fremden Staat).

[5] StenBull. NR. 1935, 224; StR. 1935, 229; BE. 65 I, Nr. 9: Unter Art. 1 I des Spitzelgesetzes — jetzt G. Art. 271 I — fallen alle Handlungen, die sich ihrer Natur nach als Amtstätigkeit darstellen. Dazu gehören Untersuchungshandlungen zu steuer-, devisen- und strafrechtlichen Zwecken. Vgl. die Beispiele im Prot. II. ExpKom. 4, 388ff., 391 (auch Vornahme einer Trauung durch einen ausländischen Konsul). Weitere Beispiele bei BURCKHARDT: Schweizer. Bundesrecht, 1, Nr. 15ff., FREY: 151ff., ferner das Kreisschreiben des Bundesrates vom 9. August 1918 betreffend Unzulässigkeit der Vornahme von Amtshandlungen durch fremde Agenten oder Beamte (BBl. 1918 IV, 370ff.).

Gesetz oder Erlaubnis einer zuständigen schweizerischen Behörde schließt die Rechtswidrigkeit aus[1].

2. In Ergänzung des Grundtatbestandes in Abs. I stellt der Abs. II des Art. 271 das Vorschubleisten zu solchen Handlungen unter die gleiche Strafdrohung. Daraus ergibt sich, daß, wie beim verbotenen Nachrichtendienst aus Art. 272 und 274, jede irgendwie geartete Tätigkeit, Beihilfe und Vorbereitung, als vollendetes Delikt, als Täterhandlung, erfaßt wird (oben § 107 II 1)[2].

3. Der III. Absatz des Art. 271 geht über den Rahmen des Tatbestandes in Abs. I und über das Marginale hinaus. Um eine Handlung für einen fremden Staat braucht es sich nicht notwendig zu handeln. Auch das Moment: Handlung, die einer schweizerischen Amtsstelle zukommt, fehlt. Eine Verletzung schweizerischer Gebietshoheit braucht nicht vorzuliegen. Der Abs. III stellt ein besonders geartetes Entführungsdelikt dar, das in den Kreis der Delikte gegen die Freiheit (Art. 180ff.) gehört. Es ist in den Art. 271 übernommen worden, weil der Gesetzgeber Fälle mit politischem Hintergrund im Auge hatte[3]. Jedermann, der Schweizer wie der Ausländer, kann Täter sein.

Als Mittel, die zur Entführung einer Person ins Ausland zur Verwendung kommen, nennt das G. Gewalt, List und Drohung. Damit gelingt es dem Täter, sich seines Opfers zu bemächtigen und es von schweizerischem auf ausländisches Gebiet zu bringen[4]. Zum Entführungsvorsatz muß dem Täter eine bestimmte Absicht nachgewiesen werden, die das G. nach zwei Richtungen vorsieht:

Die Entführung geschieht, um das Opfer einer fremden Behörde, Partei oder ähnlichen Organisation zu überliefern. Art. 271 III verwendet die gleichen Ausdrücke wie Art. 272 Ziff. 1 I beim Tatbestand des politischen Nachrichtendienst (oben § 107 II 2). Der Unterschied besteht jedoch darin, daß beim Nachrichtendienst auch eine in der Schweiz sich befindliche fremde Organisation als Nachrichtenempfänger in Betracht kommen kann, während nach Art. 271 III der Entführte ins Aus-

---

[1] Beispiele: Grenzzollverkehr, internationaler Eisenbahnverkehr, Feststellungen betreffend Verbrechen und Unglücksfällen bei Tunnelbauten, die von einem Staat auf einen anderen übergreifen; vgl. BURCKHARDT: a. a. O. 1, Nr. 11—14. Dagegen ist die Einwilligung allfällig durch die Handlung verletzter Privater kein Strafausschließungsgrund: BE. 65 I, 46.

[2] Zum Begriff Vorschubleisten siehe auch oben § 28 II 2 zu Art. 198. — Einziehung der dem Täter durch die fremde Behörde übergebenen Akten, die zur Vornahme der verbotenen Handlung gedient haben: BE. 65 I, 47.

[3] BBl. 1935 I, 744. Nicht zutreffend LÜTHI: a. a. O. 398, der den Abs. III als qualifizierten Sonderfall der Handlung für einen fremden Staat (Abs. I) bezeichnet. — Im Art. 275, dem Tatbestand: Rechtswidrige Vereinigung wird auch auf den Art. 271 hingewiesen (Entführungskomplott); vgl. unten § 109 I 4.

[4] Über den Begriff der Entführung und die vom Täter angewendeten Mittel namentlich oben § 21 I und II.

land gebracht wird, um einer dort bestehenden fremden Organisation in die Hände gespielt zu werden.

Daneben sieht Art. 271 III als weiteren Fall vor, daß die Entführung geschieht, um das Opfer einer Gefahr für Leib und Leben auszusetzen. Das erinnert an den Gefährdungstatbestand des Art. 129 (oben § 11). Bedenkt man, daß hinter dem Entführungsdelikt des Art. 271 wohl immer politische Hintergründe liegen, so ist die Gefahr, der das Opfer ausgesetzt werden soll, darin zu sehen, daß ihm im Ausland schwerste politische Verfolgung durch die Behörden oder auch durch Privatpersonen droht.

Beide vom Täter verfolgten Ziele: die Überlieferung an eine ausländische Organisation und die Leib- und Lebensgefährdung können zusammentreffen.

Die Tat ist mit der Verbringung des Opfers ins Ausland vollendet. Aber nach Abs. IV steht auch schon unter der vollen Strafdrohung, wer eine Entführung vorbereitet, immer unter der Voraussetzung, daß die in Abs. III umschriebene Absicht des Täters bewiesen ist. Ist die Tätigkeit über eine bloße Vorbereitung hinaus zum Versuch gediehen, so darf über die volle Strafbarkeit des Täters kein Zweifel bestehen[1].

4. Zwischen Art. 271 III und einer Reihe anderer Tatbestände können Beziehungen bestehen: Drohung (Art. 180), Nötigung (Art. 181), Freiheitsberaubung (Art. 181), Entführung gemäß Art. 183 I und eventuell auch gemäß Art. 184 I gehen in dem spezielleren Tatbestand des Art. 271 III auf. — Möglich ist, daß mit dem Art. 271, namentlich mit dessen Abs. I, das Delikt der Amtsanmaßung (Art. 287 und dazu unten § 118) in Konkurrenz tritt. Das ist aber wohl nur dann der Fall, wenn der Täter einer aus Art. 271 strafbaren Tat in einer Weise auftritt, als ob ihm schweizerische Amtsgewalt oder schweizerische militärische Befehlsgewalt zustände.

5. Art. 4 nennt unter den Delikten, die, auch wenn sie im Ausland verübt werden, dem schweizerischen Gesetz unterworfen sind, den Art. 271. Das ist nur teilweise durchführbar: Die Vornahme von Handlungen für einen fremden Staat nach Abs. I muß auf schweizerischem Gebiet erfolgen, und die Entführung nach Abs. III geschieht vom inländischen Gebiet aus. Sie vollendet sich aber im Ausland (vgl. Art. 7). Dagegen können das Vorschubleisten gemäß Abs. II und die Vorbereitung einer Entführung nach Abs. IV im Ausland geschehen.

III. Ebenfalls als eine Verletzung von Hoheitsinteressen erfaßt das G. **tätliche Angriffe auf schweizerische Hoheitszeichen** (Art. 270). Durch den Art. 298 wird ein entsprechender Schutz auch den Hoheitszeichen eines fremden Staates gewährt (unten § 121 III). Die VE. hatten merkwürdigerweise nur den Schutz fremder, nicht der schweizerischen Zeichen

[1] Im Resultat gleich THORMANN-v. OVERBECK: Art. 271, N. 17.

erfaßt (VE. 1918 Art. 221). Die Lücke mußte geschlossen werden[1]. — Staatliche Wappen und Fahnen sind Symbole. In ihrer Bezeichnung als Hoheitszeichen liegt eine leichte Übertreibung. Stellen sie wirklich Hoheitsinteressen dar?[2] Das dem Art. 270 zugrunde liegende Schutzobjekt sind eher patriotische Gefühle als Hoheitsinteressen[3].

1. Art. 270 nennt als Angriffsobjekte Wappen und Fahnen der Eidgenossenschaft oder eines Kantons. Er nennt sie als Beispiele, denkt also auch an andere „Hoheitszeichen", als welche vor allem die entsprechenden Zeichen der Gemeinden, auch Amtsschilder, zu betrachten sind. Sie müssen von einer Behörde angebracht sein. Die von einem Verein oder einer Privatperson angebrachten Embleme werden von der Bestimmung nicht umfaßt.

Eine Auslegungsschwierigkeit ergibt sich daraus, daß das „Hoheitszeichen" angebracht sein muß (arboré, esposto)[4]. Deshalb ist mindestens zweifelhaft, ob auch die bei einem Umzug offiziell getragenen Embleme, ferner das Schwert, das der Landamman an einer Landsgemeinde trägt und die in den Landesfarben gehaltenen Mäntel der Standesweibel usw. durch die Bestimmung gedeckt sind[5].

2. Gleich wie der Art. 298 nennt der Art. 270 dreierlei verletzende Handlungen:

Das böswillige Wegnehmen. Das steht der Sachentziehung (Art. 143) nahe, der aber der Art. 270 als Sonderbestimmung vorgeht. Handelt jedoch der Täter in Bereicherunsabsicht, so ist er nicht nur aus Art. 270, sondern auch wegen Diebstahls strafbar (Idealkonkurrenz mit Art. 137)[6].

---

[1] Prot. II. ExpKom. 5, 328 (Hafter); 8, 341; E. 1918 Art. 232. — Ansätze zu einer Ordnung in einigen kantonalen Rechten: Luzern, PolStG. § 62 (Beschimpfung von Wappen oder anderen Abzeichen des Staates); Obwalden, PolStG. Art. 45 II (Besudelung und Verunehrung von Wappen und anderen Abzeichen des Staates oder der Gemeinden); Freiburg Art. 157 (auf Verfügung oder Veranlassung der Behörde errichtete Hoheitszeichen, namentlich Wappen oder Flaggen des Kantons Freiburg, eines anderen Kantons oder der Eidgenossenschaft — Wegnahme, Verunehrung oder tätliche Beschimpfung); Schaffhausen § 114; Waadt Art. 293 (outrage au drapeau ou à un autre emblème de souveraineté du canton, de la Confédération ou d'un canton confédéré).

[2] Gut darüber Wettstein: Prot. II. ExpKom. 5, 327; vgl. auch unten § 121 II.

[3] Unzutreffend Lüthi: Berner Z. 77, 398 mit der Annahme, der Angriff auf ein schweizerisches Hoheitszeichen sei völkerrechtswidrig; siehe unten 3.

[4] Art. 298 sagt einschränkend „öffentlich angebracht"; unten § 121 III 1.

[5] Für eine weite Auslegung, für die sich gute Gründe geltend machen lassen, Thormann-v. Overbeck: Art. 270, N. 3. Kritisch mag man bemerken, daß der erst spät in das G. eingefügte Art. 270 ungenügend überdacht wurde. Vgl. die weitere Fassung in § 135 des deutschen StGB.: Wegnahme, Zerstörung usw. eines öffentlichen Autoritäts- oder eines Hoheitszeichens — nicht nur „angebrachte" Zeichen; dazu Binding: Lb. 2 II, 504.

[6] Ebenso Binding: Lb. 2 II, 504.

Das Beschädigen. Hier geht der Art. 270 dem Sachbeschädigungstatbestand des Art. 145 vor, der aber neben dem Beschädigen auch das Zerstören und das Unbrauchbarmachen einer fremden Sache nennt. Sinngemäß umfaßt der Ausdruck Beschädigung in Art. 270 auch solche noch intensivere Einwirkungen (oben § 43 I 2)[1].

Die Verübung beleidigender Handlungen. Das sind Handlungen, mit denen der Täter seine Mißachtung des „Hoheitszeichen" und damit indirekt des Staates zum Ausdruck bringt. Der Ausdruck „beleidigende Handlungen" an einem Hoheitszeichen und das Marginale des Art. 270 schließen die wörtliche Beschimpfung aus[2]. Es hat bei der tätlichen Beschimpfung, bei einer körperlichen, mit Beleidigungsvorsatz erfolgenden Einwirkung sein Bewenden (oben § 38 I 4). Unterlassung einer Ehrenbezeugung, z. B. das Nichtgrüßen einer Fahne, bleibt straflos.

3. Die Strafdrohung in Art. 270 lautet auf Gefängnis oder Buße, während die Verletzungen der Hoheitsrechte, wie sie in den Art. 269 und 271 umschrieben sind, mit Zuchthaus oder Gefängnis bedroht sind. Wenn es sich bei Art. 270 wirklich um die Verletzung von Hoheitsinteressen handeln würde, wäre die geringfügige Strafdrohung verwunderlich. — Art. 4 nennt bei den dem schweizerischen Recht unterworfenen Auslandstaten auch den Art. 270. Danach ist auch der Angriff auf ein „Hoheitszeichen", das an einer schweizerischen Gesandtschaft oder einem Konsulat im Ausland angebracht ist, strafbar. Vom Standpunkt des eigenen Landes aus geschieht das aber nicht zum Schutz völkerrechtlicher Interessen (siehe dagegen unten § 121 III zum Art. 298).

4. Das BGes. vom 5. Juni 1931 zum Schutz öffentlicher Wappen und anderer öffentlicher Zeichen (GesSlg. 48, 1ff.) geht in einer ganz anderen Richtung als der Art. 270 des G. Es verbietet die Verwendung von „Hoheitszeichen" zu geschäftlichen Zwecken.[3] Von einiger Bedeutung für die Auslegung des Art. 270 ist die im BGes. gegebene Umschreibung der „Hoheitszeichen". Es nennt als Hauptbeispiele die Wappen der Eidgenossenschaft, der Kantone, Bezirke, Kreise und Gemeinden und solche Wappen darstellende Fahnen, ferner das eidgenössische Kreuz und charakteristische Bestandteile von Kantonswappen (Art. 1 Ziff. 1, Art. 2 Ziff. 1, Art. 5 lit. a, Art. 13 II).

---

[1] Vgl. Zürcher Bl. 28, Nr. 31: Wegnahme der Fahne einer fascistischen Vereinigung. Zerstörung der Fahne, die in einen Fluß geworfen und nicht mehr gefunden werden konnte. Bestrafung wegen Sachbeschädigung nach zürcherischem Recht. Zerstörung ist gesteigerte Beschädigung; BINDING: 504.

[2] So ZÜRCHER: Prot. II. ExpKom. 6,96. Auch Freiburg Art. 157 sagt „tätlich beschimpft", während Waadt Art. 293 von outrager par des actes, des gestes ou des paroles spricht.

[3] Über diesen Wappenschutz BURCHKARDT: Bundesrecht, 1, Nr. 5.

§ 109. Weitere Störungen der staatlichen und militärischen Sicherheit.

Literatur. KIND: Hinderung des Militärdienstes und Aufreizung zur Dienstpflichtverletzung durch Zivilpersonen, Berner Diss. (1913).

Bei den hier zu erörternden Tatbeständen ergibt sich fast durchgängig ein Zusammenspiel des bürgerlichen StGB. mit dem MilStG. Nur durch eine die beiden Gesetze umfassende Darstellung ist ein vollständiges Bild zu gewinnen. Der leitende Gedanke ist: Schutz der staatlichen Sicherheit und Schutz der Landesverteidigung und der Wehrkraft.

I. Erst in der parlamentarischen Beratung ist der Tatbestand: **Rechtswidrige Vereinigung** (Art. 275) in das G. eingefügt worden[1]. Er setzt der verfassungsmäßig garantierten Vereinsfreiheit Grenzen. Er ergänzt die Art. 265 (Hochverrat), 266 (Landesverrat), 271 (Verbotene Handlungen für einen fremden Staat) und 272—274 (Verbotener Nachrichtendienst) in der Weise, daß bestimmt geartete Vorbereitungshandlungen zu diesen Delikten mit Gefängnis bedroht werden. Dem Art. 275 stand der Art. 99 des MilStG. zu Gevatter[2].

1. Nach dem Grundtatbestand (Abs. I) ist strafbar, wer eine Vereinigung gründet, die bezweckt oder deren Tätigkeit darauf gerichtet ist, Handlungen vorzunehmen, die als Hochverrat, Landesverrat usw. strafbar sind. Daß Leute, die auf solche Ziele ausgehen, sich in einer Organisation zusammenschließen, liegt nahe. Bei dem im Art. 275 ebenfalls genannten Art. 271 kommt aber wohl höchstens der Entführungstatbestand gemäß Abs. III (oben § 108 II 3) in Frage[3]. Unter Vereinigung ist in einem weiten Sinne jeder auf Dauer berechnete Zusammenschluß von Gesinnungs- und Deliktsgenossen zu verstehen[4]. Daß ein Verein im Sinne des ZGB. (Art. 60ff.) mit vielleicht die wirklichen Zwecke tarnenden Statuten gegründet wird, ist selbstverständlich nicht erforderlich. — Worin der Unterschied: Gründung einer Vereinigung, „die bezweckt oder deren Tätigkeit darauf gerichtet ist", bestehen soll, ist nicht er-

---

[1] StenBull. StR. 1931, 656ff.; 1932, 138ff.; vom NR. zunächst abgelehnt: StenBull. 1934, 410, dann genehmigt: 1936, 1094; vgl. auch MAHLER (Lit. zu § 105): 131f., 155f.; COMTESSE (Lit. zu § 103): 76ff. (Einschränkungen der Versammlungs- und Vereinsfreiheit bei hochverräterischem Mißbrauch; Darstellung der Entwicklung).

[2] Schon das in der Volksabstimmung verworfene BGes. vom 31. Januar 1922, die sog. Umsturznovelle (oben § 101 IV 1), hatte eine dem heutigen Art. 99 des MilStG. entsprechende Bestimmung, die sich gegen „Soldatenräte" richtete, vorgesehen; BBl. 1922 I, 140.

[3] THORMANN-v. OVERBECK berücksichtigen in der Erläuterung zu Art. 275 den Art. 271 überhaupt nicht.

[4] Vgl. auch BINDING: Lb. 2 II, 903ff. zum Begriff „Verbindung" in §§ 128 und 129 des deutschen StGB. (Geheimbündelei; Teilnahme an staatsfeindlichen Verbindungen).

findlich. Der bei der Gründung offen oder getarnt gesetzte Zweck gibt ja die Richtung an.

2. Unter der vollen Strafdrohung steht nicht nur der Gründer. Auch wer einer bereits erfolgten Gründung beitritt, oder, ohne Mitglied der Vereinigung zu sein, an ihren Bestrebungen sich beteiligt, ist Täter (Abs. II). Gleiches gilt auch für denjenigen, der Weisungen der Vereinigung befolgt, was wohl schon durch die Worte „sich an ihren Bestrebungen beteiligt" gedeckt ist. Täter ist endlich, wer zur Bildung „solcher Vereinigungen" — weshalb der Plural? — auffordert (Abs. III). Das geht über die Anstiftung hinaus. Ob die Aufforderung Erfolg hat oder ins Leere trifft, ist gleichgültig.

Bei dieser weiten Ausgestaltung der Tatmöglichkeiten kann man dem Gesetzgeber jedenfalls nicht den Vorwurf der Lückenhaftigkeit machen[1]. Dazu kommt, daß bei der ganzen Deliktsreihe Versuch möglich und nach Art. 21ff. strafbar ist. Im Hinblick auf die besonderen Tatbestände in den Abs. II und III erübrigt sich dagegen die Anwendung der Teilnahmebestimmungen.

3. Es muß sich um eine rechtswidrige Vereinigung handeln. Ob das zutrifft, ergibt sich aus der Zielrichtung, die durch den Hinweis auf die Art. 265, 266, 271—274 bezeichnet wird. Gleichgültig ist, ob die Vereinigung behördlich verboten ist oder nicht. Die VO. des Bundesrates vom 6. August 1940 über Maßnahmen gegen die kommunistische und anarchistische Tätigkeit (GesSlg. 56, 1336f.) hat ein solches Verbot gegenüber der kommunistischen Partei, ihren Hilfs- und Nebenorganisationen, gegenüber anarchistischen und den der 4. Internationalen angeschlossenen Vereinigungen (Trotzkisten) erlassen. Das Verbot wird auch ausgedehnt auf die an die Stelle der betroffenen Parteien, Bewegungen oder Vereinigungen tretenden Organisationen (Art. 1)[2]. Das Verhältnis der VO. vom 6. August 1940 zum Art. 275 des G. ist abzuklären: Die Tätigkeit einer verbotenen Organisation erfüllt nicht schlechthin den Art. 275, sondern erst dann, wenn sie auf eines der in diesem Artikel genannten Delikte abzielt. Nach Art. 2 II der VO. ist dagegen auch strafbar, wer in irgendwelcher Form kommunistische oder anarchistische Propaganda treibt. Auch hier ist in jedem Einzelfall zu prüfen, ob eine solche Propaganda im Rahmen einer Vereinigung gemäß Art. 275 des G. erfolgt. Nur dann ist diese Bestimmung zur Geltung zu bringen. Sie geht dem Art. 2 der VO., der schwerere Strafbestimmungen ausdrücklich vorbehält, vor. Der als Einzelgänger kommunistische oder anarchistische Propaganda treibende Täter — auch solche gibt es —

[1] Kritik bei COMTESSE: 87f.

[2] Dazu der Bundesratsbeschluß vom 26. November 1940 betreffend die Auflösung der kommunistischen Partei der Schweiz (GesSlg. 56, 1861).

steht immer nur unter Art. 2 der VO.[1]. — Entsprechendes gilt mit Bezug auf andere behördliche Verbotsbestimmungen, z. B. die bundesrätliche VO. vom 19. November 1940 über die Auflösung der Nationalen Bewegung der Schweiz (GesSlg. 56, 1814).

4. Die namentlich durch die Notgesetzgebung des Bundesrates weit ausgreifenden Bestimmungen zur Bekämpfung staatsgefährlicher Umtriebe haben juristische Unsicherheiten im Gefolge. Die Vorschriften der vorstehend erörterten Verordnungen sind nicht immer genügend gegeneinander abgewogen. Aus dem Art. 275 des G. ergeben sich weitere Zweifel: Nach den Hochverrats- und Landesverratstatbeständen ist schon jede auf den Verrat gerichtete Handlung strafbar (oben § 103 V, § 104 III). Handlungen mit solcher Richtung erfaßt aber auch der Art. 275, dessen Strafdrohung nur auf Gefängnis geht. Wo liegt die Grenze? Man muß, was in der Praxis paradox erscheinen kann, annehmen, daß die bloße Gründung und die Beteiligung an einer auf Verrat abzielenden Vereinigung, einem Komplott, nur unter dem Art. 275 steht, und daß erst bei darüber hinausgehenden Handlungen[2] die Art. 265 und 266 Anwendung finden sollen. — Ebenso unsicher ist das Verhältnis des Art. 275 zu den Art. 271—274: Nach Art. 271 IV ist schon die Vorbereitung einer „Entführung" strafbar. Art. 272 und 274 treffen auch Personen, die einen politischen oder militärischen Nachrichtendienst einrichten oder ihm Vorschub leisten. Auch das deckt sich zum Teil mit im Art. 275 umschriebenen Tätigkeiten (an den Bestrebungen einer rechts-

[1] Vgl. auch Art. 1 der VO. des Bundesrates vom 5. Dezember 1938 betreffend Maßnahmen gegen staatsgefährliche Umtriebe, die sog. Demokratieschutzverordnung (GesSlg. 54, 856ff.), ergänzt durch Art. 5 der VO. vom 4. August 1942 (GesSlg. 58, 741ff.). Sie trifft namentlich Vorschubleistung ausländischer Propaganda, die auf die Änderung der politischen Einrichtungen der Schweiz abzielt. Ferner die bundesrätliche VO. vom 4. Dezember 1939 betreffend das Verbot der staatsgefährlichen Propaganda in der Armee (GesSlg. 55, 1461f.). Dazu Lüthi (Lit. zu § 108): passim. — Die Kantone Neuenburg, Genf und Waadt haben in den Jahren 1937/38 Gesetze gegen kommunistische und andere umstürzlerische Organisationen erlassen (Neuenburg: organisations communistes ou subversives; Genf: constitution d'organisations affiliées à une organisation internationale ou étrangère dont l'activité est dangereuse pour l'Etat ou pour l'ordre public). Die Bundeserlasse, die seitdem eingesetzt haben, lassen, in Verbindung mit Art. 275 des StGB., diese kantonalen Ordnungen in der Hauptsache hinfällig erscheinen; vgl. dazu Hafter: Zschw. R. N. F. 58, 26a und ff.; Panchaud: 86a und ff. — beide Darstellungen durch die Weiterentwicklung der Bundesgesetzgebung überholt.

[2] Thormann-v. Overbeck: Art. 275, N. 10 nennen hier das Ansammeln von Streitkräften und die Anlegung eines Waffen- oder Munitionsdepots; s. auch oben § 103 V. Lüthi: Berner Z. 77, 405 hat den Art. 275 als eine Art Rückversicherung, falls der Art. 265 im Einzelfall nicht durchdringen kann, bezeichnet. — Comtesse: a. a. O. 86ff. faßt den Art. 275 im Verhältnis zu Art. 265 als eine unerwünschte Privilegierung von auf Hochverrat abzielenden Bestrebungen auf.

widrigen Vereinigung sich beteiligen, ihre Weisungen befolgen)[1]. Es bleibt richterlicher Weisheit überlassen, aus solchen Irrwegen hinauszuführen. — Die Beurteilung von Straffällen aus Art. 275 liegt grundsätzlich beim Bundesstrafgericht (G. Art. 340 Ziff. 1 V und Art. 342).

5. In der Gestaltung der Täterhandlungen geht der Art. 275, wie schon erwähnt, auf Art. 99 des MilStG.: Untergrabung der militärischen Disziplin zurück. Die Zielrichtung der in Art. 99 genannten, rechtswidrigen Vereinigung ist aber eine ganz andere als beim Art. 275: Sie geht auf die Untergrabung der militärischen Disziplin, insbesondere auf Verleitung Dienstpflichtiger zum Ungehorsam, zur Dienstverletzung, zur Dienstverweigerung oder zum Ausreißen. In erster Linie richtet sich die Bestimmung gegen Täter, die selbst dem Heer angehören[2]. Im Falle aktiven Dienstes stehen jedoch gemäß Art. 3 Ziff. 1 des MilStG. auch Zivilpersonen unter dieser Bestimmung. Die Einzelerörterung gehört ins Militärstrafrecht[3].

II. Mit in den Grundzügen übereinstimmendem Text enthalten Art. 276 des StGB. und Art. 98 des MilStG. die Tatbestände **Aufforderung und Verleitung zur Verletzung militärischer Dienstpflichten**[4]. Ist eine Militärperson (MilStG. Art. 2 Ziff. 1—6) Täter, so gilt selbstverständlich für sie der Art. 98. Zivilpersonen unterstehen ihm dagegen nur im Falle eines aktiven Dienstes und in Kriegszeiten. Deshalb war es notwendig, den Tatbestand auch in das bürgerliche StGB. aufzunehmen. Er richtet sich vor allem gegen antimilitaristische Propaganda.

1. Im Vordergrund steht das Aufforderungsdelikt nach Ziff. 1 I.

---

[1] Eigenartig ist auch, daß, wer militärischen Nachrichtendienst betreibt, mit Gefängnis oder mit Buße bestraft werden kann, während der Gründer einer auf einen solchen Dienst erst abzielenden Vereinigung oder ein bloßer Teilnehmer mit Gefängnis zu bestrafen ist; vgl. auch THORMANN-v. OVERBECK: Art. 275, N. 11. — Die VO. vom 4. August 1942 (GesSlg. 58, 741 ff.) läßt jetzt beim militärischen Nachrichtendienst nach Art. 274 auch Zuchthausstrafe zu; vgl. oben § 107 III 4.

[2] Soldatenräte, Soldatenbünde. Die Bestimmung geht auf den Ständerat zurück. Sie gehört zu den Tatbeständen, die in der parlamentarischen Beratung während Jahren stark umstritten waren; StenBull. StR. 1922, 176; NR. 1925, 429ff.; 1926, 171ff.; StR. 1926, 237; NR. 1926, 790f.; StR. 1927, 10f.; NR. 1927, 111ff.; vgl. ferner StR. 1931, 658ff.

[3] Dazu jetzt COMTESSE: a. a. O. 103ff. und über die ebenfalls militärrechtliche Verordnung des Bundesrates vom 4. Dezember 1939 betreffend das Verbot der staatsgefährlichen Propaganda in der Armee (GesSlg. 55, 1461f.) vgl. noch COMTESSE: 108ff.

[4] Ansätze zu dieser Bestimmung schon im VE. 1893 Art. 168 (nur Verleitung zur Verletzung der Dienstpflicht); VE. 1908 Art. 206 (öffentliche Aufreizung und Verleitung), dazu, mit weiterem Material, ZÜRCHER: Erläuterungen, 375ff.; Prot. II. ExpKom. 5, 198ff.; 6, 78ff.; StenBull. zum MilStG., StR. 1921, 461; NR. 1925, 429ff.; StenBull. zum StGB., NR. 1929, 587ff.; StR. 1931, 664. Zur Geschichte KIND: 2ff., 79f.; LOHNER (Lit. zu § 76): 48ff.; vgl. ferner COMTESSE (Lit. zu § 103): 99ff. mit der Auffassung dieser Delikte als hochverräterische Untergrabung der militärischen Disziplin.

Die Aufforderung muß öffentlich geschehen. In der Umschreibung der Täterhandlung stimmt der Tatbestand mit Art. 259 des G., dem Tatbestand: öffentliche Aufforderung zu Verbrechen, überein. Was oben § 76 II 1—4 zum Begriff der öffentlichen Aufforderung gesagt wird, braucht hier nicht wiederholt zu werden[1].

Nur die Zielrichtung ist in Art. 276 anders umschrieben als in Art. 259. Während er die Aufforderung zu einem Verbrechen — technisch im Sinne des Art. 9 I zu verstehen — trifft, hebt der Art. 276 einzelne militärrechtliche Tatbestände, auf deren Erfüllung der Auffordernde abzielt, heraus: den Ungehorsam gegen militärische Befehle (MilStG. Art. 61), Dienstverletzung, worunter die ganze Gruppe der in den Art. 72ff. des MilStG. erfaßten Verletzungen zu verstehen ist, ferner die Dienstverweigerung (Art. 81) und das Ausreißen (Art. 83). Ist der Beweis geleistet, daß die Aufforderung des Täters auf eines dieser Delikte ging, so kann nie Art. 259 zur Anwendung kommen. Art. 276 und Art. 98 des MilStG. gehen vor.

2. In Ziff. 1 II gehen aber Art. 276 und Art. 98 des MilStG. über den Aufforderungstatbestand hinaus. Strafbar ist auch das Verleiten zu einem der genannten militärischen Delikte, die individuell auf einen einzelnen Dienstpflichtigen einwirkende Aktion[2]. Dienstpflichtig sind die zur persönlichen Leistung des Militärdienstes Verpflichteten, die Diensttauglichen (MilOrg. Art. 1 und 8)[3]. Verleitung ist Bestimmung eines anderen zu dem von ihm verübten Delikt (oben § 6 III 3). Anstatt daß der Täter, der einen Soldaten z. B. zur Dienstverweigerung bestimmt hat, nach den Vorschriften über Anstiftung behandelt wird, gilt er hier nach einer Sonderbestimmung als Täter[4]. Strafbar ist in allen Fällen auch der Versuch. Die Einschränkung nach Art. 24 II, daß nur bei „Verbrechen“ der Anstiftungsversuch bestraft werden kann, hat hier keine Geltung[5].

3. Während auf die Aufforderung und die Verleitung zum Ungehorsam, zur Dienstverletzung, zur Dienstverweigerung und zum Ausreißen

[1] Vgl. noch Gautier: Prot. II. ExpKom. 5, 200. Zu den Begriffen: Verleitung und Aufforderung auch Kind: 67, 83ff., ferner 97ff. (öffentliche Aufforderung).

[2] Beim Ungehorsam (Art. 61) und bei einer Reihe von Dienstverletzungen (Art. 72ff.) werden leichte Fälle disziplinarisch bestraft. G. Art. 276 und MilStG. Art. 98 nehmen aber darauf keine Rücksicht; vgl. dazu Thormann: Prot. II. ExpKom. 5, 204; Gautier: eodem, 6, 79 lehnt Bestrafung des Verleiters ab, wenn der Verleitete nur disziplinarisch bestraft wird. Vgl. Kind: 88ff.

[3] Zur Umgrenzung der Dienstpflicht Kind: 80ff.

[4] Ist der Täter eine Zivilperson, so kann in Friedenszeiten eine Bestrafung nur aus Art. 276 des bürgerlichen StGB., nicht gemäß Art. 6 des MilStG. (Beteiligung von Zivilpersonen an Delikten gegen die Wehrmacht) erfolgen. Es ist für die Vormacht des bürgerlichen Strafrechts und der bürgerlichen Gerichtsbarkeit zu entscheiden.

[5] So auch Thormann-v. Overbeck: Art. 276, N. 10; Comtesse: a. a. O. 102.

Gefängnisstrafe steht, enthält die Ziff. 2 des Art. 276 und des Art. 98 des MilStG. die Erschwerung Zuchthaus oder Gefängnis. Das gilt für die qualifizierten Fälle, wenn die Aufforderung oder die Verleitung auf Meuterei (MilStG. Art. 63), auf Vorbereitung einer Meuterei (eodem Art. 64) oder auf Ausreißen im Aktivdienst (Art. 83 II)[1] geht.

4. Nur das MilStG. enthält, in Art. 98 Ziff. 3, die weitere Qualifikation mit der Strafdrohung Zuchthaus, wenn die Aufforderung oder die Verleitung „vor dem Feinde" erfolgt. Das ist Kriegsrecht, dem in allen solchen Fällen auch die Zivilperson unterstellt ist.

Aus der allgemeinen Fassung der Ziff. 3 folgt, daß er Aufforderung und Verleitung zu sämtlichen in den Ziff. 1 und 2 genannten Delikten treffen soll.

III. Wegen **Störung des Militärdienstes** ist nach Art. 278 des G. und nach Art. 100 des MilStG. strafbar, wer eine Militärperson in der Ausübung des Dienstes hindert oder stört. Die Abgrenzung der Bereiche des bürgerlichen und des militärischen Strafrechts ist klar: Art. 278 gilt für Zivilpersonen in Zeiten, da kein Aktivdienst besteht. Im Falle aktiven Dienstes und in Kriegszeiten steht aber auch die Zivilperson unter Militärrecht und militärischer Gerichtsbarkeit. Das ergibt sich aus Art. 3 Ziff. 1 und Art. 4 des MilStG. Der Art. 100 weist ausdrücklich darauf hin, daß der Angriff sich gegen eine Militärperson, die im aktiven Dienste steht, richten muß[2].

Die in diesem Zusammenhang bei der Gesetzesberatung erwogene Bestrafung der Beschimpfung von Militärpersonen hat im G. keinen Raum gefunden[3].

1. Schutzobjekt des Art. 278 und des Art. 100 des MilStG. ist die militärische Sicherheit. Sie wird durch den Angriff, der sich gegen eine ihren Dienst ausübende Militärperson richtet, gestört. Der Schutz des Heeres und der Heeresaufgaben steht im Vordergrund, nicht die Person

---

[1] Art. 276 des G. nennt den Fall Aufforderung und Verleitung zum Ausreißen im Aktivdienst nicht. Er wird nur im Art. 98 des MilStG. genannt. Das ist richtig, weil nach Art. 3 Ziff. 1 des MilStG. auch die Zivilperson im Falle aktiven Dienstes immer unter dem militärischen Recht steht. — Zur Ziff. 2 im einzelnen LOHNER (Lit. zu § 76): 51ff. (Aufforderung und Verleitung zu Meuterei). — Über das Verleiten der Truppe zur Gehorsamsverweigerung durch die Verbreitung unwahrer Nachrichten (MilStG. Art. 102) siehe COMTESSE: a. a. O. 54ff., 102f. Der Tatbestand setzt ein Aufgebot von Truppen zum aktiven Dienst voraus.

[2] Die Bestimmung geht ebenfalls schon auf früheste Entwürfe zurück; VE. 1893 Art. 167; VE. 1908 Art. 205 und dazu ZÜRCHER: Erläuterungen, 374f.; HUBER (Lit. zu § 105): 20ff.; Prot. II. ExpKom. 4, 398, 421ff.; 5, 114ff. Zu Art. 100 des MilStG. StenBull. StR. 1921, 461f.; NR. 1925, 431f.; zu Art. 278 des StGB. StenBull. NR. 1929, 588ff.; StR. 1931, 664. Vgl. auch KIND: 2ff. (Geschichtliches).

[3] Vgl. dagegen MilStG. Art. 101: öffentliche Beschimpfung einer Militärperson, die im aktiven Dienst steht. Nach Art. 3 Ziff. 1 auf Zivilpersonen anwendbar. Zu der Frage: Beschimpfung von Militärpersonen namentlich Prot. II. ExpKom. 5, 114f.; E. MKG. 3, Nr. 57, 114, 137, 138.

des einzelnen Soldaten[1]. Die Hinderung oder Störung muß bei „der Ausübung des Dienstes" geschehen. Dienst und Dienstausübung sind im weitesten Sinne zu verstehen, nicht nur Militärdienst in seiner engeren Bedeutung, sondern auch Dienst, zu dem eine Truppe bei öffentlichen Unglücksfällen oder zur Wahrung der öffentlichen Ordnung herangezogen wird. Besonders kommen die verschiedenen Wachtdienste in Betracht[2].

2. Die Tat besteht in einer Hinderung oder Störung. Von Hinderung — nicht von Störung — ist auch im Tatbestand des Art. 286 (Hinderung einer Amtshandlung) die Rede. Auf Hinderung durch Gewalt oder Drohung weist Art. 285 hin und in Art. 279 wird die durch Gewalt oder Androhung ernstlicher Nachteile erfolgende Störung und Hinderung von Wahlen und Abstimmungen erfaßt[3]. In Art. 278 fehlt das Drohungs- und Gewaltsmoment. Das gibt dem Tatbestand, wenigstens bei der Variante: Dienststörung, eine gewisse Vagheit. Hinderung (empêcher) bedeutet, daß die Militärperson außer Stand gesetzt wird, ihre dienstliche Pflicht reibungslos zu erfüllen. Dann wird der Täter regelmäßig sich noch anderer Delikte — z. B. einer Nötigung (Art. 181), einer Freiheitsberaubung (Art. 182) — schuldig machen. Störung (troubler, disturbare) ist dagegen nur eine Erschwerung, eine Beeinträchtigung der Dienstausübung[4]. Man wird sich davor hüten müssen, in Taktlosigkeiten eines Neugierigen, in jedem Unfug, die einer Wache z. B. unbequem sein können, eine „Störung" im Sinne des G. zu sehen. Die Strafbarkeit setzt den Beweis des Vorsatzes voraus, daß der Täter durch sein Verhalten die militärische Sicherheit beeinträchtigen wollte[5]. Der Obertitel, der die Art 276—278 des G. und entsprechend die Art. 98—108 des MilStG. zusammenfaßt, muß bei Zweifeln in der Auslegung einer einzelnen Bestimmung wegleitend sein.

3. Zwischen Art. 278 des G. und Art. 100 des MilStG. bestehen Unterschiede in der Strafdrohung. Das bürgerliche Strafrecht sieht Ge-

---

[1] Gut GAUTIER: Prot. II. ExpKom. 4, 423. Als „Militärpersonen" haben die im MilStG. Art. 2 Ziff. 1 und 3 und wohl auch die eidgenössischen Grenzwächter (Art. 2 Ziff. 6) zu gelten; vgl. KIND: 38f.

[2] ZÜRCHER: Erläuterungen, 374; HUBER: 20.

[3] Auch in den Art. 237—239, bei den Verkehrsdelikten, verwendet das G. die Begriffe: Hinderung und Störung. Dazu oben § 87 II 5. Art. 261 II spricht von der Störung einer verfassungsmäßig gewährleisteten Kultushandlung, Art. 262 Ziff. 1 II von der Störung eines Leichenzuges oder einer Leichenfeier; vgl. oben § 79 II 2.

[4] GAUTIER: Prot. II. ExpKom. 4, 423: un empêchement relatif. Zu den Begriffen Hindern und Stören auch KIND: 44ff.: besser als „hindern" wäre der Ausdruck „verhindern". Vgl. ferner unten § 114 I 1 zum Tatbestand der Widersetzung gemäß Art. 286.

[5] KIND: 36f. nimmt zu weitgehend eine Präsumption an, daß der Täter, wenn er einen Soldaten belästigt, wissen müsse, daß er sich dadurch gegen die Staatsgewalt stelle.

fängnis bis zu 6 Monaten oder Buße, das Militärrecht Gefängnis schlechthin und, für leichte Fälle, disziplinarische Bestrafung vor. Diese ist nach Art. 182 und 192 I (Arrest oder Buße) auch auf Zivilpersonen anwendbar, wenn sie dem militärischen Recht unterstehen[1].

4. Das Vergehen der Störung des Militärdienstes ist wohl zu unterscheiden von den schweren Verbrechen der unmittelbaren oder mittelbaren Störung der Unternehmungen des Heeres, das in Art. 87 des MilStG. als militärischer Landesverrat bezeichnet wird; oben § 105 II.

IV. Als Störung der militärischen Sicherheit behandeln Art. 277 des G. und Art. 103 des MilStG. in der Fassung des Anpassungsgesetzes vom 13. Juni 1941 ferner die **Fälschung von Aufgeboten oder Weisungen**[2]. Die beiden Texte stimmen überein. Die Abgrenzung der Bereiche ist gleich wie beim Vergehen der Störung des Militärdienstes (oben III).

1. Es sind Sondertatbestände von Fälschungen. Sie sind von den Urkundendelikten gemäß Art. 251 und 254 des G. und den entsprechenden Bestimmungen des MilStG. (Art. 172 und 174) wohl zu unterscheiden. Als strafbare Handlungen werden genannt: Fälschung, Verfälschung, Unterdrückung, Beseitigung und ferner der Gebrauch eines gefälschten oder verfälschten Aufgebotes oder einer für Dienstpflichtige bestimmten Weisung.

Soweit die Bezeichnung der Täterhandlungen mit der Umschreibung in den Art. 251 ff. übereinstimmt, ist auf die früheren Erörterungen zu verweisen, auf § 91 II, § 98 I 1, 2 und 6 über Fälschung, Verfälschung und Gebrauch von Fälschungen, die von einem Dritten hergestellt sind. Aber zwischen der Gestaltung der Urkundendelikte in den Art. 251 ff. und dem Tatbestand der Fälschung von militärischen Aufgeboten und Weisungen bestehen Unterschiede, die auf ihren Grund und im Hinblick auf sich ergebende Konsequenzen zu prüfen sind.

2. Auch bei der Fälschung von militärischen Aufgeboten und Weisungen ist die militärische Sicherheit das Schutzobjekt.

Aufgebote sind die in der Regel durch die kantonalen Militärbehörden erlassenen Einberufungen von Truppen oder von einzelnen Dienstpflichtigen; MilOrg. Art. 160. Das Aufgebot zum aktiven Dienst wird vom Bundesrat erlassen; MilOrg. Art. 198 I, 200, 215 I (Aufgebot der Pferde, Maultiere und Fuhrwerke). Über das auf Grund des Militärschultableaus ergehende eidgenössische Aufgebotsplakat ist das Nähere im Bundesratsbeschluß vom 13. März 1914, der Friedens-Mobilmachungsvorschrift, bestimmt (Sammelband des Militär-Amtsblattes, Zusammen-

[1] Über die Zuständigkeit für die disziplinarische Bestrafung von Zivilpersonen vgl. MilStG. Art. 195 und die Ergänzung durch die VO. des Bundesrates vom 15. Oktober 1941 (GesSlg. 57, 1145 ff.).

[2] Zu Art. 103 des MilStG. StenBull. StR. 1921, 463; 1922, 176; zu Art. 277 des StGB. StenBull. NR. 1929, 587 ff.

stellung von 1924, 357ff.). — Weniger klar ist der in Art. 277 und in Art. 103 des MilStG. weiter verwendete Begriff: für Dienstpflichtige bestimmte Weisung[1]. Er ist nicht technisch wie der Aufgebotsbegriff. Es muß sich um ein Dokument handeln, mit dem durch eine militärische Stelle bestimmte allgemeingültige Anordnungen für Dienstpflichtige getroffen werden. Befehle, die sich an einen einzelnen Soldaten oder an eine Truppe richten, z. B. der in einer Rekrutenschule erlassene Schulbefehl, fallen kaum unter die Bestimmung. Zu denken ist dagegen an Anweisungen über den Bezug und die Abgabe von Munition, Ausrüstungsgegenständen usw.

Solche Dokumente[2] sind das Angriffsobjekt. Soweit der Täter sie fälscht oder verfälscht, gilt das zu Art. 251 des G. Gesagte, jedoch mit dem Unterschied, daß eine Absicht des Täters auf Schädigung oder Vorteilserlangung (vgl. oben § 98 I 1) keine Rolle spielt. Die in Art. 251 überdies genannten Handlungen der sog. Blankettfälschung und der Falschbeurkundung (oben § 98 I 3—5) werden in Art. 277 und in Art. 103 des MilStG. nicht genannt. Sie können aber auch wenn es sich um militärische Aufgebote oder Weisungen handelt, von Bedeutung werden. Zur Not kann man annehmen, daß der Fälschungsbegriff auch sie deckt. — Art. 277 und Art. 103 des MilStG. erscheinen, wenn man sie mit dem Tatbestand der Urkundenunterdrückung nach Art. 254 des G. zusammenhält, ebenfalls weniger weitreichend. Art. 254 nennt als Handlungsmöglichkeiten das Beschädigen, Vernichten, Beiseiteschaffen oder Entwenden, während mit Bezug auf die Aufgebote und Weisungen nur von Unterdrücken und Beseitigen die Rede ist. Hier mag das jedoch genügen.

Wenn in Ziff. 1 II des Art. 277 und des Art. 103 MilStG. der Gebrauch einer Fälschung als besonderer Tatbestand hervorgehoben wird, so soll darin keine Differenz zu der Fassung in Art. 251 Ziff. 1 III — Gebrauch einer von einem Dritten hergestellten Urkunde — gesehen werden. Gleiches wie nach Art. 251 soll gelten, wenn es sich um Aufgebote und militärische Weisungen handelt: Der Fälscher, der seine Fälschung selbst gebraucht, ist nur wegen dieser strafbar; vgl. oben § 98 I 6.

3. Die in Art. 277 und Art. 103 des MilStG. vorgesehene Strafdrohung lautet für die Vorsatztat auf Zuchthaus oder Gefängnis. Sie geht über die bei der Urkundenfälschung und -unterdrückung angesetzte Drohung hinaus. Namentlich die Fälschung von Aufgeboten kann ein schwerwiegendes Verbrechen von großer Gefährlichkeit für die militä-

[1] Die Gesetzesmaterialien geben keinen Aufschluß.

[2] Der Ausdruck: Urkunden ist besser zu vermeiden, da es sich kaum, sicher nicht in allen Fällen, um Schriften handelt, die bestimmt oder geeignet sind, eine Tatsache von rechtlicher Bedeutung zu beweisen; vgl. G. Art. 110 Ziff. 5, MilStG. Art. 175. Anders Thormann-v. Overbeck: Art. 277, N. 2.

rische Sicherheit sein[1]. Deshalb ist es richtig, daß, anders als bei den Urkundendelikten, in Art. 277 Ziff. 2 und Art. 103 Ziff. 2 des MilStG. auch die fahrlässige Tat — mit der Strafe Gefängnis oder Buße — bedroht wird.

Hinter dem Art. 103 des MilStG. steht auch hier für Zeiten des Aktivdienstes der Verratstatbestand des Art. 87 Ziff. 1, die unmittelbare Störung der Unternehmungen des Heeres.

V. Zwei Übertretungstatbestände gehören endlich in diesen Zusammenhang:

1. Nach Art. 330 des G. ist mit Haft bis zu 1 Monat oder mit Buße zu bestrafen, wer von der Heeresverwaltung zum Zwecke der Landesverteidigung beschlagnahmte oder requirierte Gegenstände unrechtmäßig verkauft oder erwirbt, zu Pfand gibt oder nimmt, verbraucht, beiseiteschafft, zerstört oder unbrauchbar macht[2]. Die Bestimmung erinnert in der Gestaltung des Tatbestandes an die Rechtsvereitelung des Art. 147 (oben § 45) und namentlich an den sog. Verstrickungsbruch gemäß Art. 169 (oben § 64). Die verbotenen Handlungen hätten richtiger Weise in Art. 330 und Art. 169 übereinstimmend bezeichnet werden sollen. Materiell ergeben sich jedoch, trotz der verschiedenen Fassung, keine Unterschiede; vgl. oben § 64 II 3.

Auch der Tatbestand des Art. 330 trifft den Bruch einer amtlichen Verstrickung. Sie muß in der Weise erfolgt sein, daß eine zuständige Stelle der Heeresverwaltung im Interesse der Landesverteidigung bestimmte Gegenstände beschlagnahmt oder requiriert, d. h. sie dem freien Verkehr entzieht. Art. 330 ist in dem Sinne eine Blankettbestimmung, als vorerst durch das Gesetz oder — in Zeiten aktiven Dienstes — durch eine Notverordnung oder durch Befehle oder Anordnungen zuständiger Stellen die Beschlagnahme oder Requisition von einzelnen Gegenständen oder auch von Warenlagern angeordnet sein muß. Der Art. 330 hat subsidiäre Bedeutung. Er ist anzuwenden, soweit nicht besondere Vorschriften zutreffen[3].

---

[1] Bolli: StenBull. StR. 1921, 463; 1922, 176: Verhinderung, Störung, Verwirrung der Mobilisation, des Aufmarsches der Armee.

[2] Prot. II. ExpKom. 7, 193ff., 368f.; 8, 334f.; vgl. auch Huber (Lit. zu § 105): 24f. — Auch hier hat die schon mehrfach genannte VO. vom 4. August 1942 (GesSlg. 58, 741ff.) den Übertretungstatbestand des Art. 330 für die Dauer des gegenwärtigen Aktivdienstes zu einem Verbrechen umgewandelt; zulässig ist Gefängnis, in schweren Fällen Zuchthausstrafe. Zuständig ist die Militärgerichtsbarkeit (Art. 1 der VO.).

[3] Besondere Bestimmungen in Art. 212ff. der MilOrg. über das dem Bund im Falle des Aktivdienstes zustehende Verfügungsrecht über sämtliche im Gebiet des Landes befindlichen Pferde, Maultiere und Transportmittel. Nach Verkündung der sog. Pikettstellung, die das Verbot der Ausfuhr mitumfaßt, ist ohne Erlaubnis der eidgenössischen Militärbehörden jede Besitzesentäußerung untersagt. Auf Verletzung dieses Verbotes steht Buße von Fr. 100—10000, womit Gefängnis bis zu

2. Wer unbefugt die Uniform des schweizerischen Heeres trägt, ist mit Haft bis zu 8 Tagen oder mit Buße zu bestrafen (G. Art. 331)[1]. Die Bestimmung trifft einen Täter, der eine militärische Uniform trägt, ohne schweizerische Militärperson zu sein. Ob es sich um eine echte, einem Heeresangehörigen gehörende Uniform oder um eine nachgemachte handelt, ist gleichgültig. Maskeraden und eitlen Scherzen mit der Uniform soll gesteuert werden. Ob das Tragen einzelner Uniformstücke, ferner das unerlaubte Tragen der eidgenössischen Armbinde von der Bestimmung des Art. 331 erfaßt wird, ist eher zu verneinen. — Trägt eine Militärperson die ihr zustehende Uniform unbefugt außer Dienst, so kommt nicht der Art. 331, sondern disziplinarische Bestrafung aus Art. 180 des MilStG. in Verbindung mit Ziff. 112 des Dienstreglementes zur Geltung.

Aus den Zeitverhältnissen heraus hat aber das sog. Uniformverbot seit der Schaffung des Art. 331 eine viel größere Wichtigkeit erlangt, als man in Friedenszeiten vermuten konnte. Die hier für die Zeit des Aktivdienstes geschaffene Notgesetzgebung, die um ihrer Bedeutung willen hier darzustellen ist, geht nach zwei Richtungen:

Die VO. des Bundesrates vom 2. Februar 1940 über das Verbot unbefugter Verwendung der militärischen Uniformen und Abzeichen (GesSlg. 56, 133f.) nennt außer der Uniform die „Abzeichen der schweizerischen Armee und ihrer Hilfsorganisationen". Dazu gehört auch die eidgenössische Armbinde. Verboten ist nicht nur das (unbefugte) Tragen, sondern auch das Vermieten und Ausleihen (Art. 1). Ferner dürfen „mit militärischen Abzeichen versehene Uniformen" an Privatpersonen nur übereignet werden, wenn sich der Übernehmer darüber ausgewiesen hat, daß die Abzeichen seiner militärischen Stellung entsprechen (Art. 2). Die Bestrafung erfolgt auf Grund der Ungehorsamstatbestände gemäß Abt. 107 und 108 des MilStG. durch die Militärgerichtsbarkeit. Aus dem Hinweis auf diese beiden Bestimmungen ergibt sich, daß die VO. vom 2. Februar 1940 nur für Zeiten eines Aktivdienstes Geltung beansprucht. Solange geht sie dem Art. 331 des G. vor. Bei der Wiederkehr normaler Zeiten kann die VO. zugunsten des Art. 331 entfallen.

Der Art. 3 der VO. behält ausdrücklich schwerere Strafbestimmungen vor. Hier griff zunächst die Sabotagebestimmung des Art. 2 II der bundesrätlichen VO. vom 28. Mai 1940 betreffend Abänderung und Ergänzung des MilStG. (GesSlg. 56, 525ff.) ein. Sie hat jetzt ihre abschließende Fassung im Verratstatbestand des Art. 86 bis III—V des

---

6 Monaten verbunden werden kann (MilOrg. Art. 213 I, III und IV). Diese Bestimmungen gehen dem Art. 330 des G. vor. — Im Falle aktiven Dienstes kommen namentlich auch die Art. 107 und 108 des MilStG.: Ungehorsam gegen allgemeine und besondere Anordnungen militärischer und bürgerlicher Stellen in Betracht.

[1] Prot. II. ExpKom. 7, 191ff.; 8, 334f.

BesG. vom 13. Juni 1941 betreffend Anpassung des MilStG. an das schweizer. StGB. gefunden; oben § 105 III.

VI. Nur erwähnt werden sollen hier die unter dem Obertitel: Schwächung der Wehrkraft stehenden Tatbestände der Art. 94—96 des MilStG.: Fremder Militärdienst, Verstümmelung und Dienstpflichtbetrug. Die Erörterung muß dem Militärstrafrecht vorbehalten bleiben.

III. Delikte gegen den Volkswillen.

Literatur. Stooss: Grundzüge, 2, 412ff. — Hörni: Delikte gegen das verfassungsmäßige Zustandekommen des Volkswillens, Zürcher Diss. (1907). — Spira: Die Wahlfälschung (1908) mit einigen Hinweisen auf die eidgenössischen Vorentwürfe. — M. E. Mayer: VD. Bes. Teil, 1, 272ff. — Gabuzzi und Colombi: Z. 3, 182ff. — Schollenberger: Z. 10, 78ff.

§ 110. Einleitung.

I. Als Schutzobjekt der im 14. Titel des Besonderen Teils des G. zusammengefaßten Wahl- und Abstimmungsdelikte wird der Volkswille bezeichnet. Der VE. 1894 überschrieb den entsprechenden Abschnitt mit den Worten: Verbrechen gegen die Ausübung politischer Rechte (Art. 159—161). Das war deshalb gerechtfertigt, weil der Art. 161 einen Tatbestand: Beeinträchtigung von Freiheitsrechten — Religionsfreiheit, Lehrfreiheit, Versammlungs- und Preßfreiheit, Arbeitsfreiheit usw. — enthielt[1]. Die Bestimmung wurde schon von der 1. Expertenkommission nach einer bemerkenswerten Diskussion gestrichen[2]. Ausreichend ist der Nötigungstatbestand, wie Art. 181 des G. ihn gestaltet (oben § 19, namentlich VI).

II. Der besondere strafrechtliche Schutz ist in den Art. 279ff. des G. auf die politischen Rechte, soweit sie sich auf durch Verfassung oder Gesetz vorgeschriebene Versammlungen, Wahlen und Abstimmungen und auf die Durchführung eines Referendums- oder eines Initiativbegehrens beziehen, beschränkt. Die freie und unbeeinflußte Betätigung dieser staatsbürgerlichen Rechte und allgemein die Sauberkeit und Zuverlässigkeit der politischen Abstimmungen und ähnlicher Geschäfte sollen gesichert werden. Ob der Täter im Einzelfall ein politisches Delikt verübt, aus politischem Motiv und zu einem politischen Endzweck han-

[1] Vgl. Tessin Art. 234: Angriffe auf die Handels- und Gewerbefreiheit und die Arbeitsfreiheit; Genf Art. 105—107: Schutz der Freiheit der Niederlassung, der Gewerbe- und Arbeitsfreiheit, der Kultus-, Lehr-, Preß- und Versammlungsfreiheit; Stooss: Grundzüge, 2, 417f.; Motive VE. 1894, 226; vgl. ferner Zürcher: Erl. VE. 1908, 362f.

[2] Prot. I. ExpKom. 2, 147ff. mit Hinweisen auf den Schutz durch den staatsrechtlichen Rekurs an das Bundesgericht wegen Verletzung der Freiheitsrechte; vgl. auch Mayer: 312f.

delt (oben § 102), ist Tatfrage[1]. In jedem Fall sind Wahl- und Abstimmungsdelikte Staatsdelikte. Die davon berührten staatsbürgerlichen Rechte gehören in besonderem Maße zu den Grundlagen des staatlichen Lebens im Bund, in den Kantonen und den Gemeinden. Das Strafrecht führt hier den Kampf gegen gewisse Arten und Möglichkeiten der politischen Korruption. Bezeichnend ist, daß nach Art. 284 bei den Vergehen des 14. Titels in jedem Falle, wenn der Richter eine Freiheitsstrafe ausspricht, auf Einstellung in der bürgerlichen Ehrenfähigkeit erkannt werden kann. Der sonst nach der allgemeinen Bestimmung von Art. 52 Ziff. 1 II erforderliche Beweis der ehrlosen Gesinnung braucht nicht erbracht zu werden.

Die Bezeichnung der Gruppe als Vergehen gegen den Volkswillen bedarf der Erklärung, der Einschränkung. Um das Zustandekommen eines Volkswillens oder besser des Willens einer Volksmehrheit, wie sie sich in öffentlichrechtlichen Wahlen und Abstimmungen kundgibt, handelt es sich, ferner um den Schutz einer Volksgruppe, die in einem Referendums- oder einem Initiativbegehren einen Kollektivwillen zum Ausdruck bringen will.

III. Die bisherige Ordnung in Bund und Kantonen zeigt — in kurzer Zusammenfassung — folgendes Bild.

1. Bundesrecht: Art. 49 des BStG. von 1853 bedroht mit Buße, womit in schweren Fällen Gefängnis bis auf 2 Jahre verbunden werden kann,

das rechtswidrige Einwirken auf das Ergebnis einer gemäß der Bundesgesetzgebung stattfindenden Wahl oder anderen Verhandlung, namentlich durch Wegnahme oder Verfälschung echter oder durch Beifügung falscher Stimmzettel;

den Versuch, die „an der Verhandlung" teilnehmenden Bürger durch Geschenke, Versprechungen oder Drohungen zu beeinflussen (aktive Bestechung);

die Annahme eines Geschenks oder Vorteils (passive Bestechung);

die unbefugte Teilnahme an einer Wahl oder „an deren Verhandlung[2]".

---

[1] Vgl. auch THORMANN-v. OVERBECK: Vorbemerkung 4 zu den Art. 279ff. mit den Hinweis auf Art. 395 II (Einleitung eines Begnadigungsverfahrens durch den Bundesrat oder eine Kantonsregierung).

[2] Die Rechtsprechung zu diesen Tatbeständen ist dürftig. Kann man das als ein Zeichen für die bestehende Sauberkeit der politischen Wahlen und Abstimmungen deuten? Im ganzen mag das zutreffen. Aber entscheidend ist wohl, daß man in der Praxis eine gewisse Zurückhaltung beobachtet und sich davor scheut, kleinere Unregelmäßigkeiten bei Wahlen und Abstimmungen vor den Richter zu bringen; HÖRNI: 8 f. — Zu Art. 49 lit. d (unbefugte Teilnahme) BURCKHARDT: Schweizer. Bundesrecht, 2, Nr. 568: Benützung einer fremden Stimmkarte; BE. 48 I, Nr. 50: Unterzeichnung eines Referendumsbegehrens durch einen im

Neben diesen Tatbeständen, den eigentlichen Wahl- und Abstimmungsdelikten, trifft Art. 46 II des BStG. die Teilnahme an Zusammenrottungen zum Zwecke, „die Vornahme von Wahlen, Abstimmungen u. dgl. (sic!), welche nach Vorschrift der Bundesgesetze stattzufinden haben, zu hindern". Das ist ein Aufruhrtatbestand (unten § 114 IV). Art. 47 I bedroht die Anwendung von Gewalt, um die Vornahme von Wahlen, Abstimmungen oder anderen Verhandlungen, welche durch die Bundesgesetze vorgeschrieben sind, zu verhindern. Nach Art. 48 endlich ist strafbar, wer mündlich oder schriftlich oder durch bildliche Darstellungen öffentlich zu einem Aufruhr gemäß Art. 46 aufreizt.

2. Kantonale Rechte[1]: Sie enthalten, mit zahlreichen Varianten im einzelnen, ähnliche Tatbestände wie das BStG. Die nachfolgende Darstellung kann sich auf wenige Beispiele beschränken.

Zürich § 81[2] faßt unter der vagen Bezeichnung: Störung der öffentlichen Ordnung zusammen

die gewaltsame Hinderung von Wahlen oder Verhandlungen einer gesetzmäßigen, zur Besorgung öffentlicher Angelegenheiten berufenen Versammlung;

den Versuch, durch Irrtumserregung über Zahl oder Inhalt der abgegebenen Stimmzettel ein Abstimmungsergebnis zu fälschen[3];

den Versuch der gewaltsamen Verhinderung eines Bürgers an der Ausübung der ihm zustehenden politischen Rechte und die Drohung mit Rache in bezug auf die Geltendmachung dieser Rechte;

endlich aktive und passive Wahlbestechung (§ 81 lit. d), wobei das Verhältnis zu § 236: Versuch der Bestechung eines Wählers oder dessen Familienangehörigen, um ein öffentliches Amt zu erlangen, unklar bleibt[4].

Bern Art. 85 bezeichnet im Titel: Delikte gegen das obrigkeitliche Ansehen als Wahlbetrug betrügerische Einwirkungen oder Einwirkung durch Drohungen oder Gewalt auf Wahlen oder Wahlvorschläge der Wahl- oder Gemeindeversammlungen, ferner entsprechende Einwirkungen auf das Ergebnis einer politischen Abstimmung oder Wahl, end-

Aktivbürgerrecht Eingestellten nicht nach Art. 49 lit. d strafbar. Ferner Burckhardt: a. a. O. 2, Nr. 574: Unberechtigte und falsche Unterschriften auf Unterschriftenbogen bei Initiativbegehren; 4, Nr. 2055 bis: Drohungen gegenüber Stimmberechtigten und Wahlverfälschung bei Nationalratswahlen.

[1] Stooss: Grundzüge, 2, 413ff. mit ausführlichen Daten.

[2] Über das zürcherische Recht namentlich Hörni: 37ff.

[3] Täter nur Mitglieder der Wahlbehörden. Die Fälschung eines Stimmzettels fällt nicht unter die Bestimmung; Bestrafung wegen Betrugs auf Grund von § 191 des zürcher. StGB., der nicht nur Vermögensschaden, sondern auch Schädigung anderer Rechte berücksichtigt; Zürcher Bl. 10, Nr. 211.

[4] Dazu Zeller: Kommentar zürcher. StGB. § 236, N. 6 mit Hinweis auf ältere Entscheide und der Auffassung, daß der § 236 einen qualifizierten Sonderfall von § 81 lit. d darstellt.

lich Stimmenkauf und -verkauf (Bestechung). Dazu kommen, in Art. 86, die Tatbestände der Störung von politischen oder Wahl- oder Gemeindeversammlungen und der gewaltsamen Hinderung von Stimmberechtigten an der Ausübung ihres Stimmrechtes.

Die ausführliche Regelung von Baselstadt enthält die Tatbestände: Gewaltsame Hinderung der Verhandlung einer öffentlichen Behörde oder der Vornahme einer öffentlichen Wahl oder Abstimmung (§ 57); Gewalt und Bestechung bei Wahlen, Abstimmungen, Referendum und Initiative (§ 58); Fälschungen, verbotene Stimmgebung, widerrechtliche Teilnahme an Wahlen und Abstimmungen (§ 59).

Landsgemeindekantone schützen in besonderen Bestimmungen die Verhandlungen der Landsgemeinde, z. B. Glarus § 52: rechtswidrige Einwirkungen durch Gewalt, Drohung, Bestechung, Verhinderung stimmberechtigter Bürger an der Teilnahme; vgl. ferner Appenzell A. Rh. Art. 58, Appenzell J. Rh. Art. 42 (Zusammenrottung einer größeren Anzahl von Personen und gewaltsame Hinderung oder Störung der Landsgemeindeverhandlungen — ein Aufruhrfall)[1].

IV. Die Art. 279ff. des G. lassen sich in zwei Gruppen aufteilen:

1. Störung von Wahlen und Abstimmungen, Wahlbestechung: Art. 279—281 (unten § 111);

2. Fälschungen, Geheimnisverletzung: Art. 282, 283 (unten § 112).

Die umfassende neue Ordnung gibt, wie die folgende Darstellung zeigt, immer noch zu Zweifelsfragen Anlaß. Das ganze Gebiet ist in der schweizerischen Literatur und Praxis noch wenig durchgearbeitet.

Richten sich die Vergehen gegen den Volkswillen bei eidgenössischen Wahlen, Abstimmungen, Referendums- oder Initiativbegehren, so fällt die Beurteilung dem Bundesstrafgericht zu (G. Art. 340 Ziff. 1 V, Art. 342). Die Delegation an kantonale Gerichte ist zulässig (BStPrO. Art. 18). Berühren die Delikte nur kantonale Verhältnisse, so gehören sie vor die kantonale Gerichtsbarkeit (Art. 343). Beim Zusammentreffen von Handlungen, die sich teils gegen den Bund, teils gegen einen Kanton richten, besteht die Möglichkeit der Vereinigung vor einer Gerichtsbarkeit gemäß Art. 344 des G.

§ 111. Störung von Wahlen und Abstimmungen. Wahlbestechung.

Literatur. Angaben vor § 110.

I. **Die Störungsdelikte.** 1. Die vom Art. 279 erfaßten hindernden oder störenden Handlungen können sich richten gegen eine durch Ver-

[1] Über Uri kurze Daten bei Z'Graggen: 58; Verordnung vom 8. April 1929 betreffend Stimmrecht und kantonale geheime Abstimmung (Stimmrechtsverordnung). — Zu Tessin Art. 98 (Wahlbetrug) Z. 2, 280f. und Gabuzzi und Colombi Z. 3, 182ff.

fassung oder Gesetz vorgeschriebene Versammlung, Wahl oder Abstimmung (Abs. 1), oder gegen die Sammlung oder Ablieferung von Unterschriften für ein Referendums- oder ein Initiativbegehren (Abs. 2).

Man muß das im Zusammenhang mit der Überschrift des 14. Titels: Vergehen gegen den Volkswillen — und dessen Zustandekommen — lesen. Es muß sich um Aktionen im öffentlichen Interesse, bei denen der Wille des Volkes oder eines Volksteiles zum Ausdruck gebracht werden soll, handeln. Das trifft nicht zu bei den durch die Behörden vorgenommenen Wahlen, z. B. bei durch ein Parlament erfolgenden Richterwahlen, bei Wahlen (Ernennungen) von Einzelpersonen durch die Regierung, bei der Bestellung von Kommissionen, bei Abstimmungen innerhalb solcher Körperschaften. Bei Störung und Hinderung derartiger Funktionen können Delikte gegen die öffentliche Gewalt (Art. 285ff.; unten § 114 I 2), eventuell auch Amtsdelikte in Frage kommen. Erst recht nicht beziehen sich die Art. 279ff. auf Versammlungen, Wahlen und Abstimmungen, in privaten Vereinigungen, die sich mit öffentlichen Angelegenheiten befassen (politische Parteiversammlungen usw.) und ferner nicht auf Verhandlungen in Generalversammlungen von Aktiengesellschaften, Genossenschaften und auf Beratungen in Versammlungen der Konkursgläubiger[1].

Danach bestimmt sich die Tragweite der Begriffe „durch Verfassung oder Gesetz vorgeschriebene Versammlung, Wahl oder Abstimmung" (Art. 279 I). Sie sind die Angriffsobjekte.

Versammlungen im Sinne der Bestimmung sind vor allem die Landsgemeinden und die Gemeindeversammlungen, Bürgergemeindeversammlungen, auch gesetzlich vorgeschriebene kirchliche Versammlungen. In ihnen soll Volkswille zum Ausdruck kommen. Maßgebend sind kantonale Verfassungen und Gesetze[2]. Im Bund haben solche Versammlungen keinen Raum.

Während, wenn es sich um eine Versammlung handelt, der im Art. 279 beschriebene deliktische Angriff sich gegen ein Menschenkollektiv richtet, wendet sich die Hinderung oder Störung einer Wahl oder einer Abstimmung[3] gegen die Durchführung von Aktionen, in denen der Volkswille sich äußern soll. Das kann in einer „Versammlung", mündlich oder schriftlich, oder bei einer durch die Urne vorzunehmenden Wahl oder Abstimmung geschehen. Gegenüber Art. 280 (unten 4) ergibt sich der Unterschied, daß sich der Angriff des Täters nicht gegen einen ein-

[1] Hörni: 13f.; Thormann-v. Overbeck: Art. 279, N. 1. Mißverständlich der VE. 1894, Art. 159: Hinderung, Störung einer „politischen Versammlung".

[2] Vgl. jetzt Daten dazu bei Giacometti: Staatsrecht der schweizerischen Kantone 253ff., 408, 538ff.; Hörni: 18f.

[3] Auch durch Verfassung oder Gesetz vorgeschriebene kirchliche Wahlen und Abstimmungen; vgl. Gautier: Prot. II. ExpKom. 5, 125.

zelnen Stimmberechtigten wendet. Die Durchführung einer Wahl oder Abstimmung im ganzen soll getroffen werden[1] (unten 2).

Eine Äußerung des Volkswillens kann nach den weit durchgebildeten schweizerischen Rechten auch in Referendums- und Initiativbegehren erfolgen. Die Bestimmungen des Bundesstaatsrechts (BV. Art. 89, 120, 121 und 123) und kantonaler Staatsrechte liegen dem zweiten Absatz des Art. 279 zugrunde[2]. Auch hier besteht der deliktische Angriff darin, daß der Durchführung einer solchen Aktion Schwierigkeiten bereitet werden — bei der Sammlung oder der Ablieferung von Unterschriften. Der Unterschied gegenüber dem Tatbestand in Art. 280 II besteht auch hier darin, daß der Täter seinen Angriff nicht gegen einen einzelnen oder einzelne, ihre politischen Rechte ausübende Bürger richtet. Er sabotiert in bestimmter Weise (unten 2) die reibungslose Durchführung einer auf das Referendum oder die Initiative ausgehenden Aktion.

2. Die Täterhandlung wird in beiden Absätzen des Art. 279 übereinstimmend als eine durch Gewalt oder Androhung ernstlicher Nachteile erfolgende Hinderung oder Störung umschrieben. Das G. verwendet die gleichen Begriffe wie bei den Verkehrsdelikten der Art. 237—239. Aber durch die Beifügung, daß Hinderung und Störung durch Gewalt oder Androhung ernstlicher Nachteile erfolgen müssen, präzisiert das G. die Handlungen und schränkt sie ein[3]. Es verwendet die gleichen Ausdrücke wie bei der Nötigung (Art. 181, dazu oben § 19 II). Dadurch wird eine Beziehung zum Nötigungsdelikt geschaffen, was noch deutlicher beim Art. 280 hervortritt (unten 4).

Gewalt kann hier nur körperliche Einwirkung physische Kraftaufwendung bedeuten. Sie braucht sich nicht gegen Personen zu richten, kann auch an Sachen verübt werden, z. B. durch Einwerfen von Scheiben eines Versammlungslokales, durch Aufbrechen geschlossener Türen[4]. Das überdies genannte Tatmittel der Androhung ernstlicher Nachteile kann sich dagegen nur gegen Personen wenden, z. B. gegen den Leiter einer Landsgemeinde oder einer Gemeindeversammlung.

Daß Täter Jedermann sein kann, ein Versammlungsteilnehmer oder ein Außenstehender, ist klar. Aber nur ein aktives Handeln, nicht ein

---

[1] Vgl. LANG: Prot. II. ExpKom. 4, 434. HÖRNI: 63 unterscheidet richtig zwischen Wahlverhinderung mit Bezug auf das gesamte Wahlgeschäft und Verhinderung an der Wahl mit Bezug auf den einzelnen Wähler; vgl. auch 98ff.

[2] Über Referendum und Initiative nach Bundesrecht, die hier nicht zu erörtern sind, namentlich BURCHKARDT: Kommentar BV. (3. Aufl.), 701ff., 813ff.; FLEINER: Bundesstaatsrecht, 293ff.; über die kantonalen Rechte GIACOMETTI: a. a. O. 420ff., 431ff.

[3] GAUTIER: Prot. II. ExpKom. 4, 433: „non de simples désorders, qu'il appartient au président du bureau électoral de réprimer, mais d'obstacles sérieux créés à dessein afin d'empêcher l'opération d'aboutir"; MAYER: VD. a. a. O. 300: „Störung" Handlungen, die auf eine Paralysierung der Tätigkeit ausgehen.

[4] So THORMANN-v. OVERBECK: Art. 279, N. 4.

Unterlassen erfüllt den Tatbestand. Die gewaltsame oder drohende Einwirkung muß, damit das Delikt sich vollendet, entweder eine Hinderung oder eine Störung einer Wahl, Abstimmung usw. zur Folge haben. Der weitestgehende Fall ist die Verhinderung (empêchement absolu). Sie ist im Begriff des Hinderns eingeschlossen. Sie ist gewaltsame oder drohende Nötigung zu einer Unterlassung. Alles andere wird durch den Störungsbegriff genügend erfaßt. Die Störung liegt darin, daß die regelrechte Durchführung einer Versammlung, eines Wahl- oder Abstimmungsgeschäftes [1], einer Referendums- oder Initiativenaktion gehemmt wird [2].

Denkbar ist, daß eine schwere Störung oder Hinderung gegenüber einer Landsgemeinde sich zum Hochverrat auswirkt, wenn der oder die Täter Handlungen vornehmen, die darauf gerichtet sind, die Versammlung außerstand zu setzen, ihre Gewalt auszuüben (Art. 265 III) [3].

3. Für die beiden Tatbestandsgruppen des Art. 279 gilt die Strafdrohung Gefängnis oder Buße mit der Möglichkeit, die beiden Strafen zu verbinden (Art. 50 II) und, wenn der Richter eine Freiheitsstrafe ausspricht, in jedem Falle auf Einstellung in der bürgerlichen Ehrenfähigkeit zu erkennen. — Art. 44 des BGes. vom 19. Heumonat 1872 betreffend die eidgenössischen Wahlen und Abstimmungen (GesSlg. 10, 915ff.) erklärt, daß Übertretungen der Vorschriften dieses Gesetzes nach den Bestimmungen des Bundesstrafrechts von 1853 strafbar sind. An deren Stelle sind jetzt die entsprechenden Bestimmungen der Art. 279ff. des StGB. getreten (vgl. G. Art. 334).

Übertretungsstrafrecht, das in kantonalen Wahlgesetzen und Verordnungen niedergelegt ist, bleibt vorbehalten, soweit nicht das StGB. Ordnung schafft [4].

4. Störungstatbestände unter der Bezeichnung Eingriffe in das

---

[1] Im ganzen Umfang. Auch die Arbeiten zur Feststellung der Abstimmungsresultate; Baumann: StenBull. StR. 1931, 665.

[2] Beispiele bei Zürcher: Erläuterungen, 364f.: Schutz der inhaltlich unkontrollierten Stimmabgabe, Zerstörung von Abstimmungsurnen, Vernichtung von Unterschriftenbogen bei Initiative und Referendum, Gewalttätigkeiten gegen Unterschriftensammler; ferner Kasuistik bei Hörni: 94ff., 125ff.; Burckhardt: Prot. II. ExpKom. 4, 435 (Baslerfall: Bedrohung von Geschäften, in denen Referendumsbogen auflagen, mit Boykott). Vgl. auch Burckhardt: Schweizer. Bundesrecht, 4, Nr. 2055 III (Wegnahme von Referendumslisten).

[3] Zürcher: Erläuterungen, 364 scheint anzunehmen, daß der gegen eine Landsgemeinde gerichtete Angriff immer als Hochverrat zu gelten hat. Das geht zu weit.

[4] Beispiel: Zürcherische VO. vom 18. Februar 1932 über Wahlen und Abstimmungen (Zürcher Ges. 34, 605ff.), §§ 42f.: Ordnungsstrafen (Verwarnung, Bußen) wegen Pflichtverletzungen durch Funktionäre der Wahlbureaus, wegen Mißbrauchs des Stellvertretungsrechtes usw. Durch G. Art. 282 II ist dagegen § 43 I der zürcher. VO. (unberechtigte Teilnahme an einer Wahlverhandlung) aufgehoben.

Stimm- und Wahlrecht enthält auch der Art. 280. Auch hier ist gesetzgeberischer Gedanke, daß bei Abstimmungen und Wahlen, beim Referendum und der Initiative der Volkswille, dessen Repräsentanten die Aktivbürger sind, unbehelligt durch Gewalt und Drohung zum Ausdruck kommen soll. Aber die Richtung, in die der störende Täter sich wendet, ist eine andere als bei den in Art. 279 erfaßten Handlungen. Der Angriff richtet sich gegen den einzelnen Stimmberechtigten. Das ist Verhinderung des Einzelnen im Gegensatz zur Wahlverhinderung gemäß Art. 279[1].

Über die Stimmberechtigung bestimmen Verfassung und Gesetz, insbesondere BV. Art. 74, 43 I—IV und 49 IV mit den Voraussetzungen: Schweizerbürgerrecht, schweizerischer Wohnsitz, zurückgelegtes 20. Altersjahr, Besitz der bürgerlichen Ehrenfähigkeit[2]. Wer diese Voraussetzungen erfüllt, ist Aktivbürger. Er ist stimmberechtigt, hat die Fähigkeit an Abstimmungen, Wahlen, Gemeindeversammlungen teilzunehmen, Referendums- und Initiativbegehren zu unterzeichnen. Nach der heute herrschenden staatsrechtlichen Auffassung ist die Gesamtheit der Stimmberechtigten Staatsorgan, der einzelne Stimmberechtigte ein Teilorgan dieser Gesamtheit. Wer daher hindernd oder nötigend den Befugnissen des Stimmberechtigten in den Weg tritt, vergeht sich nicht nur gegen den einzelnen Menschen, sondern gegen das den Volkswillen bildende Staatsorgan.

Art. 280 I erfaßt auf dieser Grundlage die Hinderung — besser: Verhinderung (empêcher, impedire) — eines Aktivbürgers an der Ausübung der Befugnisse, zu stimmen, zu wählen, an einem Referendum oder an einer Initiative sich zu beteiligen. Die Tatmittel sind die gleichen wie in Art. 279: Gewalt und Androhung ernstlicher, z. B. wirtschaftlicher Nachteile (oben 2). Das Delikt ist vollendet, wenn der Stimmberechtigte außerstand gesetzt wurde, sein Recht auszuüben, bei Wahlen und Abstimmungen schon, wenn er verhindert wird, an der Wahl teilzunehmen, z. B. sich zum Wahllokal zu begeben[3].

Das reicht aber nicht aus. Im engen Anschluß an den Art. 181 bildet

---

[1] Zur Verhinderung der Teilnahme an einer Wahl. Hörni: 61ff., 120ff. (rechtswidrige Beeinflussung bei Volksbegehren).

[2] Für die Einzelerörterung muß auf die staatsrechtliche Literatur verwiesen werden; Burckhardt: Kommentar BV. zu den im Text genannten Artikeln; Fleiner: Bundesstaatsrecht, 127f., 299ff., 306ff. (kantonale Bestimmungen; Stimmrecht von Ausländern in Gemeindeangelegenheiten; Frauenstimmrecht) und jetzt namentlich Giacometti: 206ff., 214ff. (kantonale Sonderbestimmungen betreffend das Stimmrecht in kantonalen und Gemeindeangelegenheiten).

[3] Wenn, ohne Gewalt oder Drohung, einem Stimmberechtigten die Aushändigung der Legitimationspapiere (Stimmrechtsausweis, Stimmzettel) verweigert wird, trifft Art. 280 I nicht zu. Bestrafung eventuell wegen Amtsmißbrauchs (Art. 312); vgl. Hörni: 41ff., 63ff. (über Gewalt und Drohung).

Art. 280 II den besonderen Tatbestand: Nötigung durch Gewalt oder Androhung ernstlicher Nachteile, eines der genannten staatsbürgerlichen Befugnisse überhaupt oder in einem bestimmten Sinne auszuüben. Die Vollendung tritt hier mit dem Moment der Stimmabgabe ein.

Strafbar ist einerseits der Zwang zur Ausübung. Kantonale Bestimmungen, die die Stimmabgabe ausdrücklich als Rechtspflicht erklären (sog. Stimmzwang) und zum Teil für die Nichterfüllung der Stimmpflicht Sanktionen vorsehen, sind zulässig[1]. Dieser „Zwang" erfüllt den Tatbestand aus Art. 280 II nicht.

Die andere Variante: Strafbarkeit der Nötigung zur Ausübung in einem bestimmten Sinne soll die Entschließungsfreiheit des einzelnen Stimmberechtigten sichern. Politische Beeinflussung und Bearbeitung der Stimmberechtigten, auch wenn sie krasse und verwerfliche Formen annehmen, stellen das Delikt noch nicht dar. Erforderlich ist der Beweis, daß Gewalt oder Androhung ernstlicher Nachteile den Willen des Aktivbürgers zu beugen vermocht haben[2]. Dieser Kausalzusammenhang muß gegeben sein (oben § 19 II).

Den weiteren Nötigungsfall: Zwang zur Nichtausübung braucht Art. 280 II nicht zu nennen. Er geht im 1. Absatz des Artikels, der die Verhinderung des Stimmberechtigten erfaßt, auf.

Daß die Strafdrohung des Art. 280 — Gefängnis oder Buße — im gleichen Rahmen wie bei der Nötigung (Art. 181) bleibt, ist, wenigstens theoretisch, nicht befriedigend. Die im Art. 280 enthaltenen besonderen Nötigungstatbestände sollen nicht nur die Freiheit des Einzelnen schützen. Im Spiel steht überdies das Interesse an der Reinhaltung demokratischer Gedanken, des Volkswillens[3].

II. Die **Wahlbestechung** (corruption électorale) erfaßt das G. in Art. 281 in Anlehnung an die Tatbestände der aktiven und der passiven Bestechung gemäß Art. 288 und 315 (unten § 119). Das ist insoweit gerechtfertigt, als in allen diesen Fällen Art und Mittel der Tatverübung übereinstimmen. Aber die sog. Wahlbestechung wiegt weniger schwer als die Beamtenbestechung. Bei ihr geht der Täter darauf aus, eine Amtsperson zu veranlassen, ihre Amts- oder Dienstpflicht zu verletzen (Art. 288) und bei der passiven Bestechung läßt sich der Beamte für eine künftige pflichtwidrige Amtshandlung einen Vorteil versprechen oder

[1] Dazu Fleiner: 304f.; Giacometti: 232ff.; Burckhardt: Schweizer. Bundesrecht, 2, Nr. 390 und 565 (bundesrechtliche Zulässigkeit kantonaler Stimmzwangvorschriften); Schollenberger: Z. 10, 78ff. (Darstellung der kantonalen Rechte über den Stimmzwang).

[2] Sog. Schlepperdienste sind straflos, wenn sie ohne Gewalt oder Androhung vor sich gehen; Seiler: StenBull. NR. 1929, 590. Vgl. ferner Hörni: 63ff., 120ff. über Tatmittel und Kausalität.

[3] Vgl. z. B. die hohe Drohung im entsprechenden § 107 des deutschen StGB.: Gefängnis nicht unter 6 Monaten oder Festungshaft bis zu 5 Jahren.

gewähren (Art. 315). Bei der sog. Wahlbestechung geht es dagegen nicht um solche rechtswidrige Ziele. Der Wähler wird nicht „bestochen" und läßt sich nicht „bestechen", damit Verbotenes geschieht. Nur die Verunreinigung des Wahl- und Abstimmungsgeschäftes soll verhindert werden[1]. Damit erklärt sich auch die gegenüber den eigentlichen Bestechungsdelikten geringere Strafdrohung des Art. 281. Sie lautet wie in den Art. 279 und 280 auf Gefängnis oder Buße. Auch die sog. Wahlbestechung ist im Grunde nichts anderes als eine Störung einer Wahl-, Abstimmungs-, Referendums- oder Initiativenaktion. Näher als den eigentlichen Bestechungsdelikten steht sie dem Stimmenkauf im Schuldbetreibungsstrafrecht (Art. 168; dazu oben § 65 II, wo der Bestechungscharakter noch zu stark betont wird).

1. Nach Art. 281 I und II wendet sich der Täter an einen Stimmberechtigten (oben I 4). Jedermann, nicht nur der Wahlkandidat, kann Täter sein, auch ein Minderjähriger, eine Frau, ein Ausländer. Das Ziel, das der Täter verfolgt, kommt in folgenden Varianten zum Ausdruck:

Beeinflussung des Stimmberechtigten, an einer Wahl oder einer Abstimmung nicht teilzunehmen (Abs. II, der eine Art Parallele zu Art. 280 I darstellt);

Beeinflussung des Stimmberechtigten, in einem bestimmten Sinne zu stimmen oder zu wählen, einem Referendums- oder einem Initiativbegehren beizutreten oder nicht beizutreten (Abs. I, Parallelen zu Art. 280 II und teilweise auch zu Art. 280 I)[2].

Der Unterschied gegenüber Art. 280 besteht nur in den Tatmitteln: Nach Art. 280 nötigt der Täter durch Gewalt oder Androhung ernstlicher Nachteile. Nach Art. 281 besteht dagegen die Handlung darin, daß der Täter einem Stimmberechtigten ein Geschenk oder einen anderen Vorteil anbietet, verspricht, gibt oder zukommen läßt[3]. Das ist eine

---

[1] BINDING: Lb. 2 II, 833 spricht daher anstatt von Wahlbestechung von Stimmenschacher; vgl. auch BINDING: 837. Im Prot. I. ExpKom. 2, 145 wird der aktive Stimmenkauf als rechtswidrige Wahlbeeinflussung bezeichnet. Ob, wie HÖRNI: 46 meint, die Bestechung das beliebteste und meist angewendete Mittel im Wahlkampf ist, steht dahin. Richtig ist, daß ihr schwer beizukommen ist.

[2] Zu den einzelnen Fällen gut HÖRNI: 46f. Das G. nennt nicht die Beeinflussung, an einer Wahl oder Abstimmung teilzunehmen. Soweit ein Obligatorium nicht besteht, sollte die Freiheit des Bürgers auch in dieser Richtung geschützt werden. — Es wäre leicht und erwünscht gewesen, den Art. 281 redaktionell besser auf Art. 280 abzustimmen. Dadurch wäre deutlicher zum Ausdruck gekommen, daß es sich auch bei der sog. Wahlbestechung um einen Eingriff in das Stimm- und Wahlrecht, um ein Störungsdelikt, handelt.

[3] Das Versprechen eines Wahlkandidaten, in seiner behördlichen Tätigkeit, sich für bestimmte Interessen einzusetzen, ist keine Wahlbestechung; HÖRNI: 48; ZÜRCHER: Erläuterungen, 365. Grundsätzlich strafbar sind auch kleine Gaben, der sog. Wahlliter; SEILER: StenBull. NR. 1929, 590f.; THORMANN- v. OVERBECK: Art. 281, N. 4.

wörtlich gleiche Fassung wie beim Tatbestand der aktiven Bestechung (Art. 288). Die Erörterung der einzelnen Täterhandlungen ist unten § 119 II 2 gegeben[1].

Nur wenn das Versprechen oder die Zuwendung eines Vorteils gegenüber dem Stimmberechtigten direkt erfolgt, ist das Delikt gegeben, nicht wenn z. B. Angehörigen versprochen oder gegeben wird[2]; vgl. unten § 119 II 2.

Daß die „Bestechung" den vom Täter erstrebten Erfolg hat, daß der Stimmberechtigte z. B. in einem bestimmten Sinne stimmt oder wählt, ist für die Vollendung der aktiven Bestechung ohne Bedeutung. Auch schon das bloße Anbieten oder Versprechen ist Vollendung, auch wenn der Stimmberechtigte auf nichts eingeht; unten § 119 II 2.

2. Die sog. passive Wahlbestechung wird in Art. 281 III mit der kurzen Formel umschrieben, daß der Stimmberechtigte sich „einen solchen Vorteil" — gemäß den Abs. I und II — versprechen oder geben läßt. Zwischen dem Täter der aktiven und dem Täter der passiven Bestechung ist eine Willenseinigung, ein Geschäft zustande gekommen. Beim Tatbestand des Stimmenkaufs in Art. 168 Ziff. 2 sagt das G.: „sich solche Vorteile zusichern oder zuwenden lassen". Ausführlicher bestimmt Art. 315 I bei der passiven Bestechung: „ein Geschenk oder einen anderen (ihm) nicht gebührenden Vorteil fordern, annehmen oder sich versprechen lassen." Möglichst gleiche Redaktion an allen drei Stellen wäre besser gewesen. Materiell ergibt sich der Unterschied, daß, anders als nach Art. 315, bei der sog. passiven Wahlbestechung das Fordern eines Vorteils nicht strafbar ist. Davon abgesehen ergeben sich aus der ungleichen Redaktion keine materiellen Unterschiede.

Ob der Stimmberechtigte, der sich schmieren läßt, im Sinne der an ihn gestellten Forderung handelt oder nicht, ob er sich seiner Stimmfreiheit begibt oder nicht, ist ohne Bedeutung. Die Annahme eines Versprechens oder einer Gabe vollendet die passive Bestechung[3].

Die Zuwendung, die der Stimmberechtigte erhalten hat, verfällt nach Maßgabe von Art. 59 I dem Staate.

§ 112. Fälschungen. Wahlbetrug und Geheimnisverletzung.

Literatur. Angaben vor § 110.

I. Was der Art. 282 unter der Bezeichnung **Wahlfälschung** zusammenfaßt, knüpft in der Gestaltung der Tatbestände zum Teil an die Urkundendelikte an. Aber es sind Sondertatbestände.

[1] Vgl. schon Thormann-v. Overbeck: Art. 281, N. 4; Hörni: 47ff. mit der Erwähnung eines Falles von Versprechen der Kreditverschaffung als Bestechungsmittel.

[2] Diese Beschränkung kann zu eng sein; vgl. Hörni: 49f.

[3] Hörni: 52 nimmt Straflosigkeit an, wenn der Vorteilsempfänger sich von vornherein vorgenommen hat, sich seines Dispositionsrechts nicht zu begeben. Das ist nach Art. 281 III mindestens zweifelhaft. — Versuch, wer seine Stimme zu Markte trägt, ohne Gehör zu finden; Hörni: 52.

1. Als eigentliches Urkundendelikt stellt sich die Fälschung, Verfälschung, Beseitigung oder Vernichtung eines **Stimmregisters** (registre électoral) nach Art. 282 Ziff. I I dar. Die Wahlgesetze des Bundes und der Kantone bestimmen als Regel, daß zur Ausübung des Stimm- und des Wahlrechtes nur die Bürger befugt sind, die in das von den Gemeindebehörden geführte Stimmregister eingetragen sind. Nach Art. 5 des BGes. vom 19. Heumonat 1872 betreffend die eidgenössischen Wahlen und Abstimmungen (GesSlg. 10, 915ff.) ist jeder stimmberechtigte, in einer Gemeinde wohnende Schweizerbürger von Amtes wegen in das Stimmregister einzutragen. Entsprechende Bestimmungen enthalten — mit zum Teil anderer Bezeichnung: Wählerverzeichnisse, registre civique usw. — die kantonalen Gesetze[1].

Die Stimmregister sind gemäß Art. 110 Ziff. 5 des G. öffentliche Urkunden. An ihnen sind nach Art. 282 die Handlungen der Fälschung, z. B. die Eintragung eines Unbefugten in das Register, die Verfälschung, Beseitigung und Vernichtung strafbar. Für diese Täterhandlungen wird auf die Erörterungen oben §§ 91 II, 98 I und 99 II verwiesen. Sie gelten auch für die Anwendung des Art. 282.

Die Stimmregisterfälschung ist eine selbständig strafbare Vorbereitungshandlung zur Fälschung eines Wahl- oder Abstimmungsergebnisses[2]. Während aber auf die Urkundendelikte gemäß Art. 251, 254 und 317 (Urkundenfälschung durch Beamte) hohe, bis zu 5 Jahren Zuchthaus aufsteigende Strafdrohungen stehen, lautet die Drohung in Art. 282 Ziff. 1 nur auf Gefängnis oder Buße.

Das ist verwunderlich, um so mehr als in Art. 251 Ziff. 2 die ein öffentliches Register — was das Stimmregister unzweifelhaft ist — betreffende Fälschung als erschwerter Fall mit einer Mindeststrafe von 6 Monaten Gefängnis bedroht wird. Allerdings erfordern die Art. 251 und 254 den Beweis, daß der Täter in der Absicht, Rechte zu schädigen oder sich oder einem Anderen einen unrechtmäßigen Vorteil zu verschaffen, gehandelt hat. Das kann auch bei der Fälschung eines Stimmregisters geschehen, wird sogar regelmäßig zutreffen. Dann ergibt sich aber zwischen Art. 282 einerseits und Art. 251 und 254 andererseits ein wenig befriedigendes Verhältnis. Nach der Gesetzeslage bleibt aber kaum etwas anderes übrig, als bei einem Stimmregisterdelikt immer nur den Art. 282 zur Geltung zu bringen[3]. Einigermaßen läßt sich das mit

[1] Über die näheren Vorschriften und die Literatur FLEINER: Bundesstaatsrecht, 146, 303f.; über die Register nach kantonalen Rechten GIACOMETTI: Staatsrecht der schweizer. Kantone, 222ff.

[2] So THORMANN-v. OVERBECK: Art. 282, N. 2; HÖRNI: 37ff. (Fälschung der Stimmregister als Täuschung über die Wählerqualität).

[3] THORMANN-v. OVERBECK: Art. 282, N. 2 und 8 beschränken sich auf die Feststellung, daß der Art. 282 den Urkundendelikten vorgeht. Das Verhältnis zu den Art. 251 und 254 wird nicht weiter erörtert. — Es ist auch denkbar, daß eine

dem Gedanken begründen, daß auch die Stimmregisterfälschung wie die anderen Delikte des 14. Titels nur unter dem Gesichtspunkt: Störung des Abstimmungs- und Wahlgeschäftes betrachtet wird. Nach Art. 251 Ziff. 3 kann bei der Urkundenfälschung in besonders leichten Fällen auf Gefängnis oder Buße erkannt werden. Das ist die gleiche Strafdrohung, wie sie Art. 282 vorsieht. Ist aber eine Stimmregisterfälschung immer ein leichter Fall? Die Frage bleibt offen. — Als Täter werden regelmäßig nur Stimmregisterführer oder andere Beamte in Frage kommen.

2. Ein Mixtum aus Fälschung und anderen täuschenden Handlungen enthält Art. 282 Ziff. 1 III. Man mag die Tatbestände, die das G. als Beispiele gibt, mit der Bezeichnung Wahlbetrug[1] zusammenfassen. Die welschen Texte sagen im Randtitel des Art. 282 fraude électorale und frode elettorale. Mit dem Betrugstatbestand aus Art. 148 hat der Art. 282 jedoch nichts zu schaffen.

Alle Varianten der Ziff. 1 III beziehen sich auf das Ergebnis einer Wahl, einer Abstimmung oder einer Unterschriftensammlung für ein Referendum oder eine Initiative. Das Ergebnis liegt mit dem Abschluß der betreffenden Aktion vor. Etwas anderes ist die Feststellung des Ergebnisses, z. B. die Auszählung der Stimmen[2]. Aber Unterscheidungen ergeben sich:

a) Ein Wahl- oder ein Abstimmungsgeschäft, sei es in einer Versammlung oder bei einer Urnenabstimmung, ist zu Ende. Bei einer Urnenabstimmung z. B. sind die Urnen geschlossen worden. Hier setzen die am Schluß der Bestimmung genannten strafbaren Handlungen ein: unter Mißachtung der Wahlgesetze erfolgendes unrichtiges Auszählen oder unwahre Beurkundung des Ergebnisses. Das ist Wahlverfälschung[3]. Als Täter bei der unwahren Beurkundung durch Anfertigung einer Lugurkunde kommen hier wohl nur Mitglieder des Wahlbureaus und Beamte in Frage[4]. Dann greift aber die verschärfte Strafdrohung gemäß Art. 282 Ziff. 2. — Handeln in amtlicher Eigenschaft — Platz: Gefängnis nicht unter 1 Monat, womit Buße verbunden

unrichtige Beurkundung in einem Stimmregister erschlichen wird. Art. 282 trifft diesen Fall nicht. Soll dann die schwere Drohung aus Art. 253 zur Geltung kommen (vgl. oben § 99 I)? Das ist eine weitere Unklarheit. Vgl. Hörni: 39 (intellektuelle Stimmregisterfälschung).

[1] Unwahre Behauptungen im Wahlkampf gehören nicht dazu. Die Ehrverletzungsbestimmungen der Art. 173ff. bleiben vorbehalten; vgl. auch Hörni: 56ff.; Zentralbl. für Staats- und Gemeindeverwaltung, 40, 249ff. (unwahrer Vorwurf des Stimmenkaufs).

[2] Zum Begriff Wahl- und Abstimmungsergebnis Hörni: 34f., 69, 76. Es soll das richtige Spiegelbild der Gesinnungen und Ansichten der Wählerschaft sein.

[3] Hörni: 88ff.

[4] Nach Thormann-v. Overbeck: Art. 282, N. 9 kann jedermann Täter sein.

werden kann. Nach Art. 110 Ziff. 4 gelten übrigens als Beamte auch Personen, die vorübergehend amtliche Funktionen ausüben. Das trifft bei den Mitgliedern der Wahlbureaus zu.

Nimmt der Täter eine unwahre Beurkundung des Abstimmungsergebnisses vor, so ist auch der Tatbestand der Beamtenurkundenfälschung nach Art. 317 Ziff. 1 II erfüllt, wobei nach der Ziff. 2 auch schon die fahrlässige Handlung strafbar ist. Wiederum zeigt sich die merkwürdige Diskrepanz zwischen den Urkundendelikten des 14. Titels und den anderen Urkundenfälschungen (oben 1). Aber auch hier muß man sich mit der Lösung begnügen, daß die Sonderbestimmung des Art. 282 vorgeht.

b) Als weiteres Beispiel nennt die Ziff. 1 III des Art. 282 die Fälschung des Ergebnisses einer Wahl, einer Abstimmung oder einer Unterschriftensammlung beim Referendum oder einer Initiative, insbesondere durch Hinzufügen, Ändern oder Streichen von Stimmzetteln oder Unterschriften. Das sind wiederum Urkundenfälschungen und -verfälschungen. Das überdies genannte Weglassen von Stimmzetteln und Unterschriften ist als Urkundenunterdrückung (vgl. Art. 254) anzusprechen. — Als weitere hierher gehörende Beispiele wurden genannt die böswillige Entfernung von Unterschriftenlisten, ihre Ungültigmachung, ferner die Beschädigung, so daß die Namen der Zeichner unleserlich werden[1].

Während unrichtiges Auszählen und unwahre Beurkundung des Ergebnisses immer nach Abschluß einer Wahl, Abstimmung oder einer Unterschriftensammlung einsetzen, können die hier genannten Fälschungen im Zuge einer politischen Aktion oder nach ihrer Durchführung erfolgen. Sie verhindern oder stören das richtige Ergebnis.

Täter kann Jedermann sein, auch wer nicht Aktivbürger ist. Handelt der Täter in amtlicher Eigenschaft, z. B. als Mitglied eines Wahlbureaus, so steht er unter der erhöhten Strafdrohung der Ziff. 2.

c) Art. 282 Ziff. 1 II erfaßt als weitere Form des Wahlbetrugs eine Rechtsanmaßung, die unbefugte Teilnahme an einer Wahl oder Abstimmung, an einem Referendums- oder Initiativbegehren[2]. Klar sind die Fälle, daß eine nicht im Besitze des Aktivbürgerrechts befindliche Person sich beteiligt, oder daß Jemand einen entwendeten oder gefälschten Stimmzettel verwendet[3]. Unbefugte Teilnahme liegt auch vor,

[1] Calame und Gabuzzi: Prot. II. ExpKom. 4, 436; ferner Hörni: 84 (Einschmuggeln von Stimmzetteln, unberechtigtes Entfernen aus der Urne).

[2] Rechtsprechung zum bisherigen Recht oben S. 694, Anm. 2. Vgl. namentlich BE. 48 I, Nr. 50: Straflosigkeit eines im Aktivbürgerrecht Eingestellten, der ein Referendumsbegehren unterzeichnete, weil Art. 49 lit. d des Bundesstrafrechts von 1853 nur von der unbefugten Teilnahme an einer Wahl oder an einer anderen „Verhandlung“ sprach. Das war lückenhaft. Das G. hat die Lücke geschlossen.

[3] Noch nicht strafbar die unberechtigte Ausfüllung von Stimmzetteln durch Drittpersonen; Zentralbl. Staats- und Gemeindeverwaltung, 26, 95f. (Schaffhauserfall).

wenn ein Berechtigter vorsätzlich dasselbe Referendums- oder Initiativbegehren mehrfach unterzeichnet[1].

Andere Fälle bedürfen der Prüfung: Das schon erwähnte BGes. von 1872 betreffend die Wahlen und Abstimmungen verbietet in Art. 8 II die Stellvertretung bei der Stimmabgabe[2]. Bei Übertretung dieser Bestimmung haben sowohl der Vertretene wie der Vertreter unbefugt an der Abstimmung teilgenommen[3]. Die Schuldfrage, die den Nachweis des Vorsatzes erfordert, bleibt offen. — Das BGes. vom 17. Juni 1874 betreffend Volksabstimmung über Bundesgesetze und Bundesbeschlüsse (GesSlg. N.F., 1, 116ff.), Art. 5 II und das BGes. vom 27. Januar 1892 über das Verfahren bei Volksbegehren und Abstimmungen betreffend Revision der Bundesverfassung (GesSlg. N.F. 12, 885ff.), Art. 3 II bedrohen ferner denjenigen mit Strafe, der bei der Ausübung eines (fakultativen) Referendums oder einer Verfassungsinitiative unter eine solche Eingabe eine andere Unterschrift als die eigene setzt[4]. Das sind weitere, dem Art. 282 Ziff. 1 II unterstehende Fälle.

3. Mit Bezug auf alle, im Art. 282 Ziff. 1 enthaltenen Delikte gilt nach der Ziff. 2 die erhöhte Strafdrohung: Gefängnis nicht unter einem Monat, womit Buße verbunden werden kann, wenn der Täter in amtlicher Eigenschaft handelt (siehe schon oben 2a). Beim Tatbestand der unbefugten Teilnahme an einer der genannten politischen Aktionen ist freilich kaum vorstellbar, daß ein Täter in amtlicher Eigenschaft handelt.

II. Der Art. 283 schließt den Kreis der Vergehen gegen den Volkswillen mit dem Tatbestand: **Verletzung des Abstimmungs- und Wahlgeheimnisses** ab. Das politische Recht der geheimen, unkontrollierbaren und unkontrollierten Stimmabgabe soll geschützt werden. Die Abstimmungs- und Wahlgesetze bestimmen über sie. Art. 8 I des BGes. vom 19. Heumonat 1872 schreibt vor, daß die Nationalratswahlen und die Verfassungsabstimmungen mittels schriftlicher und geheimer Stimmabgabe stattzufinden haben, und das BGes. vom 17. Juni 1874 erklärt bei Volksabstimmungen über Bundesgesetze und Bundesbeschlüsse diese Geheimhaltungsvorschrift gleichfalls als anwendbar (Art. 11). Besonders bestimmt noch Art. 11 III des BGes. vom 14. Februar 1919 betreffend die Wahl des Nationalrates, das Proporzgesetz (GesSlg. 35, 359ff.): Das Geheimnis der Abstimmung ist unter allen Umständen zu wahren[5].

---

[1] Zürcher: Erläuterungen, 366.

[2] Über Verbot bzw. Zulassung der Stellvertretung nach kantonalen Rechten Giacometti: a. a. O. 245ff.

[3] So Thormann-v. Overbeck: Art. 282, N. 3.

[4] Über Initiativbegehren und fakultatives Referendum nach kantonalen Rechten Giacometti: a. a. O. 419ff., 479ff. Auch hier steht die unbefugte Teilnahme unter der Strafdrohung des Art. 282 Ziff. 1 II. Zum Straftatbestand Hörni: 117ff.

[5] Über die geheime Stimmabgabe Fleiner: Bundesstaatsrecht, 145, 304, 408

Die Durchführung und Wahrung des Stimm- und Wahlgeheimnisses erfolgt vor Allem durch entsprechende verwaltungsrechtliche Maßnahmen, insbesondere durch die korrekte Verwendung des Urnensystems. Ergänzend setzt mit einer strafrechtlichen Bestimmung der Art. 283 des G. ein. Die Strafdrohung lautet auch hier auf Gefängnis oder Buße.

Anders als bei anderen Geheimnisverletzungen, z. B. in G. Art. 162, 267, 320, 321, verwendet der Art. 283 den Geheimnisbegriff in der Umschreibung des Tatbestandes nicht. Aber er sagt deutlich, was geheim gehalten und gegen Preisgabe geschützt werden soll: die Art, wie der einzelne Berechtigte stimmt oder wählt. Als Geheimnisherr erscheint in erster Linie der Stimmberechtigte. Aber nicht nur um sein Individualrecht handelt es sich, sondern auch um den Schutz eines öffentlich-rechtlichen Prinzips, das der Staat im Interesse der Reinheit und Sauberkeit von Wahlen und Abstimmungen aufgestellt hat.

Das G. verlangt ein Ausspähen[1]. Das liegt in den Worten: „sich durch unrechtmäßiges Vorgehen Kenntnis verschaffen". Die Vorentwürfe, z. B. VE. 1903 Art. 199 V und auch noch der E. 1918 Art. 253, sprachen von „unrechtmäßigen Veranstaltungen"[2]. Das war enger, erforderte, wie die französischen Texte sagten, des manoeuvres illicites. Der Ausdruck „unrechtmäßiges Vorgehen" (procédés illictis)[3] erfaßt aber auch den Fall, daß Jemand durch einen bloßen Blick auf den Stimmzettel des neben ihm an der Urne stehenden Bürgers sich Kenntnis verschafft. Auf das Motiv, das bloße Neugier sein kann, kommt es nicht an. Das mag weit gehen, ist aber im Hinblick auf das sakrosankte Prinzip der geheimen Stimmabgabe und im Hinblick auf mögliche Konsequenzen gerechtfertigt.

Unrechtmäßiges Vorgehen ist nicht gegeben, wenn der Bürger A dem Bürger B oder einem weiteren Kreis von seiner Stimmabgabe Kenntnis gibt, oder wenn bei — erlaubter — Stellvertretung der Vertreter vom Inhalt des Stimmzettels des Vertretenen Kenntnis nimmt. Der Stimmberechtigte, der Geheimnisherr, hat hier auf die Geheimhaltung verzichtet[4].

---

und namentlich GIACOMETTI: 248ff. (kantonale Rechte), demokratisches Prinzip der geheimen Stimmabgabe; vgl. auch BURCKHARDT: Schweizer. Bundesrecht, 2, Nr. 411 III (Luzernerfall: Zum Zweck der Kontrolle gezeichnete Stimmzettel; Wahrung des Verfassungsgrundsatzes der geheimen Stimmabgabe). Erörterung und Texte kantonaler Gesetze bei MAHLER: Spionage (Lit. zu § 105), 164ff., 191ff.; Daten über ausländisches Recht: 148f.

[1] MAHLER: 164ff. behandelt die Verletzung des Wahl- und Abstimmungsgeheimnisses als interne politische Spionage.

[2] Beispiel v. SCHUMACHER: Prot. I. ExpKom. 2, 144: Das Versehen von Stimm- oder Wahlzetteln mit Zeichen, um die Stimmabgabe zu kontrollieren.

[3] In der italienischen Fassung des G. ist der Ausdruck manovre illecite stehen geblieben. Vgl. auch THORMANN-v. OVERBECK: Art. 283, N. 2.

[4] Ähnlich auch MAHLER: 168.

Täter kann Jedermann sein. Daß das Wahl- oder Abstimmungsergebnis durch die Geheimnisverletzung irgendwie beeinflußt wird, ist hier selbstverständlich ohne Bedeutung.

Bei Referendums- und Initiativbegehren spielt der Art. 283 keine Rolle. Die Unterschriftenbogen sind der Einsicht zugänglich. Ebensowenig kommt bei offenen Abstimmungen, z. B. in einer Landgemeinde, eine Geheimnisverletzung in Frage.

Zweiter Abschnitt.

Delikte gegen die Amtsgewalt und die öffentliche Ordnung.

§113. Einleitung.

Literatur. Angaben zu §§ 114—118.

I. Die Staatsdelikte dieser Gruppe kennzeichnen sich zunächst dadurch, daß der Täter sich der Amtsgewalt widersetzt. Seine Tat wendet sich entweder gegen die Inhaber der Amtsgewalt, die in ihren Befugnissen geschützt werden müssen (Art. 285, 286), oder der Täter widersetzt sich bestimmten behördlichen Entscheidungen und Verfügungen (G. Art. 289—292, 294, 295). Die staatlichen Grundlagen, der Staat in seiner Existenz, werden dadurch nicht bedroht. Aber die staatliche — öffentliche — Ordnung wird gestört oder gefährdet. Die im 15. Titel des G. mit der Überschrift: Strafbare Handlungen gegen die öffentliche Gewalt enthaltenen Tatbestände stellen in der Hauptsache eine Verletzung der dem Einzelnen zugemuteten Gehorsamspflicht dar.

Das erschöpft jedoch den Inhalt des 15. Titels nicht. Mit der Amtsanmaßung (Art. 287) und der Bestechung (Art. 288) greift der Täter in anderer Weise in die staatliche Ordnung ein. Er stört oder gefährdet die Sicherheit und die Reinlichkeit staatlicher Funktionen; unten §§ 118/119. Ähnliches gilt auch für den Übertretungstatbestand des Art. 293: Veröffentlichung amtlicher geheimer Verhandlungen[1].

Zwischen der kollektiven Widersetzung, dem Aufruhr (Art. 285 Ziff. 2) und dem Landfriedensbruch (Art. 260) bestehen Beziehungen, die abgeklärt werden müssen; unten § 114 IV.

Die Gerichtsbarkeit ist in gleicher Weise wie bei den Delikten gegen den Volkswillen geordnet: Bundesgerichtsbarkeit, sofern die Handlungen gegen die Bundesgewalt gerichtet sind (G. Art. 340 Ziff. 1 V). Bei

[1] Die Gefangenenbefreiung und die Meuterei von Gefangenen, die der VE. 1894, Art. 163 und 164, und z. B. auch das deutsche StGB. §§ 120ff., bei den Delikten gegen die Staatsgewalt einstellen, hat jetzt das G. bei den Verbrechen und Vergehen gegen die Rechtspflege untergebracht (Art. 310, 311); unten §§ 128|9.

Gewalttat und Aufruhr gegen Bundesbehörden (Art. 285) urteilen die Bundesassisen (Art. 341 lit. b). In den anderen Fällen ist das Bundesstrafgericht zuständig (Art. 342) mit der Möglichkeit der Delegation an die kantonale Gerichtsbarkeit (BStPr. Art. 18). Die gegen die kantonale Amtsgewalt und öffentliche Ordnung sich richtenden Delikte gehören vor die kantonalen Behörden, es sei denn, daß es zu einer bewaffneten eidgenössischen Intervention kommt, was bei einem in einem Kanton sich abspielenden Aufruhr im Bereich der Möglichkeit liegt. Dann ergibt sich wieder die Zuständigkeit der Bundesassisen nach G. Art. 341 lit. d.

II. Die vorstehend versuchte kurze Zusammenfassung der im 15. Titel des G. enthaltenen strafbaren Handlungen zeigt die Schwierigkeit, sie unter einen gemeinsamen Nenner zu bringen. Die systematische Unsicherheit kommt in den wechselnden Bezeichnungen des Titels zum Ausdruck. Die Vorentwürfe und noch der E. 1918 sprachen von „Verbrechen (Vergehen) gegen die Staatsgewalt" (autorité publique)[1]. Aber das ist zu eng und als Kennzeichnung wenig aufschlußreich. Auch bei der in das G. übernommenen Bezeichnung: Strafbare Handlungen gegen die öffentliche Gewalt ist das kaum besser.

Durchgeht man die bisherigen Rechte, so wird ebenfalls deutlich, wie schwer es dem Gesetzgeber fiel, die Tatbestände durch ein deutlich bezeichnetes Schutzobjekt zusammenfassend zu charakterisieren:

Systematisch ganz verfehlt stehen im Bundesstrafrecht von 1853 die Tatbestände des Aufruhrs, der gewaltsamen Widersetzung und der Gefangenenbefreiung (Art. 46, 47 und 50) im Titel: Verbrechen gegen die verfassungsmäßige Ordnung und die innere Sicherheit[2]. Damit wird ihnen gleichsam Hochverratscharakter beigelegt. — Auch kantonale Rechte unterscheiden zum Teil wenig deutlich: Zürich § 71ff. faßt Landesverrat, Aufruhr, Widersetzung, die sog. Ungehorsamstatbestände, die Wahl- und Abstimmungsdelikte, Gefangenenbefreiung und Meuterei von Gefangenen unter der Bezeichnung: Verbrechen gegen den Staat und die öffentliche Ordnung kunterbunt zusammen. In Luzern stehen unter dem allgemeinen Titel: Verbrechen gegen den Staat neben Hochverrat, Landesverrat und Landfriedensbruch Bestimmungen gegen „Aufstand" und Aufruhr, Widersetzung, Gefangenenbefreiung und Bannbruch (Krim. StG. §§ 88—104), während zahlreiche Ungehorsamsdelikte und auch die Amtsanmaßung als „Vergehen gegen den Staat" in das PolStG. (§§ 42ff.) eingefügt wurden. Bessere Abgrenzungen ergeben sich in Bern: Dem Landes- und Hochverrat als Delikten gegen die Sicherheit

[1] Der 6. Abschnitt im Bes. Teil des deutschen StGB. trägt die Überschrift „Widerstand gegen die Staatsgewalt".

[2] Über Widersetzung nach Art. 47 des Bundesstrafgesetzes von 1853 BRUNNER (Lit. zu § 114): 55ff.

des Staates (Art. 67—70) werden in besonderen Titeln gegenübergestellt Aufruhr und Ungehorsam gegen obrigkeitliche Anordnungen (Art. 71 bis 82), strafbare Handlungen gegen das obrigkeitliche Ansehen mit den Tatbeständen der Amtsanmaßung, der Amtserschleichung, des Wahlbetrugs und der Störung von Wahlversammlungen (Art. 83—87). Der Systematik des eidgenössischen G. steht näher Baselstadt, das unter dem Titel: Verbrechen gegen die öffentliche Ordnung außer Aufruhr, Widersetzung, Ungehorsamsdelikten und Amtsanmaßung auch noch Gefangenenbefreiung, Meuterei, die Wahl- und Abstimmungsdelikte, verbotene Selbsthilfe und die gemeingefährliche Drohung erfaßt (§§ 49 bis 62). Bereits unter dem Einfluß der eidgenössischen Entwürfe ist wohl die waadtländische Ordnung (Titre XIV: Des délits contre l'autorité) entstanden.

An diesen Beispielen mag es genug sein. Sie zeigen, wie schwierig es ist, bei dieser Gruppe der Staatsdelikte das Schutzobjekt einheitlich zu bestimmen[1].

§ 114. Widersetzung. Aufruhr.

Literatur. Stooss: Grundzüge, 2, 418ff. — M. E. Mayer: VD., Bes. Teil, 1, 349ff., 487f., 508f., 514ff., 527ff. — Brunner: Widersetzlichkeit und Aufreizung zur Widersetzlichkeit, Berner Diss. (1940). — Fries: Das Aufruhrvergehen in Art. 255 des E. zu einem schweizer. StGB., Zürcher Diss. (1921). — Waeber: Der Aufruhr, Berner Diss. (1938). — Schaufelberger: Die militärischen Delikte der Meuterei und des Aufruhrs, Berner Diss. (1924). — Brunner, Alfred: Bericht über die Strafuntersuchung wegen des Aufruhrs in Zürich im November 1917 (1919). — Stämpfli: Z. 35, 119ff.; 47, 429ff.

Das G. verwendet die Begriffe Widersetzung und Aufruhr nicht. In ihnen liegt aber eine gute Kennzeichnung der in den Art. 285 und 286 enthaltenen Tatbestände. Weshalb das G. diese in der bisherigen Gesetzgebung[2] und in der Literatur vielfach üblichen Bezeichnungen vermieden hat, ist nicht verständlich.

[1] Vgl. Zürcher: Erläuterungen, 367: Schutz der zur Ausübung der Staatsgewalt berufenen Behörden und Beamten; Ungehorsamsdelikte, Auflehnung gegen den Willen der Beamten als Verwalter der Staatsgewalt; Lüthi: Berner Z. 77, 407: Ungehorsam gegen die Organe des Staates; im Vordergrund steht aber nicht die Person des Beamten, sondern die ungestörte Abwicklung der Amtshandlung; Thormann-v. Overbeck: Vorbemerkung 1 zu Art. 285—295; Binding: Lb. 2 II, 704ff.: Angriffe wider die Funktionsfähigkeit der organisierten Staatsgewalt; Mißachtung der staatlichen Organisationsgewalt beim Delikt der Amtsanmaßung.

[2] So Zürich §§ 73—76 (Aufruhr), § 77 (Widersetzung); Bern Art. 71—74, 76 mit der sprachlich unrichtigen Bezeichnung als „Widersetzlichkeit". Das Gesetz umschreibt Handlungen der Widersetzung. Widersetzlichkeit weist auf eine Eigenschaft hin. — Gut Waadt Art. 291: Entrave et rébellion. Neuenburg Art. 126ff., 134ff. spricht von résistance à l'autorité. Erfolgt sie durch eine Zusammenrottung, so nennt sie der Art. 126 sédition und, wenn die Ordnung nicht durch die gewöhnlichen staatlichen Machtmittel wiederhergestellt werden kann,

Das G. stellt in Art. 285 Ziff. 1 unter dem Randtitel Gewalt und Drohung gegen Behörden und Beamte die gewaltsame Widersetzung voran. Die Ziff. 2 enthält als erschwerten Fall den Aufruhr. Dem steht in Art. 286 mit der Bezeichnung: Hinderung einer Amtshandlung die einfache Widersetzung gegenüber. Sie ist der Grundtatbestand, der gegenüber Art. 285 Ziff. 1 zugleich subsidiäre Funktion hat. Für die Erörterung ist der Art. 286 vorauszunehmen.

I. Ob die sog. **einfache Widersetzung** (Art. 286) als Vergehen oder als bloße Übertretung strafbar sein soll, ob im Hinblick auf besonderes Ordnungsstrafrecht, z. B. die Art. 323/4 (Ungehorsam im Betreibungs- und Konkursverfahren), die Bestimmung einem Bedürfnis entspricht, war umstritten. Erst der VE. 1908 (Art. 201) hat sie geschaffen[1]. Die Strafdrohung lautet auf Gefängnis bis zu 1 Monat oder Buße. Das Vergehen wiegt also nicht schwer.

Die Fassung des Tatbestandes stimmt, was die Richtung der Tat anlangt, mit der ersten Variante in Art. 285 Ziff 1 (unten II 1) überein. Hält man fest, daß der Art. 286 den Grundtatbestand darstellt, so ist es richtig, die einzelnen Momente, die dann im Art. 285 wiederkehren, hier schon zu erörtern.

1. Der Täter hindert[2] eine Behörde oder einen Beamten an einer Handlung, die innerhalb ihrer Amtsbefugnisse liegt. Der im G. vielfach verwendete Begriff der Hinderung (vgl. z. B. Art. 237—239, 279, 280) bedeutet hier, daß eine Behörde oder ein Beamter in der Ausübung einer Amtshandlung in einer Weise beeinträchtigt wird, daß sie nicht reibungslos durchgeführt werden kann. Im Begriff des Hinderns ist aber auch die Verhinderung eingeschlossen, der Fall, daß die Durchführung der Amtshandlung unmöglich gemacht wird; vgl. oben § 111 I 2.

Da der Art. 286 ein Vergehen darstellt, ist auch der Versuch strafbar. Seine Abgrenzung von der Vollendung kann schwierig sein. Sie ist sicher gegeben, wenn es dem Beamten infolge der Widersetzung nicht

rébellion (Art. 127); Tessin Art. 151ff. (pubblica violenza), Art. 92ff. (sedizione e ribellione). Über die baslerische Ordnung (StGB. § 50) und deren Entwicklungsgeschichte Brunner: 41ff. Vgl. ferner Art. 46 und 46bis der in der Volksabstimmung verworfenen Novelle zum Bundesstrafgesetz vom 31. Januar 1922; Texte Z. 35, 93 und dazu Stämpfli: eodem 119ff.

[1] Prot. II. ExpKom. 5, 174ff. (Bedenken gegen die Bestimmung); 6, 201ff., 371f.; 7, 201ff., 371f.: Einfügung bei den Übertretungen, später wieder Erhebung in den Rang eines Vergehens (parlamentarische Beratung). — Auch der Tatbestand des Art. 286 ist ein Widersetzungsdelikt; a. M. Brunner: 20, der Widersetzung (Widersetzlichkeit) nur bei Anwendung von Gewalt oder Drohung annehmen will.

[2] Die im VE. 1903, Art. 201 enthaltenen Worte „oder stört" wurden gestrichen. Leichte Fälle, z. B. Lärmen während einer Amtshandlung, sollten nicht durch das Strafgesetz getroffen werden. Verwaltungsrechtliche Reaktion genügt; Thormann: Prot. II. ExpKom. 5, 175. Auch dem kantonalen Übertretungsstrafrecht bleiben Bestimmungen vorbehalten (G. Art. 335).

gelingt, die Amtshandlung durchzuführen. Vollendung liegt aber auch dann vor, wenn der Beamte durch die ihm zur Verfügung stehenden Machtmittel den ihm entgegengesetzten Widerstand zu brechen vermag. Dann ist zwar nicht Verhinderung, aber Hinderung gegeben. — Bei der Beratung der Bestimmung wurde wiederholt darauf hingewiesen, daß sie vor allem eine passive Resistenz treffen soll[1], z. B. das Nichtöffnen einer Wohnung gegenüber dem Einlaß begehrenden Beamten, die Verweigerung der Auskunft oder ähnliches hinderndes Verhalten[2]. Immer ist hier schon die Hinderung erfüllt, ein bloßer Versuch, namentlich wenn eine Unterlassung vorliegt, kaum denkbar. Möglich ist dagegen ein Versuch, durch List und Lüge oder auch durch bloßes Zureden einen Beamten zu hindern[3].

Deutlich ist die Grenze gegenüber Art. 285. Er fordert als Tatmittel Gewalt oder Drohung, weist auf die Nötigung und tätliche Angriffe auf den Beamten hin (unten II). Wendet der Täter keines dieser Mittel an, so ist — subsidiär — Art. 286 in Erwägung zu ziehen.

2. Die Tat wendet sich gegen eine Behörde oder einen Beamten. Der Schutz wird nur schweizerischen Behörden und Beamten, nicht ausländischen, z. B. einem fremden Konsulat, zuteil[4]. Für die Reichweite des Beamtenbegriffs ist Art. 110 Ziff. 4 maßgebend. Da nach dieser gesetzlichen Erklärung als Beamter ganz allgemein gilt, wer amtliche Funktionen ausübt, umfaßt die Bestimmung auch den Schutz jedes Behördenmitglieds, z. B. der Mitglieder einer behördlichen Kommission, eines Waisenrates[5]. Auch die Parlamentsmitglieder üben amtliche Funk-

[1] Zürcher: Prot. II. ExpKom. 5, 174 und Gautier: eodem mit dem Beispiel, daß in Frankreich bei der Inventarisation der Kirchengüter die betroffenen Personen sich auf der Schwelle der Kirchen und Pfarreien niederlegten, um das Eindringen zu erschweren. Vgl. auch Thormann-v. Overbeck: Art. 286, N. 1.

[2] Weigerung gegenüber der Aufforderung eines Polizisten, ihm auf das Wachtlokal zu folgen; Zürcher Bl. 19, 53; vgl. auch Bl. 33, Nr. 168. BE. 16, 85: Verweigerung der Namensnennung gegenüber der Polizei.

[3] Vgl. Lang: Prot. II. ExpKom. 7, 202: Strafwürdigkeit bei bloßem Zureden?

[4] Bader (Lit. zu § 102): 85f.

[5] Zürcher: Erläuterungen VE. 1908, 368 nimmt die Organe gewerblicher Betriebe des Staates und der Gemeinden (Kantonalbanken, Wasser-, Elektrizitätswerke usw.) aus. Entscheidend ist, ob Leitern und Angestellten solcher Betriebe eine Amtsgewalt zusteht, ob sie amtliche Funktionen ausüben. Regelmäßig ist das nicht der Fall, was sich auch daraus ergibt, daß die Beziehungen zwischen dem Betrieb und seinen Kunden durch Verträge ihre Ordnung empfangen. Siehe dagegen Zürcher Bl. 19, Nr. 205 und JZ. 17, 93f.: Widerstand gegen den Monteur eines städtischen Gaswerkes, der in einer Wohnung wegen Nichtbezahlung der Gasrechnung das Gas abzustellen hatte; vgl. auch Kronauer: Prot. II. ExpKom. 5, 171; ferner Widerstand gegen Offiziere und Mannschaften von zum Ordnungsdienst aufgebotenen Truppen, die in ihrem „Geschäftskreis“ handeln, als Widersetzung (Zürcher Bl. 12, Nr. 55 und JZ. 9, 195f.). Vgl. jetzt aber G. Art. 278 und MilStG. Art. 100: Hinderung und Störung einer Militärperson in der Ausübung des Dienstes; oben § 109 III.

tionen aus, obschon ihnen die Beamtenqualität in einem engeren Sinn nicht zukommt. Die besondere Nennung der Behörde in Art. 285, 286 ist damit zu rechtfertigen, daß gegen Hinderungen auch ein Kollektiv, z. B. eine Regierung, die eidgenössischen Räte oder ein anderes Parlament ausdrücklich geschützt werden sollen[1].

3. Die Hinderung muß sich auf eine Handlung beziehen, die innerhalb der Amtsbefugnisse einer Behörde oder eines Beamten liegt. Der Hinweis auf dieses Moment erfordert im Zweifelfall die richterliche Prüfung, ob für die gehinderte Handlung die Zuständigkeit des Beamten gegeben, und ob sie rechtmäßig war. Einer nach den prozessualen Vorschriften vorgenommenen Hausdurchsuchung oder Verhaftung darf nicht straflos Widerstand geleistet werden, auch dann nicht, wenn sich nachträglich die Unbegründetheit der Maßnahme erweist[2]. Gleiches gilt z. B. bei der Vornahme einer Pfändung und anderer betreibungs- und konkursrechtlicher Handlungen[3]. Dabei ist zu berücksichtigen, daß hier auch die Art. 323/4 Handlungen betreffen, durch die ein Schuldner oder auch Drittpersonen die korrekte Durchführung von Amtshandlungen, z. B. durch Verschweigung von Vermögensstücken, hindern (vgl. oben § 66: betreibungsrechtlicher Ungehorsam, Renitenz). Als Sonderbestimmungen gehen die Art. 323/4 dem Art. 286 vor.

Unrechtmäßiges Vorgehen eines Beamten und erst recht ein von einem Nichtbeamten ausgehender Angriff — Amtsanmaßung — begründen eine Notwehrlage (Art. 33). Möglich ist auch, daß gerade beim Tatbestand der einfachen Widersetzung Tat- und Rechtsirrtum gemäß Art. 19 und 20 eine Rolle spielen können. Mit dem Beweis des alle Momente des Art. 286 umfassenden Vorsatzes ist es streng zu nehmen.

---

[1] Vgl. Fries: 26; Waeber: 52f. — Die Hinderung oder Störung einer durch Verfassung oder Gesetz vorgeschriebenen Versammlung, die den Volkswillen zum Ausdruck bringen soll (Landsgemeinden, Gemeindeversammlungen usw.) steht unter Art. 279 I, nicht unter Art. 285|6; oben § 111 I.

[2] Grundsätzliches und geschichtliche Daten zur Frage, ob ein Recht des Widerstandes gegen die Staatsgewalt besteht bei Brunner: 1ff.; 12ff.: Theorien des unbedingten Gehorsams und der bedingten Gehorsamspflicht. Ferner Baselstadt, JZ. 28, 203, Nr. 190, auch Z. 45, 273: Für die Rechtmäßigkeit einer Verhaftung ist nicht ihre sachliche Richtigkeit, sondern die Vornahme auf Grund pflichtgemäßen Ermessens entscheidend; vgl. JZ. 29, 25, Nr. 20. — Zürcher Bl. 33, Nr. 108: Widersetzung gegen eine Verhaftung; Formerfordernisse des Haftbefehls; eodem, Nr. 168: Widerstand gegen eine Hausdurchsuchung nicht als Widersetzung strafbar, wenn die Zuständigkeit und die prozessualen Voraussetzungen der Durchsuchung nicht erfüllt sind. — Vgl. noch Gautier: Prot. II. ExpKom. 5, 165f.; Lang: eodem. 163, 168 mit dem Antrag, dem Richter eine Strafmilderung nach freiem Ermessen oder ein Absehen von der Bestrafung anheimzugeben, wenn die Amtshandlung sachlich ungerechtfertigt war (Antrag zum Tatbestand der gewaltsamen Widersetzung, von Bedeutung aber auch bei Art. 286).

[3] Zu beachten das Beispiel von Calame: Prot. II. ExpKom. 7, 201f.

II. Die **gewaltsame Widersetzung** (G. Art. 285 Ziff. 1) stellt im Verhältnis zu Art. 286 die erschwerten Tatbestände dar. Die auf Gefängnis oder Buße lautende Strafdrohung stimmt mit der auf die Nötigung (Art. 181) gesetzten Drohung überein.

Gleich wie in Art. 286 sind die Momente, daß die Tat sich gegen eine Handlung einer Behörde oder eines Beamten, die innerhalb ihrer Amtsbefugnisse liegt, richten muß. Die Erörterungen oben I und die dort angeführten Entscheidungen haben auch für den Art. 285 Ziff. 1 Bedeutung.

Der Unterschied besteht nur in den Mitteln, die der Widerstand leistende Täter zur Geltung bringt: Bei Art. 286 insbesondere passive Resistenz, List, Lüge usw., bei Art. 285 Ziff. 1 Gewalt. Dabei ergeben sich für die gewaltsame Widersetzung drei Varianten:

1. Der Täter hindert durch Gewalt oder Drohung. Gewalt ist, dem Sprachgebracuh entsprechend, körperliche, nicht schon psychische Einwirkung. Sie richtet sich gegen die Person des Beamten — direkt oder indirekt, z. B. dadurch, daß der Täter sich an Gegenstände anklammert, um die Abführung durch einen Polizisten zu verhindern. Entscheidend ist, daß zur Vereitelung der amtlichen Maßnahme irgendwie körperliche Kraft aufgewendet wird. Das ist mehr als passive Resistenz[1]. — Anders als in Art. 181, 279, 280, wo als Tatmittel neben der Gewalt die Androhung ernstlicher Nachteile genannt wird (oben § 19 II 2, § 111 I 1), ist in Art. 285 Ziff. 1 schlechthin von Drohung die Rede. Das ist das Inaussichtstellen eines Übels, die psychische Einwirkung mit dem Ziel, Einschüchterung, Angst, Furcht, Schrecken zu bewirken (oben § 18 I) und hier mit dem weiteren Ziel, eine Behörde oder einen Beamten an ihrer Handlung zu hindern. Jede drohende Einwirkung erfüllt das Drohungsmoment, auch die sog. mittelbare Drohung (oben § 18 II 3). Anders als im Drohungstatbestand des Art. 180 ist in Art. 285 nur von Drohung, nicht von schwerer Drohung die Rede[2].

Die Hinderung oder Verhinderung gemäß der ersten Variante des Art. 285 ist kaum viel anderes als die Nötigung zu einer Unterlassung wie der Art. 181 sie enthält. Aus der unterschiedlichen Verwendung der Begriffe: schwere Drohung, Androhung ernstlicher Nachteile, jede Drohung ist immerhin der Schluß zu ziehen, daß das Gesetz das gegen die Amtsgewalt gerichtete Delikt des Art. 285 Ziff. 1 ausweiten wollte. Auch

[1] Baselstadt, JZ. 36, 285, Nr. 209 mit Hinweisen auf die Literatur; Waeber: 54ff.: Gewalt auch bei Anwendung betäubender Mittel, z. B. von Tränengas. Ferner Baselstadt, JZ. 32, 123, Nr. 95: Gewaltsame Widersetzung gegen einen Straßenbahnangestellten, dem bahnpolizeiliche Funktionen (Amtshandlung) zuerkannt wurden.

[2] Prot. II. ExpKom. 5, 162, 167, 171: Ein Antrag Lang: „Drohung mit Gewalt" zu sagen, wurde abgelehnt. Zum Drohungsbegriff nach Art. 285 auch Fries: 41ff.

Drohung mit der Ausübung eines Rechtes, z. B. der Kündigung eines Vertrags, soll genügen. Jedenfalls geht der Art. 285 in seiner ersten Variante der Nötigung zu einer Unterlassung nach Art. 181 vor[1]. Die Strafdrohung aber bleibt sich gleich.

2. Während das Verhältnis des ersten Tatbestandes des Art. 285 zur Nötigung durch die unterschiedliche Bewertung des Drohungsmomentes sich sicher abklären läßt, fällt das bei der zweiten Variante schwerer. Mit den Worten „zu einer Amtshandlung nötigt" trägt das Gesetz scheinbar den Nötigungstatbestand des Art. 181 selbst in den Art. 285 hinein. Es ist eine Nötigung zu einem Tun. Wozu? Das Gesetz sagt „zu einer Amtshandlung". In der II. ExpKom. (Prot. 5, 172) war die Beifügung des Wortes „unrechtmäßige" beschlossen worden. Der Zusatz wurde später wieder gestrichen (Prot. 6, 72ff.). Mit Recht, schon deshalb weil zwischen den Begriffen „unrechtmäßig" und „Amtshandlung" ein innerer Widerspruch besteht. Die Amtshandlung setzt voraus, daß der Beamte innerhalb seiner Befugnisse tätig wird[2]. Dann aber handelt er nicht unrechtmäßig, auch dann nicht wenn sein Handeln sachlich verfehlt ist. Der gesetzgeberische Gedanke ist, daß der nötigende Zwang gegenüber einem Beamten oder einer Behörde als den Repräsentanten der Staatsgewalt in jedem Fall verboten sein soll — auch der Zwang zu einer (rechtmäßigen) Amtshandlung[3]. In einem Rechtsstaat stehen gegenüber einem das Recht verweigernden Beamten andere Mittel zur Verfügung stehen als die zwingende Selbsthilfe.

Aber durch die Einfügung des Nötigungsbegriffes in die zweite Variante der Ziff. 1 des Art. 285 ergibt sich für die Auslegung ein anderer Zweifel. Die Nötigungsmittel nach Art. 181 sind Gewalt oder Androhung ernstlicher Nachteile. Muß eine solche qualifizierte Drohung auch bei der Beamtennötigung des Art. 285 bewiesen werden oder genügt hier eine Drohung schlechthin (oben II 1)? Die enge Beziehung, die zwischen den zwei ersten Varianten des Art. 285 besteht, führt zur letzteren Lösung. Sie läßt sich auch in der Weise begründen, daß die Worte „durch Gewalt oder Drohung" grammatikalisch sich nicht nur

---

[1] Vgl. Thormann-v. Overbeck: Art. 285, N. 4 und 12.

[2] Unbefriedigend die Auffassung von Fries: 48, das Wort „Amtshandlung" habe mit der Frage der Zuständigkeit nichts zu tun.

[3] So namentlich Zürcher: Prot. II. ExpKom. 5, 164, 171; 6, 72, 76: Nicht der einzelne Bürger soll darüber befinden, ob eine gesetzlich erlaubte Amtshandlung angeordnet werden soll; darüber hat der zuständige Beamte zu entscheiden; vgl. Fries: 51f.; a. M. Thormann: Prot. a. a. O. 167 und 6, 75f.: Die Nötigung zu einer rechtmäßigen Amtshandlung ist kein Angriff auf die Staatsgewalt (?); vgl. ferner Thormann-v. Overbeck: Art. 285, N. 8. Nicht haltbar auch Hafter: Prot. a. a. O. 169; Brunner: 66f. Mayer: 509 will ebenfalls die Strafbarkeit auf die Nötigung „zur unrechtmäßigen Vornahme oder Unterlassung einer Amtshandlung" beschränken.

auf die Hinderung, sondern auch auf den Zwang zu einer Amtshandlung beziehen lassen. Der Ausdruck „nötigen“[1] ist daher in Art. 285 nicht im eingeschränkten Sinn des Art. 181 zu verstehen. Durch die Ausweitung des Drohungsbegriff reicht der Art. 285, wenigstens theoretisch, weiter. Der Art. 285 geht dem Art. 181 vor[2].

3. Der dritte Tatbestand in Art. 285 Ziff. 1 fällt aus dem Rahmen der beiden ersten Varianten, die Nötigungen besonderer Art darstellen, hinaus. Hier zwingt der Täter nicht zu einer Unterlassung oder zu einer Handlung. Eine Amtshandlung ist bereits im Gang. Während ihrer Durchführung werden eine Behörde oder ein Beamter tätlich angegriffen. Regelmäßig wird der Täter auch das Ziel im Auge haben, die Behörde oder den Beamten am Weiterhandeln zu hindern. Aber das braucht nicht bewiesen zu werden. Auf das Motiv kommt es nicht an. Es genügt der Nachweis eines tätlichen Angriffs[3]. Diesen Begriff verwendet ähnlich auch der Art. 177 I: „Wer jemanden durch . . . Tätlichkeiten in seiner Ehre angreift“ und nach Art. 126 sind Tätlichkeiten, die keine Schädigungen des Körpers oder der Gesundheit zur Folge haben, als Übertretung strafbar. Der Ausdruck tätlicher Angriff in Art. 285 muß zunächst entsprechend seiner Bedeutung in Art. 177 und namentlich in Art. 126 verstanden werden[4]: Schläge und Stöße, die, ohne eine Gesundheitsschädigung zur Folge zu haben, das Wohlbefinden eines Menschen momentan stören oder auch Gesundheitsschädigungen, die aber so geringfügig sind, daß die Volksanschauung darin noch nicht ein „Kranksein“ sieht, z. B. harmlose Quetschungen, Kratzwunden (oben § 7 II, auch § 38 I 4). — Da nach dem Text des Art. 285 auch Tätlichkeiten gegen eine Behörde, ein Kollektiv erfaßt werden müssen, geht der Tätlichkeitenbegriff jedoch über den Inhalt, den er nach Art. 126 hat, hinaus. Wer z. B. Steine oder andere Wurfgeschosse in eine Ratsversammlung schleudert, ohne es auf ein einzelnes Mitglied besonders abgesehen zu haben, muß sich eine Strafe aus Art. 285 wohl gefallen lassen.

---

[1] Im französischen Text des Art. 181 wird „nötigen“ mit „obliger à faire . . .“ wiedergegeben, in Art. 285 steht dagegen „contraindre“. Der italienische Text verwendet an beiden Stellen den Ausdruck „costringere“ (zwingen); vgl. auch Fries: 50.

[2] Zürcher: Prot. II. ExpKom. 5, 164: Nur die Nötigung zu einer Amtshandlung steht unter Art. 265. Bei Nötigung eines Beamten in seiner Privatsphäre gilt Art. 181.

[3] Gegen diese dritte Variante Lang: Prot. II. ExpKom. 5, 167f. mit der Begründung, daß gegenüber einem ernsthafteren Angriff die Vorschriften über Körperverletzung oder Beschimpfung genügenden Schutz gewähren. — Unhaltbar Fries: 52f., es komme nichts auf Rechtswidrigkeit oder Rechtmäßigkeit der Handlung, auf Zuständigkeit oder Unzuständigkeit des Beamten an. Soll man sich, aus einer Notwehrlage heraus nicht wehren dürfen gegen einen Beamten, der rechtswidrig vorgeht?

[4] Die welschen Texte sagen in Art. 126 und in Art. 285 übereinstimmend „se livrer à des voies de fait“ und „commettere vie di fatto“; ebenso in Art. 177 I.

Die Bedeutung der besonderen Nennung der „Tätlichkeiten" in Art. 265 liegt darin, daß sie von Amtes wegen strafbar sind, wenn sie gegen einen Beamten während einer Amtshandlung gerichtet sind. Tätliche Beschimpfung nach Art. 177 und Tätlichkeiten nach Art. 126 erfordern dagegen einen Strafantrag.

Geht der Angriff des Täters über bloße Tätlichkeiten hinaus, verübt er eine Körperverletzung oder beschimpft er den Beamten überdies durch Wort oder Gebärde, so ist Idealkonkurrenz von Art. 285 mit Art. 122/3, eventuell mit Art. 177 anzunehmen[1].

4. Für die Vollendung ist bei den drei Varianten nach Art. 285 Ziff. 1 zu unterscheiden:

Bei der Hinderung durch Gewalt oder Drohung (erster Fall) ist notwendig, daß die Behörde oder der Beamte in der Amtshandlung mindestens beeinträchtigt werden, daß die Handlung nicht reibungslos durchgeführt werden kann (vgl. oben § 19 III, Anmerkung 4: beim Zwang zur Unterlassung Vollendung mit der Aufhebung der freien Willensbetätigung)[2].

Bei der „Nötigung" zu einer Amtshandlung (zweiter Fall) ist erforderlich, daß das erzwungene Tun begonnen hat (oben § 19 III). Daß die erzwungene Handlung zu Ende geführt wurde, ist für die Annahme der Vollendung nicht nötig.

Beim tätlichen Angriff (dritter Fall) vollendet sich das Delikt, sobald die Tätlichkeit gegen den Beamten oder eventuell gegen eine Behörde begonnen hat. Auch darin geht Art. 285 über den Art. 126 hinaus. Er setzt nach seiner Fassung einen verletzenden Erfolg voraus, während die Worte „tätlich angreift" in Art. 285 zu dem Schluß zwingen, daß schon das Tätigwerden zur Vollendung führt.

Erfüllt der Täter nicht nur einen, sondern mehrere Widersetzungstatbestände in einer Aktion, so erscheint es richtig, nur eine Tat, nicht Realkonkurrenz anzunehmen[3].

III. Die Nebengesetzgebung enthält weitere Widersetzungstatbestände. Ihr Verhältnis zu Art. 285 ist abzuklären:

[1] So auch Thormann-v. Overbeck: Art. 285, N. 13. Abweichend Zürcher Bl. 33, Nr. 23; 34, Nr. 184; JZ. 30, 218, Nr. 172 (Zürich Obergericht: Konsumtion der Körperverletzung durch die Widersetzung). — Einige Schwierigkeit ergibt sich daraus, daß die einfache Körperverletzung nach Art. 123 Ziff. 1 I nur auf Antrag strafbar ist. Das kann aber nicht gelten, wenn sie im Rahmen des Art. 285 erfolgt, der schon das minus, die Tätlichkeit, von Amtes wegen für strafbar erklärt. Dann kann es auch bei einer Körperverletzung nicht anders sein. Verbindet sich dagegen mit dem tätlichen Angriff auf einen Beamten eine Beschimpfung durch Wort oder Gebärde, so ist dafür ein Strafantrag erforderlich.

[2] Zu eng Zürcher: Erläuterungen, 369, der Vollendung erst annimmt, wenn die Handlung infolge des Zwanges unterblieb, also ganz verhindert wurde; gut Fries: 61f.

[3] So auch Fries: 46.

Art. 56 Ziff. 3 des BGes. vom 10. Juni 1925 über Jagd und Vogelschutz (GesSlg. 41, 727ff.) verdoppelt die für die „Jagdvergehen" (Art. 39ff.) ausgesetzten Bußen, wenn sich der Täter „bei oder nach Verübung des Jagdvergehens" den Jagdpolizeibeamten tätlich widersetzt. In diesem Falle gilt die Jagdgesetzgebung, nicht der Art. 285 des G. Er kommt jedoch zur Geltung, wenn ein Jagdpolizeibeamter an einer Amtshandlung durch Gewalt oder Drohung gehindert wird. Es ist Aufgabe der richterlichen Tatsachenfeststellung, die verschiedenen Fälle auseinanderzuhalten. Möglich ist selbstverständlich, daß sich mit dem Jagddelikt eine Widersetzung gemäß Art. 285 oder 286 verbindet. Dann ist Konkurrenz gegeben[1].

Entsprechendes gilt im Zollrecht. Art. 82 Ziff. 3 des BGes. vom 1. Oktober 1925 über das Zollwesen (GesSlg. 42, 287ff.) nennt z. B. als Umstände, die ein Zolldelikt erschweren, das Mitführen von Waffen usw. zum Widerstand gegen Beamte und die Anwendung von mechanischer oder tierischer Kraft zur Verhinderung (!) der Anhaltung, der Ausübung der Zollkontrolle oder einer Beschlagnahme[2]. Auch hier ist die Tatsachenfeststellung dafür maßgebend, ob das Zollstrafrecht oder Art. 285 des G. oder beides zur Anwendung gelangen muß.

IV. Art. 285 Ziff. 2 weitet den Tatbestand der gewaltsamen Widersetzung zum **Aufruhr**[3] aus, ohne freilich den Begriff zu verwenden[4]. Aufruhr ist qualifizierte Widersetzung.

Wie der Landfriedensbruch (Art. 260; oben § 77) ist der Aufruhr ein Massen- oder Rottendelikt, bei dem psychologisch zu berücksichtigen ist,

---

[1] Vgl. Brunner: 58f.; auch Z. 46, 370f. (Obergericht Bern).

[2] Brunner: 59ff. mit weiteren Daten.

[3] Über Aufruhrfälle, den sog. Zürcher-Tonhallekrawall von 1871, der nach Art. 64 des Bundesstrafrechts von 1853 beurteilt wurde, Bader (Lit. zu § 102): 88ff.; Käfigturmkrawall 1893 in Bern und Sturm auf das Bezirksgebäude in Zürich 1919 (Zusammenrottungen zur Gefangenenbefreiung; vgl. G. Art. 310, Ziff. 2); Waeber: 59.

[4] Anders die meisten bisherigen Rechte; vgl. Bundesstrafgesetz von 1853, Art. 46 in Verbindung mit Art. 73, lit. b. Kantonale Daten bei Stooss: Grundzüge, 2, 420ff.; Fries: 9ff.; Waeber: 15ff. (insbesondere bernisches Recht). Zahlreiche Verschiedenheiten, auch in der Terminologie, zeigen sich: Luzern, KrimStG. §§ 92ff. bezeichnet die Zusammenrottung gegen die Staatsgewalt als Aufstand. Aufruhr liegt erst vor, wenn zur Unterdrückung des Aufstandes das Einschreiten der bewaffneten Macht oder überhaupt Anwendung von Gewalt erforderlich wurde. Ferner, als weitere Beispiele, Schaffhausen §§ 93ff.: Aufruhr Zusammenrottung zu gewaltsamem Widerstand, §§ 98f.: Tumult: Zusammenrottung mit Bezeigung von Ungehorsam, Geringschätzung oder Mißfallen gegenüber der öffentlichen Gewalt. Das Gleiche bezeichnet Thurgau §§ 245f. als Auflauf; Aufruhr §§ 241ff. Genf Art. 188ff. faßt die individuelle Widersetzung und die Widersetzung durch eine Zusammenrottung (réunion, bande, attroupement) unter der Bezeichnung rébellion zusammen. — Geschichtliche Daten zur Entwicklung des Aufruhrtatbestandes bei Fries: 3ff.; Waeber: 7ff.

daß bei einzelnen Beteiligten die Freiheit der Willensbildung stark vermindert, ja ausgeschlossen sein kann.

Während beim Landfriedensbruch in einem allgemeinen Sinn der öffentliche Frieden gefährdet oder verletzt wird, richtet sich beim Aufruhr die Zusammenrottung gegen Behörden oder Beamte. Sie geht hindernd, zwingend mit Gewalt oder Drohung gegen die Amtsgewalt vor[1].

Noch eine andere, in der Gesetzgebung oft nicht deutlich zum Ausdruck kommende Abgrenzung tut not, die Grenzziehung gegenüber dem Hochverrat. Das Bundesstrafgesetz läßt unter dem Titel: Verbrechen gegen die verfassungsmäßige Ordnung die Aufruhrbestimmung (Art. 46)[2] dem Hochverratstatbestand (Art. 45) direkt folgen. Zürich § 73 I vermengt Aufruhr und Hochverrat in der Weise, daß es die öffentliche Zusammenrottung in der an den Tag gelegten Absicht, mit Gewalt die Verfassung zu ändern oder die verfassungsmäßige Staatsgewalt aufzulösen, als (hochverräterischen) Aufruhr betrachtet. Nach § 73 II ist aber Aufruhr auch die durch eine Zusammenrottung kundgegebene Absicht, sich den Behörden zu widersetzen (Aufruhr im engeren Sinne)[3]. Aus der zürcherischen Ordnung ist herauszulesen, daß sich eine aufrührerische Zusammenrottung allerdings zur Hochverratstat entwickeln kann. Dann muß aber nach dem neuen Recht der Art. 265 mit seiner schärferen Strafdrohung zur Anwendung gelangen, wobei man kritisieren mag, daß der Fall der hochverräterischen Zusammenrottung, das Massendelikt, nicht besonders hervorgehoben ist. — Sieht man davon ab, so ist die jetzt durch das G. geschaffene Ordnung richtig. Während der Hochverrat aufs Ganze, auf den Umsturz, auf die Beseitigung der bestehenden staatlichen Ordnung geht (oben § 103 I), ist die Beschränkung des Aufruhrs auf den Fall, daß durch eine Zusammenrottung der Amtsgewalt Widerstand geleistet wird, zutreffend[4].

---

[1] Vgl. Caflisch (Lit. zu § 77): 49; Schürch (Lit. zu § 76): 48, 23ff. (Schutz der öffentlichen Ordnung durch Bestimmungen über Landfriedensbruch, Landzwang usw. als Vorstufe zum Staatsschutz gegen Hoch-, Landesverrat und Aufruhr).

[2] Dazu Stämpfli: Z. 35, 119ff. mit einer Erörterung der in der Volksabstimmung verworfenen Novelle zum Bundesstrafgesetz, vom 31. Januar 1922 (Aufruhrbestimmung: Art. 46); ferner Stämpfli: Z. 47, 429f.

[3] Brunner, Alfred: 142ff.; Zürcher Bl. 20, Nr. 71 und JZ. 17, 284, Nr. 219.— Eigenartig ist, daß Zürich §§ 73ff. zwar den Hochverrat in der Aufruhrform, nicht aber Hochverrat als Einzeltat kennt.

[4] Beachtlich Wildi (Lit. zu § 103): 151f. mit der Unterscheidung von Verbrechen gegen die Regierungsmacht und die Existenz des Staates von den Delikten des Widerstandes gegen die Staatsgewalt und ihre Träger. Richtet sich der Aufruhr gegen die Objekte des Hochverrats, so wird er von diesem absorbiert; a. M. Fries: 20 (Idealkonkurrenz von Aufruhr und Hochverrat); 21ff. (Schutzobjekte beim Aufruhrtatbestand: Staatsgewalt, Vollziehung des „Allgemeinwillens" und öffentliche Ordnung). Vgl. auch Waeber: 24.

Ob der Aufruhr und auch schon die Widersetzung gemäß Art. 286 und Art. 285, Ziff. 1 politische Delikte sind, muß von Fall zu Fall geprüft werden[1]. Beim Aufruhr wird das in der Regel der Fall sein. Aber aus der Tatsache allein, daß die Aufruhrtäter sich gegen die Amtsgewalt wenden, sollte der Schluß auf den politischen Charakter noch nicht gezogen werden. Ein „Haufe" heftig demonstrierender Hausfrauen, die wegen einer Lebensmittelknappheit hindern, zwingen oder auch tätlich werden, handelt kaum aus politischen Motiven (siehe oben § 102 I 1).

Für die Einzelbetrachtung des Aufruhrdeliktes ergibt sich:

1. Die Ziff. 2 des Art. 285 nimmt die drei, in der Ziff. 1 enthaltenen Tatbestände der Hinderung, der Nötigung und des tätlichen Angriffs (oben II) auf. Für die Vollendung gilt gleiches wie bei der Ziff. 1. In der Zusammenrottung an sich liegt noch kein Versuch. Sie ist bloße Vorbereitung. Mit einer Gewalttat muß begonnen worden sein[2].

2. Das den Aufruhr kennzeichnende Moment ist, daß die Tat von einem zusammengerottenen Haufen begangen wird. Die gleiche Fassung kehrt in Art. 310 Ziff. 2 bei der erschwerten Gefangenenbefreiung wieder; unten § 128 III 3. Beim Landfriedensbruch (Art. 260) lautet dagegen der Tatbestand: Begehung von Gewalttätigkeiten mit vereinten Kräften an einer öffentlichen Zusammenrottung[3]. Gleiches und Verschiedenes stehen hier nebeneinander.

Bei allen Massendelikten, auch in Art. 310 Ziff. 2, in 311 des G. und in Art. 63 des MilStG., bedeutet Zusammenrottung eine Ansammlung einer größeren Menschenzahl, die, ohne daß eine Organisation gegeben ist, als ein Ganzes erscheint; vgl. die Erörterung oben § 77 II 1 mit Hinweisen auf die Literatur[4]. Wenn in Art. 285 Ziff. 2 und in Art. 310 Ziff. 2, anderes als beim Landfriedensbruch, von einem zusammengerottenen Haufen die Rede ist, so ergibt sich daraus kein wesentlicher Unterschied. Die — sprachlich wenig schöne — Formel betont höchstens, daß es sich um den Zusammenschluß einer größeren Personenzahl handeln

---

[1] In Zürcher Bl. 20, 133 wird der Aufruhr schlechthin als politisches Delikt bezeichnet. Aus dieser Überlegung heraus wird z. B. nach Zürich, Gerichtsverfassungsgesetz § 71 Ziff. 32 für Art. 285 Ziff. 2 schwurgerichtliche Zuständigkeit bestimmt; vgl. auch zürcher. StPrO. § 29.

[2] Fries: 67.

[3] Wieder anders lautet die Fassung bei anderen Massendelikten — bei der Gefangenenmeuterei (G. Art. 311): Zusammenrottung von in eine Anstalt Eingewiesenen, um Gewalttätigkeiten zu begehen (unten § 129 II 2); bei der Meuterei nach Art. 63 MilStG. Gehorsamsverweigerung durch Mehrere „in gemeinsamem Vorgehen durch Zusammenrottung oder in anderer Weise". Über Aufruhr und Meuterei MilStG. von 1851 Schaufelberger: 52ff., 107ff. über die Entwürfe zum neuen MilStG.

[4] Siehe noch Mayer: 470; Zürcher: Erläuterungen, 339; Stämpfli: Z. 35, 121; Waeber: 25ff. (räumliche Verbundenheit einer Personenmehrheit, die den Willen hat, die in der Vereinigung liegende Macht rechtswidrig zu mißbrauchen).

muß. Der in der älteren Literatur und Gesetzgebung unternommene Versuch, die Zusammenrottung zahlenmäßig — z. B. mindestens 10 Personen — zu umgrenzen, ist nicht sinnvoll. Von einem zusammengerotteten Haufen kann man bei einer mit bloßem Blick nicht zählbaren Menge von Personen, die in enger räumlicher Beziehung zueinander stehen, reden. Im übrigen ist die Auslegung des Begriffes „Haufen" weitgehend dem freien Richterermessen zu überlassen[1].

Während beim Landfriedensbruch der Art. 260, der im Titel der Delikte gegen den öffentlichen Frieden steht, eine öffentliche Zusammenrottung fordert, fehlt das Moment der Öffentlichkeit beim Aufruhrtatbestand. Das ist richtig.[2] Art. 285 Ziff. 2 soll auch anwendbar sein, wenn z. B. in einer geschlossenen Versammlung eine Zusammenrottung Gewalttätigkeiten gegen die erscheinende Polizei verübt.

3. Strafbar ist jeder Teilnehmer an der Zusammenrottung, bei der eine Behörde oder ein Beamter durch Gewalt oder Drohung gehindert, gezwungen oder tätlich angegriffen werden. Nach dem Wortlaut der Ziff. 2 des Art. 285 ist zu unterscheiden zwischen der Gewalttat gemäß der Ziff. 1, die dem zusammengerotteten Haufen zugeschrieben wird, und der Teilnahme an der Zusammenrottung. Den einzelnen Teilnehmer trifft nach Ziff. 2 I Strafe, wenn ihm der Teilnahmevorsatz bewiesen werden kann. Fahrlässige Beteiligung ist nicht strafbar. Der weiter zu leistende Beweis der vollendeten oder versuchten Gewalttat ist, vom Teilnehmer aus gesehen, eine objektive Strafbarkeitsbedingung. Das Bewußtsein des Teilnehmenden, an einer Widersetzung sich zu beteiligen, wird wohl immer gegeben sein. Aber das ist etwas anderes als der Vorsatz zur Gewaltverübung. Das Verhältnis zwischen der Strafbarkeitsbedingung und der Teilnahmetat ist das gleiche, wie beim Raufhandel (Art. 133; oben § 10 II 2) und wie beim Landfriedensbruch (Art. 260; oben § 77 II 2).

Für den Begriff der Beteiligung gelten die bei der Erörterung des Raufhandels entwickelten Regeln (oben § 10 II 3). Jeder vorsätzlich an der Zusammenrottung Mitwirkende, auch der sich passiv verhaltende Mitläufer, ist Beteiligter[3]. Daneben ist die Teilnahme im technischen Sinne von Anstiftung und Beihilfe möglich. Anstifter und Gehilfe sind hier Außenstehende, nicht direkt an der aufrührerischen Aktion Beteiligte. Sie bestimmen die Aufrührer zur Tat, verschaffen ihnen Waffen,

---

[1] Gut Fries: 29ff. Über die wenig vernünftigen Streitfragen über die Zahl der zu einer Zusammenrottung notwendigen Personen Waeber: 31ff.

[2] Waeber: 34ff.

[3] Fries: 44, 57f. Waeber: 37ff. fordert zu weitgehend, daß der Teilnehmer nur strafbar sein soll, wenn ihn die Absicht leitet, der Obrigkeit mit vereinten Kräften Widerstand zu leisten. — Vgl. ferner Stämpfli: Z. 35, 123; gut Gautier: Prot. II. ExpKom. 5, 166: „Les simples comparses... augmentent l'audace des agissants et les encouragent. Ils contribuent à créer l'atmosphère propice au délit."

versprechen ihnen Hilfe usw. — Bei den Teilnehmern hebt das G., entgegen bisherigen Rechten, z. B. Bern Art. 72, die Rädelsführer nicht heraus. Der Richter hat das Verhalten des einzelnen Täters bei der Strafzumessung zu berücksichtigen[1].

Die Teilnehmerstrafe ist Gefängnis.

4. Die Ziff. 2 II des Art. 285 hebt mit der erhöhten Strafdrohung: Zuchthaus bis zu 3 Jahren oder Gefängnis nicht unter 1 Monat den Teilnehmer, der Gewalt an Personen oder Sachen verübt, heraus. Im Gegensatz zu den bloßen Mitläufern (comparses) trifft diese Bestimmung den gewalttätig Handelnden[2].

Das Verhältnis dieser Bestimmung zu den vorangehenden Absätzen des Art. 285 ist unklar. Fällt er nicht aus dem Rahmen heraus? Man würde eigentlich erwarten, daß derjenige Teilnehmer an einer Zusammenrottung, dem eine der in der Ziff. 1 umschriebenen Taten — Hinderung, Nötigung, tätlicher Angriff — bewiesen wird, mit der schwereren Strafe bedroht werden soll. Aber die Ziff. 2 II sagt anderes. Sie verweist nicht auf die Tatbestände der Ziff. 1. Sie berücksichtigt auch die Drohung nicht, geht aber andererseits weiter mit der allgemeinen Formel: Gewaltverübung „an Personen und Sachen".

Man muß die Bestimmung in den durch das Marginale: Gewalt und Drohung gegen Behörden gekennzeichneten Kreis einfügen. Dann kann sie nur bedeuten, daß die Gewalt des an der Zusammenrottung Beteiligten sich gegen eine Behörde oder einen Beamten richtet. Nur ist der strikte Beweis einer Hinderung, Nötigung oder eines tätlichen Angriffs nicht notwendig. Jede Gewalttätigkeit, die ein an der Zusammenrottung Beteiligter an einer Person oder an einer Sache verübt, genügt (vgl. oben § 77 II 2). Nur der Zusammenhang mit der Widersetzung muß gegeben sein. — Abschließend ist die Ziff. 2 II des Art. 285 nicht. Wer bei einem Aufruhr eine Tötung (Art. 111ff.) oder ein anderes Verbrechen, auf das z. B. eine höhere Strafe als 3 Jahre Zuchthaus steht, verübt, ist, unter Annahme einer Konkurrenz, auch für das schwerere Delikt strafbar[3].

5. Während beim Landfriedensbruch die sich auf behördliche Aufforderung entfernenden Teilnehmer straffrei bleiben, wenn sie weder selbst Gewalt angewendet, noch zur Gewalt aufgefordert haben (Art. 260 II; oben § 77 II 4), fehlt beim Aufruhr eine entsprechende Bestimmung[4]. Der Unterschied ist nicht recht verständlich. Vielleicht ist er

[1] Mayer: 473; Fries: 33; Waeber: 43ff. (ausführlich über Rädelsführer und Anführer).

[2] Gleichgefaßte qualifizierte Tatbestände in Art. 310 Ziff. 2 II bei der Gefangenenbefreiung und in Art. 311 Ziff. 2 bei der Gefangenenmeuterei.

[3] So z. B. Bern Art. 74 und dazu Waeber: 69f. (auch Diebstahl, Brandstiftung usw.); vgl. auch Thormann-v. Overbeck: Art. 285, N. 19; ferner JZ. 17, 284. Nr. 219.

[4] Bisherige Rechte berücksichtigen diese tätige Reue, mit fakultativer Straf-

damit zu erklären, daß der Landfriedensbruch eine öffentliche Zusammenrottung und ein warnendes Auffordern der eingreifenden Behörde (der Polizei) vorsieht.

6. Die Vorentwürfe (VE. 1903 Art. 192, VE. 1908 Art. 200) enthielten den weiteren, mit Gefängnis bedrohten Tatbestand der öffentlichen Aufforderung zur Widersetzung und zum Aufruhr. Die Bestimmung wurde im Hinblick auf den Tatbestand der öffentlichen Aufforderung zu Verbrechen (G. Art. 259) von der II. ExpKom. gestrichen[1]. Ein „Verbrechen" ist aber nur gegeben bei den Teilnehmern an einem Aufruhr, die Gewalt verüben (Art. 285 Ziff. 1 II). Die öffentliche Aufforderung ist daher nur strafbar, wenn sie deutlich auf Gewaltverübung durch einen zusammengerottenen Haufen geht. Sonst bleibt sie straflos[2], es sei denn daß die Aufforderung in eine Anstiftung übergeht (oben 3).

§ 115. Ungehorsam. Der Blankettatbestand des Art. 292.

Literatur. STOOSS: Grundzüge, 2, 432ff. — LÜCHINGER: Ungehorsam gegen amtliche Verfügungen, § 80 des StGB. für den Kanton Zürich, Zürcher Diss. (1924). — FLÜTSCH: Lit. zu § 117. — MERKLI: JZ. 12, 121ff. — CORRODI: JZ. 20, 193ff., 208ff. — STEINER: Zentralblatt f. Staats- und Gemeindeverwaltung, 43, 64ff.

I. Ungehorsam im Recht ist jedes gesetzesuntreue Verhalten. Dagegen braucht glücklicherweise nicht immer mit der scharfen Waffe des Strafrechts eingeschritten zu werden. Reaktionen des Zivil- und Verwaltungsrechts, auch des Prozeßrechts reichen in einer unübersehbar großen Zahl von Ungehorsamsfällen aus. Ganz besonders auf diesem Gebiete zeigt sich der subsidiäre Charakter des Strafrechts. Es soll zur Geltung gebracht werden, wenn weniger scharfe Sanktionen als nicht genügend erscheinen.

Aber auch für das strafrechtliche Gebiet ergeben sich Umgrenzungen. Das eigentliche Gebiet der Bekämpfung des Ungehorsams ist das Übertretungs- und Polizeistrafrecht des Bundes, der Kantone und der Gemeinden. Es ist in zahllosen Gesetzen und Verordnungen, die in dieser Darstellung keine Berücksichtigung finden können, niedergelegt. Nur weniges ist in das StGB. eingegangen. Einmal im 19. Titel des Besonderen Teils einige Ungehorsamstatbestände, die im Zusammenhang mit bundesrechtlichen Geboten stehen: der im Anschluß an das SchKG. er-

befreiung, auch beim Aufruhr, z. B. Zürich § 76, Basel § 49 II i. f.; vgl. auch Prot. I. ExpKom. 2, 259f. Zu Bern Art. 72 WAEBER: 39ff., 65.

[1] Prot. II. ExpKom. 5, 162ff., 173. Vgl. noch ZÜRCHER: Erläuterungen VE. 1908, 370; BRUNNER: 28ff., 69. — Zu Art. 259 oben § 76 II.

[2] A. M. FRIES: 35f., 69: Aufruhr ein einheitliches Delikt, auf das wahlweise Zuchthaus oder Gefängnis steht. Also handelt es sich um ein „Verbrechen" (G. Art. 9 I). Die Zuchthausdrohung steht aber nur auf den qualifizierten Fall in Art. 285 Ziff. 2 II, nicht auf den Aufruhrtatbestand schlechthin. Vgl. auch GAUTIER: Prot. II. ExpKom. 5, 167.

faßte Ungehorsam des Schuldners und dritter Personen im Betreibungs- und Konkursverfahren (Art. 323/4; oben § 66)[1], der an die Art. 957, 962 964 des OR. anknüpfende Art. 325 über die Bestrafung der ordnungswidrigen Führung der Geschäftsbücher[2] und der Mißachtung der Pflicht zur Aufbewahrung der Bücher (oben § 62 II). Ferner ist Art. 332: Nichtanzeigen eines Fundes ein Ungehorsamsdelikt gegenüber den in Art. 720 II und 725 I des ZGB. bestimmten Anzeigepflichten (oben § 47 III 3). Bundesrechtliche, in das G. übernommene Ungehorsamstatbestände enthält auch der Art. 322 über die Mißachtung der Gebote, auf Druckschriften den Namen des Verlegers, des Druckers und den Druckort anzugeben und auf Zeitungen und Zeitschriften den verantwortlichen Redaktor zu nennen.

Anderer Art sind die hier zu erörternden, im Titel: Strafbare Handlungen gegen die öffentliche Gewalt eingefügten Tatbestände: der Ungehorsam gegen amtliche Verfügungen gemäß Art. 292 und die besonderen Ungehorsamsdelikte der Art. 289—291, 294 und 295. Sie richten sich gegen die Amtsgewalt, genauer gegen von ihr getroffene Entscheidungen und Maßnahmen. Darin besteht der Unterschied gegenüber den Widersetzungsdelikten (Art. 285/6). Auch sie sind Ungehorsam, aber die Tat wendet sich gegen Personen, die Repräsentanten der Amtsgewalt, die der Täter in ihrem pflichtgemäßen Verhalten stört.

II. Vorläufer des Ungehorsamstatbestandes nach Art. 292 des G. bestehen in kantonalen Rechten[3]. Ihre verschiedene Gestaltung zeigt, wie schwierig es ist, die Reichweite eines allgemein gehaltenen und in seiner Auswirkung schwer abschätzbaren Ungehorsamstatbestandes befriedigend zu gestalten.

Sehr weitgehend bestimmt z. B. Luzern PolStG. § 42, daß strafbar ist, wer gegen Gesetze oder Verordnungen, „auf deren Übertretung keine bestimmten Strafen ausgesetzt sind“, sich verfehlt. Jede Mißachtung von Geboten oder Verboten, die eine lex imperfecta aufstellt, ist damit strafrechtlich erfaßbar. Strafbar ist nach § 42 II überdies der Ungehorsam gegenüber einem von einer zuständigen Stelle erlassenen Befehl, ohne daß dessen Aufhebung bei der zuständigen Behörde erwirkt wurde.[4] Allgemein gehalten sind auch Art. 144/5 St. Gallen, wobei der Ungehorsam gegen gesetzliche Vorschriften oder gegen „sonst eine allgemein verpflichtende, zu öffentlicher Kenntnis gebrachte (behördliche) Anord-

[1] Vgl. noch Blumenstein: Die verfahrensmäßigen Verpflichtungen dritter Personen in der Schuldbetreibung und im Konkurs, Bl. für Schuldbetreibung und Konkurs (1941), Sonderabdruck, ferner BE. 58 III, Nr. 37; 60 III, Nr. 7.

[2] Dazu neuerdings v. Arx: Das Buchdelikt, Zürcher Diss. (1942), passim.

[3] Stooss: Grundzüge, 2, 432f.; Zürcher: Erläuterungen, 370f. Geschichtliche Entwicklung bei Lüchinger: 1ff.; vgl. auch über kantonale Rechte Flütsch: 12ff.

[4] Luzerner-Fall in BE. 33 I, Nr. 41.

nung“ strafbar ist. Das soll auch gelten, wenn der Täter „ohne strafbaren Vorsatz“ gehandelt hat. In einer gewissen Richtung ist für die subsidiäre Funktion des Ungehorsamstatbestandes Schaffhausen § 106 bezeichnend: Ungehorsam gegen obrigkeitliche oder richterliche Verfügungen soll mit Gefängnis bis zu 3 Monaten oder mit Buße bis zu 200 Franken bestraft werden, „wenn wegen dieses Vergehens mindestens schon zweimalige disziplinarische Bestrafung vorangegangen ist“. — Andere kantonale Rechte sehen, was sehr notwendig ist, andere Einschränkungen vor. Thurgau § 250 tut es auf zweifache Weise: der Ungehorsam muß entweder für den Staat oder für eine Privatperson einen Rechtsnachteil zur Folge gehabt haben oder in der amtlichen Verfügung muß für den Ungehorsamsfall die Überweisung an die Strafgerichte angedroht worden sein[1].

In der Rechtsprechung haben der § 52 des StGB. von Baselstadt und namentlich der § 80 des zürcherischen StGB. Bedeutung erlangt. Übereinstimmend setzen beide Gesetze voraus, daß eine von einer zuständigen Amtsstelle ergangene Verfügung vorliegen muß und daß in ihr für den Fall des Ungehorsams die strafrechtliche Reaktion angedroht war. Das ist die auch von Art. 292 des G. übernommene Ordnung. Die namentlich in Zürich weitgehend entwickelte Praxis[2] verdient daher auch für die Anwendung des Art. 292 Beachtung. Folgende, von der bisherigen Rechtsprechung entwickelte Grundregeln sind hier schon hervorzuheben:

Damit wegen Ungehorsams verurteilt werden kann, muß die rechtliche Grundlage der erlassenen Verfügung und die Zuständigkeit der erlassenden Amtsstelle gegeben sein. Ob die Verfügung auch sachlich richtig war, ist dagegen ohne Bedeutung. Um in dieser Hinsicht bestehende Zweifel abzuklären, stehen die Mittel des verwaltungsrechtlichen Verfahrens zur Verfügung; Zürcher Bl. 5, Nr. 6; 15, Nr. 118; 17, Nr. 34; 33, Nr. 148. — Der die Frage des Ungehorsams entscheidende

---

[1] JZ. 17, 300, Nr. 58: Ungehorsam gegen das von einem Bezirksstatthalter erlassene Verbot des gewerbsmäßigen Kartenschlagens und Wahrsagens.

[2] Zusammenstellungen bei ZÜRCHER: Kommentar StGB. zu § 80 (ältere Rechtsprechung); ZELLER: 93ff. und namentlich KÖPFLI: Rechtsprechung zum StGB. (1908—1928), 41ff. — Sehr häufige Anwendung z. B. beim Vorgehen gegen ein Konkubinatsvverhältnis: Verbot nach § 123 des zürcher. EG. zum ZGB. ohne direkte Strafsanktion. Trennungsbefehl durch das zuständige Statthalteramt unter Androhung strafrechtlicher Verfolgung wegen Ungehorsams; Zürcher Bl. 16, Nr. 61, 189; 20, Nr. 75, 31, Nr. 116, 37, Nr. 41, 84. Ferner Bruch der administrativen Landes- und Kantonsverweisung; dazu namentlich FLÜTSCH (Lit. zu § 117): 9ff. — Zu Basel § 52 BE. 60 III, Nr. 7: Unzulässigkeit der Strafandrohung wegen Ungehorsams bei einer Aufforderung des Betreibungsamtes an eine Bank, mitzuteilen, ob ein Arrestschuldner bei der Bank Vermögenswerte liegen hat. Aus dem SchKG. ergibt sich nicht, daß die Auskunftspflicht des dritten Gewahrsamsinhabers von Arrestgegenständen durch indirekten Strafzwang durchgesetzt werden darf.

Richter hat die Rechtsbeständigkeit des erlassenen Gebotes oder Verbotes zu prüfen; Bl. 13, Nr. 85. Daß die Androhung der Überweisung zur Bestrafung wegen Ungehorsams sich auf ein Gesetz oder eine Verordnung stützt, ist nicht erforderlich. Sie ist allgemein — die Zuständigkeit der Amtsstelle vorausgesetzt —, namentlich auch auf Grund von Gewohnheitsrecht, zulässig; Bl. 17, 78ff.[1].

Ist der Ungehorsam gegen ein Gebot oder Verbot schon im StGB. oder in einem besonderen Gesetz mit einer bestimmten Strafe, z. B. einer Polizeibuße, bedroht, so kann der Ungehorsamstatbestand des StGB. nicht zur Anwendung kommen. Er hat für die Regel subsidiären Charakter; Bl. 11, Nr. 163, 225; 13, Nr. 85; 39, Nr. 67[2]. — Solothurn § 61 betont diese Subsidiarität ausdrücklich mit den Worten: sofern für den gegebenen Fall nicht besondere Strafbestimmungen aufgestellt sind. Unzulässig ist die Anwendung des Ungehorsamstatbestandes auch dann, wenn die Vollstreckung von Ansprüchen auf dem zivilprozessualen Exekutionsweg herbeigeführt werden kann; Bl. 35, Nr. 49.

Der Erlaß, die Verfügung, muß konkrete Verhaltungsmaßregeln — ein bestimmtes Tun oder Unterlassen — befehlen. Die bloße Aufforderung zum Gehorsam gegen das Gesetz reicht nicht aus; Bl. 15, Nr. 182.

Eine Verurteilung wegen Ungehorsams ändert am Weiterbestehen der Verfügung, durch die ein Gebot oder Verbot ausgesprochen wurde, nichts. Die von einer Verwaltungsbehörde auferlegte Pflicht zu einem Tun oder Unterlassen gilt weiter. Ohne daß die Androhung wiederholt zu werden braucht, kann im Übertretungsfall neuerlich wegen Ungehorsams bestraft werden. Das hat die zürcherische Praxis häufig beim Vorgehen gegen ein Konkubinat ausgesprochen; Bl. 16, Nr. 61, Nr. 189; 19, Nr. 132 (anders, wenn der Trennungsbefehl befolgt wird, aber das Konkubinat später wieder aufgenommen wird); vgl. ferner Bl. 11, Nr. 11; 34, Nr. 108; JZ. 39, 24, Nr. 11.

Seit der Mobilisation der schweizerischen Armee im Herbst 1939 spielen die Art. 107 und 108 des MilStG.: Ungehorsam gegen allgemeine und gegen besondere Anordnungen im Falle eines aktiven Dienstes eine große Rolle. Die beiden Artikel sind dem Art. 292 des G. ähnliche Blankettbestimmungen. Zum Teil ergeben sich gleiche Fragen wie für den Tatbestand des bürgerlichen Strafrechts[3].

---

[1] Dazu CORRODI: JZ. 20, 193ff.; LÜCHINGER: 63ff. mit weiterer Literatur; FLÜTSCH: 15f.

[2] Vgl. auch CORRODI: a. a. O. 209ff. mit Erörterungen über die inzwischen abgeänderten §§ 328 II, 328a und 328b der bisherigen Zürcher StPrO. Jetzt revidierte StPrO. §§ 328c und 328d. Für Zürich beachtlich namentlich der § 328c.

[3] Rechtsprechung zu MilStG. Art. 107 E MKG., 3, Nr. 69; Nr. 107, Erw. L; Nr. 116; zu Art. 108 (Ungehorsam gegen besondere, d. h. individuelle Anordnungen) E MKG. 3, Nr. 57; Nr. 69; Nr. 100, Erw. F; Nr. 106; Nr. 111, Erw. E.

III. 1. Der Art. 292 des G.[1] setzt eine von einer zuständigen amtlichen Stelle erlassene Verfügung voraus. Zweifel über die Reichweite dieses Begriffs ergeben sich. In erster Linie ist an einen, an eine Einzelperson gerichteten obrigkeitlichen Befehl zu denken. Er kann von einer Verwaltungsstelle oder von einem Gericht ausgehen[2]. Für die Durchsetzung steht primär der Verwaltungszwang, die öffentlich-rechtliche Zwangsvollstreckung durch Ersatzvornahme, unmittelbaren Zwang usw. zur Verfügung[3]. Die Frage, ob im Einzelfall der Verwaltungs- und Polizeizwang als ausreichend betrachtet werden kann, bleibt offen. Als verschärftes Mittel zur Durchsetzung kann eine Strafandrohung wegen Ungehorsams einsetzen[4]. Klar zeigt sich das bei den einzelnen besonderen Ungehorsamstatbeständen der Art. 289—291, 294/5; unten § 116.

Aber die schweizerische Rechtsentwicklung hat, im teilweisen Anschluß an Art. 471 Ziff. 15 des französischen C. p. von 1810, ein jetzt in den Art. 292 übergegangenes allgemeines Ungehorsamsdelikt gestaltet. Es stellt einen Blankettatbestand dar. Das Gebot oder Verbot ergibt sich nicht direkt aus dem Strafgesetz, sondern aus dem obrigkeitlichen Befehl. Der Art. 292 gibt nur den Rahmen ab für die Bestrafung desjenigen, welcher dem Gebot oder Verbot ungehorsam ist. Erst durch einen obrigkeitlichen Befehl mit bestimmtem Inhalt, der zum Gehorsam auffordert, wird für den Ungehorsamsfall der strafrechtliche Tatbestand geschaffen[5].

Aber mit dem Hinweis auf den obrigkeitlichen Befehl ist der Begriff der Verfügung im Sinne des Art. 292 noch nicht abgeklärt. Im bisherigen Recht (Zürich) hat sich die Streitfrage ergeben, ob darunter nur

---

[1] Prot. II. ExpKom. 5, 176ff.; 7, 203ff.; Lüchinger: 110ff.

[2] Befehl einer Verwaltungsbehörde zur Wahrung der staatlichen Autorität und der öffentlichen Ordnung; Befehl eines Zivilgerichtes vorwiegend zum Schutz privater Interessen (Bauverbote und andere richterliche Eigentumsbeschränkungen); Zürcher Bl. 30, Nr. 67. — Über den Begriff: Verfügung, wie er beim Ungehorsamstatbestand zu verstehen ist, Lüchinger: 14ff., 19ff.

[3] Fleiner: Institutionen des deutschen Verwaltungsrechts (8. Aufl.), 214ff. mit Hinweisen auf die deutsche Literatur und Rechtsprechung; Derselbe: Schweizer. Bundesstaatsrecht, 605. Ferner Brunner: Die Lehre vom Verwaltungszwang, Zürcher Diss. (1923); Baumann: Der Verwaltungszwang im Kanton Aargau, Zürcher Diss. (1932).

[4] BE. 53 I, 73ff.; 54I, 388: Androhung der Ungehorsamsstrafe als Mittel des indirekten ergänzenden Polizeizwangs.

[5] Merkli: JZ. 12, 121, 122: Die lex wird durch die von der zuständigen Stelle erlassene Verfügung gegeben. Der Satz: keine Strafe ohne Gesetz ist nicht verletzt; vgl. auch BE. 42 I, 306; Zürcher Bl. 17, 75. Allgemein zur Form des Blankettgesetzes Allgemeiner Teil, § 2 II, auch Hafter: Z. 27, 244. — Bemerkenswert die kritische Äußerung von Lang: Prot. II. ExpKom. 5, 178: „Wir streiten uns oft lange darüber, ob wir eine Handlung unter Strafe stellen wollen oder nicht und auf der anderen Seite stellen wir dem Richter (und den Verwaltungsbehörden) eine solche Blankovollmacht aus.“

eine gegen eine bestimmte Einzelperson sich richtende Anordnung, oder auch ein allgemeiner, zum Gehorsam auffordernder Erlaß einer zuständigen Amtsstelle zu verstehen ist. Während das für den zürcherischen § 80 zu bejahen ist[1], kann es nach dem Text des Art 292 des G. nicht gelten. Er redet von einer „an ihn" — den Gehorsamspflichtigen — erlassenen Verfügung (décision à lui signifiée; decisione a lui intimata)[2]. An der Zweckmäßigkeit dieser Einengung kann man zweifeln. Beachtlich ist die ausdrückliche zweifache Ordnung im MilStG.: Ungehorsam gegen allgemeine und gegen besondere Anordnungen — Art. 107 nennt öffentlich bekannt gemachte Verordnungen und Befehle, Art. 108 besondere Anordnungen und Weisungen.

2. Für den Verfügungsbegriff des Art. 292 bleibt sich gleich, ob der Erlaß von einem einzelnen Beamten oder von einer Kollegialbehörde ausgeht. Das G. nennt, wie in den Art. 285/6, Behörden und Beamte (dazu oben § 113 I 2). Wesentlich ist dagegen die Zuständigkeit der Amtsstelle zum Erlaß der Verfügung. Die Kompetenz muß sachlich und örtlich gegeben sein, und der den Ungehorsam beurteilende Richter hat das von Amtes wegen zu prüfen (siehe schon oben I). Fehlt es an einem Zuständigkeitsmoment, so kann eine Bestrafung nicht erfolgen. Dagegen kommt es, gleich wie bei den Widersetzungsdelikten, auf die Zweckmäßigkeit und Richtigkeit der getroffenen Verfügung nicht an (oben § 113 I 3)[3]. Wenn die Art. 285/6 von einer Handlung, die innerhalb der Amtsbefugnisse einer Behörde oder eines Beamten liegt, spricht, während in Art. 292 von der Verfügung einer zuständigen Stelle die Rede ist, so bedeutet das in diesem Zusammenhang keinen Unterschied.

Im übrigen ist für diese Grundfragen auf die schon oben II dargestellte zürcherische Rechtsprechung zu verweisen.

3. Die Verfügung muß den Empfänger auf die Strafdrohung des Art. 292 hinweisen. Das muß, wie Basel § 52 zutreffend sagt, ausdrücklich geschehen. Obschon das G. es nicht hervorhebt, sollte allein die Schriftform als ausreichend angenommen werden[4]). Daß amtliche Verfügungen schriftlich erlassen oder bestätigt werden, ist regelmäßiger Amtsstil. Eine mündliche Verfügung ohne schriftliche Bestätigung ist

[1] Zürcher Bl. 11, 276ff. mit der Voraussetzung, daß der allgemeine Erlaß in gehöriger Form publiziert sein muß; Merkli: a. a. O. 121; a. M. Zeller: Kommentar zu § 80, N. 1 (Erlasse, gerichtet an eine Einzelperson oder mehrere individuell bezeichnete Personen). — Ungehorsam gegen allgemein verbindliche Anordnungen auch nach Appenzell A. Rh. Art. 60: Zentralblatt für Staats- und Gemeindeverwaltung, 40, 610ff. Vgl. ferner Lüchinger: 19ff.

[2] Gautier: Prot. II. ExpKom. 7, 203f. Gleich wohl auch Baselstadt § 52, wonach dem Empfänger einer Verfügung für den Ungehorsamsfall die Verzeigung zu strafrichterlicher Ahndung angedroht werden muß.

[3] Zürcher: Erläuterungen, 371; Lüchinger: 37ff. (Frage der Zuständigkeit), 51ff. (Frage der Richtigkeit und Zweckmäßigkeit einer Verfügung).

[4] Streitfrage; siehe Lüchinger: 24ff.

in den Wind gesprochen. Die Verfügung und der Hinweis auf eine eventuelle strafrechtliche Ahndung müssen dem Adressaten zur Klarheit und zum bleibenden Bewußtsein kommen.

Im Rahmen des Art. 292 ist der Hinweis auf die Strafdrohung dieses Artikels eine objektive Strafbarkeitsbedingung. Erforderlich ist, daß die Verfügung die in Art. 292 vorgesehenen Strafen ausdrücklich androht. Der bloße Hinweis auf diese Gesetzesbestimmung oder auf die Strafbarkeit des Ungehorsams genügt nicht[1]. Fehlt der Hinweis, so muß der Richter freisprechen.

4. Die Tat umschreibt das G. mit dem Ausdruck „nicht Folge leisten". Je nachdem die Verfügung ein Gebot oder ein Verbot aufstellt, besteht der Ungehorsam in einem Unterlassen oder in einem Handeln. Demgemäß bestimmt sich die Vollendung. Gegenüber einem Gebot ist sie mit dem Nichttätigwerden innerhalb der regelmäßig dem Empfänger der Verfügung angesetzten Frist zum Handeln gegeben. Gegenüber einem Verbot erfolgt die Vollendung mit dem verbotenen Tätigwerden[2]. Da der Art. 292 als Übertretung gestaltet ist, bleiben Beihilfe und Versuch, die namentlich beim verbotenen Handeln möglich sind, straflos (Art. 104 I). Den Anstifter zur Unterlassung oder zum Handeln trifft dagegen Strafe.

Festzuhalten ist, daß eine Verurteilung auf Ungehorsam gegenüber dem obrigkeitlichen Befehl lauten muß. Der Ungehorsam, nicht etwa das Konkubinat (siehe oben II) oder die Verletzung einer bauamtlichen Anordnung oder eines Konkurrenzverbotes[3], werden bestraft. Wenigstens geschieht das nicht direkt.

Danach bestimmt sich auch die Lösung der Frage des V o r s a t z e s. Der Täter muß mit Wissen und Willen dem ihm erteilten Befehl zum Handeln oder zum Unterlassen ungehorsam sein. Bloße Fahrlässigkeit genügt nicht[4]. Art. 333 III des G. trifft nicht zu. Diese Bestimmung sieht die Bestrafung auch einer fahrlässigen Verübung nur vor, wenn es sich um Übertretungen handelt, die „in anderen Bundesgesetzen" unter Strafe gestellt sind.

Kritisch ist die Frage, ob der Vorsatz des Ungehorsams auch das Moment, daß die Verfügung von einer zuständigen Amtsstelle erlassen wurde, umfassen muß. Häufig wird sich der Ungehorsame darüber keine Gedanken machen. Er will einfach dem ihm erteilten Befehl nicht gehorchen[5]. Es ist richtiger, das Moment: Erlaß durch die zuständige

[1] So BE. 68 IV Nr. 8 (Hinweis auf den französischen und den italienischen Text).

[2] Über Vollendung und Versuch LÜCHINGER: 100ff.

[3] Vgl. den Fall Zürcher Bl. 35, Nr. 153, S. 336.

[4] Vgl. Zürcher Bl. 20, Nr. 74; 34, Nr. 32.

[5] So auch MERKLI: a. a. O. 122; vgl. ferner LÜCHINGER: 94ff. (teilweise abweichende Meinung).

Amtsstelle als objektive Strafbarkeitsbedingung aufzufassen. Gegebenenfalls wird sich aber ein Ungehorsamer darauf berufen können, er habe „aus zureichenden Gründen" die Unzuständigkeit der befehlenden Amtsstelle angenommen und sich zum Ungehorsam berechtigt gehalten. Dann ist die Anwendung des Art. 20 über den Rechtsirrtum zu erwägen. Insoweit kann die Schuldfrage auch hier hineinspielen.

5. Die Strafdrohung des Art. 292 lautet auf Haft oder Buße [1].

§ 116. Besondere Ungehorsamsdelikte.

Literatur. Angaben zu § 115. — STOOSS: Grundzüge, 2, 438f. — MERKEL: VD., Bes. Teil, 2, 349f.f, 373ff., 383ff., 389ff. — GERMANN: Z. 54, 354ff.

Bei den besonderen Ungehorsamsdelikten der Art. 289—291, 293 bis 295 des G. ist, gleich wie beim Blankettatbestand des Art. 292, Voraussetzung, daß von einer zuständigen Behörde oder einem zuständigen Beamten eine verbietende „Verfügung" ergangen ist. Beim Art. 293 kann das Verbot allerdings auch in einem Gesetz liegen; unten III. Über den Verfügungsbegriff, wie er hier zu verstehen ist, gilt grundsätzlich das oben § 115 III 1 und 2 Gesagte. — Überall bei den durch die Art. 289—291, 293—295 erfaßten Verfehlungen kommt auch Durchsetzung durch Verwaltungs- und Polizeizwang in Betracht. Aber das G. hat, im Hinblick auf die Schwere dieser Ungehorsamsfälle, noch das verschärfte Mittel der strafrechtlichen Reaktion eingesetzt.

I. Der Tatbestand des Art. 289: **Bruch amtlicher Beschlagnahme** ist in seiner allgemein gehaltenen Fassung von großer Tragweite. Um sie zu bestimmen, sind Abgrenzungen in verschiedener Richtung notwendig. — In den kantonalen Rechten waren entsprechende Bestimmungen selten[2]. Wallis nennt in Art. 126 la violation d'un séquestre légalement notifié und Neuenburg Art. 139 spricht umfassender von séquestre légalement notifié ou légalement imposé. Besonders weit, über einen Ungehorsamstatbestand hinaus, geht Freiburg in Art. 168 I: Wegnahme von Gegenständen, die unter amtlicher Obhut stehen oder amtlich beschlagnahmt sind.

Der Art. 289 des eidgenössischen G. geht schon auf die ersten Entwürfe zurück. Vorbild war der § 137 des deutschen StGB., der Tat-

[1] Die Bewertung des Ungehorsamsdelikts war schwankend. Im VE. 1903 Art. 195 ging sie auf Gefängnis bis zu 6 Monaten oder Buße bis zu 100 Franken, im VE. 1908 Art. 202 auf Gefängnis bis zu 6 Monaten oder Buße (ohne maximale Beschränkung). Die II. ExpKom. Prot. 5, 181, 183 hat das Delikt zu den Übertretungen versetzt.

[2] Der Tatbestand des Beschlagnahmebruches nach Zürich § 180 I greift hier nicht durch. Er ist ein Vermögensdelikt, das voraussetzt, daß der Täter zum Nachteil eines Gläubiger über eine mit Beschlag belegte Sache verfügt; vgl. ZELLER: Kommentar zürcher. StGB., § 180, N. 1 und 2.

bestand der Verletzung amtlicher Verstrickung (Prot. I. ExpKom. 2, 266, 694f.).

1. Um den Bruch einer amtlichen Beschlagnahme handelt es sich. Das Gleiche trifft auch beim Verstrickungsbruch gemäß Art. 169, der sog. Pfandunterschlagung bisheriger Rechte, zu. Aber der zwischen den beiden Tatbeständen bestehende Unterschied ist klar. Der Verstrickungsbruch nach Art. 169 ist ein Tatbestand des Betreibungs- und Konkursstrafrechts, ein Vermögensdelikt. Die Bestimmung schützt den Gläubiger, gegen dessen Schuldner ein Betreibungsverfahren — im weitesten Sinne verstanden — schwebt. Die in diesem Verfahren erfolgte betreibungsrechtliche Beschlagnahme hat Sachen des Schuldners erfaßt. Wenn er oder ein Dritter eigenmächtig zum Nachteil der Gläubiger über diese Sachen verfügen, machen sie sich strafbar. Im Gegensatz zu diesen besonderen betreibungsrechtlichen Sachverhalten bezieht sich der Verstrickungsbruch gemäß Art. 289 auf amtliche Beschlagnahmen außerhalb eines Schuldbetreibungsverfahrens. Art. 289 ist die allgemeine Bestimmung, der die Sondernorm des Art. 169 vorgeht[1]. Art. 289 setzt nur einen Ungehorsam gegen den Amtsakt einer behördlichen Beschlagnahme voraus, während bei Art. 169 überdies der vorsätzliche Angriff auf Gläubigervermögen und die Gläubigerschädigung gegeben sein müssen. Man mag damit den Unterschied in der Strafdrohung erklären: beim Art. 289 Gefängnis oder Buße, beim Art. 169 Gefängnis[2].

2. Im Gegensatz zu Art. 169, der Art und Grund der Beschlagnahmen durch den Hinweis auf die betreibungsrechtlichen Vorkehren abschließend umschreibt, lassen sich bei der allgemeinen Fassung des Art. 289 nur Beispiele nennen: richterliche Beschlagnahme zur Sicherung der Vollstreckung privatrechtlicher Ansprüche außerhalb des Schuldbetreibungsverfahrens und ganz besonders Beschlagnahmen im Strafprozeß durch Polizei, Untersuchungsbehörden und Richter, ferner verwaltungs- und speziell militärrechtliche Beschlagnahmen. Eigenartig ist aber, daß in zahlreichen Stellen der Nebengesetzgebung der Beschlagnahmebruch — zum Teil unnötigerweise — wiederum besonders gestaltet ist[3] mit der Wirkung, daß dieses Sonderrecht dem Art. 289 des G. vorgeht. Das gilt für Art. 39 des Lebensmittelpolizeigesetzes mit der geringeren Strafdrohung Haft bis zu 3 Monaten oder Buße bis zu 500 Fr.[4]. Andererseits

[1] Über das Verhältnis des Art. 169 zu 289 schon oben § 64, namentlich III und IV; ZÜRCHER: Erläuterungen, 377 und jetzt GERMANN: Z. 54, 354ff.

[2] Dazu GERMANN: a. a. O. 354. Man hat bei dieser Differenz in den Strafdrohungen den Art. 50 zu beachten. Nach dessen Abs. I kann der Richter, wenn er Gewinnsucht des Täters annimmt, neben der Freiheitsstrafe zu Buße verurteilen, nach Abs. II kann der Richter bei wahlweiser Androhung von Freiheitsstrafe und Buße die beiden Strafen verbinden.

[3] GERMANN: Textausgabe StGB., N. zu Art. 289.

[4] Gleiche Bestimmungen über Beschlagnahmebruch in Art. 3 II des Absinth-

wird im neuesten schweizerischen Schiffahrtsrecht gegenüber dem Beschlagnahmebruch mit eher schärferen Drohungen durchgegriffen; so in Art. 60 des BRB. vom 9. April 1941 über die Seeschiffahrt unter der Schweizerflagge (GesSlg. 57, 353ff.) und in Art. 12 des BRB. vom 5. Dezember 1941 über die Beschränkung der Verfügung über Binnenschiffe (GesSlg. 57, 1405ff.), Strafdrohungen: Gefängnis bis zu 3 Jahren oder Buße bis zur Höhe des Schiffswertes mit der Möglichkeit, die beiden Strafen zu verbinden. Einen Sondertatbestand des Beschlagnahmebruchs stellt auch die sog. Zollpfandunterschlagung nach Art. 79 des Zollgesetzes von 1925 dar. Die Strafdrohung lautet auf Buße bis zum vierfachen Betrag des Inlandwertes der Ware, über die widerrechtlich verfügt wurde, oder auf Haft bis zu 3 Monaten. — Aus dem Militärrecht ist namentlich der Art. 213 der MilOrg. zu nennen: Pikettstellung der Pferde, Maultiere und Transportmittel, wenn die Rücksicht auf die Landesverteidigung es verlangt, womit ein Entäußerungsverbot verbunden ist. Auf die Verletzung dieses Verbots steht Buße von 100—10 000 Fr., womit Gefängnis bis zu 6 Monaten verbunden werden kann. Eine militärrechtliche Sonderbestimmung enthält ferner Art. 330 des StGB.; unten 6.

3. Die strafbare Handlung besteht darin, daß der Täter die mit Beschlag belegte Sache der amtlichen Gewalt entzieht. Daß Jedermann Täter sein kann, und daß es nicht darauf ankommt, wem die beschlagnahmte Sache gehört und wo sie liegt, muß angenommen werden. Wenn eine Beschlagnahme verfügt und angeordnet worden ist, so kann eine amtliche Gewalt über die Sache, ein tatsächliches Machtverhältnis des Staates, auch dann bestehen, wenn die mit Beschlag belegte Sache dem Eigentümer oder einem bisherigen Besitzer belassen wird[1]. Aber fraglich ist, gleich wie beim Verstrickungsbruch nach Art. 169, wie weit der Sachbegriff reicht. Nach der Wortinterpretation umfaßt er nur körperliche Sachen, nicht Forderungen und andere Rechte (siehe oben § 64 II 2). Das ist aber unbefriedigend. Dem Richter steht jedoch, wenn es notwendig sein sollte, eine ausdehnende Auslegung des Sachbegriffs auf Forderungen frei[2].

4. Der Art. 289 bezeichnet die Täterhandlung nur mit den Worten: der amtlichen Gewalt entziehen. Die vom Art. 169 und auch vom Art. 147 abweichende Fassung fällt auf. Beim Verstrickungsbruch des

---

gesetzes vom 24. Juni 1910 (GesSlg. 26, 1059ff.) und in Art. 12 des BGes. vom 7. März 1912 betreffend das Verbot von Kunstwein und Kunstmost (GesSlg. 28, 641ff.).

[1] Dazu die Erörterungen über den Begriff der Beschlagnahme (Verstrickung) bei BINDING: Lb. 2 II, 608ff., 618f.

[2] Beispiel: Vermögensbeschlagnahme im Strafprozeß (zürcher. StPrO. §§ 83ff.). Die Auffassung BINDINGS: a. a. O. 609, 613, und eines Teils der deutschen Literatur, daß Forderungen absolut untaugliche Objekte staatlicher Beschlagnahme sein sollen, kann ich nicht teilen. Über die Streitfrage auch MERKEL: 358f.

Betreibungsstrafrechts (Art. 169) nennt das G. kasuistisch: über die beschlagnahmte Sache eigenmächtig verfügen, sie beschädigen, zerstören, entwerten oder unbrauchbar machen. Ob damit die Tatmöglichkeiten nach Art. 289 gegenüber Art. 169 eingeschränkt sind[1], bleibt fraglich. Ein zureichender Grund dafür liegt nicht vor. Die Auffassung, daß, wer die beschlagnahmte Sache zerstört oder entwertet, sie für die Ausübung des staatlichen Machtverhältnisses untauglich macht und sie dadurch auch der amtlichen Gewalt entzieht, entspricht der Zweckbestimmung des Gesetzes.

Das Delikt vollendet sich in dem Moment, in dem das amtliche Gewaltverhältnis nicht mehr im vollen Umfang besteht. Das kann auch nur zeitweise der Fall sein. — Der Tätervorsatz ist dann gegeben, wenn der Täter mit dem Wissen darum, daß es sich um eine rechtsgültig mit amtlichem Beschlag belegte Sache handelt, sie der amtlichen Gewalt entzieht.

5. Mit dem Verstrickungsbruch können sich je nach der Sachlage, Sachbeschädigung (Art. 145), Diebstahl (Art. 137) oder Veruntreuung (Art. 140) in idealer Konkurrenz verbinden, wenn die der amtlichen Gewalt entzogene Sache für den Täter eine fremde ist. Der Tatbestand der Sachentziehung (Art. 143) geht dagegen wohl in Art. 289 auf.

6. Neben dem Art. 289 steht der besonders geordnete Übertretungstatbestand des Art. 330: Handel mit militärisch beschlagnahmtem Material[2]. Man kann sich fragen, ob eine solche Bestimmung nicht dem in kritischen Zeiten einsetzenden Notverordnungsrecht hätte vorbehalten bleiben können[3]. Wenn man aber ein besonderes Verbot im StGB. als notwendig betrachtete, so war die gegenüber Art. 289 viel geringere Strafdrohung — Haft bis zu 1 Monat oder Buße — nicht gerechtfertigt[4]. — Im Unterschied zu Art. 289 ist in Art. 330 nicht von beschlagnahmten Sachen die Rede, sondern von Gegenständen, die beschlagnahmt oder requiriert worden sind. Aber die Textvergleichung zeigt, wie wenig klar dieser Unterschied ist: Der französische Text spricht in Art. 289 von „objets mis sous main de l'autorité", in Art. 330 von „objets séquestrés ou requisitionnés", der italienische von „cose requisite o sequestrate" in Art. 289, von „oggetti sequestrati o requisiti"

---

[1] So GERMANN: Z. 54, 356; gut dagegen BINDING: a. a. O. 607, Anm. 6 und 620.

[2] Die Bestimmung geht auf das Gutachten von HUBER: Der Schutz der militärischen und völkerrechtlichen Interessen (1913), 24f., 59 zurück. Dazu Prot. II. ExpKom. 7, 193ff., 368f.

[3] Kritische Einstellung zu der Bestimmung auch Prot. II. ExpKom. 7, 194ff.

[4] Siehe jetzt Art. 1 des BRB. vom 4. August 1942 (GesSlg. 58, 741ff.). Danach kann im Falle des Art. 330 „für die Dauer des gegenwärtigen Aktivdienstes" auch auf Gefängnis, in schweren Fällen auf Zuchthaus erkannt werden. Während der Aktivdienstzeit steht der Täter unter der Militärgerichtsbarkeit.

in Art. 330. Die Unsicherheit der Begriffe Beschlagnahme (siehe oben 3) und Requisition wird damit offenbar.

Bei der Auslegung des Art. 330 ist von der, gegenüber dem Art. 289 spezielleren Zweckbestimmung auszugehen: Bei Art. 330 kommen nur körperliche Sachen — „Gegenstände“ — in Frage. Sie müssen von der Heeresverwaltung zum Zwecke der Landesverteidigung beschlagnahmt oder requiriert worden sein. Das ist so zu verstehen, daß hier nicht eine einzelne Sache durch eine behördliche „Verfügung“ in amtliche Gewalt gebracht wurde, sondern daß durch allgemeine Anordnungen und Bekanntmachungen bestimmte Warenvorräte für den staatlichen Zugriff reserviert wurden[1]. Ob diese Gegenstände bereits in die direkte Verfügungsgewalt des Staates gelangt sind, oder ob der Staat sich den Zugriff zunächst nur vorbehält, macht beim Art. 330 keinen Unterschied aus. — Der Art. 330 ist insoweit eine Art Blankettbestimmung, als die Heeresverwaltung gegebenenfalls, namentlich in Aktivdienstzeiten und erst recht im Krieg, bestimmen wird, was ihr „zum Zwecke der Landesverteidigung“ notwendig erscheint: Waffen, Munition, Metalle, Benzin, Kleider, Leder, Gummi, Nahrungs- und Futtermittel usw. Für solche Gegenstände wird eine Verfügungsbeschränkung erlassen[2].

Während in Art. 289 die Handlung des Täters mit der allgemeinen Formel: der amtlichen Gewalt entzieht erfaßt wird, umschreibt Art. 330 die verbotene Verfügung weiterreichend kasuistisch mit den Worten: unrechtmäßig verkaufen oder erwerben, zu Pfand geben oder nehmen, verbrauchen, beiseiteschaffen, zerstören oder unbrauchbar machen[3]. Die Tendenz, jede irgendwie geartete unrechtmäßige Verfügung über militärisch beschlagnahmtes Material zu treffen, ist offenbar.

II. Mit dem Beschlagnahmebruch nach Art. 289 kann der **Siegelbruch** nach Art. 290 insofern im Zusammenhang stehen, als die amtliche Siegelung häufig die Form ist, durch die eine amtliche Beschlagnahme erkennbar gemacht wird: Siegelung einer Erbschaft (vgl. ZGB. Art. 552), Siegelung von Räumen und Sachen durch den Betreibungs- und Konkursbeamten, Siegelung von in einem Strafprozeß beschlagnahmten Papieren (vgl. z. B. Zürich, StPrO. § 101) usw. — Anders als es für den Bruch einer amtlichen Beschlagnahme der Fall ist, haben zahlreiche bisherige Rechte den Siegelbruch erfaßt[4].

1. Der Art. 290 bezeichnet als Angriffsobjekt ein amtliches Zeichen,

---

[1] Gut ZÜRCHER: Prot. II. ExpKom. 7, 194.

[2] Vgl. THORMANN-v. OVERBECK: Art. 330, N. 1.

[3] Man vergleiche die nur zum Teil durch die Verschiedenheit der Sachverhalte gerechtfertigten Unterschiede in der Kasuistik bei Art. 145 (Sachbeschädigung), 147 und 169 (Rechtsvereitelung und Verstrickungsbruch) und bei Art. 330.

[4] Daten bei STOOSS: Grundzüge, 2, 438; z. B. Zürich § 86 mit der ausdrücklichen Hervorhebung des Falles: Anlegung eines amtlichen Siegels, um Sachen mit Beschlag zu belegen.

„namentlich ein amtliches Siegel", mit dem eine Sache verschlossen oder gekennzeichnet ist. Das Siegel nach Art. 290 ist zunächst etwas anderes als die in Art. 246 genannten Zeichen, die eine Behörde an einem Gegenstand anbringt, um das Ergebnis einer Prüfung oder um eine Genehmigung festzustellen. Dazu gehören auch Staats- und Gemeindesiegel, die zur Bekräftigung des Inhalts eines amtlichen Schriftstücks dienen (oben § 96 III 1). Das Siegel nach Art. 290 hat vor allem die Bedeutung, daß durch dessen Anbringung ein Raum unzugänglich, eine Sache dem Verkehr entzogen, versiegelt werden soll. Entscheidend ist dabei allein, daß ein solches Zeichen amtlich angebracht wird, und daß dessen Zweckbestimmung erkennbar ist. Ob es ein mit amtlichen Initialen versehenes Siegel oder eine Bleiplombe oder vielleicht auch nur ein die Bestimmung kennzeichnendes Klebepapier ist, bleibt sich gleich [1]. — Neben den amtlichen Zeichen, deren Zweck eine Verschließung ist, nennt aber der Art. 290 noch Zeichen, durch die eine Sache gekennzeichnet wird. Hier nähert sich der Zeichenbegriff der Bedeutung, die ihm nach Art. 246 zukommt, oder er deckt sich mit ihm: behördlich angebrachte Zeichen, um das Ergebnis einer Prüfung oder um eine Genehmigung festzustellen. Die in Art. 246 genannten Beispiele, namentlich etwa die Marken der Zollverwaltung [2], haben auch für den Tatbestand des Art. 290 Bedeutung.

Daß die Siegelung oder Kennzeichnung durch die zuständige amtliche Stelle und unter Wahrung gesetzlicher Formen vorgenommen wurde, ist vorausgesetzt. Gleichgültig ist dagegen, ob die Maßnahme sachlich gerechtfertigt war.

2. Die Täterhandlung kann sich verschieden gestalten: Es ist Siegelbruch im e. S., wenn der Täter das amtliche Zeichen (Siegel) erbricht oder entfernt. Damit ist die Tat vollendet. Daß der symbolisch verschlossene Raum geöffnet oder betreten, der versiegelte Gegenstand fortgeschafft wird, ist nicht erforderlich. Eine in diesen Richtungen weiter geführte Tätigkeit kann Hausfriedensbruch oder Beschlagnahmebruch (Art. 289) sein. [3]

Die Beschädigung des Zeichens oder Siegels erfüllt den Tatbestand an sich noch nicht, es sei denn daß durch sie der amtliche Verschluß oder die amtliche Kennzeichnung unerkennbar und damit unwirksam gemacht wird. Regelmäßig aber liegt ein Unwirksammachen darin, daß der Täter, ohne das Siegel zu verletzen, den versiegelten Raum oder die

---

[1] Ähnlich auch Zürcher: Erläuterungen, VE. 1908, 378; Prot. II. ExpKom. 5, 216ff.; 6, 82f. Vgl. ferner Merkel: 384f.

[2] Bolli: Prot. II. ExpKom. 5, 218 wies ferner auf Zeichen hin, die auf Grund der Gesetzgebung über den Markt- und Hausierverkehr angebracht werden.

[3] Zu diesen Fragen Binding: a. a. O. 627, 629.

versiegelte Sache zugänglich macht[1]. Er erbricht z. B. ein Fenster des amtlich abgesperrten Raums. Damit ist die Tat vollendet. Zur Vollendung ist das Eindringen nicht erforderlich.

3. Der Siegelbruch ist Vorsatzdelikt. Wissen und Willen des Täters müssen alle Momente erfassen. Die Entfernung oder das Unwirksammachen des amtlichen Zeichens müssen in rechtswidriger Absicht geschehen und mit dem Bewußtsein, sich gegen Anordnungen der öffentlichen Gewalt zu vergehen[2]. — Die Strafdrohung lautet wie bei Art. 289 auf Gefängnis oder Buße.

III. Hier ist zweckmäßig auch der mit Haft oder Buße bedrohte Übertretungstatbestand des Art. 293: **Veröffentlichung amtlicher geheimer Verhandlungen** zu erörtern. Auch er trifft einen Ungehorsam. Diese neue Bestimmung kann, wenn sie durchgeführt wird, erhebliche Bedeutung gewinnen. Von den bisher erörterten Ungehorsamsfällen hebt sie sich dadurch ab, daß das ihr zugrunde liegende Verbot entweder durch den Beschluß einer Behörde oder durch ein Gesetz aufgestellt ist. Der Art. 293[3] wendet sich gegen gewisse Indiskretionen. Er gehört in das große Gebiet der Geheimnisverletzungen.

1. Grundlage ist, daß Akten, behördliche Untersuchungen, Verhandlungen, Beratungen irgendeiner Behörde als geheim erklärt werden. Das kann allgemein in einem Gesetz oder durch einen im Einzelfall erfolgenden behördlichen Beschluß geschehen.

Die Fälle gesetzlicher Geheimhaltungsgebote, denen das Veröffentlichungsverbot entspricht, sind zahlreich. Beispiele sind namentlich dem Prozeßrecht zu entnehmen: BStrPr. von 1934, Art. 24 II (geheime Beratung und Abstimmung des Bundesstrafgerichts, der Anklagekammer, der Kriminalkammer und der Geschworenen); MilStGO. Art. 115 (geheime Voruntersuchung); Zürich Gerichtsverfassung § 146 II (Ausschluß der Öffentlichkeit im Ehescheidungs- und Vaterschaftsprozeß); Zürich, StPrO. § 34 (Geheimhaltung der Untersuchung). Erfolgt die Geheimnisverletzung durch einen Beamten selbst, wobei der weite Beamtenbegriff nach Art. 110 Ziff. 4 zu beachten ist, so ist regelmäßig der Tatbestand der Verletzung des Amtsgeheimnisses nach Art. 320 gegeben; vgl. unten § 134. Drittpersonen, die auf irgendeine Art, durch Auskundschaftung, vielleicht auch durch amtliche Indiskretion, von einer geheim zu haltenden

---

[1] Von BINDING: a. a. O. 625ff. im Gegensatz zum Siegelbruch als Verschlußbruch bezeichnet. — Über den Verschlußbruch beim Delikt der Verletzung des Schriftgeheimnisses (Art. 179) oben § 41; vgl. auch THORMANN-v. OVERBECK: Art. 290, N. 4.

[2] Bemerkenswerte Erörterungen dazu Prot. II. ExpKom. 6, 83ff. — Daß nicht strafbar ist, wer nach vollendeter Zollbehandlung die Zollmarke von einem Koffer entfernt, wird niemand bestreiten.

[3] Materialien: Prot. I. ExpKom. 2, 315, 741f.; ZÜRCHER: Erläuterungen, 495f. (zu Art. 284); Prot. II. ExpKom. 7, 231ff., 378.

Tatsache Kenntnis erlangt haben, sind dagegen nach Art. 293 strafbar[1].

Wenn die Geheimhaltung einen besonderen behördlichen Beschluß voraussetzt, so muß er, wie Art. 293 hervorhebt, im Rahmen der der Behörde zustehenden Befugnis erfolgen. Oft ist sie im Gesetz umschrieben: Art. 24 IV der BStrPrO. befugt z. B. das Gericht, die Öffentlichkeit auszuschließen, wenn und soweit eine Gefährdung der öffentlichen Ordnung, der Sittlichkeit oder der Staatssicherheit zu befürchten ist. Über ausdrückliche gesetzliche Vorschriften hinaus muß aber ein behördliches Recht zur Geheimhaltung gewisser Akten und Vorgänge aus allgemeinen staatsrechtlichen, besonders auch aus militärischen Gründen angenommen werden[2]. Ob eine Amtsstelle, die z. B. ein Aktenstück als geheim bezeichnet hat, im Rahmen ihrer Befugnis gehandelt hat, ist im Einzelfall zu prüfen.

2. Die Handlung besteht darin, daß der Täter von den geheim zu haltenden Tatsachen „etwas an die Öffentlichkeit bringt". Die welschen Texte sagen deutlicher „tout ou partie des actes" etc. („tutto o in parte atti"). — Wann ein solches Geheimnis an die Öffentlichkeit gebracht ist, läßt sich nicht immer leicht feststellen. Klar sind die Fälle der Veröffentlichung durch die Presse, wobei das Preß-Strafrecht des Art. 27 zur Geltung kommt, durch öffentliche Rede und durch das Radio. Aber mindestens zweifelhaft ist, ob der Art. 293 auch bei einer Mitteilung an eine einzelne Person, wenn durch diese — z. B. einen Journalisten — die Weitergabe an die Öffentlichkeit zu besorgen ist, anwendbar ist[3]. Der Zuträger ist aber, wenn die Veröffentlichung mit seinem Wissen und Willen erfolgt, nach Art. 293 II als Gehilfe[3], gegebenenfalls auch als Anstifter strafbar.

3. Der Zwischensatz in Art. 293 I „ohne dazu berechtigt zu sein" führt zur Straflosigkeit, wenn durch das Gesetz oder durch besondere behördliche Erlaubnis eine grundsätzlich geheim zu haltende Tatsache für die Öffentlichkeit preisgegeben wird. Nach § 34 der zürcher. StPrO., dem Grundsatz der geheim zu haltenden Strafuntersuchung, bleiben z. B. die Fälle vorbehalten, in denen Mitteilungen an die Öffentlichkeit,

[1] Zürcher: Erläuterungen, 496; Gautier: Prot. II. ExpKom. 7, 231 (bemerkenswerte Erörterung).

[2] Bemerkenswert die Notverordnung des Bundesrates vom 15. November 1940 über die Verfolgung von Gerüchtemacherei und Verletzung der Geheimhaltepflicht auf kriegswirtschaftlichem Gebiet (GesSlg. 56, 1812f.). Keine Anwendung von Art. 293 des G.; Strafdrohung der VO.: Buße bis zu 30 000 Fr. oder Gefängnis bis zu 1 Jahr gegen das Ausspähen geheim zu haltender Tatsachen und deren Verrat.

[3] Das nehmen Thormann-v. Overbeck: Art. 293, N. 3 an. Aber das G. verlangt, daß der Täter selbst die geheim zu haltende Tatsache an die Öffentlichkeit bringt; vgl. dagegen die weiter reichende Wendung in Art. 267 I und in MilStG. Art. 286 Ziff. 1: der Öffentlichkeit „bekannt oder zugänglich machen".

[4] So Zürcher: Erläuterungen, 495.

namentlich an die Presse, dem Zweck der Untersuchung förderlich sind. Die Bestimmung gilt zunächst für Beamte. Aber wenn der Beamte zu der Preisgabe befugt ist, so ergibt sich selbstverständlich auch für die private Drittperson, insbesondere für den Journalisten, der die Mitteilung erhält, das Recht zur Veröffentlichung[1].

4. Ob, wenn es sich um geheime behördliche Akten handelt, mit der Geheimverletzung sich die Verletzung des Schriftgeheimnisses gemäß Art. 179 verbinden kann, ist zunächst zweifelhaft. Das G. hat diese Bestimmung im Anschluß an die Ehrverletzungen eingefügt. Sie trifft, jedenfalls in erster Linie, den Einbruch in die *private* Geheimsphäre, was besonders auch durch das Antragserfordernis zum Ausdruck kommt, während der Art. 293 ein typisches Staatsdelikt darstellt; vgl. oben § 41I, III und IV. Der Wortlaut des Art. 179 und zweckmäßige Auslegung lassen aber eine Ausdehnung auch auf *amtliche* verschlossene Schriften und Sendungen zu. Die Öffnung gemäß Abs. I kann ein Mittel sein, um in den Besitz eines geheimen amtlichen Aktenstückes zu gelangen. Wird das so erschlichene Geheimnis hernach an die Öffentlichkeit gebracht, so erfüllt das den Art. 293, der bei dieser Sachlage dem Art. 179 II vorgeht[2].

Das schwere Verbrechen des Landesverrats gemäß Art. 267 I, die Verletzung militärischer Geheimnisse gemäß MilStG. Art. 86 und auch gemäß Art. 106 Ziff. 1 II in der Fassung der VO. vom 28. Mai 1940 gehen dem Art. 293 des G. im Sinne der unechten Gesetzeskonkurrenz vor.

§117. Besondere Ungehorsamsdelikte. Fortsetzung.

Literatur. Angaben zu § 115 und zu §§ 62, 64 und 68 des Allg. Teils. — Flütsch: Der Verweisungsbruch, Zürcher Diss. (1930). — Sand: Das Verfahren der administrativen Ausweisung der Ausländer aus der Schweiz, Berner Diss. (1928). — Schindler: Die Fremdenausweisung aus politischen Gründen nach schweizer. Bundesstaatsrecht, Zürcher Diss. (1930).

Die Ungehorsamsdelikte des Beschlagnahme- und des Siegelbruchs (Art. 289 und 290) haben behördliche verbietende Verfügungen mit Bezug auf *Sachen* zur Grundlage. Bei den Tatbeständen der Art. 291, 294 und 295 ist dagegen ein die *persönlichen Verhältnisse* betreffendes Verbot der Ausgangspunkt. Für das Verhältnis der besonderen Un-

---

[1] Vgl. Art. 320 Ziff. 2 und dazu unten § 134 III. Auch die Berufung auf den Art. 32 des G., die Worte „Tat, ... die das Gesetz für erlaubt oder straflos erklärt“, können zur Lösung führen.

[2] Nicht überzeugend und zu summarisch nehmen Thormann-v. Overbeck: Art. 293, N. 7 die Möglichkeit einer Idealkonkurrenz von Art. 293 mit Art. 179 an. Der Kommentar erwähnt auch eine mögliche Konkurrenz mit dem Siegelbruch (Art. 290). Das ist nicht ausgeschlossen. Aber die Verschließung, die amtliche Siegelung einer Sache, von der Art. 290 ausgeht, dient in der Regel nicht der Geheimhaltung, sondern ganz anderen Zwecken; oben II.

gehorsamsdelikte zu dem Art. 292, dem Blankettatbestand, ist bemerkenswert, daß das ihm im Einzelfall zugrunde liegende Verbot bald auf Verhältnisse an Sachen, bald auf persönliche Verhältnisse sich beziehen kann. Das gibt dem Art. 292 seine weiten Wirkungsmöglichkeiten (oben § 115).

I. Der **Verweisungsbruch** (G. Art. 291) war im Zusammenhang mit der Strafe der Landes- und der Kantonsverweisung schon bisher im Bundesrecht (BStG. von 1853, Art. 63) und in den meisten kantonalen Rechten erfaßt[1]. Dabei ergaben sich umständliche Unterscheidungen, je nachdem es sich um den Bruch einer durch den Strafrichter ausgesprochenen Verweisung oder um die Mißachtung einer administrativen Ausweisung handelte. Das zeigen Beispiele: Art. 63 des BStG. stellt die Übertretung einer durch eine gerichtliche Behörde des Bundes ausgesprochene Landesverweisung voran und läßt die gleiche Strafdrohung auch gelten für Landesfremde, die gemäß Art. 70 der BV. weggewiesen sind und ohne behördliche Erlaubnis zurückkehren[2]. Wallis Art. 129/130 sieht für den Verweisungsbruch verschiedene Strafdrohungen vor, je nachdem die Ausweisung durch den Richter oder durch die Polizei erfolgte. Neuenburg kennt nur administrative, nicht gerichtliche Verweisung. Dementsprechend ist in Art. 212 des StGB. die rupture de ban gestaltet. Umgekehrt berücksichtigt z. B. Bern Art. 81 nur den Bruch einer strafgerichtlichen Verweisung. Da dem bernischen Recht ein dem Art. 292 des eidgenössischen Gesetzes entsprechender allgemeiner Ungehorsamstatbestand fremd ist, stand beim Bruch einer administrativen Ausweisung eigentlich nur der Verwaltungszwang — die Wiederausschaffung — zur Verfügung. — Die unterschiedliche Behandlung zwischen dem Bruch der gerichtlichen und der verwaltungsrechtlichen Ausweisung ist besonders eindrucksvoll im zürcherischen Recht: § 84 des StGB. erfaßt nur den Bruch einer richterlichen Verweisung aus der Eidgenossenschaft oder dem Kanton Zürich[3]. Die Verletzung einer durch

---

[1] Daten bei Stooss: Grundzüge, 2, 434; Widmer: Die Landesverweisung, Zürcher Diss. (1922), 197ff.; Flütsch: VII, 88ff. Über die Landesverweisung Allg. Teil, § 62. Vgl. ferner Art. 23 III des BGes. vom 26. März 1931 über Aufenthalt und Niederlassung der Ausländer, das sog. Fremdenpolizeigesetz (GesSlg. 49, 279ff.): „Wer in Mißachtung einer ausdrücklichen Verfügung das Land betritt oder darin verweilt, wird ... bestraft.“ Soweit diese Bestimmung den Verweisungsbruch trifft, wird sie durch den Art. 291 des StGB. aufgehoben. Sie gilt weiter für ein widerrechtliches „Verweilen“ nach Erlöschen der Aufenthaltsbewilligung (leg. cit. Art. 9), dazu Zürcher Bl. 38, Nr. 8; ferner für Verletzung von Einreiseverboten (Art. 13). Vgl. Germann: N. zu Art. 291 und jetzt die das Fremdenpolizeigesetz erweiternden Bestimmungen im BRB. vom 17. Oktober 1939 über Änderungen der fremdenpolizeilichen Regelung (GesSlg. 55, 1135ff.).

[2] Politische Ausweisung; dazu die Hinweise im Allg. Teil, § 62 IV, auch Flütsch: 31f., 49, 89.

[3] Dazu schon das von sämtlichen Kantonen angenommene Konkordat vom

die Verwaltungsbehörden erfolgten Verweisung war dagegen nur auf dem Umweg über den allgemeinen Ungehorsamstatbestand, die Blankettbestimmung des § 80, erreichbar[1].

I. Die bedeutende Neuerung, die der Art. 291 des G. gegenüber bisherigen kantonalen Rechten bringt, ist der Verzicht auf die verschiedene Behandlung des Verweisungsbruchs, je nachdem die Verweisung durch den Richter oder durch eine Verwaltungsbehörde verhängt wurde[2]. Eine Unterscheidung rechtfertigt sich weder dogmatisch noch kriminalpolitisch. Ein Grund, den Verweisungsbruch geringer zu bestrafen, wenn die Verweisung durch eine Verwaltungsbehörde ausgesprochen wurde, besteht nicht[3].

Nach Art. 291 I ist Grundlage die „von einer zuständigen Behörde auferlegte Landes- oder Kantonsverweisung". Noch der E. 1918 (Art. 260) nannte im einzelnen, jedoch ohne die Strafdrohung für den Bruch zu differenzieren, die Landesverweisung durch gerichtliches Urteil oder durch Verfügung des Bundesrates und die Kantonsverweisung durch eine kantonale Behörde. Die überkommene Unterscheidung zwischen dem Bruch einer gerichtlichen und einer administrativen Verweisung klingt darin nach. Die endgültige Fassung des G. hat die Tragweite der Bestimmung nicht verändert: Voraussetzung ist, daß eine zuständige Behörde des Bundes oder eines Kantons die Verweisung ausgesprochen hat. Das kann ein eidgenössisches Gericht — auch ein Militärgericht (MilStG. Art. 40) — oder ein kantonales Gericht sein. Dabei ist nach Art. 55 jetzt klar, daß auch die durch den kantonalen Richter ausgesprochene Verweisung sich auf das ganze Landesgebiet erstreckt[4].

---

22. März 1913 betreffend die Ausweisung der wegen eines Verbrechens oder Vergehens gerichtlich verurteilten Ausländer: Verpflichtung aller Kantone, einem gerichtlich aus einem Kanton ausgewiesenen Ausländer den Aufenthalt in ihrem Gebiete zu verweigern (§ 5); bei einer Rückkehr des Ausgewiesenen auf Schweizergebiet Verhaftung und Verbringung an die Schweizergrenze (Verwaltungszwang), eventuell nach dem zutreffenden kantonalen Recht Bestrafung wegen Bannbruchs (§ 6); vgl. Allg. Teil, § 62 II; SAND: 108ff. Aufhebung des Konkordats durch Art. 24 der Vollziehungsverordnung des Bundesrats vom 5. Mai 1933 zum BGes. über Aufenthalt und Niederlassung der Ausländer (GesSlg. 49, 289ff.).

[1] Dazu besteht eine reiche Praxis. Sie ist verarbeitet bei FLÜTSCH: namentlich 9ff., 12ff. Daten auch bei KÖPFLI: Rechtsprechung zum zürcher. StGB., § 80, Nr. 109, 124—127. Nachdem durch den Art. 291 des G. die unterschiedliche Behandlung des Verweisungsbruchs entfällt, je nachdem die Verweisung durch den Richter oder durch eine Verwaltungsbehörde erfolgte, verliert diese Praxis, wenigstens zum Teil, ihre Bedeutung; vgl. oben § 115 II.

[2] So grundsätzlich schon die Vorentwürfe: z. B. VE. 1894, Art. 199; VE. 1903, Art. 202. Weitere Materialien Prot. I. ExpKom. 2, 696; ZÜRCHER: Erläuterungen VE. 1908, 379f.; Prot. II. ExpKom. 5, 219ff., 6, 85ff.; vgl. auch FLÜTSCH: 93ff.

[3] Dazu FLÜTSCH: 8.

[4] LOGOZ: Art. 55, N. 5 (obligation de quitter le territoire suisse et, d'autre part, l'interdiction d'y rentrer); FLÜTSCH: 40.

Gleich in der Wirkung ist die dem Richter an Stelle der Verwahrung anheimgegebene Landesverweisung nach Art. 42 Ziff. 1 und das Aufenthaltsverbot gegenüber einem gemeingefährlichen Ausländer gemäß Art. 16[1]. Daß es sich dabei um sichernde Maßnahmen handelt, während nach der Systematik des G. die Landesverweisung nach Art. 55 eine Nebenstrafe ist, macht für die Anwendung des Art. 291 keinen Unterschied. — Zuständige Behörde ist ferner auf Grund von Art. 70 der BV. der Bundesrat (politische Fremdenausweisung; Allg. Teil, § 62 IV)[2]. Auch diese Ausweisungen erstrecken sich auf das ganze Landesgebiet. Die Möglichkeit der administrativen Ausweisung von Ausländern aus dem ganzen Gebiet der Eidgenossenschaft besteht auch für die Kantone[3]. Dem gegenüber weist der Art. 291 noch auf die — heute nur noch administrativ in Betracht kommende — Kontonsverweisung hin. Anders als die strafrichterliche Landesverweisung und die politische Fremdenausweisung kann sie auch den Schweizer treffen. Sie hat polizeilichen Charakter, erfolgt aus Gründen der Armen-, Sicherheits-, Sitten-, Sanitätspolizei usw. Die Grundlage ist durch Art. 45 II/III der BV. gegeben (Entziehung der Niederlassung) mit der Beschränkung nach Art. 44 I, daß die Ausweisung des Schweizers aus seinem Heimatkanton ausgeschlossen ist[4].

Da der Art. 291 nur vom Bruch einer Landes- oder Kantonsverweisung spricht, ist, wer eine Ortsverweisung, z. B. eine Bezirks- oder eine Stadtverweisung, bricht, nicht nach dieser Bestimmung strafbar. Die Zulässigkeit einer aus polizeilichen Gründen erfolgenden administrativen Ortsverweisung sollte nicht bestritten werden[5]. Die Verletzung ist nach der allgemeinen Ungehorsamsbestimmung des Art. 292 strafbar, wenn dessen Voraussetzungen (oben § 115 III) erfüllt sind. Daß bei einem Bruch der Ortsverweisung im Gegensatz zu Art. 291 nur eine

---

[1] GERMANN: Note zu Art. 291.

[2] Dazu jetzt BURCKHARDT: Schweizer. Bundesrecht, 4, Nr. 2109ff.; SAND: 98ff.; SCHINDLER: passim.

[3] Einzelheiten können hier nicht erörtert werden; vgl. jetzt namentlich Art. 10 und 15 des BGes. vom 26. März 1931 über Aufenthalt und Niederlassung der Ausländer; vgl. auch FLÜTSCH: 38f.; SAND: passim (geschichtliche Entwicklung der administrativen Ausweisung).

[4] Dazu namentlich BURCKHARDT: Kommentar BV. (3. Aufl.), 381f., 399ff. mit Erörterung der reichen bundesgerichtlichen Praxis; vgl. ferner v. CLERIC: JZ. 8, 202ff.; FLÜTSCH: 30f., 40, 50f.; Zürcher Verfassung, Art. 14. Zeitbedingte Ausdehnung der Ausweisungsbefugnis — Entzug der Niederlassung — für den Kanton Genf durch die VO. des BR. vom 29. Juli 1942 über Beschränkung der Freizügigkeit (GesSlg. 58, 726ff.).

[5] BE. 1, Nr. 18, ein Fall, in dem die Verweisung aus einem bernischen Bezirk noch durch den Richter verhängt wurde. Über Stadtverweisung ferner BE. 37 I, Nr. 5; v. CLERIC: JZ. 8, 202ff.; KAISER: Prot. II. ExpKom. 6, 88; vgl. auch den Zürcher. Entscheid in JZ. 36, 173, Nr. 127; FLÜTSCH: 41ff.

Übertretungsstrafe ausgesprochen werden kann, ist inkonsequent und unbefriedigend.

2. Der Ausweisungsentscheid, gegen den der Täter sich verfehlt, muß rechtmäßig, von der sachlich und örtlich zuständigen Behörde (oben 1) formgerecht ergangen sein. Er muß rechtskräftig, nicht mehr mit einem ordentlichen Rechtsmittel anfechtbar sein. Ob eine Ausweisung zweckmäßig oder sachlich gerechtfertigt war, hat dagegen der einen Verweisungsbruch beurteilende Richter nicht zu überprüfen. Die zu diesem Punkt schon beim Ungehorsamstatbestand des Art. 292 angestellten Überlegungen (oben § 115 II, III 2) gelten in gleicher Weise. Der Verweisungsbruch ist ein Delikt gegen die behördliche — staatliche — Autorität. Sie kann nicht mit der Behauptung, ein Ausweisungsentscheid sei unvernünftig, gelockert werden.

Der Ausweisungsentscheid muß wirksam geworden sein. Bei der richterlichen Landesverweisung bestimmt der Art. 55 I des G. ausdrücklich, daß die Verweisung an dem Tage wirksam wird, an dem die Freiheitsstrafe verbüßt oder erlassen ist. Das geht von dem Charakter der Landesverweisung als einer „Nebenstrafe" aus. Aber diese Wirksamkeitsbestimmung trifft beim richterlichen Aufenthaltsverbot gemäß Art. 16 und bei den administrativen Verweisungen nicht zu. Bei ihnen tritt die Wirksamkeit mit der Rechtskraft des behördlichen Ausweisungsentscheides ein. — Nur bei der Verweisung als Nebenstrafe gilt die Bestimmung von Art. 55 II, wonach der Richter die Landesverweisung aufheben kann, wenn ein bedingt Entlassener sich während der Probezeit bewährt hat.

3. Art. 291 I bezeichnet die Täterhandlung mit den Worten: „Wer eine ... Verweisung bricht." Die welschen Texte geben das mit dem Ausdruck contrevenir, contravvenire wieder. Gegenüber den Entwürfen ergibt sich eine erhebliche Änderung. Sie umschrieben die Tat als Betreten (pénétrer) des eidgenössischen oder eines kantonalen Gebietes trotz erfolgter Verweisung; VE. 1908, Art. 209; E. 1918, Art. 260[1]. Die Änderung erfolgte erst in der parlamentarischen Beratung, wobei man sich über die Konsequenzen vielleicht keine genügende Rechenschaft gab. Nach dem endgültigen Text ist ein Verweisungsbruch nicht nur gegeben, wenn ein Ausgewiesener die ihm verbotene Grenze überschreitet, sondern auch dann, wenn es ihm gelingt, einem rechtsgültigen Ausweisungsentscheid zum Trotz im verbotenen Territorium zu bleiben. Ganz besonders die welschen Texte — contrevenir — führen notwendig zu dieser Auffassung[2].

---

[1] ZÜRCHER: Erläuterungen, 379 sagt: jedes durch die Ausweisung verbotene Überschreiten der Landesgrenze.

[2] Dazu ausführlich FLÜTSCH: 66ff., 70ff. THORMANN-v. OVERBECK: Art. 291, N. 4 beschränken die Straftat auf das „Betreten" des verbotenen Gebiets. Sie

Daß der Bruch der Verweisung rechtswidrig und vorsätzlich erfolgen muß, ist klar. Die Rechtswidrigkeit ist ausgeschlossen, wenn eine behördliche Erlaubnis zu einem vorübergehenden zeitweiligen Betreten des verbotenen Territoriums oder zu einem vorläufigen Verweilen[1] vorliegt. Bei der absoluten Fassung des Art. 291 sind die Streitfragen darüber, ob namentlich bei der administrativen Kantonsverweisung gemäß Art. 45 der BV. erst ein Aufenthalt in verbotenem Territorium von einer gewissen Dauer strafbar ist, müßig. Auch aus Art. 44/45 der BV. läßt sich keine überzeugende, den Tatbestand des Verweisungsbruchs einschränkende Lösung gewinnen[2]. Im übrigen gebieten Vernunft und Menschlichkeit, in bestimmten Fällen bei der Erteilung des „freien Geleites", einer behördlichen Erlaubnis zu vorübergehendem Aufenthalt auf verbotenem Gebiet, nicht kleinlich zu sein.

4. Der Verweisungsbruch ist Vorsatzdelikt, die mit Wissen und Willen geschehende Mißachtung des Verweisungsbefehls. Kritisch ist hier allein, ob der Vorsatz fehlt, wenn der Täter der Meinung ist, eine unzuständige Behörde habe die Ausweisung verfügt. Aber es wäre wenig vernünftig, eine solche falsche Annahme, gleichgültig ob man sie als Irrtum nach der tatsächlichen oder der rechtlichen Seite ansprechen will, zu berücksichtigen. Richtig ist, das Moment, daß die Ausweisung von einer zuständigen Behörde ausgegangen sein muß, als objektive Strafbarkeitsbedingung aufzufassen[3]. Dann bleibt die Schuldfrage in diesem Punkt unberührt.

Die Vollendung erfüllt sich verschieden je nach der Art des Verweisungsbruchs: Der Täter betritt das ihm durch den Verweisungsbefehl verbotene Gebiet. Damit ist die Begehung vollendet. Oder er bleibt, entgegen dem Verweisungsbefehl, im Lande. Das ist Unterlassung. Solange der Täter im verbotenen Territorium bleibt, dauert sein rechtswidriges Verhalten. Die Annahme eines Dauerdelikts, die sich in der Frage des Verjährungsbeginns gemäß Art. 71 IV auswirkt, ist gegeben[4].

---

rechnen dazu auch das vorsätzliche Einfliegen. Wie steht es aber, wenn ein Ausgewiesener auf einer Luftreise verbotenes Territorium nur überfliegt? Praktisch wird ein solcher Ungehorsamssünder freilich kaum je zu fassen sein; vgl. auch Flütsch: 66.

[1] Aufschiebung des Vollzugs einer Ausweisung gemäß BV. Art. 45: BE. 42 I, Nr. 40, S. 301f und dort Zit.; vgl. ferner G. Art. 55 II.

[2] Viel erörterte Fragen: BE. 36 I, Nr. 67; 37 I, Nr. 5 im wesentlichen mit der Begründung, nach BV. Art. 45 könne nur die Niederlassung, nicht auch jedes Betreten eines bestimmten Kantons oder Kantonsteils verboten werden. Dagegen Burckhardt: Kommentar (2. Aufl.), 397f.; v. Cleric: JZ. 8, 202ff.; Änderung der Praxis BE. 42, Nr. 40, S. 303ff. und jetzt Burckhardt: Kommentar (3. Aufl.), 388f.; Flütsch: 66ff.

[3] So zum allgemeinen Ungehorsamstatbestand schon Merkli: JZ. 12, 122 i. f., anders Lüchinger (Lit. zu § 115): 94 und dort Zit.

[4] Dazu Burckhardt: Schweizer. Bundesrecht, 4, Nr. 1983 I; Flütsch: 75ff.

— Die Frage der richterlichen Zuständigkeit zur Beurteilung des Verweisungsbruchs steht damit in einem gewissen Zusammenhang. Nicht maßgebend ist, von welcher örtlich zuständigen Behörde die Verweisung ausgegangen war. Entscheidend darf einzig sein, wo der Ausgewiesene die verbotene Grenze — des Landes oder bei bloßer Kantonsverweisung des Kantons — überschritten hat, oder wo er in einem ihm untersagten Gebiet geblieben ist. Eine daraus sich ergebende größere Belastung der Gerichte der Grenzkantone muß in Kauf genommen werden[1].

5. Wie der Beschlagnahme- und der Siegelbruch (Art. 289/290) und anders als der Ungehorsam nach Art. 292 ist der Verweisungsbruch ein Vergehen. Die Strafdrohung geht ausschließlich auf Gefängnis. Der Verweisungsbruch wird damit als das schwerste Ungehorsamsdelikt gekennzeichnet. — Eine Zweifelsfrage ist in Art. 291 II ausdrücklich gelöst: Die Dauer einer wegen Verweisungsbruchs verhängten Strafe wird auf die Verweisungsdauer nicht angerechnet. Die Gefängnisstrafe für den Ungehorsam unterbricht also den Lauf der Verweisungsdauer. Sie verlängert sich um die Strafzeit[2].

II. Wiederum als bloße Übertretung mit der Strafdrohung Haft oder Buße ist in Art. 294 der **Bruch des Berufsverbotes** geordnet. Grundlage ist die in Art. 54 vorgesehene Nebenstrafe, unter bestimmten Voraussetzungen durch richterliches Urteil Jemandem die Ausübung eines Berufes, Gewerbes oder Handelsgeschäftes zu untersagen[3].

Während die bisherigen Rechte das Berufs- und Gewerbeverbot in einem erheblichen Umfang verwendet haben (Allg. Teil, § 68 II), sind den Ungehorsam dagegen bedrohende Bestimmungen selten: Glarus kennt sie in § 61 in Verbindung mit § 3 Ziff. 11; Wallis Art. 127 sieht allgemein Strafe vor gegenüber ungesetzlicher Ausübung (exercice illégal) eines Berufes, Gewerbes oder Geschäftes.

1. Die Tragweite des Art. 294 bestimmt sich im Anschluß an den Art. 54: Durch ein Strafurteil wurde einem wegen eines Verbrechens oder Vergehens zu einer 3 Monate übersteigenden Freiheitsstrafe Verurteilten die Ausübung eines Berufes, eines Gewerbes oder eines Handelsgeschäftes untersagt. Nach der im Art. 54 gegebenen Einschränkung kommen nur Berufe, Gewerbe oder Handelsgeschäfte, die von einer behördlichen Bewilligung abhängig sind, in Frage[4]. — Nur ein vom

---

[1] Flütsch: 83ff.

[2] Prot. II. ExpKom. 5, 220f.; 6, 85; Flütsch: 46.

[3] Allg. Teil, § 68 und jetzt die Kommentare Thormann-v. Overbeck und Logoz zu Art. 54.

[4] Allg. Teil, § 68 III; Logoz: Art. 54, N. 3b. Zum Begriff des „konzessionierten" Berufs BE. 44 I, Nr. 16. — Der VE. 1908 ging weiter: Nach Art. 43 sollte das gerichtliche Verbot bei jedem Beruf, Gewerbe oder Handelsgeschäft zulässig sein. Dem entsprechend war Art. 286 I gefaßt: unerlaubte Ausübung. Nach Absatz II sollte überdies strafbar sein, wer einen Beruf oder ein Gewerbe ohne die —

Strafrichter verhängtes Verbot zählt. Die Übertretung eines von einem Zivilgericht ausgesprochenen Konkurrenzverbots oder von durch Verwaltungsbehörden erlassenen Verboten (unten 4) erfüllt den Art. 294 nicht.

2. Das Marginale kennzeichnet die Tat als Übertretung des Berufsverbots. Der Text spricht von verbotener Ausübung (exercer au mépris de l'interdiction prononcée). Gehört dazu schon eine Reklame, ein Angebot zu beruflicher, geschäftlicher Tätigkeit[1]? Von einem strengen, auch auslegungsmäßig zu rechtfertigenden Standpunkt aus ist das zu bejahen, um so mehr als der Übertretungsversuch nicht strafbar ist (Art. 104 I). Wenn schon der Strafrichter dazu kommt, die schwere, vielfach ruinöse Nebenstrafe des Berufsverbots zu verhängen, dann soll man jede auf eine verbotene Berufsausübung hinzielende Tätigkeit gefährlicher Elemente zu verhindern sich bestreben[2]. Auch als Gehilfe — z. B. eines Arztes — darf sich der vom Verbot Betroffene nicht betätigen[3].

3. Nach Art. 54 wird das Berufsverbot mit der Rechtskraft des Urteils wirksam. Während der Dauer einer Freiheitsstrafe wird eine Übertretung kaum in Betracht kommen, obschon auch das nicht ganz ausgeschlossen ist. Von Bedeutung aber ist die weitere Bestimmung in Art. 54 II, wonach bei einer bedingten Entlassung (Art. 38) das Verbot während der Probezeit nicht gilt. Nur beim Nichtbestehen der Probefrist und zwar erst nach der Verbüßung des Restes der Freiheitsstrafe tritt es in Kraft. Gegenüber dem sich Bewährenden wird dagegen vernünftige Gnade geübt[4].

4. Berufsverbote spielen in der Nebengesetzgebung ihre bedeutende Rolle. Soweit solche Sonderbestimmungen nicht aufgehoben, und namentlich soweit sie Verwaltungsbehörden anheimgegeben sind, steht der Bruch solcher Verbote nicht unter dem Art. 294 des G. Die Sanktion ist entweder dem Nebenerlaß zu entnehmen, oder es ist, wenn die Voraussetzungen erfüllt sind, auch möglich, die allgemeine Ungehorsamsbestimmung des Art. 292 heranzuziehen. An einigen Beispielen ist zu zeigen, daß die Lösung nicht immer einfach ist: Art. 46 des Lebensmittelpolizeigesetzes von 1905, nach dem der Richter die

---

im besonderen Fall erforderliche — staatliche Ermächtigung ausübt. Zu diesen beiden, ganz verschiedenen Tatbeständen ZÜRCHER: Erläuterungen, 498ff. Die Beschränkung des Verbots auf konzessionierte Betriebe erfolgte durch die II. ExpKom., Prot. 1, 314ff.; 2, 100ff. Über die endgültige Fassung der Übertretung des Verbots eodem, 7, 244ff., 380.

[1] Eine bisher nicht abschließend gelöste Streitfrage; siehe Prot. II. ExpKom. 7, 244ff.

[2] Die strenge Auffassung vertritt auch ZÜRCHER: Erläuterungen, 498.

[3] Vgl. dazu deutsches StGB. § 42 l II.

[4] Gewährt das Gericht einem Verurteilten den bedingten Strafvollzug (Art. 41), so wird ein Berufsverbot kaum je in Betracht kommen. Anders als im Falle einer bedingten Entlassung stellt sich praktisch die Frage kaum, wie es mit einem Verbot während der Probezeit zu halten ist.

Ausübung eines konzessionierten Berufes oder Gewerbes für 1—15 Jahre untersagen kann, wurde durch das StGB. nicht aufgehoben. Der Bruch des Verbots ist aber, da es von einem Strafrichter verhängt wird und das LMPolG. keine Sanktion enthält, nach Art. 294 des G. zu beurteilen. In Art. 21 des BGes. von 1919 über die Kautionen der Versicherungsgesellschaften (GesSlg. 35, 351 ff.) und in Art. 35 des BGes. von 1930 über die Sicherstellung von Ansprüchen aus Lebensversicherungen (GesSlg. 47, 617 ff.) ist ein Konzessionsentzug durch den Bundesrat vorgesehen. Das „Berufsverbot" trifft hier eine Gesellschaft, eine juristische Person, und eine Verwaltungsbehörde hat es verhängt. Über den Bruch des Verbotes schweigen diese Sondergesetze. Art. 294 des StGB. ist nicht anwendbar. In erster Linie wird Verwaltungszwang helfen müssen, doch kann die „verbietende" Behörde auch den Art. 292 zur Sanktion, namentlich gegenüber ungehorsamen Organen der Gesellschaft, verwenden. — Bei Ärzten, Tierärzten, Apothekern, Hebammen, deren Patentierung Sache der Kantone ist, kann der Strafrichter ein Berufsverbot gemäß Art. 54 verhängen und bei einer Verbotsübertretung aus Art. 294 strafen. Geschieht dagegen ein Patententzug und damit ein Berufsverbot durch die zuständige kantonale Verwaltungsbehörde[1], so bleibt der Art. 294 verschlossen. Entsprechendes gilt für Rechtsanwälte. Erfolgt, wie z. B. nach §§ 30/31 des zürcherischen Anwaltsgesetzes vom 3. Juli 1938, die Entziehung des Rechts zur Berufsausübung durch das Obergericht, so ist das nicht ein Strafurteil, sondern ein verwaltungsrechtlicher Entscheid. Die Übertretung eines solchen Berufsverbots kann nicht nach Art. 294 des StGB. bestraft werden. Bemerkenswert ist aber, daß nach §§ 24 und 30 IV des zürcher. Anwaltsgesetzes mit dem administrativen Berufsverbot die Androhung der Ungehorsamsstrafe nach Art. 292 zu verbinden ist für den Fall, daß der im Beruf Eingestellte berufliche Handlungen vornimmt oder vorzunehmen versucht.

Bei der durch den Art. 294 des G. getroffenen Ordnung bleibt die Beschränkung auf den Bruch des strafrichterlichen Berufsverbots unbefriedigend. Beim Bruch eines verwaltungsrechtlichen Verbots liegen die Verhältnisse nicht anders. In Art. 291 hat das G. die verschiedene Behandlung des Bruchs einer gerichtlichen und einer administrativen Verweisuug aufgegeben (oben I). Weshalb ist das nicht auch beim Bruch des Berufsverbots und beim Bruch des Wirtshaus- und Alkoholverbots (Art. 295; unten III) geschehen?

III. Der an die Nebenstrafe des Art. 56[2] sich anschließende Art. 295: **Bruch des Wirtshaus- und Alkoholverbots** enthält zwei, mit Haft oder

[1] Dazu Fälle BE. 27 I, Nr. 74; 67 I, Nr. 46.

[2] Über die bisherigen zahlreichen Bestimmungen über das Wirtshausverbot, die sich im Strafrecht und insbesondere auch im Verwaltungsrecht finden Allg. Teil, § 64, I/II und dort Zit.; vgl. ferner LOGOZ: Art. 56, N. 1 und 2; THORMANN-V. OVERBECK: Art. 56, N. 1.

Buße bedrohte Übertretungen. Den Ungehorsam gegen das Wirtshausverbot haben schon bisher kantonale Rechte, zum Teil im Strafgesetz, zum Teil in Wirtschafts- und Armenpolizeigesetzen, erfaßt[1].

1. Die Ungehorsamsbestimmung des Art. 295 I schafft einheitliches Recht. Aber sie beschränkt sich, ähnlich wie bei der Übertretung des Berufsverbots (Art. 294), auf die Fälle, in denen ein durch gerichtliches Urteil verhängtes Verbot verletzt wird. Zwischen Art. 294 und 295 I besteht ein — wohl nur scheinbarer — Unterschied: Der Bruch eines Berufsverbots setzt ein „Strafurteil" (jugement pénal, sentenza penale) voraus. Wenn dagegen Art. 295 I allgemeiner auf ein „gerichtliches Urteil" (interdiction prononcée par le juge, divieto pronunciato dal giudice) hinweist, so ist wohl auch damit nur ein Strafurteil gemeint. Wie Art. 294 im engen Anschluß an das richterliche Berufsverbot des Art. 54 zu verstehen ist, so besteht der gleiche enge Zusammenhang zwischen dem richterlichen Wirtshausverbot des Art. 56 und dem Ungehorsam gemäß Art. 295 I. Die Ahndung einer Übertretung eines von einer Verwaltungsbehörde verhängten Verbots bleibt daher dem kantonalen Recht vorbehalten[2], wobei jedoch die Möglichkeit besteht, daß die ein Wirtshausverbot aussprechende Verwaltungsbehörde die allgemeine Ungehorsamsbestimmung des Art. 292 heranzieht; vgl. oben I, II 4.

Das Marginale des Art. 295: Übertretung des Wirtshaus- und Alkoholverbots ist, für sich allein betrachtet, mißverständlich. Der Anschluß an den Art. 56, dem — selbstverständlich — ein allgemeines Alkoholverbot fremd ist, der nur den Besuch von Wirtschaftsräumen, in denen alkoholhaltige Getränke verabreicht werden, verbietet, ist gegeben. Nach Art. 56 I i. f. hat der Richter auch die Möglichkeit, die Wirksamkeit des Verbots auf ein „bestimmt umschriebenes Gebiet", z. B. auf eine Stadt, zu beschränken. Eine solche Beschränkung wirkt sich auch beim Art. 295 aus[3].

---

[1] Daten: Allg. Teil, § 64, II 4; Bendiner: Das Wirtshausverbot, Zürcher (Diss. 1917), 53ff. Vgl. ferner AargRSpr. 30, Nr. 21: schärfste Durchführung des Wirtshausverbots mit merkwürdigen Konsequenzen. — Die II. ExpKom. hatte das Wirtshausverbot und die Bestimmung über dessen Bruch gestrichen; Prot. 2, 107; 7, 414. Im E. 1918 tauchen beide Bestimmungen wieder auf (Art. 53 und 345). Dazu StenBull. NR. 1928, 946, 949, 951; 1929, 592, 594, 596; StR. 1931, 327, 329, 666f.

[2] So auch Thormann-v. Overbeck: Art. 295, N. 3. Richtiger war freilich die zunächst vom Nationalrat (StenBull. 1929, 592, 597) angenommene allgemeine Fassung: „Wer ein von einer zuständigen Behörde auferlegtes Wirtshausverbot übertritt." Beschränkung auf den Bruch eines gerichtlichen Verbots: StenBull. StR. 1931, 666f. und NR. 1934, 411.

[3] Die ganze Ordnung zeigt die Problematik der Bestimmungen, die Schwierigkeit der Durchführung des Verbotes und der Bestrafung von Verbotsverletzungen. Gegen das Wirtshausverbot auch der Psychiater Bleuler: Z. 42, 372; vgl. ferner eodem, 395f.

2. Strafbar soll nach Art. 295 I sein, wer das Verbot „übertritt", nach dem Text von Art. 56 I: wer Wirtschaftsräume besucht, in denen Alkohol verabreicht wird[1]. Das ist, allen guten Absichten des Gesetzgebers zum Trotz, pure Unvernunft. Die Rechtsprechung wird wohl auch erst eingreifen, wenn der Sünder in einem Wirtschaftsraum Alkohol zu sich genommen oder bestellt hat. — Eine Bestrafung wegen Versuchs kommt nicht in Frage. Auch die Beihilfe bleibt straflos (Art. 104 I).

3. Aber hier setzt der weitere Tatbestand aus Art. 295 II ein, ein Sonderdelikt[2]. Täter ist ein Wirt, d. h. der Inhaber einer Gastwirtschaft, die für den betreffenden Betrieb verantwortliche Person. Hier kann erst recht nicht schon dann eine Strafbarkeit angenommen werden, wenn der Wirt dem Besuch des Gastes nicht entgegentritt. Zweierlei muß bewiesen werden:

Der Wirt hat selbst geistige Getränke verabreicht oder — mit Wissen und Willen — durch eine Drittperson verabreichen lassen. Das Verabreichen ist auch dann gegeben, wenn das geistige Getränk zum häuslichen Gebrauch übergeben wird. Das ist an eine Person geschehen, von der der Wirt wußte oder wissen mußte, daß ihr durch eine zuständige Behörde der Wirtshausbesuch verboten worden war. Die ähnlich beim Tatbestand der Hehlerei (Art. 144 I) und auch in Art. 219 und 226 verwendete Formel kehrt hier wieder[3]. Darin ist nur eine Beweiserleichterung für die Vorsatzschuld des Täters, nicht dagegen die Strafbarkeit fahrlässigen Verhaltens zu erblicken[4]. — Besonders zu beachten ist, daß sich der Wirt nicht nur strafbar macht, wenn sein Gast mit einem gerichtlichen Wirtshausverbot bedacht ist. Art. 295 II weist umfassend auf die Verfügung einer zuständigen Behörde hin[5]. Das ist gut so, zeigt aber auch, daß die Beschränkung in Abs. I auf die Übertretung eines gerichtlichen Wirtshausverbots nicht gerechtfertigt ist. Nicht erforderlich ist das Wissen des Wirtes darum, ob das Verbot von einer zu-

[1] Dazu Zürcher: Erläuterungen, 497.

[2] Vgl. den von ähnlichen Schutzgedanken getragenen Art. 136: Verabreichen geistiger Getränke an Kinder; oben § 14 VI.

[3] In Art. 144 und 226 lautet die Fassung „weiß oder annehmen muß". Das kann aber nicht anderes bedeuten.

[4] Dazu oben § 58 II 4, § 85 II 3; ferner Germann: Z. 54, 368f. (widerlegbare Vorsatzpräsumption); a.M. — Fahrlässigkeit mitumfaßt — Thormann-v. Overbeck: Art. 144, N. 9; 226, N. 3; 295, N. 13. — Zu beachten Art. 56 II, wonach die Kantone die Anordnungen über die Bekanntgabe des Wirtshausverbots treffen: Publikation, Anschlagen der Namen der mit dem Verbot Bestraften in den Wirtshäusern; vgl. Allg. Teil, § 64 II 3 und dort Zit.; jetzt z. B. Luzern, Vollziehungs-VO. vom 18. Dezember 1940 zum EGStGB. § 37: Mitteilung des Wirtshausverbots an die kantonale Strafregisterbehörde, Veröffentlichung im schweizerischen Polizeianzeiger und Mitteilung „nach gutscheinender Weise" an die interessierten Gemeindeamtmänner.

[5] JZ. 32, 269, Nr. 55 (Aargau): Ein Wirtschaftsverbot erfolgte durch eine unzuständige Behörde. Freisprechung von der Anklage auf Übertretung.

ständigen Behörde ergangen ist. Es genügt, daß der Wirt weiß oder wissen muß, daß seinem Gast der Wirtschaftenbesuch untersagt ist. Die Frage des Erlasses durch die zuständige Behörde, die der Richter zu überprüfen hat, ist nur eine objektive Strafbarkeitsbedingung; oben I 4.

4. Nach Art. 56 III wird das Wirtshausverbot mit der Rechtskraft des Urteils wirksam. Ist der Täter auch zu einer Freiheitsstrafe verurteilt worden, so ist die Dauer des Verbots von dem Tage an zu rechnen, an dem die Freiheitsstrafe verbüßt oder erlassen ist. Erfolgte eine bedingte Entlassung, so rechnet sich die Verbotsdauer vom Tage der Entlassung an, wenn der Entlassene sich während der Probezeit bewährt hat. In diesem Falle kann der Richter das Wirtshausverbot aufheben. Für den mit einem Berufsverbot Bestraften ist die Lösung günstiger (Art. 54 II und dazu oben II 3). Die strengere Ordnung beim Wirtshausverbot hängt mit dessen Fürsorgecharakter — Kampf gegen den Alkoholismus — zusammen. Eine besonders intensive, richterliche Überprüfung der Bewährung ist angezeigt.

§ 118. Amtsanmaßung.

Literatur. STOOSS: Grundzüge, 2, 431f. — STEINMANN: Die Amtsanmaßung und verwandte Tatbestände, Berner Diss. (1913). — MERKEL: VD. Bes. Teil, 2, 311ff.

I. Auch der Tatbestand der Amtsanmaßung (G. Art. 287) steht im Titel: Strafbare Handlungen gegen die öffentliche Gewalt. Das kennzeichnet das Wesen dieses Delikts nur ungenügend. Es stört die Sicherheit der staatlichen Funktion und damit die Autorität und Wirksamkeit der Staatsgewalt[1].

Für die Unsicherheit über die Stellung der Amtsanmaßung im System zeugen auch bisherige Rechte: Zürich § 198 erfaßt nur die betrügliche Amtsanmaßung und hebt damit ein Moment, das täuschende Verhalten, hervor, das bei der Verübung des Deliktes regelmäßig, wenn auch nicht immer, seine Rolle spielt. Bern bezeichnet Amtsanmaßung und Amtserschleichung (Art. 83/84) als Delikte gegen das obrigkeitliche Ansehen. Tessin Art. 145 hat die Amtsanmaßung in den weitgespannten Titel: delitti contro la pubblica amministrazione e i funzionari pubblici eingefügt. Andere Kantone, z. B. Basel § 60, St. Gallen § 110, kommen über eine Kennzeichnung als Delikte gegen die öffentliche Ordnung nicht hinaus[2].

---

[1] BINDING: Lb. 2 II, 508, 705: Vergehen gegen die staatliche Organisationsgewalt. Eingehende Untersuchung über das Schutzobjekt der Amtsanmaßung: Interesse an der Erhaltung der Wirksamkeit und Autorität der Staatsgewalt bei STEINMANN: 60ff., 65ff.; geschichtliche Entwicklung des Tatbestandes: 6ff.

[2] Weitere Daten bei STOOSS: 2, 431 und namentlich STEINMANN: 4f., 28ff., 66f., 70ff., 92ff. mit Hinweisen auf die beiden, in kantonalen Rechten enthaltenen

II. Der Art. 287 des G.[1] unterscheidet zwei Varianten des Delikts:

1. Die Anmaßung der Ausübung eines Amtes. Daß nur ein öffentliches Amt in Betracht kommt, ist klar. Anmaßung ist widerrechtliche Inanspruchnahme, wobei das G. noch fordert, daß sie in rechtswidriger Absicht geschieht (unten 3). Der Täter beansprucht amtliche Befugnisse, geriert sich als Beamten, z. B. als Polizei- oder Betreibungsbeamten. Es gelingt ihm, durch Wort oder Tat eine oder mehrere Pseudoamtshandlungen vorzunehmen. Damit ist das Delikt vollendet. Was vor der Durchführung einer solchen Pseudoamtshandlung, der „Ausübung eines Amtes", geschieht, kann höchstens Versuch sein. Andererseits ist zur Vollendung nicht erforderlich, daß außer der Störung der Sicherheit staatlicher Funktionen irgendein weiterer Schadenserfolg eingetreten ist. — Die bloße Anmaßung eines Amtsabzeichens, eines Beamtentitels oder amtlicher Eigenschaften trifft der Art. 287 nicht[2]. Sie kann blöder Eitelkeit entspringen oder Mittel zur Begehung eines Betrugs sein. Bei der Amtsanmaßung ist dagegen entscheidend, daß Funktionen, die nur einem Beamten zustehen, ausgeübt werden, oder daß der Täter das wenigstens versucht. Besser als das Wort Amtsanmaßung wird die Bezeichnung angemaßte Amtsausübung dem Delikt gerecht.

Aber die dem Art. 287 zugrunde gelegten Begriffe Amt und Amtsausübung erheischen noch weitere Erklärung[3]. Es liegt nahe, den Amtsbegriff nach der in Art. 110 Ziff. 4 gegebenen Definition des Beamten zu orientieren. Darnach ist jede öffentlich-rechtliche Stellung, bei der die Ausübung amtlicher Funktionen in Betracht kommt, ein Amt. Für die Bestimmung der Tragweite des Art. 287 ist aber damit nicht auszukommen. Der Tatbestand setzt vielmehr voraus, daß der Täter sich eine Amtsgewalt anmaßt[4]. Sie steht einem untergeordneten Angestellten kaum zu. Im Einzelfall hat der Richter diese Frage zu prüfen[5]. In anderer Richtung ergibt sich der Zweifel, ob Art. 287 zutrifft, wenn ein Täter sich die Tätigkeit eines nichtbeamteten Notars anmaßt. Nach bernischen und anderen kantonalen Rechten ist der Notar nicht Beamter. Er ist jedoch eine Person öffentlichen Glaubens (vgl. dazu z. B. Art. 317).

Begehungsarten: unbefugte Ausübung eines Amtes und unbefugte Vornahme einer einzelnen amtlichen Tätigkeit. Das G. hat diese Unterscheidung richtiger Weise nicht übernommen; dazu noch MERKEL: 328ff., 343ff.

[1] ZÜRCHER: Erläuterungen, 372; STEINMANN: 123ff., 130ff. (Vorentwürfe); Prot. II. ExpKom. 5, 183ff.

[2] STEINMANN: 50, 136ff.; vgl. schon STOOSS: Bericht über den VE (1901), 54 und allgemein zu der Frage: Anmaßung von Amtssymbolen, Titeln und Auszeichnungen MERKEL: 336ff., 345ff.

[3] Rechtsvergleichend dazu STEINMANN: 31ff.

[4] Amtsanmaßung als Angriff auf die amtliche Autorität; STEINMANN: 59.

[5] Gut dazu STEINMANN: 45, 61 (keine Amtsanmaßung, wenn es sich um Beamtungen handelt, denen nur Hilfsfunktionen, ohne Macht- und Gewaltbefugnisse, zustehen; Schreiber usw.).

Es ist unbefriedigend, eine Amtsanmaßung anzunehmen, wenn ein Täter z. B. in Zürich — beamtete Notare — sich die Ausübung notarieller Tätigkeit anmaßt, während z. B. in Bern oder in Genf eine entsprechende Anmaßung straflos bleiben würde. Die ausdehnende, durchaus zulässige Auslegung des Art. 287 muß hier helfen[1].

2. Während die Vorentwürfe nur die Anmaßung der Ausübung eines Amtes berücksichtigten, fügen der E. 1918 (Art. 256) und das G. noch die Anmaßung militärischer Befehlsgewalt hinzu. Auch hier genügt nicht schon, daß Jemand z. B. sich als Offizier ausgibt oder unbefugt eine Uniform trägt[2]. Er muß irgendwie zum Ausdruck bringen, daß er sich eine militärische Befehlsgewalt, die ihm nicht zusteht, anmaßt. Es ist der berühmt gewordene Fall des „Hauptmanns von Köpenick".

Gegenüber der Befehlsanmaßung nach Art. 69 des MilStG. ergibt sich folgende Abgrenzung: Die allgemein dem militärischen Recht unterstellten Personen (MilStG. Art. 2), die sich eine ihnen nicht zustehende Befehlsgewalt anmaßen, machen sich in allen Fällen aus Art. 69 strafbar. Im Falle eines aktiven Dienstes gemäß Art. 3 des MilStG. und selbstverständlich in Kriegszeiten unterstehen aber auch Zivilpersonen dem militärrechtlichen Tatbestand. Art. 287 des StGB. kann also, soweit es sich um eine Anmaßung militärischer Befehlsgewalt handelt, nur in Zeiten eines vollen Friedens — auf Zivilpersonen — anwendbar sein[3].

3. Der Art. 287 beschreibt die Handlung des Täters als Anmaßung der Amtsausübung oder der militärischen Befehlsgewalt in rechtswidriger Absicht. Der Vorsatzbeweis allein genügt nicht. Aus der Gesetzesberatung ergibt sich, daß durch den Zusatz die Strafbarkeit von Fällen ausgeschlossen werden soll, in denen durch das — täuschende — Auftreten als Beamter z. B. ein Verbrechen verhindert, ein drohender Schaden für andere abgewendet werden soll[4]. Man kann sich fragen, ob der Zusatz notwendig war, ob nicht der vernünftige Richter in solchen Fällen die „Anmaßung", die in den welschen Texten mit den Worten

[1] Thurgau § 257 faßt den Tatbestand ausdrücklich als „unbefugte Ausübung eines öffentlichen Amtes oder einer öffentlichen Berechtigung". Dazu die N. 523 bis 525 im Thurgauischen Rechtsbuch, gerichtliche Abteilung (1902); BE. 23 II, Nr. 181 (unbefugte Ausübung ärztlicher Tätigkeit; Tätigkeit als Arzt setzt eine öffentliche Berechtigung voraus). Vgl. Binding: a. a. O. 509: Konzessionsanmaßung im Gegensatz zur Amtsanmaßung.

[2] G. Art. 331, ferner die VO. des Bundesrates vom 2. Februar 1940 über das Verbot unbefugter Verwendung der militärischen Uniformen und Abzeichen und jetzt der Sabotagetatbestand gemäß MilStG. Art. 86 bis III—V; vgl. oben § 105 II, § 109 V 2.

[3] Vgl. Hafter: VE. MilStG., 80; StenBull. NR., 1925, 388; zu Art. 69 MilStG. auch Müller: Z. 46, 183.

[4] Zürcher: Erläuterungen, 372 und Prot. II. ExpKom. 5, 184; Gautier: eodem.

usurper und arrogarsi wiedergegeben wird, ohnedies verneinen würde[1]. Auch die Notstandsbestimmung, insbesondere Art. 34 Ziff. 2 — Notstandshilfe —, kann zutreffen.

4. Abgesehen von den Fällen, in denen der Art. 69 des MilStG. zur Anwendung gelangen muß (oben 2), kann Jedermann Täter einer Amtsanmaßung aus Art. 287 sein[2]. Auch ein Beamter, der sich in rechtswidriger Absicht eine über seine Stellung hinausgehende Tätigkeit anmaßt. Das BStG. von 1853 hatte überhaupt nur den Fall des Beamten, der „sich Amtsverrichtungen anmaßt, welche nicht in seiner Kompetenz liegen", erfaßt (Art. 53 lit. d). Bei einer Amtsanmaßung durch Privatpersonen konnten bisher nur kantonale Strafbestimmungen zur Geltung kommen, auch dann, wenn die Anmaßung gegen die Autorität der Bundesstaatsgewalt gerichtet war.

5. Auf das Vergehen der Amtsanmaßung setzt der Art. 287 die Strafdrohung Gefängnis oder Buße. — Häufig, ja fast regelmäßig wird die rechtswidrige Absicht, die der Anmaßungstäter im Schilde führt, ihn zu weiteren Straftaten bringen. Amts- oder Befehlsanmaßung werden dann Mittel zur Verübung anderer Delikte, zu Vermögensdelikten, namentlich zum Betrug, vielleicht auch zu Nötigung[3] oder Freiheitsberaubung. Ein Täter kann auch darauf ausgehen, durch eine Urkundenfälschung die Wirkung einer Amtsanmaßung zu verstärken. Bei solchem Zusammentreffen hat der Richter je nach der Sachlage zu prüfen, ob Real- oder Idealkonkurrenz gegeben ist[4].

§ 119. Bestechung. Annahme von Geschenken.

Literatur. Gonset: De la corruption des fonctionnaires publics, Berner Diss. (1897). — Wehrli: Die Bestechungsdelikte im geltenden deutschen, französischen und schweizer. Recht, Leipziger Diss. (1920). — Kraft: Die Bestechung im schweizer. Recht, Berner Diss. (1929). — Birkmeyer: VD. Bes. Teil, 9, 309ff.

I. Unter der Bezeichnung Bestechen (G. Art. 288) ist die aktive Bestechung in den Titel: Strafbare Handlungen gegen die öffentliche

[1] Gegen den Zusatz „in rechtswidriger Absicht" als einer nicht gerechtfertigten Einschränkung des Tatbestandes Merkel: 333; Steinmann: 132ff. (mit Hinweis auf Fälle aus der bernischen Rechtsprechung), 142.

[2] Gautier: Prot. II. ExpKom. 5, 184: un particulier, un ancien fonctionnaire privé de ses fonctions et qui ne peut se décider à y renoncer etc.; Steinmann: 62f., 89, auch Binding: 509f.

[3] Bemerkenswert der Fall in Zürcher Bl. 23, Nr. 54: Amtsanmaßung eines Täters mit der unwahren Angabe, er sei Polizist; Veranlassung von Frauenspersonen zur Duldung unzüchtiger Handlungen durch die Drohung, er werde sonst Anzeige erstatten. Verurteilung nach altem zürcher. Recht wegen Nötigung und wegen Betrugs nach § 191, der nicht nur bei Schädigung des Vermögens, sondern auch bei Schädigung anderer Rechte gegeben war; vgl. oben § 51 V 1.

[4] Thormann-v. Overbeck: Art. 287, N. 5: Auch Hinweis auf Gesetzeskonkurrenz mit Art. 331. Wenn das Uniformtragen das Mittel zur Anmaßung militärischer Befehlsgewalt ist, so ist nur nach Art. 287 zu strafen.

Gewalt eingefügt. Wieder in anderer Art als bei den Ungehorsamsdelikten und auch bei der Amtsanmaßung wird durch die Bestechungsdelikte die staatliche Autorität beeinträchtigt. Die Sauberkeit des staatlichen Lebens, namentlich in finanzieller Hinsicht, die Integrität der Beamten sollen durch das Strafrecht gesichert werden. Es bekämpft die Korruption, die Käuflichkeit der Amtshandlungen[1].

Während man die Einstellung der aktiven Bestechung, die Jedermann begehen kann, bei den Delikten gegen die öffentliche Gewalt damit rechtfertigen kann, daß ein anderer, besserer Platz kaum zu finden ist, gehört die passive Bestechung zu den Amtsdelikten. Sie ist als Art. 315 unter dem Marginale Sich bestechen lassen in den 18. Titel des G.: Strafbare Handlungen gegen die Amts- und Berufspflicht, eingefügt. Durch den Tatbestand Annahme von Geschenken (Art. 316), der ebenfalls ein typisches Amtsdelikt ist, wird die Bestimmung über die passive Bestechung ergänzt. In beiden Tatbeständen liegt eine Verletzung der Amtspflicht.

Aktive und passive Bestechung sind die zwei Seiten eines Vorgangs. Gesetzgeberische Systematik mag sie trennen. Aber für die literarische Darstellung muß die Gruppe der Bestechungsdelikte zusammengehalten werden[2].

Im Hinblick auf die Entwicklung, die jetzt durch die Ordnung im G. zu einem gewissen Abschluß gelangt ist, ist die sehr verschiedene Gestaltung der bisherigen Rechte an einigen Beispielen zu zeigen. Namentlich vier Gruppen lassen sich unterscheiden[3]:

Aktive und passive Bestechung mit verschärfter Bedrohung der Richterbestechung und unerlaubte Geschenkannahme bedrohen z. B. Zürich §§ 228—233 im Titel über die Amtsdelikte und ähnlich Bern Art. 88/89, ebenfalls bei den Amtsdelikten.

Ohne die qualifizierende Hervorhebung der Richterbestechung, aber im übrigen nach den gleichen Grundsätzen ordnen z. B. St. Gallen Art. 167 Ziff. 2, 168 und Solothurn §§ 176/177 bei den Amtsdelikten.

In einer dritten Gruppe wird die unerlaubte Geschenkannahme unter die passive Bestechung genommen; die verschärfte Bedrohung der Richterbestechung fehlt; so z. B. Luzern §§ 238—240 und Glarus § 148.

Das BStR. von 1853 bedroht in Art. 53 lit. a die unbefugte Geschenkannahme, in Art. 56 I die passive Bestechung. Dazu bestimmt Art. 56 II: „Wer solche Versprechen oder Geschenke macht, ist als Mitschuldiger zu bestrafen.“ Das weist auf die Teilnahmelehre hin (unten III 1)[4]. Gleiches trifft für die Ordnung von Neuenburg Art. 146/147 und

[1] Erörterung und Literatur zu diesen Fragen Kraft: 25ff. Binding: Lb. 2 II, 712ff.: römische und germanische Auffassung der Bestechung.

[2] Erörterungen dazu Prot. II. ExpKom. 5, 189ff.

[3] Ausführlich darüber Kraft: 29ff.

[4] BE. 43 I, Nr. 29. Zum alten BStR. ferner Kraft: 72ff.

besonders für Wallis zu, das sich mit der summarischen Formel: „Qui, à l'occasion de ses fonctions, accepte de l'argent ou d'autres avantages“ begnügt (Art. 131 II). In Art. 62 Ziff. 3 werden dann aber allgemein auch als Täter eines Delikts bezeichnet „ceux qui à l'aide de dons, de promesses . . . entraînent quelqu'un à le commettre“.

II. 1. Der Täter einer **aktiven Bestechung**[1] (G. Art. 288) wendet sich, wie das Gesetz abschließend aufzählt, an ein Behördenmitglied, einen Beamten, eine zur Ausübung des Richteramtes berufene Person, einen Schiedsrichter, einen amtlich bestellten Sachverständigen, Übersetzer oder Dolmetscher oder an einen Angehörigen des Heeres. Diese Liste ist mit fast übertriebener Sorgfalt zusammengestellt. Unter den weiten, allgemein geltenden Beamtenbegriff nach Art. 110 Ziff. 4 gehören sicher die zur Ausübung des Richteramtes berufenen Personen mit Einschluß der Geschworenen, Handels-, Gewerberichter usw., und wohl auch amtlich bestellte Sachverständige, Übersetzer und Dolmetscher. Sie üben, worauf Art. 110 Ziff. 4 hinweist, mindestens vorübergehend amtliche Funktionen aus. Nur Schiedsrichter und Heeresangehörige lassen sich, wenigstens in der Regel, nicht beim Beamtenbegriff unterbringen. Auch Behördenmitglieder, die Parlamentarier z. B., sind in dieser Eigenschaft nicht Beamte[2]. Unter Heeresangehörigen sind alle Personen zu verstehen, die unter irgendeinem Titel Militärdienst zu leisten haben. Aber Art. 288 kann nur zur Anwendung gelangen, wenn die Person, an die sich die Bestechung richtet, Dienst leistet oder außerhalb des Dienstes ihre militärische Stellung oder dienstliche Pflichten wahrnimmt (vgl. MilStG. Art. 2 Ziff. 4). — Mit Bezug auf Heeresangehörige enthält Art. 141 des MilStG. den gleich wie Art. 288 des StGB. gefaßten Tatbestand der aktiven Bestechung. Im Falle aktiven Dienstes (MilStG. Art. 3 und auch 4) sind auch Zivilpersonen, die Heeresangehörige bestechen, dem militärischen Recht unterstellt.

Anders als eine Reihe bisheriger Rechte (oben I) hat das G. darauf verzichtet, die Richterbestechung qualifizierend hervorzuheben. Das ist nicht notwendig[3]. Wenn die an einen Richter sich wendende Bestechung als besonders schwer erscheint, was nicht immer der Fall sein wird, so kann darauf bei der Strafzumessung Rücksicht genommen werden.

[1] Beachtenswert schon Prot. I. ExpKom. 2, 262ff., 692; ZÜRCHER: Erläuterungen, 373f.; Prot. II. ExpKom. 5, 185ff.; 6, 78. — Zur Terminologie (passive Bestechung — Bestechlichkeit) KRAFT: 13ff.

[2] Dazu GAUTIER: Prot. II. ExpKom. 5, 187 mit dem Hinweis auf die französische Sondergesetzgebung „punissant le trafic d'influence des détenteurs des mandats législatifs“. Vgl. DANDINE: De la répression du trafic d'influence en droit positif français actuel (Toulouse, 1935). Zur Frage: Behördenmitglieder ferner HUBER und BURCKHARDT: Prot. II. ExpKom. 5, 192, 194.

[3] Für die Hervorhebung der Richterbestechung noch HAFTER: Prot. II. ExpKom. 5, 185f., 192f.; dagegen BOLLI und LANG: eodem, 195. Vgl. ferner BIRKMEYER: 369ff., KRAFT: 45ff.

2. Das Bestechen äußert sich darin, daß der Täter ein Geschenk oder einen anderen Vorteil anbietet, verspricht, gibt oder zukommen läßt. Ob die Initiative dazu vom Beamten oder vom Bestechungstäter ausgeht, ist für die Anwendung des Art. 288 unwesentlich. Aber der Beamte, der fordert, den ersten Schritt tut, ist nicht etwa wegen Anstiftung zu aktiver Bestechung, sondern aus Art. 315 wegen passiver Bestechung strafbar[1]. Das Verhältnis zur Anstiftung bedarf auch sonst noch der Abklärung. Aktive Bestechung ist, weil sie geschieht, um zu einer Amts- oder Dienstpflichtverletzung zu bestimmen, oft nichts anderes als eine Anstiftung dazu mit besonderem Mittel (unten 3)[2]. Im Gegensatz zu Art. 24 II, der einen Anstiftungsversuch nur erfaßt, wenn er auf die Verübung eines Verbrechens hinzielt, ist aber der Versuch aktiver Bestechung in jedem Falle strafbar. Daß weitere Personen — außerhalb des Beamten, an den sich die Bestechung richtet — wegen Anstiftung des Täters einer aktiven Bestechung sich strafbar machen können, ist klar. Ihr bloßer Versuch bleibt dagegen im Hinblick auf Art. 24 II straffrei.

Die Mittel, mit denen der Bestechungstäter operiert, sind Geschenk oder anderer Vorteil. Das kann Geld oder Geldeswert sein, aber auch irgendeine andere Gunst: gesellschaftliche, berufliche Vorteile, Wahlunterstützung, eine günstige Heirat usw.[3].

Die Bezeichnung der Bestechungshandlungen ist in Art. 288 gleich wie bei der Wahlbestechung (Art. 281; dazu oben § 111 II 1): Der Täter bietet an, er präsentiert mündlich oder schriftlich seine Gabe, oder er verspricht, stellt einen Vorteil in Aussicht. Er gibt, legt seine Gabe z. B. auf den Tisch des Beamten, wobei es sich gleich bleibt, ob die Gabe angenommen oder auch nur bemerkt wird oder nicht. Das Geben der aktiven Bestechung kann ein einseitiger, nicht empfangsbedürftiger Akt sein. Das Gleiche gilt für das Zukommenlassen. Hier bemüht sich der Bestechungstäter nicht um die direkte Verbindung mit dem Beamten. Er beauftragt z. B. eine Weinhandlung mit einer Lieferung. — Die Art, wie das G. die Täterhandlung umschreibt, ist in den Art. 281 und 288 so vollständig und so umfassend[4], daß es nicht leicht ist, bloße Versuchs-

[1] KRAFT: 66.

[2] Gut ZÜRCHER: Prot. II. ExpKom. 5, 186, 191 (Anstiftung zu Amtspflichtverletzung); anders BINDING: a. a. O. 719: Aktive Bestechung nicht Anstiftung zu einem Amtsdelikt. THORMANN- v. OVERBECK: Art. 288, N. 9 nehmen an, daß, wenn der „Beamte" die ihm angesonnene strafbare Handlung, z. B. eine Urkundenfälschung, ausführt, beim Bestechungstäter Idealkonkurrenz von Bestechung mit Anstiftung zu dem betreffenden Delikt anzunehmen ist. Nein, die Anstiftung erschöpft sich in der aktiven Bestechung.

[3] Kasuistische Erörterungen bei KRAFT: 52ff. Zu den Begriffen Geschenk und andere Vorteile auch v. CLERIC: Rechtswidriger Vorteil im Strafrecht (1910), 166 ff.

[4] Weniger weitgehend dagegen Art. 168, der Stimmenkauf, eine Bestechung in Schuldbetreibungssachen. Das G. sagt hier nur „besondere Vorteile zuwendet oder

fälle sich noch vorzustellen. Wer z. B. ohne Erfolg zu geben versucht, hat bereits angeboten.

Daß Bestechung nicht gegeben ist, wenn das Versprechen oder die Vorteilszuwendung nicht direkt gegenüber dem „Beamten", sondern gegenüber Angehörigen, z. B. durch Geschenke an die Ehefrau, erfolgt, ist vielleicht eine zu enge Ordnung[1].

3. Aktive Bestechung ist in dem Sinne ein Vorsatzdelikt, als der Täter mit Wissen und Willen einer der in Art. 288 genannten Personen Vorteile verspricht oder zuwendet. Aber dazu muß dem Täter die Absicht bewiesen werden, eine Amts- oder Dienstpflichtverletzung durch den „Beamten" zu erreichen. Das pflichtwidrige Verhalten, auf das abgezielt wird, mag ein Amtsdelikt, z. B. ein Amtsmißbrauch (Art. 312), eine Urkundenfälschung (Art. 317) sein. Aber notwendig ist das nicht. Eine bloß disziplinarisch zu ahndende Pflichtverletzung genügt[2]. Mit dem Beweis, daß eine solche Verletzung erstrebt wurde, ist es immerhin streng zu nehmen. Oft wird er nur durch Indizien geführt werden können.

Die schon berührte Frage von Vollendung und Versuch hängt damit zusammen: Die Tat ist vollendet ganz unabhängig davon, ob der Täter sein Ziel — eine Amts- oder Dienstpflichtverletzung — erreicht oder nicht. Ja Vollendung ist auch dann gegeben, wenn der „Beamte" das Angebot oder die Gabe zurückweist. Nach dem Text des Art. 288 ist eine andere Auffassung nicht haltbar. Die aktive Bestechung ist kein Erfolgsdelikt[3].

4. Art. 288 bedroht aktive Bestechung mit Gefängnis, mit dem ausdrücklichen Zusatz, daß damit Buße verbunden werden kann. Das ist auch ohne den Beweis, daß der Täter aus Gewinnsucht handelte (Art. 50 I) möglich. Bestechungsgeschenke und -zuwendungen hat der Richter als dem Staat verfallen zu erklären (Art. 59 I).

Nicht als Bestechung strafbar ist das Anbieten und Geben von Geschenken, ohne daß auf eine Amts- oder Dienstpflichtverletzung abgezielt

zusichert". Die Beschränkung ergibt sich daraus, daß lediglich die Durchführung des SchkG. gesichert werden soll; vgl. oben § 65 II. — Bestechung von Angestellten in privaten Betrieben kann unlauterer Wettbewerb sein; oben § 68 III 2 und GERMANN: Note zu Art. 288 des G.

[1] BINDING: 721 (Bestechung immerhin dann, wenn der Vorteil indirekt auch dem „Beamten" zugute kommt).

[2] Weitgehend BE. 43 I, 221f.: Unter Umständen schon ausreichend die Absicht, den Beamten allgemein für die Zukunft zu einer dem Geschenkgeber günstigen Geschäftserledigung zu bestimmen. Siehe dagegen Zürcher Bl. 36, Nr. 41: Keine Bestechung eine Geldgabe, durch die auf eine raschere Erledigung eines Prozesses hingewirkt werden soll.

[3] Nicht zutreffend GAUTIER: Prot. II. ExpKom. 5, 188, der Vollendung erst mit der Willenseinigung zwischen Bestechungstäter und „Beamten" annimmt (pacte conclu entre corrupteur et corrompu). Vgl. ferner BE. 43 I, 222: Geben und Annahme des Geschenkes; Zürcher Bl. 19, Nr. 67: jedenfalls nicht die Verwirklichung der Absicht des Täters erforderlich. Zur Frage Vollendung und Versuch im Ganzen KRAFT: 57ff., 82, 87; BIRKMEYER: 354ff.

wird. Vielleicht ist im Einzelfall diese Absicht auch nur nicht beweisbar. Ebensowenig sind Zuwendungen an einen „Beamten" nach durchgeführter Amtshandlung strafbar[1]. Gegenüber dem Beamten kann hier freilich das Beamtenrecht mit Verboten und Disziplinarstrafen eingreifen; unten IV 2.

III. 1. Die **passive Bestechung** (G. Art. 315)[2], das Beamtendelikt, wiegt ungleich schwerer als die aktive Bestechung. Sie ist Mißbrauch der amtlichen Stellung. Das kommt zutreffend in der gegenüber Art. 288 erhöhten Strafdrohung zum Ausdruck. Sie lautet beim Grundtatbestand (Art. 315 I) auf Zuchthaus bis zu 3 Jahren oder Gefängnis, beim erschwerten Tatbestand des Abs. II (unten 4) auf Zuchthaus bis zu 5 Jahren oder Gefängnis nicht unter 1 Monat. Neben der Freiheitsstrafe kann auf Buße erkannt werden, doch ist dafür, anders als nach Art. 288, Gewinnsucht des Täters zu beweisen (Art. 50 I). Für den Verfall der Zuwendungen an den Staat gilt auch hier der Art. 59[3].

Die für die passive Bestechung ausgesetzten schweren Strafdrohungen sind damit gerechtfertigt, daß der „Beamte", der sich bestechen läßt, die von ihm übernommene Treupflicht verletzt, ein Moment, das beim Täter der aktiven Bestechung ganz außer Betracht fällt.

Das weist auf den fundamentalen Unterschied der beiden Delikte hin. Deswegen ist die Ordnung alter Rechte (BStR. von 1853 Art. 56 II; Wallis Art. 131 II und 62 Ziff. 3; oben I), wonach die aktive Bestechung als Teilnahme an der passiven betrachtet wird, ganz verfehlt[4]. Die beiden Seiten der Bestechung haben kriminalpolitisch nichts miteinander zu schaffen.

2. Als Täter einer passiven Bestechung nennt der Art. 315 die Personen, die in Art. 288 als die Angriffsobjekte erscheinen: Behördenmitglieder, Beamte usw. (oben II 1). Nur den Heeresangehörigen nennt Art. 315 nicht, weil er als Täter einer passiven Bestechung immer unter Art. 142 des MilStG. steht.

3. Das Sich bestechen lassen umschreibt der Art. 315 mit den Worten „ein Geschenk oder einen anderen ihnen nicht gebührenden Vorteil for-

[1] Viel, auch bei der Gesetzesberatung erörterte Fragen; Prot. I. ExpKom. 2, 262f., 692; Prot. II.ExpKom. 5, 185, 188f., 194ff.

[2] Prot. I. ExpKom. 2, 290f., 704 (passive Richterbestechung erschwert); Prot. II. ExpKom. 5, 369ff. (ebenfalls noch Richterbestechung hervorgehoben); 6, 132ff.

[3] Über die Einziehung der Bestechungsgelder und -geschenke BE. 43 I, 226ff.

[4] Zur Teilnahmefrage BE. 43 I, 221 (Haupttäter und Mitschuldiger); GONSET: 40f. Gegen die Annahme: aktive Bestechung als Teilnahme an der passiven BIRKMEYER: 321ff.; Zürcher Bl. 19, Nr. 67; THORMANN: Prot. II. ExpKom. 5, 190. Vgl. ferner THORMANN-v. OVERBECK: Art. 315, N. 11: Der aktive Bestechungstäter nicht Anstifter zu passiver Bestechung. Dagegen — was sehr zweifelhaft erscheint — Konkurrenz von aktiver Bestechung mit Anstiftung zu der strafbaren Handlung, die der bestochene Beamte vorgenommen hat.

dern (solliciter, domandare), annehmen oder sich versprechen lassen"[1]. Das sind die Korrespondenzhandlungen zur aktiven Bestechung. Für die Begriffe Geschenk und Vorteil gilt Gleiches wie bei Art. 288. Jedoch verdeutlicht der Art. 315 dahin, daß es sich um einen dem „Beamten" nicht gebührenden Vorteil handeln muß. Das ist im Grunde selbstverständlich, dient aber der Klarheit.

Dazu muß kommen, daß das Fordern, Annehmen, Sich versprechen lassen für eine künftige[2], pflichtwidrige Amtshandlung geschieht. Pflichtwidrige „Amtshandlungen" gibt es aber im Grunde gar nicht. Art. 288 weist besser auf eine Amtspflichtverletzung hin. Die welschen Texte verwenden in den beiden Artikeln (288 und 315) näher übereinstimmende Ausdrücke: violer ses devoirs de service — violer des devoirs de leur charge und violare i doveri del ufficio — atto contrario ai loro doveri d'ufficio. Gesetzgebungstechnisch wäre die übereinstimmende Fassung sämtlicher Stellen wünschenswert gewesen. Materiell ergeben sich jedoch keine Unterschiede. Nach Art. 315 kann gleich wie nach Art. 288 die Pflichtverletzung auf einen Deliktstatbestand oder auf eine bloß disziplinarisch zu ahndende Verfehlung des „Beamten" hinweisen; oben II 3.

Nach der subjektiven Seite ist dagegen zu beachten: Wer aktive Bestechung treibt, handelt in der Absicht, eine Amtspflichtverletzung zu veranlassen. Bei passiver Bestechung ist dagegen nur zu beweisen, daß der Täter vorsätzlich, mit Wissen und Willen für ein künftiges pflichtwidriges Verhalten, ein Handeln oder ein Unterlassen, fordert, sich geben oder versprechen läßt. Auf ein Absichtsmoment weist hier das G. nicht hin.

Mit der Bezeichnung der Täterhandlung als Fordern, Annehmen oder Sich versprechen lassen[3] wird wiederum die Vollendung weit vorgerückt. Schon das Fordern genügt, wobei der fordernde Täter nicht wegen Anstiftung zur aktiven Bestechung, sondern nur aus Art. 315 sich strafbar macht. Dagegen ist selbstverständlich Anstiftung und Beihilfe zu passiver Bestechung durch eine Drittperson möglich.

4. Nach dem Grundtatbestand (Art. 315 I) ist die Tat vollendet unabhängig davon, ob es zur Pflichtverletzung kommt oder nicht. Der

[1] Bei der Wahlbestechung ist vom Stimmberechtigten, der sich einen Vorteil versprechen oder geben läßt, die Rede (Art. 281 III). Das Fordern ist hier nicht strafbar. Beim Stimmenverkauf nach Art. 168 Ziff. 2 heißt es, sich Vorteile zusichern oder zuwenden lassen.

[2] Nachträgliche Annahme einer Belohnung für eine pflichtwidrige Amtshandlung ist, disziplinare Ahndung und eventuell Bestrafung wegen eines Amtsdelikts vorbehalten, nicht strafbar; Gautier: Prot. II. ExpKom. 5, 372; unten IV 2.

[3] Beim Annehmen und beim Sichversprechen lassen kommt, anders als bei der aktiven Bestechung, die sog. Pakttheorie zur Geltung; oben II 3, S. 757, Anm. 3. Das gilt nicht bei einem Fordern des Täters. Vgl. noch Gautier: Prot. II. ExpKom. 5, 372.

Täter hat sie zwar erwogen, in Aussicht genommen, vielleicht auch in Aussicht gestellt. Aber es ist nicht notwendig, daß er im Zeitpunkt, da er forderte, sich versprechen oder geben ließ, auch zu einer pflichtwidrigen Handlung entschlossen war[1]. — Hier setzt der geschärfte Fall des Art. 315 II ein. Er ist eigentlich mehr als eine bloße Qualifikation. Ein weiteres Delikt, eine vom Bestochenen verübte Amtspflichtverletzung, kommt hinzu. Sie kann einen der Deliktstatbestände aus dem 18. Titel des G. oder auch nur einen Disziplinarfehler darstellen[2]. Ausdrücklich betont Art. 315 II, daß zwischen der Bestechung und der verletzten Amtspflicht der Kausalzusammenhang gegeben sein muß. Ist das nicht der Fall oder kann ein solcher Zusammenhang nicht bewiesen werden, so bleibt nichts anderes übrig, als den Beamten wegen einfacher Bestechung (Art. 315 I) und überdies wegen der Amtspflichtverletzung, sofern sie ein Delikt darstellt, zu bestrafen. Ist dagegen der kausale Zusammenhang Bestechung — Amtspflichtsverletzung offenbar, so bleibt angesichts des Wortlauts von Art. 315 II und im Hinblick auf die schwere Strafdrohung zweifelhaft, ob die Konkurrenz noch besonders zur Geltung gebracht werden soll. In Art. 315 II erscheint die verübte Amtspflichtverletzung wohl schon ausreichend berücksichtigt[3]. — Gesetzgebungstechnisch ist der II. Absatz des Art. 315 verfehlt. Stände er nicht da, so würde sich aus dem Konkurrenzgrundsatz für alle Fälle die klare Lösung ergeben. Eine Streitfrage wäre vermieden.

IV. 1. Art. 316 des G., die Bestimmung über die **Annahme von Geschenken,** ist in der Umschreibung des Tatbestandes dem Art. 315 nachgebildet mit dem einzigen Unterschied, daß auf künftige, nicht pflichtwidrige Amtshandlungen hingewiesen wird. Solche Fälle mit einer viel geringeren Strafdrohung — Gefängnis bis zu 6 Monaten oder Buße — aus dem Bestechungskreis herauszuheben, ist gerechtfertigt.

Für die sowohl in Art. 315 wie in Art. 316 enthaltenen Tatbestandsmomente, den Täterkreis usw., gilt Gleiches; oben III und schon II. Subjektiv besteht der Unterschied darin, daß beim Delikt des Art. 316 der „Beamte" vorsätzlich fordert, sich geben oder versprechen läßt, ohne daß er den Willen zu einem pflichtwidrigen Verhalten hat. Er läßt sich

---

[1] Zürcher: Erläuterungen, 419.

[2] Die Frage bleibt offen, ob, wie sich aus BE. 43 I, 221f. zu ergeben scheint, eine Amtspflichtverletzung schon im Verschaffen besonders günstiger zukünftiger geschäftlicher Beziehungen durch einen Beamten zu sehen ist (oben II 3). Sind die Ausdrücke: pflichtwidrige Amtshandlung und Verletzung der Amtspflicht weit zu fassen? Das muß dem Ermessen des Richters anheimgegeben werden. In krassen Fällen der Förderung privater Geschäfte durch einen Beamten mag der Richter zugreifen.

[3] Anders Zürcher: Erläuterungen, 420: Konkurrenz insbesondere wenn auf die Amtspflichtverletzung eine höhere Strafdrohung als nach Art. 305 II steht. Das ist nur bei der Beamten-Urkundenfälschung (Art. 317) der Fall: Mindeststrafe 6 Monate Gefängnis. Wie Zürcher auch Thormann-v. Overbeck: Art. 315, N. 14.

„schmieren", nicht bestechen[1]. Auch das ist übel genug, verletzt die Amtstreue. Wer sich „schmieren" läßt, läuft vielleicht Gefahr, ein nächstes Mal einer Bestechung zugänglich zu sein.

2. Der Art. 316 gibt Veranlassung zu mehreren Abgrenzungen:

Im Verhältnis zu Art. 315 I besteht insofern Subsidiarität, als Art. 316 auch dann anzuwenden ist, wenn eine Anklage auf passive Bestechung lautet, aber, bei sonst übereinstimmenden Momenten, der Beweis nicht gelingt, daß ein pflichtwidriges Verhalten des „Beamten" in Frage kam.

Während der Art. 315 im Tatbestand der aktiven Bestechung nach Art. 288 sein Gegenstück hat, fehlt ein solches zu Art. 316. Wer im Hinblick auf eine künftige, nicht pflichtwidrige Amtshandlung „schmiert", ist straflos. Geht jedoch die Iniative vom Dritten aus, bestimmt er den „Beamten", sich versprechen oder geben zu lassen, so steht einer Bestrafung wegen Anstiftung nichts im Wege[2].

In jedem Fall bleibt straflos ein Geschenk oder eine andere Vorteilszuwendung, nachdem der „Beamte" seine nicht pflichtwidrige Amtshandlung durchgeführt hat. Wäre es anders, so müßten auch ein „Trinkgeld" an einen untergeordneten Beamten, oder z. B. die vielfach übliche Neujahrsgabe an einen Postbeamten zu einer Bestrafung führen. Dem steht die Sitte entgegen[3].

Auch der „Beamte", der nach vollzogener Amtshandlung ein Geschenk oder eine andere ihm nicht gebührende Zuwendung entgegennimmt, ja sogar sie fordert, ist nach dem G. nicht strafbar. Aber sein Verhalten kann durch das Beamten-Disziplinarrecht erfaßt werden, weil, wenigstens in gewissen Verhältnissen, ein solches Verhalten eines „Beamten" immerhin anders zu werten ist, als das Verhalten des gebenden Dritten[4]. — Wurde das nachträgliche Geschenk schon vorher gefordert oder versprochen, so ist dagegen wieder Art. 316 gegeben.

[1] Die vom G. getroffene Unterscheidung geht auf Anträge LANG zurück; Prot. II. ExpKom. 5, 370f., 375. Bemerkenswerter Fall Zürcher Bl. 39, Nr. 47. — Alte Streitfrage, ob auch die Geschenkannahme als Bestechung zu betrachten sei; Auseinandersetzung mit der Literatur BIRKMEYER: 314ff.; KRAFT: 11ff. BINDING: 731: § 331 des deutschen StGB. weniger ein Gesetz gegen die Ausbeutung des Untertanen als eine Polizeibestimmung im Interesse ordnungsmäßiger Funktion der Staatsgewalt.

[2] Anders KRAFT: 67.

[3] Vgl. Zürcher Bl. 39, Nr. 47.

[4] Zu der Frage mit Hinweisen auf bisherige Rechte KRAFT: 42. — Allgemein und weitgehend bestimmt Art. 26 des BGes. vom 30. Juni 1927 über das Dienstverhältnis der Bundesbeamten (GesSlg. 43, 439ff.). „Dem Beamten ist untersagt, für sich oder für andere Geschenke oder sonstige Vorteile zu beanspruchen, anzunehmen oder sich versprechen zu lassen, wenn dies im Hinblick auf seine amtliche Stellung geschieht. — Ein pflichtwidriges Verhalten liegt auch vor, wenn ein Dritter mit Wissen und Willen des Beamten das Geschenk oder den Vorteil fordert, annimmt oder sich versprechen läßt." Disziplinare Ahndung gemäß Art. 30 I und 31. Zweifelhaft ist die Tragweite der Worte in Art. 26 I: „wenn dies im Hinblick auf

Dritter Abschnitt.

Störung der Beziehungen zum Ausland.

§ 120. Einleitung.

Literatur. STOOSS: Grundzüge, 2, 407ff. — HUBER: Der Schutz der militärischen und völkerrechtlichen Interessen im schweizer. StGB., Gutachten (1913). — RABINOWICZ: Die Delikte gegen fremde Staaten, Freiburger Diss. (1916). — CLERC: Le Code pénal suisse et le Droit pénal international (1938), 5ff. — GERLAND: VD. Bes. Teil, 1, 113ff. — BEHRINGER: Ermächtigung und Ermächtigungsdelikte, Zürcher Diss. (1933). — MOREL: Z. 1, 304f. — BLEECK: Z. 20, 264ff. — STÄMPFLI: Z. 41, 313ff. — ZELLWEGER: Z. 55, 61ff. — Angaben zu §§ 121—123.

I. Der 16. Titel des G. trägt die Überschrift: Störung der Beziehung zum Ausland. In dieser Bezeichnung kommt zutreffend zum Ausdruck, was durch die Tatbestände der Art. 296—301 geschützt werden soll. Nicht fremde Staaten, nicht das Ausland. Wenigstens steht dieser Schutz nicht im Vordergrund[1]. Die anderen Staaten sollten stark genug sein und die Möglichkeit haben, gegenüber Angriffen, die gegen sie gerichtet sind, selbst zum Rechten zu sehen. Sie werden auch Delikte, die in den Art. 296ff. des schweizerischen StGB. umschrieben sind, fast durchgehend unter anderen Gesichtspunkten betrachten und werten, als es im schweizerischen Gesetz geschieht. Die schweizerische Gesetzgebung hat hier vorwiegend zwei Interessen zu wahren: das Interesse des eigenen Landes, gegen Angriffe zu schützen, durch die die guten oder wenigstens korrekten Beziehungen zu anderen Staaten verletzt oder gefährdet werden[2] und zum anderen das Interesse am schweizerischen Staatsgrundsatz der Neutralität.

Die Delikte aus Art. 296ff. sind in erster Linie als gegen das eigene Land, insbesondere gegen die äußere Sicherheit gerichtet zu betrachten[3]. Die Vorentwürfe 1894 (Art. 157f.) und 1896 (Art. 175—177) haben sie

seine amtliche Stellung geschieht". — Vgl. als weiteres Beispiel §§ 6 II und 14 des zürcher. Gesetzes vom 28. Juli 1907 betreffend die Organisation der Notariatskanzleien (Sammelwerk der zürcher. Gesetzgebung, 3, 473ff.): Für Notare, deren Substituten und Angestellte Verbot der Geschenkannahme für amtliche Verrichtungen; Zürcher Bl. 10, Nr. 106, ferner eodem, 35, Nr. 12.

[1] Anders ZELLWEGER: Z. 55, 64f. (primäres Schutzobjekt der fremde, sekundäres Schutzobjekt der eigene Staat, sein Friedenszustand).

[2] ZÜRCHER: Erläuterungen, 401ff. Weitere Materialien Prot. I. ExpKom. 2, 680ff.; HUBER: 35ff., 58f.; Prot. II. ExpKom. 5, 310ff.; 6, 89ff., 102ff. StenBull. NR. 1929, 597ff., 789f. Entwicklung in den Entwürfen THORMANN-v. OVERBECK: Vorbemerkungen zum 16. Titel, N. 3. Vgl. ferner Lit. zu §§ 121/122: HOESSLY: 132ff.; SCHULER: 148ff.; GURNY: 43ff. mit Hinweisen auf weitere Literatur; BINDING: Lb. 2 II, 501f.

[3] ZÜRCHER: Prot. II. ExpKom. 6, 90; SEILER: StenBull. NR. 1929, 597 mit dem Hinweis darauf, daß nur im Inland verübte Handlungen strafbar sind; GERLAND: 142 (friedenssichernde Tendenz).

denn auch bei den Staatsdelikten eingefügt. Seit dem VE. 1903 (Art. 211ff.) bilden sie dagegen eine selbständige Gruppe, zunächst unter der Bezeichnung: Verbrechen gegen befreundete Staaten. Auch schon das BStR. von 1853 hat die Art. 41ff. in dem besonderen Titel: Verbrechen gegen fremde Staaten zusammengefaßt, und der E. 1918 (Art. 261ff.) hat diese Bezeichnung übernommen. Erst in der parlamentarischen Beratung hat sich die zutreffende Überschrift des 16. Titels ergeben[1]. — Für die systematische Darstellung war der Anschluß an die Staatsdelikte (oben §§ 103ff.) zu erwägen[2]. Im Hinblick auf das Hineinspielen völkerrechtlicher Momente ist aber die Loslösung gerechtfertigt.

II. Die schweizerischen völkerrechtlichen Interessen sind nur vom Bund wahrzunehmen. Er, nicht die Kantone, hat in den Art. 41ff. des BStR. von 1853 die dem Schutz der Beziehungen zu anderen Staaten dienenden Strafbestimmungen erlassen. Frühere kantonalrechtliche Vorschriften sind damit entfallen[3]. Die viel erörterten und in ihrer Tragweite teilweise sehr umstrittenen Tatbestände des BStR. gingen dahin: Verletzung eines fremden Gebietes und Verübung „einer anderen völkerrechtswidrigen Handlung" (Art. 41), öffentliche Beschimpfung eines fremden Volkes oder seines Souveräns oder einer fremden Regierung (Art. 42)[4] und Beschimpfung oder Mißhandlung eines bei der Eidgenossenschaft beglaubigten Repräsentanten einer fremden Regierung (Art. 43).— Es ist klar, daß ganz besonders der vage Ausdruck im Tatbestand des Art. 41: Verübung „einer anderen völkerrechtswidrigen Handlung" verschiedenster Auffassung Raum bot. War nur kodifiziertes, vertraglich vereinbartes oder auch auf Herkommen und Gebrauch beruhendes Völkerrecht zu berücksichtigen? Schon die I. ExpKom. (2, 687) hat die

---

[1] Zur Frage der Systematik RABINOWICZ: 30ff. Ferner SEILER und LOGOZ: StenBull. NR.1929, 597f. Ablehnung auch der Bezeichnung „Verbrechen gegen das Völkerrecht" mit der häufig vorgebrachten Begründung, daß der Einzelne sich nicht gegen das Völkerrecht verfehlen kann, weil dessen Subjekte nur die Staaten sind. Dazu gut HOESSLY: 135f. (völkerrechtliche Gebote, die der Staat als seine Gebote mit verpflichtender Wirkung auf den Einzelnen übernimmt); auch v. GROSS (Lit. zu § 121): 79; CLERC: 12f. Für die Bezeichnung „Verbrechen gegen das Völkerrecht" HUBER: 35ff., der die strafrechtliche Ahndung der hier in Betracht kommenden Handlungen als das Korrelat der völkerrechtlichen Verantwortlichkeit des Staates gegenüber einem andern Staat auffaßt. Dem Grundsatz nach ist möglich, daß die Delikte auch im Verhältnis zu Staaten, mit denen Kriegszustand besteht, verübt werden. Daher ist die Bezeichnung: Delikte gegen befreundete Staaten abzulehnen (37f.). Anders noch ZÜRCHER: Erläuterungen, 403 und Prot. II. ExpKom. 5, 314.

[2] Vgl. auch HUBER: 39.

[3] Geschichte und Hinweise auf frühere kantonale Rechte HOESSLY: 71ff., 122ff.; RABINOWICZ: 9ff.

[4] Fall SCHILL (Beschimpfung einer fremden Regierung): Z. 1, 314ff.; RABINOWICZ: 106ff.

Aufnahme einer solchen generellen Bestimmung in das G. abgelehnt[1].

Auch nach dem bisherigen Recht standen die „Verbrechen und Vergehen gegen das Völkerrecht" (BStR. von 1853, Art. 41—43) ausschließlich unter der Bundesgerichtsbarkeit. Zuständig waren in allen Fällen die Bundesassisen (BStR. von 1934, Art. 7, 9 Ziff. 3[2]). Das G. hat das in der Weise zweckmäßig geändert, daß der schwerfällige Apparat der Bundesassisen nurmehr bei der Verletzung fremder Gebietshoheit (Art. 299) und bei Feindseligkeiten gegen einen Kriegführenden oder fremde Truppen (Art. 300) zur Geltung kommt. Zur Beurteilung der anderen Delikte des 16. Titels ist dagegen das Bundesstrafgericht, unter Vorbehalt einer Delegation an die kantonalen Behörden, zuständig (G. Art. 340 Ziff. 1 V, 341 lit. c, 342, 398 lit. o; BStPr. Art. 18)[3].

III. Die Strafverfolgung der im 16. Titel des G. enthaltenen Tatbestände setzt gemäß Art. 302 I eine Ermächtigung des Bundesrats voraus. Das galt schon nach dem bisherigen Recht (BStR. von 1853, Art. 44 und BStPr. von 1934, Art. 105). Bei den Delikten der Beleidigung eines fremden Staates (Art. 296) und der Beleidigung eines Delegierten zum Völkerbund (Art. 297 I) wird jedoch die Ermächtigungsbefugnis des Bundesrates mit Klauseln umgeben: Die Ermächtigung soll nur erfolgen, wenn der Bundesrat das Gegenrecht seitens des fremden Staates für zugesichert hält, und wenn dessen Regierung das „Ersuchen auf Strafverfolgung" stellt. Diese Bestimmung wird aber wieder dahin eingeschränkt, daß in Zeiten aktiven Dienstes die Verfolgung auch ohne Ersuchen und ohne Zusicherung des Gegenrechts erfolgen kann[4].

Daß grundsätzlich bundesrätliche Ermächtigung gefordert wird, die dann aber für einzelne Fälle wieder verklausuliert wird, ist für das ganze

[1] Dazu Stooss: Grundzüge, 2, 408f. mit der Forderung an den Gesetzgeber, den Kollektivbegriff der völkerrechtswidrigen Handlung zugunsten bestimmter Einzelhandlungen aufzugeben. Huber: 39 (Vagheit des Begriffs „völkerrechtswidrig"); Stämpfli: Z. 41, 318 (Art. 41 eine Blankettnorm schlimmster Art). — Vgl. Burckhardt: Schweiz. Bundesrecht, 4, Nr. 2047: mißbräuchliche Verwendung des schweizer. Kuriers keine völkerrechtswidrige Handlung gemäß Art. 41; eodem, Nr. 2048: „völkerrechtswidrige Handlung" nicht jeder Verstoß gegen das Völkerrecht, sondern nur Angriffe auf die Existenz eines fremden Staates. Ältere Praxis bei Stämpfli: Z. 41, 318ff.; vgl. auch JZ. 18, 13, Nr. 1.

[2] Stämpfli: Bundesstrafprozeß, Art. 9, N. 5.

[3] Die VO. des Bundesrats vom 4. August 1942 über Straf- und Verfahrensbestimmungen zum Schutze der Landesverteidigung und der Sicherheit der Eidgenossenschaft (GesSlg. 58, 741ff.) überträgt in Art. 1 lit. a die Beurteilung des militärischen Nachrichtendienstes gegen fremde Staaten gemäß Art. 301 des G. der Militärgerichtsbarkeit. Das ist jedoch nur als vorübergehendes Recht, „für die Dauer des gegenwärtigen Aktivdienstes", gedacht. — Vgl. auch Clerc: 14 (gegen eine Delegation der Delikte dieses Abschnittes an kantonale Gerichte).

[4] Zu dieser einschränkenden Klausel Prot. II. ExpKom. 6, 102ff., auch Hoessly: 292f.

Deliktsgebiet außerordentlich charakteristisch. Es sind in einem Maße politische Delikte, daß man sich nicht gescheut hat, der Landesregierung einen entscheidenden Einfluß auf die Strafverfolgung einzuräumen. Im Hintergrund steht auch der Gedanke, aus solchen Delikten sich ergebende internationale Anstände wenn möglich, ohne das Strafrecht in Bewegung zu setzen, auf diplomatischem Wege zu erledigen[1].

Ermächtigung ist Prozeßvoraussetzung. Sie ist unbefristet und, nach richtiger Auffassung, nicht rückziehbar[2]. Das in Art. 302 II für die Fälle aus Art. 296 und 297 I vorgesehene Ersuchen des fremden Staates um Strafverfolgung ist ebenso wie die Ermächtigung vom Strafantrag im Sinne der Art. 28ff. des G. wohl zu unterscheiden. Nicht ein Strafantrag, sondern eine diplomatische Beschwerde (démarche politique) der Regierung des fremden Staates beim Bundesrat ist erforderlich[3]. Sie ist als Strafbarkeitsbedingung aufzufassen, was freilich, gleich wie beim Strafantrag, bestritten wird[4].

Bei der grundsätzlich geforderten Zusicherung des Gegenrechts in den Fällen aus Art. 296 und 297 I ist zweifelhaft, wann diese vom Bundesrat zu prüfende Voraussetzung als erfüllt betrachtet werden kann. Ist sie nur gegeben, wenn das Strafrecht des betreffenden fremden Staates entsprechende, die Schweiz schützende Strafbestimmungen enthält? Jedenfalls kann zur Annahme des Gegenrechts nicht die volle Übereinstimmung der beiderseitigen Gesetzgebungen verlangt werden. Es genügt, daß die strafrechtliche Verfolgung auch im anderen Staat gewährleistet ist, und daß die beidseitigen Gesetzgebungen annähernd gleiche Strafen vorsehen[5]. — Art. 302 II sagt: wenn der Bundesrat das

---

[1] Politische Angemessenheit: Prot. I. ExpKom. 2, 683; Huber: Prot. II. ExpKom. 5, 312f.

[2] Die Einzelheiten gehören in das Prozeßrecht. Vgl. schon Allg. Teil, § 27 III und jetzt namentlich Behringer: passim, über die Ermächtigung bei den Delikten „gegen fremde Staaten" im besonderen: 61ff., ferner Rabinowicz: 81ff. mit der Ansicht, daß der Bundesrat bis zur Übergabe der Akten an die Anklagekammer des Bundesgerichtes auf seinen Ermächtigungsbeschluß zurückkommen kann (S. 84).

[3] Prot. II. ExpKom. 5, 318, 321; StenBull. NR. 1929, 789f. (keine Anwendung der Bestimmungen über den Strafantrag, keine bestimmten Fristen und Formen). Zulässig ist dagegen sicher die Zurücknahme des Ersuchens auf Strafverfolgung; Hoessly: 290; Rabinowicz: 95, 144f. (mit unrichtiger Gleichstellung von Ersuchen und Strafantrag).

[4] Gurny: 85ff. (Ersuchen — Verlangen der fremden Regierung nur prozessuale Voraussetzung der Strafverfolgung, anders dagegen 118).

[5] So schon zu Art. 42 II des BStR. von 1853 das Bundesgericht im Falle Schill: Z. 1, 314ff., 319f.; dazu Morel: eodem, 304ff.; Stooss: eodem, 150f. und Grundzüge, 2, 410f.; v. Gross: 82ff.; vgl. auch Binding: Lb. 2 II, 498ff. — Gegen das Moment der Gewährleistung des Gegenrechts Gerland: 250; Rabinowicz: 150; Thormann: Prot. II. ExpKom. 5, 330f. und namentlich Hoessly: 146ff., 286ff. Vgl. ferner Gurny: 73ff.; Stämpfli: JZ. 23, 262f. (Auseinandersetzung mit der Literatur) und Z. 41, 332ff.

Gegenrecht für zugesichert hält, so ordnet er die Verfolgung an. Das urteilende Gericht ist aber an diese Vorentscheidung nicht gebunden[1].

IV. Der Inhalt des 16. Titels läßt sich systematisch in drei Gruppen gliedern:

1. Beleidigungen und tätliche Angriffe (Art. 296—298)[2]; unten § 121;
2. Verletzung fremder Gebietshoheit (Art. 299); unten § 122;
3. Neutralitätsverletzungen (Art. 300, 301)[3]; unten § 123.

Das MilStG. ergänzt in den Art. 109—114 den Kreis der Delikte, die sich gegen völkerrechtliche Bindungen richten[4]. Als Verletzungen des Völkerrechts im Kriege erfaßt es die Verwendung unzulässiger Kampfmittel, Mißbrauch des Roten Kreuzes und gegen das Rote Kreuz gerichtete Feindseligkeiten, Verletzung der Pflichten gegen Feinde (Tötung, Verwundung usw. Wehrloser), Bruch eines Waffenstillstandes oder des Friedens, Mißhandlung, Beschimpfung, grundlose Zurückhaltung eines Parlamentärs. — Auf diese kriegsrechtlichen Bestimmungen kann hier nur hingedeutet werden. Völkerrechtliche Staatsverträge bilden die Grundlage. Die Strafbestimmungen zum Schutze des Roten Kreuzes gehen auf Art. 29 des Genfer Abkommens vom 27. Juli 1929 zur Verbesserung des Loses der Verwundeten und Kranken der Heere im Felde zurück[5]. Die anderen kriegsstrafrechtlichen Bestimmungen haben Vorschriften der Anlage zum Abkommen vom 18. Oktober 1907 betreffend die Gesetze und Gebräuche des Landkrieges[6] zur Grundlage. Die Täter stehen in jedem Falle unter dem militärischen Recht (MilStG. Art. 4 Ziff. 2)[7].

---

[1] So auch HOESSLY: 156f.; RABINOWICZ: 90f.

[2] Zu beachten die Notverordnung des Bundesrates vom 29. Juli 1941 betreffend Strafbestimmungen gegen die Störung der Beziehungen zum Ausland (GesSlg. 57, 811f.): Inkraftsetzung der Art. 296 und 298 vorgängig der Geltung des StGB. (Art. 1); Belästigung wegen Zugehörigkeit zu einem anderen Staat (Art. 3); Teilnahme an gewissen politischen Veranstaltungen (Art. 4).

[3] Vgl. ferner die Verordnung des Bundesrates vom 14. April 1939 über die Handhabung der Neutralität (GesSlg. 55, 810ff.); siehe auch die Hinweise bei GERMANN: StGB. (2. Aufl.), 196f.

[4] Darüber HAFTER: Z. 30, 132ff., 143ff.; RABINOWICZ: 72ff.

[5] Staatsverträge über Landkrieg und Neutralität, Ausgabe des schweizer. Bundesrates (1939), 73ff., 101f.; vgl. ferner das BGes. vom 14. April 1910 betreffend den Schutz des Zeichens und des Namens des Roten Kreuzes (GesSlg. 26, 991ff.). Über das Genfer Abkommen von 1929 MARGRIT ANDEREGG: Die Schutzbestimmungen in den internationalen Abkommen über das Rote Kreuz, Zürcher Diss. (1941).

[6] Staatsverträge, Ausgabe des Bundesrates, 13ff.; HAFTER: VE. MilStGB. (1918), 102ff.; E. des Bundesrates, Art. 107ff.; StenBull. StR., 1921, 464f.; NR. 1925, 770.

[7] Zu diesem schweizer. Kriegsstrafrecht auch CLERC: 7, der noch auf die militärrechtlichen Delikte der Marode, der Plünderung und des Kriegsraubs (MilStG. 138—140) hinweist.

§ 121. Beleidigung und tätliche Angriffe gegenüber dem Ausland.

Literatur. Angaben zu § 120. — Hoessly: Die Delikte gegen die Ehre fremder Staaten, Berner Diss. (1918). — Gurny: Die Beleidigung ausländischer Staaten und Regierungen, Zürcher Diss. (1921). — v. Gross: Die Beleidigung von Personenverbänden, Berner Diss. (1941; Beleidigung fremder Staaten: 79ff.).

I. 1. Der als **Beleidigung eines fremden Staates** benannte Art. 296 anerkennt schon im Randtitel eine sog. Kollektivbeleidigung (oben § 36 VI 2, 3). Auch das Hauptstück des Textsatzes lautet: „Wer einen fremden Staat ... beleidigt." Das wird dahin verdeutlicht und eingeschränkt, daß die Beleidigung sich richten muß gegen das Oberhaupt oder gegen einen diplomatischen Vertreter des fremden Staates oder gegen die Regierung. Das sind die direkten Angriffsobjekte. In ihnen wird nach dem Wortlaut des Art. 296 der fremde Staat getroffen. — Auf den fremden Staat, nicht auf das fremde Volk, wie Art. 42 I des BStG. von 1853[1], weist das G. hin. Begrifflich ist das enger. Praktisch mag es sich dahin auswirken, daß nicht jedes törichte Geschimpfe gegenüber dem Ausland und Ausländern erfaßt werden soll. Man hat auch, wohl doch zu Unrecht, bestritten, daß ein Volk beleidigt werden kann[2].

Nach Art. 296 ist Beleidigung des fremden Staates in erster Linie gegeben, wenn sie sich gegen dessen Oberhaupt richtet. Das reicht weiter als der Art. 42 des BStR. von 1853, der den Souverän des fremden Staates als Angriffsobjekt bezeichnete, womit man unwillkürlich den Begriff der Majestätsbeleidigung verbindet. Staatsoberhäupter sind aber nicht nur Kaiser und Könige, die mehr und mehr aussterben, sondern auch der Präsident einer Republik[3] oder ein anderer Staatsführer.

---

[1] Zur Entstehungsgeschichte des Art. 42 BStR. mit wertvollem Material Hoessly: 128ff.; vgl. auch Stämpfli: JZ. 23, 257ff. Zu Art. 296 des G. namentlich Prot. II. ExpKom. 5, 315ff.; 6, 90ff.; Gurny: 97ff. (Entwürfe).

[2] Ausführliche Erörterung der Frage Prot. II. ExpKom. 5, 316ff.; 6, 90ff. Siehe auch Hoessly: 138f. mit der Erinnerung an Schiller, der in den „Räubern" Graubünden als Spitzbuben- und Gaunerland angeprangert hat; 276ff.: beleidigende Angriffe gegen eine Volksgesamtheit. Vgl. auch die VO. des Bundesrates vom 2. Juli 1915 betreffend die Beschimpfung fremder Völker usw. (GesSlg. 31. 249f.) und dazu Burckhardt: Schweizer. Bundesrecht, 2, Nr. 537; 4, Nr. 2028; Aufhebung der VO.: GesSlg. 34, 1211. Zu der VO. vom 2. Juli 1915 und deren Anwendung auch Hoessly: 258ff.; Rabinowicz (Lit. zu § 120): 63ff. Ferner jetzt Art. 3 der schon oben § 120 IV erwähnten Notverordnung des Bundesrates vom 29. Juli 1941: Belästigung wegen Zugehörigkeit zu einem anderen Staat (Volk): Rabinowicz: 52 (Beschränkung des Schutzes auf ein Staatsvolk). — Gautier, Prot. II. ExpKom. 5, 317; 6, 92 weist darauf hin, daß die Beleidigung des eigenen, schweizerischen Staates vom G. nicht erfaßt wird und daß dafür auch kein Bedürfnis besteht. Art. 296 habe dagegen in der courtoisie internationale seine Berechtigung. Das ist aber nicht das entscheidende Moment; siehe oben § 120 I.

[3] Die Schweiz hat kein Staatsoberhaupt, sie hat im Bundesrat eine Kollektivregierung.

Auch gegen den Papst als Oberhaupt des vatikanischen Staates kann sich ein beleidigender Angriff richten. — Ob sich die beleidigende Äußerung gegen das im Ausland oder in der Schweiz sich aufhaltende Staatsoberhaupt richtet, macht keinen Unterschied[1].

An zweiter Stelle ist — anders als nach der Anordnung des G. — der Fall zu betrachten, daß sich die Beleidigung gegen die fremdstaatliche Regierung richtet. Sie ist das mit der Ausübung der Herrschaftsrechte betraute oberste Staatsorgan. Das kann eine Einzelperson, ein Diktator, sein, der dann zugleich das Staatsoberhaupt darstellt. Besteht dagegen die Regierung aus einer Mehrzahl von Personen, so erfaßt der Art. 296 sowohl die gegen die Regierung als Kollektiv wie die gegen ein einzelnes Regierungsmitglied gerichtete Beleidigung[2].

Die Beleidigung des fremden Staates kann ferner in der Person eines diplomatischen Vertreters erfolgen. Art. 43 des BStG. von 1853 hob diesen Fall mit der Umschreibung: Beschimpfung oder Mißhandlung eines bei der Eidgenossenschaft beglaubigten Repräsentanten einer fremden Regierung mit einer gegenüber Art. 42 verschärften Strafdrohung besonders hervor[3]. Das ist die sog. Gesandtenbeleidigung[4]. Sancti habentur legati. Der Satz hat sich seit dem Altertum erhalten. Die feierliche Form hat er freilich verloren. Insofern liegt dieser Fall besonders, als es sich um Angriffe gegen eine Person handelt, die, mit dem völkerrechtlichen Privileg der Immunität ausgestattet, in einem für ihn fremden Lande sich aufhält. Aber auch hier wird nach dem klaren Text des Art. 296 nicht die Beleidigung des Vertreters, sondern des fremden Staates bestraft. Nach dem Wortlaut des Art. 43 des BStR. war es anders. — Von Bedeutung ist, daß das G. nur den diplomatischen Vertreter nennt. Darunter sind die Botschafter, Gesandten, Ministerresidenten und Geschäftsträger gemäß dem Völkerrecht, aber auch z. B. der Chef einer diplomatischen Spezialmission zu verstehen. Daß eine solche Person formell bei der schweizerischen Regierung beglaubigt ist, wie Art. 43 des BStR. ausdrücklich bestimmte[5], fordert Art. 296 des G. nicht. Den Konsuln fehlt der diplomatische Charakter. Art. 296 ist daher nicht anwendbar. Er schützt auch nicht das Personal einer

---

[1] Ein Staatsoberhaupt tritt inkognito auf. Dann muß der Täter wissen, daß es sich um eine solche Person handelt; GURNY: 67.

[2] Gut zum Regierungsbegriff HOESSLY: 140f., ferner GERLAND: 248; STÄMPFLI JZ. 23, 259; GURNY: 69f.

[3] Zu BStR. Art. 43 HOESSLY: 224ff.

[4] Geschichtliches und Rechtsvergleichung HOESSLY: 204ff.

[5] Vgl. BURCKHARDT: Bundesrecht, 4, Nr. 2049: Fall des russischen Delegierten WOROWSKI, der nicht bei der schweizer. Regierung akkreditiert war. Dazu ferner: KRAFFT: Z. 37, 1ff., 8ff.

Gesandtschaft und die Familienmitglieder des Gesandten. Sie sind nicht Vertreter des fremden Staates[1].

2. Die Tat ist mit den Worten „öffentlich beleidigt" (outrage public) bezeichnet. Alle drei Arten der Ehrverletzung: üble Nachrede, Verleumdung und Beschimpfung in allen Formen, wie sie in den Art. 173, 174, 176 und 177 umschrieben sind (oben §§ 36—38), werden damit erfaßt[2]. Im Verhältnis zu diesen Bestimmungen ist der Art. 296 eine Sondernorm.

Deutliche Unterschiede ergeben sich: Beleidigungen aus Art. 173ff. sind nur auf Antrag strafbar. Der Art. 296 ist dagegen ein Ermächtigungsdelikt; oben § 120 III. Aus Art. 296 ist ferner richtig zu schließen, daß die Beleidigung sich gegen eine lebende Person, das derzeitige Staatsoberhaupt usw., richten muß[3]. Der Art. 175, üble Nachrede oder Verleumdung gegen einen Verstorbenen — aber auch z. B. gegen einen ehemaligen, nicht mehr im Amt stehenden diplomatischen Vertreter —, ist nicht auf den Tatbestand des Art. 296 zu übertragen. In solchen Fällen liegt keine Staatsbeleidigung vor. Dem persönlich in seiner Ehre Angegriffenen und eventuell den Angehörigen eines Verstorbenen (Art. 175) bleibt selbstverständlich die Möglichkeit offen, die Art. 173ff anzurufen. — Bei anderen Fragen ergeben sich Zweifel. Es ist aber richtig, folgende Vorschriften aus den Art. 173ff. analog auch bei der Staatsbeleidigung zur Geltung zu bringen: die Bestimmung über die Zulässigkeit des Wahrheitsbeweises gemäß Art. 173 Ziff. 2, die Möglichkeit der Strafmilderung und eventuell der Strafbefreiung, wenn der Täter seine Äußerung vor dem Richter als unwahr zurückzieht (Art. 173. Ziff. 3, Art. 174 Ziff. 3). Es stehen auch nicht genügende Gründe entgegen, daß der Richter gemäß Art. 177 II und III Provokation und Retorsion nicht berücksichtigt[4].

---

[1] ZÜRCHER: Prot. II. ExpKom. 6, 90. Zu diesen Personenfragen HOESSLY: 210ff., 280f.; THORMANN-v. OVERBECK: Art. 296, N. 4. — Schon zu Art. 43 des BStR. bestand die Auffassung, daß Konsuln und Generalkonsuln nicht unter dem Schutz dieser Bestimmung standen; BURCKHARDT: Bundesrecht, 4, Nr. 2048 I i. f.

[2] Bei Kritik politischer Ereignisse wurde Beschimpfung gemäß Art. 42 des alten BStR. nicht angenommen; BURCKHARDT: Bundesrecht, 4, Nr. 2048 II. Absolut kann das freilich nicht gelten. Die Entscheidung hat nach der Lage des Einzelfalls zu geschehen.

[3] Vgl. RABINOWICZ: 53.

[4] Über Wahrheitsbeweis, Widerruf der Beleidigung und durch den Richter auszustellende Ehrenerklärung oben § 39, § 40 IV; über Provokation und Retorsion oben § 38 III 1 und 2. — Für Zulassung des Wahrheitsbeweises THORMANN-v. OVERBECK: Art. 296, N. 9; GURNY: 61f. In der Gesetzesberatung wurde die Frage offen gelassen: StenBull. NR. 1929, 790. Gegen die Berücksichtigung einer Provokation GAUTIER: Prot. II. ExpKom. 5, 317; GURNY: 61 (Retorsion nicht zu berücksichtigen). Gegen Berücksichtigung von Provokation und Retorsion auch RABINOWICZ: 136f.

Nur öffentliche Beleidigungen sind nach Art. 296 strafbar. Sie müssen in einer Weise erfolgen, daß wenigstens die Möglichkeit der Wahrnehmung durch beliebig viele Personen bestand, auch wenn im Einzelfall nur eine Person oder wenige Kenntnis erhielten[1]. Das Moment der Öffentlichkeit ist vor allem gegeben, wenn die Beleidigung durch das Mittel der Druckerpresse erfolgt. Das Preßstrafrecht (Art. 27) ist anzuwenden[2]. — Der Vorsatz des Täters muß darauf gehen, den fremden Staat in seiner Ehre zu treffen. Auf die Person, z. B. des Gesandten, braucht er es nicht besonders abgesehen zu haben. Sie kann ihm gleichgültig sein[3].

3. Die Strafdrohung des Art. 296 lautet auf Gefängnis oder Buße. Das ist der gleiche Ansatz wie beim Grundtatbestand der Verleumdung nach Art. 174 Ziff. 1 III. Anders als bei den gewöhnlichen Ehrverletzungen, bei denen die Verfolgungsverjährung auf 2 Jahre angesetzt ist (Art. 178 I), verjährt die Beleidigung eines fremden Staates in 1 Jahr (Art. 302 III).

II. Der Art. 297, der Tatbestand: **Beleidigung von Delegierten und Organen des Völkerbundes** ist wohl heute toter Buchstabe. Daß er, wenigstens in der vorliegenden Form, jemals zu neuem Leben erwachen wird, ist unwahrscheinlich. — Erst in der parlamentarischen Beratung ist die Bestimmung in das G. eingefügt worden. Die Veranlassung dazu gab der Fall des ungarischen Staatsangehörigen Justh, der im Juni 1926 im Völkerbundsgebäude in Genf den ungarischen Ministerpräsidenten und Vertreter Ungarns beim Völkerbundsrat, Graf Bethlen, tätlich mißhandelte. Die eidgenössischen Assisen verurteilten in Anwendung von Art. 42 und 43 des BStR. von 1853 mit der Annahme ‚durch Art. 7 IV des auch von der Schweiz übernommenen Völkerbundsvertrages sei auch den Vertretern zum Völkerbund der diplomatische Charakter verliehen worden. Bethlen sei überdies auch in seiner Eigenschaft als

---

[1] Hoessly: 137f. Zum Begriff der öffentlichen Begehung s. oben § 32 III und dort Zit., auch § 76 II 3 (öffentliche Aufforderung zu Verbrechen nach Art. 259), ferner Entscheidungen MKG. 3, Nr. 57, 114, 137, 138 (öffentliche Beschimpfung von Militärpersonen). Vgl. ferner Burckhardt: Bundesrecht, 4, Nr. 2048 I (Anonyme Schmähschriften an eine Behörde, eine fremde Gesandtschaft, können nicht als öffentliche Beschimpfung betrachtet werden); siehe auch Clerc: 16 mit dem Hinweis auf die Umschreibung des Begriffs der öffentlichen Begehung in Art. 266 des italienischen StGB.

[2] Die oben § 120 III erwähnte Notverordnung vom 4. August 1942, Art. 7 Ziff. 1 schaltet jedoch bei den Delikten des 16. Titels des StGB., wenigstens vorübergehend, das Zeugnisverweigerungsrecht des Redakteurs, wie Art. 27 Ziff. 3 II es vorsieht, aus. Auch hier sind Überlegungen der Politik maßgebend.

[3] Gurny: 111 meint, der Vorsatz müsse sowohl auf Beleidigung des Staatsoberhauptes usw., als auch auf Beleidigung des fremden Staates gehen. Gewöhnlich wird beides zusammentreffen. Aber notwendig ist es nicht. Unzutreffend auch Clerc: 15.

ungarischer Ministerpräsident angegriffen worden[1]. Das Urteil ist, mindestens in der Anwendung des Art. 43 BStR. — Mißhandlung eines bei der Eidgenossenschaft beglaubigten Repräsentanten einer fremden Regierung — von sehr zweifelhafter Richtigkeit.

Der Art. 297 sollte mit Bezug auf Delegierte zum Völkerbund und auf bestimmte Organe des Bundes Lücken schließen[2]. Als Personen, gegen die der beleidigende Angriff sich richtet nennt das G. die von einem Mitglied des Völkerbundes in die Völkerbundsversammlung oder in den Rat delegierten Vertreter, den Generalsekretär des Bundes und den Direktor des Internationalen Arbeitsamtes. Anders als nach Art. 296 sollte der Schutz ausschließlich diesen Einzelpersonen gelten, nicht — wenigstens nach dem Wortlaut des Art. 297 — dem Kollektiv Völkerbund[3]. In den übrigen Momenten: öffentliche Beleidigung, Strafdrohung, Verjährung (Art. 302 III) stimmt der Art. 297 mit Art. 296 überein. Die Erörterungen oben I 2 und 3 gelten entsprechend. Zusicherung des Gegenrechts durch die Regierung des fremden Staates kommt nur bei der Beleidigung eines Delegierten zum Völkerbund, nicht bei den in Art. 297 II genannten Völkerbundsorganen in Betracht (Art. 302 II).

III. 1. Der Art. 298: **Tätliche Angriffe auf fremde Hoheitszeichen**[4] ist eine Parallelbestimmung zu Art. 270; oben § 108 III. Die Unterschiede sind klar: Nach Art. 270 sind Schutzobjekt patriotische Gefühle, um nicht von schweizerischen Hoheitsinteressen zu reden (oben § 108 III). Das vom Art. 298 betreute Schutzobjekt ist dagegen gleich wie beim Art. 296 das Interesse des eigenen Landes an der Wahrung guter oder wenigstens korrekter Beziehungen zu anderen Staaten. — Als Angriffsobjekte nennt Art. 298, gleich wie Art. 270, beispielsweise Wappen und Fahnen als Symbole von Hoheitszeichen (emblêmes de souveraineté). Dagegen besteht zwischen den beiden Bestimmungen ein Unterschied

---

[1] Dazu Burckhardt: Bundesrecht, 4, Nr. 2050; Urteil der Bundesassisen vom 25. Januar 1927 mit Bemerkungen dazu Z. 40, 179ff., ferner Stämpfli: JZ. 23, 257ff. und Z. 41, 327ff.

[2] StenBull. NR. 1929, 597f., 600 (Kritik der Bestimmung); StR. 1931, 668. Ferner Stämpfli: Z. 41, 327ff., 332; Clerc: 17ff.

[3] So auch Clerc: 17 (Schutz der Organe des Völkerbundes, auch wenn die Beleidigung das Privatleben der betreffenden Personen berührt).

[4] Geschichtliches Hoessly: 241 ff. Vgl. ferner Zürcher: Erläuterungen, 406f., wo in Art. 221 noch anders als jetzt im G. nicht „öffentlich angebrachte Hoheitszeichen", sondern weitergehend „öffentliche Zeichen" genannt wurden. Darunter verstand Zürcher auch von einem Verein herumgetragene Landesflaggen, getragene Kokarden, Schärpen usw. Dazu Prot. II. ExpKom. 5, 323ff. 6, 96, woraus sich die gewollte Einschränkung gegenüber dem Text des VE. ergibt. — Entscheidung von Fällen auf Grund des bisherigen Rechts Burckhardt: Bundesrecht, 1, Nr. 44; 4, Nr. 2046; vgl. auch Kronauer: Prot. II. ExpKom. 5, 325f.; Hoessly: 243, 251ff. (auch ausländische Fälle); Clerc: 19f.

darin, daß in Art. 270 von einem durch eine Behörde angebrachten — schweizerischen — Hoheitszeichen die Rede ist, während Art. 298 auf „Hoheitszeichen eines fremden Staates, die von einer anerkannten Vertretung dieses Staates öffentlich angebracht sind", hinweist. Das ist enger, gibt auch weniger zu Auslegungsschwierigkeiten Anlaß als der Art. 270 (siehe oben § 108 III 1). Art. 298 fordert die öffentliche Anbringung eines solchen Zeichens — an einem Haus, in einem dem Publikum zugänglichen Raum, aber auch an Fahrzeugen fremder Staatsvertreter[1]).

Das Zeichen muß von einer anerkannten fremdstaatlichen Vertretung in der Schweiz angebracht sein, von einer Gesandtschaft, einem Konsulat[2]. Das geht über den in Art. 296 verwendeten Begriff der diplomatischen Vertretung hinaus. Ob „Anerkennung" durch die Schweiz vorliegt, ist, wenn es sich nicht um eine Gesandtschaft oder ein Konsulat handelt, nicht immer leicht zu entscheiden. Weite Auslegung ist geboten. Auch das von einer fremdstaatlichen offiziellen Handelskammer öffentlich angebrachte Zeichen kann z. B. Angriffsobjekt sein, nicht aber Fahne und andere Zeichen eines Ausländervereins oder einer Privatperson.

2. Die Umschreibung der verletzenden Handlungen ist gleich wie in Art. 270 gehalten: böswillige Wegnahme, Beschädigung, Verübung beleidigender Handlungen; oben § 108 III 2[3].

Bei der Prüfung des zu beweisenden Vorsatzes ist, als Nuancierung, zu berücksichtigen, daß der Täter mit Wissen und Willen nicht nur eine Sachbeschädigung verüben, sondern seine Mißachtung des fremden Staates zum Ausdruck bringen wollte[4].

3. Die tätlichen Angriffe sind mit Gefängnis oder Buße bedroht. Die Verfolgung setzt eine Ermächtigung des Bundesrates voraus, nicht aber die Zusicherung des Gegenrechts durch den fremden Staat (Art. 302 I und II). Für die Verfolgungsverjährung gilt die 5jährige Frist gemäß Art. 70 IV, nicht die einjährige Frist, die für die Beleidigungstatbestände der Art. 296/297 vorgeschrieben ist (Art. 302 III). Der Unterschied ist sachlich nicht gerechtfertigt.

4. Wie die Art. 1ff. des BGes. vom 5. Juni 1931 zum Schutz öffentlicher Wappen und anderer öffentlicher Zeichen (GesSlg. 48, 1ff.) die Verwendung schweizerischer Hoheitszeichen zu geschäftlichen Zwek-

---

[1] LANG: Prot. II. ExpKom. 5, 326: „öffentlich" soll bedeuten kraft obrigkeitlicher Gewalt des fremden Staates angebracht und öffentlich sichtbar. Vgl. noch die VO. des Bundesrates vom 26. April 1940 betreffend ausländische Fahnen, Flaggen und andere Hoheitszeichen (GesSlg. 56, 405f.).

[2] Die an einem im Ausland angebrachten fremden Hoheitszeichen verübte Tat ist nach dem schweizerischen G. nicht strafbar; anders die im Ausland an einem schweizerischen Zeichen begangene Tat; G. Art. 4 I und oben § 108 III 3.

[3] Über die Täterhandlungen auch HOESSLY: 235f., 286; RABINOWICZ: 139f.

[4] Vgl. HOESSLY: 239f., 245f., 285f.

ken untersagen, schützen die Art. 10f. dieses Gesetzes auch das Ausland gegen Mißbrauch seiner Zeichen. In gewissen Fällen wird der Schutz von der Gewährung des Gegenrechtes durch den fremden Staat abhängig gemacht (Art. 10). Auf diese Bestimmungen des Wappenschutzgesetzes, die in einer ganz anderen Richtung als die Art. 270 und 298 des StGB. gehen, kann hier nur hingedeutet werden[1]; vgl. auch oben § 108 III 4.

§ 122. Verletzung fremder Gebietshoheit.

Literatur. Angaben zu §§ 108 und 120. — SCHULER: Hochverratsähnliche Handlungen gegen befreundete Staaten, Berner Diss. (1909). — STÄMPFLI: Z. 45, 1ff.

I. Unter der zusammenfassenden Bezeichnung **Verletzung fremder Gebietshoheit** enthält der Art. 299[2] verschiedene Tatbestände, die ihr Gegenstück in den gegen das eigene Land gerichteten Staatsdelikten haben:

Nach Art. 269 ist strafbar, wer in Verletzung des Völkerrechts auf schweizerisches Gebiet eindringt (oben § 108 I). Mit entsprechender Formulierung erfaßt Art. 299 Ziff. 1 II das Eindringen auf fremdes Staatsgebiet von der Schweiz aus.

Art. 271 I bestraft die ohne Bewilligung auf schweizerischem Gebiet für einen fremden Staat vorgenommenen Handlungen, die einer (schweizerischen) Behörde oder einem (schweizerischen) Beamten zukommen. Im II. Absatz wird das Vorschubleisten zu solchen Handlungen besonders hervorgehoben (oben § 108 II 2). Dem entspricht Art. 299 Ziff. 1 I mit dem Unterschied, daß generell auf die Verletzung der Gebietshoheit des fremden Staates hingewiesen und die unerlaubte Vornahme von Amtshandlungen auf fremdem Staatsgebiet nur als Beispiel genannt wird.

Weniger deutlich ist die Beziehung von Art. 299 Ziff. 2 — Versuch, vom schweizerischen Gebiet aus gewaltsam die staatliche Ordnung eines fremden Staates zu stören[3] — zu entsprechenden, gegen die Schweiz gerichteten Staatsdelikten; siehe unten III.

Auch bei den im Art. 299 zusammengefaßten Tatbeständen steht im Vordergrund der den ganzen 16. Titel des G. beherrschende Gedanke: Wahrung des schweizerischen Interesses an guten oder wenigstens korrekten Beziehungen zu anderen Staaten und — vorsorglich — Verhütung von Konflikten. Bei der politischen Bedeutung solcher Delikte ist wiederum ein zur Strafverfolgung ermächtigender Vorentscheid durch den Bundesrat (Art. 302 I) geboten.

[1] Entscheidungen aus der Zeit vor dem Inkrafttreten des Wappenschutzgesetzes BURCKHARDT: Bundesrecht, 1, Nr. 5 VI; 4, Nr. 2046 III.

[2] Entwicklung in den Vorentwürfen SCHULER: 177ff., 185ff.

[3] Auf frühere kantonale Bestimmungen gegen gewaltsame Angriffe auf die Ordnung auswärtiger Staaten weist SCHULER: 140ff. hin.

Der Art. 299 tritt an die Stelle von Art. 41 des BStR. von 1853: Verletzung fremden Gebietes oder Verübung einer anderen völkerrechtswidrigen Handlung. Die Vagheit dieser Bestimmung hat Schwierigkeiten bereitet. Sie ist selten angewendet worden[1].

II. 1. Für den Tatbestand des vom schweizerischen Gebiet aus erfolgenden völkerrechtswidrigen Eindringens auf fremdes Staatsgebiet (Art. 299 Ziff. 1 II) gelten entsprechend die Erörterungen oben § 108 II über das politisch-geographisch umgrenzte Staatsgebiet, über den Begriff der Völkerrechtsverletzung, über den Begriff und den Vorsatz des Eindringens[2]. In der Verletzung fremder Gebietshoheit kann auch eine Neutralitätsverletzung liegen.

2. Beim Tatbestand Verletzung fremder Gebietshoheit, insbesondere durch unerlaubte Vornahme von Amtshandlungen auf fremdem Gebiet (Art. 299 Ziff. 1 I), ist wiederum auf die Erörterungen oben § 108 II zu verweisen. Die Unterschiede gegenüber Art. 271 I ergeben sich zunächst aus der Umkehr der Sachlage: Der Täter nimmt, ohne daß ihm durch Staatsvertrag, Gesetz oder besondere Bewilligung einer zuständigen ausländischen Behörde die Befugnis zusteht, eine Amtshandlung vor (vgl. oben § 108 II 1). Er handelt, ganz oder teilweise, auf fremdem Staatsgebiet, wird aber, da die korrekten Beziehungen zum Ausland gewahrt werden sollen, vom schweizerischen Richter zur Rechenschaft gezogen[3].

In Art. 271 I ist die Rede von „Handlungen, die einer Behörde oder einem Beamten zukommen". Art. 299 Ziff. 1 I spricht kürzer von „Amtshandlungen". Eine Differenz soll darin nicht gesehen werden. Beide Fassungen bedeuten, unter Berücksichtigung der umgekehrten Sachlage, Gleiches (oben § 108 II 1). Gesetzgebungstechnisch wäre die ent-

[1] Rabinowicz (Lit. zu § 120): 57ff., 96ff. (Anwendungsfälle). Fälle, in denen die Anwendung des Art. 41 BStR. erfolgte oder erörtert wurde auch bei Burckhardt: Bundesrecht, 4, Nr. 2046 I und II (Beschädigen fremder Fahnen). Ferner Stämpfli: Z. 45, 1, 4ff. (Fall Bassanesi: Verletzung italienischen Staatsgebietes in Luftraum von der Schweiz aus). Dazu das Urteil des Bundesstrafgerichts vom 22. November 1930 (Z. 45, 80ff. und BE. 56 I, 413ff.): Verurteilung nur wegen Widerhandlung gegen die schweizer. Luftverkehrsordnung vom 27. Januar 1920 (GesSlg. 36, 171ff.). Zur Geschichte und Tragweite des Art. 41 Schuler: 145ff., 151ff. (kritische Erörterung des Art. 41; die Formel „Verübung einer völkerrechtswidrigen Handlung" ein ganz unbefriedigendes Blankettgesetz). — Der VE. 1908 Art. 222 enthielt nur den Tatbestand: dem Völkerrecht zuwiderlaufende Verletzung des Gebietes eines befreundeten Staates. Weiterentwicklung Prot. II. ExpKom. 5, 332ff.

[2] Vgl. auch Prot. II. ExpKom. 5, 332ff.; Rabinowicz: 46ff., 126ff.; Clerc: 20f.

[3] In Art. 4, der auf die dem schweizer. Recht unterworfenen Auslandstaten hinweist, wird Art. 299 Ziff. 1 I nicht genannt. Die Geltung des schweizer. G. ergibt sich aber direkt aus dem Art. 299. Die Berücksichtigung einer wegen der Tat im Ausland erfolgten Strafverbüßung durch den schweizer. Richter muß auch hier gelten. Art. 4 II ist analog anzuwenden.

sprechend gleiche Fassung in beiden Bestimmungen wünschenswert gewesen.

Art. 271 II geht darin weiter als Art. 299 Ziff. 1 I, daß auch jede Vorschubleistung (oben § 108 II 2) unter der vollen Strafdrohung steht. Bei Art. 299 gelten dagegen nur die Teilnahmebestimmungen.

Daß Art. 299 Ziff. 1 I neben dem Beispiel der „unerlaubten Amtshandlungen" noch generell die Verletzung fremder Gebietshoheit nennt, ist ein Überbleibsel früherer gesetzgeberischer Vagheit. Die Praxis wird damit nicht viel anfangen können, namentlich weil in Art. 299 Ziff. 1 II das völkerrechtswidrige Eindringen auf fremdes Staatsgebiet noch besonders erfaßt wird.

3. Täter der beiden in Art. 299 Ziff. 1 umschriebenen Delikte kann ein Schweizer oder ein Ausländer sein. Daß insbesondere die auf fremdem Staatsgebiet unerlaubt vorgenommenen „Amtshandlungen" von einem schweizerischen Beamten ausgehen, ist nicht erforderlich. Jedermann kann die Tat begehen. — Die Strafdrohung lautet, weniger schwer als in den Art. 269 und 271, auf Gefängnis oder Buße.

III. In dem mit Gefängnis bedrohten Tatbestand aus Art. 299 Ziff. 2, dem Versuch, von der Schweiz aus mit Gewalt eine fremdstaatliche Ordnung zu stören, muß eine hochverräterische Handlung gegen einen fremden Staat gesehen werden. Die Fassung ist allerdings reichlich unbestimmt. Klar ist das deutsche StGB., das im wohl entsprechenden § 102 ausdrücklich auf die in den §§ 80—84 bezeichneten hochverräterischen Handlungen hinweist[1]. Für das schweizerische G. muß das Ergebnis aus der Vergleichung von Art. 299 Ziff. 2 mit dem Art. 265 gewonnen werden:

Beide Bestimmungen setzen ein gewaltsames Vorgehen des Täters voraus (oben § 103 IV). Es zielt nach Art. 265 auf eine der drei kasuistisch umschriebenen Fälle, den Verfassungs-, den Behörden- und den Gebietshochverrat, ab, auf den Umsturz, die Beseitigung der bestehenden staatlichen Ordnung (oben § 103 III). Dem gegenüber haben die Worte in Art. 299 Ziff. 2: Störung der staatlichen Ordnung eines fremden Staates einen matten Klang. Aber trotz der Mehrdeutigkeit — im wörtlichen Sinne verstanden — erscheint es ausgeschlossen, daß jedes, vielleicht geringfügige Unternehmen gegen eine fremdstaatliche Ordnung vom Art. 299 erfaßt werden soll. Nur schwere, eben hochverräterische Angriffe sollen getroffen werden[2]. Alles andere wäre unerwünschte und, auch im Verhältnis zum fremden Staat, eine nicht notwendige Über-

[1] Dazu z. B. Binding: Lb. 2 II, 497ff.

[2] Schon Gretener: Prot. I. ExpKom. 2, 256f. regte eine Bestimmung über „hochverräterische Handlungen gegen befreundete Staaten" an. Zur Frage ausführlich Schuler, namentlich 48ff., 180ff. Ferner Prot. II. ExpKom. 5, 332ff., wo bereits die Unbestimmtheit der schweizerischen Bestimmung kritisiert wurde.

spannung. Beachtlich sind auch die welschen Texte: troubler l'ordre politiques, perturbare l'ordine politico.

Hält man sich an eine einschränkende Auffassung, so bleibt es, trotz der Anlehnung an die Hochverratstatbestände des Art. 265, immer noch schwierig, die Tragweite von Art. 299 Ziff. 2 zu bestimmen: Ein Unterschied liegt zunächst darin, daß nach Art. 265 jede Handlung, die auf den Umsturz „gerichtet" ist, den Tatbestand erfüllt (dazu oben § 103 V). Art. 299 Ziff. 2 ist, wenigstens theoretisch, enger. Er fordert den Versuch einer Störung, wobei sich alle Schwierigkeiten zeigen, die einer scharfen Umgrenzung des Versuchsbegriffs entgegenstehen. Man hat als Beispiele die Organisation von Freischaren zur Unterstützung eines Umsturzes in einem fremden Land, ferner Waffenansammlungen genannt. Auch der im Inland erfolgende Aufruf zu einem gewaltsamen Umsturz im Ausland kann den Tatbestand erfüllen. Aber in jedem Fall muß aus dem Verhalten des oder der Täter das Ziel: Förderung eines ausländischen Umsturzes deutlich erkennbar sein. In einer bloßen, wenn auch noch so scharfen Kritik ausländischer staatlicher Verhältnisse liegt das noch nicht[1].

Die Tat muß vom schweizerischen Gebiet ausgehen und, mindestens die ausländische Ordnung gefährdend, in den fremden Staat hinüberwirken. Art. 299 Ziff. 2 trifft nicht mehr eine im fremden Staat sich fortsetzende Tätigkeit. Gegen die auf seinem Gebiet begangene Tat wird sich das Ausland selbst zu wehren wissen.

§ 123. Neutralitätsverletzungen.

Literatur, Angaben zu §§ 107 und 120. — PFENNINGER: Z. f. schweizer. Recht, N. F. 37, 134ff. — SCHLATTER: Der unerlaubte Nachrichtendienst im schweizer. Recht, Berner Diss. (1931). — HAFTER: Z. 27, 242ff. — THILO: Angaben zu § 107 und neuer Journ. des Tribunaux, 1942, 386ff. — ZELLWEGER: Z. 55, 61ff.

I. Schon bei den Tatbeständen der Beleidigung eines fremden Staates (Art. 296), der tätlichen Angriffe auf fremde Hoheitszeichen (Art. 298) und der Verletzung fremder Gebietshoheit (Art. 299) kann der Gedanke, die schweizerische Neutralität zu wahren, im einzelnen Fall seine Rolle spielen[2]. Dem Neutralitätsschutz dient auch die mit dem Art. 298 in einem inneren Zusammenhang stehende VO. des Bundesrates vom 26. April 1940 betreffend ausländische Fahnen, Flaggen und andere Hoheitszeichen (GesSlg. 56, 405 f.). Auf die Wahrung der Neutralität

[1] Zu diesen Fragen, außer den Angaben oben § 103 V, SCHULER: 157; HUBER: Prot. II. ExpKom. 5, 335 (noch nicht „Konspiration gegen eine fremde Regierung"; Hinweis auf das Asylrecht); vgl. auch CLERC: 20f. — Nicht anwendbar ist der Tatbestand des Art. 275: Rechtswidrige Vereinigung. In Art. 275 wird wohl der Art. 265, nicht aber Art. 299 Ziff. 2 zitiert.

[2] So auch RABINOWICZ (Lit. zu § 120): 150.

weisen ferner die Art. 59 und 65 der VO. vom 9. April 1941 über die Seeschiffahrt unter der Schweizerflagge (GesSlg. 57, 353ff.) hin[1].

In diesen Verordnungsbestimmungen mag man zeitbedingtes, vorübergehendes Notrecht sehen. Es ist anders mit den Art. 300 und 301 des G. und den entsprechenden Art. 92 und 93 des MilStG. Sie haben bleibenden Charakter.

Der Neutralitätsbegriff ist hier nicht im einzelnen zu erörtern. Er hat zum Inhalt das Sich-Nicht-Beteiligen an einem zwischen anderen Staaten ausgebrochenen Krieg. Dauernde Neutralität (neutralité perpétuelle) ist der von der Schweiz freigewählte Staatsgrundsatz, der durch den Wiener Kongreß von 1814 und durch die Pariser Konferenz von 1815 anerkannt und später erneut und ausdehnend bestätigt wurde[2]. Beim Ausbruch eines Krieges zwischen anderen Staaten hat jedoch die Schweiz keine weitergehenden Pflichten als die nur sog. gelegentlichen Neutralen. Maßgebend ist vor allem das Haager-Abkommen vom 18. Oktober 1907 betreffend die Rechte und Pflichten der neutralen Mächte und Personen im Falle eines Landkrieges[3]. — In Zeiten ausländischer Kriege gibt der Bundesrat den schweizerischen Neutralitätswillen und die Grundsätze für die Handhabung der Neutralität kund[4]. Das geschah zu Beginn des ersten Weltkrieges durch die VO. vom 4. August 1914 (GesSlg. 30, 353ff.). Im neuen Weltkrieg erging am 30. August

---

[1] Art. 59. „Wer an Bord eines schweizerischen Seeschiffes, vorsätzlich oder fahrlässig, den Neutralitätspflichten zuwiderhandelt, ... Diese Bestimmung findet auf alle an Bord des Schiffes befindlichen Personen Anwendung, gleichgültig ob sie zur Besatzung gehören oder nicht." Art. 65: Die schweizerischen Seeschiffe gelten als schweizerisches Gebiet im Sinne des Neutralitätsrechtes. — Auch bei Art. 94 des MilStG. (Fremder Militärdienst) spielt der Neutralitätsschutz mit; so StenBull., StR. 1921, 456; dazu Entscheidungen MKG. 3, Nr. 10, 24, 29, 34, Erw. C; ZELLWEGER: Z. 55, 80f. — Vgl. auch das BGes. vom 24. Juni 1904 betreffend die Überwachung der Einführung und der Verwendung von Brieftauben (GesSlg. 20, 146ff.), insbesondere Art. 3.

[2] Aus der neueren Literatur FLEINER: Bundesstaatsrecht, 708ff. und dort zit.; BURCKHARDT: Bundesrecht, insbesondere 1, Nr. 33ff.; HUBER in der Festgabe der rechts- und staatswissenschaftlichen Fakultät Zürich zum schweizer. Juristentag 1908, 201ff.; BRUNNER: Über die rechtliche Natur der schweizer. Neutralität, Zürcher Diss. (1918; namentlich die geschichtliche Entwicklung); MONA: Schweiz. Neutralität und Landesverteidigung, Berner Diss. (1936); SCHINDLER: Neutralität und Presse, Neue Schweizer Rundschau (1939, Januarheft); vgl. auch FRANK: Über Neutralitätsgesetze (1921); SCHLATTER: 45ff.; ZELLWEGER: Z. 55, 61ff.

[3] Staatsverträge über Landkrieg und Neutralität, Ausgabe des Bundesrates (1939), 53ff.; Art. 2—4 umschreiben neutralitätswidrige Handlungen, Art. 5 verpflichtet die neutrale Macht zur Bestrafung von auf ihrem Gebiete verübten neutralitätswidrigen Handlungen. Dazu ZELLWEGER: Z. 55, 68ff.

[4] Dazu auch HUBER (Lit. zu § 120): Gutachten, 49f. (von Fall zu Fall erlassene bundesrätliche Anordnungen; so schon in den Jahren 1859, 1866, 1870|1871); SCHULER (Lit. zu § 122): 160f.

1939 der grundlegende Bundesbeschluß über Maßnahmen zum Schutze des Landes und zur Aufrechterhaltung der Neutralität (GesSlg. 55, 769f.). Am 31. August 1942 erfolgte eine Neutralitätserklärung des Bundesrates (GesSlg. 55, 809) und am 2. September 1942 trat die schon vorher vorbereitete VO. vom 14. April 1939 über die Handhabung der Neutralität in Kraft (eodem, 810ff.)[1].

Die zur Wahrung der Neutralität zu erlassenden Verbote betreffen sehr verschiedene Handlungen und Unterlassungen von unterschiedlicher Gefährlichkeit und Strafwürdigkeit. Die Neutralitätspflichten werden sich auch verschieden gestalten je nach dem Schauplatz militärischer Operationen und je nachdem Nachbarstaaten oder an die Schweiz nicht angrenzende Staaten sich im Krieg befinden[2]. Die Regelung durch Notverordnungen nach den Gegebenheiten des Einzelfalls ist daher geboten. In das Kodifikationsstrafrecht sind richtigerweise nur Bestimmungen über Delikte aufzunehmen, die in jedem Fall eines ausländischen Krieges oder wenigstens im Zusammenhang mit militärischen Belangen[3] ihre Bedeutung erlangen können.

Von diesem Standpunkt aus ist es zu verstehen, daß in das Strafgesetz nur die beiden Tatbestände: Feindseligkeiten und militärischer Nachrichtendienst gegen fremde Staaten eingefügt wurden.

II. Gleichlautend bestimmen Art. 300 des bürgerlichen StGB. und Art. 92 des MilStG. über **Feindseligkeiten gegen einen Kriegführenden oder fremde Truppen**[4]. Die Aufnahme der Bestimmung in beide Gesetze war deshalb notwendig, weil zu Zeiten, da die Schweiz im vollen Frieden lebt, auf Zivilpersonen der Art. 300 des StGB. anzuwenden ist. Nach Art. 302 I ist für die Verfolgung eine Ermächtigung des Bundesrates erforderlich (oben § 120 III). Für die Beurteilung sind die Bundesassisen zuständig (G. Art. 341 lit. c). Sobald in der Schweiz Aktivdienst besteht, kommen jedoch auch für Zivilpersonen der Art. 92 des MilStG. und die militärische Gerichtsbarkeit zur Geltung (MilStG. Art. 3 Ziff. 1 V und Art. 218 I). Eine bundesrätliche Ermächtigung zur Verfolgung ist hier nicht gefordert.

1. Unter Strafe stehen nach Art. 300 I und Art. 92 I MilStG. das vom neutralen Gebiet der Schweiz aus erfolgende Unternehmen und die Unterstützung von Feindseligkeiten gegen einen Kriegführenden. Das ist der schwerste Fall einer Neutralitätsverletzung. Die Tragweite des Begriffes Unternehmen von Feindseligkeiten ist schwer zu be-

---

[1] Über das Strafrecht der Neutralitätsverordnung ZELLWEGER: Z. 55, 78ff.

[2] HUBER: Gutachten, 49f.

[3] Gut ZELLWEGER: Z. 55, 67f. (ein erschöpfendes Dauerneutralitätsgesetz kaum möglich und nicht geboten).

[4] Prot. II. ExpKom. 5, 338ff.; 6, 99ff.; HUBER: a. a. O. 51f.; HAFTER: VE. MilStG. 98; StenBull. StR. 1921, 455; NR. 1925, 426f.; vgl. auch ZELLWEGER: Z. 55, 73ff.

stimmen. Art. 4 des Landkriegsabkommens von 1907 verbietet, zugunsten eines Kriegführenden ein Korps von Kombattanten zu bilden oder Werbestellen zu eröffnen. Im Interesse der strengen schweizerischen Neutralitätsauffassung soll denn auch die Bildung einer Freischar und die Eröffnung eines Werbebureaus in der Schweiz mit dem festgestellten Ziel, sich gegen einen fremden Kriegführenden zu wenden, in den Krieg gegen ihn einzutreten, von Art. 300 I und Art. 92 I MilStG. erfaßt werden. Wollte man abwarten, bis die Freischar — oder auch ein einzelner Kriegslustiger — den Kriegsschauplatz erreicht und die Feindseligkeiten aufgenommen hat, so wäre mindestens zweifelhaft, ob das Tatbestandsmoment „vom neutralen Gebiet der Schweiz aus" unternommene Feindseligkeiten noch als erfüllt betrachtet werden könnte[1].

Wie weit reicht aber der Ausdruck Feindseligkeiten? Vom Standpunkt des Staates aus, gegen den der Täter sich wendet, könnte man zu der Auffassung kommen, daß jede die andere kriegsführende Partei begünstigende Aktion den Begriff zu erfüllen vermöchte. Eine so weitgehende Auslegung ist aber, namentlich auch im Hinblick auf die hohe Strafdrohung des Art. 300 — Zuchthaus oder Gefängnis[2] —, nicht gerechtfertigt. Die Beschränkung des Begriffs Feindseligkeiten auf kriegerische Akte ist notwendig. Weniger schwer wiegende Aktionen: Begünstigung durch Nachrichten, Zufuhr von Material usw. fallen nicht unter den Art. 300[3]. Für sie können der Vergehenstatbestand aus Art. 301 (unten III) und die zahlreichen Vorschriften der Neutralitätsverordnung vom 14. April 1939, solange sie gilt, zur Anwendung kommen.

Während sich eine enge Auslegung des Begriffes Feindseligkeiten (actes d'hostilité) aufdrängt, geht das G. andererseits darin weit, daß es

[1] Ganz klar war der Antrag HUBER: Gutachten (Lit. zu § 120), 53 und Prot. II. ExpKom. 5, 338: „Wer das neutrale Gebiet der Schweiz zum Ausgangspunkt oder Stützpunkt feindseliger Unternehmungen gegen einen Kriegführenden macht."

[2] VO. des Bundesrates vom 28. Mai 1940 betreffend Abänderung und Ergänzung des MilStG., Art. 6 Ziff. 2 lit. b: auch lebenslange Zuchthausstrafe möglich. Die Bestimmung ist Notrecht.

[3] HUBER: a. a. O. 51. BOLLI: StenBull. StR. 1921, 455 nannte außer der Formation von Freikorps und der Eröffnung von Werbestellen noch die Duldung funkentelegraphischer Anstalten, die nur einem Kriegführenden dienen, ferner das Passierenlassen von Truppen, Munitions- und Verpflegungskolonnen. Schon bei diesen letzteren Beispielen ist höchst zweifelhaft, ob sie unter den Art. 300 fallen; vgl. dazu Art. 2—4 der Neutralitätsverordnung vom 14. April 1939. — Im NR. wurde bei der Beratung des MilStG. ein Minderheitsantrag: „Wer von der Schweiz aus einen Kriegführenden durch Herstellung oder Lieferung von Munition, Waffen oder anderen Kriegsgeräten unterstützt" abgelehnt; StenBull. NR. 1925, 426f. Zu unbestimmt CLERC (Lit. zu § 120): 22; THORMANN-v. OVERBECK: Art. 300, N. 2 sagen nur „Feindseligkeiten, d. h. vor allem Kampfhandlungen". Vgl. namentlich noch die Umgrenzungen des Begriffs in Art. 22ff. der Anlage zum Landkriegsabkommen von 1907. Eine restlose Erklärung des im Strafgesetz verwendeten Begriffs der Feindseligkeiten kann darin jedoch nicht gesehen werden.

jedes feindselige Unternehmen und schon jede dazu geleistete Unterstützung als vollendetes Delikt betrachtet. Unterstützung ist Beihilfe, auch mit dem z. B. in Art. 301 verwendeten Ausdruck der Vorschubleistung verwandt. Die Bestimmungen über die Beihilfe und auch über die Anstiftung brauchen nicht herangezogen zu werden. Sie gehen in Art. 300 I auf. Beim Versuch eines Unternehmens oder einer Unterstützung kommen dagegen die Art. 21—23 zur Geltung.

Anders als in Art. 299 Ziff. 2 — Wortlaut: vom Gebiete der Schweiz aus — bestimmt Art. 300 I: vom neutralen Gebiet der Schweiz aus. Damit wird besonders betont, daß eine Neutralitätsverletzung getroffen werden soll[1].

Die Aktion muß gegen einen Kriegführenden[2] gerichtet sein. Wann ein Staat sich im Kriege befindet, mag sich theoretisch nach dem Haager Abkommen vom 18. Oktober 1907 über den Beginn der Feindseligkeiten bestimmen (Kriegserklärung). Aber darüber hat sich die moderne Kriegspraxis mehrfach hinweggesetzt. Ein Krieg, der in Verletzung des Art. 1 des Abkommens eröffnet wird, gilt trotzdem als Krieg[3]. — Daß einem Täter aus Art. 300 I der Vorsatz — Wissen und Willen — nachgewiesen werden muß, daß sich seine Feindseligkeiten gegen einen Kriegführenden richten, ist klar.

Täter kann Jedermann, Inländer wie Ausländer sein. Angehörige einer kriegführenden Truppe, die in die Schweiz übergetreten sind und infolgedessen interniert wurden und ebenso internierte Zivilpersonen, die von der Schweiz aus Feindseligkeiten gegen ihren Landesfeind aufnehmen oder es versuchen, stehen nicht unter Art. 300, sondern unter Art. 92 des MilStG. (Art. 3 Ziff. 2).

2. Nach Absatz II des Art. 300 und des Art. 92 MilStG. ist ferner das Unternehmen von Feindseligkeiten gegen in die Schweiz zugelassene fremde Truppen strafbar. Die Lage ist hier sehr verschieden von den Sachverhalten, die der Abs. I erfaßt. Fremde, in der Schweiz zugelassene Truppen sind fremde, in der Schweiz internierte Truppen, aber auch andere fremde Truppen, die sich mit Zustimmung der schweizerischen Regierung im Lande befinden. Daß diese Truppen in allen Fällen einer kriegführenden Macht angehören müssen, ja daß überhaupt Kriegszeiten vorausgesetzt werden, sagt die Bestimmung nicht. Unklar bleibt nach dem Text, ob auch einzelne Personen, die einer fremden Truppe angehören, diesen besonderen Schutz empfangen

[1] Dazu ferner Huber: Prot. II. ExpKom. 6, 100: „neutrales Gebiet der Schweiz“ das Gebiet der Schweiz in Kriegszeiten, so lange sie neutral ist. Würde Savoyen von der Schweiz okkupiert, so wäre auch dieses Gebiet inbegriffen.

[2] Zum Begriff: Kriegführende vgl. Anlage zum Haager Abkommen von 1907 betreffend Gesetze und Gebräuche des Landkrieges (Ausgabe des Bundesrates von 1939: Staatsverträge), Art. 1—3.

[3] So wohl auch Clerc: 23.

sollen[1]. Je nachdem man das bejaht oder verneint, gewinnt der Ausdruck „Feindseligkeiten" einen weiteren oder einen engeren Sinn. Richtig erscheint auch hier die einschränkende Auslegung, nach der die Aktion einen kriegerischen Akt gegen die fremde, in die Schweiz zugelassene Truppe darstellen muß. Die strafrechtliche Erfassung solcher Handlungen kann sich, je nach der Sachlage, verschieden auswirken: Die Schweiz schützt ihre Neutralität, wenn die in die Schweiz zugelassenen fremden Truppen einer kriegführenden Macht angehören. In jedem Fall aber soll die Bestimmung nach Art. 300 II das Land davor zu sichern versuchen, daß durch solche „Feindseligkeiten" die Schweiz selbst in Kriegsgefahr gerät oder gar als kriegführend betrachtet wird[2].

Ort der Tat der durch Art. 300 II erfaßten Feindseligkeiten ist die Schweiz. Ausgeschlossen ist es nicht, daß solche Feindseligkeiten vom Ausland her unternommen werden. Art. 4 des G. nennt aber bei den im Ausland verübten, dem schweizerischen Recht unterworfenen Delikten den Art. 300 nicht. Im Einzelfall wird zu prüfen sein, ob ein vom Ausland ausgehendes Unternehmen von „Feindseligkeiten" in der Schweiz bereits wirksam geworden ist, ob ein Erfolg eingetreten ist (G. Art. 7). — Verwunderlich ist, daß im II. Absatz des Art. 300 und des Art. 92 des MilStG., anders als in Abs. I, nur das Unternehmen von Feindseligkeiten, nicht auch deren Unterstützung genannt wird. Jedermann kann Täter sein.

III. Das zweite typische Neutralitätsdelikt, der **militärische Nachrichtendienst gegen fremde Staaten,** wird wiederum im bürgerlichen StGB. (Art. 301) und im MilStG. (Art. 93) übereinstimmend umschrieben[3]. Nur in der Strafdrohung ergibt sich dadurch ein Unterschied, daß neben den Grundstrafen — Gefängnis oder Buße — in Art. 93 Ziff. 2 des MilStG. für schwere Fälle auch noch die Zuchthausstrafe vorgesehen wird.

Nach Art. 4 Ziff. 2 II soll das militärische Recht bei dem häufig als internationale Spionage bezeichneten Delikt nur in Kriegszeiten für Zivilpersonen zur Geltung kommen, während zu anderen Zeiten auf sie der Art. 301 des bürgerlichen StGB. und die bürgerliche Gerichtsbarkeit — nach Art. 340 Ziff. 1 und Art. 342 das Bundesstrafgericht mit der Möglichkeit der Delegation an die kantonalen Behörden — An-

[1] So HUBER: Gutachten, 51 (z. B. Parlamentäre und deren Begleiter), auch RABINOWICZ: 130 (sinngemäße Auslegung). Zum Parlamentärbegriff und seinem Anspruch auf Unverletzlichkeit Anlage zum Landkriegsabkommen von 1907, Art. 32. Vgl. ferner Art. 114 des MilStG.: Vergehen gegen einen feindlichen Parlamentär oder einen seiner Begleiter. Der Tatbestand nennt Mißhandlung, Beschimpfung, grundlose Zurückhaltung. Gegebenenfalls geht diese Bestimmung sicher dem Art. 300 des G. und dem Art. 92 des MilStG. vor.

[2] HUBER: a. a. O. 51 i. f. CLERC: 22 sagt von Art. 300 II nur leichthin: „c'est là une des obligations classiques du neutre, qui se passe de commentaires." (?)

[3] Materialien: Prot. II. ExpKom. 5, 97, 340ff.; 6, 96ff. (zunächst Ablehnung einer solchen Bestimmung); 8, 305f.; HAFTER: VE. MilStG. 94, 98; StenBull. StR. 1921, 456 (zum MilStG.); vgl. auch SCHLATTER: 40ff.; ZELLWEGER: Z. 55, 76ff.

wendung finden. Die VO. des Bundesrates vom 4. August 1942 über Straf- und Verfahrensbestimmungen zum Schutze der Landesverteidigung und der Sicherheit der Eidgenossenschaft (GesSlg. 58, 741ff.) hat jedoch „für die Dauer des gegenwärtigen Aktivdienstes" alle Fälle der Militärgerichtsbarkeit zugeteilt und die Strafdrohungen des Art. 93 des MilStG. für anwendbar erklärt. Damit ist, solange diese VO. in Kraft bleibt, Art. 301 des G. praktisch ausgeschaltet.

Die Bestimmungen zur Bekämpfung des Nachrichtendienstes gegen fremde Staaten haben ihre beachtliche Geschichte. Schon im ersten Weltkrieg bestimmte Art. 5 der VO. des Bundesrates vom 6. August 1914 betreffend Strafbestimmungen für den Kriegszustand (GesSlg. 30, 370ff.): „Wer auf schweizerischem Gebiete Nachrichtendienst zugunsten einer fremden Macht betreibt, wird ... bestraft" und — bemerkenswert — in Abs. II: „Die Korrespondenz und das Material (Brieftauben, Flugzeug, Motorwagen usw.) werden eingezogen[1]."

Der dringliche Bundesbeschluß vom 21. Juni 1935 betreffend den Schutz der Sicherheit der Eidgenossenschaft (GesSlg. 51, 482ff.), das sog. Spitzelgesetz, hat in Art. 3 nicht nur den militärischen Nachrichtendienst im Interesse des Auslands gegen die Schweiz, sondern auch solche Dienste im Interesse des Auslandes gegen einen anderen fremden Staat erfaßt (oben § 107 III 3)[2]. Schließlich ist man zu der klaren Lösung gekommen: Bei den Staatsdelikten wird der militärische Nachrichtendienst für einen fremden Staat zum Nachteil der Schweiz erfaßt (G. Art. 274 und dazu oben § 107 III). Als Neutralitätsverletzung[3] wird dagegen der militärische Nachrichtendienst für einen fremden Staat zum Nachteil eines anderen fremden Staates behandelt (G. Art. 301 und MilStG. Art. 93).

Zu den Erörterungen über die Nachrichtendienst-Tatbestände, die oben § 107 gegeben sind, ergeben sich für den sog. internationalen militärischen Nachrichtendienst noch folgende Ergänzungen:

1. Die militärischen Nachrichten müssen sich auf Tatsachen beziehen, die für die Entscheidung über militärpolitische Maßnahmen des fremden Staates bestimmend oder mitbestimmend sein können. Es muß

[1] Zu Art. 5 der VO. von 1914 HAFTER: Z. 27, 242ff. (Schutz der schweizerischen Neutralität, nicht das fremde militärische Geheimnis als das zu schützende Rechtsgut); PFENNINGER: Z. f. schweiz. Recht, N. F. 37, 134ff.: Schutzobjekt: unsere durch den Neutralitätszustand besonders empfindlichen Beziehungen zu den Kriegführenden; Angriffsobjekt die fremdstaatliche militärische Geheimsphäre (151ff.); Auseinandersetzung mit der Rechtsprechung des MKG. und des Bundesgerichtes (153ff.); THILO: JZ. 14, 185ff., 203ff. (Rechtsprechung des Bundesgerichtes; reiche Kasuistik); SCHLATTER: 41ff., 47ff.; MAHLER: (Lit. zu § 105): 117ff.; RABINOWICZ (Lit. zu § 120): 74ff.

[2] Zu Art. 3 des Spitzelgesetzes (internationaler militärischer Nachrichtendienst) BE. 61 I, Nr. 63; Zürcher Bl. 37, Nr. 168.

[3] Vgl. SCHLATTER: 50f. (Entscheidungen zur VO. von 1914).

sich zudem um Tatsachen handeln, zu deren Beschaffung es besonderer Vorkehren, eines Nachrichtendienstes bedarf[1].

2. Die dem Täter zuzurechnenden Handlungen werden in den Art. 272, 274, 301 des G. und in Art. 93 des MilStG. in gleicher Weise umschrieben: Nachrichtendienst betreiben, einrichten, für solche Dienste anwerben oder ihnen Vorschub leisten; dazu oben § 107 II 1 und III 1[2].

3. Der internationale Nachrichtendienst wird, anders als nach dem Tatbestand des Art. 274, nur erfaßt, wenn er im Gebiete der Schweiz erfolgt. Was auswärts geschieht, berührt die schweizerischen Gerichte immerhin insofern, als im Ausland verübte „Zusammenhangshandlungen", wenn sie festgestellt werden können, unter Umständen berücksichtigt werden müssen[3].

4. Zu führen ist der zweifache Beweis, daß der Nachrichtendienst für den einen fremden Staat militärisch vorteilhaft ist oder sein kann und daß sich für den anderen fremden Staat ein entsprechender Nachteil ergibt oder sich ergeben kann. Daß Vorteil oder Nachteil oder gar beide schon eingetreten sind, ist für die Vollendung des Deliktes nicht erforderlich. Das folgt schon daraus, daß bereits die Einrichtung eines Dienstes — Spionagebureau usw. — und das Anwerben für einen Nachrichtendienst den Tatbestand erfüllen. — Bei allen in Art. 301 und Art. 93 des MilStG. genannten Tätigkeiten ist jedoch auch der Versuch möglich und strafbar (vgl. auch oben § 107 II 2 und III 1 und 3[4]).

5. Nach richtiger, auch vom Bundesgericht vertretener Auffassung erfüllt auch die in der Schweiz für einen fremden Staat zum Nachteil eines anderen fremden Staates getriebene militärische Gegenspionage den Art. 301[5].

6. Gleich wie in Art. 274 wird auch bei den Tatbeständen des internationalen militärischen Nachrichtendienstes bestimmt, daß die Korrespondenz und das Material einzuziehen sind; Art. 301 Ziff. 2 und Art. 93 Ziff. 3 des MilStG. (dazu oben § 103 III 4).

---

[1] BE. 61 I, 412f.; MAHLER: a. a. O. 117: Alles, was einen Gegner in militärischer Hinsicht interessieren kann; SCHLATTER: 52. Vgl. auch oben § 107 III 2: Nicht notwendig, daß es sich um absolut geheim gehaltene Tatsachen handelt.

[2] Vgl. noch PFENNINGER: 159ff., 166; BE. 61 I, 414f.: jedes Verhalten, das sich irgendwie in die Kette der Handlungen einreiht, welche die Einrichtung oder den Betrieb eines Nachrichtendienstes ausmachen, auch 418f.; ferner THILO: Journ. des Trib. 1942, 389f. Zum subjektiven Tatbestand — Reichweite des Vorsatzes — BE. 61 I, 415, 419f.; Zürcher Bl. 37, Nr. 168: volle Strafdrohung für Täter, Gehilfen, Begünstiger; strafbar auch Vorbereitungshandlungen. Siehe auch Entsch. MKG. 1914—1916, 97ff. (Urteile auf Grund der VO. von 1914).

[3] BE. 61 I, 416; vgl. auch SCHLATTER: 49f.

[4] Anwendung der Versuchsbestimmungen THILO: Journ. des Trib., 1942, 390f.

[5] THILO: Journ. des Trib., 1942, 399f. mit der Andeutung, daß bei in der Schweiz betriebener Gegenspionage in ausländischem Dienst auch die Anwendung von Art. 271 des G. (Verbotene Handlungen für einen fremden Staat) erwogen werden kann.

Vierter Abschnitt.

Delikte gegen die Rechtspflege.

§ 124. Einleitung. Begünstigung.

Literatur: Angaben zu § 47 des Allg. Teils. — HOFSTETTER: Die strafrechtliche Verantwortlichkeit des Verteidigers wegen Begünstigung, Berner Diss. (1938). — BRÜHWILER: Die Begünstigung nach Art. 305 des schweizer. StGB., Freiburger Diss. (1942). — Angaben zu §§ 125—129.

I. Auch das sind Staatsdelikte. Aber sie richten sich nicht gegen den Staat in seiner Existenz, und sie heben sich auch deutlich von den gegen die Amtsgewalt und die öffentliche Ordnung gerichteten Delikten (oben §§ 113ff.) ab, die vor allem Verletzungen der dem Einzelnen zugemuteten Gehorsamspflicht darstellen.

Hier betreut der Staat die Sauberkeit, Wahrheit und Zuverlässigkeit in der Rechtspflege. Er schützt sie gegen Einwirkungen und Beeinflussungen, die namentlich von außen her kommen und die Erforschung und Feststellung der Wahrheit im Prozeß hintertreiben. Gelingen solche Machenschaften, so kann sich daraus nicht nur die Fälschung eines Prozeßresultates im Einzelfall ergeben, sondern die Gefahr entsteht, daß das Vertrauen in die Rechtspflege erschüttert wird. — Richten sich die Angriffe gegen die mit der Ausübung der Rechtspflege betrauten Behörden und Beamten, so kommen die Bestimmungen der Art. 285ff., Delikte gegen die öffentliche Gewalt, zur Geltung. Verfehlungen der Rechtspflegeorgane selbst, die Rechtsbeugung, sind als Amtsdelikte nach Art. 312ff. strafbar.

Man muß diese dreifache Ordnung im Auge behalten. Erst aus dem Zusammenspiel der Vorschriften des 17. Titels mit den Tatbeständen der strafbaren Handlungen gegen die öffentliche Gewalt (15. Titel) und gegen die Amtspflicht (18. Titel) kann sich die Gewähr für eine zuverlässige Funktion der Rechtspflege ergeben.

Für die Gerichtsbarkeit gilt Entsprechendes wie bei den Delikten gegen die öffentliche Gewalt: Bundesgerichtsbarkeit — Zuständigkeit des Bundesstrafgerichtes —, wenn die Handlungen gegen die Bundesrechtspflege gerichtet sind. Die Möglichkeit der Delegation an die kantonale Gerichtsbarkeit ist, was aber hier wenig zweckmäßig erscheint, auch hier zulässig; G. Art. 340 Ziff. 1 V in Verbindung mit Art. 342 und Art. 18 des BStPr. Die gegen die kantonale Rechtspflege gerichteten Delikte stehen dagegen unter kantonaler Gerichtsbarkeit (G. Art. 343).

II. Für die systematische Einordnung der jetzt im 17. Titel als Delikte gegen die Rechtspflege zusammengefaßten Tatbestände ergaben sich Zweifel. Das zeigen die Entwürfe. Bemerkenswert ist namentlich die im VE. 1908 durchgeführte Zweiteilung: Im Anschluß an die

Delikte gegen die Staatsgewalt erfaßte er als Delikte gegen die Strafverfolgung und den Strafvollzug (VE. Art. 210—214) die falsche Anschuldigung, die — in das G. nicht übernommene — Verletzung der Anzeigepflicht, die Begünstigung, die Gefangenenbefreiung und die Gefangenenmeuterei. Dem gegenüber standen, in einem besonderen Abschnitt als Delikte gegen den gerichtlichen Beweis, die falsche Beweisaussage einer Partei, das falsche Zeugnis usw. (VE. Art. 215—219)[1]. Das diese Tatbestände zusammenhaltende besondere Moment mag man darin sehen, daß sie das Bestehen eines Prozesses zur Voraussetzung haben, daß der Täter auf die Durchführung des Verfahrens, auf den Beweis, einwirkt oder einzuwirken versucht[2].

In dem jetzt weitgespannten Rahmen des 17. Gesetzesabschnittes ergeben sich zunächst drei Gruppen:

1. Die Tatbestände der falschen Anschuldigung und der Irreführung der Rechtspflege (Art. 303/304) betreffen die Strafverfolgung; unten § 125.

2. Die Art. 306—309: Falsche Beweisaussage der Partei in einem prozessualen Verfahren, falsches Zeugnis, falsches Gutachten und falsche Übersetzung sind Delikte wider den Beweis, die Prozeßdelikte i. e. S.. unten § 126.

3. Über den engeren Begriff der Rechtspflegedelikte hinaus gehen die Tatbestände der Gefangenenbefreiung und der Meuterei von Gefangenen (Art. 310/311). Sie richten sich gegen den Strafvollzug und den

---

[1] Nicht in das G. wurden übernommen die Art. 217 und 218 des VE. 1908: Verleitung zu unwissentlichem falschen Zeugnis usw. und Fälschung und Unterdrückung von Beweismitteln. Zu diesen Tatbeständen Zürcher: Erläuterungen, 398ff.; Prot. II. ExpKom. 5, 294ff. Vgl. dazu auch Frey: Die Unterdrücknug von Urkunden (Lit. zu § 99), 47ff.

[2] Zürcher: Erläuterungen, 391f. Für die Beibehaltung der Zweiteilung hat sich z. B. Gautier: Prot. II. ExpKom. 5, 226, 271 ausgesprochen. Die große Verschiedenheit der Anschauungen über die systematische Einordnung der „Delikte gegen die Rechtspflege" zeigt z. B. die Darstellung von Binding. Er behandelt die falschen Beweisaussagen (falsches Zeugnis, Meineid usw.) im Zusammenhang mit der Urkundenfälschung als Verbrechen wider den Beweis mit Beweismitteln (Lb. 2 I, 110f., 128). Als Verbrechen wider den Staat mit der besonderen Kennzeichnung als strafbare Hemmungen des gesetzmäßigen Verlaufs streitiger Rechtspflege (Prozeßverbrechen) werden die falsche Anschuldigung und namentlich auch die schuldhaften Handlungen der Richter (Rechtsbeugung) zusammen erörtert (2 II, 514ff.). Gefangenenbefreiung, Meuterei und Begünstigung werden, zusammen z. B. mit dem Verstrickungsbruch, in einem Kapitel: Delikte gegen einzelne Rechte des Staates behandelt (2 II, 583ff., 629ff.). Die von Binding befolgte Aufteilung weist geistreich auf Beziehungen hin, die aus der Gesetzgebung nicht ohne weiteres erkennbar sind. Aber für die systematische Ordnung scheint mir der Gedanke im Vordergrund zu stehen, an einem Ort alle von außen her, von Drittpersonen erfolgenden verbrecherischen Einwirkungen auf den Gang der Rechtspflege zusammenzufassen.

Vollzug anderer strafrechtlicher Maßnahmen, gegen Verwaltungsrecht; unten §§ 127/128[1].

III. Wieder anders steht es mit der **Begünstigung**, die das G. nur mehr in der Form der Personenbegünstigung erfaßt (Art. 305). Sie kann bei der Strafverfolgung, aber auch beim Vollzug einer Strafe oder gewisser anderer strafrechtlicher Maßnahmen (G. Art. 42—45) einsetzen. Sie ist insofern der am weitesten ausgreifende Tatbestand des 17. Abschnittes.

Im Hinblick darauf, daß die Mehrzahl der bisherigen Rechte die Begünstigung im Allgemeinen Teil im Zusammenhang mit der Teilnahmelehre geordnet hatte, wurde diese Lehre im Allgemeinen Teil des Lehrbuches (§ 47) erörtert. Darauf wird hier verwiesen[2]. Notwendig sind einige ergänzende Feststellungen:

Die frühere Erörterung hatte den E. 1918, Art. 269, zur Grundlage. Der Text des G. enthält gegenüber dem E. zwei Änderungen:

1. In Art. 305 I steht an Stelle der Worte im E. „oder dem Vollzuge einer anderen strafrichterlichen Maßnahme entzieht" als endgültiger Text „oder dem Vollzug einer der in den Art. 42—45 vorgesehenen Maßnahmen entzieht". Darin ist eine materielle Änderung zu sehen. Das G. weist nur auf die Maßnahmen der Verwahrung, der Arbeitserziehungsanstalt, der Trinkerheilanstalt und der Anstalt für Rauschgiftkranke hin. Alle diese Maßnahmen sind Freiheitsentziehungen, deren Vollzug durch die Begünstigung vereitelt werden kann. Die Art. 57—61 des G. kennen aber noch andere Maßnahmen. Namentlich bei der Sicherheitshaft, die nach Art. 57 Ziff. 2 bei der Friedensbürgschaft verhängt werden kann, aber auch bei der Einziehung (Art. 58) und beim Verfall von Geschenken (Art. 59) ist eine Vereitelung des Vollzugs dieser Maßnahmen durch Dritte möglich. Nach dem Text des E. hätte auch in solchen Fällen eine Begünstigung angenommen werden müssen. Nach dem Text des G. ist das ausgeschlossen. Als Maßnahmenrecht haben überdies die Verwahrung und die Versorgung Unzurechnungsfähiger und vermindert Zurechnungsfähiger (G. Art. 14, 15 und 17), ferner das Aufenthalts-

---

[1] StenBull. NR. 1929, 692ff.; 1934, 412f.; StR. 1931, 669f.

[2] Über die Beziehung Begünstigung — Hehlerei ferner oben § 58, insbesondere II 1 und 5. — Vgl. noch BE. 6, 212; 52 I, 139; 54 I, 283f.: Feststellung, daß Begünstigung nicht Teilnahmehandlung, sondern ein selbständiges Delikt ist, daß aber der Begünstiger prozessual als Mitschuldiger des Täters betrachtet werden kann (interkantonale Auslieferungsfälle). Ferner Zürcher Bl. 25, Nr. 240: In der Schweiz verübter Diebstahl, begünstigende Handlungen im Ausland; für diese Zuständigkeit der zürcherischen Gerichte abgelehnt; Bl. 40, Nr. 3: Begünstigung bei Ungehorsam (Verweisungsbruch); Gefangenenbefreiung eine besondere Begehungsart der Begünstigung; unten § 127. — Zur Lehre von der Begünstigung im Ganzen ferner jetzt Hofstetter: 41ff.; 60ff. (kasuistische Untersuchungen über die Grenzen zwischen Strafverteidigung und Begünstigung). Die neue, erst Ende 1942 erschienene Dissertation von Brühwiler (s. Lit.-Angaben) konnte nicht mehr ausführlich berücksichtigt werden.

verbot gegenüber einem gemeingefährlichen Ausländer (Art. 16) und besonders auch die für Kinder und Jugendliche vorgesehene Behandlung (Art. 84ff., Art. 91ff. — mit Ausnahme des Art. 95: Bestrafung) zu gelten (siehe auch unten § 128 I: Gefangenenbefreiung).

Die Einschränkung, die im G. gegenüber Art. 269 des E. erfolgt ist, war ein Mißgriff[1]. Das Analogieverbot verhindert, zu einer Bestrafung weiterer Vollzugsvereitelungen zu gelangen. Das ist bedauerlich, um so mehr als andererseits die Vereitelung des Vollzuges auch bloßer Übertretungsstrafen — Haft oder Buße — den Tatbestand des Art. 305 erfüllt[2]. Die Strafdrohung: Gefängnis gilt für den Begünstiger auch hier. Der Charakter der Begünstigung als eines Vergehens gegen die staatliche Ordnung, gegen die Rechtspflege, erhält damit starke Betonung[3]. Immerhin wird der Richter bei der Strafzumessung die Schwere der begünstigten Tat und die Strafe, die den Vortäter traf, mit in Berücksichtigung ziehen. Unbefriedigend bleibt, daß nach Art. 144 II in besonders leichten Fällen von Sachhehlerei auf Buße erkannt werden kann (s. oben § 58 II 5), während das in leichten Fällen von Personenbegünstigung nicht zulässig ist, es sei denn daß mildernde Umstände nach Art. 64 angenommen werden[4].

2. Art. 269 II des E. sah obligatorisch Strafbefreiung des Begünstigers vor, wenn er in so nahen Beziehungen zum Begünstigten steht, daß sein Verhalten entschuldbar ist; dazu Allg. Teil, § 47 II 5. Nach dem Vorgang des 1928 in Kraft getretenen MilStG. (Art. 176 III) bestimmt dagegen Art. 305 II des G. nur, daß der Richter von einer Bestrafung Umgang nehmen kann. — Die Frage, ob nur nahe verwandtschaftliche oder, darüber hinausgehend, allgemein nahe persönliche Beziehungen berücksichtigt werden können, hat in der parlamentarischen Beratung des G. eine erhebliche Rolle gespielt[5]. Mit der weiteren Fas-

---

[1] So auch THORMANN-v. OVERBECK: Art. 305, N. 2: „Der Grund zu dieser Einschränkung ist nicht recht erklärlich, da die ratio legis auch bei diesen Maßnahmen die gleiche ist: das Interesse am ungehinderten Vollzug." Kritik auch bei BRÜHWILER: 49f.

[2] Unbegreiflich HOFSTETTER: 43, der annimmt, die Vereitelung des Strafanspruchs aus einer Übertretung bleibe straflos.

[3] THORMANN-v. OVERBECK: Art. 305, N. 7.

[4] Eigenartig ist auch, daß in Art. 176 des MilStG., der gleich wie das bürgerliche StGB. die Begünstigung mit Gefängnis bedroht (Abs. I), in leichten Fällen disziplinarische Bestrafung zugelassen ist (Abs. II). — Das militärische Recht enthält noch einen besonderen „Begünstigungstatbestand"; Art. 79: Nichtanzeige vom Vorhaben einer Meuterei (vgl. Art. 64), eines Ausreißens, einer Verräterei. Über den vom G. nicht übernommenen Tatbestand: Verletzung der Anzeigepflicht (E. 1918, Art. 211) ZÜRCHER: Erläuterungen, 385ff.; Prot. II. ExpKom. 5, 236ff. Vgl. auch Allg. Teil, § 47 II 3: Kantonale Rechte; unechte Begünstigung.

[5] Vgl. z. B. StenBull. NR. 1929, 603, 605; StR. 1931, 669f.; NR. 1935, 523; StR. 1936, 181.

sung gibt das G. eine kluge Lösung. Der Richter hat nach freiem Ermessen zu prüfen, ob das Verhältnis zwischen Täter und Begünstigtem derart ist — Verwandtschaft, Freundschaft, aber auch z. B. Abhängigkeit —, daß eine begünstigende Unterstützung menschlich begreiflich ist, ja unter Umständen auch moralisch gerechtfertigt werden kann[1].

§ 125. Falsche Anschuldigungen und Anzeigen.

Literatur. STOOSS: Grundzüge, 2, 439ff. — RUFER: Die falsche Anschuldigung nach schweizer. Recht, Berner Diss. (1919). — TEICHMANN: ZschwR., N. F., 9, 346ff. — HEILBORN: VD., Bes. Teil, 3, 105ff.

I. Die bisherigen Rechte zeigen, wie schwer es dem Gesetzgeber gefallen ist, für die falsche Anschuldigung den richtigen Ort im System des Gesetzes zu finden. Das hängt vor allem damit zusammen, daß die Bildung der besonderen Gruppe: Delikte gegen die Rechtspflege erst allmählich gelungen ist. Schon früh haben Tessin Art. 178ff. und Neuenburg Art. 159 die falsche Anschuldigung in einem Abschnitt: Delitti contro l'amministrazione della giustizia (Délits contre l'administration de la justice) eingefügt. Aber bemerkenswert ist die Bezeichnung als calunnia und als dénonciation calomnieuse. Darin kommt die — noch abzuklärende — Beziehung zwischen falscher Anschuldigung und Verleumdung zum Ausdruck. Deutlich unter dem Einfluß der eidgenössischen Entwürfe steht das StGB. von Freiburg (1924). Es behandelt die falsche Anschuldigung (Art. 173) neben dem falschen Parteieid, dem falschen Zeugnis und der Begünstigung als Straftat gegen die Rechtspflege. Auch Waadt (1931) hat einen Titel: Délits contre l'administration de la justice gebildet. Als entrave à l'action de la justice umschreibt es den Tatbestand: unwahre Anzeige, ein Delikt sei verübt worden (Art. 286); unten III 1. Dagegen ist die gegen eine bestimmte Person gerichtete falsche Anschuldigung (plainte et dénonciation calomnieuses, Art. 153) bei den Ehrverletzungen untergebracht. Zusammen mit den Ehrverletzungen behandeln auch Bern (Art. 181) und Genf (Art. 302) die falsche Anzeige. Basel stellt ohne zusammenfassende Bezeichnung in einem besonderen Abschnitt Meineid, falsches Zeugnis und falsche Anschuldigung (§§ 78—83) nebeneinander. Ganz vag ist die Bezeichnung als Verbrechen gegen öffentliche Treue und Glauben, z. B. in Zürich § 105, Luzern §§ 144—146 (falsche Anklage)[2].

---

[1] THORMANN-v. OVERBECK: Art. 305, N. 8 erklären dazu, das Verfahren müsse in allen Fällen, auch bei einer Verwandten-Begünstigung, zu Ende geführt werden, nur der Richter habe eventuell über eine Strafbefreiung zu entscheiden. Ja. Aber möglich ist auch, daß, wenn auf Grund der Untersuchung die Voraussetzungen nach Art. 305 II gegeben erscheinen, von einer Anklageerhebung Umgang genommen wird.

[2] Weitere Daten bei STOOSE: Grundzüge, 2, 439f. und namentlich bei RUFER: 66ff. (vergleichende Darstellung); vgl. auch HEILBORN: 105f.: geschichtliche Ent-

Die falsche Anschuldigung und auch die sog. Irreführung der Rechtspflege nach Art. 304 des G. (unten III) gefährden die Justiz. Sie wird durch eine verwerfliche Tat veranlaßt, ihres Amtes zu walten. Sie wird irregeführt mit der möglichen Wirkung, daß gegen Unschuldige prozessuale Maßnahmen vorgenommen werden, ja eventuell ein Unschuldiger verurteilt wird. Damit erklärt sich die Auffassung, die falsche Anschuldigung sei ein Delikt gegen die Person. Darüber hinaus ist sie aber auch gegen die Zuverlässigkeit der Rechtspflege gerichtet. Darin unterscheidet sie sich von der Verleumdung[1]. Anders als bei ihr ist bei der falschen Anschuldigung die Einwilligung der verletzten Person bedeutungslos.

II. Der Grundtatbestand der **falschen Anschuldigung**[2], wie er sich in Art. 303 Ziff. 1 I des G. darstellt, enthält folgende Momente:

1. Ein Nichtschuldiger wird eines Verbrechens oder eines Vergehens beschuldigt (dénoncer). Die Beschuldigung muß bei „der Behörde" geschehen. Verbrechen und Vergehen sind im technischen Sinn des Art. 9 zu verstehen. Daß aber der Anschuldigende sich über die formalen Grenzen zwischen Verbrechen, Vergehen und Übertretungen im klaren ist, darf nicht angenommen werden. Aber wissen muß er, daß seine Anschuldigung ein strafbares Verhalten zum Gegenstand hat[3].

Beschuldigen (dénoncer) ist im weitesten Sinne zu verstehen. Daß irgendwelche prozeßrechtlichen Formen beobachtet werden, ist nicht erforderlich. Die Beschuldigung kann mündlich oder schriftlich — auch in einem anonymen Brief — geschehen[4]. Nicht ausreichend ist eine bloße

---

wicklung; Ausgangspunkt die römische calumnia; 122f.: Ablehnung der falschen Anschuldigung als eines Delikts gegen die Rechtspflege, vielmehr „ein eigentümliches Delikt gegen die Person", ein Schikanedelikt, am besten hinter den Ehrverletzungen einzureihen. Besonders beachtlich die Daten aus alten schweizerischen Rechtsquellen bei RUFER: 3ff. (falsche Anklagen mit dem Hinweis auf die Zeiten des privaten Anklageprozesses). BINDING: Lb. 2 II, 524ff. (geschichtlich; Loslösung der falschen Anschuldigung von der Ehrverletzung).

[1] Gut STOOSS: Grundzüge, 2, 440f.; auch ZÜRCHER: Erläuterungen, 382ff.; GAUTIER: Prot. II. ExpKom. 5, 226 (délit dirigé aussi bien contre un individu que contre l'Etat; fausser l'action de la justice); THORMANN-v. OVERBECK: Art. 303, N. 1; JZ. 16, 355, Nr. 239 (Baselstadt); RUFER: 12ff. (Auseinandersetzung mit der Literatur).

[2] Prot. II. ExpKom. 5, 223ff.; 6, 107ff. — Der französische Text des G. nennt das Delikt dénonciation calomnieuse wie frühere welsche Rechte. Der Gedanke, daß ein verleumdungsähnlicher Angriff gemeint ist, kommt darin zum Ausdruck. Anders die Bezeichnung im italienischen Text als denuncia mendace. — Entwicklung der Vorentwürfe bis 1916 bei RUFER: 85ff.

[3] Unmißverständlich VE. 1908, Art. 210: einer strafbaren Tat beschuldigt. Die Fassung in Art. 303 Ziff. 1 I: Beschuldigung eines Verbrechens oder eines Vergehens erklärt sich damit, daß in der Ziff. 2 die Beschuldigung einer Übertretung strafmildernd herausgehoben wird; unten 8. Zu diesen Fragen noch RUFER: 32ff. (in jedem Fall eine strafbare und verfolgbare Tat).

[4] GAUTIER: Prot. II. ExpKom. 5, 226. Unzutreffend war der VE. 1894, Art. 169 mit dem Verlangen „förmliche Strafanzeige". Vgl. auch THORMANN-

Verdächtigung[1]. Aber die Grenze zwischen ihr und einer Beschuldigung wird oft schwer zu ziehen sein. Die Entscheidung steht im freien Richterermessen.

Die Beschuldigung muß sich gegen eine bestimmte Person richten. Darin liegt ein Unterschied gegenüber Art. 304 Ziff. 1 I (unten III 1). Daß aber die beschuldigte Person mit Namen genannt wird, ist nicht erforderlich. Es genügt, wenn sie erkennbar bezeichnet wird[2]. — Es ist auch nicht notwendig, daß die Beschuldigung auf ein tatsächlich verübtes Delikt sich bezieht. Die Beschuldigung kann bloßer Phantasie entsprungen sein.

Art. 303 Ziff. 1 I fordert die Beschuldigung „bei der Behörde", während in Art. 304 Ziff. 1 I, wenigstens im deutschen Text, von der Anzeige „bei einer Behörde" die Rede ist. Die unterschiedliche Fassung ist verfehlt. Insbesondere bei Art. 303 erhebt sich die Frage, ob die Anschuldigung bei der für eine Strafverfolgung zuständigen Behörde erfolgen muß[3]. Aber das ist zu eng. Dem Publikum sind die zuständigen Strafverfolgungsbehörden vielfach unbekannt. Der Täter kann sich an irgendeine Behörde wenden. Über die Zuständigkeit braucht er sich keine juristischen Gedanken zu machen. Er mag sich mit der Auffassung begnügen, daß die von ihm angegangene Behörde Weiteres veranlassen, die Anzeige an die zuständige Stelle weiterleiten wird. In Zweifelfällen muß entscheiden, daß dem Täter die Absicht, eine Strafverfolgung gegen den zu Unrecht Beschuldigten herbeizuführen, bewiesen wird[4].

2. Gegen einen Nichtschuldigen muß sich die Anzeige richten[5]. Fast zum Überfluß fügt das G. hinzu, daß der Täter wider besseres Wissen handeln muß. Im Grunde ergibt sich das schon daraus, daß der Vorsatz die einzelnen Tatbestandsmomente, also auch die Nichtschuld, aber auch die Nichtverfolgbarkeit des Beanzeigten aus anderen Gründen umfassen muß[6]. Die Annahme liegt nahe, daß dem Gesetzgeber bei der

---

v. Overbeck: Art. 303, N. 3, ferner Stooss: Grundzüge, 2, 443 (Hinweis auf kantonale Rechte, die bestimmte Formen, namentlich Schriftlichkeit, verlangten).

[1] Stooss: Motive VE. 1894, 229 mit der allerdings fraglichen Begründung, daß der Untersuchungsrichter durch eine bloße Verdächtigung sich nicht beeinflussen läßt. — Bisherige kantonale Rechte, z. B. Thurgau § 221, ließen auch das Inverdachtbringen genügen.

[2] Rufer: 11, 22ff. (bestimmte oder bestimmbare Person).

[3] So Kronauer: Prot. II. ExpKom. 5, 224, 229.

[4] Vgl. Gautier und Lang: Prot. II. ExpKom. 5, 227, 229; JZ. 16, 355, Nr. 239: Genügend jede, an eine öffentliche Behörde gerichtete Mitteilung, von welcher der Täter weiß, daß sie ein Strafverfahren gegen den Angeschuldigten zur Folge haben muß (Baselstadt); ferner Rufer: 30ff.

[5] Nur lebende Personen, nicht gegen einen Toten oder eine fingierte Person. Gegen sie ist die erstrebte Strafverfolgung nicht möglich; Rufer: 21. Bei der Beschuldigung eines Toten kann Art. 175 anwendbar sein.

[6] Wer sicher weiß, daß Strafausschließungs- oder -aufhebungsgründe (Notwehr, Fehlen der Schuld, Verjährung usw.) vorliegen und trotzdem beschuldigt,

Einfügung der Worte „wider besseres Wissen" der verwandte Tatbestand der Verleumdung vorgeschwebt hat. Das Verhältnis zwischen Art. 303 und Art. 174 ist hier abzuklären:

Regelmäßig, ja wohl immer, erfüllt die falsche Anschuldigung, wenn sie in der Form der Ziff. 1 I des Art. 303 erfolgt, auch den Verleumdungstatbestand. Wer wider besseres Wissen jemanden bei einer Behörde — also bei Drittpersonen — eines Verbrechens oder Vergehens beschuldigt, geht dem Beschuldigten auch an die Ehre, an seinen guten Ruf. Möglich ist auch, daß der Täter gleichzeitig eine Kreditschdäigung (Art. 160) oder unlauteren Wettbewerb (Art. 161) verübt. Aber wenigstens das Zusammentreffen einer falschen Anschuldigung mit einer Verleumdung stellt eine typische Gesetzeskonkurrenz dar. Art. 174 geht im Art. 303 Ziff. 1 I auf. Die falsche Anschuldigung ist der besondere Fall[1].

3. Die Anschuldigung (dénonciation, denuncia) setzt ein Handeln voraus. Wer durch eine Unterlassung eine Strafverfolgung gegen einen Unschuldigen herbeiführen will, in dieser Absicht schweigt, obschon er aufklären könnte, erfüllt den Tatbestand aus Ziff. 1 I des Art. 303 nicht[2]. Aber die Frage bleibt offen, ob im Einzelfall der zweite Absatz der Ziff. 1 zur Geltung gebracht werden kann; unten 5. Frühere Rechte, z. B. Zürich § 105 I, nennen besonders noch den Fall, daß jemand bei einer an sich gerechtfertigten Verzeigung „Tatsachen, zu deren Mitteilung er rechtlich verpflichtet ist und die zur Entlastung des Angeklagten dienen könnten, absichtlich verschweigt". Das ist eine strafbare Unterlassung[3]. Vom eidgenössischen G. wird sie nicht erfaßt, weil das Verschweigen nicht erfolgt, um gegen einen Nichtschuldigen eine Strafverfolgung herbeizuführen. Unter Umständen können aber in einem solchen Fall die Bestimmungen über ein falsches Zeugnis zur Geltung kommen; unten § 126.

4. Zu der vorsätzlichen Anschuldigung eines Nichtschuldigen muß

---

erfüllt den Tatbestand; Binding: 533f;. Rufer: 39f. Vgl. auch BE. 39 II, Nr. 41 (L'omission consciente et volontaire d'une circonstance lors de la rédaction d'une plainte pénale).

[1] So auch Stooss: a. a. O. 441; Rufer: 94ff. mit Hinweisen auf weitere Literatur. Thormann-v. Overbeck: Art. 303, N. 8 nehmen dagegen, ohne nähere Begründung, an, daß zwischen falscher Anschuldigung und Verleumdung Idealkonkurrenz möglich ist. Zutreffend Zürcher Bl. 2, Nr. 56, jedoch mit der Feststellung einer möglichen Konkurrenz zwischen Ehrverletzung und falschem Zeugnis; unten § 127 III 8. Vgl. auch Binding: 537ff. Ferner Zürcher Bl. 34, Nr. 94: Eine Äußerung, die als falsche Anschuldigung (Offizialdelikt) verfolgt werden kann, darf nicht zum Gegenstand einer Ehrverletzungsklage gemacht werden.

[2] Vgl. Zürcher Bl. 35, Nr. 88: Verschweigen entlastender Tatsachen, z. B. eigener Provokation, bei an sich begründeter Anschuldigung ist nicht strafbar.

[3] Vgl. die Fälle Zürcher Bl. 8, Nr. 151 und 35, Nr. 88, auch JZ. 33, 105, Nr. 76.

die Absicht kommen, eine Strafverfolgung gegen ihn herbeizuführen[1]. Das ist das Ziel des Täters. Daß er es erreicht, ist nicht nötig; unten 6. Der Begriff Strafverfolgung ist in einem weiten Sinne zu verstehen. Er umfaßt jedes strafprozessuale Eingreifen, auch schon polizeiliche Erhebungen[2]. — Nur wenn der doppelte Beweis des Vorsatzes mit Bezug auf den objektiven Tatbestand und der auf die Veranlassung einer Strafverfolgung gerichteten Absicht geleistet ist, kann eine Verurteilung erfolgen. Fahrlässige, leichtsinnige, unbesonnene falsche Anschuldigungen, die einigen kantonalen Rechten noch bekannt waren[3], sind nach dem G. nicht strafbar. Möglich aber bleibt bei fahrlässiger falscher Anschuldigung eine Haftung aus OR. Art. 41ff[4].

5. Zum Grundtatbestand nach Art. 303 Ziff. 1 I, der falschen Anschuldigung durch Anzeige (dénonciation), fügt der Abs. II den Tatbestand hinzu: wer in anderer Weise arglistige Veranstaltungen trifft, in der Absicht, eine Strafverfolgung gegen einen Nichtschuldigen herbeizuführen. Der Ton liegt auf dem Ausdruck arglistige Veranstaltungen (machinations astucieuses, mene subdole). Damit wird eine zusammenfassende Charakterisierung des Delikts gegeben. Abs. I umschreibt den Hauptfall einer solchen Veranstaltung. Die Worte „in anderer Weise" im II. Absatz stellen eine ergänzende Generalklausel dar[5]. Gleich wie beim ersten Tatbestand muß sich der Täter auch hier von der Absicht leiten lassen, eine Strafverfolgung gegen einen Nichtschuldigen herbeizuführen (oben 4). Aber er nennt ihn nicht, weist nicht ausdrücklich auf eine bestimmte Person hin. Seine „Veranstaltungen" sind aber so deutlich, daß erkennbar sein muß, auf wen — einen Nichtschuldigen — der Täter es abgesehen hat. — Der Ausdruck: arglistige Veranstaltungen anderer Art ist von großer Unbestimmtheit. Erst die Rechtsprechung muß ihm den Inhalt geben. GAUTIER (Prot. II. Exp-

---

[1] Zürcher Bl. 16, Nr. 190 und JZ. 13, 249, Nr. 221: Fehlen des Beweises, daß die Absicht (Motiv) des Täters bestand, gegen einen Nichtschuldigen eine Strafverfolgung herbeizuführen (problematischer Entscheid); Bl. 33, Nr. 45 und JZ. 28, 232, Nr. 212, auch BE. 8, 482: Die falsche Anschuldigung muß aus freien Stücken, aus eigener Initiative, um die Strafverfolgung in Gang zu bringen, erfolgen. Lügenhafte Behauptungen auf Befragen durch eine Behörde erfüllen den Tatbestand nicht; Annahme einer Verleumdung. Gegen die Annahme der „Freiwilligkeit" der Anzeige BINDING: 528f.; RUFER: 25ff.

[2] Prot. II. ExpKom. 5, 234f.

[3] STOOSS: Grundzüge, 2, 444. Für die Bestrafung fahrlässiger falscher Anschuldigung GERMANN: Z. 49, 289f. — Ausschluß des Vorsatzes, wenn ernsthafte Verdachtgründe (guter Glaube) zu einer Anzeige führten; AargRSpr. 10, Nr. 19; RUFER: 48ff.

[4] Zur Frage der fahrlässigen falschen Anschuldigung und eventueller Bestrafung wegen Beleidigung, was jedoch nach dem eidgenössischen StGB. nicht mehr in Frage kommen kann, RUFER: 52ff.; zivilrechtliche Haftung: 61ff.

[5] Zutreffend LANG: Prot. II. ExpKom. 6, 109: Der erste und der zweite Absatz der Ziff. 1 stehen im Verhältnis des speziellen zum allgemeinen Fall.

Kom. 5, 227) nennt täuschende Schaffung falscher Indizien gegen einen Unschuldigen[1]. Anders als nach Abs. I, der eine Anzeige, ein positives Handeln, voraussetzt, kann hier auch ein arglistiges Nichthandeln, eine Unterlassung, den Tatbestand erfüllen. Aber Zurückhaltung ist geboten. Eine Pflicht für jedermann zum Eingreifen, wenn z. B. der Verdacht eines Verbrechens besteht, gibt es nicht. Wenn aber, wer die wahren Verhältnisse kennt und sofort aufklären könnte, schweigt, um die Verfolgung eines Unschuldigen herbeizuführen, sollte wegen „arglistiger Veranstaltung" zur Rechenschaft gezogen werden können[2].

6. Mit der Erfüllung des objektiven Tatbestandes: der falschen Anzeige, die von der Behörde, an die der Anzeiger sich gewandt hat, zur Kenntnis genommen wurde, oder mit einer anderen arglistigen Veranstaltung, ist das Delikt vollendet. Die Beschuldigung braucht keine weiteren Folgen für den Beschuldigten zu haben. Die Anzeige erschien z. B. der Behörde so haltlos, daß sie dem Papierkorb übergeben wurde[3].

7. Art. 308 I setzt hier ein. Er ist eine Bestätigung dafür, daß mit der Anschuldigung das Delikt vollendet ist. Aber er berücksichtigt eine tätige Reue nach vollendeter Tat, die Berichtigung, den Widerruf der falschen Anschuldigung, wenn er aus eigenem Antrieb erfolgte und bevor durch die Anschuldigung ein Rechtsnachteil für einen anderen entstanden ist. — Mit den Worten „aus eigenem Antrieb" verwendet das G. den gleichen Ausdruck wie beim Rücktritt vom unvollendeten und bei der tätigen Reue bei vollendetem Versuch (Art. 21 II, 22 II und dazu Allg. Teil, § 42). Überdies darf noch kein Rechtsnachteil für einen anderen, d. h. hier für den fälschlich Beschuldigten, entstanden sein. Ist infolge der Anzeige gegen den zu Unrecht Beschuldigten behördlich vorgegangen worden — Vernehmungen, Festnahme, Hausdurchsuchung und andere prozessuale Vorkehren — oder ist gar ein Urteil gegen ihn ergangen, so findet der Widerruf der falschen Anschuldigung im Rahmen von Art. 308 I keine Berücksichtigung mehr. Auch nicht wenn der Beschuldigte vom Gericht freigesprochen wird, denn schon Untersuchung und Anklageerhebung stellen Rechtsnachteile dar[4]. — Für den Täter, der die Voraussetzungen des Art. 308 I erfüllt, gibt das G. dem Richter die Möglichkeit, die Strafe nach freiem Ermessen zu mildern (Art. 66)

---

[1] Thormann- v. Overbeck: Art. 303, N. 4: Herstellung von Spuren, die auf eine falsche Täterschaft hinweisen, Verstecken einer Diebsbeute in einem fremden Mantel. Vgl. auch Tessin Art. 178 Ziff. 2: simulando o contraffacendo gli indizi, o facendo uso di ingannevoli artifizi.

[2] Eine wünschenswerte Auslegung von Art. 303 Ziff. 1 II. Sie ist aber, namentlich im Hinblick auf den französischen Text —machinations astucienses—, zweifelhaft.

[3] Rufer: 41f.

[4] Zur Tragweite des Begriffs: Rechtsnachteil Ufenast (Lit. zu § 127): 94f.

oder von einer Bestrafung Umgang zu nehmen. Auch im letzteren Fall hat aber das Urteil den Täter schuldig zu erklären[1].

8. Die Strafdrohung für die Fälle nach Art. 303 Ziff. 1 lautet auf Zuchthaus oder Gefängnis. Betrifft die falsche Anschuldigung dagegen eine Übertretung, so ist die Strafe Gefängnis oder Buße. Die Differenzierung der Strafdrohung richtet sich also nach der Schwere der Anschuldigung. Dagegen ist der bei der Beratung des Entwurfes 1894 aufgeworfene Gedanke, verschiedene Strafen anzudrohen, je nachdem die falsche Anzeige eine Verurteilung des Beschuldigten oder ein Strafverfahren gegen ihn zur Folge hatte oder nicht[2], nicht weiter verfolgt worden. Es ist jedoch wohl kaum ganz zu vermeiden, daß der Richter bei der Strafzumessung darauf Rücksicht nimmt, wie weit sich eine falsche Anschuldigung auswirkte. Allerdings liegt darin ein gewisser Rückfall in die Erfolgshaftung. Er ist aber verständlich. — Wie es in der Ziff. 1 des Art. 303 für die Begriffe Verbrechen und Vergehen der Fall ist, muß auch in der Ziff. 2 der Übertretungsbegriff technisch, im Sinne des Art. 101, verstanden werden. Jede Übertretung zählt, gleichgültig ob sie im StGB., in der Nebenstrafgesetzgebung oder, soweit der kantonale Übertretungsbegriff sich mit dem eidgenössischen deckt, im kantonalen Strafrecht steht (vgl. G. Art. 333 II, 335, Ziff. 1 I). Dagegen ist Art. 303 nicht anwendbar, wenn mit einer falschen Anschuldigung ein Disziplinarvergehen oder ein Ordnungsfehler behauptet wird[3]. Der Verleumdungstatbestand kann in einem solchen Fall zur Geltung kommen.

III. Auch in der falschen Anschuldigung liegt eine **Irreführung der Rechtspflege.** Das G. hat diese Bezeichnung aber für die zwei Tatbestände des Art. 304 aufgespart.

1. Der Tatbestand der falschen Anzeige nach Ziff. 1 I unterscheidet sich dadurch von der falschen Anschuldigung, daß der Täter nicht auf eine bestimmte Person als Beschuldigten hinweist. Er redet ins Blaue hinein. Die Motive können sehr verschiedener Art sein. Der Täter kann, um eine eigene Missetat zu verdecken, einen Diebstahl oder einen räuberischen Überfall vortäuschen. Er kann auch aus Bosheit oder Wichtigtuerei handeln. Möglich ist auch, daß der Täter wohl eine bestimmte Person, die er zu Unrecht verdächtigen möchte, im Auge hat, sich aber hütet, auf sie hinzudeuten[4]. In einem solchen Fall kommt

---

[1] Dazu jetzt METTLER: Das Absehen von Strafe, Zürcher Diss. (1929), 64f. mit dem Vorschlag, von Straffreisprechung zu reden.

[2] Prot. I. ExpKom. 2, 269f.; STOOSS hat richtig darauf hingewiesen, daß eine solche Folge nicht von der Schuld des Anzeigers abhängt. Über differenzierte Strafdrohungen nach früheren Rechten STOOSS: Grundzüge, 2, 444f.

[3] GAUTIER: Prot. II. ExpKom. 5, 227; ZÜRCHER: Erläuterungen, 383.

[4] Bisherige Rechte Tessin Art. 177 § 1: querela o notizia di un fatto punibile, non vero, senza incolpare determinata persona; Waadt Art. 286 — unter der Be-

Art. 304 Ziff. 1 I im Verhältnis zu Art. 303 Ziff. 1 subsidiäre Bedeutung zu.

Gegenüber der Tatbestandsfassung bei der falschen Anschuldigung ergeben sich weitere Unterschiede: Die Differenzierung, je nachdem die Anzeige sich auf ein Verbrechen, Vergehen oder eine Übertretung bezieht, ist in Art. 304 nicht durchgeführt. Vor allem aber nennt Ziff. 1 I nur die fälschliche Anzeige, es sei eine „strafbare Handlung" begangen worden. Andere arglistige Veranstaltungen, die auch hier möglich sind — Sachbeschädigung, Selbstfesselung, Selbstverletzung, durch die ein Verbrechen vorgetäuscht werden soll — sind nicht berücksichtigt. Regelmäßig wird sich mit einer solchen Veranstaltung allerdings die Behauptung, es sei eine Straftat verübt worden, verbinden. Steckt hinter solchen Machenschaften die Absicht, z. B. von einer Versicherung eine Entschädigung zu erlangen, so ist überdies die Anwendung der Betrugsbestimmung zu erwägen[1].

Für die übrigen Momente: Anzeige bei einer Behörde, Vorsatz, Handeln wider besseres Wissen und Vollendung gilt früher Gesagtes; oben II 1, 2, 6 und 7.

Nicht selten sind fahrlässige Anzeigen, eine strafbare Handlung sei verübt worden. Das ist ebensowenig strafbar wie die fahrlässige falsche Anschuldigung[2].

2. Anderer Art als der Tatbestand nach Art. 304 Ziff. 1 I ist die Selbstbezichtigung nach Ziff. 1 II .Der Täter beschuldigt sich selbst einer strafbaren Handlung. Das ist nicht so sonderbar, wie es auf den ersten Blick erscheint. Aus verschiedenen Motiven kann es geschehen: Der Täter will für einen anderen, einen Schuldigen, eintreten, was auf die Begünstigung (Art. 305) hinweist. Er will sich ein Alibi für eine andere, von ihm verübte Straftat verschaffen. Er will sich aus einer elenden Lage heraus für eine gewisse Zeit Versorgung verschaffen. Auch Selbstbeschuldigungen auf pathologischer Grundlage kommen vor[3].

---

zeichnung Entrave à l'action de la justice —: Celui qui signale à l'autorité un délit qu'il sait n'avoir pas été commis ou qui simule un délit. Vgl. ZÜRCHER: Erläuterungen, 385; Prot. II. ExpKom. 5, 224 (Calame), 225, 227, 230. — Interessante Kasuistik über erdichtete Raubanfälle METELMANN: Deutsche Strafrechtszeitung, 8, 30ff.

[1] Vgl. schon ZÜRCHER: Erläuterungen, 385; CALAME: a. a. O. 230.

[2] Wer glaubt, bestohlen worden zu sein und Anzeige erstattet, während er die Sache verlegt hat, soll straflos bleiben; ZÜRCHER: Prot. II. ExpKom. 5, 225.

[3] ZÜRCHER: Erläuterungen, 385; Prot. II. ExpKom. 5, 229; 6, 110. Verdacht auf Geisteskrankheit oder wenigstens verminderte Zurechnungsfähigkeit bei Selbstbeschuldigung und falschem Geständnis vgl. GROSS-HÖPLER: Handbuch für Untersuchungsrichter (7. Aufl.), 226, 230; STRASSER: Psychiatrie und Strafrecht (1927), 191ff. Vgl. auch den Fall StenBull. NR. 1929, 606 (Selbstbeschuldigung, um den wirklichen Täter zu schonen), ferner eodem, 608f. (Antrag: keine Bestrafung der Selbstbezichtigung aus achtungswerten Motiven).

Auch in der Ziff. 1 II ist nur davon die Rede, daß der Täter sich fälschlich einer strafbaren Handlung beschuldigt, ohne daß unterschieden wird, ob es sich um ein Verbrechen, ein Vergehen oder um eine Übertretung handeln soll. Für die Vollendung kommt es auch hier nicht darauf an, ob der Selbstbezichtigung weitere Folge gegeben wird.

Für das Moment: Anzeige bei der Behörde gilt Gleiches wie bei der falschen Anschuldigung nach Art. 303; oben II 1. Nur die vorsätzliche Tat ist strafbar, nicht eine fahrlässige Selbstbezichtigung, die wohl möglich ist. „Fälschlicherweise", wie das G. sagt, ist gleichbedeutend mit „wider besseres Wissen".

3. Die Strafdrohung lautet für beide Tatbestände aus dem Art. 304, die reine Delikte gegen die Rechtspflege sind, auf Gefängnis oder Buße. Nach der Ziff. 2 kann jedoch der Richter in besonders leichten Fällen[1] von einer Bestrafung Umgang nehmen. Das freie Richterermessen hat hier zu entscheiden. Aber maßgebend soll dabei die Geringfügigkeit der Schuld, nicht — jedenfalls nicht ausschlaggebend — die objektive Schwere der fälschlich behaupteten Tat sein[2].

Auch in den Fällen der falschen Anzeige nach Art. 304 sind überdies die Strafmilderung und das Absehen von Strafe möglich, wenn der Täter durch Berichtigung tätige Reue übt, und wenn ein Rechtsnachteil für einen anderen nicht entstanden ist; Art. 308 I und dazu oben II 7.

§ 126. Falsche Beweisaussage der Partei.

Literatur. Angaben zu § 51 (Prozeßbetrug). — Stooss: Grundzüge, 2, 447ff. und DV., Bes. Teil, 3, 273ff., 351ff. — Lauterberg: Die Eidesdelikte, Berner Diss. (1886). — Rissdorf: Studien zum Meineid, Berner Diss. (1910). — Witzthum: Die falsche Parteiaussage im Zivilprozeß, Zürcher Diss. (1926). — Gafner: Die Parteibefragung im schweizer. Zivilprozeßrecht, Berner Diss. (1919). — Müller: Die Parteibefragung in der aargauischen Zivilprozeßordnung, Zürcher Diss. (1937). — Kolb: Das Handgelübde als Beweismittel in der thurgauischen Zivilprozeßordnung, Zürcher Diss. (1940). — Reichel: Berner Z. 51 (Sonderabzug). — Grünhut: Z. 51, 43ff.

I. Von der falschen Beweisaussage einer Partei in einem Zivilrechtsverfahren, dem Tatbestand des Art. 306[3], ist der Prozeßbetrug (oben § 51 V 5) wohl zu unterscheiden. Die Betrugsbestimmung des Art. 148 ist anzuwenden, wenn eine Partei, um sich oder einen anderen unrechtmäßig zu bereichern, den Richter täuscht und dadurch einen die Gegenpartei schädigenden Entscheid erwirkt. Da der Betrug nach Art. 148 des G., im Gegensatz zu früheren Rechten (oben § 51 V 1), ausschließlich Vermögensdelikt ist, muß ein Vermögensschaden ein-

[1] Thormann-v. Overbeck: Art. 304, N. 8 (lächerliche Kleinigkeiten, die etwa als Übertretungen strafbar sein könnten).

[2] Gut Germann: Z. 56, 25.

[3] Die Entwicklung in den Entwürfen bei Witzthum: 102ff.

getreten sein. Um eine rechtswidrige Bereicherung zu erlangen, lügt die täuschende Partei oder sie benutzt falsche Urkunden oder andere gefälschte Beweismittel[1].

Der Unterschied gegenüber Art. 306 ist offensichtlich. Beim Prozeßbetrug ein Delikt gegen den Einzelnen, eine Vermögensschädigung. Beim Art. 306 eine unter bestimmten Voraussetzungen strafbare Irreführung der Rechtspflege[2]. Daß für einen anderen ein Schaden eintritt oder auch nur erstrebt wird, fordert der Tatbestand nicht. Die falsche Parteiaussage steht in der Nähe des falschen Zeugnisses.

Der Grund für die Schaffung des Art. 306 muß darin gesehen werden, daß die Gesetzesentwürfe den Meineid, hier insbesondere die mit einem falschen Eid bekräftigte unwahre Parteiaussage, nicht mehr kannten[3]. Daraus ergab sich das Bedürfnis, unter bestimmten Voraussetzungen die schlichte falsche Parteiaussage mit Strafe zu bedrohen. Der Art. 306 ist an die Stelle früherer Bestimmungen gegen den Partei-Meineid getreten[4]. Das scheint mir bisher zu wenig betont worden zu sein[5].

---

[1] Hinweise auf bisherige Rechtsprechung und Literatur oben § 51 V 5. Dort Hinweis auch darauf, daß eine disziplinarische Ahndung wegen böswilliger Prozeßführung (z. B. Zürcher ZPO. § 90) eine kriminelle Bestrafung, wenn der Betrugstatbestand erfüllt ist, nicht ausschließt. Vgl. namentlich Witzthum: 54ff. (falsche Parteiaussage als Betrugshandlung), anderseits 101ff. (falsche Parteiaussage im Sinne von Art. 306 des G.), ferner Müller: 74ff. (aargauisches Recht und aargauische Judikatur); Grünhut: Z. 51, 77ff.

[2] Witzthum: 106ff.: Schutz gegen Verletzung oder Gefährdung der Wahrheitsfindung im Prozeß.

[3] Eigenartige Entwicklungen: VE. 1894, Art. 171: falsche Parteiaussage als Grundtatbestand; Erschwerung, wenn der Täter die Wahrheit seiner Aussage „feierlich versichert oder bekräftigt". Dazu Stooss: Prot. I. ExpKom. 2, 275: Weglassung der Qualifikation, weil infolge der Abschaffung des Eideszwanges durch Art. 49 II der BV. die Form der gerichtlichen Aussage ihre Bedeutung verloren habe. Gleich auch die späteren Entwürfe (VE. 1908, Art. 215 I und dazu Zürcher: Erläuterungen, 392ff.; E. 1918, Art. 270). Erst in der parlamentarischen Beratung ist sowohl bei der falschen Parteiaussage, wie auch beim falschen Zeugnis (Art. 306/307, je Abs. II) wiederum der Fall erschwerend hervorgehoben worden, daß der Täter seine Aussage mit einem Eid oder einem Handgelübde bekräftigt; unten III.

[4] So deutlich Bern: Die Art. 114ff. des StGB. behandelten den Meineid. Art. 396 III der StPrO. von 1928 hat diese Bestimmungen aufgehoben und sie durch Bestimmungen über die falsche Aussage ersetzt. Der neue Art. 114 bestimmt jetzt in Ziff. 1 I: Wer in einem gerichtlichen Verfahren als Partei wissentlich eine falsche Beweisaussage zur Sache abgibt. Andererseits bestraft das StGB. von Freiburg von 1924, Art. 171 noch den falschen Parteieid. Die falsche Beweisaussage der Partei kennt es nicht.

[5] Andeutung bei Stooss: Grundzüge, 2, 460; Prot. I. ExpKom. 2, 275: Der unbeschworenen Aussage kommt die nämliche Wirkung zu wie der beschworenen. Vgl. auch Thormann: Prot. II. ExpKom. 5, 273 und namentlich Reichel: Berner Z. 51 (Sonderabzug).

II. 1. Als Täter der falschen Beweisaussage nennt Art. 306 I die Partei in einem Zivilrechtsverfahren. Nur der einzelne Mensch kann Täter sein. Ist eine juristische Person Partei, so kommt das vor Gericht auftretende Organ, der einzelne Mensch, der dem Richter Rede und Antwort steht, für die Tat in Betracht. Wer als Partei zu gelten hat, bestimmt sich nach den Zivilprozeßordnungen, also vor allem nach kantonalen Rechten. Kläger und Beklagter, jeder, der in dieser Eigenschaft vom Richter zur Aussage aufgefordert wird, kann die Tat begehen. Dagegen kann der Parteivertreter nicht Täter sein. Er wird vom Richter ja auch nicht zur Beweisaussage, jedenfalls nie im Sinne des Art. 306, herangezogen.

Das G. spricht in Art. 306 von der Partei im Zivilrechtsverfahren. Parteien kennt, nach richtiger Auffassung, auch der Strafprozeß — den öffentlichen Ankläger und den Beschuldigten (Angeklagten) im Offizialverfahren und im Privatklageprozeß den Privatstrafkläger und den Beschuldigten. Aber der strafprozessuale Ankläger wird nicht in der Art des Art. 306 vom Richter zur Beweisaussage veranlaßt, und der Beschuldigte im Strafprozeß ist zur Wahrheit nicht verpflichtet. Klar ist dagegen, daß der Art. 306 im Adhäsionsverfahren zur Geltung kommen kann[1]. Es ist ein Zivilrechtsverfahren.

Der Art. 309 dehnt den Bereich des Art. 306 über den Zivilprozeß auf das Verwaltungsgerichtsverfahren, das Verfahren vor — amtlichen und privaten — Schiedsgerichten und vor Behörden und Beamten, „denen das Recht der Zeugenabhörung zusteht", aus[2]. Die Redaktion des G. ist hier unvollständig. Nicht von der Zeugenabhörung, sondern von der Parteibefragung handelt der Art. 306. Die Fassung in Art. 309 müßte korrekt auf Beides hinweisen. Da aber der Art. 309 auch den Art. 306 zitiert, darf kein Zweifel darüber bestehen, daß auch eine falsche Parteiaussage vor den im Art. 309 genannten Stellen, sofern ihnen das Recht zur Parteibefragung zukommt, getroffen werden soll.

2. Scheint bis zu diesem Punkt die Bedeutung des Art. 306 leidlich klar, so ergeben sich bei dem weiteren Tatbestandsmoment: falsche Beweisaussage zur Sache erhebliche Schwierigkeiten. Vorraussetzung ist, daß sich aus einer Zivilprozeßordnung und eventuell aus einer anderen, z. B. einer verwaltungsrechtlichen Verfahrensordnung, ergibt, daß eine Partei zur Beweisaussage aufgerufen werden kann. Was aber bedeutet Beweisaussage (déclaration constituant un moyen de preuve)?

[1] Müller: Prot. I. ExpKom. 2, 277.

[2] Vgl. noch unten § 127 III 1. — Wie in den Kantonen, die Ehrverletzungen in den Formen des Zivilprozesses abwandeln? Auch bei einer solchen Ordnung hat man es in Wahrheit mit einem Strafprozeß zu tun. Art. 306 kann nicht anwendbar sein; so auch Thormann: Prot. II. ExpKom. 5, 274. — Über den Schutz der Wahrheitserforschung im Verfahren vor dem eidg. Versicherungsgericht Zürcher: JZ. 12, 386ff.

Sie liegt sicher noch nicht darin, daß eine Partei Anträge stellt und Behauptungen vorbringt[1]. Notwendig ist, daß der Richter die Partei durch eine unter bestimmten Formen (unten 4) erfolgende Befragung aufruft, sich zu einem für die Feststellung des Sachverhalts erheblichen Punkt zu äußern. Die Partei ist jedoch nicht Zeuge im prozessualen Sinn. Aber ihre Äußerung ist zeugnisähnlich und ihrer Aussage soll die gleiche oder mindestens ähnliche Beweisfunktion wie einer Zeugenaussage zukommen[2].

Allein es bleibt die Tatsache der Verschiedenheit der kantonalen Prozeßordnungen. Nicht alle Kantone kennen die Aussage der Partei als Beweismittel[3]. Sie darf auch nicht schon in der gewöhnlichen richterlichen Befragung der persönlich erschienenen Partei gesehen werden[4].

Die Zweifel, die sich aus kantonalen Rechten für die Anwendung des Art. 306 ergeben[5], können an einem Beispiel gezeigt werden: Die Zürcher ZPO. sieht in verschiedenen Zusammenhängen eine persönliche Befragung vor. So namentlich in den §§ 172ff. Sie stehen im Abschnitt über das Beweisverfahren. Nach § 172 I kann jede Partei „zur Feststellung einzelner erheblicher tatsächlicher Verhältnisse" die persönliche Befragung der Gegenpartei verlangen. Absatz II gibt dem Richter das Recht, eine Befragung von Amtes wegen durchzuführen. Daß es sich hier um Beweisaussagen zur Sache handelt, ist klar, im Gegensatz zur richterlichen Befragung zur Abklärung ungenügender Parteivorbringen (ZPO. § 99). Beweismittel ist auch die persönliche Befragung im summarischen Verfahren gemäß § 280. Daß die richterliche Befragung wie sie in den § 172ff. und auch in § 280 vorgesehen ist, dem Beweis dient, ergibt sich noch besonders aus § 181: Bei Antwortverweigerung hat der Richter die Tatsachen, auf welche sich die Vernehmung bezieht, als bewiesen zu betrachten. — Der bisherige § 182 bedrohte „trölerhafte"

---

[1] Stooss: Motive zum VE. 1894, 231; Zürcher: Erläuterungen, 392; Prot. II. ExpKom. 5, 270 (Vorbehalt von Prozeßstrafen bei Unwahrheit, z. B. Zürich: ZPrO. § 90); Kaiser: eodem, 120ff. mit der Unterscheidung Parteiaussagen in Rechtsschriften und Vorträgen, Aussagen bei der Parteibefragung und endlich Aussagen unter Eid und Handgelübde. Maßgebend, ob Beweisaussage, ist die Ordnung der kantonalen Prozesse. Gut Thormann-v. Overbeck: Art. 306, N. 2.

[2] Prot. I. ExpKom. 2, 277f.: eine Aussage, die für den Richter eine Erkenntnisquelle bildet. Thormann: Prot. II. ExpKom. 5, 273 (Die lügende Partei handelt ebenso verwerflich wie der lügende Zeuge), ferner Reichel: eodem, 277 und Zürcher: 280 (Parteiaussagen mit der Bedeutung einer Zeugenaussage). Vgl. auch Grünhut: Z. 51, 76f.

[3] Untersuchung bei Reichel: Berner Z. 51, a. a. O.

[4] So Gautier: Prot. II. ExpKom. 5, 272 (pas faisant preuve les simples déclarations faites par une partie en comparution personnelle; Hinweis auf Genfer Recht); vgl. auch Müller: eodem, 280 (zu Luzern).

[5] Vgl. Witzthum: 111ff.; Kaiser: Prot. II. ExpKom. 5, 122 (Hinweis auf Solothurn: keine Wahrheitspflicht der Partei); Müller: 30ff. (Parteibefragung nach aargauischem Recht).

Ableugnung von Tatsachen bei der persönlichen Befragung mit Ordnungsbuße[1]. — Man hat annehmen müssen, daß mit dem Inkrafttreten des StGB bei falscher Beweisaussage der Art. 306 zur Geltung kommen würde unter der Voraussetzung der richterlichen Ermahnung zur Wahrheit und des Hinweises auf die Straffolgen des G. Allein Art. 29 des zürcher. EGStGB. schließt in einer Neufassung von § 182 der ZPO. die Anwendung von Art. 306 aus und gestaltet statt dessen einen kantonalrechtlichen Übertretungstatbestand der wissentlich falschen Parteiaussage. Das kommt auf eine Sabotage des eidgenössischen G. hinaus[2]. Die Aufstellung eines von Art. 306 abweichenden kantonalen Übertretungstatbestandes läßt sich mit der Vorbehaltsbestimmung zugunsten des kantonalen Prozeß-Strafrechts nach Art. 335 Ziff. 1 II des G. nicht rechtfertigen. Der Art. 306 hat die Bestrafung der falschen Beweisaussage der Partei abschließend eidgenössisch geordnet[3]. In richtiger Durchführung dieser Bestimmung hätte der kantonale Gesetzgeber in der ZPO. nur noch das Moment: richterliche Ermahnung zur Wahrheit und Hinweis auf die Straffolgen (unten 4) aufzunehmen gehabt. — Meritorisch mag man höchstens noch bemerken, daß die falsche Parteiaussage strafrechtlich weniger schwer wiegen k a n n als das falsche Zeugnis. Die Partei befindet sich im Streit mit dem Gegner. Ist aber deshalb die Unwahrhaftigkeit immer weniger schwer? Auch wenn man das bejaht[4], geht es nicht an, aus der falschen Parteiaussage im Gegensatz zum Verbrechen des falschen Zeugnisses eine bloße Übertretung zu machen. Zu beachten ist die verglichen mit Art. 307 geringere Strafdrohung in Art. 306.

3. Die strafbare Beweisaussage muß f a l s c h, eine Prozeßlüge sein[5].

---

[1] Zu den genannten Bestimmungen der Zürcher ZPO. Sträuli: Kommentar, Noten zu den entsprechenden §§; Fehr: JZ. 4, 232f.; Witzthum: 5ff. (Parteiaussagen als Erkenntnisquelle und Beweismittel allgemein).

[2] Vgl. Petrzilka: Zürcher Erläuterungen zum StGB., 425f.; Bericht des Regierungsrates für die Volksabstimmung über das zürcher. EG., 92f. — Erst recht merkwürdig ist die neue zürcher. Ordnung im Hinblick auf § 269 der ZPO.: Beweisaussage der Mutter im Vaterschaftsprozeß „in den für Zeugenaussagen vorgeschriebenen Formen und unter der Androhung der Strafe des falschen Zeugnisses bei wissentlich falschen Angaben". Die Aussgae der Mutter im Vaterschaftsprozeß ist aber nicht Zeugen-, sondern P a r t e i a u s s a g e. Lügt die zur Beweisaussage aufgerufene Mutter, so macht sie sich eines Verbrechens nach Art. 306 strafbar; Petrzilka: 426f. — Soll dagegen die falsche Beweisaussage der Partei in irgendeinem anderen Prozeß nur kantonalrechtliche Übertretung sein? Das ist unhaltbar.

[3] Hafter: ZschwR., N.F. 58, 53a (grundsätzlich), 15a und ff. (andere Beispiele).

[4] Fehr: a. a. O. 233. Vgl. auch Reichel: Berner Z. a. a. O. Die Parteien werden die Tatsachen durch die Brille des eigenen Interesses sehen und deshalb in ihren Vorstellungen, ohne absichtlich die Unwahrheit sagen zu wollen, oft ganz verschiedene Erinnerungsbilder haben. Deshalb nur Strafbarkeit der Vorsatztat.

[5] Ausführlich darüber Witzthum: 12ff., 24ff. (Wahrheitsplicht nach kantonalen Prozeßordnungen), 40ff. (Prozeßstrafen).

Die zum Beweis aussagende Partei hat grundsätzlich die gleiche Wahrheitspflicht wie der Zeuge, für den es z. B. in § 197 der zürcher. ZPO. — sprachlich sehr unschön — heißt, er habe „die volle und ganze Wahrheit zu sagen". Nicht nur die direkte Lüge zählt, sondern auch das Verschweigen, wo Reden geboten ist und ebenso die der Wahrheit widersprechende Behauptung des Nichtwissens[1].

Eine falsche Beweisaussage muß zur Sache erfolgen. Das ist ein wenig zutreffender Ausdruck. Zur „Sache" gehört schließlich alles, worüber der gut vernehmende Richter die Partei — ebenso wie den Zeugen — befragt. Klar ist jedoch, was das G. meint: sur les faits de la cause, wie der französische Text lautet. Genauer ist das dahin zu erklären, daß nur diejenige falsche Aussage vom Art. 306 erfaßt werden soll, die für den Richter zur Entscheidung eines Streitfalles als Erkenntnisquelle in Betracht kommt. Regelmäßig gehören dazu nicht Angaben über persönliche Verhältnisse[2]. Im Zweifelfall muß die Prüfung entscheiden, ob sich Frage und Antwort auf einen für den im Streite liegenden Sachverhalt erheblichen Punkt beziehen. Das liegt aber schon im Ausdruck Beweisaussage. Nur Erhebliches bedarf des Beweises. Die Weglassung der Worte „zur Sache" würde die Tragweite des Art. 306 nicht ändern. — In Art. 307 III, beim Tatbestand des falschen Zeugnisses, ist, wenn die falsche Äußerung sich auf Tatsachen bezieht, die für die richterliche Entscheidung unerheblich sind, eine Strafmilderung vorgesehen. Eine entsprechende Bestimmung fehlt in Art. 306, obschon in dieser Hinsicht die Verhältnisse bei der falschen Parteiaussage nicht anders liegen als beim falschen Zeugnis. Daraus entsteht Unsicherheit. Man muß zu dem merkwürdigen Schluß gelangen, daß, anders als beim falschen Zeugnis, der Täter aus Art. 306 unter der vollen Strafdrohung steht, wenn er zwar „zur Sache" falsch aussagt, der Entscheid des Richters aber letzten Endes von der falschen Äußerung nicht beeinflußt ist; vgl. noch unten § 127 III 2. Eine Lösung kann darin liegen, daß der die falsche Parteiaussage beurteilende Strafrichter bei der Straffindung den Milderungsgedanken nach Art. 307 III analog zur Anwendung bringt.

4. Art. 306 I setzt voraus, daß der Richter vor der Vernehmung die Partei zur Wahrheit ermahnt und sie auf die Straffolgen einer falschen Aussage hinweist. Das ist eine außerhalb des Tatbestandes liegende objektive Strafbarkeitsbedingung[3]. — Für die Schuldfrage er-

[1] Zürcher: Erläuterungen, 393; vgl. auch Petrzilka: a. a. O. 430 (eine den Sachverhalt entstellende Unvollständigkeit); Thormann-v. Overbeck: Art. 306, N. 3; vgl. auch Witzthum: 110f., 115 (Verschweigen).

[2] Vgl. Witzthum: 114; Thormann-v. Overbeck: Art. 306, N. 4. Der E. 1918, Art. 340 hatte eine Übertretung: unrichtige Angaben über die Person vorgesehen.

[3] Bühler: Prot. II. ExpKom. 5, 278 hat zutreffend darauf hingewiesen, daß mit dem vom G. vorgesehenen Hinweis auf die Wahrheitspflicht ein Konflikt mit

gibt sich hier Eigenartiges: Die falsche Beweisaussage ist nur bei vorsätzlicher Tat[1] strafbar. Mit Wissen und Willen muß der Täter als Partei in einem Rechtsverfahren eine falsche Beweisaussage zur Sache machen. Auf die Verletzung der richterlichen Wahrheitsermahnung braucht sich der Vorsatz nicht zu erstrecken und mit dem „Hinweis auf die Straffolgen" hat er nichts zu tun. Aber wissen muß der Täter um Beides. Hat er Mahnung und Hinweis nicht verstanden, weil ihm z. B. die Sprache des Richters fremd war, so ist eine Bestrafung ausgeschlossen. Insoweit beeinflußt die Strafbarkeitsbedingung auch die Lösung der Schuldfrage.

5. Das Delikt ist mit der in der gesetzlichen Form abgegebenen Beweisaussage vollendet. Daß sie Erfolg, einen Nachteil für die Gegenpartei, ein für die lügende Partei günstigeres Urteil, hatte, ist nicht erforderlich[2]. Man mag daher den Art. 306 als Gefährdungsdelikt bezeichnen. — Nach dem in Frage stehenden Prozeßrecht entscheidet sich, wann die Beweisaussage als abgegeben zu betrachten ist. Sie wird regelmäßig protokolliert und sollte richtigerweise von der aussagenden Partei auch unterschriftlich bestätigt oder wenigstens sonst anerkannt werden. Vor der Erfüllung solcher Formvorschriften (siehe noch unten III) liegt nur Versuch vor, und rechtzeitige Berichtigung kann als tätige Reue nach Art. 22 II berücksichtigt werden[3]. Art. 308 I weist dagegen auf eine tätige Reue nach vollendeter Tat hin mit der Möglichkeit, die Strafe zu mildern, ja sogar von einer Bestrafung Umgang zu nehmen (oben § 125 II 7)[4].

6. Nach Art. 308 II kann der Richter auch dann die Strafe nach freiem Ermessen mildern, wenn die falsche Aussage erfolgte, weil der Täter durch die Bekennung zur Wahrheit sich oder seine Angehörigen — vgl. Art. 110 Ziff. 2 — der Gefahr strafrechtlicher Verfolgung aussetzen würde.

III. Die Strafdrohung für den Grundtatbestand nach Art. 306 I lautet auf Zuchthaus bis zu 3 Jahren oder Gefängnis. Erst in der parla-

kantonalen Rechten nicht entsteht, d. h. der Richter soll bei der Parteibefragung auf diese Momente hinweisen, gleichgültig ob die entsprechende Prozeßordnung sie nennt oder nicht nennt. Vgl. auch ROTH: StenBull. NR. 1929, 607.

[1] Bestrafung der Fahrlässigkeit von der II. ExpKom. abgelehnt: Prot. 5, 287, 293f.

[2] ZÜRCHER und GAUTIER: Prot. II. ExpKom. 5, 271f.; siehe dagegen BOLLI: eodem, 275.

[3] Vgl. die entsprechende Auffassung bei der Abgabe eines falschen Zeugnisses Zürcher Bl. 21, Nr. 71 und JZ. 18, 326, Nr. 254; a. M. WITZTHUM: 117 (Das eventuell aufgenommene Protokoll hat mit der Abgabe der Aussage nichts zu tun. — Ja. Dagegen ist wünschenswert, daß der Protokolleintrag dem Aussagenden zur Anerkennung vorgelegt wird. Verweigert er sie und berichtigt, so rechtfertigt sich die Annahme eines bloßen Versuchs. Das ist auch psychologisch klug).

[4] Vgl. noch WITZTHUM: 118.

mentarischen Beratung[1] ist der verschärfende Absatz II: Zuchthaus bis zu 3 Jahren oder Gefängnis nicht unter 3 Monaten, „wenn die Aussage mit einem Eid oder einem Handgelübde bekräftigt wird", hinzugekommen. Die Bestrafung des Meineids, die in den Entwürfen — abgesehen von Art. 171 des VE. 1894 — nicht mehr anerkannt wurde, ist damit wieder aufgenommen[2]. Freilich nicht mit der Gewichtigkeit früherer Rechte. Der Gesetzgeber hat jedoch darauf Rücksicht genommen, daß der Bundeszivilprozeß (Art. 146ff.) und zahlreiche kantonale Prozeßordnungen den zugeschobenen oder auferlegten Parteeid oder ein Handgelübde noch kennen. — Für die Anwendung des Art. 306 ergibt sich daraus eine Verschiedenheit, je nachdem die falsche Parteiaussage vor einem Gericht erfolgt, das die Möglichkeit der Vereidigung hat und von ihr Gebrauch macht, oder aber der aussagende Täter vor dem Gericht eines Kantons steht, der den Eid und auch das Handgelübde abgeschafft hat. Der Unterschied besteht nicht nur in der Möglichkeit einer verschieden schweren Strafe, sondern besonders darin, daß nach dem Stand kantonaler Rechte ein Täter wegen Meineids verurteilt werden kann, auch wenn im G. dieses Wort nicht steht.

1. Bei der Anwendung von Art. 306 II gelten zunächst die Erörterungen zum Grundtatbestand des Abs. I (oben II)[3]. Nur die Frage der Vollendung stellt sich anders. Ferner hat der einen Eid oder ein Handgelübde abnehmende Richter die Partei nicht nur zur Wahrheit zu ermahnen, sondern sie ausdrücklich auf die Folgen eines Falscheides oder eines eine Unwahrheit bekräftigenden Handgelübdes hinzuweisen.

2. Für den Eid, an dessen religiösem Charakter festzuhalten ist, sind die prozessualen Ordnungen entscheidend. Für die Anwendung von Art. 306 II macht es keinen Unterschied, ob ein vom Richter auferlegter oder ein sog. zugeschobener Eid, ob ein Voreid oder ein Nacheid geschworen wird. — Da Art. 49 II der BV. den Zwang zur Vornahme einer religiösen Handlung ausschließt und damit den prozessualen Eideszwang abgeschafft hat, spielen andere Aussage-Bekräftigungen ihre Rolle[4].

---

[1] StenBull. StR. 1931, 669f.; NR. 1934, 412f.

[2] Über die Eidesdelikte in bisherigen Rechten namentlich LAUTERBURG: 90ff.; STOOSS: Grundzüge, 2, 447ff. und VD. Bes. Teil, 3, 273ff. (geschichtliche Bemerkungen), 351ff. (schweizer. Rechte), 370ff. (vergleichende Übersicht und Gesetzgebungsfragen). — Abzulehnen, auch für die Zukunft, ist die zürcher. Praxis, nach der, obschon der zürcherische Prozeß den Eid nicht kennt, im Rechtshilfeverfahren die Beeidigung eines Zeugen und auch einer Partei als zulässig betrachtet und der Falscheid bestraft wird (bisher Zürich § 104); dazu Zürcher Bl. 14, Nr. 22, ferner BAER: JZ. 6, 379ff. Auch JZ. 26, 202, Nr. 154 (Bern, das den Eid ebenfalls abgeschafft hat). Diese Praxis ist falsch. Im Prozeßrecht soll das Territorialprinzip restlos gelten.

[3] LAUTERBURG: 167ff. (Meineid als qualifizierter Fall des Delikts der falschen Aussage).

[4] LAUTERBURG: 179ff.

Art. 306 II nennt das prozessuale Handgelübde. Einige Kantone haben es in ihre Prozeßordnungen aufgenommen: Luzern, das allerdings auch den Eid noch kennt, bestimmt in § 220 der ZPO., daß eine Partei, die unter Berufung auf die Gewissensfreiheit den Eid nicht leisten will, an Eidesstatt ein Handgelübde abzugeben hat. Die Formel lautet: „Sie beteuern bei Ehre und Bürgerpflicht" und schließt mit den Worten: „Dieses beteure ich mit dem Wissen, welche Strafen auf ein falsches Handgelübde gesetzt sind"; vgl. auch Luzerner ZPO. § 93 lit. e und Kriminalstrafgesetz § 137 II und § 140: falsche Aussage, die mit einem Eid oder einem „an Eidesstatt gegebenen Handgelübde bekräftigt wird". Das Handgelübde des Zeugen ist ferner in § 198 der thurgauischen ZPO. mit folgender Formel vorgesehen: „Ich gelobe, daß ich als Zeuge ... mit bestem Wissen und Gewissen, ohne jede Rücksicht, der reinen Wahrheit zu lieb alles so offenbaren werde, wie es in meiner Kenntnis liegt; das verspreche ich getreulich und ohne Gefährde." Der Zeuge hat unter Handschlag die Worte nachzusprechen: „Ich gelobe es." Thurgau hat mit Gesetz vom 19. Januar 1879 den Eid als Beweismittel im Zivilprozeß abgeschafft[1] und durch das Handgelübde ersetzt; siehe namentlich ZPO. §§ 210ff.: Bekräftigung der Beweisaussage der Partei durch das Handgelübde, ferner thurgauisches StGB. §§ 182ff.[2].

Andere feierliche Wahrheitsbekräftigungen[3], außer Eid und Handgelübde, berücksichtigt Art. 306 II des G. nicht. In diesen Fällen ist nur Art. 306 I anwendbar.

3. Bei der mit einem Eid oder einem Handgelübde bekräftigten Beweisaussage ist, wenn die feierliche Versicherung am Schluß einer Aussage erfolgt (Nacheid), das Delikt erst mit der Leistung des Eides oder des Handgelübdes vollendet (siehe oben II 5). Auch hier ist wieder die zivilprozessuale Ordnung maßgebend.

§ 127. Falsches Zeugnis, falsches Gutachten, falsche Übersetzung.

Literatur. Angaben zu § 126. — Stooss: Grundzüge, 2, 455ff.; VD. Bes. Teil, 3, 273ff., 349ff., 370ff.; Z. 18, 50ff. und Monatsschrift für Kriminalpsychologie, 20, 216ff. — Ufenast: Das falsche Zeugnis, Zürcher Diss. (1927). — Bauhofer: JZ. 20, 130f. — Pfenninger: Z. 39, 247ff. — Steiner: Z. 42, 206ff. — Zu beachtende prozessuale Literatur: Rapin: De l'expertise criminelle, Lausanner

[1] Vgl. auch Elsbeth Spoerry: Das Verschwinden des Beweiseides im zürcher Zivilprozeß seit der Reformation, Zürcher Diss. (1941). Ferner Müller: Der Parteieid in den Zivilprozeßordnungen des Kantons Schwyz, Zürcher Diss. (1938), 84f.: für die Abschaffung.

[2] Ausführlich zum thurgauischen Recht Kolb: Das Handgelübde als Beweismittel in der thurgauischen Zivilprozeßordnung, Zürcher Diss. (1940).

[3] Vgl. Daten bei Stooss: Grundzüge, 2, 453, z. B. eine Versicherung an Eidesstatt oder eine mit Beziehung auf den Amtseid abgegebene Aussage.

Diss. (1911). — NEUMANN: Grenzen der Zeugnispflicht im Strafprozeß, Zürcher Diss. (1930). — STALDER: Die Ausnahmen von der Zeugnispflicht im bernischen Strafverfahren, Berner Diss. (1937). — SUTER: Die Stellung des Zeugen im Bundesstrafprozeß, Berner Diss. (1939). — KUNELSKY: Der Sachverständige im zürcher. Zivilprozeßrecht, Zürcher Diss. (1936). — MASTRONARDI: Die Stellung des Sachverständigen im Strafprozeßrecht, Berner Diss. (1936).

I. Die Erörterung des Art. 306, des Tatbestandes der falschen Beweisaussage der Partei (oben § 126), führte zu Fragen, die sich in gleicher Weise beim falschen Zeugnis, beim falschen Gutachten und bei einer in einem Prozeß erfolgenden falschen Übersetzung eines Dolmetschen (Art. 307) ergeben. Soweit gleiche Momente bestehen, stimmt auch die Fassung der Art. 306 und 307, von sprachlich gebotenen Abweichungen abgesehen, überein.

Das trifft zu für das Moment: falsche Aussage zur Sache[1]. In Art. 306 ist allerdings von einer falschen Beweisaussage zur Sache die Rede (oben § 126 II 2 und 3). Darin ist jedoch keine Verschiedenheit zu sehen (unten III 2). Gleich wird auch, je in Absatz II der Art. 306 und 307, der qualifizierte Fall gekennzeichnet, der gegeben ist, wenn die Aussage „mit einem Eid oder einem Handgelübde bekräftigt" wird (oben § 126 III)[2].

Entsprechendes wie bei Art. 306 gilt ferner in der Lösung der Fragen Vollendung, Versuch, tätige Reue, Zeugenmeineid, falsches Handgelübde und für die Möglichkeit einer Strafmilderung, wenn der Täter durch eine wahre Aussage sich oder seine Angehörigen der Gefahr strafrechtlicher Verfolgung aussetzen würde (Art. 308); oben § 126 II 5/6, III 2/3).

II. Während der Tatbestand der falschen Partei-Beweisaussage für das schweizerische Recht im wesentlichen neu ist, haben die bisherigen Rechte von jeher Bestimmungen gegen das falsche Zeugnis und auch gegen das falsche Gutachten geschaffen. Die Vergleichung ergibt ein buntes Bild. Es genügt, verschiedene Ordnungen an einigen Beispielen zu skizzieren:

Das BStrG. von 1853 bedroht in Art. 62 die Ablegung eines falschen Zeugnisses „vor einer Bundesbehörde". Die Bestimmung ist ungeschickt mit der falschen Anschuldigung verbunden. Eidliche Form der Aussage wird nicht vorausgesetzt[3]. Auch kantonale Rechte kennen den Tatbestand des schlichten falschen Zeugnisses, ohne daß die eidliche Form (Meineid) eine Rolle spielt; so z. B. Zürich §§ 106—109, Bern Art. 114ff. in der durch Art. 396 III der StPrO. von 1928 gegebenen Neufassung, Waadt Art. 281ff., Wallis Art. 187ff.

---

[1] UFENAST: 50ff.: objektive und subjektive Unwahrheit.

[2] Dazu noch SUTER: 120ff. (für die Beibehaltung einer solennen Bekräftigung der Zeugenaussage, Eid oder Handgelübde); vgl. auch LOGOZ: Z. 40, 120ff.

[3] Dazu SUTER: 101f.

Andere Kantone gehen vom Meineid, dem unter Eid abgelegten falschen Zeugnis oder Gutachten, aus; so z. B. Basel §§ 78ff. mit der Heraushebung des Falles, daß an Eidesstatt ein Handgelübde abgelegt wird (§ 79)[1]. In § 81 wird daneben noch das nicht eidliche falsche Zeugnis bedroht. Genf Art. 147, 148 läßt das falsche Zeugnis im Meineid aufgehen.

Nahe stehen der Ordnung, die jetzt das eidgenössische G. durchgeführt hat, z. B. Freiburg Art. 172, Neuenburg Art. 160ff. und Tessin Art. 182ff.: Das nicht beschworene falsche Zeugnis oder Gutachten stellt den Grundtatbestand, die durch Eid bekräftigte Aussage den qualifizierten Fall dar[2].

Wenn man das neue Recht mit dem bisherigen vergleicht, so fällt der Verzicht des G. auf eine kasuistische Ausgestaltung des Tatbestandes auf. In den alten Rechten wird immer wieder — mit verschieden abgestuften Strafdrohungen — unterschieden, je nachdem falsches Zeugnis zugunsten oder zum Nachteil eines Beschuldigten abgelegt wurde. Noch besonders erschwert wird auch der Fall hervorgehoben, daß der Beschuldigte infolge des falschen Zeugnisses mit Zuchthaus bestraft wurde. Andererseits sollten falsches Zeugnis und Gutachten in einem Zivilprozeß oder in einer Verwaltungsstreitigkeit weniger schwer wiegen. Das war die zürcherische Ordnung (§§ 106ff.). Sie findet sich, allerdings mit zahlreichen Variationen im einzelnen, z. B. auch in Freiburg Art. 172, Basel §§ 78ff., Tessin Art. 182ff., Wallis Art. 187ff.[3]. — Bei der Anwendung des eidgenössischen G., dem alle derartigen Unterscheidungen fremd sind, erhebt sich die Frage, ob die Rechtsprechung sie berücksichtigen soll. Jedenfalls muß die Gefahr einer Erfolgshaftung ausgeschaltet werden[4].

III. 1. Art. 307 I bezeichnet das Gebiet, auf dem die einzeln genannten Handlungen verübt werden können, mit dem Ausdruck „in einem gerichtlichen Verfahren". Dabei hat man vor allem den Zivil- und den Strafprozeß im Auge. Um Zweifel auszuschalten, erklärt aber der mit dem ungenügenden Marginale „Verwaltungssachen" ausgestattete Art. 309 auch die Anwendung auf das Verwaltungsgerichts- und das Schiedsgerichtsverfahren. Auch das sind staatliche oder wenigstens staatlich zugelassene „gerichtliche Verfahren". Darüber hinaus nennt Art. 309 noch das Verfahren vor Behörden und Beamten der Verwaltung,

---

[1] Dazu JZ. 28, 150, Nr. 155; Z. 45, 265f.

[2] Weitere kantonale Daten bei STOOSS: Grundzüge, 2, 455ff., auch VD. Bes. Teil, 3, 351ff.; ausführlich LAUTERBURG (Lit. zu § 126): 90ff., 167ff. — die Daten sind teilweise durch spätere Gesetze überholt; UFENAST: 1ff., 9ff. (Rechtsgut, systematische Einordnung) und passim bei den Lehren im einzelnen.

[3] STOOSS: Grundzüge, 2, 456; vgl. auch GAUTIER: Prot. II. ExpKom. 5, 286 (romanische Auffassung); PETRZILKA: Zürcher Erläuterungen, 428f.

[4] So schon STOOSS: Prot. I. ExpKom. 2, 281.

denen das Recht der Zeugenabhörung zusteht. Das ist eine generelle Ordnung. Aber mit diesem Recht ist es streng zu nehmen. Es muß sich aus dem Gesetz ergeben. Davon kann nicht die Rede sein, daß jede Vernehmung z. B. durch einen Polizeibeamten eine Zeugenabhörung im Sinne des Art. 309 darstellt[1]. Vor einem solchen Beamten kann daher auch nicht falsches Zeugnis abgelegt werden.

2. Der erste der drei in Art. 307 I enthaltenen Tatbestände trifft die falsche Zeugenaussage. Sie muß objektiv unwahr sein. Was für sie gilt, ist, mit einigen noch zu erörternden Abweichungen, auch beim falschen Befund, beim falschen Gutachten und bei der falschen Äußerung des Dolmetschen (unten 3/4) zu berücksichtigen.

Das falsche Zeugnis ist ein Sonderdelikt. Es kann nur von einer Person, die zeugnisfähig und zum Zeugnis vor einer Behörde aufgerufen oder zugelassen worden ist, abgelegt werden[2]. Über Zeugnisfähigkeit, Zeugniszwang, Recht der Zeugnisverweigerung[3] und über alle Formfragen entscheiden die Prozeßgesetze, eventuell andere Verfahrensordnungen. Nach ihnen bestimmt sich, ob und wie der vernehmende Beamte den Zeugen auf das Recht der Zeugnisverweigerung aufmerksam zu machen, ihn zur Wahrheit zu ermahnen und auf die Folgen eines falschen Zeugnisses aufmerksam zu machen hat[4]. Weshalb der Art. 307, anders als der Art. 306, auf die beiden letzteren Strafbarkeitsbedingungen (dazu oben § 126 II 4) nicht hinweist, ist nicht recht erklärlich. — Regel ist das mündliche Zeugnis, ausnahmsweise ist jedoch ein schriftliches Zeugnis zulässig; vgl. z. B. Bundes-ZPr. Art. 145; Bundes-StPr. Art. 85 (nur mündliches Zeugnis); Zürich ZPrO. § 189; StPrO. § 139 III (Ver-

[1] Dagegen falsches Zeugnis vor der strafprozessualen Untersuchungsbehörde, vor der jedoch noch nicht ein „gerichtliches Verfahren" stattfindet; vgl. Stooss: Prot. I. ExpKom. 2, 280; Thormann-v. Overbeck: Art. 307, N. 3; Ufenast: 44ff.; Petrzilka: Zürcher Erläuterungen, 428; Steiner: Z. 42, 211 mit Hinweis auf die kantonalen Verschiedenheiten; vgl. auch JZ. 36, 282: Zeugenvernehmung durch Verwaltungsbehörden.

[2] Mittelbare Täterschaft ist hier fraglich; so auch Thormann-v. Overbeck: Art. 307, N. 2. Vgl. dazu den Tatbestand der Verleitung zu unwissentlichem falschen Zeugnis (VE. 1908, Art. 217), den das G. nicht übernommen hat. Ufenast: 82 kennzeichnet den Verleiter als mittelbaren Täter.

[3] Wer vom Recht der Zeugnisverweigerung nicht Gebrauch macht und falsch aussagt, ist strafbar; Thormann-v. Overbeck: Art. 307, N. 4. Vgl. auch Zürcher Bl. 9, Nr. 131; 25, S. 51. Straflosigkeit bei Unterlassung des Hinweises auf das Recht der Zeugnisverweigerung: Bl. 32, Nr. 52; anders gelegener Fall dagegen Bl. 38, Nr. 65.

[4] Suter: 96ff. Vgl. ferner Aarg. RSpr. 17, Nr. 34: Nach aargauischem Recht früher keine Pflicht der strafprozessualen Untersuchungsorgane, einen Zeugen auf das Recht der Zeugnisverweigerung hinzuweisen. Strafbarkeit des falschen Zeugnisses, auch wenn ein solcher Hinweis unterblieb. Ferner 26, Nr. 64: Gleich auch für den Zivilprozeß, obschon ZPrO. § 195 den Hinweis auf ein Zeugnisverweigerungsrecht vorsieht. Sie wurde als bloße Ordnungsvorschrift bezeichnet, deren Nicht-

nehmung stummer oder tauber Personen schriftlich oder durch Vermittlung eines Sachverständigen). — Wenn die gesetzlichen Voraussetzungen und Formen der Vernehmung nicht erfüllt sind, so liegt ein Zeugnis nicht vor. Die unwahre Aussage stellt dann auch kein falsches Zeugnis dar[1].

Daß nach den Verfahrensordnungen das Zeugnis ein Beweismittel ist, steht so sehr über jedem Zweifel, daß das G., anders als in Art. 306 bei der falsche Beweisaussage der Partei, keine Veranlassung hatte, auf die Beweisfunktion der Zeugenaussage besonders hinzuweisen. Dagegen muß auch nach Art. 307 die falsche Aussage zur Sache (sur les faits de la cause) geschehen sein; oben § 126 II 3[2]. Die Tragweite des III. Absatzes des Art. 307 ist hier abzuklären. Er enthält eine weitgehende Privilegierung der Tat, wenn die falsche Äußerung sich auf Tatsachen bezieht, „die für die richterliche Entscheidung unerheblich sind". Sicher muß auch in solchen Fällen eine Aussage „zur Sache" vorliegen, denn was nicht zur Sache geäußert wird, kommt für die Tatbestände des Art. 307 gar nicht in Betracht. Die Äußerung erfolgt also zu Fragen, die mit dem im Prozeß festzustellenden Sachverhalt im Zusammenhang stehen. Aber es zeigt sich — wohl regelmäßig erst nachher bei der Würdigung der dem Richter vorliegenden Beweise[3], daß eine Tatsachenfeststellung für das Prozeßergebnis bedeutungslos ist oder geworden ist. Man hat von Hauptpunkten und Nebenumständen, faits importants, essentiels und faits secondaires, accessoires, gesprochen[4]. Das ist, wenigstens für die Auswertung im Deliktstatbestand, reichlich vag[5]. Namentlich aber ist zu mißbilligen, daß in Art. 307 III sich wiederum die Erfolgshaftung hervorwagt[6]. Entscheidend soll sein, daß der Täter mit Wissen und Willen sich gegen die Wahrheit, zu der er mit einer gewissen Feierlichkeit — die der Richter aufbringen soll[7] — ermahnt worden ist, vergeht. Die Sauberkeit der Rechtspflege verletzt er in jedem Fall. Da der falsches Zeugnis Ablegende alle Tatbestandsmomente mit seinem Wissen und seinem Willen umfassen muß, ergeben sich aus einer Unterscheidung zwischen Hauptpunkten und Nebenumständen Schwierig-

---

beachtung einer Aussage die Zeugniseigenschaft nicht raubt. Änderung dieser Praxis: Straflosigkeit, wenn der Hinweis unterbleibt (Kreisschreiben des Obergerichtes vom 21. Dezember 1939; Aarg. RSpr. 39, Nr. 48); vgl. ferner 41, Nr. 54.

[1] Kronauer: Prot. II. ExpKom. 5, 290f.; Ufenast: 17ff.

[2] Z. 46, 119f. (Baselstadt): Falsche Namensangabe eines Zeugen; dagegen Zürcher Bl. 2, Nr. 243; 3, Nr. 105, Nr. 165; 21, Nr. 71: Das Zeugnis muß etwas für den Prozeß wesentliches zum Inhalt haben. Vorbehalt disziplinarer Bestrafung. Ausführlich dazu Ufenast: 32ff. (Auseinandersetzung mit der uneinheitlichen Literatur).

[3] Gut Petrzilka: a. a. O. 430f.

[4] Prot. II. ExpKom. 5, 283, 288—290, 292 (Calame, Thormann, Geel).

[5] Gut dazu Ufenast: 40ff.

[6] So schon angedeutet von Zürcher: Prot. II. ExpKom. 5, 285.

[7] Dazu eindrucksvoll Bauhofer: JZ. 20, 130f.

keiten für den Schuldbeweis. Der Zeuge kann häufig gar nicht wissen, ob er für die richterliche Entscheidung Wichtiges oder Unwichtiges aussagt.

Der falschen Aussage steht bewußtes Verschweigen gleich, wenn sie den vom Zeugen darzustellenden Sachverhalt wesentlich verändert[1].

Der Vorsatz muß auch das Bewußtsein umfassen, als Zeuge auszusagen.

3. An zweiter Stelle nennt der Art. 307 I den Sachverständigen, der einen falschen Befund oder ein falsches Gutachten abgibt. Auch hier ist von den prozessualen Ordnungen auszugehen. Allgemein muß gelten, daß der Sachverständige vom Gericht bezeichnet oder als solcher anerkannt wurde. Ein rein privates Gutachten zählt hier nicht. — Auch für den Sachverständigen gilt die Wahrheitspflicht[2]. Sein Befund und sein Gutachten sind Beweismittel. Die Privilegierung nach Art. 307 III kann auch für ihn in Betracht kommen.

Das G. unterscheidet, wie Bundes-StPrO. Art. 91, zwischen Befund und Gutachten. Von einem bloßen Befund ist dann die Rede, wenn der Sachverständige dazu berufen wurde, im Prozeß erhebliche Tatsachen aufzudecken und wahrzunehmen, die der Richter aus eigenen Kenntnissen nicht feststellen kann — Todesursache, Art einer Verletzung, einer Krankheit usw. Der Befund weitet sich zum Gutachten aus, wenn der Sachverständige zu einer auf die rechtliche Beurteilung sich beziehenden Wertung der festgestellten Tatsachen gelangt, z. B. Feststellung einer geistigen Störung mit der Schlußziehung auf Unzurechnungsfähigkeit oder verminderte Zurechnungsfähigkeit[3].

Auch für die Form, in der der Sachverständige zu bestellen ist und seinen Befund oder sein Gutachten abzugeben hat, sind die prozessualen Vorschriften maßgebend; z. B. Bundes-StPrO. Art. 95: in der Regel Schriftlichkeit; Zürich, ZPrO. § 219: in einfachen Sachen Mündlichkeit, in verwickelteren Fällen Schriftlichkeit.

Art. 308 II, die Möglichkeit der Strafmilderung oder -befreiung, gilt

---

[1] Gut darüber UFENAST: 55ff.

[2] Die Prozeßgesetze betonen sie. Ob die Ermahnung zur Wahrheit in gleicher oder in anderer Weise als gegenüber dem Zeugen erfolgt, ist im Hinblick auf den Art. 307 des G. ohne Bedeutung. Beispiele: Die Bundes-ZPrO. Art. 126 sieht vor, daß der Sachverständige auf Verlangen einer Partei vereidigt werden kann, wenn er nicht ohnehin für seine Berufsausübung vereidigt ist. Die eidliche Bekräftigung geht dahin, den erteilten Auftrag gewissenhaft zu erfüllen und dabei niemandem „weder zulieb noch zuleid" handeln zu wollen; Bundes-StPrO. Art. 93: Die Sachverständigen legen das Versprechen ab, ihre Pflicht nach bestem Wissen und Gewissen zu erfüllen. Vgl. ferner Zürich, ZPrO. § 217 und StPrO § 113: Pflicht, das Gutachten nach bestem Wissen und Gewissen abzugeben, unter Hinweis auf die strafrechtlichen Folgen eines wissentlich unrichtigen Gutachtens.

[3] Vgl. ZÜRCHER: Erläuterungen, 395; THORMANN-V. OVERBECK: Art. 307, N. 17: das „Kunsturteil" des Sachverständigen.

grundsätzlich auch beim Sachverständigen. Aber er kommt weniger als der Zeuge in die Lage, durch eine wahre Äußerung sich oder seine Angehörigen der Gefahr strafrechtlicher Verfolgung auszusetzen. Er kann auch, abgesehen vom Fall des amtlichen Sachverständigen (vgl. z. B. Zürich StPrO. §§ 110, 112), es ablehnen, als Sachverständiger zu handeln[1].

4. Als dritte mögliche Täter einer falschen Äußerung nennt das G. den Übersetzer oder Dolmetscher (traducteur ou interprète). Nach welscher Auffassung ist interprète, wer mündliche Äußerungen z. B. eines fremdsprachlichen Zeugen mündlich in der Gerichtssprache wiedergibt, während der traducteur schriftliche Übersetzungen anzufertigen hat[2]. Jedenfalls trifft das G. mit der gegebenen Bezeichnung alle in Betracht kommenden Personen. Die Bundes-StPrO. Art. 98 spricht ebenfalls von Übersetzer und Dolmetscher: Ein Übersetzer ist in der Regel beizuziehen, wenn eine Person, mit der verhandelt wird, der Gerichtssprache nicht mächtig ist. Tauben oder stummen Personen ist ein Dolmetscher beizugeben, wenn schriftlicher Verkehr nicht genügt (Art. 98 II). Zürich StPrO. §§ 139 I und 158 bezeichnet den Übersetzer, der einem fremdsprachlichen Zeugen oder Beschuldigten beigesellt wird, als Dolmetschen. Dagegen soll nach § 139 IV die Vernehmung stummer oder tauber Personen schriftlich oder durch Vermittlung eines „Sachverständigen" erfolgen[3].

Anders als Zeugenaussagen und Befunde und Gutachten von Sachverständigen — im technischen Sinne — sind die Äußerungen eines Dolmetschen und eines Übersetzers keine Beweismittel. Der Dolmetsch ist nur Sprachrohr. Aber Wahrheitspflicht besteht auch für ihn. Er hat nach bestem Wissen und Gewissen wiederzugeben, was ein Fremdsprachlicher oder ein Stummer oder Tauber ihm vermittelt. Daß der vernehmende Beamte den Dolmetschen auf die Wahrheitspflicht und die Straffolgen einer falschen Äußerung aufmerksam macht, auch wenn die Prozeßgesetze nicht ausdrücklich so bestimmen, ist mindestens wünschenswert.

Grundsätzlich gilt Art. 308 im vollen Umfang auch für Übersetzer und Dolmetscher; oben 3.

5. Für den Art. 307 gilt im ganzen Umfang daß nur vorsätzliche falsche Äußerungen strafbar sind. Bisherige Rechte bedrohten auch die

---

[1] Der VE. 1908, Art. 216 VIII nannte hier nur den Zeugen; dazu GAUTIER: Prot. II. ExpKom. 5, 287. Das G. spricht allgemein vom Täter einer falschen Äußerung.

[2] So GAUTIER: Prot. II. ExpKom. 5, 286; LOGOZ: StenBull. NR. 1929, 605.

[3] Wer eine Geheimschrift, einen Code, vor Gericht zu entziffern hat, ist eher als Sachverständiger im technischen Sinn denn als Dolmetsch zu betrachten; vgl. THORMANN-v. OVERBECK: Art. 307, N. 21.

fahrlässige Äußerung mit Strafe[1]. Die II. ExpKom. hat dahin gehende Anträge abgelehnt[2]. Sie hat auch einen noch im VE. 1908 (Art. 217) enthaltenen Tatbestand der Verleitung zu unwissentlich falschem Zeugnis (subornation du témoin), die von der — strafbaren — Anstiftung wohl zu unterscheiden ist, gestrichen[3].

6. Die vom Art. 307 getroffenen falschen Äußerungen sind in dem Sinne Gefährdungsdelikte, als ein weiterer Erfolg, die Beeinflussung des Richters oder ein für eine Partei entstehender Nachteil, zur Vollendung nicht erforderlich ist; vgl. auch oben § 125 II 6; § 126 II 5[4].

7. Die Strafdrohung für den Grundtatbestand (Art. 307 I) lautet auf Zuchthaus bis zu 5 Jahren oder Gefängnis. Sie erhöht sich beim qualifizierten Fall des Absatzes II auf das Minimum von Gefängnis nicht unter 6 Monaten. Bei der Privilegierung nach Absatz III (oben 2) beträgt die Strafdrohung Gefängnis bis zu 6 Monaten. Bei allen Fällen sind die Möglichkeiten einer Strafmilderung oder Strafbefreiung bei Widerruf eines falschen Zeugnisses[5] und bei der Gefahr strafrechtlicher Verfolgung (Art. 308 und dazu oben § 125 II 7, § 126 II 5, 6) zu berücksichtigen[6].

8. Bei den Konkurrenzfragen ist umstritten, ob eine Beleidigung, namentlich eine Verleumdung, im falschen Zeugnis usw. aufgeht. Die Möglichkeit einer Idealkonkurrenz ist — anders als bei der falschen An-

---

[1] Daten bei Stooss: Grundzüge, 2, 457f. und VD. Bes. Teil, 3, 352ff., 378; Ufenast: 61ff. (besonders zu der Frage der Fahrlässigkeit des Gutachters).

[2] Prot. II. ExpKom. 5, 293f.; StenBull. NR. 1929, 604. Gegen die Bestrafung des fahrlässigen Falscheides besonders Stooss: VD. Bes. Teil, 404ff. und Monatsschrift für Kriminalpsychologie, 20, 216ff.

[3] Prot. II. ExpKom. 5, 294f.; vgl. auch Stooss: Grundzüge, 2, 458 und VD. Bes. Teil, 3, 357f., 375ff.

[4] JZ. 34, 153, Nr. 124 (Luzern): Versuch erst mit Beginn der unter Beobachtung der gesetzlichen Formen begonnenen Aussage. Zürcher Bl. 21, Nr. 71: Vor Abschluß der nach den prozessualen Regeln durchzuführenden Vernehmung Versuch. Bl. 39, Nr. 55: Vollendung, auch wenn die falschen Aussagen „schließlich ohne Wirkung blieben." Ebenso JZ. 28, 150, Nr. 155 (Baselstadt) und 34, 14, Nr. 16: Strafbarkeit unabhängig von der Wesentlichkeit des Inhalts eines falschen Zeugnisses; Berücksichtigung bei der Strafzumessung. So auch JZ. 33, 137, Nr. 107 (Luzern). Vgl. Ufenast: 69ff.

[5] Zur Frage des Widerrufs Steiner: Z. 42, 206ff.

[6] Ergänzendes aus bisheriger Rechtsprechung: Straflosigkeit, wenn der Zeuge durch wahrheitsgemäße Aussage sich der Gefahr strafrechtlicher Verfolgung ausgesetzt hätte; Zürcher Bl. 2, Nr. 186; 20, Nr. 73 mit dem Zusatz: Unzulässigkeit der Vernehmung einer Person als Zeugen, die von vorneherein als Beschuldigter in Betracht kommt. So auch Bl. 22, Nr. 32: Straflosigkeit unwahrer Aussagen bei einer solchen Vernehmung. Neuer, einschränkend zu der Frage: Straflosigkeit, wenn die Gefahr strafrechtlicher Verfolgung besteht; Hinweis auf die Notstandsbestimmung: Bl. 25, Nr. 31; 31, Nr. 113. Dazu Pfenninger: Z. 39, 247ff.; Ufenast: 96ff. (Zwangslage des Zeugen). — Frage der Verweigerung der bedingten Verurteilung bei falschem Zeugnis: Bl. 39, Nr. 13 (mit weiteren Zitaten). — Zu der Frage des Zeugnisses des Beschuldigten Ufenast: 27ff.

schuldigung (oben § 125 II 2) — zu bejahen. Das falsche Zeugnis kann sich auf eine äußerliche Tatsache, z. B. auf eine Zeitangabe, beziehen. Enthält es jedoch überdies einen Ehrangriff, so tritt ein neues Moment hinzu, das einen weiteren Strafanspruch begründet[1].

Neben oder auch im Rahmen eines falschen Zeugnisses kann selbständig eine falsche Anschuldigung stehen. Keines der beiden Delikte geht im anderen auf. Je nachdem ist Realkonkurrenz — falsche Anschuldigung und später in der gleichen Sache falsches Zeugnis[2] — oder Idealkonkurrenz gegeben. Den letzteren Fall — falsche Anschuldigung und falsches Zeugnis in einem — hatte der VE. 1908, Art. 216 VI als erschwertes falsches Zeugnis hervorgehoben. Die Bestimmung ist nicht in das G. übergegangen. Gerade deshalb sollte eine Idealkonkurrenz angenommen werden.

Eine weitere Konkurrenzfrage ergibt sich zwischen falschem Zeugnis und Begünstigung (Art. 305). Aber die Annahme, daß die Begünstigung hier im falschen Zeugnis aufgeht, ist zutreffend[3]. Dagegen kann Realkonkurrenz mit dem Vergehen des falschen ärztlichen Zeugnis (Art. 318; unten § 133 II) gegeben sein, wenn z. B. ein Arzt seine unwahre Beurkundung nachher bei einer Vernehmung als Zeuge bestätigt.

9. In der Literatur ist die Strafbarkeit der unechten Aussage vor Gericht und ebentuell die Schaffung eines besonderen Tatbestandes erörtert worden. Die unechte Aussage soll dann gegeben sein, wenn sich Jemand fälschlich als Partei, als Zeuge, als Sachverständigen oder als Dolmetschen ausgibt und vor Gericht aussagt[4]. Die Strafwürdigkeit ist gegeben. Eine Irreführung der Rechtspflege liegt vor. Ob eine Bestrafung aus Art. 307 erreichbar ist, bleibt mehr als zweifelhaft. Doch ist die Lücke kaum von großer praktischer Bedeutung. In jedem Fall stehen Prozeßstrafen zur Verfügung.

§ 128. Gefangenenbefreiung.

Literatur Stooss: Grundzüge, 2, 427ff. — Häusermann: Die Gefangenenbefreiung, Zürcher Diss. (1938).

I. Das G. bestimmt an zwei Stellen über das Delikt: im Art. 310 bei den Delikten gegen die Rechtspflege und, unter der Bezeichnung: Entweichenlassen von Gefangenen, in Art. 319 bei den Amtsdelikten.

[1] Zürcher Bl. 2, Nr. 56. Anders — nicht zutreffend — Bl. 15, Nr. 208. Vgl. ferner Bl. 35, Nr. 50. Ich halte meine Auffassung: Allg. Teil, 352, Anm. 1, wonach die Ehrverletzung durch das falsche Zeugnis konsumiert wird, nicht mehr aufrecht. Für die Konsumption dagegen Ufenast: 88f.

[2] Instruktiver Fall Zürcher Bl. 31, Nr. 113. Ufenast: 91, der nur den Fall der Realkonkurrenz annimmt, derart daß der Täter zunächst falsch anschuldigt und später in der gegen den Nichtschuldigen geführten Untersuchung falsches Zeugnis ablegt. Vgl. auch Rufer (Lit. zu § 125): 97f.

[3] So Ufenast: 87f.

[4] Stooss: Z. 18, 50ff.; Binding: Lb. 2 I, 142ff. und dort Zitierte.

Die Tatrichtung ist in beiden Fällen die gleiche. Die zusammenfassende Erörterung ist gegeben. Der Unterschied zwischen Art. 310 und Art. 319 liegt in der Person des Täters und teilweise in der Art, wie die Befreiung durchgeführt wird. Ist der Täter ein Beamter, so greift das G. mit einer schwereren Strafdrohung zu. Es greift auch in der Umschreibung der Tathandlung weiter aus. Der Beamte als Täter vergeht sich nicht nur gegen die Rechtspflege. Er verletzt auch seine Treupflicht gegenüber dem Staat.

Die Gefangenenbefreiung ist ein Fall der Begünstigung[1]. Sind die Voraussetzungen des Art. 310 oder des Art. 319 gegeben, so gehen sie dem Art. 305 vor. Zu beachten ist, daß der Art. 305 mangelhaft gefaßt ist. Nach Art. 305 I ist nur strafbar, wer jemanden der Strafverfolgung oder dem Vollzug einer Strafe oder einer der in den Art. 42—45 vorgesehenen Maßnahmen entzieht. Die Vereitelung anderer strafrechtlicher Maßnahmen und eventuell auch verwaltungsrechtlicher Freiheitsentziehungen trifft er nicht. Daraus ergeben sich Lücken; oben § 124 III 1.

II. Die bisherigen Rechte ordnen die Gefangenenbefreiung verschieden. Sie zeigen jedoch eine mit der Ordnung im eidgenössischen G. übereinstimmende Tendenz. Art. 50 des BStR. von 1853 bedroht die Beihilfe zum Entweichen und die Vereitelung der Vollziehung eines durch eine Bundesbehörde erlassenen Haftbefehls (Begünstigung); Voraussetzung ist Anwendung von List oder Gewalt. Zürich § 82 faßt zwei Tatbestände zusammen: einerseits die Befreiung durch irgendeinen Täter[2] und andererseits das Entweichenlassen und die Beihilfe zur Entweichung durch eine Person, der Verwahrung, Überwachung oder Begleitung des Gefangenen anvertraut war. Strafbar ist auch die Fahrlässigkeit des „Angestellten". Durch § 34 des Zürcherschen Gesetzes von 1925 über die Versorgung von Jugendlichen, Verwahrlosten und Gewohnheitstrinkern ist der Tatbestand mit Bezug auf Insassen einer Versorgungsanstalt erweitert worden[3]. Aus Bern Art. 77—80 ist hervorzuheben, daß jede Gefangenenbefreiung strafbar ist. Sie ist erschwert, wenn sie unter Anwendung oder Androhung von Gewalt erfolgt, oder wenn der Täter ein Beamter oder

[1] Zürcher: Erläuterungen, 390; Lang: Prot. II. ExpKom. 5, 400; Häusermann: 70f. (Auseinandersetzung mit der Literatur); Thormann-v. Overbeck: Art. 310, N. 9 (ohne nähere Eröterung); Zürcher Bl. 40, Nr. 3: Gefangenenbefreiung eine besondere Begehungsart der Begünstigung (S. 9). Siehe auch schon Prot. I. ExpKom. 2, 261 mit dem Hinweis darauf, daß es sich wegen der Schwere der Gefangenenbefreiung nicht rechtfertigt wie bei der Begünstigung die nahen Beziehungen zwischen Täter und Befreitem zu privilegieren. Ferner Beling: VD. Bes. Teil, 7, 57, 216.

[2] Im ersten Tatbestand fehlt die Beihilfe zur Selbstbefreiung: Zürcher Bl. 40, Nr. 3.

[3] Dazu Zürcher Bl. 39, Nr. 71; Petrzilka: Zürcher Erläuterungen, 433.

Angestellter ist (Art. 78). Ähnlich wie das eidgenössische G. bestimmen Thurgau §§ 251 f. und Waadt in Art. 287: procurer des moyens d'évasion à une personne légalement détenue ou internée — ou faciliter son évasion. Erschwert ist die von einem Beamten verübte Tat, die auch bei Fahrlässigkeit — negligence ou imprudence — strafbar ist. — Die Selbstbefreiung, die nach dem eidgenössischen G., unter Vorbehalt der Meuterei (unten § 129), grundsätzlich straflos bleibt, ist z. B. nach Bern Art. 80 und nach Genf Art. 240 strafbar, wenn sie durch Gewalt erfolgt. Tessin Art. 144 § 1 verweist bei Selbstbefreiung ausdrücklich auf disziplinare Ahndung. Disziplinarstrafen nach kantonalen Rechten sind selbstverständlich auch weiterhin zulässig (G. Art. 335 Ziff. 1)[1].

III. 1. Beim Tatbestand der **Befreiung von Gefangenen** nach Art. 310 des G.[2] und gleich auch im Hinblick auf Art. 319 ist zunächst der Begriff des Gefangenen abzuklären. Auf ihn weisen die Marginalien hin. Aus den Gesetzestexten ergibt sich eine sehr weite Ausdehnung des Begriffs. Als Gefangener i. e. S. hat zu gelten, wer sich in prozessualer Untersuchungs- oder Sicherheitshaft oder in Strafhaft befindet, aber auch wer in Polizeihaft genommen wird[3]. Das G. weist ferner auf Personen hin, die überdies „auf amtliche Anordnung" in eine Anstalt eingewiesen wurden. Damit wird ein sehr großer Kreis gezogen[4]. Eidgenössisches Recht und auch kantonale Rechte — z. B. bei administrativen Versorgungen — bestimmen ihn. Vor allem ist hier auf Bestimmungen des G. hinzuweisen, die Freiheitsentziehungen darstellen, ohne Strafen zu sein: die Maßnahmen der Verwahrung nach Art. 42, der Arbeitserziehungsanstalt nach Art. 43, der Heilanstalten nach Art. 44/45. Aber auch die Verwahrung und Versorgung Unzurechnungsfähiger und vermindert Zurechnungsfähiger gemäß Art. 14/15 und die ebenfalls als Maßnahme behandelte Sicherheitshaft bei der Friedensbürgschaft (Art. 57 Ziff. 2) kommen hier in Betracht. Ferner sämtliche Freiheitsentziehungen bei der Behandlung von Kindern und Jugendlichen (4. Titel des Allg. Teils[5]). Auszunehmen ist nur die Familienversorgung (Art. 84 I, Art. 91 Ziff. 2). Bei ihr

---

[1] Weitere Daten zum bisherigen Recht STOOSS: Grundzüge, 2, 427ff.; HÄUSERMANN: passim; 7ff. geschichtliche Entwicklung, insbesondere auch zur Frage der Selbstbefreiung; 79ff. kantonale Gesetzestexte; 65ff. und 78: auch die Bestrafung der Selbstbefreiung als wünschenswert bezeichnet.

[2] ZÜRCHER: Erläuterungen VE. 1908, 389f.; Prot. II. ExpKom. 5, 111, 253ff. Vgl. auch HÄUSERMANN: 17ff. (Entwicklung der Entwürfe).

[3] HÄUSERMANN: 23ff., 37f.

[4] Nur vorsätzliche Befreiung ist strafbar. Der Täter muß sich bewußt gewesen sein, einen „Gefangenen" zu befreien. Vgl. Zürcher Bl. 20, Nr. 180 (in eine Irrenanstalt zur Begutachtung eingewiesener Untersuchungsgefangener); 27, Nr. 138 (in eine Klinik eingewiesener Polizeigefangener).

[5] HAFTER: Prot. II. ExpKom. 5, 254, 257ff.; 6, 113ff.; Zürcher Bl. 39, Nr. 71 (Befreiung eines versorgten Jugendlichen); a. M. HÄUSERMANN: 40.

handelt es sich kaum um eine eigentliche Freiheitsentziehung. Entscheidend, ist daß das G. die Einweisung in eine Anstalt voraussetzt.

Wer auf Grund eines Haftbefehls oder nach prozessualen Bestimmungen über die vorläufige Festnahme[1] ergriffen wird, hat im Sinne der Art. 310 und 319, schon bevor er der zuständigen Behörde übergeben oder in eine Verhaftsanstalt eingeliefert wird, als „Gefangener" zu gelten[2]. Auf den „Verhafteten" weist das G. ausdrücklich hin. Entsprechendes muß auch für den gelten, der unter dem Titel einer sichernden oder fürsorglichen Maßnahme zur Einweisung in eine Anstalt festgenommen wird.

Daß Festnahme und Einweisung auf amtliche Anordnung geschehen sein müssen, hat in dem Sinne für den ganzen Tatbestand zu gelten, als es sich regelmäßig um ein amtliches Vorgehen handelt. Grundlage kann ein Haft- oder auch ein bloßer Vorführungsbefehl, aber auch eine andere, auf Freiheitsentziehung lautende Anordnung einer zuständigen Behörde sein[3]. Zuständigkeit muß gegeben sein. Jedoch kann es nicht darauf ankommen, ob eine Festnahme sachlich gerechtfertigt war oder nicht, ob sie einen Schuldigen oder einen Unschuldigen traf; vgl. oben § 114 I 3[4]. — Gefangenenbefreiung liegt dagegen nicht vor, wenn Jemand befreit wird, der auf Veranlassung einer Privatperson in einer Heil- oder Pflegeanstalt sich befindet.

2. Art. 310 Ziff. 1 umschreibt das Verhalten des Täters mit zwei Varianten:

An erster Stelle nennt das G. das Befreien (faire évader, liberare). Das ist der Bruch einer „Gefangenschaft" durch aktives Handeln. Befreit ist, wer aus einem Zustand der Unfreiheit, aus dem behördlichen Gewahrsam, in die Freiheit gelangt.

Strafbar ist überdies, wer einem „Gefangenen" zur Flucht behilflich ist. Das kann auch durch eine Unterlassung, z. B. durch das Offenlassen einer Türe, geschehen. Die Schaffung eines besonderen Beihilfetatbestandes war deshalb notwendig, weil die Selbstbefreiung kein Delikt ist[5]. Für die Beihilfe gelten die aus Art. 25 des G. abzuleitenden Regeln

---

[1] Prozeßgesetze, z. B. Zürich StPrO. § 69, berechtigen auch eine Privatperson, den eines Verbrechens oder Vergehens dringend Verdächtigen zu ergreifen (vorläufig festzunehmen; vgl. § 72), wenn die Verdachtsgründe auf der eigenen unmittelbaren Wahrnehmung des Handelnden beruhen.

[2] Zu eng Zürcher: Erläuterungen, 389; Häusermann: 32f.

[3] Zu weitgehend Häusermann: 29ff, mit der Annahme, „Gefangene" seien alle Personen, die durch staatliche Maßnahme in ihrer Bewegungsfreiheit beschränkt seien. Das trifft auch für die mit einem Wirtshausverbot oder mit einer administrativen Kantonsverweisung Bedachten zu. Aber „Gefangene" sind sie nicht.

[4] Beling: VD. Bes. Teil, 7, 210.

[5] Straflos muß auch die durch den Gefangenen erfolgte Anstiftung zur Befreiung und die von ihm dazu geleistete Beihilfe sein; Häusermann: 62f. (Hinweise auf die hier uneinheitliche Literatur.)

über Vorsatz, Unterstützung durch Rat oder Tat (Allg. Teil, § 46)[1]. Doch ist, da der Art. 310 einen besonderen Tatbestand darstellt, auch der Versuch strafbar.

Der Ingreß des Art. 310 bestimmt, daß der Täter Gewalt, Drohung oder List anwenden muß. Fraglich ist, ob diese Momente nur bei der Befreiung i. e. S. oder auch bei der Beihilfe zur Flucht erfüllt sein müssen. Die grammatikalische Auslegung führt nicht zu einem sicheren Ergebnis. Aber zu beachten ist, daß bei einer Beihilfe zur Selbstbefreiung Gewalt, Drohung oder List selten von Bedeutung sein werden. Am ehesten wird noch ein listiges Verhalten des Helfenden eine Rolle spielen. Richtig erscheint, die Momente Gewalt, Drohung und List nur bei der Befreiung i. e. S. gelten zu lassen. Fordert man sie auch bei der Hilfe zur Flucht, so wird dieser Tatbestand ungebührlich eingeengt. — Gewalt und Drohung als Mittel der Tatverübung verwendet das G. an zahlreichen Stellen, z. B. in Art. 139, 156, 181, 285. Dafür sei auf frühere Erörterungen verwiesen, z. B. oben § 19 II (Nötigung); § 114 II (gewaltsame Widersetzung gegen Behörden und Beamte). Die Dreiheit: Gewalt, Drohung, List findet sich in Art. 183 I bei der Entführung und auch in Art. 202 Ziff. 2 IV bei erschwertem Frauen- und Kinderhandel; dazu oben § 21 II 1; § 30 III. List im Zusammenhang des Art. 310 ist jedes Verhalten zur Täuschung der Personen, die einen „Gefangenen" im Gewahrsam haben.

Vollendet ist die Gefangenenbefreiung, wenn der „Gefangene" — und sei es auch nur vorübergehend, für einen Moment — die Freiheit erlangt hat[2]. Was im Hinblick auf dieses Ziel vorher geschieht, ist nach den Regeln der Art. 21/22 strafbarer Versuch. Wie in vielen anderen Fällen ist auch bei der Gefangenenbefreiung die Grenze zwischen Versuch und Vorbereitung nicht immer leicht zu erkennen. Freies Richterermessen hat, so wenig das dogmatisch einleuchten mag, einen nicht geringen Spielraum. — Möglich, wenn wohl auch selten, ist ein untauglicher Versuch im Sinne von Art. 23 I. Ein „Gefangener", der sich nicht befreien lassen will, mag als untaugliches Objekt gelten.

3. Die Ziff. 2 des Art. 310 lautet wörtlich gleich wie Art. 285 Ziff. 2 beim erschwerten Tatbestand der gewaltsamen Widersetzung, dem Aufruhr: Verübung der Tat durch einen zusammengerotteten Haufen. Jeder Teilnehmer an der Zusammenrottung ist mit Gefängnis zu bestrafen. Das ist die gleiche Strafdrohung, die nach der Ziff. 1 für den Einzeltäter

---

[1] Eigenartig Zürcher Bl. 39, Nr. 71: Rat, zu fliehen, noch keine Beihilfe zur Flucht (Kassationsgericht entgegen der Vorinstanz); vgl. auch BINDING: Lb. 2 II, 590 (Anstiftung des Gefangenen zur Selbstbefreiung noch keine Beihilfe zur Flucht).

[2] Kasuistische Betrachtungen über Vollendung, Versuch und Vorbereitung bei HÄUSERMANN: 58ff.

gilt, der mit Gewalt, Drohung oder List eine Gefangenenbefreiung durchführt oder dem Gefangenen zur Flucht behilflich ist. Erschwert bedroht, mit Zuchthaus bis zu 3 Jahren oder mit Gefängnis nicht unter 1 Monat, ist der Teilnehmer an der Zusammenrottung, der Gewalt an Personen oder Sachen verübt. — Damit ist die durch die Zusammenrottung qualifizierte Gefangenenbefreiung dem Aufruhr gleichgestellt. Die dafür (oben § 114 IV, namentlich 2—5) gegebenen Erörterungen gelten entsprechend für die Auslegung von Art. 310 Ziff. 2.

IV. Das Beamtendelikt: **Entweichenlassen von Gefangenen** (Art. 319)[1] bestimmt gleich wie Art. 310 als Befreiungsobjekte „einen Verhafteten, einen Gefangenen oder einen anderen auf amtliche Anordnung in eine Anstalt Eingewiesenen" (oben III 1).

Ebenfalls gleich wie in Art. 310 ist die eine der zwei in Art. 319 genannten Täterhandlungen, das Zur-Flucht-behilflich-sein, umschrieben.

Aber folgende Unterschiede gegenüber Art. 310 ergeben sich:

1. Täter ist ein Beamter, der bei Gelegenheit der Ausübung seiner amtlichen Tätigkeit das Delikt verübt. Der Art. 319 stellt ein Sonderdelikt dar (unten § 130 I). Der weitgespannte Beamtenbegriff nach Art. 110 Ziff. 4 gelangt zur Wirkung. Der Art. 319 gilt für jeden „Beamten", nicht etwa bloß für denjenigen, in dessen Obhut ein Gefangener steht[2].

2. Merkwürdig ist, daß der in Art. 310 an erster Stelle genannte Fall der Befreiung eines Gefangenen in Art. 319 nicht erwähnt wird. Scheinbar besteht eine Lücke. Daß aber der Beamte, der aus eigenem Antrieb durch aktive Tätigkeit einem „Gefangenen" die Freiheit verschafft, nur unter der geringeren Strafdrohung nach Art. 310 Ziff. 1 steht, ist ausgeschlossen. Das zutreffende Ergebnis ist durch eine sinngemäße Auslegung des Art. 319 zu gewinnen:

Der Beamte, ein Gefangenenwärter z. B., der dem seiner Obhut anvertrauten Gefangenen von sich aus die Zellentüre öffnet und ihm den Weg in die Freiheit weist, ist mindestens zur Flucht behilflich. Darin liegt aber auch ein Befreien durch aktive Tätigkeit. Verwertbar ist auch das zweite, in Art. 319 genannte Täterverhalten, das vorsätzliche Entweichenlassen. Der Ausdruck weist auf eine Unterlassung hin[3]. Regelmäßig wird hier die Initiative zur Flucht vom „Gefangenen" ausgehen. Der Beamte bleibt untätig, obschon er die Flucht verhindern sollte und könnte. Im Grund ist auch das Beihilfe zur Selbstbefreiung und in einem weiteren Sinn eine Befreiung durch den Beamten[4].

---

[1] Prot. II. ExpKom. 5, 396ff.; 6, 139ff.

[2] Die VE., z. B. VE. 1908, Art. 231 nannten als Täter nur den zur Überwachung verpflichteten Täter; dazu ZÜRCHER: Erläuterungen, 426; GAUTIER: Prot. II. ExpKom. 5, 397f.; 6, 139ff. (Streichung des Zusatzes). Zu der Frage auch HÄUSERMANN: 42ff.

[3] GAUTIER: Prot. II. ExpKom. 5, 397.

[4] Vgl. auch HÄUSERMANN: 52ff.

3. Anders als nach Art. 310 ist beim Beamtendelikt des Art. 319 die Anwendung von Gewalt, Drohung oder List in keinem Fall gefordert. Die Tat ist schlechthin strafbar. Aber möglich ist, daß auch der das Delikt verübende Beamte z. B. eine List anwendet. Das kann bei der Strafzumessung erhöhend berücksichtigt werden.

4. Die Strafdrohung für das Beamtendelikt lautet auf Zuchthaus bis zu 3 Jahren oder auf Gefängnis.

IV. Das MilStG. enthält in Art. 177 den gleichen Tatbestand der Gefangenenbefreiung wie der Art. 310 des bürgerlichen StGB. Doch ist als Befreiungsobjekt noch besonders der Arrestant genannt. Im Falle aktiven Dienstes unterstehen nach Art. 3 Ziff. 1 des MilStG. auch Zivilpersonen dem militärischen Recht. Die Bestimmung ist unklar. Gilt sie allgemein, auch dann, wenn der befreite „Gefangene" nicht durch eine militärgerichtliche oder eine andere militärische Anordnung festgenommen worden war? Soll wirklich in Aktivdienstzeiten die Befreiung irgendeines Zivilgefangenen dem militärischen Recht verfallen? Das ist im Hinblick auf den Sondercharakter des Militärstrafrechts zu verneinen.

Ausschließlich militärisches Recht mit Geltung auch für Zivilpersonen stellt dagegen der Art. 105 dar. Er nennt als Befreiungsobjekte Internierte und Kriegsgefangene. Bei Kriegsgefangenen gilt Kriegsrecht (MilStG. Art. 4), und Internierte gibt es oder gab es wenigstens bisher nur in Zeiten aktiven Dienstes. Deshalb wird in Art. 3 Ziff. 1 (erweiterte Geltung für Zivilpersonen) auf den Art. 105 unter dem Gesichtspunkt: Störung der militärischen Sicherheit ausdrücklich hingewiesen[1].

§ 129. Meuterei von Gefangenen.

Literatur. STOOSS: Grundzüge, 2, 429f. — SCHAUFELBERGER: Die militärischen Delikte der Meuterei und des Aufruhrs, Berner Diss. (1924).

I. Das Massendelikt der Meuterei von Gefangenen (G. Art. 311) hat in kantonalen Rechten einige Vorläufer. Zürich § 83 bestraft Gefangene, die sich in einer Gefangenenanstalt zusammenrotten und mit vereinten Kräften Aufseher angreifen, sich ihnen widersetzen oder sie nötigen oder zu nötigen versuchen. Erschwert ist die Meuterei, wenn Gewalttätigkeiten gegen die Aufseher verübt wurden. Die Bestimmung lehnt sich an den § 122 des deutschen StGB. an. Ähnlich lautet Basel § 56. Die Vollendung des Deliktes ist in beiden Gesetzen anders als im eidgenössischen G. geordnet (unten II 2). Schaffhausen § 117 II und

[1] Denkbar ist, daß auch nach dem Ende der schweizerischen Aktivdienstzeit Interniertenlager aufrecht erhalten oder errichtet werden müssen. Dann würden nur Personen, die nach Art. 2 des MilStG. in jedem Fall unter militärischem Recht stehen, auf Grund des Art. 105 bestraft werden können. Für andere Personen müßten die Art. 310 und 319 des bürgerlichen StGB. gelten.

Thurgau § 253 — Vereinigung von zwei oder mehreren Gefangenen zu gewaltsamem Ausbruch oder zur Gewaltanwendung gegen Beamte oder Bedienstete einer Gefängnis- oder Strafanstalt — stellen das Delikt dem Aufruhr gleich. Mit ihm besteht nahe Verwandtschaft. Dem eidgenössischen G. ähnlich bestimmen Freiburg Art. 176 und Waadt Art. 288 (mutinerie).

Von anderen Gesichtspunkten als das bürgerliche Strafrecht, das in der neueren Gesetzgebung die Gefangenenmeuterei als Delikte gegen die Rechtspflege betrachtet, geht das MilStG. aus. Im Abschnitt: Verletzung der Pflicht der militärischen Unterordnung handeln die Art. 63 und 64 von der Meuterei und der Vorbereitung einer Meuterei. Als Dienstverletzung wird nach Art. 79 bestraft, wer vom Vorhaben einer Meuterei Kenntnis erhält und eine Anzeige unterläßt. Art. 98 Ziff. 2 bedroht die öffentliche Aufforderung zur Meuterei und zur Vorbereitung einer Meuterei und die Verleitung zur Vorbereitung. Die Verleitung eines Internierten oder eines Kriegsgefangenen zur Meuterei oder zu deren Vorbereitung wird in Art. 104 als Störung der militärischen Sicherheit bedroht. Auf diese militärrechtlichen Tatbestände kann hier nur hingedeutet werden[1].

II. 1. Die Täter einer Gefangenmeuterei bezeichnet Art. 311 Ziff. 1 des G.[2] im Anschluß an Art. 310 mit den Worten: Gefangene oder andere auf amtliche Anordnung in eine Anstalt Eingewiesene; dazu oben § 128 III 1. In Art. 310 und 319 sind die genannten Personen Befreiungsobjekt. Im Art. 311 sind sie die Täter. Im Gegensatz zu Art. 310 und Art. 319 nennt Art. 311 „Verhaftete" nicht. Nur der engere Gefangenenbegriff wird verwendet. Nur die im Rahmen eines Anstaltsbetriebes sich zusammenrottenden Gefangenen kommen als Täter in Frage. Wenn „Verhaftete" oder auch vorläufig Festgenommene sich zu Gewalttätigkeiten zusammenrotten, was wohl möglich ist, so kann die Aufruhrbestimmung nach Art. 285 Ziff. 2, eventuell auch der Tatbestand des Landfriedensbruchs nach Art. 260 zur Geltung kommen.

2. Im Gegensatz zu den Vorentwürfen, z. B. noch VE. 1908 Art. 214, ist die Vollendung der Meuterei weit vorgeschoben, auf den Zeitpunkt, da die Gefangenen in bestimmter, in den Absätzen 2—4 umschriebener Absicht sich zusammenrotten[3]. Der Begriff der Zusammenrottung ist gleich wie in den Art. 260 I (Landfriedensbruch), 285 Ziff. 2 I (Aufruhr) und Art. 310 Ziff. 2 I (erschwerte Gefangenenbefreiung) zu deuten.

---

[1] Vgl. Schaufelberger: passim, zum früheren MilStG.; 109ff. zu den Entwürfen des neuen MilStG.; ferner EMKG. 1, Nr. 49, 87, 93, 98, 101, 118; 3, Nr. 120; Hafter: Prot. II. ExpKom. 6, 117.

[2] Zürcher: Erläuterungen, 390f.; Prot. II. ExpKom. 5, 261ff.; 6, 115ff.

[3] Zur abschließenden Textgestaltung Prot. II. ExpKom. 6, 115f.

Dazu sei namentlich auf die Erörterung oben § 114 IV, insbesondere 2—5 verwiesen[1].

3. Auf dreierlei Absichten, von denen sich die Meuterer leiten lassen, weist das G. hin:

Die Täter handeln in der Absicht, vereint Anstaltsbeamte oder andere mit ihrer Beaufsichtigung betraute Personen anzugreifen (Ziff. 1 II). Der Kreis der Personen, gegen den sich der Angriff richten soll, ist denkbar weitgefaßt. Noch der VE. 1908 Art. 214 wies allzu eng nur auf die Wächter (gardiens) hin. Der Tatbestand ist nach dem G. auch erfüllt, wenn der Angriff z. B. gegen den Direktor, den Arzt, den Geistlichen der Anstalt gerichtet werden soll. Nach dem weitgefaßten Beamtenbegriff des Art. 110 Ziff. 4 haben diese Personen als Anstaltsbeamte zu gelten, auch dann wenn sie nur „vorübergehend" — nebenamtlich — Funktionen ausüben. Dann ist aber, da sich die Gefangenenmeuterei immer im Rahmen eines Anstaltsbetriebes entfalten muß, der Hinweis auf andere mit der Gefangenen-Beaufsichtigung beauftragte Personen ohne Bedeutung. Das G. sagt damit Unnötiges — .Der geplante Angriff soll vereint, durch die zusammengerotteten Menschen, erfolgen. Darin liegt die erhebliche Gefahr. Jeder geplante tätliche Angriff zählt; vgl. oben § 114 II 3. Der Beweis, ob die Zusammenrottung mit der Angriffsabsicht erfolgte, ist aus den Umständen zu gewinnen. Wirkt sich der Angriff in irgendeiner Form aus, so ist die Erfüllung des Tatbestandes erst recht gegeben und für einzelne Teilnehmer kann die Erschwerung gemäß der Ziff. 2 zur Geltung kommen; unten 6.

An zweiter Stelle weist das G. auf die Absicht hin, durch Gewalt oder Drohung mit Gewalt die „Beamten" zu einer Handlung oder Unterlassung zu nötigen (Ziff. 1 III). Der Nötigungsbegriff ist hier enger gefaßt als im Grundtatbestand des Art. 181. Dieser bezeichnet als Nötigungsmittel Gewalt, Androhung ernstlicher Nachteile und Beschränkung der Handlungsfreiheit des Opfers auf andere Weise. Neben dem Zwang zu einem Tun oder Unterlassen wird auch das Nötigen zu einem Dulden genannt (oben § 19 I und II). Daß in Art. 311 der Hinweis auf den Zwang zu einer Duldung fehlt, bedeutet eine Lücke. Andererseits läßt sich die in Art. 311 gegebene Beschränkung auf die Nötigungsmittel der Gewalt und der Drohung mit Gewalt rechtfertigen. Die Gefangenenmeuterei ist ein typisches Gewaltdelikt. Körperliche Gewalt, eine physische Kraftaufwendung oder die Drohung mit ihr sind die

[1] Zum Begriff der Zusammenrottung auch SCHAUFELBERGER: 38ff. — THORMANN-V. OVERBECK: Art. 311, N. 2: Da Art. 311 nur auf die Zusammenrottung, nicht wie Art. 310 und auch Art. 285 von einem zusammengerotteten Haufen spricht, soll bei der Meuterei eine kleinere Personenzahl genügen. Das scheint mir wenig aufschlußreich. Das Richterermessen muß entscheiden, ob eine Zusammenrottung gegeben war. Vgl. dagegen Thurgau § 253: Vereinigung von zwei oder mehreren Gefangenen.

Mittel, die von den Meuterern zur Geltung gebracht werden sollen; zum Gewaltbegriff oben § 19 II 1, auch § 114 II 1.

Auf die hinter einer Meuterei liegenden Motive weist das G. nicht hin. Sie kann eine Rachehandlung sein oder die Zurücknahme einer Anordnung oder die Gewährung von Vergünstigungen erstreben. Sie kann auch politische Hintergründe haben. Der Richter hat diese Motive, überhaupt die Umstände, die einer meuterischen Aktion zugrunde liegen, bei der Strafzumessung zu würdigen[1].

Die Ziff. 1 IV nennt endlich die Absicht, gewaltsam auszubrechen (s'évader en usant de violence). Schon im deutschen Wort „ausbrechen" liegt wohl die Gewaltsamkeit. Auch hier ist nur an körperliche Kraftaufwendung zu denken[2]. Das ist der einzige Fall, in dem nach dem G. die Selbstbefreiung, ja schon der Plan dazu kriminell strafbar sind; oben § 128[3].

4. Strafbar ist jeder Gefangene, der als Teilnehmer an der Zusammenrottung mitwirkt. Der Teilnahmevorsatz muß bewiesen werden. Aber das G. fordert überdies, daß die Zusammenrottung mit einer der in den Absätzen II—IV bezeichneten Absichten geschehen muß. Hier können sich Schwierigkeiten ergeben. Die Absichten der an der Zusammenrottung Beteiligten können verschieden sein. Möglich ist auch, daß ein Mitläufer sich keine klare Absicht darüber, was geschehen soll, gebildet hat. Hier hilft nur sorgfältige richterliche Tatsachen- und Beweiswürdigung. Zeigt sich, daß bei einem Teilnehmer ein bestimmtes, mit den gesetzlichen Umschreibungen übereinstimmendes Zielbewußtsein vorhanden war, so darf auch aus der Tatsache der Beteiligung auf die vom G. geforderte Absicht geschlossen werden. Sollte dagegen ein Teilnehmer an der Zusammenrottung über die Ziele der Aktion vollständig ahnungslos gewesen sein, so ist eine Bestrafung aus Art. 311 nicht zu rechtfertigen. Eine disziplinare Ahndung reicht hier aus[4].

5. Versuch einer Zusammenrottung ist denkbar. Aber zu ihrem Wesen gehört das Spontane. Sie wird rasch genug über das Versuchsstadium hinausgedeihen.

Für Anstiftung und Beihilfe gelten die allgemeinen Regeln. Sie

---

[1] Vgl. Zürcher: Erläuterungen, 391.

[2] Gautier: Prot. II. ExpKom. 5, 263 hat darauf aufmerksam gemacht, daß beim gewaltsamen Ausbrechen (bris de prison) der Gewaltbegriff in dem weiten Sinn Gewalt an Personen oder Sachen zu verstehen ist. In den Fällen Ziff. 1 II und III richtet sich die Gewalt nur gegen Personen.

[3] Häusermann: (Lit. zu § 128), 71 f. mit der zutreffenden Feststellung, daß der Meuterer, der nicht nur sich selbst, sondern auch Mitgefangene befreien will, nur aus Art. 311 zu bestrafen ist. In ihm geht hier der Art. 310 auf.

[4] Über den Begriff Teilnahme an einer Zusammenrottung oben § 114 IV 3 zum Tatbestand des Aufruhrs (Art. 285 Ziff. 2). Dort liegen aber die subjektiven Momente anders als nach Art. 311.

können innerhalb der Anstalt, in der eine Meuterei ausbricht, erfolgen. Ein Beamter der Anstalt oder ein fremder Besucher stiften an oder leisten Hilfe. Aber möglich ist auch ein Mitwirken von außerhalb, namentlich bei einer auf Gefangenenbefreiung ausgehenden Meuterei. Geht man von ihr als dem Grundlagetatbestand aus, so stehen auch Anstiftung und Beihilfe zu meuterischer Selbstbefreiung von Gefangenen unter dem Art. 311, nicht unter Art. 310 Ziff. 1 (Befreiung von Gefangenen und Beihilfe zur Flucht). Die Lage ist eine andere, wenn eine Zusammenrottung von außen her zur Gefangenenbefreiung in eine Anstalt eindringt und sich einer bereits ausgebrochenen Gefangenenmeuterei beigesellt. Dann sind die von außen her dazukommenden Helfershelfer nach Art. 310 Ziff. 2 strafbar[1].

6. Die Teilnehmer an einer Meuterei werden mit Gefängnis nicht unter 1 Monat bestraft (Art. 311 Ziff. 1 V)[2].

Im Verhalten des einzelnen Täters können sich mehrere der in der Ziff. 1 genannten Absichten verbinden. Er will angreifen, nötigen und ausbrechen. Das ist richtig nicht als Konkurrenz verschiedener Delikte, sondern als einheitliche Tat zu werten[3]. Die Weite der verbrecherischen Absicht ist bei der Strafzumessung zu berücksichtigen.

Der Teilnehmer an einer Meuterei verübt, wenn er ein Strafgefangener ist, das Delikt zu einer Zeit, da er die Strafe für eine früher begangene Tat verbüßt. Für die Teilnahme an der Meuterei hat der Richter eine Zusatzstrafe auszufällen. Die Rückfallsbestimmung (Art. 67) kann zur Geltung kommen. Dagegen liegt nicht Realkonkurrenz gemäß Art. 68 Ziff. 1 vor. Auch die Ziff. 2 dieses Artikels ist nicht anwendbar. Sie bezieht sich nur auf Taten, die verübt wurden, bevor der Täter wegen einer anderen Tat zu einer Freiheitsstrafe verurteilt worden ist[4].

Wörtlich gleich wie in Art. 310 Ziff. 2 II und auch in Art. 285 Ziff. 2 II beim Aufruhrtatbestand ist in der Ziff. 2 des Art. 311 der erschwerte Fall des einzelnen Teilnehmers, der Gewalt an Personen oder Sachen verübt hat, umschrieben. Für die Erörterung ist auf §§ 77 II 2 und 114 IV 4 entsprechend zu verweisen. — Schärfer als in den Art. 285 und 310 wird der erschwerte Fall in Art. 311 mit Zuchthaus bis zu 5 Jahren oder mit Gefängnis nicht unter 3 Monaten bedroht.

---

[1] So auch ZÜRCHER: Erläuterungen, 391.

[2] BURCKHARDT: Prot. II. ExpKom. 5, 266 wollte es dem Ermessen der Anstaltsbehörde überlassen, die Strafverfolgung nur eintreten zu lassen, wenn bloß disziplinarische Ahndung ungenügend erscheint. Aber Art. 311 ist Offizialdelikt. In der Praxis wird man jedoch solchen Überlegungen, im Hinblick auf das Disziplinarrecht der Anstaltsordnungen, zugänglich sein; vgl. auch ZÜRCHER: Erläuterungen, 390.

[3] Ebenso THORMANN-v. OVERBECK: Art. 311, N. 4.

[4] Allg. Teil, § 79 II 4, III; GAUTIER: Prot. II. ExpKom. 5, 263.

Fünfter Abschnitt.

Amts- und Berufsdelikte.

§ 130. Einleitung.

Literatur. Stooss: Grundzüge, 2, 464ff. — Wachinger: VD. Bes. Teil, 9, 193ff., 250ff. — Escher: Schweizer. Bundesbeamtenrecht, Zürcher Diss. (1903). — Wettstein: Das Telegraphenstrafrecht, Berner Diss. (1903). — Ducloux: Die rechtliche Stellung der Beamten und Bediensteten des Kantons Luzern, Berner Diss. (1909). — Nägeli: Die Disziplinargewalt des Staates und der Gemeinden über ihre Beamten und Angestellten, Zürcher Diss. (1915). — Nievergelt: Beamtenrecht des Kantons Zürich, Zürcher Diss. (1916). — Zimmerlin: Der Mißbrauch der Amtsgewalt im schweizer. Strafrecht, Berner Diss. (1922). — Meier, Werner: Das Telephonregal nach schweizer. Recht, Berner Diss. (1928). — Meyer, Victor: Le secret télégraphique et sa protection, Thèse Fribourg (1932). — Letsch: Disziplinargewalt über Bundesbeamte und Rechtsschutz in Disziplinarsachen, Zürcher Diss. (1933). — Spitzer: Das Postgeheimnis, Zürcher Diss. (1937). — Graf: Die Verantwortlichkeit der Beamten im Kanton St. Gallen, Berner Diss. (1938) 34ff. — Stierlin: Die Amtsdelikte im luzern. Strafrecht, Berner Diss. (1940).

I. 1. Der 18. Titel: Strafbare Handlungen gegen die Amts- und Berufspflicht schließt das Verbrechens- und Vergehensrecht des G. ab. Er enthält Sonderstrafrecht.

Für die sehr umstrittene Frage, ob bei den Sonderdelikten, die eine Person mit bestimmter Eigenschaft als Täter voraussetzen, mittelbare Täterschaft angenommen werden kann, ist auf die Erörterung in § 43 II 2 des Allg. Teils zu verweisen. Auf zwei Arten ist die mittelbare Verübung eines Amts- oder auch eines Berufsdeliktes möglich: Ein Nichtbeamter benutzt einen unzurechnungsfähigen oder einen unter unwiderstehlichem Zwang stehenden oder einen gutgläubig irrenden Beamten zur Verübung der Tat, z. B. zu einer Urkundenfälschung (Art. 317)[1] oder zu einer Geheimnisverletzung (Art. 320). Oder der umgekehrte Fall: ein Beamter erfüllt den Deliktstatbestand nicht in eigener Person, er läßt die Tat durch einen willenlosen oder wenigstens nicht vorsätzlich handelnden Nichtbeamten durchführen. Über die Strafwürdigkeit des mittelbaren Täters in beiden Fällen dürfen keine Zweifel bestehen. An dogmatischen Bedenken sollte die Strafbarkeit nicht scheitern. — Anstiftung und Beihilfe durch nichtbeamtete Personen ist selbstverständlich möglich. Dagegen ist Mittäterschaft einer Person, der die bei den Amts- und Berufsdelikten vorausgesetzte Tätereigenschaft fehlt, nicht anzunehmen. Die Frau, die gemeinsam mit ihrem Mann, einem Beamten,

[1] Ob Erschleichung einer falschen Beurkundung gemäß Art. 253 I oder Urkundenfälschung in mittelbarer Täterschaft nach Art. 317 anzunehmen ist, muß im Einzelfall geprüft werden. — Zu den Fragen: Täterschaft — auch mittelbare — und Teilnahme beim Amtsdelikt ausführlich Zimmerlin: 61ff.

eine Fälschung vornimmt, ist Gehilfin, auch dann wenn sie die falsche Urkunde schreibt; Allg. Teil §§ 44 I 3, 45 V 1, 46 IV 1.

2. Man mag zwischen eigentlichen und uneigentlichen Amts- und Berufsdelikten unterscheiden[1]. Jene bilden den Inhalt des 18. Titels[2]. Vereinzelt finden sie sich auch in anderen Zusammenhängen. Die Mißachtung der Anzeigepflicht durch den Arzt, der eine Schwangerschaft unterbrochen hat (Art. 121) ist ein eigentliches Berufsdelikt. Gleiches gilt auch für das Vergehen: Gefährdung durch Verletzung der Regeln der Baukunde (Art. 229). Art. 267 Ziff. 1 III, der diplomatische Landesverrat, ist ein eigentliches Beamtendelikt und beim Verbrechen der Unzucht mit Anstaltspfleglingen usw. (Art. 193) kommen als Täter wohl auch nur Beamte oder Berufsangehörige in Betracht. — An zwei Stellen hebt das G. andererseits den Fall, daß ein von Jedermann begehbares Delikt von einem Beamten verübt wird, erschwerend heraus, bei der Veruntreuung (Art. 140 Ziff. 2) und bei der Wahlfälschung (Art. 282 Ziff. 2: Handeln in amtlicher Eigenschaft. In Art. 168 Ziff. 2, beim Delikt des Stimmenverkaufs in der Schuldbetreibung, wird neben dem Gläubiger das Mitglied einer Konkursverwaltung besonders genannt. Er ist Beamter oder übt wenigstens amtliche Funktionen aus (Art. 110 Ziff. 4). Das sind uneigentliche Amtsdelikte.

II. Seitdem das G. in Art. 110 Ziff. 4 den Begriff des Beamten mit Geltung für das gesamte Gebiet des eidgenössischen Strafrechts bestimmt hat, erledigen sich, wenigstens für das Strafrecht, einige Streit- und Zweifelsfragen. Unter „Beamten" sind alle Beamten und Angestellten irgendeiner öffentlichen Verwaltung des Bundes, der Kantone und der Gemeinden und die Organe der staatlichen Rechtspflege zu verstehen. Unter den Begriff des „Beamten" gehören auch Personen, die nur oder erst provisorisch ein Amt bekleiden oder angestellt sind[3], ja noch weitergehend Personen, die „vorübergehend amtliche Funktionen ausüben", z. B. Geschworene, Mitglieder einer außeramtlichen Konkursverwaltung, amtlich bestellte Sachverständige. Sie alle stehen unter dem Beamtenstrafrecht des 18. Titels, soweit die Verübung der einzelnen Delikte für einen Täter in Frage kommt (vgl. unten § 131 II 2). Ob bei dieser weiten Spannung des Beamtenbegriffs Widersprüche mit Bestimmungen des Staats- oder Verwaltungsrecht entstehen, darf unbeachtet bleiben. Der Strafgesetzgeber war für die Erreichung seiner Zwecke in der Begriffsumgrenzung frei. Entscheidend ist, daß eine Person amtliche Funk-

[1] Dazu ZIMMERLIN: 20ff.; ESCHER: 120ff. und 127ff. (bisheriges Bundesrecht); DUCLOUX: 134ff., 156ff.

[2] Zur geschichtlichen Entwicklung der Amtsdelikte STIERLIN: 11ff. Bemerkenswert die Aufteilung in Verbrechen und „Polizeivergehen" im bisherigen luzernischen Strafrecht (23ff.).

[3] Provisorische Anstellung als Beamtung vgl. schon Zürcher Bl. 22, S. 152.

tionen ausübt. Das muß im weitesten Sinne verstanden werden[1].

Eigenartig steht es jedoch mit den Mitgliedern einer Behörde, soweit sie nicht zugleich Beamte i. e. S. sind, z. B. den Parlamentsmitgliedern und den Mitgliedern der hierzulande außerordentlich zahlreichen Rats- und anderen Kollegien, die Behörden sind, aber sich zum großen Teil nicht aus „Beamten" zusammensetzen. Die Annahme, daß diese Personen bei ihrer öffentlich-rechtlichen Tätigkeit „amtliche Funktionen ausüben", wie Art. 110 Ziff. 4 sagt, läßt sich nicht bestreiten. Aber in den Art. 312, 314, 316 und 320 und auch in Art. 140 Ziff. 2 werden die Behördenmitglieder neben den Beamten noch besonders genannt[2]. In Art. 313 (Gebührenüberforderung), 317 (Urkundenfälschung) und in Art. 319 (Entweichenlassen von Gefangenen) ist dagegen nur von „Beamten" als Tätern die Rede. Man ging, nicht zutreffend, davon aus, diese Delikte könnten von Behördenmitgliedern kaum begangen werden[3]. — Die Gesetzeslage führt zu dem Schluß, daß die Behördenmitglieder nicht unter dem Beamtenbegriff nach Art. 110 Ziff. 4 stehen[4]. Dann kann aber auf sie auch eine Amtsentsetzung, die Art. 51 auf Beamte beschränkt, nicht Anwendung finden. Dagegen bestimmt wiederum Art. 52 Ziff. 2, daß der in der bürgerlichen Ehrenfähigkeit Eingestellte nicht nur nicht Beamter, sondern auch nicht Mitglied einer Behörde sein kann[5]. Ob die Konsequenzen, die sich aus der Unterscheidung: Beamter — Behördenmitglied ergeben, vom Gesetzgeber genügend überdacht worden sind, ist zweifelhaft. Weshalb sollte der Richter nicht auch das Mitglied einer Schulkommission oder auch eines Parlamentes seiner Stellung verlustig erklären können, wenn der Täter durch ein Verbrechen oder Vergehen seine Unwürdigkeit dargetan hat?

---

[1] Ergibt sich im Einzelfall ein Unterschied zwischen der Definition von Art. 110 Ziff. 4 und z. B. einer kantonalrechtlichen Umschreibung des Begriffes: öffentlicher Angestellter, so ist für die Anwendung des StGB. zugunsten des Art. 110 Ziff. 4 zu entscheiden. Nur im Sinne einer vergleichenden Prüfung sind das Staats- und Prozeßrecht des Bundes und der Kantone zu berücksichtigen; vgl. STIERLIN: 30ff. (für Luzern); THORMANN-v. OVERBECK: Art. 110, N. 12 und Vorbemerkungen zum 18. Titel, N. 3; LOGOZ: Commentaire, Art. 51, N. 3 und S. 402f., ferner Prot. II. ExpKom. 5, 343f. (GAUTIER: prendre le mot „fonctionnaire" au sens large). — Der Streit darüber, ob die staatliche Anstellung auf Grund eines öffentlichrechtlichen Vertrages oder durch einseitigen Staatsakt erfolgt, ist für die Anwendung des Beamtenstrafrechts ohne Bedeutung. Zur staatsrechtlichen Frage STIERLIN: 27ff. und dort Zit. — Über die Entwicklung, die schließlich zu der Erklärung des Beamtenbegriffs in Art. 110 Ziff. 4 führte, ZIMMERLIN: 136f.

[2] Im Titel: Strafbare Handlungen gegen die öffentliche Gewalt nennen die Art. 285 und 286 als Angriffsobjekte „eine Behörde oder einen Beamten". Aber das hat andere Gründe; siehe oben § 114 I 2.

[3] Vgl. THORMANN: Prot. II. ExpKom. 6, 182.

[4] Vgl. auch ZIMMERLIN: 137f.

[5] Dazu gut LOGOZ: Art. 51, N. 3; Art. 52, N. 5 bb.

In Art. 317, beim Tatbestand der Urkundenfälschung, werden als mögliche Täter neben Beamten noch Personen öffentlichen Glaubens genannt. Das geschieht wie in Art. 253 im Hinblick auf Notare, wenn sie nach kantonalen Rechten nicht Beamte sind; unten § 133 I 1.

III. Bei einer Vergleichung mit bisherigen Rechten tritt hervor, daß das G. einen allgemeinen Tatbestand der Amtspflichtverletzung[1] nicht übernommen hat. Das BStR. von 1853 enthielt ihn im Anschluß an Einzeltatbestände — Gebührenüberschreitung, Mißbrauch der Amtsgewalt usw. — mit der subsidiär gedachten Bestimmung: Ein Beamter oder Angestellter des Bundes, der „sonst absichtlich seine Dienstpflicht verletzt" (Art. 53 lit. f.)[2]. Kantonale Rechte erfaßten nicht nur die vorsätzliche, in schädigender oder eigennütziger Absicht begangene, sondern auch die fahrlässige Verletzung der Amts- oder Dienstpflicht, z. B. Zürich §§ 224—227[3], St. Gallen Art. 165/6[4]. Andere Kantone haben, weil sie die vorsätzlichen Dienstpflichtverletzungen in Einzeltatbestände auflösten, daneben nur noch über die fahrlässige Tat bestimmt; so besonders deutlich Thurgau §§ 274ff., auch Bern Art. 88ff.: von den strafbaren Handlungen der öffentlichen Beamten und dazu Art. 248: von der Nachlässigkeit der Beamten. Eine besonders ausführlich gestaltete Aufgliederung der Amtsdelikte stellen die Art. 294—310 des waadtländischen StGB. dar.[5]

Die Vorentwürfe zum eidgenössischen G. (VE. 1908 Art. 232) enthielten als Ergänzung der einzelnen Amtsdelikte noch den Tatbestand: grobe Vernachlässigung oder Verletzung der Amtspflicht mit der Strafdrohung Gefängnis oder Buße. Die schweren — groben — Fälle sollten kriminell geahndet werden, während leichtere vorsätzliche und fahrlässige Dienstverfehlungen dem Ordnungsstrafrecht überlassen blieben[6]. Die II. ExpKom. (6, 149ff.) strich die Bestimmung. Sie wurde

---

[1] Amtspflichtverletzung als Oberbegriff: alle kraft einer Strafnorm zu ahndenden Verletzungen der durch die Anstellung begründeten Amtspflichten; ESCHER: 119.

[2] Zürcher Bl. 38, Nr. 9: Diebstähle eines Bundesbahnarbeiters während dienstlicher Verrichtungen; Konkurrenz mit absichtlicher Dienstpflichtverletzung (BStR. Art. 53 lit. f). Diese Bestimmung wurde auch auf die Annahme von Geschenken für ein amtliches Verhalten angewendet: BE. 43 I, 224ff.; vgl. auch JZ. 19,27, Nr. 27; 28, 378ff. (Konkurrenz von Betrug, Urkundenfälschung und Amtsanmaßung mit Amtspflichtverletzung).

[3] Zürcher Bl. 24, Nr. 70: ein Beispiel vorsätzlicher Amtspflichtverletzung, erschwert durch Ausstellung einer unwahren Urkunde (Zürich § 226). Zu § 224 I ferner JZ. 19, 267, Nr. 221.

[4] GRAF: 35ff.

[5] Weitere Daten zum bisherigen Recht STOOSS: Grundzüge, 2, 464ff.; ZIMMERLIN: 11ff., 58ff.; DUCLOUX: 133ff. (luzernisches Strafrecht); NIEVERGELT: 82ff. (Zürich).

[6] ZÜRCHER: Erläuterungen, 427f.; Prot. II. ExpKom. 5, 402ff. mit Erörterungen darüber, ob das Vernachlässigen die Fahrlässigkeit umfaßt.

als eine unerfreuliche, der vorgesetzten Behörde gegebene Blankettvollmacht bezeichnet. Die Disziplinarbestimmungen wurden als ausreichend betrachtet, um die in den vorangehenden Tatbeständen nicht besonders mit Strafe bedrohten Amtspflichtverletzungen zu ahnden. Eidgenössisches und kantonales Ordnungsstrafrecht greift hier ein; unten VI 2. Aber bemerkenswert ist, daß kantonale Einführungsgesetze in allgemeiner Formulierung vorsätzliche und fahrlässige Amtspflichtverletzung als Übertretungen, gestützt auf Art. 335 des G., in ihre Texte übernommen haben; z. B. Luzern, EG. §§ 56/57; Schwyz, EG. § 49; Appenzell J. Rh. Art. 54; Thurgau § 51.

IV. Der bereinigte 18. Titel enthält folgende Einzeltatbestände von Dienstpflichtverletzungen: Amtsmißbrauch (Art. 312; unten § 131), Gebührenüberforderung (Art. 313; unten § 132 II), ungetreue Amtsführung (Art. 314; unten § 132 III), passive Bestechung und Annahme von Geschenken (Art. 315 und 316; oben § 119 III, zusammen mit der aktiven Bestechung erörtert), Urkundenfälschung als Amtsdelikt (Art. 317; unten § 133 I), Entweichenlassen von Gefangenen (Art. 319; oben § 128 IV, zusammen mit der Gefangenenbefreiung behandelt), Verletzung des Amtsgeheimnisses (Art. 320; unten § 134).

Als Berufsdelikte sind dem Titel die Tatbestände des falschen ärztlichen Zeugnisses (Art. 318; unten § 133 II) und der Verletzung des Berufsgeheimnisses (Art. 321; unten § 135) eingefügt. Der Art. 322: Preßübertretungen, den man ebenfalls als Berufsdelikt — Verleger, Drucker, Redaktor als Täter — bezeichnen kann, gehört zum Preßstrafrecht (Allg. Teil, § 95). Der Art. 322 enthält Ungehorsamstatbestände; oben § 115 I.

Über die praevaricatio, das Doppeldienen der Rechtsanwälte, enthält das G. keine Bestimmungen. Im einzelnen Fall ist zu prüfen, ob das Delikt der ungetreuen Geschäftsführung (Art. 159) vorliegt; oben § 57 I, II 1. Auch das Disziplinarrecht kantonaler Anwaltsrechte kann in Frage kommen; vgl. z. B. zürcher. Gesetz vom 3. Juli 1938 über den Rechtsanwaltsberuf (GesSlg. 36, 53ff.), § 11 II: „Den Inhabern, Mitarbeitern und Substituten des gleichen Anwaltsbureaus ist untersagt, in derselben Streitsache verschiedene Parteien gegeneinander zu vertreten"; § 22: Disziplinarstrafen.

V. Für die von Bundesbeamten verübten Amtsdelikte gilt Bundesgerichtsbarkeit. Grundsätzlich ist das Bundesstrafgericht zuständig mit der Möglichkeit der Delegation an die kantonalen Behörden (G. Art. 340 Ziff. 1 V, Art. 342 und BStPrO. Art. 18). Die Bundesbehörde kann jedoch einen von ihr ernannten, straffällig gewordenen Beamten den Bundesassisen überweisen (Art. 341 lit. e). Im übrigen gilt kantonale Gerichtsbarkeit.

Bei den Amtsdelikten ist, soweit ein Mitglied der Bundesversammlung beschuldigt wird, ein zur Strafverfolgung ermächtigender Beschluß der Bundesversammlung erforderlich; Art. 17, 20—25 des BGes. von 1850 über die Verantwortlichkeit der eidgenössischen Behörden und Beamten. Eine solche Ermächtigung ist auch Voraussetzung, wenn eine Strafverfolgung wegen Amtshandlungen oder -unterlassungen gegen einen von der Bundesversammlung gewählten Beamten angehoben werden soll (Verantwortlichkeitsgesetz Art. 18, 19). Beim vom Bundesrat gewählten Beamten hat die Wahlbehörde die Ermächtigung zu erteilen (lex cit. Art. 41)[1]. Art 366 I des StGB. hat diese Ermächtigungsvorschriften des Verantwortlichkeitsgesetzes ausdrücklich bestätigt. Nach Art. 366 II bleiben überdies die Kantone berechtigt, die Strafverfolgung der Mitglieder ihrer obersten Vollziehungs- und Gerichtsbehörden wegen Amtsdelikten vom Vorentscheid einer nicht richterlichen Behörde abhängig zu machen. Sie können die Beurteilung einer besonderen Behörde übertragen[2].

VI. Der 18. Titel des G. enthält das Beamtenstrafrecht nicht im vollen Umfang.

1. Die Vorentwürfe und noch der E. 1918 (Art. 286/7) enthielten Bestimmungen über Vergehen der Post-, Telegraphen- und Telephonbeamten: Geheimnisverletzungen, Vernichtung, Unterdrückung, Vorenthalten von Sendungen, Verschaffung von Gelegenheit für irgend jemanden, solche Handlungen vorzunehmen[3]. In der parlamentarischen Beratung wurden die beiden Artikel gestrichen. Sie sollten dem Sonderrecht überlassen bleiben, um den Zusammenhang mit den verwaltungsrechtlichen Bestimmungen der Post- und Telegraphen-Gesetzgebung besser zu wahren[4]. Es gelten weiter die Art. 5 und 57 des BGes. vom 2. Oktober 1924 betr. den Postverkehr (GesSlg. 41, 329ff.) und die Art. 6 und 39 des BGes. betr. den Telegraphen- und Telephonverkehr vom 14. Oktober 1922 (GesSlg. 39, 13ff.)[5].

2. Neben dem Kriminalstrafrecht, das die Amtsdelikte, soweit sie Verbrechen und Vergehen darstellen, erfaßt, steht das Disziplinar-

---

[1] Über diese Ermächtigungsbestimmungen nach Bundesrecht Escher: 136ff.

[2] Daten dazu bei Giacometti: Das Staatsrecht der Kantone, 381, 383; Zimmerlin: X (Hinweis auf kantonale Verantwortlichkeitsgesetze); Stierlin: 97ff. (luzernische Ordnung).

[3] Zürcher: Erläuterungen, 422ff. mit dem Hinweis auf die Garantie des Post- und Telegraphengeheimnisses durch Art. 36 IV der BV.; Prot. II. ExpKom. 5, 383ff.; 6, 146ff.

[4] StenBull. NR. 1929, 612, 614; StR. 1931, 673.

[5] Zu den Tatbeständen der Verletzung des Postgeheimnisses Buser: Erläuterung des Postverkehrsgesetzes (1929), 47ff., 213ff.; Spitzer: passim und besonders 176ff. Zur Verletzung des Telegraphengeheimnisses Wettstein: 58ff (über die Bestimmungen der eidgenössischen Vorentwürfe); Meyer: passim und besonders 113ff. In diesen Schriften weitere Literaturangaben. Vgl. auch schon Esslinger (Lit. zu § 134): 102ff.

recht gegenüber Beamten. Es kann hier nur angedeutet werden. Im Bund gelten die Art. 21ff. und 30 des BGes. vom 30. Juni 1927 über das Dienstverhältnis der Bundesbeamten (GesSlg. 43, 439ff.), in den Kantonen entsprechende Disziplinarstrafordnungen[1].

Für die Abgrenzung zwischen den im G. umschriebenen Amtsdelikten und eidgenössischen und kantonalen Disziplinarstrafrechten ist vom G. auszugehen. Hat ein Beamter einen im G. erfaßten Tatbestand erfüllt, so kann dieser nicht zugunsten einer disziplinaren Maßnahme ausgeschaltet werden. In der Praxis können sich allerdings Schwierigkeiten insoweit ergeben, als die Strafverfolgung eines Beamten von der Ermächtigung einer vorgesetzten Behörde abhängig ist (oben V). Die Möglichkeit, daß eine Ermächtigung verweigert wird, besteht, und es ist juristisch fraglich, ob sie erzwungen werden kann. Die Frage verschiebt sich unter Umständen auf das politische Gebiet.

Sicher ist dagegen, daß eine zunächst einsetzende disziplinare Bestrafung eine Strafverfolgung nicht ausschließt. Ebenso kann ein gerichtlich verurteilter oder freigesprochener Beamter wegen eines in seinem Verhalten liegenden Ordnungsfehlers nachfolgend noch disziplinarisch bestraft werden. Der Satz ne bis in idem gilt im Verhältnis Kriminalstrafrecht — Ordnungstrafrecht nicht[2]. Auch die Konkurrenzbestimmungen des Art. 68 sind nicht anwendbar. Sie gelten nicht beim Zusammentreffen eines Disziplinarfehlers mit einem Verbrechen oder einem Vergehen.

3. Über die Gesetzesgeltung in persönlicher Hinsicht ergibt sich noch, was hier auch nur angedeutet werden kann, Besonderes aus dem Militärstrafgesetz: Nach Art. 2 Ziff. 2 und Art. 218 I stehen die Beamten, Angestellten und Arbeiter der Militärverwaltung des Bundes und der Kantone für Handlungen, die die Landesverteidigung betreffen und ebenso, „wenn sie in Uniform auftreten", dem Militärstrafrecht und der militärischen Gerichtsbarkeit. Der militärrechtliche Geltungsbereich erweitert sich im Falle aktiven Dienstes, wenn und soweit der Bundesrat die Unterstellung beschließt, auf folgende Personen, die zum großen Teil als Beamte im Sinne des Art. 110 Ziff. 4 des StGB. zu gelten haben: Beamte, Angestellte und Arbeiter nicht nur der eidgenössischen und kantonalen Militärverwaltungen, sondern auch der Militäranstalten und

[1] Kantonale Daten bei GIACOMETTI: a. a. O. 91, 383f. (Disziplinargewalt des Großen Rates über Regierungsratsmitglieder). — Grundsätzlich über das Verhältnis: Strafrecht — Disziplinarrecht; dieses beruht auf der Dienstgewalt des Staates gegenüber seinen Beamten: ESCHER: 143ff., 149ff. — Zum Disziplinarrecht des Bundes LETSCH: passim; zu kantonalen Rechten DUCLOUX: 171ff. (Luzern); NÄGELI: passim (vergleichende Darstellung der kantonalen Rechte); NIEVERGELT: 94ff. (Zürich).

[2] ESCHER: 146ff.; NÄGELI: 26ff. (Hinweise auf die Unabhängigkeit des Disziplinarrechts vom Strafrecht).

-werkstätten, der Eisenbahnen und der anderen öffentlichen Verkehrsanstalten, der lebenswichtigen Einrichtungen und Betriebe, z. B. der Wasser-, Elektrizitäts-, Gaswerke, Spitäler (MilStG. Art. 3 Ziff. 3)[1].

VII. Bei der Beurteilung von Amtsdelikten ist die Nebenstrafe der Amtsentsetzung, wenn sich der Beamte ,,durch sein Verbrechen oder sein Vergehen seines Amtes unwürdig gemacht hat", von Bedeutung. Die Anwendung des Art. 51 ist weitgehend dem richterlichen Ermessen anheimgegeben; vgl. noch Allg. Teil, § 67 II und oben II.

§ 131. Amtsmißbrauch.

Literatur. Angaben zu § 130, insbesondere ZIMMERLIN. — v. ULLMANN: VD. Bes. Teil, 9, 379f., 415ff. — KÖHLER: eodem, 9, 381ff., 401ff., 419ff. — Vgl. ferner GUGGER: Mißbrauch der Dienstgewalt, Berner Diss. (1911).

I. Der Art. 312 des G. umschreibt den objektiven Tatbestand des Amtsmißbrauchs mit der sehr allgemein gehaltenen Formel: Mitglieder einer Behörde oder Beamte, die ihre Amtsgewalt mißbrauchen. Bisherige Rechte wiesen auf Einzelheiten hin. Sie erklärten, worin die Überschreitung oder der Mißbrauch bestehen soll — nach Art. 53 lit. d des BStR. von 1853 in der Beeinträchtigung eines Bürgers in seiner Freiheit oder in seinen bürgerlichen Rechten, in der Anmaßung von Amtsverrichtungen, die dem Beamten nicht zustehen, in der Verletzung der durch Art. 5 der BV. den Kantonen gewährleisteten Rechte. Das ist bedenklich unbestimmt. Es sagt zu viel und zu wenig. Ganz anders bestimmen kantonale Rechte: Nach Zürich § 235 ist der Amtsmißbrauch strafbar, wenn er in der Absicht erfolgt, Jemanden zu einer Handlung, Duldung oder Unterlassung zu nötigen. Bern Art. 91 fordert Mißbrauch der anvertrauten Gewalt zu unerlaubter Benachteiligung oder Begünstigung einer Person. Nach Basel § 175 war notwendig, daß der sein Amt mißbrauchende Beamte Jemanden benachteiligt, mißhandelt oder begünstigt. Welsche Rechte bestimmen weitgehend kasuistisch den Amtsmißbrauch als willkürliche Bedrückung des Bürgers durch Amtspersonen und als Einmischung eines Beamten in einen ihm nicht zustehenden Geschäftskreis (Gewaltentrennung!), Tessin überschreibt die Art. 103ff mit der Bezeichnung: Attentati alla libertà individuale. Stark politische Färbung haben die Art. 164ff. des Genfer StGB.[2]. Die kantonalen

---

[1] Dazu Ausführungsbestimmungen des Bundesrates vom 18. September 1933 (Militärstrafrechtspflege, Ausgabe des Bundesrates, 1941, 143ff.): Die in der Erweiterungsbestimmung genannten Personen unterstehen dem Militärstrafrecht jedoch nur, soweit sie eines der in den Art. 61—108 MilStG. genannten Delikte verüben. Für andere strafbare Handlungen gilt das bürgerliche Strafrecht; Ausführungsbestimmungen Art. 1 und 5; TRÜSSEL: Z. 54, 241f.

[2] Weitere kantonale Daten bei ZIMMERLIN: 58ff. und passim. Über Amtsmißbrauch nach bisherigem luzern. Recht DUCLOUX (Lit. zu § 130): 136ff.; STIERLIN (Lit. zu § 130): 79ff. (kasuistische Ordnung).

Rechte können, so unbefriedigend sie sein mögen, immerhin Fingerzeige für die Auslegung des Art. 312 geben.

Es gibt kaum einen Tatbestand in den Strafgesetzbüchern, der eine so verschiedene Gestaltung erfahren hat, wie der in vielen Varianten schillernde Amtsmißbrauch. Damit hängt zusammen, daß das G. sich mit einer sehr allgemeinen Fassung des Tatbestandes begnügt hat[1]. Freiburg Art. 177 und Waadt Art. 301 hatten sich in der Hauptsache den eidgenössischen Entwürfen angeschlossen.

II. 1. Als Täter des Amtsmißbrauchs (abus d'autorité) nennt der Art. 301 des G. Mitglieder einer Behörde und Beamte; oben § 130 II. Beim Amtsmißbrauch durch eine Behörde sind die einzelnen schuldhaft handelnden Mitglieder zur Verantwortung zu ziehen.

2. Der Täter muß Amtsgewalt besitzen oder als Behördenmitglied an einer Amtsgewalt teilhaben. Daraus ergibt sich nach richtiger Auffassung, gegenüber dem durch Art. 110 Ziff. 4 sehr weit gespannten Beamtenbegriff, eine starke Beschränkung. Das G. sagt nicht, was es unter Amtsgewalt versteht. Steht sie jedem „Beamten" zu? Ist sie als die Summe der irgendeinem Beamten übertragenen Funktionen aufzufassen? Bejaht man diese Fragen, so müßte jedem Schreiber, jedem öffentlichen Angestellten, auch wenn er sich in ganz untergeordneter Stellung befindet, eine Amtsgewalt zuerkannt werden. Das kann nicht richtig sein, entspricht auch nicht der Wortbedeutung, die in dem Ausdruck Amtsgewalt liegt. Sie kommt nur einem Beamten zu, dem zur Durchführung seiner Funktionen bestimmte Machtbefugnisse, die regelmäßig Zwangscharakter haben werden, zur Verfügung stehen[2]. Naheliegende Beispiele ergeben sich aus dem Verwaltungs- und insbesondere aus dem Strafprozeßrecht: Amtsgewalt haben die Polizeiorgane im Rahmen der sie berechtigenden und verpflichtenden Vorschriften[3], die Untersuchungs- und die erkennenden Richter, die Vorführungen, Verhaftungen, Hausdurchsuchungen, Beschlagnahmungen usw. anordnen können. Amtsgewalt kann auch einer Kollegialbehörde zustehen: Der

---

[1] Materialien: Bemerkenswert Prot. I. ExpKom. 2, 286ff., 704 (Frage der kasuistischen Gestaltung des Tatbestandes); ZÜRCHER: Erläuterungen, 415f.; Prot. II. ExpKom. 5, 355ff.; 6, 128f.; GAUTIER: eodem, 5, 356f. (Kritik der Bestimmung wegen ihrer Vagheit). — Über die Entwicklung der Entwürfe ZIMMERLIN: 131ff. — Im Gegensatz zum bürgerlichen Strafrecht hat das MilStG. in den Art. 66—71 den Mißbrauch der Dienstgewalt kasuistisch ausgestaltet. Es ergibt sich aus diesen Bestimmungen deutlich, was unter Dienstgewalt (Befehlsgewalt, Disziplinarstrafgewalt) zu verstehen ist, und wann ein Mißbrauch vorliegt. Zu diesen Fragen GUGGER, passim.

[2] Merkwürdigerweise hat sich die II. ExpKom. über die Tragweite des Begriffs der Amtsgewalt nicht geäußert. Gut darüber, auch Auseinandersetzung mit der deutschen Literatur, ZIMMERLIN: 22ff.; vgl. auch die Art. 66ff. des MilStG. (Befehls- und Dienstgewalt).

[3] Polizeibeamte als Inhaber von Amtsgewalt: Zürcher Bl. 37, Nr. 162.

Bundesrat kann z. B. gestützt auf Art. 70 der BV. zur Aufrechterhaltung der Sicherheit und Ordnung im Lande Fremde aus der Schweiz wegweisen. Zur Kennzeichnung des Begriffes der Amtsgewalt sollten diese Beispiele genügen. Ergänzend mag nach der negativen Seite noch hinzugefügt werden, daß einem öffentlichen Beamten oder Angestellten dann keine Amtsgewalt zusteht, wenn er nicht aus eigener Machtbefugnis handeln kann, sondern nur ausführendes Organ einer übergeordneten Stelle ist[1]. Der Amtsmißbrauch ist aus diesen Gründen, weil für die Verübung nur bestimmte Beamtenkategorien, mit Amtsgewalt (autorité) ausgestattete Personen, in Frage kommen ein spezielles Amtsdelikt[2]. Durch die dem Täter zu beweisende Absicht (unten 4) wird die Anwendung des Art. 312 noch weiter eingeengt.

Amtsmißbrauch anderer Art kann, soweit nicht ein weiterer Tatbestand eines Amtsdelikts, z. B. eine Gebührenüberforderung (Art. 313), gegeben ist, disziplinarisch bestraft werden[3].

Der Tatbestand des Art. 312 liegt auch dann nicht vor, wenn ein nicht mit Amtsgewalt (siehe oben) ausgestatteter Beamter eine ihm nicht zukommende Handlung vornimmt. Ein Gemeinderatsschreiber nimmt z. B. eine Verhaftung oder eine Hausdurchsuchung vor. Das ist richtiger als Amtsanmaßung (Art. 287; oben § 118), eventuell als Freiheitsberaubung, Nötigung oder Hausfriedensbruch zu werten[4]. Unter Umständen kann auch hier eine bloß disziplinarische Bestrafung einsetzen.

3. Die objektive Täterhandlung besteht in einem Mißbrauch der Amtsgewalt. Mehr sagt das G. nicht — im Gegensatz zu bisherigen Rechten (oben I). So bleibt richterlicher Freiheit ein weiter Spielraum. Leitgedanke muß sein, daß grundsätzlich ein Verhalten eines Beamten gegenüber Drittpersonen[5] als Mißbrauch zu betrachten ist, wenn es dem mit Amtsgewalt ausgestatteten Beamten gesetzlich verboten ist, aber auch wenn es bei der Durchführung einer amtlichen Tätigkeit nicht nur nicht notwendig, sondern auch moralisch verwerflich ist.

Man muß sich darauf beschränken, Beispiele zu nennen: Gewalttätigkeiten, z. B. Mißhandlungen, Drohungen bei einer Verhaftung oder

---

[1] Vgl. auch PETRZILKA: Zürcher Erläuterungen, zu Art. 312 mit der Formulierung: Mißbräuche, die in Ausübung einer öffentlich-rechtlich fundierten Dispositionsbefugnis erfolgen.

[2] ZIMMERLIN: 25f.

[3] Anhaltspunkte dafür, ob der kriminelle Tatbestand des Amtsmißbrauchs oder nur ein Disziplinarfehler vorliegt, ergeben sich auch aus der hohen Strafdrohung des Art. 312.

[4] Gut *ZIMMERLIN*: 107; a. M., kaum richtig, *ZÜRCHER*: Erläuterungen, 415, der schlechthin jeden Beamten, der die Grenzen seiner sachlichen oder örtlichen Zuständigkeit überschreitet, unter den Art. 312 stellt. So allerdings noch Art. 53 lit. d des BStR. von 1853: Anmaßung von Amtsverrichtungen, welche nicht in der Zuständigkeit eines Beamten liegen.

[5] Kein Amtsmißbrauch das unbefugte Verlassen eines Amtes: BE. 23 I; 110.

einer vorläufigen Festnahme durch Polizeiorgane[1], es sei denn daß Gewaltanwendung nach den Umständen geboten war [2]. Ferner auch Rechtsbeugung durch den Richter [3]. — Aus der Weite und Vagheit des Mißbrauchbegriffes ergeben sich aber bedeutende Konkurrenzschwierigkeiten, für die wenigstens auf einige Fälle hingewiesen werden soll: Der Mißbrauch des Beamten kann darin bestehen, daß er Gebühren überfordert, sich bestechen läßt oder Geschenke annimmt. Dann gehen die Art. 313, 315 und 316 als Spezialbestimmungen dem Art. 312 vor. Erfüllt dagegen der seine Gewalt mißbrauchende Beamte Tatbestände der Körperverletzung (Art. 122ff.), der Drohung (Art. 180), der Nötigung (Art. 181), der Freiheitsberaubung (Art. 182), des Hausfriedensbruches (Art. 186) usw., so muß Idealkonkurrenz mit Art. 312 angenommen werden[4]. Dadurch, daß der Täter als Beamter noch andere durch den Art. 312 nicht gedeckte Delikte begeht, soll ihn eine Strafschärfung treffen.

Möglich ist Amtsmißbrauch durch Unterlassung, wenn ein vorgesetzter Beamter den Mißbrauch einer nachgeordneten Amtsstelle geschehen läßt, ohne einzugreifen[5].

4. Der Vorsatz des Täters muß auch das Bewußtsein umfassen, als Beamter oder Mitglied einer Behörde zu handeln. Darüber hinaus muß ihm aber die Absicht bewiesen werden, sich oder einem anderen einen unrechtmäßigen Vorteil zu verschaffen oder einem anderen einen Nachteil zuzufügen. Das bezieht sich nicht nur auf Vorteil und Nachteil im Vermögen, sondern auch auf Schaden und Vorteil anderer Art[6]. Die in Art. 312 verwendete Formel erinnert an entsprechende Bestimmungen bei den Urkundendelikten (Art. 251 Ziff. 1 I, Art. 254 II, Art. 256 und dazu oben § 98 I 1; § 99 II 1). Dort ist allerdings von der Absicht, „jemanden am Vermögen oder an anderen Rechten zu schädigen" die Rede. Die Fassung in Art. 312: Absicht, „einem anderen einen Nachteil zuzufügen", mag noch weiter reichen. Für die Praxis werden sich kaum

---

[1] Beispiel Zürcher Bl. 37, Nr. 162.

[2] Der Ausschluß der Rechtswidrigkeit zugunsten des handelnden Beamten bestimmt sich nach den allgemeinen Regeln, hier insbesondere nach Art. 32 (erlaubendes Gesetz, Amtspflicht). Andererseits muß, wenn der Beamte sich einen Mißbrauch der Amtsgewalt zuschulden kommen läßt, dem Angegriffenen Notwehr erlaubt sein; vgl. ZIMMERLIN: 26ff., auch BE. 8, 487ff., 12, 239.

[3] Dazu v. ULLMANN: 375ff., 379f.; vgl. auch Basel § 175 II. — In der Darstellung von KÖHLER (siehe Literaturangabe) wird der Amtsmißbrauch aufgelöst in Nötigung, Freiheitsberaubung, Abnötigung von Aussagen durch Beamte, falsche Verfolgung durch Justizbeamte, unzulässige Vollstreckung und Begünstigung durch Justizbeamte.

[4] So auch THORMANN-v. OVERBECK: Art. 312, N. 10; PETRZILKA: Zürcher Erläuterungen, zu Art. 312.

[5] ZÜRCHER: Erläuterungen, 416.

[6] Prot. II. ExpKom. 5, 358, 360ff.

Unterschiede ergeben. —Mit der Mißbrauchshandlung ist die Tat vollendet. Der Vorteil oder die Nachteilszufügung brauchen nicht erreicht zu sein.

Ob der Art. 312 in der Praxis eine bedeutende Rolle spielen kann, ist zweifelhaft. Die Notwendigkeit, dem Täter die Absicht auf Vorteil oder auf Zufügung eines Nachteils zu beweisen, schränkt den Tatbestand stark ein. Damit erklärt sich jedoch die hohe Strafdrohung. Sie lautet auf Zuchthaus bis zu 5 Jahren oder Gefängnis. Die Amtsentsetzung (Art. 51) ist, wenn es sich um einen Beamten handelt, regelmäßig gegeben; vgl. dazu oben § 130 II.

§ 132. Gebührenüberforderung. Ungetreue Amtsführung.

Literatur. Angaben zu § 57 (ungetreue Geschäftsführung) und § 130.

I. Gebührenüberforderung (G. Art. 313) und ungetreue Amtsführung (Art. 314) sind vom Gesetz herausgehobene Fälle von Dienstverletzungen[1]. Art. 313 stellt zugleich eine besondere Art des Amtsmißbrauches, den Begriff in einem weiten Sinne verstanden, dar. Die Gebührenüberforderung ist auch Untreue im Amt, erfüllt jedoch den Art. 314 nicht; unten III.

Schon das BStR. von 1853 kannte in Art. 53 lit. a die Tatbestände: Verlangen oder Annehmen von Geld oder anderen Vorteilen, auf die der Beamte keinen Anspruch hat und Überschreitung der gesetzlichen Tarife „beim Bezuge von Taxen, Gebühren u. dgl.“ Ferner weist die lit. f des Art. 53 auf ungetreue Führung von Rechtsgeschäften hin, bei denen Unterhandlung, Abschluß oder Beaufsichtigung einem Beamten obliegt. Art. 57 endlich bedroht den Beamten, der durch Vernachlässigung seiner Geschäfte erheblichen Schaden stiftet oder eine bedeutende Störung in seinem Dienstzweige verursacht, mit Buße, womit in schweren Fällen Entsetzung verbunden werden konnte[2]. — Bisherige kantonale Rechte sind wenig ergiebig[3]. Freiburg Art. 178 hat sich beim Tatbestand der Gebührenüberhebung im wesentlichen den eidgenössischen Entwürfen angeschlossen. Nach dem freiburgischen Tatbestand der Untreue (Art. 179) waren Mitglieder einer Behörde schlechthin strafbar, wenn sie die ihnen anvertrauten Interessen schädigten. Die in Art. 314 des eid-

[1] Noch der VE. 1908 hat die beiden Delikte unter der Bezeichnung Amtsausbeutung zusammengefaßt.

[2] Die Praxis hat aus diesen Bestimmungen nicht viel herausgeholt; vgl. Escher: 122f., 126, ferner Kitzinger: 479ff.: die Gebührenüberforderung, das römische crimen superexactionis, als „Bedrückung des Publikums“.

[3] Zu Luzern §§ 243ff. Kriminalstrafgesetz und § 170 PolStG. (betrügliche Taxenüberforderung) Ducloux (Lit. zu § 130): 139ff.; Stierlin (Lit. zu § 130): 77ff.

genössischen G. geforderte Absicht auf Verschaffung eines unrechtmäßigen Vorteils mußte nicht dargetan werden. Die freiburgische Bestimmung hatte in Art. 179 II dem Tatbestand und der Strafe der Untreue auch Advokaten und Notare unterstellt und damit ein besonderes Berufsdelikt geschaffen.

II. 1. Als Täter des Vergehens der **Gebührenüberforderung**[1] bezeichnet der Art. 313 des G. nur Beamte, nicht auch Mitglieder einer Behörde wie beim Amtsmißbrauch, der passiven Bestechung usw. Es bleibt aber fraglich, ob das Delikt nicht auch durch ein Behördenmitglied, das nicht Beamter i. e. S. ist, verübt werden kann (siehe schon oben § 130 II). Eine nach der Gesetzeslage allerdings nicht zweifelsfreie Lösung, um auch ein fehlbares Behördenmitglied zur Strafe zu bringen, kann in der weitgespannten Umschreibung des Beamtenbegriffs gemäß Art. 110 Ziff. 4 gesehen werden: Das Behördenmitglied übt „amtliche Funktionen" aus.

2. Das für beide in Art. 313 enthaltenen Tatbestände geltende subjekte Moment, daß der „Beamte" in gewinnsüchtiger Absicht (dans un dessein de lucre) handeln muß, ist vorwegzunehmen. Von Gewinnsucht ist auch an anderen Stellen des G., in Art. 50 I, in Art. 159 II und in Art. 198 I, die Rede. Gewinnsucht ist mehr als Eigennutz. Sie geht auf verpönten Vermögensgewinn durch Ausbeutung anderer (oben § 28 II 3). Gerade für die Gebührenüberforderung ist das Ausbeutungsmoment, eine „Bedrückung" von mit amtlichen Stellen verkehrenden Personen, charakteristisch.

3. Der erste Tatbestand des Art. 313 geht dahin, daß der Beamte Taxen, Gebühren oder Vergütungen erhebt, die nicht geschuldet werden. Das ist unrechtmäßige Gebührenerhebung, nicht Gebührenüberforderung. Der Beamte läßt sich für sein amtliches Handeln eine Gegenleistung in Geld[2] geben, obschon die Inanspruchnahme der amtlichen Tätigkeit unentgeltlich sein soll[3]. Ob das unter dem täuschenden Vorgeben, es handle sich um gesetzliche Taxen oder mit irgendeiner anderen Begründung geschieht, macht keinen Unterschied. — Der Tatbestand ist auch durch Unterlassung erfüllbar. Der Beamte, der für einen unentgeltlich zu leistenden Dienst von einem aus Irrtum Zahlenden

---

[1] ZÜRCHER: Erläuterungen, 417; Prot. II. ExpKom. 5, 362ff.; 6, 129.

[2] Der VE. 1918 Art. 226 I bestimmte anders: Verlangen oder Annehmen von „Geld oder anderen Vorteilen". Das lautete entsprechend wie jetzt bei der passiven Bestechung und bei der Geschenkannahme (G. Art. 315/6). Die Beschränkung auf Geld in Art. 313 ergibt sich aus dem Hinweis auf „Taxen, Gebühren oder Vergütungen".

[3] Von einer Erpressung ist die unrechtmäßige Gebührenerhebung weit entfernt; vgl. die französische Bezeichnung als concussion im Gegensatz zu extorsion (Art. 156: Erpressung); siehe auch ZÜRCHER: Erläuterungen, 417.

eine Gebühr entgegennimmt, ohne den Irrtum aufzuklären, macht sich schuldig; siehe noch unten 6: Annahme von Geschenken.

Mit dem Hinweis auf Taxen, Gebühren und Vergütungen ist wohl alles berücksichtigt, was nach Bundes- oder kantonalen Rechten für amtliche Dienstleistungen in Betracht kommen kann.

Die Vollendung des Delikts setzt die Erhebung des nicht geschuldeten Betrages voraus. Das ergebnislos gebliebene Fordern ist bloßer Versuch[1]. Ob die unrechtmäßige Erhebung von Gebühren vor oder nach der amtlichen Dienstleistung geschieht, bleibt sich gleich.

4. Die Gebührenüberforderung, der zweite Tatbestand, auf die der Randtitel des Art. 313 ausdrücklich hinweist, setzt die Zulässigkeit von Taxen, Gebühren oder Vergütungen voraus. Der Täter überschreitet die gesetzlichen Ansätze. Da das G. gewinnsüchtige Absicht fordert, geschieht die Überforderung nicht etwa zugunsten der Amtsstelle, des Staates. Das unrechtmäßig erhobene Geld soll, wie übrigens auch beim ersten Tatbestand, dem Täter zukommen. Daß er den übersetzten, zu Unrecht erhobenen Betrag an die Amtskasse weitergibt, mag nicht ausgeschlossen sein. Dann ist Art. 313 nicht erfüllt und auch die Bestimmung über ungetreue Amtsführung (Art. 314) kann, schon im Hinblick auf die hohe Strafdrohung, nicht zur Anwendung gelangen. In einem solchen Falle ist die Rückerstattung der zu Unrecht erhobenen Beträge durch die öffentliche Hand gegeben. Den fehlbaren Beamten, der zum Nachteil des Bürgers allzu eifrig für den Staat sorgen wollte, mag man disziplinarisch bestrafen.

In den Fragen der Unterlassung, der Vollendung usw. gilt Gleiches wie beim ersten Tatbestand; oben 3.

5. Für beide Tatbestände des Art. 313 lautet die Strafe auf Gefängnis oder Buße. In jedem Fall, auch wenn die zu Unrecht erhobenen Beträge klein sind, liegt ein Vergehen vor, weil der Beamte aus Gewinnsucht gehandelt hat.

6. Das Verhältnis des Art. 313 zu Art. 315 und 316 ist klarzustellen. Der Beamte, der sich der Gebührenüberschreitung schuldig macht, fordert nicht, wie der Beamte, der sich bestechen läßt, eine ihm nicht gebührende Zuwendung für eine pflichtwidrige Amtshandlung. Das würde, wie sich aus der Strafdrohung des Art. 315 ergibt, viel schwerer wiegen[2]. Dagegen ist die Geschenkannahme nach Art. 316 im Vergleich mit Art. 313 das leichtere Vergehen. Der Täter einer ungerechtfertigten Gebührenerhebung vergeht sich gegen Rechtssätze, die der Staat für seine Bezüge in bindender Weise festgesetzt hat. Regelmäßig täuscht er

---

[1] Der VE. 1918 Art. 226 I hatte mit den Worten „verlangen oder annehmen" die Vollendung weiter vorgeschoben.

[2] Über den Unterschied zwischen passiver Bestechung und Gebührenüberforderung vgl. auch Gautier: Prot. II. ExpKom. 5, 364.

darüber den Bürger. Wer dagegen für eine künftige, nicht pflichtwidrige Amtshandlung ein Geschenk oder eine andere freiwillig zu leistende Zuwendung fordert, annimmt oder sich versprechen läßt, versündigt sich lediglich gegen ein moralisches Prinzip: die Sauberkeit der Amtsführung; vgl. oben § 119 IV.

III. Der Tatbestand der **Ungetreuen Amtsführung** (Art. 314)[1] läßt sich am besten durch eine Vergleichung mit Art. 159: ungetreue Geschäftsführung (oben § 57) erfassen.

1. Die ungetreue Geschäftsführung ist ein Vermögensdelikt, das von jedermann, der aus gesetzlicher oder vertraglicher Pflicht für fremdes Vermögen zu sorgen hat, begangen werden kann. Die ungetreue Amtsführung ist dagegen ein reines Beamtendelikt. Als Täter nennt der Art. 314 Behördenmitglieder und Beamte; vgl. oben § 130 II.

2. Während der Art. 159 eine Schädigung des Vermögens, für das der Täter zu sorgen hatte, voraussetzt (oben § 57 II 2/3), ist Art. 314 viel umfassender: Die Tat besteht darin, daß der Täter bei einem Rechtsgeschäfte die von ihm zu wahrenden öffentlichen Interessen schädigt. Das können außer Vermögensinteressen irgendwelche anderen öffentlich-rechtlichen Belange, namentlich politischer Art, sein[2]. Einen solchen Fall der ungetreuen Amtsführung mit Bezug auf politische Interessen hebt Art. 267 Ziff. 1 III als diplomatischen Landesverrat (oben § 104 IV 3) besonders heraus. Dieser mit einer höheren Strafdrohung ausgestattete Tatbestand geht dem Art. 314 vor.

Dem Täter muß bewiesen werden, daß er bei einem Rechtsgeschäft die von ihm zu wahrenden öffentlichen Interessen geschädigt hat. Es muß sich also um einen Beamten in verantwortlicher Stellung handeln, der für den Staat oder für eine Gemeinde Rechtsgeschäfte abzuschließen befugt ist. Was bedeutet aber in diesem Zusammenhang der Ausdruck Rechtsgeschäfte? Er darf nicht nur auf fiskalische Interessen des Gemeinwesens bezogen werden, sondern muß öffentliche Interessen jeder Art, wohl auch Prestigeinteressen des Staates, umfassen[3]. Nicht nur die Vermögensuntreue soll einem Beamten zur Last gelegt werden.

---

[1] Zürcher: Erläuterungen, 417f.; Prot. II. ExpKom. 5, 362ff.; 6, 129.

[2] Interessen des Staates, der Gemeinden. Zürcher: Erläuterungen, 418 zählt nicht dazu die Rechtsgeschäfte, die z. B. ein Betreibungs- oder Konkursbeamter oder eine Vormundschaftsbehörde zu besorgen hat — mit der Begründung, es handle sich dabei nicht um öffentliche, sondern um Interessen des Bürgers. Dem ist entgegenzuhalten, daß die ungetreue Durchführung z. B. vormundschaftlicher Geschäfte auch die öffentlichen Interessen schädigt.

[3] Ein Antrag von Lachenal: Prot. II. ExpKom. 5, 368 die Worte „dans une affaire" zu streichen, wurde bedauerlicherweise abgelehnt. Die Streichung der Worte hätte von vorneherein eine zu eingeschränkte Auslegung des Untreuetatbestandes verhindert. Besser als der deutsche Text erscheinen die welschen Texte „dans un acte juridique — in un negozio giuridico"; vgl. dazu die Kritik von de Muralt: StenBull. NR. 1929, 614f.

3. Nach dem Grundtatbestand in Art. 159 I ist vorsätzliche Untreue schlechthin strafbar. Bei der ungetreuen Amtsführung muß dagegen dem Beamten bewiesen werden, daß er die öffentlichen Interessen schädigte, um sich oder einem anderen einen unrechtmäßigen Vorteil zu verschaffen. Das ist die auch an anderen Stellen, z. B. in Art. 251 Ziff. 1 I, verwendete Formel. Nicht nur ein Vermögensvorteil, sondern auch alles, was sonst von Vorteil sein kann, zählt hier. Unrechtmäßig muß der erstrebte Vorteil sein. Das ist er immer dann, wenn er dem Beamten aus seiner Stellung heraus nicht gebührt. Für die Vollendung des Tatbestandes ist die Erlangung des Vorteils nicht erforderlich. Der Beweis, daß die Absicht bestand, genügt. — Möglich ist, daß ein solcher Beweis nicht gelingt, ja sogar, daß der Beamte zwar vorsätzlich die öffentlichen Interessen geschädigt, es aber nicht um der Vorteilserlangung willen getan hat. Dann steht, wenn ein Vermögensschaden[1] verursacht wurde, der Anwendung von Art. 159 I kaum etwas entgegen. Auch der „Beamte" wird immer, wie der Art. 159 fordert, entweder infolge einer gesetzlichen oder eventuell auch infolge einer vertraglich übernommenen Pflicht die fremden Interessen zu wahren haben. So kann dem Tatbestand der ungetreuen Geschäftsführung beim Versagen des Art. 314 subsidiäre Bedeutung zukommen.

Gleich wie bei der ungetreuen Geschäftsführung kann auch bei der ungetreuen Amtsführung das strafbare Verhalten in einer Unterlassung bestehen; oben § 57 II 3. — Das den Schaden verursachende Verhalten muß zu einer Zeit geschehen, da das Beamtenverhältnis bestand. Unabhängig davon ist der Zeitpunkt des Schadenseintritts.

4. Die im Vergleich mit Art. 159 stark erhöhte Strafdrohung des Art. 341 lautet auf Zuchthaus bis zu 3 Jahren oder Gefängnis, womit obligatorisch Buße zu verbinden ist. Man darf daraus nicht den Schluß ziehen, daß das G. nur die Verursachung eines Vermögensschadens im Auge hat. Regelmäßig wird der Richter auch auf Amtsentsetzung (Art. 51) erkennen.

§ 133. Urkundendelikte des 18. Titels.

Literatur. Angaben zu §§ 97ff. (Urkundendelikte). — Kitzinger: VD. Bes. Teil, 9, 459ff. — Weismann: eodem, 7, 382ff. — Hafter: ZgesStRW. 32, 271ff.

I. Der Tatbestand der **Urkundenfälschung** nach Art. 317[2] schließt sich in der Bestimmung der objektiven Momente an den Art. 251 an.

1. Er ist insoweit reines Amtsdelikt, als er an erster Stelle als Täter

[1] Darüber oben § 57 II 3.

[2] Zürcher: Erläuterungen, 421; Prot. II. ExpKom. 5, 378ff.; 6, 136ff.; StenBull. NR. 1929, 611, 613; StR. 1931, 672f. Zum bisherigen zürcher-Recht Petrzilka: Zürcher Erläuterungen, 445; zu Luzern Ducloux (Lit. zu § 130): 150f.; Stierlin (Lit. zu § 130): 73f.

Beamte nennt. Auch hier fehlt wieder wie in den Art. 313 und 319 der Hinweis auf Behördenmitglieder. Das ist verfehlt. Auch ein Behördenmitglied, das nicht Beamter i. e. S. ist, kann sicher das Delikt der Fälschung, wie der Art. 317 es umschreibt, verüben[1]. Daß in einem solchen Fall der Art. 251, der die Absicht auf Schädigung oder auf die Erlangung eines unrechtmäßigen Vorteils erfordert, zur Anwendung gelangen soll, ist unbefriedigend. Einen Ausweg bietet die schon beim Delikt der Gebührenüberforderung (Art. 313) erwogene Lösung, daß der weite Beamtenbegriff nach Art. 110 Ziff. 4 zur Geltung gebracht werden soll. Wer als Behördenmitglied eine Urkundenfälschung verübt, tut es bei der Ausübung „amtlicher Funktionen"; vgl. schon oben § 132 II 1, auch § 130 II. — Neben den Beamten nennt der Art. 317 Personen öffentlichen Glaubens[2] als Täter, auf die auch in Art. 110 Ziff. 5 und in Art. 253 hingewiesen wird. Das sind private Urkundspersonen, die zur Ausstellung öffentlicher Urkunden befugt sind, die Notare in den Kantonen, in denen sie nicht Beamte sind; oben § 97 II 3. Das G. stellt sie beim Fälschungsdelikt des Art. 317 mit Recht den Beamten gleich. Mit Bezug auf diese Täter liegt aber nicht ein Amtsdelikt, sondern ein Berufsdelikt vor.

2. Der Art. 251 nennt in Ziff. 1 II fünf Fälschungsvarianten: die Fälschung einer Urkunde, die Verfälschung[3], die sog. Blankettfälschung, die Falschbeurkundung (Lugurkunde) und die sog. mittelbare Falschbeurkundung. Die Erörterung dieser Tatbestände ist oben § 98 I 1—5 gegeben. Von diesen fünf Varianten hat der Art. 317 die vier ersten, nicht dagegen die mittelbare Falschbeurkundung übernommen. Es kommt wohl kaum in Betracht, daß ein Beamter oder eine Person öffentlichen Glaubens eine dritte Person, einen Ahnungslosen, zur Herstellung einer —amtlichen — Lugurkunde veranlaßt. Sollte sich ein solcher Fall ereignen, so ist der Beamte als mittelbarer Täter zur Rechenschaft zu ziehen; vgl. oben § 130 I 1.

Die Fassung der vier Fälschungsvarianten in Art. 317 Ziff. 1 I und II entspricht der in Art. 251 gegebenen Redaktion. Nur der vierte Fall — die Falschbeurkundung — wird in Art. 317 noch beispielsweise ergänzt durch den Hinweis: namentlich Beglaubigung einer falschen Unterschrift, eines falschen Handzeichens oder einer unrichtigen Abschrift.

[1] Waadt nennt im entsprechenden Tatbestand (Art. 298: faux matériel) neben den Beamten ausdrücklich auch die Behördenmitglieder.

[2] Die welschen Texte sagen officiers publics — pubblici ufficiali. Ob das eine zutreffende Wiedergabe des Ausdrucks: Personen öffentlichen Glaubens ist, erscheint fraglich.

[3] Vgl. noch den Tatbestand der Verfälschung von Urkunden, die sich auf Rechtsverhältnisse zwischen der Schweiz und einem ausländischen Staat beziehen: diplomatischer Landesverrat gemäß Art. 267 Ziff. 1 II. Regelmäßig wird auch hier der Täter ein Beamter sein; oben § 104 IV 2.

Die besondere Nennung solcher Beglaubigungsakte verhindert die Entstehung von Zweifelsfragen. Die falsche Beglaubigung ist eine Lugurkunde[1].

3. Die Ziff. 1 des Art. 317 setzt für die vorsätzlichen Fälschungen und Falschbeurkundungen die Strafdrohung: Zuchthaus bis zu 5 Jahren oder Gefängnis nicht unter 6 Monaten aus. Anders als bei Fälschungen nach Art. 251 ist nicht erforderlich, daß der Beamte oder die Person öffentlichen Glaubens mit der Absicht zu schädigen oder einen unrechtmäßigen Vorteil zu erlangen, gehandelt hat. Ohne Rücksicht darauf soll die Untreue, die der fälschende Beamte sich zu Schulden kommen läßt, bestraft werden. — Häufig wird die Fälschung auf die Anstiftung eines Dritten zurückgehen. Er ist nach Art. 24 strafbar. Davon ist der in Art. 253 I umschriebene Fall: die Erschleichung einer falschen Beurkundung, namentlich auch einer unrichtigen Beglaubigung, wohl zu unterscheiden. Sie setzt voraus, daß der Dritte, um eine Lugurkunde zu erwirken, sich an einen — gutgläubigen — Beamten wendet, ihn täuscht (oben § 99 I). Eine Vorsatztat des Beamten liegt hier nicht vor[2]. Nach der Ziff. 2 des Art. 317 kann der Beamte jedoch wegen fahrlässigen Verhaltens zur Rechenschaft gezogen werden. Er handelt fahrlässig, wenn er bei der Täuschung durch den eine Fälschung erschleichenden Dritten pflichtwidrig unvorsichtig war. Auch von diesem Fall abgesehen sind selbstverständlich fahrlässige Fälschungen möglich. Die Fahrlässigkeitsstrafe ist Buße[3].

Im VE. 1908, Art. 228 II war bestimmt, daß der schuldige Beamte des Amtes zu entsetzen und daß einem — nichtbeamteten — Notar die Berufsausübung für eine bestimmte Zeit zu untersagen sei[4]. Diese Bestimmungen sind nicht in das G. übergegangen. Die allgemeinen Vorschriften über die Amtsentsetzung (Art. 51) und über das Berufsverbot (Art. 54) finden Anwendung. Die Untersagung des Berufs kann allerdings nur erfolgen, wenn der Täter zu einer 3 Monate übersteigenden Freiheitsstrafe verurteilt wird. Bei einer fahrlässigen Fälschung (Art. 317

[1] Dazu schon oben § 99 I 1. — Der Urkundenbegriff ist auch bei den Tatbeständen des Art. 317 gemäß der Erklärung in Art. 110 Ziff. 5 zu verstehen; dazu oben § 97 II. In der deutschen Literatur wird zum Teil einer weiteren Fassung des Urkundenbegriffs bei den Amtsdelikten das Wort geredet; vgl. KITZINGER: 460 und dort Zitierte. Dafür liegt keine Veranlassung vor, was auch KITZINGER betont.

[2] Vgl. ZÜRCHER: Erläuterungen, 421; GAUTIER: Prot. II. ExpKom. 5,379. — GERMANN: Z. 54, 373 tritt dafür ein, daß wie bei der Erschleichung (mittelbare Täterschaft) auch bei der Anstiftung durch einen Dritten für diesen die Strafdrohung aus Art. 253, nicht aus Art. 317 gelten soll. Ein interessanter Vorschlag aber nach Art. 24 kaum durchführbar, es sei denn daß sich eine solche Lösung aus Art. 26 gewinnen läßt.

[3] Bloße Übertretung; vgl. PETRZILKA: Zürcher Erläuterungen, 446; THORMANN- v. OVERBECK: Art. 317, N. 12.

[4] Dazu die Erörterung Prot. II. ExpKom. 5, 381.

Ziff. 2) ist ein Berufsverbot von vornherein ausgeschlossen, ebenso eine Amtsentsetzung, die Verurteilung wegen eines Verbrechens oder Vergehens voraussetzt.

4. Mit Art. 317 kann passive Bestechung in Idealkonkurrenz treten[1]. — Als eine Lücke mag gelten, daß die Unterdrückung von Urkunden, wenn ein Beamter oder eine Person öffentlichen Glaubens sie begeht, wenn ein Notar z. B. ein Testament vernichtet oder beseitigt, im 18. Titel nicht hervorgehoben ist. Es bleibt nur die Anwendung des Art. 254 übrig. Um ihn zur Geltung zu bringen, muß aber die Absicht der Schädigung oder der Erlangung eines unrechtmäßigen Vorteils dargetan werden[2]. Einen besonderen Fall der Urkundenunterdrückung, als deren Täter namentlich Beamte in Frage kommen, enthält dagegen der Landesverratstatbestand in Art. 267 Ziff. 1 II. Die Strafdrohung dafür geht, höher als nach Art. 254 und 317, auf Zuchthaus oder auf Gefängnis von 1—5 Jahren, bei Fahrlässigkeit auf Gefängnis oder Buße; oben § 104 IV 2.

Treffen privilegierende Momente aus Art. 252 (Fälschung von Ausweisen) zu, so ist, auch wenn ein Beamter die Tat begeht, nur diese Bestimmung, nicht Art. 317 anzuwenden. Art. 255, wonach die Art. 251 bis 254 auch auf Urkunden des Auslandes Anwendung finden, muß gegebenenfalls auch bei Art. 317 zur Geltung kommen, z. B. bei der Verfälschung einer ausländischen Urkunde.

II. Der Art. 318 des G. trägt den Randtitel **Falsches ärztliches Zeugnis**[3]. Genauer wäre die Bezeichnung als unwahres ärztliches Zeugnis. Nur den Fall der unrichtigen Beurkundung hebt das G. heraus. Aus dem Zusammenhang ergibt sich, daß es sich um ein schriftliches Zeugnis handeln muß. Eine mündliche Äußerung kann den Tatbestand nicht erfüllen. Daß die Tatbestände des falschen Zeugnisses und des falschen Gutachtens im Sinne des Art. 307 vorbehalten bleiben, ist klar; dazu oben § 127 III 8. — Der Art. 318 stellt ein reines Berufsdelikt dar. Ist der Täter dagegen ein beamteter Arzt oder übt er sonst amtliche Funktionen aus, so ist, wenn eine rechtlich erhebliche Tatsache unrichtig beurkundet wurde, der Art. 317 anzuwenden[4].

---

[1] Über das Verhältnis zur passiven Bestechung Prot. II. ExpKom. 5, 380.

[2] Bisherige Rechte haben auch die Urkundenunterdrückung durch Beamte als besonderes Amtsdelikt gestaltet: Zürich § 226 (Vernichten, Beiseiteschaffen); Bern Art. 92; Luzern, KriminalStG. § 248; Waadt Art. 294 (soustraction de documents). Über ausländische Rechte Kitzinger: 463ff.

[3] Zürcher: Erläuterungen, 349f.; Prot. II. ExpKom. 4, 355ff.; Sten Bull. NR. 1929, 610f., 613; StR. 1931, 672. Geschichtliches und Rechtsvergleichendes (Ausgangspunkt Art. 160 des französischen C. p.) Weismann: 382f.; Hafter: 273ff.

[4] Bei einem Gesellschafts- oder einem Krankenkassenarzt, der z. B. mit einer Versicherungsgesellschaft oder mit einer Krankenkasse in einem vertraglichen Verhältnis steht, kann ungetreue Geschäftsführung (Art. 159) in Idealkonkurrenz mit Art. 318 gegeben sein; Hafter: 272.

Der Art. 318 hat eine bedeutende ethische und volkswirtschaftliche Bedeutung[1]. Daß er den Ärztestand diskreditiert, darf man nicht behaupten. Er trifft den pflichtbewußten Arzt nicht. Im Verhältnis zu Art. 251 ist Art. 318, wenn eine unwahre Beurkundung in Frage steht, die besondere Bestimmung[2].

1. Als Täter nennt der Art. 318 Ärzte, Zahnärzte, Tierärzte und Hebammen[3]. Umstritten ist namentlich, wie weit der Arztbegriff hier reichen soll. Die besondere Nennung der Zahnärzte wäre vielleicht nicht nötig gewesen. Sie sind Ärzte[4]. Aber fraglich ist, ob nur der staatlich approbierte Arzt als Täter in Betracht kommen kann oder jeder, der sich gewerbsmäßig mit Krankenbehandlung befaßt (Laienärzte, Naturärzte, Chiropraktiker, Zahntechniker, auch wenn sie nicht staatlich patentiert sind). Eine weite Auslegung ist geboten. Jeder, der sich — berechtigter oder unberechtigter Weise — als Arzt oder Heilkundiger ausgibt, soll, wenn er im Sinne des Art. 318 ein unwahres Zeugnis ausstellt, strafbar sein. Damit ist schon gesagt, daß auch der mit einem ausländischen Patent ausgerüstete Arzt, der gelegentlich im Inland, z. B. als Assistent oder Kurarzt, den Heilberuf ausübt, unter dem Art. 318 steht[5]. — Die besondere Nennung der Tierärzte und auch der Hebammen ist richtig. Tierärztliche Zeugnisse können von großer wirtschaftlicher und volkshygienischer Bedeutung sein. Hebammen sind vielfach Gemeindeangestellte. Dann stehen sie unter dem Beamtenbegriff nach Art. 110 Ziff. 4 und, wenn sie eine rechtlich erhebliche Tatsache unrichtig beurkunden, ist Art. 317, nicht Art. 318 anzuwenden.

2. Das ausgestellte Zeugnis muß unwahr sein, nicht den dem Aussteller bekannten Tatsachen entsprechen. Auch in einem Verschweigen oder Verschleiern erheblicher Momente kann Unwahrheit liegen. Unwahr ist auch, wenn entgegen den Tatsachen ein Kranker, z. B. einer Versicherungsgesellschaft gegenüber, als gesund bezeichnet wird. Ob das Zeugnis für den, dem es gilt, günstig oder ungünstig lautet, bleibt sich gleich. — Grundsätzlich ist zwischen Angaben tatsächlicher und solchen

---

[1] Dazu Hafter: 272f.

[2] Über das Verhältnis des Art. 318 zu Art. 251 vgl. auch Germann: Z. 54, 358f.: Art. 251 nie auf ein unwahres Arztzeugnis anwendbar; anders Thormann-v. Overbeck: Art. 318, N. 6.

[3] Im VE. 1908, Art. 191 Beschränkung auf Ärzte, im E. 1918 auf Ärzte und Tierärzte.

[4] So auch Ulrich (Lit. zu § 135): 17.

[5] Für weite Auslegung schon Zürcher: Erläuterungen, 349; Hafter: 277f. Für eine engere Auslegung Gautier: Prot. II. ExpKom. 4, 356f.: nur patentierte, aber auch ausländische Ärzte, denen z. B. in Grenzgegenden die Berufsausübung außerhalb ihres Landes gestattet ist; nicht dagegen „un autre pratiquant quelconque". Thormann-v. Overbeck: Art. 318, N. 2 (nicht Naturärzte; bei ihnen eventuell Anwendung des Art. 251).

gutachtlicher Art kein Unterschied zu machen. Aber eine gutgläubig erfolgende irrige Diagnose oder Prognose erfüllt selbstverständlich den Vorsatztatbestand nicht und auch mit der Annahme einer Fahrlässigkeit (Art. 318 Ziff. 2) hat der Richter zurückhaltend zu sein. Er muß die Möglichkeit eines medizinischen Irrtums sorgfältig prüfen.

Mit dem Beweis der Unwahrheit eines Zeugnisses ist es nicht getan. In abschließender Weise umschreibt das G., daß das Zeugnis gewissen Zwecken dienen soll[1]:

Es soll zum Gebrauch bei einer Behörde bestimmt sein. Der Täter muß das wissen und wollen. Ob er das Zeugnis direkt zu Handen der Behörde schreibt oder nicht, bleibt sich gleich. Aus den Umständen und oft auch aus dem Inhalt des Zeugnisses wird sich die Zweckbestimmung regelmäßig erkennen lassen. Unter Behörde ist jede amtliche, auch militärische Stelle zu verstehen. Das unwahre Zeugnis soll dazu helfen, z. B. eine Dispensation, einen Urlaub zu erlangen. Es kann aber auch bezwecken, Jemanden der Strafverfolgung oder dem Strafvollzug zu entziehen[2]. Auch Fälle von einer gewissen Harmlosigkeit, ein Gefälligkeitszeugnis, um einem Kind bei der Schulbehörde einen Freitag zu erwirken, sind strafbar[3]. Die Wahrheit soll auch hier über alles gehen. — Allgemein, auch im Hinblick auf die folgenden Zweckbestimmungen, muß gelten: Nicht nur Zeugnisse über Krank- oder Gesundsein zählen, sondern auch unwahre Impfscheine, Totenscheine usw. Ferner kommen Zeugnisse über Dauer der Arbeitsunfähigkeit und andere Folgen einer Krankheit oder einer Verletzung in Betracht[4]. — Ein falsches Zeugnis, das ein Arzt ausstellt, um jemanden der Militärdienstpflicht zu entziehen, ist Dienstpflichtbetrug nach Art. 96 des MilStG. Diese Bestimmung geht dem Art. 318 des bürgerlichen StGB. vor. Der Täter steht in jedem Fall unter der militärischen Gerichtsbarkeit (MilStG. Art. 2 Ziff. 8).

Als zweite Zweckbestimmung nennt das G. die Erlangung eines unberechtigten Vorteils. Er wird häufig auch bei den zum Gebrauche bei einer Behörde ausgestellten Zeugnissen seine Rolle spielen. Aber das G. geht weiter: Erlangung eines Vorteils irgendwelcher Art, insbesondere geldwerter Vorteile — gegenüber einer Versicherungsunternehmung, einer Krankenkasse usw.[5]. Hier ist der Beweis zu erbringen, daß der

---

[1] Dazu mit Beispielen Prot. II. ExpKom. 4, 359ff.

[2] Vorbereitung eventuell Versuch von Begünstigung. Konkurrenz mit Art. 305 ist zu prüfen.

[3] Bei solchen Gefälligkeitszeugnissen wird regelmäßig eine Bußenstrafe ausreichen. Zurückhaltender als der Text noch Hafter: 281.

[4] Weismann: 383 (alle Zeugnisse, die von einem Arzt oder einer anderen approbierten Medizinalperson in Ausübung ihres Berufes ausgestellt werden).

[5] Konflikte sind hier möglich. Der Arzt bezeichnet eine Krankheit ungenau oder er verschweigt sie, weil er sich durch das Berufsgeheimnis für gebunden hält (vgl. unten § 135 und auch G. Art. 32). Eine kritische Lage ergibt sich daraus, daß

Täter mit Wissen und Willen darauf ausging, jemandem einen Vorteil zu verschaffen, auf den dieser keinen Anspruch hat. Daß der Vorteil erlangt worden ist, erfordert der Tatbestand nicht. Die Zweckbestimmung des Zeugnisses genügt. Die Weiterverfolgung, die Ausnutzung des Zeugnisses, kann zum Betrug (Art. 148) oder zu einem anderen Delikt führen[1]. Ob der Arzt durch sein unwahres Zeugnis dazu Beihilfe geleistet hat, ist Tatfrage.

Noch weiter geht die an dritter Stelle genannte Zielrichtung: ein unwahres Zeugnis, das geeignet ist, wichtige und berechtigte Interessen Dritter zu verletzen. Auch dieser Kreis kann sich mit den bereits genannten Zweckbestimmungen überschneiden[2]. Doch genügt hier schon die Eignung des Zeugnisses zu einer Verletzung, zu einer Vermögenschädigung, zu einer Gesundheitsgefährdung eines Ehekandidaten usw. Wann es sich um die Gefährdung wichtiger Interessen handelt, ist dem richterlichen Ermessen anheimgegeben.

Der Art. 318 ist noch mit dem erschwerten Tatbestand der Freiheitsberaubung gemäß Art. 182 Ziff. 2 III in Beziehung zu setzen: Solange nur ein Arztzeugnis vorliegt mit dem unwahren Vorgeben, eine Person sei geisteskrank, ist erst der Art. 318 erfüllt. Gelingt aber auf Grund des Zeugnisses eine Freiheitsentziehung, eine Anstaltsinternierung, oder kommt es wenigstens zum Versuch, so ist das schwere Verbrechen der qualifizierten Freiheitsberaubung mit der Strafdrohung: Zuchthaus gegeben; oben § 20 IV 2.

3. Das Delikt ist mit der Ausstellung des Zeugnisses vollendet. Aber Vollendung schon mit der Niederschrift anzunehmen, wäre unvernünftig. Erst mit der Weitergabe, der Entäußerung sollte sie gegeben sein. Erst dann wird sich regelmäßig auch klar zeigen, daß der Täter eine der im G. genannten Zweckbestimmungen im Auge hatte[3].

4. Wer den Arzt usw. vorsätzlich zur Ausstellung eines unwahren Zeugnisses bestimmt hat, ist wegen Anstiftung strafbar[4]. Der Anstiftungsversuch bleibt straflos (vgl. Art. 24 II). Ein unrichtiges Zeugnis

---

z. B. die Krankenkassen zur Wahrung des Geheimnisses über Krankheiten ihrer Mitglieder nicht gesetzlich verpflichtet sind; Hafter: 281f.

[1] Weismann: 385.

[2] Es ist daher möglich, daß ein Zeugnis mehr als eine der im G. genannten Zweckbestimmungen erfüllt. Der Richter hat aber nicht die Erfüllung mehrerer Tatbestände (Konkurrenz) anzunehmen.

[3] So schon Hafter: 283; Thormann-v. Overbeck: Art. 318, N. 5: Vollendung regelmäßig mit der Übergabe des Zeugnisses an denjenigen, der davon Gebrauch machen möchte.

[4] Damit kann eine mit Benutzung des unwahren Zeugnisses nachher verübte Straftat, z. B. ein Betrug, in Konkurrenz treten; Petrzilka: Zürcher Erläuterungen, 448. Fraglich bleibt, ob der täuschende Gebrauch durch den Dritten nicht schon nach Art. 251 Ziff. 1 III bestraft werden kann. Das anzunehmen ist richtig; vgl. oben § 98 I 6.

kann aber auch durch Täuschung erschlichen werden. Das ist ein dem Art. 253 ähnlicher Fall. Aber eine Bestrafung aus diesem Tatbestand ist nicht möglich, da der Art. 253 als Personen, die unter dem Einfluß einer Täuschung handeln, nur Beamte und Personen öffentlichen Glaubens nennt.

5. Vorsätzliches und fahrlässiges unwahres ärztliches Zeugnis sind strafbar. Auf die Vorsatztat steht Gefängnis oder Buße. Hat der Täter jedoch für sein unwahres Zeugnis eine besondere Belohnung gefordert, angenommen oder sich versprechen lassen, so ist er in jedem Fall mit Gefängnis zu bestrafen (Art. 318 Ziff. 1 II). Damit ist gemäß Art. 50 II wohl immer Buße zu verbinden und in schwereren Fällen das Berufsverbot (Art. 54) zu erwägen. Die Fassung des II. Absatzes in Art. 318 Ziff. 1 entspricht in den Worten: eine besondere Belohnung „fordern, annehmen, sich versprechen lassen" dem Tatbestand der passiven Bestechung (Art. 315 I). Das Verhalten des Täters ist bestechungsähnlich. Aber anders als nach Art. 315 ist nach Art. 318 nicht erforderlich, daß die Vorteilsgewährung für ein zukünftiges pflichtwidriges Verhalten erfolgt. Die „besondere Belohnung", z. B. durch Überschreitung ärztlicher Taxen, kann vor oder nach der Zeugnisausstellung gefordert oder angenommen werden. — Beim fahrlässigen unwahren Zeugnis ist die Strafe Buße (Art. 318 Ziff. 2). Das ist eine bloße Übertretung.

§ 134. Verletzung des Amtsgeheimnisses.

Literatur. Angaben zu §§ 130 und 135. — Stooss: Grundzüge, 2, 169f., 465f. — Giesker: Das Recht des Privaten an der eigenen Geheimsphäre, Zürcher Diss. (1905). — Esslinger: Das Amtsgeheimnis und dessen Verletzung, Zürcher Diss. (1906). — Borel: Z. 4, 14ff. — Zürcher: Zentralblatt für Staats- und Gemeindeverwaltung, 1901, 9ff. — Wuilleumier: eodem, 40, 101f. — Comtesse: Z. 56, 257 ff.

I. Die Art. 320 und 321 des G. geben namentlich eine deutliche Unterscheidung zwischen der Verletzung des Amtsgeheimnisses und der Verletzung des Berufsgeheimnisses[1]. Bisherige Rechte waren unbefriedigend. Nur Teile des Amtsgeheimnisses berücksichtigte Art. 53 lit. c des Bundesstrafrechts von 1853: Mitteilung über mündliche Verhandlungen und über Akten, deren Geheimhaltung dem Beamten geboten wird[2]. Für einige kantonale Rechte war der Art. 378 des französischen C. p. das Vorbild. Genf z. B. hat in Art. 378 die französische Bestimmung fast wörtlich übernommen: révélation de secrets par des médecins, chirurgiens, ainsi que par des pharmaciens, des sages-femmes et de toutes autres personnes dépositaires par état ou profession[3]. Ähnlich

[1] Gut über die Unterscheidung Wuilleumier: 101.

[2] Bedeutung des Amtsgeheimnisses im Bundesrecht; BStR. von 1853, Art. 53 lit. c: Esslinger: 143ff.

[3] Dazu Werner (Lit. zu § 135): 165ff.

bestimmte Bern Art. 187. Damit wird aber wohl nur die Verletzung von Berufsgeheimnissen, nicht auch von Amtsgeheimnissen getroffen. St. Gallen stellt im Titel über die Amtsdelikte Geistliche, Ärzte, Apotheker usw. den Beamten und öffentlichen Bediensteten strafrechtlich gleich (Art. 171). Aber ein Tatbestand der Verletzung des Amtsgeheimnisses fehlt. Dagegen bedroht der Art. 172 die pflichtwidrige Eröffnung von anvertrauten Geheimnissen durch Geistliche, Ärzte usw. Thurgau behandelt in § 276 die Verletzung des Amtsgeheimnisses und erklärt in § 284 die Bestimmung auch für anwendbar auf Personen, die zum Dienste des Publikums für besondere Geschäfte obrigkeitlich ermächtigt sind und durch Handgelübde in Pflicht genommen wurden. Freiburg Art. 184 nennt zusammenfassend als Täter eines Geheimnisbruchs Behördenmitglieder, Beamte, Advokaten, Notare, Ärzte, Gehilfen dieser Personen und Angehörige anderer Berufe, bei deren Ausübung die Pflicht zur Verschwiegenheit besteht[1].

Das eidgenössische G. hat nicht nur die einheitliche Ordnung gebracht. Es hält auch die Verletzung des Amtsgeheimnisses und die Verletzung des Berufsgeheimnisses auseinander. Die gleiche Behandlung rechtfertigt sich nicht.

II. 1. Als Täter einer Amtsgeheimnisverletzung nennt der Art. 320[2] Behördenmitglieder und Beamte; vgl. oben § 130 II. Die Täterschaft wird derart näher umgrenzt, daß dem Beamten oder Behördenmitglied in dieser Eigenschaft ein Geheimnis anvertraut wurde, oder daß die Wahrnehmung in amtlicher oder dienstlicher Stellung erfolgte[3]. Das Amtsgeheimnis kann sehr häufig auch die private Sphäre eines anderen betreffen[4]: Ein beamteter Arzt hat bei einer Untersuchung ein solches Geheimnis wahrgenommen. Der Richter erfährt Privatgeheimnisse[5]. Aber auch: Ein Beamter hat seinem Vorgesetzten als Geheimnis anvertraut, er stehe vor dem Vermögenszusammenbruch, oder ein Beamter hat Kenntnis von einem geheim gehaltenen ehebrecherischen Verhältnis seines Vorgesetzten. Besonders sind aber Gegenstand eines Amtsgeheimnisses staatlich erhebliche Tatsachen. Dagegen ist, was Beamte oder Behördenmitglieder in ihrer Privatsphäre als geheim zu haltende Tatsache erfahren, nie Amtsgeheimnis, und eine Preisgabe kann nicht aus Art. 320 strafbar sein.

---

[1] Weitere, rechtsvergleichende Daten bei GIESKER: 145, 151ff. Zum zürcher. Recht ESSLINGER: 153ff.

[2] Materialien: ZÜRCHER: Erläuterungen, 411ff.; Prot. II. ExpKom. 5,342ff.; 6, 142ff.

[3] Untersuchungen über Besonderheiten des Amtsgeheimnisses bei einzelnen Beamtenkategorien — Diplomaten, Richter (insbesondere das Beratungsgeheimnis), Steuerbeamte — ESSLINGER: 81ff.

[4] GIESKER: 150.

[5] Weitere Beispiele ZÜRCHER: a. a. O. 412f.; Zürcher Bl. 29, Nr. 31.

2. Damit ist schon Einiges über den Geheimnisbegriff, wie er für den Art. 320 zu verstehen ist, angedeutet. Der Begriff kehrt in der Gesetzgebung häufig wieder. Um dessen Tragweite für den Art. 320 und auch für den Art. 321 abzuklären, müssen Unterschiede geprüft werden.

Von einem allgemeinen Geheimnisbegriff ist auszugehen: Objekt ist die Kenntnis einer bestimmten Tatsache. Aber sie ist nicht allgemein bekannt, nur einem gewissen — je nachdem kleineren oder größeren — Kreis, unter Umständen nur einer einzelnen Person, bewußt. Der Inhaber des Geheimnisses, der Geheimnisherr, muß den Willen zur Geheimhaltung haben. Zu fordern ist auch, daß an der Geheimhaltung ein schutzwürdiges Interesse besteht[1].

Die Prüfung der im G. und im MilStG. erfaßten Geheimnisverletzungen unter diesen Gesichtspunkten ergibt:

Mit den Tatbeständen der Verletzung des Fabrikations- und Geschäftsgeheimnisses (Art. 162) und der Verletzung des Berufsgeheimnisses (Art. 321) werden private Interessen, die geheim gehalten werden sollen, geschützt[2].

Während, wie schon angedeutet wurde, bei der Verletzung des Amtsgeheimnisses (Art. 320) auch private Interessen eine Rolle spielen können, berührt die Verletzung von Staatsgeheimnissen immer öffentliche Interessen[3]. Das trifft namentlich beim Tatbestand des diplomatischen Landesverrat gemäß Art. 267 Ziff. 1 I zu. Er setzt ein Geheimnis voraus, dessen Bewahrung zum Wohle der Eidgenossenschaft geboten ist (oben § 104 IV 1). Um den Schutz staatlicher Geheimnisse handelt es sich ferner bei dem weniger schweren Fall der Veröffentlichung amtlicher geheimer Verhandlungen: Art. 293 und dazu oben § 116 III[4]. Auch beim Tatbestand des wirtschaftlichen Nachrichtendienstes im Interesse des Auslandes (Art. 273) steht der Staatsschutz im Vordergrund, auch wenn (private) Fabrikations- und Geschäftsgeheimnisse berührt werden; oben § 107 IV. Als eine den öffentlichen Interessen dienende Schutz-

---

[1] Gut zur Kennzeichnung des Geheimnisbegriffs im allgemeinen COMTESSE: 258ff. Ausführliche Untersuchung: Geheimnisbegriff allgemein und Amtsgeheimnis ESSLINGER: 9ff.; vgl. auch v. OVERBECK (Lit. zu § 135): 1a und ff.; Zürcher Bl. 29, 82.

[2] Im Text des Art. 179 I (Verletzung des Schriftgeheimnisses als Marginale) sagt das G. nicht, daß die Schrift oder Sendung eine geheimzuhaltende Tatsache enthalten muß. Die verschlossene Sendung wird als solche geschützt. Eine weitere Geheimnisverletzung ist nicht Tatbestandsmoment; oben § 41 III 1. Eher tritt sie in Art. 179 II: Verbreitung und Ausnützung von Tatsachen, deren Kenntnis der Täter durch Öffnung einer nicht für ihn bestimmten Sendung erlangt hat, hervor; oben § 41 III 2. Aber auch hier kann man zweifeln, ob eine eigentliche Geheimnisverletzung in jedem Falle vorliegt.

[3] Dazu ESSLINGER: 77ff.

[4] Vgl. auch noch ESSLINGER: 214ff.

bestimmung ist ferner der Art. 283: Verletzung des Abstimmungs- und Wahlgeheimnisses aufzufassen; oben § 112 II[1].

Staatgeheimnisse im höchsten Sinn sind endlich Geheimnisse im Interesse der Landesverteidigung, deren Verletzung die Art. 86 und 106 des MStG. erfassen; oben § 105 IV. Nicht glücklich benennt auch das Marginale den Art. 329 des bürgerlichen StGB. als Verletzung militärischer Geheimnisse. Das sind jedoch keine echten Geheimnisverletzungen. Die Übertretungstatbestände des Art. 329 sind schon erfüllt, wenn keine geheim zu haltenden Tatsachen erkannt oder gar preisgegeben wurden[2]. Jedes Eindringen in eine militärisch gesperrte Zone ist z. B. schon strafbar; siehe dazu oben § 105 IV 6.

Je nach dem Standort einer Geheimnisverletzung muß sich in der Rechtsprechung die Auswirkung des Geheimnisbegriffs bestimmen. Was im Einzelfall als Amts-, als Geschäfts-, als Berufs-, als Staats-, als militärisches Geheimnis zu gelten hat, ist weitgehend richterlichem Ermessen anheimgegeben[3].

3. Das Amtsgeheimnis muß dem Täter in amtlicher Eigenschaft zur Kenntnis gekommen sein[4]. Die Umschreibung des Tatbestandes in Art. 320 Ziff. 1 I sieht das auf zweifache Weise vor:

Das Geheimnis wurde dem Behördenmitglied oder dem Beamten anvertraut. In diesem Worte liegt deutlich der Gedanke, daß die bekannt gegebene Tatsache geheim bleiben soll, daß bei der Mitteilung an die Schweige- und Treupflicht des Beamten appelliert wurde. Daß der geheime Charakter in der Mitteilung an ihn ausdrücklich hervorgehoben werden muß, ist nicht erforderlich. Er kann sich aus den Umständen des Einzelfalles oder allgemein aus der Amts- oder Dienstpflicht ergeben[5].

---

[1] Comtesse: 261, 269 faßt den Art. 283 als „unechte" Geheimnisverletzung auf, weil ein Essentiale des Geheimnisbegriffs: die Beschränkung der Mitwisser fehle oder fehlen könne; der einzelne Stimmberechtigte habe vielleicht die Art seiner Stimmabgabe selbst nicht geheim gehalten. Dann ist aber möglich, daß ein Täter sich durch unrechtmäßiges Vorgehen Kenntnis davon verschafft, wie tatsächlich gestimmt wurde. Er verletzt das „Urnengeheimnis" und begeht eine echte Geheimnisverletzung.

[2] So auch Comtesse: 258f, 269.

[3] Untersuchungen darüber bei Esslinger: 178ff. — Bemerkenswert die weite Spannung des Geheimnisbegriffs bei der Anwendung des Art. 86 MilStG. durch die Militärgerichtsbarkeit; EMKG. 3, Nr. 89: Ob militärische Tatsachen gegenüber Jedermann geheim gehalten werden können, ist unerheblich. Es genügt, daß die Geheimhaltung gegenüber dem Ausland geschehen soll, und daß es für den fremden Staat einer besonderen Tätigkeit bedarf, um sie in Erfahrung zu bringen. Vgl. auch Petrzilka: Zürcher Erläuterungen, 450 (zum Teil Tatfrage, was als „Geheimnis" zu gelten hat).

[4] Zu dem Moment: amtlich zur Kenntnis gelangte Tatsachen Esslinger: 37ff.

[5] Beamtenrecht, z. B. die Bestimmung des Art. 27 I des BGes. von 1927 über das Dienstverhältnis der Bundesbeamten: „Der Beamte ist zur Verschwiegenheit über dienstliche Angelegenheiten verpflichtet, die nach ihrer Natur oder gemäß

Jedenfalls muß aber die Geheimhaltepflicht dem Beamten zum Bewußtsein gekommen sein. Strafbar ist er nur, wenn er mit Wissen und Willen das Geheimnis preisgibt. Da es ihm anvertraut wurde, verstößt er durch die Preisgabe nicht nur gegen das staatliche, eventuell auch gegen ein privates Interesse an der Geheimhaltung einer Tatsache, sondern in einem besonderen Maße auch gegen die Beamtentreue.

Nach der zweiten Variante hat der Täter das Geheimnis in seiner amtlichen oder dienstlichen Stellung wahrgenommen. Der Zufall hat es ihm in seiner Amtstätigkeit zugetragen, oder, was besonders übel ist, der Beamte hat die Kenntnis einer ihm gegenüber geheimgehaltenen Tatsache erschlichen, sie ausspioniert. Das G. hebt diesen Fall nicht heraus. Der Richter wird aber die straferhöhende Berücksichtigung in Erwägung zu ziehen haben.

4. Das G. bezeichnet die Geheimnisverletzung ohne nähere Umschreibung mit dem Wort offenbaren. Geheim zu haltende Tatsachen werden offen gelegt, der Öffentlichkeit oder einzelnen Personen, für deren Kenntnis sie nicht bestimmt sind, zugänglich gemacht. Das kann schriftlich oder mündlich gegenüber irgendwelchen nicht eingeweihten und nicht mitteilungsberechtigten Personen geschehen. Erfolgt die ,,Offenbarung" durch die Druckerpresse, so ist das Preß-Strafrecht (Art. 27) anzuwenden. Nur die Vorsatztat ist strafbar. — Die Geheimnisoffenbarung kann auch durch Unterlassung geschehen: Der Beamte duldet, daß ein unberechtigter Dritter von geheimen Akten Einsicht nimmt, oder er unterläßt vorsätzlich — mindestens mit dolus eventualis — die gebotene Verwahrung geheim zu haltender Gegenstände mit der Folge, daß das Geheimnis Unberechtigten zur Kenntnis gelangt[1].

Mit der vorsätzlichen Offenbarung, der Preisgabe des Geheimnisses, ist der Tatbestand erfüllt. Ein materieller Schaden für den Staat oder für einen Einzelnen braucht nicht eingetreten zu sein. Es ist schon Schadens genug, daß die Beamten-Treupflicht verletzt worden ist.

5. Von erheblicher Bedeutung ist die Bestimmung im II. Absatz der Ziff. 1 des Art. 320, wonach auch nach Beendigung des amtlichen oder dienstlichen Verhältnisses die Geheimnisverletzung strafbar ist[2]. Die Geheimhaltepflicht gilt auch für den pensionierten und für jeden aus anderen Gründen entlassenen Beamten. Sie gilt bis zu dessen Tode. Selbstverständlich bezieht sich die Pflicht zur Geheimhaltung nur auf

---

besonderer Vorschrift geheim zu halten sind." Vgl. auch Thormann- v. Overbeck: Art. 320, N. 5, ferner Zürcher Bl. 38, 248: Amtsgeheimnis der Polizeiorgane.

[1] Gautier: Prot. II. ExpKom. 5, 347; Thormann-v. Overbeck: Art. 320, N. 7.

[2] Die Bestimmung ist erst durch die II. ExpKom. geschaffen worden; Prot. 5, 347ff.; vgl. als Grundlage z. B. Art. 27 II des BGes. von 1927 über das Dienstverhältnis der Bundesbeamten: ,,Die Pflicht zur Amtsverschwiegenheit bleibt auch nach Auflösung des Dienstverhältnisses bestehen"; ferner Giesker: 138.

Tatsachen, die der Beamte während der Zeit seiner amtlichen Tätigkeit erfahren hat. Was ihm nachher, etwa durch ehemalige Mitarbeiter, an Amtsgeheimnissen zugetragen wird, verpflichtet ihn nicht, wenigstens nicht aus Art. 320, zur Geheimhaltung.

III. Die Verletzung des Amtsgeheimnisses ist, im Gegensatz zum Antragsdelikt der Verletzung des Berufsgeheimnisses (Art. 321), Offizialdelikt[1]. Die Strafdrohung lautet auf Gefängnis oder Buße. Fraglich bleibt die Auswirkung in der Praxis. Man darf nicht verschweigen, daß auch sehr geringfügige Fälle den Tatbestand erfüllen können, und daß viele Menschen ihr Mitteilungsbedürfnis — um nicht von Schwatzhaftigkeit zu reden — nicht immer zu zügeln verstehen. Während sich bei der Verletzung des Berufsgeheimnisses aus dem Antragserfordernis eine gute Einschränkung ergibt, empfiehlt sich bei Art. 320 nach dem Satz minima non curat praetor eine gewisse Zurückhaltung. Soweit als Täter der Verletzung eines Amtsgeheimnisses Parlamentsmitglieder[2] und Mitglieder der „obersten Vollziehungs- und Gerichtsbehörden" beschuldigt werden, führen die nach Art. 366 vorgesehenen Ermächtigungen zu einer Beschränkung der Strafverfolgung; dazu oben § 130 V.

Damit steht die Ziff. 2 des Art. 320 in einem inneren Zusammenhang: Eine Strafe entfällt, wenn der Beamte das Geheimnis mit schriftlicher Einwilligung seiner vorgesetzten Behörde geoffenbart hat. Durch diese Behörde soll ein Interessenkonflikt gelöst, die Frage entschieden werden, ob es für den Staat zweckmäßiger ist, das Geheimnis zu wahren oder es preiszugeben[3]. Durch das Erfordernis der schriftlichen Einwilligung wird betont, daß die Entscheidung mit besonderer Sorgfalt getroffen werden soll. Die Urkunde deckt den Beamten; vgl. auch unten § 135 III 2.

Schwierigkeiten entstehen, wenn ein Privatgeheimnis Gegenstand eines Amtsgeheimnisses ist (oben II 1). Setzt auch hier die rechtmäßige Offenbarung, z. B. durch einen Amtsarzt, behördliche Ermächtigung voraus, oder genügt, nach Maßgabe von Art. 321 Ziff. 2, die Einwilligung der betroffenen Privatpersonen[4]? Ist sie allein verfügungsberechtigter Geheimnisherr? Art. 320 Ziff. 2 berücksichtigt diesen Fall nicht.

[1] Die II. ExpKom. hat einen Antrag SILBERNAGEL, die Verletzung des Amtsgeheimnisses nur auf Antrag der vorgesetzten Behörde zu bestrafen, abgelehnt; Prot. 5, 343, 349, 352.

[2] Dazu ESSLINGER: 143ff. (Amtsgeheimnis der gesetzgebenden Behörden).

[3] Vgl. Art. 28 des BGes. über das Dienstverhältnis der Bundesbeamten: Äußerung des Beamten über amtliche Wahrnehmungen als Partei, Zeuge oder gerichtlicher Sachverständiger nur nach Ermächtigung durch die zuständige Amtsstelle. Verweigerung der Ermächtigung nur, „wenn die allgemeinen Landesinteressen es verlangen, oder wenn die Ermächtigung die Verwaltung in der Durchführung ihrer Aufgabe wesentlich beeinträchtigen würde."

[4] Das nimmt COMTESSE: 259 an.

Sicherer ist, auch hier die behördliche Ermächtigung zu fordern. Wenn ein Beamter in amtlicher Eigenschaft ein Privatgeheimnis erfahren hat, so ist neben der Privatperson auch der Staat Geheimnisherr, ja sein Recht und seine Pflicht zur Geheimniswahrung oder zur Preisgabe können unter Umständen stärker sein als das Interesse des Privaten. Daher soll die Entscheidung bei der Behörde liegen[1].

Neben den Strafausschließungsgrund nach Art. 320 Ziff. 2 können andere treten. Die Entscheidungsgrundlage wird, von den Fällen der Notwehr oder eines Notstandes abgesehen, durch den Art. 32 gegeben: Die oberste Verwaltungsbehörde kann auch, wenn das Staatsinteresse es erfordert, von sich aus einen Beamten von der Schweigepflicht entbinden oder selber eine Veröffentlichung anordnen. Auch die Erfüllung gesetzlicher Melde- und Anzeigepflichten schließt die Rechtswidrigkeit einer Geheimnispreisgabe aus[2].

§ 135. Verletzung des Berufsgeheimnisses.

Literatur. Stooss: Grundzüge, 2, 169f. — Finger: VD. Bes. Teil, 8, 397ff. Werner: Le secret professionel, Genfer Diss. (1907). — Humbert: Das ärztliche Berufsgeheimnis, Zürcher med. Diss. (1912). — v. Overbeck und Bossi: ZschwR. N. F. 43, 1a und ff. — Steiger: Der strafrechtliche Schutz des Berufsgeheimnisses, Berner Diss. (1934). — Ulrich: Das ärztliche Geheimnis nach Art. 285 EStGB., Zürcher Diss. (1934). — Capitaine: La question du secret des banques en droit suisse, Berner Diss. (1933). — Idem: Le secret professionel du banquier en droit suisse et en droit comparé (1936). — Lavanchy: Das Bankgeheimnis in der schweizer. Gesetzgebung, Zürcher Diss. (1935). — Huber: Die Geheimhaltungspflicht des Beauftragten unter spezieller Berücksichtigung des Bankgeheimnisses, Berner Diss. (1936). — Jann: Der Umfang und die Grenzen des Bankgeheimnisses, Berner Diss. (1938). — v. Muralt: Z. 16, 160ff. — Kauffmann: Z. 28, 349ff. — Zangger: JZ. 11, 305ff. — Gamboni: JZ. 19, 57ff. — Rennefahrt: eodem, 61ff. — Picot: ZschwR. N. F. 46, 159ff. — Wuilleumier Zentralbl. f. Staats- und Gemeindeverwaltung, 40, 97ff. — Schwarz: Das Berufsgeheimnis des Arztes im schweizer. StGB., Akademische Antrittsvorlesung (1942).

I. Strafrechtliche Verurteilungen wegen Verletzung des Berufsgeheimnisses sind selten[3]. Sie stehen im umgekehrten Verhältnis zu der

---

[1] Die Entscheidung Zürcher Bl. 29, Nr. 31, nach der selbständig auch die beteiligte Privatperson den Beamten von der Pflicht zur Wahrung eines Amtsgeheimnisses entbinden kann, ist im Hinblick auf den Text von Art. 320 Ziff. 1 des G. nicht mehr zu billigen.

[2] Material zu den Fragen: Mitteilungsrechte und Mitteilungspflichten bei Esslinger: 198ff.; Petrzilka: Zürcher Erläuterungen, 451. Als Beispiel auch die Anzeigepflichten nach Art. 7 und 8 der VO. vom 22. September 1939/16. April 1940 über die Wahrung der Sicherheit des Landes (Anhang zur amtlichen Ausgabe des MilStG., 156ff.). Vgl. ferner Zürcher: Erläuterungen, 413f.

[3] Die — allerdings mangelhaften — schweizerischen Kriminalstatistiken geben keine Auskunft. Nur in der vom Eidgenössischen Statistischen Amt für das Jahr 1929 bearbeiteten Statistik, 109, wird festgestellt, daß keine Verurteilung erfolgte Auch ausländische Statistiken sind unergiebig.

umfangreichen Literatur. Sie beweist das außerordentlich große Interesse, das in weiten Kreisen an der Geheimniswahrung besteht. Durch die Bestimmung des Art. 321 soll das Gewissen derjenigen Berufstätigen, denen die Geheimniswahrung zur Pflicht gemacht wird, geschärft werden. Er weist auf die Berufsethik hin. Ob der Tatbestand häufig zur Anwendung gelangt, ist nicht von entscheidender Bedeutung. Er soll vorbeugend, abschreckend wirken.

Ob der Art. 321 des G., der an die Stelle der bisherigen, höchst unvollkommenen kantonalen Ordnungen (oben § 134 I[1]) tritt, diese Aufgabe erfüllen wird, bleibt freilich zweifelhaft[2].

Der Aufbau des Tatbestandes schließt sich an den Art. 320, die Verletzung des Amtsgeheimnisses, an. Soweit gleiche oder wenigstens ähnliche Momente bestehen, genügt eine kurze Darstellung; unten II 2.

II. 1. Der mögliche Täterkreis wird in Art. 321 abschließend bestimmt[3]. Verglichen mit den Entwürfen, z. B. VE. 1908, Art. 192; E. 1918, Art. 285, ist er in der parlamentarischen Beratung noch ergänzt worden. Entsprechend dem Art. 320 wird die Täterschaft in der Weise näher bestimmt, daß dem Berufstätigen ein Geheimnis infolge seines Berufes anvertraut wurde, oder daß die Wahrnehmung bei der Berufsausübung erfolgte. Die Feststellung, ob das innerhalb oder außerhalb der Berufstätigkeit geschah, ist Tatfrage. Sie ist nicht immer einfach zu lösen[4]. Aber auch wenn bei einer bloßen Unterhaltung z. B. einem Arzt oder einem Rechtsanwalt im Hinblick auf seine Berufstätigkeit ein Geheimnis anvertraut wird, soll er sich zur Geheimniswahrung verpflichtet halten.

Das G. nennt an erster Stelle die Geistlichen (les ecclésiastiques). Das ist in weitem Sinne zu verstehen — jeder Religionsdiener, dem Geheimnisse anvertraut werden, oder der solche bei seiner Berufsausübung wahrnimmt: das Beichtgeheimnis des katholischen Seelsorgers,

---

[1] Weitere kantonale Daten bei WERNER: 151ff.; v. OVERBECK: 26a und ff.; WUILLEUMIER: Zentralblatt für Staats- und Gemeindeverwaltung, 40, 97ff. (zu Neuenburg); FINGER: 397ff.

[2] Materialen zum Art. 320: Prot. I. ExpKom. 2, 12ff., 561 (zeigt noch Unabgeklärtheit); ZÜRCHER: Erläuterungen, 350ff.; Prot. II. ExpKom. 4, 363ff.; 5, 88ff.; 6, 144ff.; 8, 309ff. StenBull. NR. 1929, 612, 614; StR. 1931, 673; vgl. auch WERNER: 172ff.; v. STEIGER: 57ff.; v. OVERBECK: 41a und ff. (Entwicklung der Entwürfe).

[3] Der erste VE. von 1894, Art. 88, sah von der Nennung bestimmter Berufsarten überhaupt ab. Dazu STOOSS: Motive, 175: In Betracht fallen namentlich Ärzte, Hebammen, Anwälte und Notare. Hinweis darauf, daß der wirksamste Schutz des Berufsgeheimnisses auf der Ehrenhaftigkeit der zur Ausübung eines Berufs zugelassenen Personen beruht. — Zum Täterkreis namentlich ULRICH: 16ff.

[4] ZÜRCHER: Prot. II. ExpKom. 4, 363: Was der Klient oder Patient in einer Gesellschaft erzählt, gehört nicht hierher.

die vertrauensvolle Eröffnung eines Geheimnisses an einen protestantischen Pfarrer, an einen Rabbiner, an einen Sektenprediger. Eine Beschränkung, etwa auf Diener einer Staatskirche oder einer staatlich anerkannten Kirche, rechtfertigt sich nicht[1]. — Die Geistlichen sind nicht Beamte im Sinne von Art. 110 Ziff. 4. Aber ein Geistlicher kann, gerade in seiner Eigenschaft als Seelsorger und Erzieher, Beamter einer öffentlichen Verwaltung werden, unter Umständen auch nur vorübergehend oder im Nebenberuf amtliche Funktionen ausüben. Das trifft z. B. für den Pfarrer einer Strafanstalt oder eines staatlichen Krankenhauses zu. Begeht er in dieser Stellung eine Geheimnisverletzung, so steht er, gleich wie der beamtete Arzt, unter den Vorschriften des Art. 320.

Als mögliche Täter nennt das G. an zweiter Stelle die Rechtsanwälte. Ihre grundsätzliche Pflicht zur Wahrung der ihnen anvertrauten oder sonst zugänglichen Berufsgeheimnisse ist unbestritten. Der Begriff Rechtsanwalt ist in dem Sinne zu verstehen, daß er alle Personen umfaßt, die mit oder ohne Patent (freie Advokatur) berechtigt sind, den Anwaltsberuf auszuüben. Maßgebend dafür sind die kantonalen Rechte. Auch in der Anwaltsgesetzgebung wird die Schweigepflicht hervorgehoben. Das zürcher. Gesetz von 1938 über den Rechtsanwaltsberuf (GesSlg. 36, 53ff.) bestimmt z. B. in § 14: „Der Rechtsanwalt wahrt Geheimnisse, die ihm um seines Berufes willen anvertraut werden oder die er bei Ausübung seines Berufes wahrnimmt. Er legt diese Pflicht auch seinen Mitarbeitern und Angestellten auf und wacht über ihre Erfüllung[2]." — Zur Geheimniswahrung verpflichtet ist nach Art. 321 ferner der Verteidiger. Das G. nennt ihn besonders, weil nach einzelnen Rechten die — wenigstens gelegentliche, nicht berufsmäßige — Verteidigung in Strafsachen auch Laien zusteht; z. B. MilStGO. Art. 107: Wahlverteidigung durch „eine Militärperson oder einen nicht im Militärdienst befindlichen, in bürgerlichen Ehren stehenden Bürger." Auch Zürich, StPO. § 8 läßt, unter Vorbehalt der berufsmäßigen Verteidigung, jede im Besitze der bürgerlichen Ehren und Rechte stehende Person als Verteidiger zu.

---

[1] So wohl auch BURCKHARDT: Prot. II. ExpKom. 5, 90 und namentlich v. STEIGER: 28ff. Anders THORMANN-v. OVERBECK: Art. 321, N. 4: Träger des geistlichen Amtes in einer der Landeskirchen oder in einer anderen anerkannten Religionsgesellschaft. Gegen die Nennung der Geistlichen WERNER: 126ff., 184.

[2] Weitere kantonale Daten über die Pflicht der Rechtsanwälte zur Geheimniswahrung bei ZÜRCHER: Schweizer. Anwaltsrecht (1920), 212, 215f., 231ff.; vgl. auch FRÜH: Die strafbaren Pflichtverletzungen des Rechtsanwalts gegenüber seinem Klienten, ZürcherDiss. (1910), 38ff., 77ff. (zu § 300 des deutschen StGB.); SCHUDEL: Fürsprecher und Anwälte im schaffhauserischen Recht (Zürcher Diss. (1940), 11f.; v. STEIGER: 24f.; Zürcher Bl. 38, Nr. 82 und JZ. 36, 110, Nr. 78: Schweigepflicht des Anwaltes auch gegenüber nächsten Verwandten seines Auftraggebers; auch nach Beendigung des Auftragsverhältnisses und bei Streit mit dem Klienten; Vorbehalt: Bekanntgabe zum Schutz „höherer Interessen".

Das G. nennt weiter als mögliche Täter die Notare. Wo nach kantonalen Rechten der Notar Beamter ist, steht er nicht unter dem Art. 321, sondern unter Art. 320. Daß je nach der kantonalrechtlichen Grundlage eine Verurteilung des Notars wegen Verletzung des Amts- oder des Berufsgeheimnisses erfolgen muß, hat etwas Stoßendes. Im Hinblick auf die Verschiedenheit der kantonalen Rechte läßt sich aber keine andere Lösung gewinnen.

Im Anschluß an die Personen der juristischen Berufsgruppe kommen als Täter ferner die nach Obligationenrecht zur Verschwiegenheit verpflichteten Revisoren in Betracht[1]. Die Grundlage bilden die Art. 730 und 909 des rev. OR. Danach ist den Revisoren untersagt, von den bei der Ausführung ihres Auftrages gemachten Wahrnehmungen einzelnen Aktionären (Genossenschaftern) oder Dritten Kenntnis zu geben.

Aus dem Kreis der Medizinalpersonen nennt der Art. 321 Ärzte, Zahnärzte, Apotheker und Hebammen als Täter. Ihre Pflicht zur Verschwiegenheit ist von besonderer Bedeutung. Befinden sie sich in amtlicher Stellung, so steht eine Geheimnisverletzung, die sie in dieser Stellung verüben, unter dem Art. 320[2]. Der Kreis ist anders gezogen als beim Delikt des falschen ärztlichen Zeugnisses. Der Art. 318 nennt den Apotheker nicht, dagegen auch den Tierarzt. Daß der Apotheker Geheimnisträger werden kann, ist sicher. Seine Nennung in Art. 321 war gegeben. Die Weglassung der Tierärzte ist dagegen kaum gerechtfertigt. Auch sie können bei der Ausübung ihrer Tätigkeit Geheimnisse erfahren und sie verletzen. — Für die Auslegung des Arztbegriffes ist auf die Erörterung oben § 133 II 1 zu verweisen[3].

Der gesamte Kreis der im Art. 321 genannten, bestimmte Berufe ausübenden Personen wird durch den Hinweis auf Hilfspersonen (auxiliaires, ausiliari di questi professionisti) ergänzt. Die gefährliche Vagheit dieses Begriffs ist mit Recht kritisiert worden[4]. Er zeigt, wie

---

[1] Sie wurden erst durch die parlamentarische Beratung in das G. eingefügt; StenBull. StR. 1937, 5f., 121f., 138; NR. 1937, 131, 243. Der Ständerat wollte außer den Revisoren noch Büchersachverständige nennen. Das ist nicht in das G. übergegangen. Vgl. noch Burki: Pflichtprüfung und Verantwortlichkeit der Pflichtprüfer nach schweiz. Bankengesetz und rev. Obligationenrecht, Zürcher Diss. (1942), 83ff.

[2] Über die beamteten Ärzte, z. B. die zürcherischen Bezirksärzte, ebenso Schwarz: 2f. Dagegen stellt dieser Autor (3) die Leiter staatlicher Krankenanstalten unter den Art. 321. Das erscheint inkonsequent.

[3] Ulrich: 16f.: Hinweis auf Kantone mit Freigabe der ärztlichen Berufsausübung (Appenzell A.-Rh.). Wo eine staatliche Ermächtigung zur Berufsausübung fehlt, kann nach diesem Autor ein „Arzt" nicht wegen Verletzung eines Berufsgeheimnisses sich strafbar machen. Das ist nicht zu billigen.

[4] Gautier: Prot. II. ExpKom. 4, 365: On risque d'y comprendre de simples petits comparses sur lesquels ne doit reposer aucune responsabilité spéciale, le petit clerc d'avocat, le saute-ruisseau du notaire, l'apprenti pharmacien etc. Ähn-

schwierig, ja wie unmöglich es ist, die strafwürdigen Täter einer Geheimnisverletzung abschließend befriedigend zu bezeichnen. Jedenfalls soll eine vernünftige Gesetzesanwendung dazu führen, den Begriff der Hilfsperson eng auszulegen, eine Verantwortung nur dem aufzuerlegen, der bei der Ausübung eines der genannten Berufe in verantwortungsbewußter Weise mitwirkt — als Assistent eines Arztes, als Mitarbeiter eines Rechtsanwaltes usw. Auch so kommt man freilich aus der Vagheit nicht heraus. Bedenklich ist auch, daß vielleicht gerade durch untergeordnetes Hilfspersonal Geheimnisse offenbart werden, und daß dadurch der Geheimnisschutz schwerenSchaden leiden kann. Die Problematik, die dem Art. 321 anhaftet, tritt damit ans Licht.

Nach Art. 321 Ziff. 1 II werden endlich Studierende bestraft, die ein Geheimnis offenbaren, das sie bei ihrem Studium wahrnehmen. Die gesonderte Hervorhebung dieses Falles erklärt sich damit, daß bei diesen Personen das Anvertrauen eines Geheimnisses kaum in Betracht kommt, und daß man das Studium auch nicht als Beruf bezeichnen kann. Man will mit der Bestimmung insbesondere die Preisgabe von Geheimnissen treffen, die Medizinstudierende in einer Klinik wahrgenommen haben[1]. „Gehilfen" im Sinne von Art. 321 Ziff. 1 I sind sie nicht.

Zwei Feststellungen müssen bei diesen Erörterungen im Auge behalten werden:

Da der Art. 321 den Täterkreis abschließend bestimmt, können sich empfindliche Lücken ergeben. Auch andere als die in Art. 321 genannten Personen erfahren wichtige Geheimnisse, deren Preisgabe bedenklich ist und großen Schaden stiften kann[2]. Es ist daher verständlich, aber in anderer Richtung bedenklich und zu weitgehend, daß z. B. der schon erwähnte erste VE. von 1894 ganz allgemein die Verletzung des Berufsgeheimnisses erfaßte. Im Grunde ist eine befriedigende abschließende strafrechtliche Lösung des Problems gar nicht möglich. — Bei Geheimnisverletzungen, die der Art. 321 nicht trifft, können in einzelnen Fällen die Bestimmungen über die Ehrverletzung helfen[3]. Ist ein schuldhaft verursachter Schaden, namentlich auch eine Verletzung in den persön-

---

lich DESCHENAUX: eod. 372 mit dem Antrag, den Ausdruck „auxiliaires" durch „assistants ou employés supérieurs" zu ersetzen.

[1] Die Bestimmung geht auf eine Anregung aus medizinischen Kreisen zurück; Prot. II. ExpKom. 8, 312.

[2] ZÜRCHER: Erläuterungen, 350 gibt Beispiele: Der Haarkünstler, der Haare färbt; der Schneider, der Unebenheiten ausgleicht und — wichtiger — der Schreiner, der ein Geheimfach erstellt; der Bücherexperte, der eine in Unordnung geratene Buchhaltung in Ordnung bringt. Vgl. noch unten V: Verletzung des Bankgeheimnisses.

[3] STUDER: Prot. II. ExpKom. 5, 89 hielt die Bestimmungen über die Ehrverletzung für ausreichend und beantragte die Streichung des Tatbestandes der Geheimnisverletzung; dagegen BURCKHARDT: eodem, 90.

lichen Verhältnissen nachweisbar, so besteht überdies eine Haftpflicht aus OR. (Art. 41 ff., 49). Auch der Schutz aus Art. 28 des ZGB. kann in Betracht kommen.

Zum Zweiten ist hier schon darauf aufmerksam zu machen, daß in der Frage der Zeugnispflicht und der Auskunftspflicht gegenüber Behörden der in Art. 321 genannte Personenkreis sich mit dem Kreis der zur Zeugnisverweigerung berechtigten Personen keineswegs zu decken braucht; unten IV 1. Die Strafbestimmung des Art. 321 ist zunächst ganz unabhängig von prozessualen Pflichten und Rechten zu betrachten[1].

2. Grundsätzlich Gleiches oder Entsprechendes wie bei der Verletzung des Amtsgeheimnisses (Art. 320) gilt bei der Verletzung des Berufsgeheimnisses in folgenden Punkten:

Vom allgemeinen Geheimnisbegriff ist auszugehen. Was im Besonderen des Einzelfalles als Berufsgeheimnis[2] zu betrachten ist, muß weitgehend dem richterlichen Ermessen überlassen bleiben; oben § 134 II 2.

Die Momente Anvertrauen und Wahrnehmen[3] eines Geheimnisses sind nach den oben § 134 II 3 erörterten Grundsätzen zu würdigen.

Entsprechendes wie nach Art. 320 gilt für den Art. 321 beim Begriff der Offenbarung, für die Fragen der Schuld und der Deliktsvollendung; oben § 134 II 4[4].

Übereinstimmend mit Art. 320 Ziff. 1 II bestimmt Art. 321 Ziff. 1 III, daß die Verletzung des Berufsgeheimnisses auch nach Beendigung der Berufsausübung oder der Studien strafbar ist; dazu oben § 134 II 5.

3. Gleich wie in Art. 320 lautet die Strafdrohung für die Verletzung des Berufsgeheimnisses auf Gefängnis oder Buße. Sie ist Antragsdelikt. Während beim Offizialdelikt des Art. 320 eine Verletzung öffentlicher Interessen und der Amtspflicht vorherrscht, ist die Gestaltung der Verletzung des Berufsgeheimnisses als Antragsdelikt geboten. Ganz beson-

---

[1] Gut MARTIN: StenBull. StR. 1936, 253 mit der Feststellung, daß die Strafbestimmung des Art. 285 (Entwurf 1918) mit der Zeugnispflicht und dem Recht zur Zeugnisverweigerung nichts zu tun hat. Für diese Frage bleiben die Prozeßgesetze maßgebend. Ebenso THORMANN: Prot. II. ExpKom. 4, 374.

[2] Über das Berufsgeheimnis im Besonderen v. OVERBECK: 8a und ff. (Einordnung in die Berufsaufgaben).

[3] Zum Begriff des Wahrnehmens noch GAUTIER: Prot. II. ExpKom. 4, 365: Il se peut que le secret soit pénétré, deviné par l'avocat, le médecin etc., grâce aux relations nécessaires existant entre lui et le client ou le malade et sans que celui-ci ait eu l'intention de le faire connaître. Vgl. auch SCHWARZ: 1. Dem Patienten wird es häufig nicht einmal bewußt sein, was er durch seine Mitteilungen dem Arzt alles enthüllt.

[4] Auch die fahrlässige Geheimnisverletzung zu strafen, wie v. OVERBECK: 56a und 60a vorgeschlagen hat, wäre eine sehr unerwünschte Überspannung. Siehe allerdings Art. 47 lit. b III des Bankengesetzes und Art. 62 lit. f der sog. Kreditkassen-VO.: Strafbar auch die Fahrlässigkeit (unten V).

ders im Hinblick auf den privaten Geheimnisherrn. Oft wird er das größte Interesse daran haben, einen Prozeß zu vermeiden[1].

III. Die großen Schwierigkeiten ergeben sich in der Frage der Strafausschließungsgründe. Hier liegt die eigentliche crux des Art. 321. In der Ziff. 2 werden zwei Fälle genannt, bei deren Vorliegen eine Bestrafung entfällt:

1. Der Berechtigte, das ist der private Geheimnisherr, hat seine Einwilligung zur Preisgabe des Geheimnisses erteilt. Sie kann schriftlich oder mündlich, durch konkludentes Verhalten, auch durch Schweigen gegeben werden. Zunächst erscheint klar: Wer mit der Offenbarung einverstanden ist, hat auf Geheimhaltung verzichtet. Ein Geheimnis besteht nicht mehr, wenigstens nicht mehr absolut. Eine Einschränkung kann jedoch darin liegen, daß die Einwilligung zur Preisgabe nur mit Bezug auf bestimmte Personen oder Stellen, z. B. gegenüber einer Versicherungsgesellschaft, gegeben wird. Darüber hinaus bleibt die Schweigepflicht des Geheimnisträgers, eines Arztes, z. B., weiter bestehen[2].

Erforderlich ist ernstgemeinte Einwilligung eines Urteilsfähigen. Die allgemeinen Lehren gelten (Allg. Teil § 32 I). Aber die Einwillung kann unter Umständen nicht beigebracht werden. Namentlich der Arzt kann es mit dem Geheimnis eines Urteilsunfähigen oder Bewußtlosen zu tun haben[3], und eine Geheimnispreisgabe kann aus medizinischen oder ethischen Gründen notwendig sein. Sie beim Schweigen des G. dem Arzt zur Schuld anzurechnen, geht nicht an. Hier, wie auch noch in nachher zu erörternden Fällen, ist auf den Art. 32 zurückzugreifen, der die Rechtswidrigkeit einer Tat ausschließt, wenn eine Berufspflicht sie gebietet. Die Prüfung, ob das zutrifft, hat der Richter mit aller Vorsicht, auf Grund bestehender gesetzlicher Vorschriften, aber auch gestützt auf Gewohnheitsrecht und auf allgemein gebilligte Berufsregeln, durchzuführen (Allg. Teil, § 31, III 2). — Auf Grund des Art. 32 ist auch zu entscheiden, ob nach dem Tod des Geheimnisherrn der Geheimnisträger — ein Geistlicher, ein Anwalt, ein Arzt usw. — zur Geheimhaltung weiter verpflichtet ist. Das ist grundsätzlich zu bejahen. Eine Preisgabe kann sich aber wiederum aus dem Berufsrecht ergeben[4].

---

[1] Vgl. auch Prot. I. ExpKom. 2, 14f.

[2] ZÜRCHER: Erläuterungen, 351. Zürcher Bl. 38, Nr. 109: Bei Verfügungsunfähigkeit eines Erblassers Annahme, daß auch der einzige gesetzliche Erbe oder sämtliche gesetzlichen Erben den Arzt von der Schweigepflicht entbinden können.

[3] Ob der gesetzliche Vertreter eines Urteilsunfähigen die Einwilligung geben kann, was v. OVERBECK: 13a und f. annimmt, ist im Hinblick auf die höchstpersönliche Natur des Geheimnisses fraglich.

[4] SCHWARZ: 5, wenn z. B. der Arzt nachträglich die Hinterbliebenen oder auch andere Personen auf eine erst durch die Sektion aufgedeckte übertragbare oder vererbbare Krankheit aufmerksam zu machen oder sie über die Todesursache aufzuklären hat. — Bei der Preisgabe des Geheimnisses eines Toten ergeben sich über-

2. An zweiter Stelle sieht Art. 321 Ziff. 2 Straflosigkeit vor, wenn der Täter das Geheimnis auf Grund einer auf sein Gesuch erteilten schriftlichen Bewilligung der vorgesetzten Behörde oder Aufsichtsbehörde offenbart hat. Dadurch wird dem Geheimnisträger die Verantwortlichkeit abgenommen. Sie wird auf eine Behörde verschoben. Für ihre Entscheidung gilt freies Ermessen auf Grund einer Prüfung der Frage, ob die Preisgabe des Geheimnisses durch ein öffentliches Interesse oder auch durch ein berechtigtes Privatinteresse geboten ist[1].

Wer als vorgesetzte oder als Aufsichtsbehörde zu betrachten ist, entscheidet sich wohl durchgehend nach kantonalen Rechten: der Kirchenrat (Konsistorium) für die Geistlichen, soweit sie ihm unterstehen, das Obergericht oder Anwaltskammern für die Anwälte[2], die Gesundheitsdirektionen für die Ärzte usw. Möglich ist allerdings, daß für im Art. 321 genannte Personen, z. B. für nicht berufsmäßige Verteidiger oder für private Revisoren, eine vorgesetzte oder eine Aufsichtsbehörde schwer festzustellen ist. Dann bleibt die Vorschrift im Ungewissen.

Sie hat auch den Nachteil, daß eine behördliche schriftliche Bewilligung regelmäßig eine geraume Zeit beanspruchen wird. Die Preisgabe eines Geheimnisses kann aber dringlich sein.

Daß die behördliche Bewilligung auch im Widerspruch zum Willen des Geheimnisherrn erfolgen kann, ist klar.

3. Die Fälle einer straflosen Geheimnisoffenbarung sind damit nicht erschöpft. In seltenen Fällen werden die Voraussetzungen einer Notwehr, eines Notstandes oder einer Notstandshilfe (G. Art. 33, 34) gegeben sein. Vor allem aber ist eine Geheimnispreisgabe straflos, soweit eine gesetzliche Anzeige- oder Meldepflicht besteht (siehe schon oben § 134 III i. f.). Grundlage der Straflosigkeit ist wiederum Art. 32 des G. Für den Arzt ergeben sich Meldepflichten vor allem aus eidgenössischen Hygiene-

---

dies Schwierigkeiten aus dem Antragserfordernis. Den Angehörigen eines Toten steht ein Antragsrecht nur zu, wenn die Geheimnisverletzung zu Lebzeiten des Toten begangen wurde (G. Art. 28 IV). Die Schwierigkeit löst sich, wenn durch die Geheimnispreisgabe auch noch Lebende verletzt werden; PETRZILKA: Zürcher Erläuterungen, 453; ULRICH: 44f.

[1] Dazu die bemerkenswerten Erörterungen Prot. II. ExpKom. 4, 363ff.; 6, 144ff. (Straflosigkeit, wenn die Offenbarung „zur Wahrung höherer Interessen erforderlich war"); vgl. auch E. 1918, Art. 285 Ziff. 2; StenBull. NR. 1929, 612 614; StR. 1931, 673. Diese Formulierung ist schließlich zugunsten der in das G. übergegangenen Fassung aufgegeben worden; StenBull. StR. 1936, 253f.; NR. 1936, 1097f. — Über Geheimnispreisgabe zur Wahrung höherer Interessen z. B. auch v. OVERBECK: 15a und ff. (streng zu nehmende Diskretionspflicht als Ausgangspunkt); 44a und ff. (kritisch zum Begriff: Wahrung eines höheren Interesses).

[2] Dazu auch KRAFFT: JZ. 36, 265f. (für strengste Bewahrung des Anwaltsgeheimnisses).

vorschriften und aus den kantonalen Medizinalgesetzgebungen[1]. — Die Ziff. 3 des Art. 321 behält überdies eine gesetzlich vorgeschriebene Auskunftspflicht gegenüber einer Behörde vor (dazu unten IV 2).

IV. Art. 321 Ziff. 3 behält eidgenössische und kantonale Bestimmungen über die Zeugnispflicht und über die Auskunftspflicht gegenüber einer Behörde vor. Das bedeutet, daß durch solche Bestimmungen gewisse in Art. 321 genannte Geheimnisträger zur Aussage verpflichtet, ja gezwungen werden können. Eine Bestrafung wegen Verletzung eines Berufsgeheimnisses kommt dann nicht in Frage.

1. Von besonderer Bedeutung ist das Verhältnis des Art. 321 zur Zeugnispflicht. Zur Abklärung genügt die Betrachtung von Beispielen[2]:

Nach Art. 77 der BStPrO. von 1934 dürfen Geistliche, Rechtsanwälte, Notare, Ärzte, wozu wohl auch Zahnärzte zählen, Apotheker, Hebammen und ihre beruflichen Gehilfen über ihnen anvertraute Berufsgeheimnisse nicht zum Zeugnis angehalten werden. Das Gesetz gibt damit diesen Personen die Entscheidung über Abgabe oder Verweigerung des Zeugnisses anheim. Sie können es unter Berufung auf Art. 321 des StGB. verweigern. Sie können andererseits, wenn sie zum Zeugnis bereit sind, um die Gefahr einer Bestrafung zu vermeiden, die Einwilligung des Geheimnisherrn oder die behördliche Bewilligung gemäß Art. 321 Ziff. 2 einholen. — Die im Art. 321 als mögliche Täter einer Geheimnisverletzung weiter genannten Personen: Verteidiger, Revisoren, Studierende und wohl auch die Tierärzte sind dagegen zum Zeugnis verpflichtet. Weil sie unter prozessualem Zwang stehen, ist ihre Geheimnispreisgabe straflos[3].

Zürich, ZPrO. § 130 befreit nur Geistliche, Ärzte und Anwälte von der Zeugnispflicht mit Bezug auf Geheimnisse, die ihnen um ihrer Berufsstellung willen anvertraut worden sind. Dem Sinne nach gleich lautet Zürich, StPrO. § 187 Ziff. 2[4]. Die anderen in Art. 321 des G. genannten Personen sind dagegen vor dem zürcherischen Richter grundsätzlich zeugnispflichtig. Das zur eidgenössischen StPrO. Erörterte gilt entsprechend.

---

[1] Über Anzeige und Meldepflichten v. Overbeck: 20a und ff., 32a und ff.; Thormann-v. Overbeck: Art. 321, N. 18; Petrzilka: Zürcher Erläuterungen, 453; Schwarz: 9ff. — Zur Tragweite des Art. 32 und die für den Arzt außerhalb des Strafgesetzbuches liegenden Rechtsfertigungsgründe ausführliche Erörterungen bei Ulrich: 57ff.

[2] Ausführlicher v. Overbeck: 36a und ff.; vgl. auch Bossi: 84a und ff.

[3] v. Overbeck: 41a.

[4] Kein allgemeines Zeugnisverweigerungsrecht des Anwalts; Vorbehalt, ob er die Beantwortung einzelner Fragen verweigern kann: Zürcher Bl. 9, Nr. 33; siehe auch Hofstetter (Lit. zu § 124): 61ff. Vgl. ferner Zürcher Bl. 38, Nr. 109: Kein Zeugnisverweigerungsrecht des Arztes über den Gesundheitszustand eines Verstorbenen, wenn die Erben den Arzt von der Schweigepflicht entbinden.

In den genannten Prozeßgesetzen ist nur von anvertrauten Geheimnissen die Rede. Nach zweckmäßiger Auslegung muß es aber mit Geheimnissen, die Jemand in seiner Berufsausübung sonst wahrgenommen hat, gleich gehalten werden.

2. Art. 321 Ziff. 3 nennt neben der Zeugnispflicht noch die Auskunftspflicht gegenüber Behörden. Damit ist nicht die Melde- und Anzeigepflicht (oben III 3) gemeint[1]. Die Begriffe haben einen verschiedenen Sinn. Meldung und Anzeige gehen auf die Initiative einer bestimmten Person zurück. Auskunft ist dagegen Antwort auf Fragen, z. B. der Steuerbehörde, der Polizei, eines Betreibungsamtes[2]. Die Befreiung von einer Auskunftspflicht — Auskunftspersonen im Gegensatz zu Zeugen — setzt wiederum gesetzliche eidgenössische oder kantonale Bestimmungen voraus. Wo sie bestehen, gilt entsprechend das zu 1 Gesagte.

V. 1. Eine wichtige Ergänzung des Art. 321 des G. stellt zum Schutz des Bankgeheimnisses Art. 47 lit. b des BGes. vom 8. November 1934 über die Banken und Sparkassen (GesSlg. 51, 117ff.) dar. Darnach wird mit Buße bis zu 20000 Fr. oder mit Gefängnis bis zu 6 Monaten bedroht, wer als Organ, Beamter, Angestellter einer Bank, als Revisor oder Revisionsgehilfe, als Mitglied der Bankenkommission, Beamter oder Angestellter ihres Sekretariates[3] die Schweigepflicht oder das Berufsgeheimnis verletzt, wer hierzu verleitet oder zu verleiten sucht. Strafbar, mit Buße bis zu 10000 Fr., ist auch Fahrlässigkeit[4]. Darin geht das Bankengesetz weiter als der Art. 321 des StGB. Worin der Unterschied zwischen Schweigepflicht und der Bewahrung des Berufsgeheimnisses besteht, bleibt unklar[5]. — Art. 47 lit. b gilt für alle Banken in der Schweiz.

---

[1] Das nehmen Thormann- v.Overbeck: Art. 321, N. 18 an.

[2] Vgl. Gerwig: Die Auskunftspflicht der Banken gegenüber dem Betreibungsamt, ZschwR., N. F., 53, 105ff. und unten V 1.

[3] Gesetzgebungstechnisch hätte der Täterkreis einfacher umschrieben werden können. Mit Ausnahme der Revisoren und der Revisionsgehilfen sind wohl alle genannten Personen Organe der Bank, ja auch Revisoren können Bankorgane sein. Lavanchy: 18ff.: Geheimnisträger der Bankier und seine Angestellten; Huber: 41ff.

[4] Die Geheimhaltungspflicht ist zum Teil im Bankengesetz selbst niedergelegt: Art. 9 (Schweigepflicht der Nationalbank), Art. 20 V (der Revisionsstellen), Art. 23 VI (des Bundesrates, der Bankenkommission und des Sekretariatspersonals); Jann: 19ff.; Burki: a. a. O. 83.

[5] Über die Natur des Bankgeheimnisses Lavanchy: 1ff., Quellen: Vertrag und Gesetz (ZGB. Art. 28, OR. Art. 49); Huber: 26ff.; Jann: 1ff. Die Schriften von Lavanchy und Huber berühren die strafrechtliche Seite der Verletzung des Bankgeheimnisses kaum. Anders Jann: 17ff. Vgl. auch Burki: a. a. O. 88f. über einen Unterschied zwischen Wahrung von Berufsgeheimnis und Schweigepflicht.

Es muß angenommen werden, daß die Bestimmung des Bankengesetzes aus dem Inhalt des Art. 321 zu ergänzen ist:

Jedenfalls kann es sich auch beim Bankengesetz nur um Geheimnisse handeln, die einem Organ der Bank in seinem Berufe anvertraut oder bei der Berufsausübung wahrgenommen wurden[1]. Auch nach Beendigung des Berufsverhältnisses muß eine Verletzung strafbar sein (G. Art. 321 Ziff. 1 III).

Die Einwilligung des Berechtigten[2], des Bankkunden insbesondere, macht die Preisgabe des Geheimnisses straflos. Das gilt wohl auch, wenn eine schriftliche Bewilligung der Aufsichtsbehörde, der Bankenkommission gemäß Art. 23 des Bankengesetzes, die Offenbarung des Geheimnisses bewilligt (G. Art. 321 Ziff. 2 und dazu oben III).

Prozessuale Zeugnispflicht und Auskunftspflicht gegenüber Behörden (G. Art. 321 Ziff. 3) erfahren grundsätzlich keine Einschränkung[3], es sei denn daß Bundes- oder kantonales Recht sie vorsieht[4].

2. Eine weitere, das Berufsgeheimnis schützende bundesrechtliche Bestimmung enthält Art. 62 I lit. f der VO. des Bundesrates vom 5. Februar 1935 über die Kreditkassen mit Wartezeit (GesSlg. 51, 85ff.): Wer als Organ der Kontrollstelle einer Kreditkasse (vgl. Art. 16 der VO.) vorsätzlich die Schweigepflicht verletzt, wird mit Buße bis zu 10000 Fr. oder mit Gefängnis bis zu 6 Monaten bestraft. Auch hier ist die Fahrlässigkeit — mit Buße bis zu 5000 Fr. — strafbar.

---

[1] Lavanchy: 19f.; Huber: 35ff.

[2] Huber: 54ff.: Der auf Geheimhaltung Berechtigte; 66ff.: Erben als Geheimnisberechtigte.

[3] So auch Lavanchy: 23ff. und namentlich Jann: 56ff. für den Strafprozeß (Ausnahme: Wallis, StPrO. Art. 207: „Toutes personnes dépositaires, par état ou par profession, des secrets qu'on leur confie, ne peuvent être ni appelées ni admises à déposer sur des faits qui leur ont été confiés sous le sceau du secret."). Huber: 97ff.: Zeugnis-, Anzeige- und Auskunftspflicht.

[4] Hinweis auf kantonale Zivilprozeßrechte bei Lavanchy: 31ff.; 34ff.: Auskunftspflicht im Schuldbetreibungs- und Konkursrecht; 48ff. im Steuerrecht. Huber: 79ff., 111ff.: Auskunfterteilung. Jann: 64ff., 75f. nimmt an, daß im Zivilprozeß auf Grund von Art. 47 des Bankengesetzes allgemein ein Zeugnisverweigerungsrecht des Bankiers besteht. Im Hinblick auf Art. 321 Ziff. 3 des StGB., der auch mit Bezug auf das Bankgeheimnis Geltung beanspruchen soll, kann das aber nicht allgemein zutreffen. Es ist vielmehr auf die Bestimmungen der einzelnen kantonalen Zivilprozeßordnungen abzustellen. Ausführliche Angaben über kantonale Rechte bei Jann: 67ff.; vgl. ferner JZ. 35, 315, Nr. 47 (bernisches Urteil). Daß sich kantonale Verschiedenheiten ergeben, ist bedauerlich, muß aber in den Kauf genommen werden; siehe JZ. 34, 235, Nr. 42: Kein Recht zur Zeugnisverweigerung; Art. 47 des Bankengesetzes statuiert nur eine Schweigepflicht im Verhältnis der Banken unter sich und gegenüber Privatpersonen (Zürcher Urteil); ferner Zürcher Bl. 36, Nr. 108: Berufung auf das Bankgeheimnis nicht zugelassen gegenüber dem Anspruch der Untersuchungsbehörde auf Durchsuchung von Papieren, die für den Untersuchungszweck von Bedeutung sind.

Wie bei der Verletzung des Bankgeheimnisses müssen die aus Art. 321 des StGB. sich ergebenden Umgrenzungen und Einschränkungen (oben 1) auch hier berücksichtigt werden.

3. Möglich ist endlich, daß die Kantone, gestützt auf Art. 335 des G., den Schutz des Berufsgeheimnisses durch weitere Bestimmungen, durch eine Ausdehnung des Täterkreises, z. B. auf Büchersachverständige, auf Rechtsagenten, ergänzen[1]. Die Frage, bei welchen Berufen die Geheimniswahrung geboten ist und die Geheimnisverletzung strafwürdig erscheint, ist durch das eidgenössische Recht nicht so restlos geklärt, daß darin eine abschließende Ordnung erblickt werden kann.

---

[1] So auch StenBull. NR. 1937, 243. Vgl. ferner Carla Eugster: Die Rechtsagentur in den Kantonen, Zürcher Diss. (1938), 130, 147f.

Sachverzeichnis.

Die Zahlen verweisen auf die Seiten (Besonderer Teil, erste Hälfte: S. 1—411, zweite Hälfte: S. 413—862).

GPSR Compliance

The European Union's (EU) General Product Safety Regulation (GPSR) is a set of rules that requires consumer products to be safe and our obligations to ensure this.

If you have any concerns about our products, you can contact us on ProductSafety@springernature.com

In case Publisher is established outside the EU, the EU authorized representative is:

Springer Nature Customer Service Center GmbH
Europaplatz 3
69115 Heidelberg, Germany

Batch number: 10844669

Printed by Printforce, the Netherlands